D1701028

NomosPraxis

Ragnar Hoenig
Sozialverband (SoVD) Deutschland, Berlin

Prof. Dr. Gabriele Kuhn-Zuber
Katholische Hochschule für Sozialwesen Berlin

Recht der Grundsicherung

Beratungshandbuch SGB II

Die Deutsche Nationalbibliothek verzeichnet diese Publikation in der Deutschen Nationalbibliografie; detaillierte bibliografische Daten sind im Internet über http://dnb.d-nb.de abrufbar.

ISBN 978-3-8329-6770-3

1. Auflage 2012

Vorwort

Kaum ein anderes Sozialleistungssystem hat zu so heftigen und anhaltenden Kontroversen geführt wie die Grundsicherung für Arbeitsuchende. Seit ihrer Einführung im Sozialgesetzbuch Zweites Buch (SGB II) zum 1.1.2005 wurde sie durch mehr als 50 Gesetze geändert. Hinzu kommt die mit keinem anderen Sozialgebiet vergleichbare Rechtsprechungsdichte. Diese rasante Rechtsentwicklung bedeutet für die Betroffenen, die Behörden und die Beratungspraxis eine ständige Herausforderung. Dies gilt auch für den Sozialverband Deutschland (SoVD), der mit seinem bundesweiten Netz an Sozialberatungsstellen über jahrzehntelange Erfahrungen in der Beratung und Vertretung auf dem Gebiet des Sozialrechts verfügt.

Vor allem in den zurückliegenden zwei Jahren hat es im SGB II grundlegende Rechtsänderungen gegeben. So führte das Jobcenter-Urteil des Bundesverfassungsgerichts im Jahr 2010 zu einer umfassenden Neuorganisation der Aufgabenwahrnehmung im SGB II. Wichtige Veränderungen für die Betroffenen ergaben sich aus dem Regelsatz-Urteil des Bundesverfassungsgerichts, in dessen Folge nicht nur die Regelbedarfe neu ermittelt, sondern mit dem Bildungs- und Teilhabepaket auch neue Leistungen eingeführt wurden. Zudem wurden die Regelungen zur Einkommens- und Vermögensanrechnung sowie zu den Sanktionen reformiert. Eine dritte, grundlegende Rechtsänderung erfolgte mit der Instrumentenreform 2011, die in wesentlichen Teilen am 1.4.2012 in Kraft getreten ist. Mit ihr wurde das Arbeitsförderungsrecht im SGB III neu ausgerichtet und geordnet, was auch bei den Leistungen zur Eingliederung in Arbeit des SGB II deutliche Veränderungen mit sich gebracht hat.

Das vorliegende Handbuch „Grundsicherung für Arbeitsuchende“ bereitet diese grundlegenden Weichenstellungen praxisorientiert auf und greift dabei auf die langjährigen Erfahrungen aus der Sozialberatung und -vertretung des SoVD sowie der Aus- und Fortbildung von Sozialberaterinnen und -beratern zurück. Es soll für alle, die mit dem SGB II arbeiten – vor allem für Beraterinnen und Berater –, als Wegweiser durch das komplexe und ständigen Änderungen unterworfene Normgefüge des SGB II dienen. Dabei beschränkt sich das Handbuch nicht nur auf eine Darstellung der Leistungen zur Sicherung des Lebensunterhalts und ihrer Voraussetzungen, sondern behandelt auch andere beratungsrelevante Fragen insbesondere aus den Bereichen Leistungen zur Eingliederung in Arbeit, Sanktionen und Verpflichtungen Anderer. Wichtige Schnittstellen zu anderen Rechtsgebieten, insbesondere der Kranken- und Pflegeversicherung, finden gleichermaßen Berücksichtigung. Im Kapitel Bescheid und Rechtsmittel liefert das Handbuch schließlich zahlreiche Musterformulierungen, die in der Beratungs- und Vertretungspraxis eine gute Hilfe für die effektive Rechtsdurchsetzung darstellen.

Eine gute Sozialberatung und -vertretung ist dem SoVD als Interessenvertretung der Betroffenen von „Hartz IV“ ein Herzensanliegen. Das Handbuch „Grundsicherung für Arbeitsuchende“ liefert deshalb auch außerhalb der Beratungspraxis des SoVD eine verlässliche Hilfestellung für die praktische Arbeit mit dem SGB II und den angrenzenden Rechtsgebieten.

Berlin im April 2012

Adolf Bauer
Präsident des Sozialverband Deutschland (SoVD)

Inhaltsübersicht

Inhaltsverzeichnis

Abkürzungsverzeichnis

AEntG	Arbeitnehmer-Entsendegesetz
AEUV	Vertrag über die Arbeitsweise der Europäischen Union (vorher EG-Vertrag)
aF	alte Fassung
ALG	Gesetz über die Alterssicherung der Landwirte
Alg I	Arbeitslosengeld iSd §§ 117 ff SGB III
Alg II	Arbeitslosengeld II
Alg II-V	Arbeitslosengeld II/Sozialgeld-Verordnung vom 17.12.2007 (BGBl. I, 2924)
AltPflG	Altenpflegegesetz
Anm.	Anmerkung
AO	Abgabenordnung
ArbG	Arbeitsgericht
ArbGG	Arbeitsgerichtsgesetz
ArbStättV	Arbeitsstättenverordnung
ArbZG	Arbeitszeitgesetz
ARGE	Arbeitsgemeinschaft
ASMK	Arbeits- und Sozialministerkonferenz
AsylbLG	Asylbewerberleistungsgesetz
AÜG	Arbeitnehmerüberlassungsgesetz
BA	Bundesagentur für Arbeit
BA-FH	Fachliche Hinweise der BA
BAB	Berufsausbildungsbeihilfe
BAG	Bundesarbeitsgericht
BAnz	Bundesanzeiger
BBiG	Berufsbildungsgesetz
BBW	Berufsbildungswerk
BFH	Bundesfinanzhof
BFW	Berufsförderungswerk
BGB	Bürgerliches Gesetzbuch
BEG	Bundesentschädigungsgesetz
BEEG	Bundeselterngeld- und Elternzeitgesetz
BerHG	Beratungshilfegesetz
BerRehaG	Berufliches Rehabilitierungsgesetz
BetrAVG	Betriebsrentengesetz
BetrKV	Betriebskostenverordnung
BFDG	Bundesfreiwilligendienstgesetz
BGBl.	Bundesgesetzblatt
BKGG	Bundeskindergeldgesetz
BMAS	Bundesministerium für Arbeit und Soziales

BMF	Bundesministerium der Finanzen
BMFSFJ	Bundesministerium für Familie, Senioren, Frauen und Jugend
BMG	Bundesministerium für Gesundheit
BMI	Bundesministerium des Innern
BMJ	Bundesministerium der Justiz
BMU	Bundesministerium für Umwelt, Naturschutz und Reaktorsicherheit
BRAO	Bundesrechtsanwaltsordnung
BReg	Bundesregierung
BRH	Bundesrechnungshof
BSG	Bundessozialgericht
BSHG	Bundessozialhilfegesetz
BUrlG	Bundesurlaubsgesetz
BVerfG	Bundesverfassungsgericht
BVerwG	Bundesverwaltungsgericht
BVG	Bundesversorgungsgesetz
Deutscher Verein	Deutscher Verein für öffentliche und private Fürsorge
DIJuV	Deutsches Institut für Jugendhilfe und Familienrecht
EAO	Erreichbarkeits-Anordnung
ESGV	Einstiegsgeld-Verordnung
EStG	Einkommensteuergesetz
EWR	Europäischer Wirtschaftsraum
EVS	Einkommens- und Verbrauchsstichprobe
FortentwicklungsG	Gesetz zur Fortentwicklung der Grundsicherung für Arbeitsuchende vom 20.7.2006 (BGBl. I, 1706)
FreizügG/EU	Gesetz über die allgemeine Freizügigkeit von Unionsbürgern (Freizügigkeitsgesetz/EU) vom 30.7.2004 (BGBl. I, 1950)
GA	Geschäftsanweisung
G-BA	Gemeinsamer Bundesausschuss
GdB	Grad der Behinderung
gE	gemeinsame Einrichtung
GG	Grundgesetz
GKV	gesetzliche Krankenversicherung
GKV-FinG	GKV-Finanzierungsgesetz vom 22.12.2010 (BGBl. I, 2309)
GKV-Spitzenverband	Spitzenverband Bund der Krankenkassen
GKV-WSG	GKV-Wettbewerbsstärkungsgesetz vom 26.3.2007 (BGBl. I, 378)
grds.	grundsätzlich

GRV	Gesetzliche Rentenversicherung
GUV	Gesetzliche Unfallversicherung
GVBL	Gesetz- und Verordnungsblatt für das Land
Hartz-Kommission	Kommission zum Abbau der Arbeitslosigkeit und zur Umstrukturierung der Bundesanstalt für Arbeit
HBeglG 2011	Haushaltsbegleitgesetz 2011 vom 9.12.2010 (BGBl. I, 2885)
HwO	Handwerksordnung
IAB	Institut für Arbeitsmarkt- und Berufsfoschung
IAT	Institut Arbeit und Technik
idF	in der Fassung
iE	im Ergebnis
IFD	Integrationsfachdienst
Instrumentenreform 2008	Gesetz zur Neuausrichtung der arbeitsmarktpolitischen Instrumente vom 21.12.2008 (BGBl. I 2008, 2917)
Instrumentenreform 2011	Gesetz zur Verbesserung der Eingliederungschancen am Arbeitsmarkt vom 20.12.2011 (BGBl. I, 2854)
iRd	im Rahmen des/der
iVm	in Verbindung mit
JArbSchG	Jugendarbeitsschutzgesetz
JFDG	Jugendfreiwilligendienstgesetz
KdU	Kosten der Unterkunft und Heizung
KennzahlenVO	Verordnung zur Festlegung der Kennzahlen nach § 48 a SGB II
KfzHV	Kraftfahrzeughilfe-Verordnung
KomtrZV	Kommunalträger-Zulassungsverordnung
KtEfV	Kommunalträger-Eignungsfeststellungsverordnung
KSchG	Kündigungsschutzgesetz
KSVG	Künstlersozialversicherungsgesetz
LAG	Lastenausgleichsgesetz
LPartG	Lebenspartnerschaftsgesetz
LSG	Landessozialgericht
MAIS NRW	Ministerium für Arbeit, Integration und Soziales des Landes NRW
MdE	Minderung der Erwerbsfähigkeit
MDK	Medizinischer Dienst der Krankenversicherung
MiArbG	Mindestarbeitsbedingungsgesetz
MuSchG	Mutterschutzgesetz

NJW	Neue Juristische Wochenschrift
NRW	Nordrhein-Westfalen
o.Ä.	oder Ähnliches
ÖGB	öffentlich geförderte Beschäftigung
ÖPNV	Öffentlicher Personennahverkehr
PflVG	Gesetz über die Pflichtversicherung für Kraftfahrzeughalter
PKV	private Krankenversicherung
PM	Pressemitteilung
PrHaushStatG	Gesetz über die Statistik der Wirtschaftsrechnungen privater Haushalte
PsychKG	(Landes-)Gesetze zur Unterbringung psychisch Kranker
RBEG	Regelbedarfs-Ermittlungsgesetz
Regelsatzreform	Gesetz zur Ermittlung von Regelbedarfen und zur Änderung des Zweiten und Zwölften Buches Sozialgesetzbuch vom 24.3.2011 (BGBl. I, 453)
Regelsatzurteil	Urteil des BVerfG vom 9.2.2010, 1 BvL 1/09
SeemG	Seemannsgesetz
SG	Sozialgericht
SGG	Sozialgerichtsgesetz
SGG-ÄndG 2008	Gesetz zur Änderung des SGG und ArbGG vom 26.3.2008 (BGBl. I 2008, 444)
sog.	sogenannt
SoVD	Sozialverband Deutschland
StGB	Strafgesetzbuch
StrRehaG	Strafrechtliches Rehabilitierungsgesetz
UnbilligkeitsV	Unbilligkeitsverordnung vom 14.4.2008 (BGBl. I, 734)
v.a.	vor allem
VA	Verwaltungsakt
VAG	Versicherungsaufsichtsgesetz
VVG	Versicherungsvertragsgesetz
WfbM	Werkstatt für Menschen mit Behinderungen
WoBauG	Wohnungsbaugesetz
WoFG	Wohnraumförderungsgesetz
ZEW	Zentrum für Europäische Wirtschaftsforschung

Literaturverzeichnis

Becker: Methodische Gesichtspunkte der Bedarfsbemessung, Soziale Sicherheit Extra, September 2011 (zitiert: Becker (2011))

Bundesagentur für Arbeit: Arbeitshilfe (zitiert: BA-AH)

Bundesagentur für Arbeit: Fachliche Hinweise (zitiert: BA-FH)

Bundesagentur für Arbeit: Geschäftsanweisungen (zitiert: BA-GA)

Bund-Länder-Arbeitsgruppe: Gemeinsame Erklärung zu den Leistungen zur Eingliederung in Arbeit nach § 16 SGB II iVm §§ 45, 46 SGB III und nach § 16 f SGB II, Berlin 2010

Bundesministerium für Arbeit und Soziales: Übersicht über das Sozialrecht, 5. Aufl., Mai 2008 (zitiert: Bearbeiter in: Übersicht über das Sozialrecht).

Bundesministerium des Innern, Bundesministerium der Justiz und Bundesministerium der Finanzen (2010): Verfassungsrechtliche Zulässigkeit einer Entfristung/Ausweitung des sog. kommunalen Optionsmodells (§§ 6 a, 6 b SGB II), Berlin (12.1.2010)

Deutscher Verein (2009): Anforderungen an das Fallmanagement im SGB II, Berlin 2009

Eicher/Keck/Laufer (Hrsg.): Die Rentenversicherung im SGB – Kommentar für die Praxis, Loseblatt, Stand: Dezember 2011, Heidelberg, München, Landsberg, Frechen, Hamburg

Eicher/Spellbrink (Hrsg.): Kommentar zum SGB II, 2. Aufl., München 2008 (zitiert: Bearbeiter in: Eicher/Spellbrink)

Erlenkämper/Fichte: Sozialrecht – Allgemeine Rechtsgrundlagen, Sozialgesetze, Verfahrensrecht, 6. Aufl., Neuwied2008 (zitiert: Bearbeiter in: Erlenkämper/Fichte)

Hartz-Kommission: Moderne Dienstleistungen am Arbeitsmarkt – Vorschläge der Kommission zum Abbau der Arbeitslosigkeit und zur Umstrukturierung der Bundesanstalt für Arbeit, Berlin 2002 (zitiert: Hartz-Kommission)

Hilgers: Die Anwendung des Vergaberechts nach § 46 SGB III – Ausarbeitung des Wissenschaftlichen Dienstes des Deutschen Bundestages, Berlin 3.9.2010

Hauck/Noftz (Hrsg.): Sozialgesetzbuch (SGB) II, Kommentar, Loseblatt, Stand: 2011 (zitiert: Hauck/Noftz/*Bearbeiter*)

Kasseler Kommentar zum Sozialversicherungsrecht, Loseblatt, Stand: Oktober 2011, München (zitiert: Kasseler Kommentar/*Bearbeiter*)

Kruse/Hänlein (Hrsg.): LPK-SGB V, 3. Aufl., Baden-Baden 2009 (zitiert: Bearbeiter in: LPK-SGB V)

Kruse u.a.: LPK-SGB III, Baden-Baden 2008 (zitiert: Bearbeiter in: LPK-SGB III)

Ministerium für Arbeit, Integration und Soziales des Landes NRW: Arbeitshilfe: Bildungs- und Teilhabepaket, 2. Aufl., Düsseldorf 2011 (zitiert: MAIS NRW)

Münder (Hrsg.): LPK-SGB II, 3. Aufl., Baden-Baden 2009 (zitiert: Bearbeiter in: LPK-SGB II)

ders.: Verfassungsrechtliche Bewertung des Gesetzes zur Ermittlung von Regelbedarfen und zur Änderung des SGB II und SGB XII, Soziale Sicherheit Extra, September 2011 (zitiert: Münder (2011))

Meyer-Ladewig (Begr.): Sozialgerichtsgesetz Kommentar, München 2008 (zitiert: Bearbeiter in: Meyer-Ladewig)

Spitzenverbände der Krankenkassen und die BA (2007): Gemeinsames Rundschreiben: Versicherungs-, Beitrags- und Melderecht der Bezieher von Arbeitslosengeld II, Stand: 26.1.2007 (zitiert: Spitzenverbände der Krankenkassen)

Spitzenverbände der Krankenkassen und Spitzenverbände der Unfallversicherungsträger: Gemeinsames Rundschreiben: Berechnung, Höhe und Zahlung des Krankengeldes und Verletztengeldes, Stand: 29.11.2005 (zitiert: Spitzenverbände der Krankenkassen und der Unfallversicherungsträger)

Stephan: Die Ansprüche zusammenlebender Personen nach dem SGB II und SGB XII, Berlin 2008.

Weinkopf/Wagner/Rudolph u.a. (2009): Bewertung der SGB II-Umsetzung aus gleichstellungspolitischer Sicht – Abschlussbericht, Duisburg, Berlin und Marburg 2009.

A. Allgemeines zur Grundsicherung für Arbeitsuchende

I. Überblick über die Aufgabe der Grundsicherung für Arbeitsuchende

Leistungen der Grundsicherung sind nach § 19 a SGB I: 1

1. Leistungen zur Eingliederung in Arbeit,
2. Leistungen zur Sicherung des Lebensunterhalts.

Die Leistungen der Grundsicherung sollen die Eigenverantwortung des Leistungsempfängers stärken, damit dieser seine wirtschaftliche Notlage mit eigenen Mitteln und Kräften beenden kann. Dieses Ziel soll vorrangig durch die Aufnahme oder Beibehaltung einer Erwerbstätigkeit erreicht werden. Leistungen zur Eingliederung in Arbeit werden deshalb auch als **aktive Leistungen** bezeichnet.

Leistungen zur Sicherung des Lebensunterhaltes sind demgegenüber nachrangig. Sie werden nach § 3 Abs. 3 SGB II nur erbracht, soweit die Hilfebedürftigkeit nicht anderweitig beseitigt werden kann, insb. durch die Aufnahme einer Arbeit oder durch den Einsatz von Einkommen und Vermögen des erwerbsfähigen Leistungsberechtigten oder der mit ihm in einer Bedarfsgemeinschaft lebenden Personen. Leistungen zur Sicherung des Lebensunterhaltes (vor allem Alg II und Sozialgeld) haben passiven Charakter, weil sie zuerst eine wirtschaftliche Schutzfunktion haben und nicht die Eingliederung in Arbeit aktiv fördern. Sie werden deshalb auch als **passive Leistungen** bezeichnet.

2 Leistungen der Grundsicherung für Arbeitsuchende werden nach § 4 Abs. 1 SGB II als **Dienstleistung, Geldleistung oder Sachleistung** erbracht. Die Reihenfolge ist bewusst gewählt. Dienstleistungen, die der Eingliederung in Arbeit dienen, sind vorrangig. Erst wenn diese nicht oder nicht vollständig ausreichen, um die Hilfebedürftigkeit zu verringern oder zu beenden, werden Geldleistungen zur Sicherung des Lebensunterhaltes gewährt. Sachleistungen kommen nur in speziell geregelten Ausnahmefällen in Betracht (zB bei einer Absenkung des Alg II um mehr als 30 % oder bei Suchtproblemen und damit verbundenem wirtschaftlichem Fehlverhalten des Leistungsempfängers oder bei bestimmten Leistungen für Bildung und Teilhabe).

Darüber hinaus besteht die Möglichkeit, in **Ausnahmefällen** Leistungen der Grundsicherung als **Darlehen** zu erbringen (zB Leistungen zur Sicherung des Lebensunterhalts in Härtefällen für Auszubildende oder bei unabweisbaren einmaligen Bedarfen).

3 Die Leistungen zur Eingliederung in Arbeit sind in den §§ 14 bis 18 SGB II geregelt. Mit ihnen soll der erwerbsfähige Leistungsberechtigte bei der **Aufnahme oder Beibehaltung einer Erwerbstätigkeit** unterstützt werden, damit er seinen Lebensunterhalt unabhängig von der Grundsicherung bestreiten kann.

Die Eingliederungsleistungen können unterschieden werden in

- Eingliederungsleistungen, die aus dem SGB III ins SGB II überführt wurden (zB Beratung und Vermittlung, Weiterbildung),
- Eingliederungsleistungen, die speziell im SGB II geregelt sind, und in den Aufgabenbereich der Arbeitsagenturen fallen (zB Einstiegsgeld, Arbeitsgelegenheiten) und
- Eingliederungsleistungen, die in den Aufgabenbereich der kommunalen Träger fallen (sog. kommunale Eingliederungsleistungen wie zB Kinderbetreuung, Suchtberatung).

4 Leistungen zur Eingliederung in Arbeit sind im Wesentlichen **Ermessensleistungen**. Dabei sollen die Jobcenter nach § 3 Abs. 1 SGB II

- die Eignung,
- die individuelle Lebenssituation, insb. die familiäre Situation,

- die voraussichtliche Dauer der Hilfebedürftigkeit sowie
- die Dauerhaftigkeit der Eingliederung

berücksichtigen. Maßnahmen, die eine unmittelbare Aufnahme der Erwerbstätigkeit ermöglichen, sollen vorrangig eingesetzt werden. Es gelten die Grundsätze von Wirtschaftlichkeit und Sparsamkeit.

5 Die Eingliederung von **jungen erwerbsfähigen Leistungsberechtigten**, die das 25. Lebensjahr noch nicht vollendet haben, und von **älteren erwerbsfähigen Leistungsberechtigten** über 58 Jahre unterliegt besonderen Leistungsgrundsätzen. Unter 25-Jährige sollen nach Antragstellung vorrangig in eine Ausbildung vermittelt werden, ältere Antragsteller in eine Arbeit (§ 3 Abs. 2, 2 a SGB II). Darüber hinaus haben Arbeitsagenturen besondere Pflichten im Hinblick auf erwerbsfähige Leistungsberechtigte, die keine ausreichenden deutschen Sprachkenntnisse haben. Diese sollen an einem Integrationskurs nach § 43 AufenthG teilnehmen, sofern eine Vermittlung in Arbeit oder Ausbildung nicht unmittelbar möglich ist. Die Verpflichtung zur Teilnahme soll in die Eingliederungsvereinbarung aufgenommen werden (§ 3 Abs. 2 b SGB II).

6 Neben den aktiven, der Eingliederung in Arbeit dienenden Leistungen sieht das SGB II Leistungen vor, die der **Sicherung des Lebensunterhaltes** dienen und nur dann erbracht werden, wenn der Bedarf des erwerbsfähigen Leistungsberechtigten und der seiner Bedarfsgemeinschaft nicht auf andere Weise gedeckt werden kann. Zu den Leistungen zur Sicherung des Lebensunterhaltes gehören insb.

- das Alg II für erwerbsfähige Leistungsberechtigte und das Sozialgeld für nicht erwerbsfähige Leistungsberechtige, die jeweils Leistungen umfassen für
  - Regelbedarfe,
  - Mehrbedarfe,
  - Unterkunft und Heizung,
- Leistungen für bestimmte Einmalbedarfe,
- Leistungen für die Kranken- und Pflegeversicherung,
- Leistungen für Auszubildende sowie
- Leistungen für Bildung und Teilhabe.

Leistungen zur Sicherung des Lebensunterhaltes werden **vorrangig als Geldleistung** erbracht.

II. Fördern und Fordern

7 Fördern und Fordern sind Leitprinzipien der Grundsicherung für Arbeitsuchende und haben ihren Platz an besonders prominenter Stelle des SGB II gefunden. Sie sind Titel des ersten Kapitels der Grundsicherung für Arbeitsuchende und bilden damit eine Klammer um die einleitenden Vorschriften des SGB II. Hierdurch wird deutlich, dass Fördern und Fordern die Leistungsgewährung und die Auslegung der nachfolgenden Vorschriften des SGB II maßgeblich bestimmen sollen. Fördern und Fordern sind allerdings **nicht als ein einheitlicher Grundsatz** formuliert. Vielmehr definiert das SGB II den Grundsatz des Forderns in § 2 SGB II und den Grundsatz des Förderns in § 14 SGB II.

1. Grundsatz des Forderns

8 Der **Grundsatz des Forderns** hat seine normative Grundlage in § 2 SGB II, der zunächst ganz allgemein vorsieht, dass erwerbsfähige Leistungsberechtigte und die mit ihnen in Bedarfsgemeinschaft lebenden Leistungsberechtigten alle Möglichkeiten zur Beendigung oder Verringerung ihrer Hilfebedürftigkeit ausschöpfen müssen. Rechtsdogmatisch han-

delt es sich hierbei um besondere Obliegenheiten, die die allgemeinen Mitwirkungsobliegenheiten nach §§ 60 ff SGB I ergänzen bzw als spezielle Regelungen verdrängen. Zu den Mitwirkungsobliegenheiten siehe auch unten B. Rn 29 ff.

9 Nach der **allgemeinen Selbsthilfeobliegenheit** des § 2 Abs. 1 S. 1 SGB II müssen erwerbsfähige Leistungsberechtigte und die mit ihnen in Bedarfsgemeinschaft lebenden Personen **alle Möglichkeiten** zur Beendigung oder Verringerung ihrer Hilfebedürftigkeit ausschöpfen. Damit wird – dem Grundsatz der Nachrangigkeit folgend – klargestellt, dass die Eigenbemühungen zur Beendigung oder Verringerung der Hilfebedürftigkeit sich nicht nur auf die Aufnahme einer Erwerbstätigkeit beschränken. Vielmehr erfasst die allgemeine Selbsthilfeobliegenheit vor allem auch die Geltendmachung vorrangiger Leistungsansprüche, Realisierung von Ansprüchen und Forderungen gegenüber Dritten und die Reduzierung von Ausgaben, insb. bei den Kosten für Unterkunft und Heizung.[1] Freilich gilt die geforderte Ausschöpfung aller Möglichkeiten nicht grenzenlos. Vielmehr wird sie durch zahlreiche Regelungen im und außerhalb des SGB II – zB die Zumutbarkeit nach § 10 SGB II oder arbeitsschutzrechtliche Vorschriften – begrenzt.

Die allgemeine Selbsthilfeobliegenheit wird durch **weitere** in § 2 SGB II geregelte **Mitwirkungsobliegenheiten** ergänzt. Dies sind die Obliegenheiten

- zur Mitwirkung an Eingliederungsmaßnahmen (Abs. 1 S. 2),
- zur Übernahme zumutbarer Arbeitsgelegenheiten (Abs. 1 S. 3),
- zur Sicherung des Lebensunterhalts aus eigenen Mitteln und Kräften (Abs. 2 S. 1),
- zum Einsatz der Arbeitskraft (Abs. 2 S. 2).

2. Grundsatz des Förderns

10 Der Grundsatz des Förderns ist in § 14 SGB II niedergelegt. Dem Leitbild des aktivierenden Sozialstaates folgend konzentriert sich der Grundsatz des Förderns auf die Eingliederung in Arbeit, nicht auf die Gewährung von Leistungen zur Sicherung des Lebensunterhalts. Folglich begünstigt die **allgemeine Unterstützungspflicht** der Jobcenter in erster Linie die erwerbsfähigen Leistungsberechtigten und nicht die Personen, die als nicht erwerbsfähige Leistungsberechtigte mit in der Bedarfsgemeinschaft leben. Die Unterstützungspflicht soll „umfassend" sein, dh die Jobcenter haben nicht nur zu beraten und zu vermitteln, sondern alle Einflussfaktoren für die berufliche Eingliederung und alle erforderlichen Unterstützungen zu berücksichtigen, die sich mit den Grundsätzen der Sparsamkeit und Wirtschaftlichkeit vereinbaren lassen. Die Unterstützungspflicht begründet grds. keine subjektiven Ansprüche der erwerbsfähigen Leistungsberechtigten, sondern lediglich eine objektivrechtliche Pflicht der Jobcenter.

Ergänzt wird diese allgemeine Unterstützungspflicht durch die Pflicht zur Erbringung der **erforderlichen Eingliederungsleistungen** (§ 14 S. 3 SGB II). Diese Pflicht begründet ebenfalls keinen subjektiven Anspruch der Leistungsberechtigten und ist darüber hinaus in mehrfacher Hinsicht eingeschränkt: Zum einen bezieht sie sich nur auf die erforderlichen Eingliederungsleistungen iSd §§ 16 ff SGB II. Erforderlich sind Eingliederungsleistungen, wenn sie im konkreten Einzelfall objektiv geeignet sind, das Ziel der Eingliederung in Arbeit zu befördern und hierdurch zu einer Beseitigung, Vermeidung, Reduzierung oder Verkürzung der Hilfebedürftigkeit beizutragen.[2] Zum anderen steht die Pflicht unter dem Vorbehalt der Beachtung der Grundsätze von Wirtschaftlichkeit und Sparsamkeit. Dies bezieht sich allerdings nicht auf das „Ob" der Leistungsentschei-

1 Die Kürzung unangemessener Unterkunftskosten als ein besonderer gesetzlicher Anwendungsfall des allgemeinen Grundsatzes des Forderns: BSG 19.3.2008 – B 11 b AS 43/06 R.

2 *Berlit* in: LPK-SGB II § 14 Rn 18.

dung, sondern auf das „Wie" der konkreten Ausgestaltung einer Eingliederungsleistung.

11 Nach § 14 S. 2 SGB II sollen die Jobcenter einen **persönlichen Ansprechpartner** für jeden erwerbsfähigen Leistungsberechtigten und die mit ihm in einer Bedarfsgemeinschaft lebenden Personen benennen. Ein subjektiver Anspruch wird auch hiermit nicht normiert. Vielmehr beinhaltet die Regelung nur eine objektiv-rechtliche Aufgabenzuweisung.[3] Die Zuordnung (nach Möglichkeit nur) eines Ansprechpartners soll ein kompetentes Fallmanagement sicherstellen, ein Vertrauensverhältnis zwischen dem erwerbsfähigen Leistungsberechtigten und dem persönlichen Ansprechpartner fördern und der Effizienz der Betreuung dienen.[4] Mit dem persönlichen Ansprechpartner setzt das SGB II das Handlungskonzept des Fallmanagements um, das die sog. Hartz-Kommission für Arbeitsuchende mit weitgehendem Betreuungsbedarf empfohlen hatte.[5] Im Rahmen des Fallmanagements soll die konkrete Bedarfslage des Betroffenen in einem kooperativ strukturierten Prozess erhoben und darauf aufbauend ein individuelles Angebot unter aktiver Mitarbeit des Betroffenen geplant und gesteuert werden. Nach den Empfehlungen des Deutschen Vereins[6] sollen im Gesamtprozess des Fallmanagements in zwei Prozessschritten (der Erstberatung und dem Assessment) zunächst Probleme und Bedarfe erhoben werden. Anschließend sollen die Fallmanagerinnen und Fallmanager mit den Leistungsberechtigten einen Hilfeplan und die Eingliederungsvereinbarung erarbeiten. Dabei umfasst die Hilfeplanung die Entwicklung von Zielen und die Planung von Umsetzungsschritten, während die Eingliederungsvereinbarung insb. konkrete Leistungen und Eigenbemühungen der Leistungsberechtigten beinhalten soll. Bei der Umsetzung des Hilfeplans werden Fallmanagerinnen und Fallmanager unterstützend tätig. Der Abschluss des Fallmanagements soll dokumentiert und ausgewertet werden.

III. Verhältnis zu anderen Sozialleistungen

12 Die Leistungen nach SGB II dürfen nur erbracht werden, soweit die Hilfebedürftigkeit nicht anderweitig beseitigt werden kann (§ 3 Abs. 3 Hs 1 SGB II). Leistungen des SGB II sind mithin grds. nachrangig gegenüber anderen Leistungen, insb. anderen Sozialleistungen. Der **Grundsatz der Nachrangigkeit** von Leistungen des SGB II hat mehrere Wirkungsebenen. Zum einen wirkt er anspruchbegrenzend, was durch die Anrechnung von Einkommen und Vermögen zum Ausdruck kommt. Zum anderen wird durch ihn ein Rangverhältnis zwischen SGB II-Leistungen und anderen Leistungen festgelegt. Dies zeigt sich u.a. bei Regelungen, welche die SGB II-Leistungen bei einem Anspruch auf andere Sozialleistungen prinzipiell ausschließen. Ein solches ausdrückliches Rangverhältnis wird zB durch § 5 Abs. 2 SGB II für das Verhältnis zu Leistungen der Sozialhilfe nach dem SGB XII oder durch § 10 Abs. 3 SGB VIII für das Verhältnis zu den Leistungen der Kinder- und Jugendhilfe geregelt.

13 Leistungsberechtigte sind verpflichtet, vorrangige Sozialleistungen anderer Träger in Anspruch zu nehmen und die erforderlichen Anträge zu stellen, sofern dies zur Vermeidung, Beseitigung, Verkürzung oder Verminderung der Hilfebedürftigkeit erforderlich ist (§ 12 a S. 1 SGB II). Die **Inanspruchnahme- und Antragspflicht** besteht jedoch nicht, wenn sich die vorrangigen Sozialleistungen nicht auf die Höhe der SGB II-Leistungen auswirken. Dies ist zB bei anrechnungsfreien Sozialleistungen der Fall. Eine Antragspflicht besteht weiterhin nicht unter den Voraussetzungen des § 12 a S. 2 SGB II für vorzeitige Altersrenten, Wohngeld und Kinderzuschlag.

---

3 BSG 22.9.2009 – B 4 AS 13/09 R.
4 BT-Drucks. 15/1516, 54.
5 *Hartz-Kommission*, S. 74 ff.
6 Vgl *Deutscher Verein (2009)*.

Stellen Leistungsberechtigte trotz Aufforderung einen erforderlichen Antrag auf Leistungen eines anderen Trägers nicht, können die Jobcenter den Antrag stellen und ggf auch Rechtsbehelfe und Rechtsmittel einlegen (§ 5 Abs. 3 S 1 SGB II). Die Antragstellung durch die Jobcenter liegt in deren Ermessen und setzt eine **vorherige Aufforderung** zur Antragstellung voraus. Diese vorherige Aufforderung muss mit einer angemessenen Frist zur Antragstellung versehen werden. Erst wenn die Leistungsberechtigten dieser Aufforderung nicht nachkommen, können die Jobcenter den Antrag ersatzweise stellen. Sie treten dann als gesetzlicher Prozessstandschafter[7] auf, dh sie führen das Verfahren bzw den Prozess im eigenen Namen, aber mit Wirkung für die Leistungsberechtigten. Dies gilt selbst dann, wenn das Verfahren bzw der Prozess gegen den Willen der Leistungsberechtigten geführt wird.

Praxishinweis: In Fällen der Antragstellung durch die Jobcenter ist ein effektiver Rechtsschutz nur gewährleistet, wenn bereits gegen die Aufforderung zur Antragstellung vorgegangen wird. Denn die Antragsstellung durch die Jobcenter stellt selbst keinen widerspruchsfähigen VA, sondern lediglich schlichtes Verwaltungshandeln dar. Deshalb sieht die hM[8] in der Aufforderung zur Antragstellung einen VA, gegen den der Widerspruch zu richten ist. Da dieser Widerspruch ausnahmsweise keine aufschiebende Wirkung hat, sollte gleichzeitig einstweiliger Rechtsschutz beantragt werden.

Diese Rechtsschutzmöglichkeit scheidet aus, wenn die Jobcenter einen Antrag ohne vorherige Aufforderung stellen. Nach wohl hM soll der angegangene Sozialleistungsträger in diesem Fall die Sozialleistung gegenüber dem Jobcenter mit der Begründung ablehnen können, dass die Voraussetzungen nach § 5 Abs. 3 S. 1 SGB II nicht erfüllt sind.[9]

1. Verhältnis zu Leistungen der Arbeitslosenversicherung

Das **Alg I** ist vorrangig gegenüber den SGB II-Leistungen. Reicht es nicht für den Lebensunterhalt aus, kann ein Anspruch auf aufstockende Leistungen des Alg II bestehen (sog. Aufstocker mit Alg I). 14

Abgesehen von den Geldleistungen können sich Leistungskonkurrenzen auch bei den arbeitsmarktpolitischen Instrumenten nach dem SGB II und SGB III ergeben. Nach § 22 Abs. 1, 4 S. 1 SGB III werden SGB II-Leistungsberechtigte hinsichtlich der Arbeitsförderungsleistungen des SGB III, die ins SGB II überführt wurden, ausschließlich auf das SGB II verwiesen. Dieser **Ausschluss von Arbeitsförderungsleistungen des SGB III** betrifft 15

- das Vermittlungsangebot (§ 35 SGB III),
- die Leistungen zur Aktivierung und beruflichen Eingliederung (§§ 44 ff SGB III),
- die Leistungen zur Berufsausbildung nach §§ 73 ff, 54 a SGB III,
- die Leistungen zur beruflichen Weiterbildung (§§ 81 ff SGB III),
- die Eingliederungszuschüsse (§§ 88 ff, 131 SGB III) sowie
- die überführten Leistungen zur Teilhabe behinderter Menschen am Arbeitsleben.

Nicht betroffen von dem Ausschluss von Arbeitsförderungsleistungen nach dem SGB III sind die Vermittlungsleistungen von besonderen Dienststellen der BA und zusätzliche, trägerübergreifend organisierte Vermittlungsdienstleistungen (zB Zentrale Auslands- und Fachvermittlung).

Aufstocker mit Alg I sind von den og. Arbeitsförderungsleistungen des SGB III grds. ebenfalls ausgeschlossen. Sie werden wie alle anderen Alg II-Beziehenden auf die ins SGB II überführten Instrumente (§ 16 Abs. 1 SGB II) verwiesen. Wegen der Leistungsbe- 16

7 *Brühl* in: LPK-SGB II § 5 Rn 62.
8 *Spellbrink* Soziale Sicherheit 2004, S. 164, 167 f.
9 Vgl Eicher/Spellbrink SGB II/*Knickrehm* § 5 Rn 32 ff.

rechtigung nach dem SGB II können sie ferner mit allen Eingliederungsleistungen gefördert werden, die speziell im SGB II geregelt sind (zB kommunale Eingliederungsleistungen, Arbeitsgelegenheiten).

Ausnahmsweise regelt § 22 Abs. 1 S. 5 SGB III, dass bestimmte **Arbeitsförderungsleistungen des SGB III** auch an Aufstocker mit Alg I erbracht werden. Damit will das Gesetz dem Umstand Rechnung tragen, dass der Alg I-Anspruch, selbst wenn er nicht zum Lebensunterhalt reicht, auf Vorleistungen in Form von Pflichtbeiträgen zur Arbeitslosenversicherung beruht. Den Aufstockern mit Alg I bleiben daher – trotz Leistungsberechtigung nach dem SGB II – bestimmte Anspruchsleistungen des SGB III gegenüber der BA erhalten. Hierzu gehören die Ansprüche auf

- ein Vermittlungsangebot nach § 35 SGB III,
- einen Gutschein für eine ausschließlich erfolgsbezogen vergütete private Arbeitsvermittlung (§ 45 Abs. 7 SGB III) sowie
- besondere Leistungen zur Teilhabe am Arbeitsleben in Form von Übergangsgeld oder die Übernahme von Maßnahmekosten (§§ 117, 118 S. 1 Nr. 1, 3, 127 f SGB III).

Darüber hinaus stehen ihnen auch diejenigen Arbeitsförderungsleistungen des SGB III offen, die nicht in das SGB II überführt wurden und speziell den Bezug von Alg I voraussetzen. Dies trifft vor allem auf den Gründungszuschuss (§§ 93 f SGB III) zu.

17 Nicht mit Eingliederungsleistungen nach dem SGB II gefördert werden können die sog. **Nichtleistungsbeziehenden.** Hierbei handelt es sich um Personen, die vor allem wegen der Anrechnung von Einkommen und Vermögen der Partnerin bzw des Partners nicht hilfebedürftig sind und damit keinen Anspruch auf Alg II haben. Hierzu gehören insb. Berufsrückkehrerinnen und -rückkehrer. Da Nichtleistungsbeziehende aufgrund fehlender Hilfebedürftigkeit nicht zum leistungsberechtigten Personenkreis nach dem SGB II gehören, fallen sie wieder in den Rechtskreis des SGB III zurück, sofern sie sich danach arbeitslos melden.

2. Verhältnis zu Leistungen der Sozialhilfe

18 Bei dem Verhältnis zwischen den Leistungen zur Sicherung des Lebensunterhalts nach dem SGB II und den Leistungen der Sozialhilfe muss unterschieden werden. Ein Anspruch auf Leistungen zur Sicherung des Lebensunterhalts nach dem SGB II schließt Leistungen der **Hilfe zum Lebensunterhalt** nach §§ 27 ff SGB XII aus („Hartz IV vor Sozialhilfe", § 5 Abs. 2 S. 1 SGB II). Entgegen dem Grundsatz der Nachrangigkeit sind die Leistungen zur Sicherung des Lebensunterhalts nach dem SGB II mithin vorrangig gegenüber den gleichartigen Hilfen zum Lebensunterhalt der Sozialhilfe. Zwar enthalten beide Leistungssysteme gleichartige, aber nicht vollständig aufeinander abgestimmte Leistungen. Da das SGB II – anders als das SGB XII (vgl § 27 a Abs. 4) – eine abweichende Bedarfsfeststellung nicht zulässt, können die Hilfen zum Lebensunterhalt (SGB XII) uU höher ausfallen als die Leistungen zur Sicherung des Lebensunterhalts (SGB II). Wegen der Vorrangregelung des § 5 Abs. 2 S. 1 SGB II ist in diesen Fällen aber auch ein ergänzender Rückgriff auf die Hilfen zum Lebensunterhalt nicht möglich.

Nicht vom Ausschluss des § 5 Abs. 2 S. 1 SGB II erfasst sind die sog. **Hilfen in besonderen Lebenslagen** nach dem SGB XII. Hierzu gehören Hilfen zur Gesundheit, die Eingliederungshilfe für behinderte Menschen, die Hilfe zur Pflege, die Hilfe zur Überwindung besonderer sozialer Lebenslagen sowie die Hilfen in anderen Lebenslagen.

19 Leistungen der **Grundsicherung bei Erwerbsminderung und im Alter** nach dem Vierten Kapitel des SGB XII sind allerdings vorrangig gegenüber dem Sozialgeld (§ 5 Abs. 2 S. 2 SGB II). Die Grundsicherung bei Erwerbsminderung setzt insb. Volljährigkeit sowie ei-

ne dauerhafte und volle Erwerbsminderung voraus. Maßstab für die Dauerhaftigkeit ist die Wahrscheinlichkeit, ob die Erwerbsminderung wieder behoben werden kann (vgl § 102 Abs. 2 S. 3 SGB VI). Die Grundsicherung bei Erwerbsminderung scheidet mithin vor allem bei minderjährigen, nicht dauerhaft oder teilweise Erwerbsgeminderten aus. In diesen Fällen kommt Sozialgeld nach dem SGB II oder Hilfe zum Lebensunterhalt nach dem SGB XII als „unterstes Auffangnetz" in Betracht. Das Sozialgeld wird nur dann geleistet, wenn eine Bedarfsgemeinschaft mit einem erwerbsfähigen Leistungsberechtigten vorliegt („Akzessorietät", § 19 Abs. 1 S. 2 SGB II). Bei der Grundsicherung im Alter scheidet eine unmittelbare Leistungskonkurrenz zwischen SGB II und SGB XII aus, weil sie erst mit Erreichen der Regelaltersgrenze geleistet wird (§ 41 Abs. 2 SGB II) und Leistungen nach dem SGB II dann ausgeschlossen sind (vgl § 7 a SGB II). Siehe hierzu auch Abbildung 1 im Anhang.

3. Verhältnis zu Renten der gesetzlichen Rentenversicherung

20 Die Renten der GRV sind grds. **vorrangig gegenüber den SGB II-Leistungen** und ggf als Einkommen bei diesen anzurechnen. Bei den Renten der GRV ist zu differenzieren, weil ein ergänzender Bezug von SGB II-Leistungen nur in bestimmten Fällen in Betracht kommt. Die Renten der GRV werden als Altersrenten, Erwerbsminderungsrenten oder Hinterbliebenenrenten geleistet (§ 33 SGB VI).

a) Verhältnis zu Erwerbsminderungsrenten

21 In der GRV gibt es eine **zweistufige Erwerbsminderungsrente**, die entweder wegen einer vollen oder wegen einer teilweisen Erwerbsminderung geleistet wird. Eine volle Erwerbsminderung liegt – spiegelbildlich zur Erwerbsfähigkeit iSd § 8 SGB II – vor, wenn das Leistungsvermögen des Versicherten auf dem allgemeinen Arbeitsmarkt auf unter drei Stunden täglich gesunken ist (§ 43 Abs. 2 S. 2 SGB VI). Demgegenüber besteht eine teilweise Erwerbsminderung, wenn Versicherte wegen Krankheit oder Behinderung nur noch zwischen drei und sechs Stunden täglich auf dem allgemeinen Arbeitsmarkt erwerbstätig sein können (§ 43 Abs. 1 S. 2 SGB VI). Die teilweise Erwerbsminderungsrente beträgt idR 50 % der vollen Rente und wird von der Erwartung getragen, dass das Restleistungsvermögen auf dem Teilzeitarbeitsmarkt eingesetzt werden kann. Da das SGB II nur zwischen Nichterwerbsfähigkeit und Erwerbsfähigkeit unterscheidet, liegt bei einer teilweisen Erwerbsminderung im rentenrechtlichen Sinne grds. eine (zeitlich eingeschränkte) Erwerbsfähigkeit iSd SGB II vor, so dass bei hilfebedürftigen Beziehenden einer teilweisen Erwerbsminderungsrente grds. ein ergänzender Anspruch auf Alg II in Betracht kommt.

Leistungsberechtigte Beziehende einer sog. **Arbeitsmarktrente** sind erwerbsfähig iSd § 8 SGB II und haben daher Anspruch auf Alg II. Arbeitsmarktrenten sind eigentlich teilweise Erwerbsminderungsrenten. Sie werden als volle Erwerbsminderungsrenten geleistet, weil der Betroffene mit seinem Restleistungsvermögen auf dem Arbeitsmarkt nicht eingesetzt werden kann (konkrete Betrachtungsweise).[10] Für die Erwerbsfähigkeit iSd § 8 SGB II kommt es hingegen allein auf eine abstrakte Betrachtung der Stundenzahl an. Die Verschlossenheit des Teilzeitarbeitsmarktes ist iRd SGB II indessen ohne Bedeutung,[11] weil es gerade Ziel der Grundsicherung für Arbeitsuchende ist, Arbeitsuchende mit Vermittlungshemmnissen, zu denen auch ein eingeschränktes Leistungsvermögen zählt, verstärkt in den Arbeitsmarkt zu integrieren.

10 Eicher/Keck/Michaelis § 43 SGB VI Anm. 5.
11 BSG 21.12.2009 – B 14 AS 42/08 R.

b) Verhältnis zu Altersrenten

22 Leistungsberechtigte **Beziehende einer Altersrente** haben keinen Anspruch auf Leistungen des SGB II und zwar unabhängig davon, ob es sich um eine Regelaltersrente oder eine vorgezogene Altersrente handelt (vgl § 7 Abs. 4 S. 1 SGB II). Bei hilfebedürftigen Altersrentenbeziehenden, welche die rentenrechtliche Regelaltersgrenze noch nicht erreicht haben, scheidet mithin auch ein Anspruch auf Leistungen der Grundsicherung im Alter aus. Diese können sie erst in Anspruch nehmen, wenn sie die rentenrechtliche Regelaltersgrenze erreicht haben, die mit der sog. „Rente ab 67" schrittweise von 65 auf 67 Jahre steigt (vgl § 41 Abs. 2 SGB XII). Somit bleiben ihnen im Bedarfsfall nur ergänzende Leistungen der Hilfe zum Lebensunterhalt nach §§ 27 ff SGB XII.

Im Regelfall müssen Versicherte für den **vorzeitigen Bezug einer Altersrente** Abschläge iHv 0,3 % für jeden Monat in Kauf nehmen, um den die Altersrente vorzeitig in Anspruch genommen wird. Je nach Rentenart können sich hieraus Abschläge von idR bis zu 10,8 % und mehr ergeben. Zu den Altersrenten, die vorzeitig in Anspruch genommen werden können, vgl § 34 iVm §§ 236 ff SGB VI.

Beispiel: Laut Rentenbescheid wird A, der Anfang Mai Alg II iHv 600 EUR erhalten hat, ab dem 1.7. eine Altersrente iHv 700 EUR beziehen. Diese Rente wird ihm allerdings erst am Monatsende, dh Ende Juli, ausgezahlt. Muss A im Juli eine Zahlungslücke hinnehmen?

A ist im Juli nicht als Altersrentner vom Alg II-Bezug ausgeschlossen, weil der Ausschluss des § 7 Abs. 4 SGB II nur für Beziehende einer Altersrente gilt, A bis Ende Juli indes noch keine Altersrente bezogen hat. Trotzdem hat A im Juli keinen Anspruch auf Alg II, weil die Altersrente, auch wenn sie erst Ende Juli überwiesen wird, als Einkommen im Zuflussmonat Juli angerechnet wird (vgl § 11 Abs. 2 S. 1 SGB II). A kann jedoch ein Darlehen für Juli nach § 24 Abs. 4 SGB II beantragen.

c) Antragspflicht

23 Da die Renten der GRV vorrangige Leistungen darstellen, sind Leistungsberechtigte nach dem SGB II grds. verpflichtet, diese in Anspruch zu nehmen und zu beantragen (§ 12 a S. 1 SGB II). Die **Antragspflicht** der Leistungsberechtigten kombiniert mit einer Antragsbefugnis der Jobcenter führt dazu, dass die Leistungsberechtigten rechtlich und faktisch gezwungen sind, auch gegen ihren Willen eine vorzeitige Altersrente in Anspruch zu nehmen („Zwangsverrentung"). Dabei spielen die Abschläge bzw deren Höhe keine Rolle. Vielmehr müssen auch abschlagsbehaftete Renten als vorrangige Leistungen iSd § 12 a S. 1 SGB II in Anspruch genommen werden.

24 Eine **Ausnahme** von der Antragspflicht regelt § 12 a S. 2 Nr. 1 SGB II. Hiernach muss eine Altersrente vor Vollendung des 63. Lebensjahres nicht in Anspruch genommen werden.

25 Eine weitere Ausnahme von der Antragspflicht enthält § 1 UnbilligkeitsV, die das BMAS auf Grundlage von § 13 Abs. 2 SGB II erlassen hat. Danach müssen vorzeitige Altersrenten auch nach dem 63. Lebensjahr nicht beantragt werden, wenn die **Inanspruchnahme unbillig** wäre. Unbillig ist die vorzeitige Inanspruchnahme einer Altersrente, wenn sie aus gesetzlichen oder verfassungsrechtlichen Gründen von den Leistungsberechtigten nicht verlangt werden kann.[12] Der unbestimmte Rechtsbegriff der Unbilligkeit wird in den §§ 2 bis 5 UnbilligkeitsV durch Beispiele konkretisiert, aber nicht abschließend definiert. Nach den Regelbeispielen der §§ 2 bis 5 UnbilligkeitsV ist eine vorzeitige Inanspruchnahme unbillig

- bei Verlust eines Alg I-Anspruchs (§ 2 UnbilligkeitsV),
- bei einer bevorstehenden abschlagsfreien Altersrente (§ 3 UnbilligkeitsV),

12 Begründung zu § 2 des Referentenentwurfs für eine UnbilligkeitsV, 8.

- bei einer Erwerbstätigkeit (§ 4 UnbilligkeitsV),
- bei Glaubhaftmachung einer bevorstehenden Erwerbstätigkeit (§ 4 UnbilligkeitsV).

Für die im Gesetz verwendeten Begriffe „bevorstehend“ und „in nächster Zukunft“ ist regelmäßig auf einen Zeitraum von drei Monaten abzustellen.

Mit der Unbilligkeit wegen **Ausübung einer Erwerbstätigkeit** (§ 4 UnbilligkeitsV) soll verhindert werden, dass ältere Alg II-Beziehende, die durch ihre Erwerbstätigkeit bereits zu einem erheblichen Umfang zur Deckung des eigenen Lebensunterhalts beitragen, in eine vorgezogene Altersrente gedrängt werden können. Die Erwerbstätigkeit muss allerdings den überwiegenden Teil der Arbeitskraft in Anspruch nehmen. Reine Nebenerwerbstätigkeiten reichen hierfür nicht aus. Da die Vorschrift den Begriff „sozialversicherungspflichtig beschäftigt“ verwendet, muss das Einkommen die Geringfügigkeitsgrenze von 400 EUR übersteigen. Gleiches gilt für eine sonstige Erwerbstätigkeit (zB selbstständige Erwerbstätigkeit).

Nach § 5 UnbilligkeitsV liegt eine Unbilligkeit wegen einer **bevorstehenden Erwerbstätigkeit** nur vor, wenn durch die Vorlage des Arbeitsvertrages oder einer anderen ebenso verbindlichen, schriftlichen Zusage glaubhaft gemacht wird, dass es sich um eine Erwerbstätigkeit iSd § 4 UnbilligkeitsV handelt und diese nicht nur vorübergehend ausgeübt wird. Haben Alg II-Beziehende die bevorstehende Erwerbstätigkeit bereits einmal glaubhaft gemacht, ist eine erneute Glaubhaftmachung ausgeschlossen. Steht bereits vor der geplanten Aufnahme einer Erwerbstätigkeit fest, dass diese nicht aufgenommen oder ausgeübt werden wird, liegt ebenfalls keine Unbilligkeit vor.

Praxishinweis: An die Glaubhaftmachung einer bevorstehenden Erwerbstätigkeit werden strenge Anforderungen gestellt. Der Termin für ein Vorstellungsgespräch oder die Vorlage eines Businessplans für eine selbstständige Erwerbstätigkeit reichen regelmäßig nicht aus.

26 Schließlich besteht eine Ausnahme von der Antragspflicht in den Bestandsschutzfällen der sog. **58er-Regelung** (§ 65 Abs. 4 SGB II iVm § 428 SGB III). Hiernach konnten Alg II-Beziehende ab 58 Jahren bis Ende 2007 mit den Jobcentern den erleichterten Bezug von Alg II vereinbaren. Dabei konnten sie sich von der Pflicht zur Arbeitsaufnahme bzw Teilnahme an Eingliederungsmaßnahmen befreien lassen und mussten sich im Gegenzug verpflichten, die frühestmögliche abschlagsfreie Altersrente zu beantragen. § 65 Abs. 4 SGB II iVm § 428 SGB III sieht einen Bestandsschutz für diejenigen vor, die seinerzeit von der 58er-Regelung Gebrauch gemacht haben. Für Leistungsbeziehende, deren Alg I- bzw Alg II-Anspruch erst ab dem 1.1.2008 entstanden ist, besteht die 58er-Regelung nicht mehr, so dass sie die frühestmögliche Altersrente auch dann in Anspruch nehmen müssen, wenn sie mit Abschlägen belegt ist.

Praxishinweis: Aus Gleichbehandlungsgründen wurde die Pflicht zur Beantragung einer Altersrente auch bei den Alg II-Beziehenden auf die frühestmögliche abschlagsfreie Altersrente begrenzt, die von der 58er-Regelung nicht Gebrauch gemacht haben, aber zum damaligen Zeitpunkt hätten Gebrauch machen können.

4. Verhältnis zum Krankengeld

27 Das Krankengeld ist gegenüber dem Alg II vorrangig. Da Krankenversicherte, die nur aufgrund des Bezugs von Alg II versicherungspflichtig sind, **keinen Krankengeldanspruch** (§ 44 Abs. 2 S. 1 Nr. 1 iVm § 5 Abs. 1 Nr. 2 a SGB V), sondern weiterhin Anspruch auf Alg II haben, ist ein Zusammentreffen von Alg II- und Krankengeldbezug nur in bestimmten Fällen möglich.

Ein **gleichzeitiger Bezug** von Krankengeld und Alg II ist zB dann möglich, wenn die Erkrankung vor dem Alg II-Bezug eingetreten ist und zu diesem Zeitpunkt Alg I bezogen wurde. Alg I-Beziehende sind in der GKV grds. pflichtversichert (§ 5 Abs. 1 Nr. 2 SGB V) und – anders als Alg II-Beziehende – nicht vom Krankengeldanspruch ausgeschlossen. Während des Alg I-Bezugs wird dieses bis zur Dauer von sechs Wochen weitergezahlt (§ 126 Abs. 1 SGB III); der Krankengeldanspruch ruht (§ 49 Abs. 1 Nr. 3 a SGB V). Endet der Alg I-Anspruch während der Arbeitsunfähigkeit, lebt der Krankengeldanspruch wieder auf, weil der Ruhenstatbestand des § 49 Abs. 1 Nr. 3 a SGB V entfällt. Tritt dann – trotz des Krankengeldes – Hilfebedürftigkeit ein, besteht ein Anspruch auf ergänzendes Alg II, solange der Leistungsberechtigte noch erwerbsfähig iSd § 8 SGB II ist. Ein weiterer Ausnahmefall gilt bei sog. Aufstockern, die das Alg II ergänzend zu Alg I oder einem nicht bedarfsdeckenden, sozialversicherungspflichtigen Erwerbseinkommen beziehen. Diese Personen haben mit ihrer Krankenversicherung Anspruch auf Krankengeld.

5. Verhältnis zu Kindergeld, Kinderzuschlag und Unterhaltsvorschuss

28 **Kindergeld, Unterhaltsvorschuss und Kinderzuschlag** sind vorrangig gegenüber den Leistungen des SGB II. Das Kindergeld ist grds. eine Anspruchsleistung der Eltern und wird idR nach §§ 31, 62 EStG gewährt. Der Unterhaltsvorschuss wird bei Kindern unter zwölf Jahren geleistet, die bei einem Elternteil leben und von dem anderen Elternteil keinen regelmäßigen Unterhalt erhalten. Der Kinderzuschlag (§ 6 a BKGG) soll verhindern, dass Eltern allein aufgrund der Unterhaltsbelastung für ihre Kinder SGB II-Leistungen beantragen müssen. Ziel des Kinderzuschlages ist, Hilfebedürftigkeit nach dem SGB II zu beseitigen. Der Kinderzuschlag schließt den Bezug von Leistungen nach dem SGB II aus, da er zum Wegfall der Hilfebedürftigkeit führt (vgl § 6 a Abs. 1 Nr. 4 BKGG). Er beträgt für jedes zu berücksichtigende Kind monatlich jeweils maximal 140 EUR und soll – wie das Alg II – jeweils für sechs Monate bewilligt werden (§ 6 a Abs. 2 S. 1, 2 BKGG). Anders als das Kindergeld ist der Kinderzuschlag keine der Höhe nach feststehende Leistung, sondern wird um anrechenbares Einkommen und Vermögen gemindert (§ 6 a Abs. 3 S. 1 BKGG).

29 Auch wenn der Kinderzuschlag grds. eine vorrangige Leistung gegenüber den SGB II-Leistungen darstellt, besteht dann **keine Pflicht zu dessen Inanspruchnahme**, wenn dadurch nicht die Hilfebedürftigkeit aller Mitglieder der Bedarfsgemeinschaft für einen zusammenhängenden Zeitraum von mindestens drei Monaten beseitigt werden kann (§ 12 a S. 2 Nr. 2 SGB II). Darüber hinaus räumt § 6 a Abs. 5 BKGG ein Wahlrecht zugunsten der SGB II-Leistungen ein, wenn durch den Bezug des Kinderzuschlages höhere SGB II-Leistungen oder andere Vorteile verloren gehen würden (zB Leistungen für Mehrbedarfe, Pflichtversicherung in der GKV). In diesem Fall können Kinderzuschlagsberechtigte gegenüber dem Jobcenter oder der Familienkasse erklären, den Kinderzuschlag für einen bestimmten Zeitraum nicht in Anspruch nehmen zu wollen. Diese Verzichtserklärung hat zur Folge, dass der Anspruch auf den Kinderzuschlag entfällt und damit den SGB II-Leistungen nicht mehr entgegensteht. Neben dem Wahlrecht zugunsten der SGB II-Leistungen räumt § 6 a Abs. 1 Nr. 4 S. 2 ff BKGG auch ein Wahlrecht gegen die SGB II-Leistungen ein. Danach kann auf Leistungen für Mehrbedarfe verzichtet werden mit der Folge, dass sie auch bei der Berechnung des Kinderzuschlages nicht zu berücksichtigen sind.

6. Verhältnis zum Wohngeld

30 Zwischen den SGB II-Leistungen und dem Wohngeld besteht idR **kein Konkurrenzverhältnis.** Denn nach § 7 WoGG sind Alg II- und Sozialgeld-Beziehende, bei deren Leistungen die Kosten für Unterkunft und Heizung berücksichtigt wurden, grds. vom Wohngeld ausgeschlossen. Dieser Ausschluss vom Wohngeld gilt auch, wenn das Alg II als Vorschuss auf das Übergangsgeld bei Leistungen der medizinischen Rehabilitation der GRV oder auf das Verletztengeld der GUV geleistet wird. Ausgeschlossen vom

Wohngeld sind auch Auszubildende, die vom Jobcenter nach § 27 Abs. 3 SGB II einen Zuschuss zu ihren ungedeckten angemessenen Kosten für Unterkunft und Heizung erhalten. Der Ausschluss vom Wohngeld erstreckt sich auf alle Haushaltsmitglieder, die bei der Berechnung der SGB II-Leistungen berücksichtigt wurden.

31 Das Wohngeld ist **ausnahmsweise nicht ausgeschlossen** und damit grds. als vorrangige Leistung in Anspruch zu nehmen, wenn

- die SGB II-Leistungen darlehensweise gewährt werden (§ 7 Abs. 1 S. 3 Nr. 1 WoGG),
- die Hilfebedürftigkeit durch das Wohngeld vermieden oder beseitigt werden kann und entweder die SGB II-Leistungen während der Dauer des Verwaltungsverfahrens noch nicht erbracht wurden oder die Jobcenter die SGB II-Leistungen als nachrangig verpflichteter Leistungsträger erbringen (§ 7 Abs. 1 S. 3 Nr. 2 WoGG) oder
- auf die SGB II-Leistungen verzichtet wird, um Wohngeld zu beantragen (§ 8 Abs. 2 WoGG).

32 Durch das komplizierte Regel-Ausnahme-Verhältnis beim Ausschluss von Wohngeld sind Fälle denkbar, in denen in einer Bedarfsgemeinschaft sowohl Wohngeldberechtigte als auch vom Wohngeld ausgeschlossene Personen leben („**Mischhaushalte**"). Dies ist zB der Fall, wenn Eltern als Alg II-Beziehende vom Wohngeld ausgeschlossen sind, das Kind hingegen seinen Bedarf aus eigenem Einkommen und Wohngeld decken kann. Das Wohngeld für das Kind darf bei den Eltern nicht als Einkommen berücksichtigt werden (§ 40 WoGG). In diesen Mischfällen besteht keine Pflicht zur Beantragung des Wohngeldes, wenn dadurch nicht die Hilfebedürftigkeit aller Mitglieder der Bedarfsgemeinschaft für einen zusammenhängenden Zeitraum von mindestens drei Monaten beseitigt wird (§ 12 a S. 2 Nr. 2 SGB II).

B. Verfahren

1 Das **Sozialverwaltungsverfahren** zur Umsetzung des SGB II richtet sich grds. nach dem SGB X (vgl § 40 Abs. 1 S. 1 SGB II), wird aber durch einige Spezialregelungen in den §§ 36 ff SGB II ergänzt. Eingeleitet wird es mit dem Antrag auf SGB II-Leistungen. Er verpflichtet die Jobcenter, ein Verwaltungsverfahren durchzuführen (vgl § 18 SGB X). Bleiben die SGB II-Träger trotz Antragstellung untätig, können sie auf gerichtlichem Wege über eine Untätigkeitsklage (§ 88 SGG) oder einstweiligen Rechtsschutz (§ 86 b SGG) zur Bescheidung gezwungen werden. Das Sozialverwaltungsverfahren endet idR mit dem Erlass eines Verwaltungsaktes oder dem Abschluss, der Kündigung oder Aufhebung eines öffentlich-rechtlichen Vertrages. Es kann aber auch dadurch enden, dass ein Antrag zurückgenommen oder sich durch Änderung der tatsächlichen oder rechtlichen Verhältnisse erledigt hat.

I. Antrag

2 Leistungen nach dem SGB II werden nur auf Antrag erbracht (§ 37 Abs. 1 S. 1 SGB II). Die SGB II-Leistungen setzen also nicht – wie in der Sozialhilfe (vgl § 18 SGB XII) – schon dann ein, wenn die Jobcenter Kenntnis vom Vorliegen der Leistungsvoraussetzungen haben. Vielmehr stellt der Antrag im SGB II einen **leistungsbegründenden Akt**[1] dar, durch den die Leistungspflicht der Jobcenter begründet wird. Neben der leistungsbegründenden Wirkung hat der Antrag auch eine verfahrensrechtliche Bedeutung. Er eröffnet das Verwaltungsverfahren, das mit dem Erlass eines VA schließt (§ 8 SGB X). Das Antragserfordernis wird durch Aufklärungs-, Beratungs- und Auskunftspflichten der Jobcenter (§§ 13 ff SGB I) flankiert.

1. Antragsinhalt und antragstellende Person

3 Der Antrag ist eine **einseitige, empfangsbedürftige öffentlich-rechtliche Willenserklärung**, auf die – soweit sich nicht aus sozialrechtlichen Bestimmungen Anderweitiges ergibt – die Regelungen des BGB Anwendung finden (§§ 130 ff BGB).[2] Mit der Willenserklärung wird zum Ausdruck gebracht, dass Leistungen vom Jobcenter begehrt werden. Bei der Beurteilung, ob und welche Leistungen beantragt werden sollen, muss das Jobcenter die Erklärung auslegen und unter Beachtung des Grundsatzes der Meistbegünstigung[3] den wirklichen Willen der Antragstellenden erforschen. Der Antrag bezieht sich grds. auf alle Geldleistungen nach dem SGB II, insb. auf das Alg II und Sozialgeld (§ 19 SGB II). Zu beachten ist, dass bestimmte Leistungen (vgl im Einzelnen § 37 Abs. 1 S. 2 SGB II) gesondert zu beantragen sind.

4 Anträge auf Sozialleistungen kann stellen und verfolgen, wer handlungsfähig, dh mindestens 15 Jahre alt ist (§ 36 Abs. 1 SGB I). Leistungsberechtigte können sich bei Antragstellung vertreten lassen. Aus Gründen der Verwaltungspraktikabilität und -ökonomie sieht § 38 SGB II eine **gesetzliche Vertretungsvermutung** vor (s.u. C. Rn 50 f).

2. Antragsform und Antragszugang

5 Das Gesetz sieht für den Antrag auf Leistungen des SGB II **keine bestimmte Form**, auch keine Schriftform, vor. Der Antrag kann daher dem Grunde nach auch mündlich, telefonisch, per Fax bzw E-Mail gestellt werden; allerdings kann in diesen Fällen der Nach-

1 BSG 30.9.2008 – B 4 AS 29/07 R.
2 BSG 28.10.2009 – B 14 AS 56/08 R.
3 BSG 23.3.2010 – B 14 AS 6/09 R; 19.8.2010 – B 14 AS 10/09 R.

weis des Antragszugangs problematisch sein. Das Antragsformular erfüllt lediglich den Zweck, den für die Entscheidung erforderlichen Sachverhalt zu ermitteln und darauf hinzuwirken, dass unverzüglich klare und sachdienliche Anträge gestellt und unvollständige Angaben ergänzt werden. Mit dem Ausfüllen des Antragsformulars kommen die Antragstellenden ihren Mitwirkungsobliegenheiten bei der Sachverhaltsermittlung nach (§ 60 Abs. 2 SGB I). Erfüllen sie diese Obliegenheiten nicht, können die Jobcenter die Leistungen nur unter den Voraussetzungen des § 66 Abs. 1, 3 SGB I versagen oder entziehen.

6 Die Leistungen des SGB II werden grds. ab Antragstellung erbracht. Der Antrag wird erst wirksam, wenn er dem Jobcenter zugeht (§ 130 Abs. 1, 3 BGB). Unter **Antragszugang** versteht man, dass der Antrag so in den Bereich des Jobcenters gelangen muss, dass es unter normalen Verhältnissen die Möglichkeit der Kenntnisnahme hat. Hierfür reicht zB aus, wenn der Antrag bei der Eingangsstelle des Jobcenters eingeht oder bei einer Vorsprache gegenüber Sachbearbeitern des Jobcenters gestellt wird. Grds. tragen die Leistungsberechtigten die Beweislast für den Antragszugang. Für normale Postsendungen besteht nach hM kein Beweis des ersten Anscheins dafür, dass eine zur Post gegebene Sendung den Empfänger auch erreicht.[4] Schwierig ist der Eingangsnachweis bei Anträgen, die per Telefax oder per E-Mail gestellt wurden. Denn in diesen Fällen geht der Antrag erst zu, wenn das Jobcenter die gesendeten Telefaxsignale empfangen hat bzw wenn die E-Mail beim Provider des Jobcenters abrufbar gespeichert ist. Vertreten wird, dass eine Antragsstellung per E-Mail nicht möglich ist, wenn das Jobcenter eine E-Mail-Adresse ausdrücklich mit dem Hinweis veröffentlicht, dass diese zur Entgegennahme von Anträgen nicht bestimmt ist.[5]

Praxishinweis: Anträge sollten regelmäßig per Einschreiben versandt oder persönlich abgegeben werden. Bei persönlich abgegebenen Anträgen ist darauf zu achten, dass der Eingang auf dem Antrag mit Datum vermerkt wird. Darüber hinaus sollte man sich den Empfang des Antrags auf einer Kopie mit Datum bestätigen lassen.

7 Die Jobcenter sind verpflichtet, darauf hinzuwirken, dass unverzüglich klare und sachdienliche Anträge gestellt und unvollständige Angaben ergänzt werden (§ 16 Abs. 3 SGB I) und dass die Leistungsberechtigten die ihnen zustehenden Sozialleistungen in zeitgemäßer Weise, umfassend und zügig erhalten (§ 17 Abs. 1 Nr. 1 SGB I). Daher ist eine **Verweigerung der Annahme von Anträgen** auf SGB II-Leistungen durch die Jobcenter auch dann rechtswidrig, wenn sie die Annahmeverweigerung damit begründen, dass der Antrag in der Sache unzulässig bzw unbegründet (vgl § 20 Abs. 3 SGB X) oder unvollständig sei. Vielmehr muss das Jobcenter den Antrag annehmen und die Leistungsberechtigten auffordern, die entscheidungserheblichen Angaben nachzureichen.

Praxishinweis: Wenn das Jobcenter die Annahme eines Antrags verweigert, dann sollte der Antrag entweder per Einschreiben zugestellt oder unter Zeugen in den Hausbriefkasten des Jobcenters eingeworfen werden.

3. Rück- bzw Fortwirkung des Antrags

8 SGB II-Leistungen werden grds. **nicht** für Zeiten **vor Antragsstellung** erbracht (§ 37 Abs. 2 S. 1 SGB II). Wird der Antrag verspätet gestellt, können Leistungsansprüche daher uU verloren gehen. Eine Wiedereinsetzung in den vorigen Stand scheidet in diesen Fällen regelmäßig aus, weil der Grundsatz „Leistungen erst ab Antragstellung" keine gesetzliche Frist iSd § 27 SGB X darstellt.[6] Eine Rückwirkung des Antrags, mit der Folge, dass Leistungen vor Antragsstellung gewährt werden, kommt nur in Ausnahmefäl-

4 LSG NRW 17.4.2008 – L 9 AS 69/07.
5 *Blüggel* Soziale Sicherheit 2009, S. 193.
6 BSG 18.1.2011 – B 4 AS 99/10 R.

len in Betracht. Einen solchen Ausnahmefall regelt § 37 Abs. 2 S. 2 SGB II. Hiernach wirkt ein Antrag, der im Laufe eines Monats gestellt wird, auf den Monatsersten zurück.

Praxishinweis Die Rückwirkung der Antragsabgabe auf den Monatsersten hat im Wesentlichen einen fiskalischen Grund: Es soll erreicht werden, dass Einnahmen, die im Antragsmonat vor Antragstellung zufließen, als Einkommen und nicht als Vermögen mit den dann zu berücksichtigenden Vermögensfreibeträgen zu behandeln sind.

9 Eine weitere Ausnahme bilden die beiden Fälle der sog. **wiederholten Antragsstellung** nach § 40 Abs. 1 S. 1 SGB II iVm § 28 SGB X. Im ersten Fall (§ 28 S. 1 SGB X) geht es um Konstellationen, bei denen ein Antrag auf SGB II-Leistungen nur deshalb nicht gestellt wurde, weil eine andere Sozialleistung (zB Wohngeld, Kinderzuschlag, Rente etc.) beantragt worden ist, diese aber dann abgelehnt wird oder erstattet werden muss. Hier wirkt ein nachgeholter Antrag auf SGB II-Leistungen bis zu einem Jahr zurück, wenn er unverzüglich nach Ablauf des Ablehnungsbescheides über die andere Leistung nachgeholt wird (§ 28 S. 1 SGB X iVm § 40 Abs. 5 SGB II). Der zweite Fall der wiederholten Antragstellung (§ 28 S. 2 SGB X) spielt in der SGB II-Praxis eine geringere Rolle, da es um Fälle geht, in denen eine rechtzeitige Antragstellung aus Unkenntnis über die Anspruchsvoraussetzungen unterlassen wurde und die beantragte Leistung gegenüber den SGB II-Leistungen nachrangig ist.

10 **Praxishinweis:** In besonderen Ausnahmefällen können Antragstellende im Wege des sozialrechtlichen Herstellungsanspruchs so zu stellen sein, als hätten sie den Antrag auf Leistungen nach dem SGB II rechtzeitig gestellt.[7]

11 Umstritten ist, ob ein wirksam gestellter Antrag auf SGB II-Leistungen, auch über den Bewilligungszeitraum hinaus seine Wirkung behält.[8] Die herrschende Meinung[9] lehnt eine solche Fortwirkung des ursprünglich gestellten Antrags ab und hält einen Folgeantrag für erforderlich. Weder die Rechtsprechung des BSG zur ehemaligen Arbeitslosenhilfe[10] noch zur Grundsicherung im Alter und bei Erwerbsminderung[11] könne auf das SGB II übertragen werden. Denn zum einen handele es sich bei den SGB II-Leistungen nicht um einen einheitlichen und fortwährenden Anspruch und zum anderen habe der Antrag im SGB II eine leistungsbegründende Wirkung. Auch Wortlaut, Gesetzesbegründung sowie Sinn und Zweck des § 37 Abs. 1 SGB II sprächen für das Erfordernis eines Folgeantrags.[12]

Praxishinweis: Aus der Auskunfts- und Beratungspflicht (§§ 14 f SGB I) folgt, dass die Jobcenter Leistungsberechtigte vor Ablauf des Bewilligungszeitraums auf das Erfordernis eines Folgeantrags hinzuweisen haben. Dies erfolgt idR vier Wochen vor Ablauf des Bewilligungszeitraums.[13] Erfolgt ein solcher Hinweis nicht und hat das Jobcenter schon bei vorherigen Bewilligungszeiträumen ohne Folgeantrag weitergezahlt, kann sich ein Leistungsanspruch trotz verspäteten Antrags nach den Grundsätzen des sozialrechtlichen Herstellungsanspruchs ergeben.[14]

II. Zuständigkeit

12 Anträge sind grds. beim sachlich und örtlich zuständigen Jobcenter zu stellen (§ 16 Abs. 1 S. 1 SGB I iVm §§ 6 f, 36 SGB II). „Jobcenter" ist die Bezeichnung für die ge-

7 Zum sozialrechtlichen Herstellungsanspruch siehe: BSG 18.1.2011 – B 4 AS 29/10 R; Hauck/Noftz SGB II/*Müller* § 37 Rn 16 ff.
8 So SG Reutlingen 13.12.2007 – S 3 AS 3000/07.
9 BSG 18.1.2011 – B 4 AS 99/10 R mwN; LSG NRW 17.4.2008 – L 9 AS 69/07.
10 BSG 29.1.2001 – B 7 AL 16/00 R.
11 BSG 29.9.2009 – B 8 SO 13/08 R.
12 BSG 18.1.2011 – B 4 AS 99/10 R.
13 BA-FH zu § 37 SGB II Rn 37.15.
14 Vgl BSG 18.1.2011 – B 4 AS 29/10 R.

meinsamen Einrichtungen aus Arbeitsagenturen und kommunalen Trägern sowie für die Optionskommunen (§ 6 d SGB II). Neben den zuständigen Trägern werden Anträge auch von allen anderen Leistungsträgern und Gemeinden entgegengenommen (§ 16 Abs. 1 S. 2 SGB I).

Praxishinweis: Geht ein Antrag bei einem unzuständigen Leistungsträger oder einer unzuständigen Gemeinde ein, ist er unverzüglich an den zuständigen Leistungsträger weiterzuleiten (§ 16 Abs. 2 S. 1 SGB I). In diesem Fall gilt der Antrag als zu dem Zeitpunkt gestellt, in dem er bei dem unzuständigen Leistungsträger eingegangen ist (§ 16 Abs. 2 S. 2 SGB I).

1. Sachliche Zuständigkeit

13 Seit Einführung des SGB II gilt für die sachliche Zuständigkeit ein **duales Modell der Aufgabenwahrnehmung.** Da eine alleinige Leistungsträgerschaft des Bundes oder der Kommunen politisch nicht durchsetzbar war, wurde die Trägerschaft im SGB II zwischen der BA und den Kommunen aufgeteilt und die Zusammenarbeit der beiden Leistungsträger zunächst in sog. ARGE geregelt. Als Alternative zu diesem Kooperationsmodell wurde einer begrenzten Anzahl von Kommunen gestattet, neben den eigenen SGB II-Aufgaben auch die der BA eigenverantwortlich und an deren Stelle wahrzunehmen („Optionsmodell"). Mit Urteil vom 20.12.2007 erklärte das BVerfG[15] die Zusammenarbeit von BA und Kommunen in den ARGE als unvereinbar mit dem GG und gab dem Gesetzgeber auf, bis zum 31.12.2010 eine verfassungskonforme Neuregelung zu treffen. Es begründete seine Entscheidung insb. damit, dass die ARGE als gemeinsame Verwaltungseinrichtung von BA und Kommune in der Kompetenzordnung des GG nicht vorgesehen sei und das Recht der Kommunen auf eigenverantwortliche Aufgabenerledigung verletze.

14 Nach kontroversen Diskussionen einigte sich eine politische Spitzengruppe im März 2010 schließlich auf einen Kompromiss für eine **Organisationsreform.** Die geteilte Trägerschaft im SGB II sollte grds. beibehalten und die bewährte Zusammenarbeit von Bund und Kommunen in gemeinsamen Einrichtungen als Regelmodell verfassungskonform abgesichert werden. Gleichzeitig sollte das Optionsmodell als Ausnahme vom Regelmodell entfristet und begrenzt ausgeweitet werden. Die Organisationsreform wurde mit zwei Gesetzgebungsverfahren umgesetzt: Mit dem Gesetz zur Änderung des Grundgesetzes (Art. 91 e)[16] wurde der verfassungsrechtliche Rahmen geschaffen. Die nähere Ausgestaltung der Aufgabenwahrnehmung erfolgte mit dem Gesetz zur Weiterentwicklung der Organisation der Grundsicherung für Arbeitsuchende.[17] Am 1.1.2011 ist die Organisationsreform in Kraft getreten.

Übergangsregelungen zur Organisationsreform finden sich in § 76 SGB II. Der Übergang von der ARGE zur gemeinsamen Einrichtung (gE) ist für laufende Verwaltungs- und Gerichtsverfahren von Amts wegen zu berücksichtigen. Für den Fall, dass im Bereich eines kommunalen Trägers bis zum 31.3.2010 eine getrennte Aufgabenwahrnehmung stattgefunden hat, konnte diese ausnahmsweise bis zum 31.12.2011 fortgeführt werden (§ 76 Abs. 1 SGB II). Hiermit soll den betroffenen Trägern ausreichend Zeit für die Gründung einer gE gegeben werden. Die bestehenden zugelassenen kommunalen Träger sind seit dem 1.1.2011 entfristet (§ 6 a Abs. 1 SGB II).[18] Für die Zulassung neuer Optionskommunen sind nach § 6 a Abs. 4 SGB II zwei Antragsfristen vorgesehen: Die Antragsfrist für Zulassungen zum 1.1.2012 endete am 31.12.2010. Soweit die Ober-

15 BVerfG 20.12.2007 – 2 BvR 2433/04.
16 Gesetz vom 21.7.2010 (BGBl. I, 944).
17 Gesetz vom 3.8.2010 (BGBl. I, 1112).
18 Zur verfassungsrechtlichen Zulässigkeit der Entfristung und Ausweitung des Optionsmodells vgl: *Wahrendorf* SozialRecht aktuell 2009, 2; *Bundesministerium des Innern, Bundesministerium der Justiz und Bundesministerium der Finanzen (2010)*, S. 2 ff.

grenze für Optionskommunen von einem Viertel aller Jobcenter dann noch nicht erreicht ist, läuft im Jahr 2015 eine weitere Antragsfrist für eine Zulassung zum 1.1.2017.

Praxishinweis: Bei einem Wechsel der Trägerschaft oder der Organisationsform tritt der (neue) zuständige Träger oder die (neue) zuständige Organisationsform an die Stelle des bisherigen Trägers bzw Organisationsform (§ 76 Abs. 3 S. 1 SGB II). Dies gilt ausdrücklich auch für laufende Verwaltungs- und Gerichtsverfahren.

a) Aufgabenwahrnehmung bei gemeinsamen Einrichtungen (gE)

15 Auch nach der Organisationsreform gilt für das SGB II eine **geteilte sachliche Zuständigkeit**, für die § 6 Abs. 1 S. 1 SGB II ein Regel-Ausnahme-Verhältnis vorsieht: Die BA ist grds. für alle Aufgaben des SGB II sachlich zuständig, es sei denn, es handelt sich um eine von den abschließend aufgezählten SGB II-Aufgaben, die ausnahmsweise den kommunalen Trägern zugewiesen sind. Damit aus dieser geteilten sachlichen Zuständigkeit keine getrennte Aufgabenwahrnehmung erwächst, verpflichtet das Gesetz die beiden Träger zur Bildung einer gE, in der eine gemeinsame Aufgabenwahrnehmung stattfinden soll. Die jeweiligen sachlichen Zuständigkeiten bleiben hiervon allerdings unberührt. Die geteilte Trägerschaft macht eine Reihe von Sonderregelungen im SGB II notwendig, wie zB die Reihenfolge der Anrechnung von Einkommen und Vermögen auf die Leistungen der jeweiligen Träger (vgl § 19 Abs. 3 SGB II) oder die Berücksichtigung von Rückzahlungen und Gutschriften, die den Kosten für Unterkunft und Heizung zuzuordnen sind (§ 22 Abs. 3 SGB II).

aa) Geteilte sachliche Zuständigkeit

16 Der § 6 Abs. 1 S. 1 Nr. 2 SGB II regelt eine **Sonderzuständigkeit der kommunalen Träger** für bestimmte Aufgaben des SGB II. Demnach sind sie sachlich zuständig für

- die kommunalen Eingliederungsleistungen,
- die Leistungen für Unterkunft und Heizung,
- die Einmalleistungen für eine Erstausstattung der Wohnung,
- die Einmalleistungen für eine Erstausstattung mit Bekleidung,
- die Einmalleistungen für eine Erstausstattung bei Schwangerschaft und Geburt,
- den Zuschuss zu den Unterkunfts- und Heizkosten bei bestimmten Auszubildenden,
- die Leistungen für Bildung und Teilhabe.

Die kommunalen Träger nehmen diese Aufgaben in originärer Zuständigkeit wahr. Das BVerfG hat in dieser direkten Aufgabenzuweisung keinen verfassungswidrigen Durchgriff des Bundes auf die kommunale Ebene gesehen.[19] Ungeachtet dessen muss der Bund einen Teil der Kosten tragen (vgl § 46 SGB II), ohne dass ihm ein entsprechendes Weisungs- bzw Aufsichtsrecht zusteht (§ 47 SGB II). Die Aufsicht über die kommunalen Träger führen die zuständigen Landesbehörden, soweit sie ein Weisungsrecht gegenüber den gE haben (§§ 47 Abs. 2 S. 1, 44 b Abs. 3 SGB II).

Kommunale Träger sind die **Kreise und kreisfreien Städte**. Allerdings ist den Bundesländern erlaubt, durch Landesrecht andere Träger für diese Aufgaben zu bestimmen. Insoweit kommen Zweckverbände, gemeinsame kommunale Anstalten und sonstige überörtliche Träger in Betracht.[20] Als anderer Träger wurde zB die Region Hannover für ihr gesamtes Gebiet bestimmt (§ 1 Abs. 1 S. 1 Niedersächsisches Ausführungsgesetz zum SGB II). Von der Bestimmung eines anderen Trägers zu unterscheiden ist die Heranzie-

19 BVerfG 20.12.2007 – 2 BvR 2433/04, Rn 155 ff.
20 Hauck/Noftz SGB II/*Luthe* § 6 Rn 6 a.

hung von kreisangehörigen Gemeinden oder Gemeindeverbänden durch die Kreise (§ 6 Abs. 2 SGB II).

Praxishinweis: Im Falle der Heranziehung bleiben die Kreise sachlich zuständig und können den herangezogenen Gemeinden oder Gemeindeverbänden Weisungen erteilen. Dies gilt dem Grunde nach auch für den Widerspruchsbescheid (§ 6 Abs. 2 S. 1 Hs 2 SGB II).

17 Aufgaben, die nicht im abschließenden Aufgabenkatalog der kommunalen Träger aufgeführt sind, fallen in die sachliche **Regelzuständigkeit der BA** (§ 6 Abs. 1 S. 1 Nr. 1 SGB II). Die BA ist eine rechtsfähige bundesunmittelbare Körperschaft des öffentlichen Rechts mit Selbstverwaltung und gliedert sich in funktionaler Hinsicht in eine Zentrale auf der oberen Verwaltungsebene, Regionaldirektionen auf der mittleren Verwaltungsebene und Agenturen für Arbeit auf der örtlichen Verwaltungsebene (§ 367 Abs. 1, 2 S. 1 SGB III). Zuständig für die Aufgaben der BA aus dem SGB II sind die Arbeitsagenturen und ggf die sonstigen Dienststellen der BA (§ 19 a Abs. 2 S. 1 SGB I). Die Rechts- und Fachaufsicht über die BA führt das BMAS. Die Aufsicht ist beschränkt auf die Bereiche, in denen der BA ein Weisungsrecht gegenüber der gE zusteht (§§ 47 Abs. 1 S. 1, 44 b Abs. 3 SGB II).

bb) Gemeinsame Aufgabenwahrnehmung durch die gemeinsame Einrichtung (gE)

18 Die beiden Träger des SGB II sind verpflichtet, zur einheitlichen Durchführung des SGB II eine **gemeinsame Einrichtung** (gE) zu bilden (§ 44 b Abs. 1 S. 1 SGB II), die die Bezeichnung Jobcenter tragen muss (§ 6 d SGB II). Eine getrennte Aufgabenwahrnehmung, wie dies vor der Organisationsreform 2010 in einigen wenigen Kommunen der Fall war, ist damit nicht mehr möglich. Wie bei den ARGE[21] lässt das SGB II auch bei den gE die Rechtsform offen. Da indessen die grundlegende Aufgaben- und Organisationsstruktur der gE unmittelbar im SGB II geregelt ist (vgl §§ 44 b ff SGB II), wird vertreten, dass es sich bei den gE um (teil-)rechtsfähige öffentlich-rechtliche Gesellschaften sui generis handele.[22]

Mit den gE soll eine **gemeinsame Aufgabenwahrnehmung bei getrennter Trägerschaft** erreicht werden. Daher nehmen die gE die Aufgaben der beiden beteiligten Leistungsträger wahr, ohne hierdurch selbst Träger der Leistungen zu werden. Die sachliche Zuständigkeit bleibt jeweils bei der BA bzw den kommunalen Trägern (vgl § 44 b Abs. 1 S. 2 SGB II). Aus Zweckmäßigkeitsgründen können einzelne Aufgaben (zB ärztlicher Dienst)[23] von der gemeinsamen Aufgabenwahrnehmung ausgenommen und weiterhin von den jeweiligen Trägern durchgeführt werden. Um „Leistungen aus einer Hand" gewähren zu können, ist ein Informationsaustausch unter den Trägern und ein Verfahren zur einheitlichen Feststellung der Leistungsvoraussetzungen vorgesehen (vgl §§ 44 b Abs. 6, 44 a SGB II). Zur Feststellungsbefugnis der Arbeitsagenturen s. C. Rn 11, 20. Nach § 44 b Abs. 1 S. 3 SGB II ist die gE befugt, im eigenen Namen Verwaltungsakte und Widerspruchsbescheide zu erlassen.

19 Für die **Rechts- und Fachaufsicht in den gE** bestehen drei Aufsichtsstränge. Die BA führt die Aufsicht über die gE, soweit diese Aufgaben iRd Regelzuständigkeit der BA im SGB II wahrnimmt. Die kommunalen Träger führen die Aufsicht über die gE, soweit es um Aufgaben iR ihrer Sonderzuständigkeit im SGB II geht. Die Aufsicht über die kommunalen Träger führen die zuständigen Landesbehörden (§ 47 Abs. 2 SGB II). Im Aufgabenbereich der Trägerversammlung steht den beiden SGB II-Trägern kein Weisungsrecht gegenüber der gE zu (§ 44 b Abs. 3 S. 1 Hs 2 SGB II). Hier führt das BMAS gem. § 47 Abs. 3 S. 1 SGB II die Rechtsaufsicht über die gE im Einvernehmen mit der zustän-

21 Zum Streitstand bei der ARGE: *Berlit* in: LPK-SGB II § 44 b Rn 20 ff.
22 *Luik* jurisPR-SozR 24/2010, Anm. 1.
23 Für weitere Beispiele vgl: BR-Drucks. 226/10, 38.

digen obersten Landesbehörde. Bei Meinungsverschiedenheiten über die Weisungszuständigkeit kann der sog. Kooperationsausschuss angerufen werden (§ 44 e Abs. 1 SGB II).[24]

b) Aufgabenwahrnehmung bei sog. Optionskommunen

20 Neben der gemeinsamen Aufgabenwahrnehmung von BA und kommunalen Trägern in den gE sieht das SGB II die Option einer alleinigen Zuständigkeit von hierfür zugelassenen kommunalen Trägern vor. Nach § 6 b Abs. 1 S. 1 SGB II erstreckt sich die **sachliche Zuständigkeit** der Optionskommunen nicht nur auf die Aufgaben, die ihnen als Sonderzuständigkeit für kommunale Träger im SGB II ohnehin zugewiesen sind, sondern grds. auch für alle Aufgaben, die in die Regelzuständigkeit der BA fallen. Hierzu gehört insb. auch die Feststellung der Erwerbsfähigkeit und Hilfebedürftigkeit (§ 44 a iVm § 6 b Abs. 1 SGB II). Nur einige wenige BA-Aufgaben, welche die Ausgestaltung der gE betreffen,[25] gehen nicht auf die Optionskommunen über. Die Optionskommunen nehmen die übertragenen BA-Aufgaben nicht als Organe der BA, sondern eigenverantwortlich wahr. Sie sind mithin auch für diese Aufgaben originär sachlich zuständig[26] und haben insoweit die Rechte und Pflichten der Arbeitsagenturen (§ 6 b Abs. 1 S. 2 SGB II). Die Kosten für die übertragenen Bundesaufgaben werden vom Bund getragen (§ 6 b Abs. 2 S. 1 SGB II). Der BRH ist berechtigt, die Leistungsgewährung der Optionskommunen zu prüfen (§ 6 b Abs. 3 SGB II).

21 Die **Aufsicht über die Optionskommunen** obliegt den zuständigen Landesbehörden (§ 48 Abs. 1 SGB II). Soweit die Optionskommunen Aufgaben der BA erfüllen, führt die Bundesregierung die Rechtsaufsicht über die obersten Landesbehörden, die sie auf das BMAS übertragen kann. Gleichzeitig normiert § 6 b Abs. 4, 5 SGB II Prüfrechte und Erstattungsansprüche des Bundes gegenüber den Optionskommunen. Um eine bundeseinheitliche Auslegung und Anwendung des SGB II und eine einheitliche Bewirtschaftung von Bundesmitteln sicherzustellen,[27] ist die Bundesregierung berechtigt, allgemeine Verwaltungsvorschriften zu grundsätzlichen Rechtsfragen der Leistungserbringung (§ 48 Abs. 2 S. 2 SGB II) bzw allgemeine Verwaltungsvorschriften für die Abrechnung der Aufwendungen der Grundsicherung für Arbeitsuchende (§ 48 Abs. 3 SGB II) zu erlassen. Über die Pflicht zum Abschluss von Zielvereinbarungen mit den zuständigen Landesbehörden über die SGB II-Leistungen sowie zur bundeseinheitlichen Datenerhebung und -übermittlung (§ 6 a Abs. 1, 2 Nr. 4, 5 SGB II) sind die Optionskommunen in das bundesweite Steuerungssystem eingebunden.

c) Steuerungssystem

22 Die geteilte Trägerschaft im SGB II und die beiden unterschiedlichen Modelle der Aufgabenwahrnehmung machen ein **Steuerungssystem** erforderlich, damit die Umsetzung des SGB II nach bundeseinheitlichen Maßstäben erfolgen kann. Da eine bundeseinheitliche Rechts- und Fachaufsicht über die Jobcenter des SGB II nicht existiert, soll eine Steuerung durch eine horizontale und vertikale Kooperation einerseits sowie durch ein Zielvereinbarungs- und Kennzahlenvergleichssystem (vgl §§ 48 a f SGB II) andererseits erfolgen.[28]

24 Eine sachlich-inhaltliche Entscheidung oder Überprüfung der Richtigkeit einer Weisung soll hier allerdings nicht ergehen: BR-Drucks. 226/10, 42.
25 BR-Drucks. 226/10, 28.
26 JurisPK-SGB II/*Meyerhoff* § 6 b Rn 7 mwN.
27 BR-Drucks. 226/10, 47 f.
28 *Luik* jurisPR-SozR 24/2010, Anm. 1.

23 Für die **horizontale und vertikale Kooperation** sind insb. vorgesehen

- ein Bund-Länder-Ausschuss auf Bundesebene (vgl § 18 c SGB II),
- ein Kooperationsausschuss auf Landesebene (vgl § 18 b SGB II),
- die örtlichen Beiräte auf lokaler Ebene (vgl § 18 d SGB II) und
- die Beauftragten für Chancengleichheit am Arbeitsmarkt auf lokaler Ebene (§ 18 e SGB II).

2. Örtliche Zuständigkeit

24 Nach § 36 S. 1, 2 SGB II knüpft die örtliche Zuständigkeit zunächst an die **sachliche Zuständigkeit** an. Im Fall einer gE bedeutet dies, dass für die Leistungen im Regelzuständigkeitsbereich der BA die Arbeitsagenturen örtlich zuständig sind, in deren Bezirk die erwerbsfähige leistungsberechtigte Person ihren gewöhnlichen Aufenthalt hat (§ 36 S. 1 SGB II). Gleiches gilt für die Leistungen im Sonderzuständigkeitsbereich der kommunalen Träger (§ 36 S. 2 SGB II). Eine eigene örtliche Zuständigkeit der gE ist nicht vorgesehen, weil sie selbst nicht Leistungsträgerin, sondern lediglich Aufgabenwahrnehmungsträgerin ist. Allerdings ergibt sich die einheitliche örtlich-räumliche Zuständigkeit daraus, dass die gE stets im Gebiet des kommunalen Trägers gebildet werden muss (§ 44 b Abs. 1 S. 1 SGB II). Im Fall der Optionskommunen erstreckt sich die sachliche Zuständigkeit sowohl auf die Sonderzuständigkeit der kommunalen Träger als auch auf die Regelzuständigkeit der BA. Die Optionskommune ist daher alleiniger örtlich zuständiger Leistungsträger (§ 36 S. 1, 2 SGB II iVm §§ 6 Abs. 1 S. 1, 6 b Abs. 1 S. 1 SGB II).

25 Persönlicher Anknüpfungspunkt der örtlichen Zuständigkeit nach § 36 SGB II ist der **gewöhnliche Aufenthalt** der erwerbsfähigen leistungsberechtigten Person. Gleiches gilt für nicht erwerbsfähige Personen, die – ohne Sozialgeld-Bezug – lediglich Anspruch auf Leistungen für Bildung und Teilhabe haben (§ 36 S. 6 SGB II). Wenn sich ein gewöhnlicher Aufenthalt nicht feststellen lässt, dann richtet sich die örtliche Zuständigkeit nach dem tatsächlichen Aufenthalt des Leistungsberechtigten.

Praxishinweis: Suchen Frauen Schutz in einem Frauenhaus, ist im Regelfall[29] davon auszugehen, dass ein (neuer) gewöhnlicher Aufenthalt gegründet wird. Denn hierfür reicht aus, sich „bis auf Weiteres" iS eines zukunftsoffenen Verbleibs an einem bestimmten Ort aufzuhalten. Tritt mit der Flucht ein Trägerwechsel ein, gilt die Kostenerstattungsregelung des § 36 a SGB II, damit kommunale Träger, die Frauenhäuser fördern, nicht einseitig belastet werden.[30]

Um eine Kollision zweier örtlicher Zuständigkeiten zu verhindern, trifft § 36 S. 3 SGB II eine Sonderregelung für die örtliche Zuständigkeit bei sog. **zeitweisen Bedarfsgemeinschaften.** Für die anteiligen SGB II-Leistungen, die minderjährige Kinder während der Ausübung des Umgangsrechts geltend machen können, richtet sich die örtliche Zuständigkeit nach dem gewöhnlichen Aufenthalt des umgangsberechtigten Elternteils. Dies gilt auch für minderjährige Kinder, die erwerbsfähig werden. Sie begründen für die anteiligen SGB II-Leistungen keine eigene örtliche Zuständigkeit nach § 36 S. 1, 2 SGB II.[31]

Praxishinweis: Die örtliche Zuständigkeit nach § 36 S. 3 SGB II gilt analog, wenn sich Kinder, die wegen Maßnahmen der Jugendhilfe oder der Eingliederungshilfe für behinderte Menschen außerhalb des Elternhauses untergebracht sind, besuchsweise bei den Eltern aufhalten.[32]

29 IE BA-FH zu § 36 SGB II Rn 36.3.
30 BT-Drucks. 15/5607, 6.
31 BT-Drucks. 17/3404, 114.
32 BA-FH zu § 36 SGB II Rn 36.10.

3. Rehabilitationsträgerschaft bei Leistungen zur Teilhabe am Arbeitsleben

26 Für die Leistungen zur Teilhabe am Arbeitsleben an erwerbsfähige behinderte Leistungsberechtigte nach dem SGB II sieht § 6 a SGB IX eine **Aufgabenteilung** vor. Während die Arbeitsagentur in der gE bzw die Optionskommunen für die Leistungen zur Teilhabe am Arbeitsleben sachlich zuständig sind, ist die BA Rehabilitationsträgerin für diese Leistungen, sofern kein anderer Rehabilitationsträger zuständig ist. Damit übernimmt die BA die Aufgaben nach dem SGB IX, wie zB die Klärung der Zuständigkeiten und des Rehabilitationsbedarfs nach § 14 SGB IX. Der Gesetzgeber hat der BA damit nur die Fachkompetenz für die beruflichen Teilhabeleistungen übertragen,[33] die Entscheidungskompetenz hingegen bei den Leistungsträgern des SGB II belassen. Daher entfaltet das SGB IX für die Leistungsträger des SGB II keine unmittelbare Bindungswirkung.[34]

Die Aufteilung in Rehabilitationsträgerschaft und Entscheidungskompetenz erfordert **besondere Verfahrensregelungen**, die in § 6 a S. 3 f SGB IX normiert sind. Danach unterrichtet die BA die zuständige gE bzw Optionskommune über den von ihr festgestellten Rehabilitationsbedarf und ihren Eingliederungsvorschlag. Die gE bzw Optionskommune hat dann innerhalb von drei Wochen über die Leistungen zur beruflichen Teilhabe zu entscheiden. Die gE bzw Optionskommune ist an den Entscheidungsvorschlag der BA nicht gebunden, sondern muss diesen bei der Leistungsentscheidung lediglich berücksichtigen.[35]

III. Untersuchungsgrundsatz und Mitwirkungspflichten

27 Nach § 20 SGB X hat das Jobcenter den Sachverhalt von Amts wegen zu ermitteln (**Untersuchungs- oder Amtsermittlungsgrundsatz**). Dabei bestimmt es selbst über Art und Umfang der Ermittlungen. Das Jobcenter ist an das Vorbringen und Beweisanträge der Verfahrensbeteiligten nicht gebunden. Aus dem Untersuchungsgrundsatz folgt, dass das Jobcenter einen abschließenden Bescheid erst erlassen darf, wenn die Sachlage vollständig aufgeklärt ist (Verbot des vorzeitigen Verfahrensabschlusses).[36] Um Leistungsberechtigte vor Nachteilen zu schützen, die aus der Notwendigkeit einer längeren Bearbeitungszeit resultieren, können die Jobcenter bei tatsächlichen oder rechtlichen Zweifeln unter den Voraussetzungen des § 40 Abs. 2 Nr. 1 SGB II iVm § 328 SGB III eine vorläufige Entscheidung treffen. Vorläufige Entscheidungen sind auch bei streitiger bzw unklarer Zuständigkeit möglich (§ 43 SGB I).

Beispiel: Ein Verstoß gegen das Verbot des vorzeitigen Verfahrensabschlusses kann zB vorliegen, wenn das Jobcenter einen Antrag wegen „unklarer Vermögensverhältnisse" ablehnt, ohne eigene Ermittlungen angestellt oder den Antragsteller in die Sachverhaltsermittlung einbezogen zu haben.[37]

28 Der Untersuchungsgrundsatz wird ergänzt durch **Mitwirkungspflichten der Antragstellenden** bzw Leistungsberechtigten, die durch die Angabe von ihnen bekannten Tatsachen und Beweismitteln bei der Ermittlung des Sachverhalts mitwirken sollen. Dabei handelt es sich um sog. Obliegenheiten, deren Erfüllung im eigenen Interesse der Antragstellenden liegt. Denn ein Nichtbefolgen der Mitwirkungspflichten kann zum Wegfall oder zu einer Reduzierung der Leistungen führen.

---

33 JurisPK-SGB IX/*Luthe* § 6 a Rn 11.
34 Ausf.: jurisPK-SGB IX/*Luthe* § 6 a Rn 12 ff.
35 Hauck/Noftz SGB IX/*Götze* § 6 a Rn 8.
36 BSG 28.6.1990 – 4 RA 57/89.
37 Vgl SG Düsseldorf 18.11.2005 – S 35 AS 202/05.

1. Allgemeine Mitwirkungsobliegenheiten

29 Die allgemeinen Mitwirkungsobliegenheiten sind in den §§ 60 ff SGB I normiert und umfassen u.a.

- die Angabe von entscheidungserheblichen Tatsachen und Beweisen (§ 60 SGB I),
- das persönliche Erscheinen zur mündlichen Erörterung des Antrags oder zur Vornahme anderer entscheidungserheblichen Maßnahmen (§ 61 SGB I),
- die Teilnahme an ärztlichen und psychologischen Untersuchungen (§ 62 SGB I),
- die Teilnahme an Heilbehandlungen (§ 63 SGB I) und
- die Teilnahme an Leistungen zur Teilhabe am Arbeitsleben (§ 64 SGB I).

Bei der Angabe von Tatsachen sollen die vorgesehenen Vordrucke benutzt werden. Die Beantwortung der dort gestellten Fragen kann nur verweigert werden, wenn sie über die für die Leistung entscheidungserheblichen Tatsachen hinausgehen. Bei allen Mitwirkungsobliegenheiten sind Grenzen zu beachten, die entweder eine Mitwirkungsobliegenheit entfallen lassen (§ 65 Abs. 1 SGB I) oder bei denen eine Mitwirkung verweigert werden kann (§ 65 Abs. 2, 3 SGB I). Darüber hinaus können sich auch aus dem Schutz der Sozialdaten Grenzen ergeben. Diese verhindern, dass die eine Person betreffenden Sozialdaten von den Leistungsträgern unbefugt erhoben, verarbeitet oder genutzt werden (Sozialgeheimnis).[38] Eine Erhebung, Verarbeitung und Nutzung von Sozialdaten ist nur unter engen Voraussetzungen erlaubt (vgl §§ 67 ff SGB X, §§ 50 ff SGB II).

Praxishinweis: Wer auf Verlangen des Jobcenters persönlich erscheint oder an ärztlichen bzw psychologischen Untersuchungen teilnimmt, kann auf Antrag den Ersatz seiner notwendigen Auslagen und seines Verdienstausfalls in angemessenem Umfang erhalten (vgl § 65 a SGB I).

30 Bei Nichtbefolgung einer allgemeinen Mitwirkungsobliegenheit kann das Jobcenter die Leistungen des SGB II unter den Voraussetzungen des § 66 SGB I ganz oder teilweise versagen bzw entziehen. In formeller Hinsicht erfordert eine solche **Sanktionierung,** dass die Leistungsberechtigten auf die Folgen schriftlich und konkret hingewiesen worden sind und ihrer Mitwirkungsobliegenheit trotzdem innerhalb der gesetzten angemessenen Frist nicht nachkommen. Eine Nachholung dieses Hinweises nach Erlass des Bescheides ist nicht möglich.[39] In materieller Hinsicht unterscheidet § 66 SGB I drei Sanktionstatbestände, nämlich die Sanktionierung wegen

- fehlender Mitwirkung bei der Sachverhaltsaufklärung,
- absichtlicher Behinderung der Sachverhaltsaufklärung und
- fehlender Teilnahme an einer ärztlichen Untersuchung, Heilbehandlung oder an Leistungen zur Teilhabe am Arbeitsleben.

Die Sanktionierung steht im Ermessen der Jobcenter, wobei die Leistung nur insoweit versagt oder entzogen werden kann, als die Leistungsvoraussetzungen nicht nachgewiesen sind. Kommen Leistungsberechtigte ihren Pflichten später nach, können die Jobcenter die versagten bzw entzogenen Leistungen nachträglich ganz oder teilweise erbringen (§ 67 SGB I).

31 **Praxisbeispiel: Darf das Jobcenter die Vorlage von Kontoauszügen verlangen?** Kontoauszüge gehören zu den Beweismitteln iSd § 60 Abs. 1 S. 1 Nr. 3 SGB II, weil sie Aufschluss über die Höhe der auf dem Konto ein- und ausgehenden Zahlungen geben. Für welchen Zeitraum die Kontoauszüge vorzulegen sind, ist u.a. eine Frage der Entscheidungserheblichkeit. Regelmäßig genügt der aktuelle Kontoauszug für eine vollständige Ermittlung des Einkommens und Vermö-

---

38 Vgl hierzu BSG 25.1.2012, B 14 AS 65/11 R. Hier hatte das beklagte Jobcenter den Vermieter des Leistungsberechtigten angeschrieben und auf diese Weise den Leistungsbezug offenbart. Das Gericht entschied, dass das Jobcenter vor Kontaktaufnahme mit Dritten den Leistungsberechtigten um sein Einverständnis ersuchen muss.

39 SG Freiburg 28.2.2006 – S 9 AS 889/06 ER mwN.

gens nicht, vielmehr wird die Vorlage der Kontoauszüge der vergangenen drei Monate für zulässig gehalten.[40] Die Vorlage der Kontoauszüge für die zurückliegenden zwölf Monate wurde dagegen nicht mehr als entscheidungserheblich und damit als nicht zulässig angesehen.[41] Die Obliegenheit zur Vorlage der letzten drei Kontoauszüge entfällt im Regelfall auch nicht nach § 65 SGB I oder aufgrund des Sozialgeheimnisses.[42] Allerdings können auf der Ausgabenseite Schwärzungen vorgenommen werden, wenn die Zahlungen besondere personenbezogene Daten – wie zB Mitgliedschaft in Gewerkschaften – betreffen (§ 67 Abs. 12 SGB X iVm § 67 a Abs. 1 SGB X) und der Betrag erkennbar bleibt.

Praxisbeispiel: Müssen Leistungsberechtigte Hausbesuche vom Jobcenter dulden? Hausbesuche tangieren die Unverletzlichkeit der Wohnung nach Art. 13 GG. Deshalb erfordern Hausbesuche eine ausdrückliche gesetzliche Ermächtigung. Diese gibt es in diesen Fällen nicht. Auch durch die Obliegenheit zur Mitwirkung bei der Sachverhaltsermittlung sind Leistungsberechtigte nicht zur Duldung von Hausbesuchen verpflichtet. Denn § 60 Abs. 1 S. 1 Nr. 3 SGB II erfasst nur die Bezeichnung von Vorlage von Beweismitteln und nicht die Duldung einer Inaugenscheinnahme der Wohnung. Bei Verweigerung des Zutritts durch den Leistungsberechtigten dürfen die Jobcenter daher keine Sanktionen verhängen. Wenn sich der Sachverhalt nicht vollständig ermitteln lässt, müssen die Jobcenter ihre Entscheidung auf Grundlage der allgemeinen Beweislastregeln treffen. Dabei darf die berechtigte Verweigerung, einen Hausbesuch zu dulden, nicht zulasten der Leistungsberechtigten ausgelegt werden.[43]

2. Besondere Mitwirkungsobliegenheiten

32 Die allgemeinen Mitwirkungsobliegenheiten werden durch **besondere Mitwirkungsobliegenheiten** ergänzt bzw konkretisiert, die u.a. im SGB II normiert sind. Hierzu zählen

- der Grundsatz des Forderns (§ 2 SGB II),
- die Obliegenheit zur Kostensenkung bei unangemessenen Unterkunfts- und Heizkosten (§ 22 Abs. 1 S. 3 SGB),
- die Anzeige- und Bescheinigungspflicht bei Arbeitsunfähigkeit (§ 56 SGB II),
- die Pflicht zur unverzüglichen Vorlage des Vordrucks einer Einkommensbescheinigung beim Arbeitgeber (§ 58 Abs. 2 SGB II),
- die Meldepflicht (§ 59 SGB II) und
- die Auskunfts- und Mitwirkungspflicht bei Teilnahme an einer Eingliederungsmaßnahme (§ 61 Abs. 2 SGB II).

Ein Verstoß gegen die besonderen Mitwirkungsobliegenheiten wird nach der allgemeinen Vorschrift des § 66 SGB I sanktioniert, sofern die Verletzung der Mitwirkungspflicht nicht ausdrücklich nach den §§ 31 ff SGB II sanktioniert wird (§ 37 Abs. 1 SGB I). Die Anzeige- und Bescheinigungspflicht bei Arbeitsunfähigkeit erfordert vom Leistungsberechtigten, dem Jobcenter eine eingetretene Arbeitsunfähigkeit und deren voraussichtliche Dauer unverzüglich mitzuteilen. Dauert die Arbeitsunfähigkeit länger als drei Tage muss eine ärztliche Bescheinigung über die Arbeitsunfähigkeit und deren voraussichtliche Dauer vorgelegt werden. Bei Zweifeln können die Jobcenter eine gutachtliche Stellungnahme durch den MDK anordnen (§ 56 Abs. 1 S. 5 SGB II). IRd Meldepflicht wird den Leistungsberechtigten aufgegeben, beim Jobcenter persönlich zu erscheinen. Dies hat zum einen bei einem Wechsel der Zuständigkeit (§ 59 SGB II iVm § 310 SGB III) und zum anderen bei einer entsprechenden Meldeaufforderung des Jobcenters (zB zur Beratung und Vermittlung) zu erfolgen (§ 59 SGB II iVm § 309 SGB III).

40 LSG NRW 12.7.2006 – L 9 B 48/06 AS ER; BSG 19.9.2008 – B 14 AS 45/07 R.
41 LSG Niedersachsen-Bremen 12.7.2007 – L 6 AS 378/07 ER; offen gelassen: BSG 19.9.2008 – B 14 AS 45/07 R.
42 Vgl BSG 19.9.2008 – B 14 AS 45/07 R; 19.2.2009 – B 4 AS 10/08 R.
43 LSG Sachsen-Anhalt 22.4.2005 – L 2 B 9/05 AS ER.

Praxishinweis: Die Meldeaufforderung muss den Tag und die Uhrzeit genau bestimmen. Eine Verspätung am selben Tag ist entschuldigt, wenn der Meldezweck trotz der Verspätung erreicht wird. Die Jobcenter können in der Meldeaufforderung bestimmen, dass im Falle der Arbeitsunfähigkeit am Meldetag dann am ersten Tag der Arbeitsfähigkeit eine Meldung zu erfolgen hat.

33 Neben den Mitwirkungsobliegenheiten der Antragstellenden und Leistungsbeziehenden sieht das Gesetz auch **Mitwirkungspflichten von Dritten** vor. Hierbei handelt es sich nicht um bloße Obliegenheiten, sondern um echte Rechtspflichten. Ein vorsätzlicher oder fahrlässiger Verstoß gegen diese Rechtspflichten kann als Ordnungswidrigkeit geahndet werden (§ 63 SGB II) und ggf einen Schadenersatzanspruch auslösen (vgl § 62 SGB II). Zu den Mitwirkungspflichten Dritter gehören

- die Auskunftspflicht von Arbeitgebern über leistungsrelevante Umstände (§ 57 SGB II),
- die Pflicht von Arbeitgebern zur unverzüglichen Ausstellung und Aushändigung einer Einkommensbescheinigung (§ 58 Abs. 1 SGB II),
- die weiteren Auskunfts- und Mitwirkungspflichten von Arbeitgebern, Partnern und anderen Dritten (§ 60 SGB II) und
- die Auskunftspflicht von Trägern einer Eingliederungsmaßnahme (§ 61 Abs. 1 SGB II).

IV. Anhörung und Akteneinsicht

34 Bevor ein VA erlassen wird, der in die Rechte eines Beteiligten eingreift, ist diesem Gelegenheit zu geben, sich zu den entscheidungserheblichen Tatsachen zu äußern (§ 24 Abs. 1 SGB X). Dieses **Anhörungsrecht** ist eine Voraussetzung für die formelle Rechtmäßigkeit des VA. Anhörungspflichtig ist eine behördliche Entscheidung indes nur, wenn mit ihr in eine bereits bestehende – oder zumindest vorläufig bestehende[44] – Rechtsposition eingegriffen werden soll. Dies ist insb. bei Entscheidungen der Fall, die Sozialleistungen entziehen oder herabsetzen. Ob eine Anhörung auch vor Ablehnung eines Antrags zu erfolgen hat, ist umstritten. Teilweise wird vertreten, dass es dem Gebot eines fairen Verfahrens entspreche, die Ablehnung eines Leistungsantrags nicht überraschend zu treffen.[45] In der Rechtsprechung wird dies mit der Begründung abgelehnt, dass bei der Ablehnung eines Antrags lediglich über Bestehen und Umfang eines behaupteten Rechts entschieden werde.[46]

Die Gründe, die eine **Ausnahme von der Anhörungspflicht** rechtfertigen, sind abschließend in § 24 Abs. 2 SGB X geregelt. Verletzt die Behörde ihre generelle Anhörungspflicht, ohne dafür einen solchen Rechtfertigungsgrund zu haben, ist der VA zwar nicht nichtig (§ 40 SGB X), aber er ist rechtswidrig und muss aufgehoben werden (vgl § 42 SGB X). Das Unterbleiben einer Anhörung kann geheilt werden, wenn sie bis zur letzten Tatsacheninstanz eines sozialgerichtlichen Verfahrens nachgeholt wird (§ 41 Abs. 1 Nr. 3, Abs. 2 SGB X).

Praxishinweis: Wird wegen einer unterbliebenen Anhörung die rechtzeitige Anfechtung des VA versäumt, dann gilt die Versäumung der Rechtsbehelfsfrist als nicht verschuldet. Hier ist binnen eines Monats nach der Nachholung der Anhörung die Wiedereinsetzung in den vorigen Stand zu beantragen und Widerspruch bzw Klage einzulegen (§ 67 SGB iVm § 42 S. 2 SGB X).

35 Nach § 25 SGB X sind die Jobcenter verpflichtet, den Verfahrensbeteiligten Einsicht in die das Verfahren betreffenden Akten zu gestatten, soweit deren Kenntnis zur Geltend-

44 BSG 19.9.2000 – B 9 SB 1/00 R.
45 *Armborst* in: LPK-SGB II Anhang Verfahren Rn 22.
46 Vgl LSG NRW 21.7.2004 – L 10 KA 5/02 mwN.

machung oder Verteidigung ihrer rechtlichen Interessen erforderlich ist (§ 25 SGB X). Das **Recht auf Akteneinsicht** gilt bis zum Abschluss des Verwaltungsverfahrens, zu dem auch das Widerspruchsverfahren zählt, und es bezieht sich nicht nur auf die Akten, die während des laufenden Verfahrens angelegt werden, sondern auch auf die beigezogenen Akten. Nicht umfasst sind Entscheidungsentwürfe und deren unmittelbaren Vorbereitungsarbeiten sowie Anzeigen Dritter, die erst zu dem Verwaltungsverfahren geführt haben.[47] Die Akteneinsicht kann insb. durch Lesen, Fertigen von Abschriften, Notizen oder Fotokopien wahrgenommen werden. Die Verfahrensbeteiligten können die Kopien durch die Behörde anfertigen lassen, die hierfür einen angemessenen Aufwendungsersatz verlangen kann (§ 25 Abs. 5 SGB X).

Das Recht auf Akteneinsicht bzw die Form der Akteneinsicht unterliegt verschiedenen **Beschränkungen**. Das Jobcenter kann die Akteneinsicht verweigern, soweit sie nicht zur Geltendmachung oder Verteidigung der rechtlichen Interessen der Verfahrensbeteiligten erforderlich ist (§ 25 Abs. 1 S. 1 SGB X). Ferner darf es die Akteneinsicht verwehren, wenn die Vorgänge wegen der berechtigten Interessen anderer Beteiligter oder dritter Personen geheim gehalten werden müssen (§ 25 Abs. 3 SGB X). Ein solches Geheimhaltungserfordernis kann sich insb. aus dem Sozialgeheimnis (§ 35 Abs. 1 SGB I) ergeben. Etwas anderes gilt, wenn das Interesse eines Verfahrensbeteiligten zur Wahrung seines Persönlichkeitsrechts überwiegt (zB weil der Behördeninformant wider besseres Wissen oder in der Absicht einer Rufschädigung gehandelt hat).[48] Eine Beschränkung der Form der Akteneinsicht regelt § 25 Abs. 2 SGB X bei Angaben über gesundheitliche Verhältnisse eines Verfahrensbeteiligten. Hier kann das Jobcenter den Akteninhalt durch einen Arzt vermitteln lassen.

Verletzt das Jobcenter das Recht auf Akteneinsicht, dann ist der VA zwar nicht nichtig (§ 40 SGB X), aber **formell fehlerhaft**. Eine Heilung dieses Formfehlers durch Nachholung der Akteneinsicht ist in § 41 Abs. 1 SGB X nicht vorgesehen. Dennoch führt der Formfehler für sich genommen nicht zu einer Aufhebung des VA, wenn offensichtlich ist, dass die unterbliebene Akteneinsicht den VA in der Sache nicht beeinflusst hat.[49]

47 BVerwG 4.9.2003 – 5 C 48.02.
48 BVerwG 4.9.2003 – 5 C 48.02.
49 LSG NRW 30.11.2005 – L 10 KA 29/05.

C. Anspruchsvoraussetzungen

I. Leistungsberechtigter Personenkreis

Leistungen nach dem SGB II erhalten Personen, die 1

- das 15. Lebensjahr vollendet und die Altersgrenze nach § 7 a noch nicht erreicht haben,
- erwerbsfähig sind,
- hilfebedürftig sind und
- ihren gewöhnlichen Aufenthalt in der Bundesrepublik Deutschland haben.

§ 7 Abs. 1 S. 1 SGB II definiert damit, was unter einem **„erwerbsfähigen Leistungsberechtigten“** zu verstehen ist.

Leistungen nach dem SGB II erhalten darüber hinaus auch **Personen**, die **nicht erwerbsfähig** sind, aber mit einem erwerbsfähigen Leistungsberechtigten in einer Bedarfsgemeinschaft leben (§ 7 Abs. 2 S. 1 SGB II). Sie erhalten vorrangig (passive) Geldleistungen in Form des Sozialgeldes nach § 23 SGB II. Unter bestimmten Umständen, nämlich wenn Hemmnisse bei der Eingliederung des erwerbsfähigen Leistungsberechtigten in Arbeit beseitigt oder vermindert werden können, können diesen Personen in der Bedarfsgemeinschaft auch Leistungen als Dienst- oder Sachleistung gewährt werden. Ein Hemmnis bei der Eingliederung kann zB vorliegen, wenn der Angehörige eines erwerbsfähigen Leistungsberechtigten aufgrund eines Suchtproblems die Betreuung eines gemeinsamen Kindes nicht übernehmen kann und dadurch die Aufnahme einer Erwerbstätigkeit für den erwerbsfähigen Leistungsberechtigten erschwert oder verhindert wird. In diesen Fällen könnte das Jobcenter dem nicht erwerbsfähigen Angehörigen eine Suchtberatung oder -therapie als Sachleistung zur Verfügung stellen. 2

Leistungen zur Bildung und Teilhabe nach § 28 SGB II können gewährt werden, wenn dafür ein Bedarf besteht und die nicht erwerbsfähigen Personen mit erwerbsfähigen Leistungsberechtigten zusammenwohnen, sie aber aufgrund von ausreichendem Einkommen und Vermögen selbst nicht leistungsberechtigt sind (§ 7 Abs. 2 S. 3 SGB II).

1. Alter

Leistungsberechtigt ist jede Person, die ihren 15. Geburtstag vollendet und die Altersgrenze nach § 7 a SGB II noch nicht erreicht hat. Mit dem RV-Altersgrenzenanpassungsgesetz vom 20.4.2007[1] hat der Gesetzgeber nicht nur die Altersgrenze für den Bezug der Regelaltersrente angehoben, sondern auch die Altersgrenze für die Leistungsberechtigung nach dem SGB II (§ 7 a SGB II). Auswirkungen der Anhebung der Regelaltersgrenze treten erst seit dem 1.1.2012 ein. Danach gilt: 3

1. Alle Personen, die vor dem 1.1.1947 geboren wurden, erreichen die Altersgrenze mit Vollendung des 65. Lebensjahres.
2. Für alle Personen, die zwischen dem 1.1.1947 und vor dem 1.1.1958 geboren wurden, erhöht sich die Altersgrenze schrittweise um einen Monat pro Jahr.
3. Für alle Personen, die zwischen dem 1.1.1959 und vor dem 1.1.1964 geboren wurden, erhöht sich die Altersgrenze schrittweise um jeweils zwei Monate pro Jahr.
4. Alle Personen, die nach dem 1.1.1964 geboren wurden, erreichen die Altersgrenze mit Vollendung des 67. Lebensjahres.

---

1 BGBl. I 2007, 554.

2. Erwerbsfähigkeit

4 Nach dem SGB II ist nur derjenige leistungsberechtigt, der erwerbsfähig ist. Das Kriterium der Erwerbsfähigkeit ist entscheidend, um Leistungen insb. zwischen dem SGB II und der Sozialhilfe nach dem SGB XII abzugrenzen.

§ 8 Abs. 1 SGB II definiert den Begriff der **medizinischen** oder gesundheitlichen **Erwerbsfähigkeit**. Danach ist derjenige erwerbsfähig, der aufgrund seines gesundheitlichen Zustands mindestens drei Stunden täglich unter den üblichen Bedingungen des allgemeinen Arbeitsmarktes erwerbstätig sein kann. Die Erwerbsfähigkeit ist abzugrenzen zu der Verfügbarkeit des Leistungsberechtigten und zur Zumutbarkeit der Arbeit.

5 Die Definition der Erwerbsfähigkeit ist an die Definition der vollen Erwerbsminderung im Recht der GRV (§ 43 Abs. 2 SGB VI) angelehnt. Eine Unterscheidung zwischen teilweiser und voller Erwerbsminderung kennt das SGB II dagegen nicht. Es geht allein darum, ob jemand noch **mindestens drei Stunden** auf dem allgemeinen Arbeitsmarkt tätig sein kann. Allein dieser zeitliche Umfang, in dem eine Tätigkeit nach dem vorhandenen Leistungsbild auf dem allgemeinen Arbeitsmarkt ausgeübt werden kann, ist entscheidend. Auch Personen mit einer sog. Arbeitsmarktrente, sind erwerbsfähig, solange sie tatsächlich gesundheitlich in der Lage sind, die erforderliche Mindestzeit zu arbeiten. Auch kommt es nicht darauf an, ob jemand tatsächlich Anspruch auf eine Erwerbsminderungsrente aus der GRV hat. Die Regelung soll allein sicherstellen, dass eine solche Rente vorrangig beantragt wird. Ist diese Rente nicht existenzsichernd oder besteht aus anderen Gründen (zB keine Versicherung in der GRV oder fehlende Erfüllung der versicherungsrechtlichen Voraussetzungen) kein Anspruch nach dem SGB VI, müssen Leistungen der Grundsicherung bei Erwerbsminderung bzw der Sozialhilfe nach dem SGB XII in Anspruch genommen werden.

6 Die Erwerbsfähigkeit kann nur aufgrund von **Krankheit oder Behinderung** ausgeschlossen sein. Krankheit ist dabei ein regelwidriger Körper- oder Geisteszustand, der behandlungsbedürftig ist und zur Arbeitsunfähigkeit führt. Behinderung ist die mit hoher Wahrscheinlichkeit länger als sechs Monate andauernde Abweichung der körperlichen Funktion, geistigen Fähigkeit oder seelischen Gesundheit von dem für das Lebensalter typischen Zustand, die zur Beeinträchtigung der Teilhabe am Leben in der Gesellschaft führt (§ 2 Abs. 1 S. 1 SGB IX). Der Übergang kann fließend sein, allerdings spielt die Unterscheidung in diesem Zusammenhang nur eine untergeordnete Rolle.

7 Andere Einschränkungen der Erwerbsfähigkeit als solche der Krankheit oder Behinderung wie Kindererziehung, Schul- und Berufsausbildung, Pflege von Angehörigen, ggf Defizite beim Schreiben, Lesen oder in der Sprache, Wohnungslosigkeit und ähnliches (sog. **soziale Einschränkungen**) schließen die Erwerbsfähigkeit nicht aus, es sei denn, diese Einschränkungen führten zu einer (insb. psychischen) Krankheit oder Behinderung. Soziale Einschränkungen können allerdings unter Umständen die Unzumutbarkeit der Arbeitsaufnahme begründen.

8 Die Erwerbsminderung muss **„auf absehbare Zeit"** vorliegen. Der Zeitraum umfasst nach hM mindestens sechs Monate bzw 26 Wochen. Ist erkennbar, dass ein Hilfebedürftiger innerhalb absehbarer Zeit, dh innerhalb von sechs Monaten, seine Erwerbsfähigkeit wiedererlangen wird, bleibt er im Leistungssystem des SGB II. In die Prognose sind auch mögliche Rehabilitationsmaßnahmen einzubeziehen. Wenn nicht mit Sicherheit gesagt werden kann, ob jemand innerhalb einer absehbaren Zeit wieder erwerbsfähig ist oder nicht, besteht weder ein Anspruch auf Erwerbsminderungsrente noch auf SGB II-Leistungen. In diesen Fällen kommt ggf Hilfe zum Lebensunterhalt nach dem SGB XII in Betracht.

9 Der **allgemeine Arbeitsmarkt**, auf dem der erwerbsfähige Leistungsberechtigte unter den üblichen Bedingungen tätig sein muss, umfasst alle denkbaren – auch leichteste – Tätig-

keiten, die es auf dem Arbeitsmarkt gibt und die den üblichen arbeitsrechtlichen, tariflichen und gesetzlichen Arbeitsbedingungen entsprechen. Es darf dementsprechend nicht auf Tätigkeiten abgestellt werden, für die es keinen Arbeitsmarkt gibt, die unüblich sind oder die gegen die guten Sitten verstoßen. Dabei ist nicht entscheidend, welche Tätigkeit oder welcher Beruf zuletzt ausgeübt wurde; es können auch Tätigkeiten berücksichtigt werden, die der Ausbildung, den Kenntnissen und Fähigkeiten des Leistungsberechtigten nicht angemessen und mit einem sozialen Abstieg verbunden sind.

10 **Beschäftigte in Werkstätten für behinderte Menschen** (WfbM) oder in Anstalten oder gleichartigen Einrichtungen gelten als voll erwerbsgemindert (§ 43 Abs. 2 S. 3 SGB VI), da sie nicht unter „den üblichen Bedingungen des allgemeinen Arbeitsmarktes" erwerbstätig sind. Sie erhalten damit kein Alg II nach dem SGB II.[2]

11 Ob ein Hilfebedürftiger erwerbsfähig ist oder nicht, stellt die örtlich zuständige Arbeitsagentur nach § 44 a SGB II fest. Da die **Feststellung der Erwerbsunfähigkeit** unter Umständen Auswirkungen auf andere Sozialleistungsträger haben kann (zB Unfall- oder Rentenversicherungsträger für die Gewährung von Renten, Krankenkassen für Krankengeld oder Sozialhilfeträger, die Leistungen der Grundsicherung im Alter und bei Erwerbsminderung erbringen müssen) können diese Sozialleistungsträger gegen die Entscheidung der Arbeitsagentur Widerspruch einlegen (§ 44 a Abs. 1 S. 2 SGB II). Für die Entscheidung über diesen Widerspruch holt die Arbeitsagentur eine gutachterliche Stellungnahme des nach § 109 a Abs. 4 SGB VI zuständigen Rentenversicherungsträgers ein (§ 44 a Abs. 1 S. 5 SGB II), es sei denn, eine gutachterliche Stellungnahme nach § 109 a Abs. 2 S. 2 SGB II wurde durch den Rentenversicherungsträger (bei der Entscheidung über Grundsicherung im Alter und bei Erwerbsminderung nach §§ 41 ff SGB XII) bereits abgegeben. Die gutachterliche Stellungnahme des Rentenversicherungsträgers bindet die Arbeitsagentur (§ 44 a Abs. 1 S. 6, Abs. 1 a S. 2 SGB II). Darüber hinaus sind auch andere Leistungsträger nach dem SGB II, SGB III, SGB V, SGB VI und SGB XII[3] an die Entscheidung des Rentenversicherungsträgers gebunden (§ 44 a Abs. 2 SGB II). Bis zur Entscheidung über den Widerspruch bzgl der Erwerbsfähigkeit müssen die Agentur für Arbeit und der kommunale Träger Leistungen der Grundsicherung für Arbeitsuchende erbringen (§ 44 a Abs. 1 S. 7 SGB II). Die Entscheidung über die Erwerbsfähigkeit kann von dem Betroffenen nicht angefochten werden, da es sich hierbei nicht um einen Verwaltungsakt iSd § 31 SGB X handelt.

12 Außer den Gründen der Krankheit oder Behinderung können auch **rechtliche Gründe** gegen die Erwerbsfähigkeit sprechen. Das SGB II sieht in § 8 Abs. 2 Ausländer nur dann als erwerbsfähig an, wenn sie über eine Arbeitserlaubnis verfügen oder Anspruch auf eine solche Arbeitserlaubnis hätten (vor allem bei Unionsbürgern).[4] Dieser setzt voraus, dass der Ausländer sich nicht nur vorübergehend im Bundesgebiet aufhält bzw aufhalten kann. Danach haben ein Recht zur Beschäftigung

2 Strittig, die volle Erwerbsminderung wird teilweise nur für den Arbeitsbereich angenommen, da Eingangsverfahren und Berufsbildungsbereich in den Werkstätten noch Maßnahmen der beruflichen Rehabilitation nach dem SGB III seien, vgl *Brühl* in: LPK-SGB II § 8 Rn 24 sowie BA-FH zu § 8 SGB II Rn 8.6 a, b.

3 Ob jemand aus medizinischen Gründen voll erwerbsgemindert ist, prüft und entscheidet der zuständige Rentenversicherungsträger auch auf Ersuchen des Sozialhilfeträgers, § 109 a Abs. 2 S. 1, Abs. 4 SGB VI iVm § 45 S. 1 SGB XII. Wird die volle Erwerbsminderung festgestellt, dann ist ergänzend zu prüfen, ob diese volle Erwerbsminderung auch dauerhaft ist (§ 109 a Abs. 3 S. 2 SGB VI) – auf diese Weise sollen Doppeluntersuchungen vermieden werden. Auf der anderen Seite hat der Rentenversicherungsträger – sofern er keine dauerhafte Erwerbsminderung feststellt – sich zur Erwerbsfähigkeit nach § 8 SGB II zu äußern (§ 109 a Abs. 2 S. 2 SGB VI).

4 Voraussetzung für die Beschäftigung von Ausländern ist entweder eine Genehmigung durch die Arbeitsverwaltung (§ 284 Abs. 1 SGB III – Arbeitsgenehmigung für Unionsbürger) oder ein Aufenthaltstitel, der die Ausübung einer Beschäftigung erlaubt (§ 4 Abs. 3 AuslG) bzw wenn ein solcher Aufenthaltstitel nicht vorliegt, muss die BA ihre Zustimmung zur Aufnahme einer Beschäftigung erteilt haben (§ 4 Abs. 2 S. 3, §§ 39–41 AuslG). Vgl auch LSG Hessen 6.9.2011 – L 7 AS 334/11 B.

- Staatsangehörige der EU-Mitgliedstaaten (§ 1 Abs. 2 Nr. 1 AufenthG),
- Ausländer mit Aufenthaltserlaubnis (§ 7 AufenthG), mit Niederlassungserlaubnis (§ 9 AufenthG), mit Visum (§ 6 AufenthG), insofern der Aufenthaltstitel die Arbeitsaufnahme erlaubt (§ 4 Abs. 3 AufenthG) und
- Ausländer, denen eine Beschäftigungsaufnahme „erlaubt werden könnte" (§§ 18 Abs. 2 S. 1, 39 Abs. 2 S. 1 Nr. 1 a AufenthG).

13 **Jugendliche** zwischen 15 und 18 Jahren sind rechtlich nicht erwerbsfähig, wenn sie der Vollzeitschulpflicht unterliegen und nach dem JArbSchG nicht beschäftigt werden können (§ 2 Abs. 3, 5, 7 JArbSchG). Den Umfang der Schulpflicht regeln die Schulgesetze der einzelnen Bundesländer; er beträgt idR zwischen 9 und 10 Jahre.

14 Beschäftigungsverbote für **werdende Mütter** nach § 3 MuSchG wirken sich nicht auf die Erwerbsfähigkeit aus. Zum einen stellt eine Schwangerschaft weder eine Krankheit noch eine Behinderung dar, zum anderen besteht eine Schwangerschaft nur auf „absehbare Zeit".

3. Hilfebedürftigkeit

15 Wer Leistungen nach dem SGB II beziehen will, muss hilfebedürftig sein. Das betrifft nicht allein die erwerbsfähigen Leistungsberechtigten, sondern auch die mit ihnen in einer Bedarfsgemeinschaft lebenden Personen. Besteht keine Hilfebedürftigkeit oder besteht sie nicht mehr, erhält der Betroffene keine Leistungen der Grundsicherung für Arbeitsuchende.

16 Nach § 9 Abs. 1 SGB II ist derjenige hilfebedürftig, der seinen Lebensunterhalt nicht oder nicht ausreichend aus seinem zu berücksichtigenden Einkommen oder Vermögen sichern kann und die erforderliche Hilfe nicht von anderen, insb. von Angehörigen oder von Trägern anderer Sozialleistungen erhält. Die Vorschrift repräsentiert in besonderem Maße den im SGB II geltenden **Nachranggrundsatz**. Sie ergänzt insofern § 2 SGB II, nach dem der hilfebedürftige erwerbsfähige Leistungsberechtigte, alle Möglichkeiten zur Verringerung oder Beendigung ihrer Hilfebedürftigkeit, insb. durch schnellstmögliche Aufnahme einer Erwerbstätigkeit auszuschöpfen hat.

17 Der **Lebensunterhalt** umfasst den Regel-, Mehr-, Unterkunfts- und Heizungsbedarf. Hinzu kommen ggf Mietschulden, einmalige Leistungen, Leistungen bei besonderen Bedarfslagen und Bedarfe für Bildung und Teilhabe sowie Leistungen bei unabweisbarem Bedarf. Nach § 9 Abs. 2 SGB II ist für die Feststellung der Hilfebedürftigkeit auch der Bedarf der Mitglieder der Bedarfsgemeinschaft zu berücksichtigen. Die weite Definition der unzureichenden oder fehlenden Bedarfsdeckung in einer Bedarfsgemeinschaft ist nicht mit einer zivilrechtlichen Unterhaltspflicht gleichzusetzen, sondern begründet gleichsam eine sozialrechtliche Pflicht zwischen den Mitgliedern einer Bedarfsgemeinschaft, im vorgesehenen Rahmen ihre Mittel für den Unterhalt aller einzusetzen und ggf durch Arbeitsaufnahme diesen Unterhaltsbedarf zu sichern.

18 Neben dem zu berücksichtigenden eigenen Einkommen und Vermögen muss auch die **Hilfe anderer** zur Beseitigung der Hilfebedürftigkeit eingesetzt werden. Sie umfasst vor allem die Hilfe durch Angehörige oder Freunde, Sozialleistungsträger oder Nichtsozialleistungsträger (zB Wohlfahrtsverbände). Entscheidend ist nicht, ob eine Rechtspflicht der „Anderen" zur Erbringung dieser Hilfen besteht, sondern ob diese Mittel auch tatsächlich zugegangen („bereit") sind. Diese Hilfe anderer ist keine weitere Form der (faktischen) Bedarfsdeckung neben Einkommen und Vermögen. Es dürfen unter Verweis auf diese Hilfen (§ 9 Abs. 1 letzter Hs SGB II) deshalb nicht pauschal Leistungen abgelehnt werden. Vielmehr müssen, sofern der Leistungsberechtigte zB mit einem Verwandten oder Verschwägerten in einer Haushaltsgemeinschaft nach § 9 Abs. 5 SGB II

lebt, solche Hilfen als Einkommen iSd § 11 Abs. 1 SGB II berücksichtigt und als solche entsprechend angerechnet oder ggf nachgewiesen werden.[5]

19 Ob eine Person hilfebedürftig ist, wird durch die **Gegenüberstellung** ihres Bedarfs und des Bedarfs ihrer Bedarfsgemeinschaft mit ihrem zu berücksichtigenden Einkommen und Vermögen ermittelt. Ist die Summe des zu berücksichtigenden Einkommens und Vermögens niedriger als sein Bedarf zum Lebensunterhalt, haben der erwerbsfähige Leistungsberechtigte und die Mitglieder seiner Bedarfsgemeinschaft Anspruch auf Leistungen nach dem SGB II.

20 **Ob und in welchem Umfang** der erwerbsfähige Leistungsberechtigte und die seinem Haushalt angehörenden Personen hilfebedürftig sind, entscheidet die Arbeitsagentur (§ 44 a Abs. 4 S. 1 SGB II). Dabei ist sie an die Feststellung der Angemessenheit der Kosten für Unterkunft und Heizung durch den kommunalen Träger gebunden. Darüber hinaus entscheidet die Arbeitsagentur darüber, ob Gründe für einen Leistungsausschluss für den erwerbsfähigen Leistungsberechtigten oder für die seinem Haushalt angehörenden Mitglieder vorliegen (§ 44 a Abs. 4 S. 3 SGB II). Der kommunale Träger kann diesen Feststellungen innerhalb eines Monats schriftlich und begründet widersprechen, wenn er deshalb höhere Leistungen zu erbringen hat (§ 44 a Abs. 6 SGB II). Die Arbeitsagentur muss dann ihre Feststellung innerhalb von zwei Wochen überprüfen. Kommt sie dazu, dass ihre Feststellungen rechtmäßig waren, kann der kommunale Träger den Widerspruch aufrechterhalten und eine andere Entscheidung entweder durch die Arbeitsagentur oder durch ein Gericht herbeiführen. Während des gesamten Verfahrens muss der kommunale Träger allerdings die Leistungen in der Höhe an den erwerbsfähigen Leistungsberechtigten erbringen, die die Arbeitsagentur festgestellt hat (§ 44 a Abs. 1 S. 6 SGB II).

4. Gewöhnlicher Aufenthalt in der Bundesrepublik Deutschland

21 Nach § 7 Abs. 1 Nr. 4 SGB II sind nur diejenigen Personen leistungsberechtigt, die ihren gewöhnlichen Aufenthalt in Deutschland haben. Was unter dem **gewöhnlichen Aufenthalt** zu verstehen ist, regelt § 30 Abs. 3 S. 2 SGB I. Danach hat jemand seinen gewöhnlichen Aufenthalt dort, wo er sich unter Umständen aufhält, die erkennen lassen, dass er an diesem Ort oder in diesem Gebiet nicht nur vorübergehend verweilt.

22 Für den Leistungsanspruch ist nicht entscheidend, ob der erwerbsfähige Leistungsberechtigte über einen Wohnsitz verfügt oder ordnungsbehördlich gemeldet ist. Diese Frage war längere Zeit umstritten und insb. für **Nichtsesshafte oder Obdachlose**, die diese Voraussetzungen nicht erfüllen, von entscheidender Bedeutung. Aus der seit dem FortentwicklungsG mit Wirkung vom 1.8.2006 geltenden Einbeziehung der EAO in § 7 Abs. 4 a SGB II (aF), deren Verletzung einen Leistungsausschluss nach sich zog, wurde geschlossen, dass die „Erreichbarkeit“ des erwerbsfähigen Leistungsberechtigten, die ohne eine feste „Zustelladresse“ wenig Sinn macht, einen Wohnsitz oder eine ordnungsbehördliche Meldung erfordere. Gegen diese Auffassung spricht aber nicht nur der Wortlaut des Gesetzes, der auf den „gewöhnlichen Aufenthalt“ abstellt und damit auf tatsächliche Umstände und eben nicht auf einen Wohnsitz nach § 30 Abs. 3 S. 1 SGB I, der das „Innehaben einer Wohnung“ erfordert. Vielmehr bestimmt auch § 36 S. 4 SGB II iRd örtlichen Zuständigkeit, dass bei fehlender Feststellung eines gewöhnlichen Aufenthaltsortes die **tatsächlichen Umstände** zu berücksichtigen sind. Diese Zuständigkeitsregelung wurde nach der Gesetzesbegründung gerade für Nichtsesshafte und Obdachlose geschaffen, die damit – auch ohne eine Wohnung zu haben – bei Vorliegen der anderen Voraussetzungen, insb. bei Erwerbsfähigkeit, Anspruch auf Leistungen nach

5 BSG 18.2.2010 – B 14 AS 32/08 R.

dem SGB II haben können, solange ihr Lebensmittelpunkt in der Bundesrepublik Deutschland liegt.

23 Einen gewöhnlichen Aufenthalt in der Bundesrepublik Deutschland können auch **Ausländer** haben. Dabei muss unterschieden werden, ob diese Ausländer die Staatsangehörigkeit eines EU-Mitgliedstaates haben oder ob sie sog. Drittstaatsangehörige mit befristeten Aufenthaltstitel (Hochqualifizierte erhalten gem. § 19 AufenthG von Anfang an einen unbefristeten Aufenthaltstitel) sind. Diese befristeten Aufenthaltstitel können sich nach Ablauf einer bestimmten Aufenthaltsdauer und bei Vorliegen bestimmter Voraussetzungen „verfestigen" (§ 9 AufenthG); in diesen Fällen ist von einem gewöhnlichen Aufenthalt in der Bundesrepublik Deutschland auf jeden Fall auszugehen. Bestimmte **befristete Aufenthaltstitel** können jedoch nicht verlängert werden, vor allem diejenigen, die allein einem bestimmten Beschäftigungszweck dienen. Davon sind insb. Beschäftigte in den Ferien, Saisonarbeitskräfte, Schaustellergehilfen, Au-Pair-Kräfte und Gastarbeitnehmer gemeint. Diese Personen können ihren Aufenthalt nicht „verfestigten" und erfüllen somit das Merkmal „gewöhnlicher Aufenthalt in der Bundesrepublik Deutschland" nicht.

24 Für **Unionsbürger** gelten aufgrund der innerhalb der EU geltenden Freizügigkeit besondere Regelungen. Sie und ihre Familienangehörigen unterliegen dem FreizügG/EU und benötigen – zumindest während der ersten drei Monate ihres Aufenthalts – keinen besonderen Aufenthaltstitel. Problematisch ist allerdings hier die Frage, inwiefern Leistungen des SGB II nach europarechtlichen Regelungen, die vom sozialrechtlich geltenden Territorialitätsprinzip gem. § 30 Abs. 2 SGB I unberührt bleiben, in andere Mitgliedstaaten der EU exportierbar sind. Diese Frage stellt sich vor allem in den Fällen, in denen Personen in Deutschland beschäftigt waren oder sind, die in einem anderen EU-Mitgliedstaat wohnen.

25 Das EU-Recht zielt auf eine größtmögliche Freizügigkeit von Waren, Arbeitnehmern, Dienstleistungen und Kapital innerhalb der Union und auf Abbau sämtlicher Beschränkungen innerhalb des Gemeinsamen Marktes. Für Arbeitnehmerinnen und Arbeitnehmer, die innerhalb der Mitgliedstaaten der EU von ihrer Freizügigkeit Gebrauch machen, gilt die VO (EG) Nr. 883/2004 vom 29.4.2004 zur Koordinierung der Systeme der Sozialen Sicherheit.[6] Nach Art. 1 lit. f) der Verordnung werden von dieser auch sog. **Grenzgänger** erfasst, dh Arbeitnehmer, die im Gebiet eines Mitgliedstaats beschäftigt sind und im Gebiet eines anderen Mitgliedstaats wohnen, wenn sie mindestens einmal wöchentlich zurückkehren. Bei Arbeitslosigkeit erhalten diese Personen entsprechend der Vorschriften des SGB III ihr Alg, sofern sie der Arbeitsagentur in Deutschland „zur Verfügung" stehen, da es sich hier um Leistungen bei Arbeitslosigkeit gem. Art. 3 Abs. 1 lit. h) VO (EG) Nr. 883/2004 handelt. Der Anspruch auf Leistungen folgt dann aus Art. 61 ff. VO (EG) Nr. 883/2004.

Das gilt indessen nicht für erwerbsfähige Leistungsberechtigte mit Wohnsitz in einem anderen Mitgliedstaat, die Leistungen nach dem SGB II geltend machen wollen. Die VO (EG) Nr. 629/2006,[7] die ihrerseits die VO (EWG) Nr. 1408/71 abändert, ermöglicht keine Leistungen zur Sicherung des Lebensunterhalts nach dem SGB II für diejenigen

6 Amtsblatt Nr. L 166 vom 30.4.2004, S. 0001–0101. Diese Verordnung löst die seit 1971 geltende VO (EWG) Nr. 1408/71 des Rates zur Anwendung der Systeme der sozialen Sicherheit auf Arbeitnehmer und deren Familien, die innerhalb der Gemeinschaft zu und abwandern (Amtsblatt Nr. L 149 vom 5.7.1971 S. 0002–0050), ab.

7 Amtsblatt Nr. L 114 vom 27.4.2006, S. 0001–0008.

Personen, die ihren Wohnsitz oder ständigen Aufenthalt nicht in der Bundesrepublik Deutschland haben.[8]

Nicht geklärt ist indessen die Frage, ob Arbeitnehmerinnen und Arbeitnehmer, die in einem anderen EU-Mitgliedstaat wohnen und in Deutschland beschäftigt sind, aber ein so geringes Einkommen haben, dass sie aufstockende Leistungen nach dem SGB II beziehen müssten, einen Leistungsanspruch haben. Arbeitnehmerinnen und Arbeitnehmer werden sowohl primärrechtlich durch Art. 45 AEUV als auch sekundärrechtlich durch die Verordnungen erfasst. Die Sozialleistungen können in diesen Fällen und nach der Rechtsprechung des EuGH grds. exportiert werden, sofern sie nicht eng an das soziale Umfeld gebunden sind. Eine generelle Beschränkung durch eine Wohnsitzklausel behindert die Freizügigkeit der Arbeitnehmerinnen und Arbeitnehmer und muss entsprechend besonders gerechtfertigt werden.[9]

Praxishinweis:

1. Leistungsberechtigt nach dem SGB II sind diejenigen Erwerbsfähigen, die ihren gewöhnlichen Aufenthalt in der Bundesrepublik Deutschland haben. Dazu bedarf es weder eines festen Wohnsitzes noch einer festen Meldeadresse. Deshalb können auch Obdachlose und nicht sesshafte Menschen, die die sonstigen Voraussetzungen erfüllen, Leistungen nach dem SGB II erhalten. Örtlich zuständig ist das Jobcenter, in dessen Bereich sich der erwerbsfähige Leistungsberechtigte tatsächlich aufhält.
2. Ausländer haben nur dann ihren gewöhnlichen Aufenthalt in der Bundesrepublik Deutschland, wenn sie entweder einen unbefristeten oder einen „verfestigten" befristeten Aufenthaltstitel haben. Saisonarbeiter, Au-Pair-Kräfte, Schausteller uÄ leiten ihren Aufenthaltstitel aus einem bestimmten Beschäftigungszweck ab. Sie haben keinen „gewöhnlichen Aufenthalt" in Deutschland.
3. Unionsbürger, auch Deutsche, die in einem anderen Mitgliedstaat ihren gewöhnlichen Aufenthalt haben, haben grds. keinen Anspruch auf SGB II-Leistungen. Eine Ausnahme kann hier für die sog. Aufstocker mit Entgelt bestehen, die als Arbeitnehmerinnen und Arbeitnehmer unter die europarechtlich gewährte Freizügigkeit fallen.

II. Bedarfsgemeinschaft

1. Begriff

26 Seit dem BSHG besteht eine öffentlich-rechtliche Einstandspflicht für Angehörige, die den bürgerlich-rechtlichen Unterhaltspflichten nur teilweise entspricht. Im Sozialhilferecht war dementsprechend von einer „Einsatzgemeinschaft" die Rede. Ihre Angehörigen mussten ihr, den eigenen Bedarf überschießendes, Einkommen für ihre Angehörigen einsetzen. Mit dem SGB II wurde der Begriff der **Bedarfsgemeinschaft** begründet. Er wurde vom Deutschen Verein geprägt und meinte ursprünglich die Zusammenfassung aller Bedarfe und Einkommen in einer gemeinsamen Bedarfsberechnung ohne Aufteilung auf die einzelnen Personen. In dieser Form ist die Bedarfsgemeinschaft allerdings nicht in das SGB II aufgenommen worden. Vielmehr wird die Bedarfsgemeinschaft als anspruchs- und pflichtenbegründende Gemeinschaft verstanden, die durch mindestens einen erwerbsfähigen Leistungsberechtigten konstituiert wird und auch die im Haushalt lebenden nicht erwerbsfähigen Angehörigen in das Leistungssystem des SGB II einbezieht.

---

8 S. auch SG Aachen 8.12.2006 – S 8 AS 70/06. In dem dort entschiedenen Fall hat der Kläger, der in den Niederlanden wohnte, nur in Deutschland versicherungspflichtig beschäftigt war und dessen Kinder in Deutschland zur Schule gehen bis zum Auslaufen des befristeten Zuschlags auch die Kosten der Unterkunft und Heizung nach § 22 SGB II erhalten. Die jetzt gültige VO (EG) Nr. 883/2004 besagt in Art. 70 Abs. 3, dass bei beitragsunabhängigen (Sozial)Leistungen der Leistungsempfänger im jeweiligen Mitgliedstaat wohnen muss, in dem er die entsprechende Leistung nach den Rechtsvorschriften dieses Mitgliedstaates empfangen will.

9 EuGH 18.12.2007 – Rs. C-396/05 (Habelt u.a.), Rn 82.

Die Bedarfsgemeinschaft findet sich in unterschiedlichen Regelungen des SGB II mit unterschiedlichen Inhalten. Die Mitglieder sind mit verantwortlich dafür, dass die Eigenverantwortung des erwerbsfähigen Leistungsberechtigten gestärkt wird und sie unabhängig von den Leistungen nach dem SGB II leben können.

27 Die Bedarfsgemeinschaft muss von der Haushaltsgemeinschaft nach § 9 Abs. 5 SGB II unterschieden werden. Eine **Haushaltsgemeinschaft** setzt ein Zusammenleben auf Dauer in einem Haushalt voraus; eine Bedarfsgemeinschaft kann nur zwischen den in § 7 Abs. 3 Nr. 1 bis 4 SGB II genannten Personen bestehen. Leben zB Geschwister in einem Haushalt und wirtschaften gemeinsam, so sind sie keine Bedarfsgemeinschaft. Sind sie hilfebedürftig, hat jeder von ihnen Anspruch auf die volle Regelbedarfsleistung.

2. Grundsätze der Bedarfsgemeinschaft

28 Die Bedarfsgemeinschaft ist in § 7 Abs. 3, 3 a SGB II geregelt und ein zentrales Grundelement der Grundsicherung für Arbeitsuchende, das bestimmt, ob die in einem Haushalt zusammenlebenden Personen Leistungen nach dem SGB II erhalten oder nicht. Entscheidendes Kriterium ist das Vorhandensein eines erwerbsfähigen Leistungsberechtigten. In einer Bedarfsgemeinschaft werden einerseits die individuellen Bedarfe der einzelnen zusammenlebenden Personen berücksichtigt, andererseits aber auch die gegenseitige Anrechnung von Einkommen und Vermögen dieser Personen nach § 9 Abs. 2 SGB II ermöglicht. Auf diese Weise erhalten auch erwerbsunfähige Personen Leistungen nach dem SGB II, allerdings kann durch die **gegenseitige Einkommens- und Vermögensberücksichtigung** die Leistungshöhe reduziert werden. Es gibt gleichwohl keinen „Gesamtleistungsanspruch"; jedes Mitglied der Bedarfsgemeinschaft bleibt individuell leistungsberechtigt.

29 Auch nicht erwerbsfähige Mitglieder einer Bedarfsgemeinschaft sind dem Anspruchs- und Pflichtensystem des SGB II unterworfen. Daraus folgt bzw folgen für sie

- die Berechtigung auf den Bezug von Sozialgeld nach § 23 SGB II, ggf Dienst- oder Sachleistungen,
- die mögliche Einbeziehung in Eingliederungsvereinbarungen (§ 15 Abs. 2 SGB II),
- die Zuordnung zum SGB II bei der Ermittlung von Leistungen (zB als Haftungsgemeinschaft),
- die Zugriffsmöglichkeit des Jobcenters auf ihr Einkommen und Vermögen nach Maßgabe des § 9 Abs. 2 SGB II und eine entsprechende Auskunftspflicht,
- bestimmte Obliegenheitspflichten, auch wenn ihr Einkommen und Vermögen ausreicht, ihren persönlichen Bedarf zu decken und
- Sanktionsmöglichkeiten, auch bei fehlender Hilfebedürftigkeit nach § 31 a Abs. 4 SGB II.

3. Mitglieder der Bedarfsgemeinschaft

a) Allgemeines

30 Wer zu einer Bedarfsgemeinschaft gehört, bestimmt § 7 Abs. 3 SGB II. Nur die dort aufgeführten Personen können eine Bedarfsgemeinschaft bilden und nur diejenigen, die zu dieser Gemeinschaft gehören, können Leistungen nach dem SGB II erhalten.

Nach § 7 Abs. 3 SGB II gehören zur Bedarfsgemeinschaft:

1. die erwerbsfähigen Leistungsberechtigten,
2. die im Haushalt lebenden Eltern oder der im Haushalt lebende Elternteil eines unverheirateten erwerbsfähigen Kindes, welches das 25. Lebensjahr noch nicht voll-

endet hat, und die oder der im Haushalt lebende Partnerin bzw Partner dieses Elternteils,

3. als Partner des erwerbsfähigen Leistungsberechtigten
   a) der nicht dauernd getrennt lebende Ehegatte,
   b) der nicht dauernd getrennt lebende Lebenspartner,
   c) eine Person, die mit dem erwerbsfähigen Leistungsberechtigten in einem gemeinsamen Haushalt so zusammenlebt, dass nach verständiger Würdigung der wechselseitige Wille anzunehmen ist, Verantwortung füreinander zu tragen und füreinander einzustehen
4. die dem Haushalt angehörenden unverheirateten Kinder der in Nummer 1 bis 3 genannten Personen, wenn sie das 25. Lebensjahr noch nicht vollendet haben, soweit sie die Leistungen zur Sicherung ihres Lebensunterhalts nicht aus eigenem Einkommen und Vermögen beschaffen können.

Für die Zugehörigkeit zu einer Bedarfsgemeinschaft ist nicht erforderlich, dass die betreffende Person auch tatsächlich Leistungen nach dem SGB II erhält. Auch Personen, die **von Leistungen ausgeschlossen** sind, können in die Bedarfsgemeinschaft einbezogen sein.[10]

31 Zu einer **Bedarfsgemeinschaft gehören insb. nicht:**

- dauernd getrennt lebende Ehegatten und Lebenspartner,
- zusammenlebende Partner, die sich finanziell nicht unterstützen,
- über 25-jährige Kinder,
- minderjährige und volljährige Kinder bis zum Alter von 25 Jahren,
  die ein eigenes Kind versorgen,
  die verheiratet sind oder mit einem Lebenspartner zusammenleben,
  die eigenes bedarfsdeckendes Einkommen und Vermögen haben,
- in einem Haushalt zusammenlebende Großeltern, Enkelkinder, Onkel, Tanten, Nichten und Neffen,
- Pflegekinder und Pflegeeltern,
- ohne Eltern zusammenlebende Geschwister,
- sonstige Verwandte und Verschwägerte,
- Freunde oder Freundinnen.

b) Erwerbsfähige Leistungsberechtigte (§ 7 Abs. 3 Nr. 1 SGB II)

32 Eine Bedarfsgemeinschaft besteht aus mindestens einer **erwerbsfähigen leistungsberechtigten Person**, die die Voraussetzungen des § 7 Abs. 1 Nr. 1–4 SGB II erfüllt.[11] Auch zwei oder mehr erwerbsfähige leistungsberechtigte Personen können eine Bedarfsgemeinschaft bilden; dies wird entsprechend bei der Berechnung der Regelbedarfsleistung berücksichtigt.

10 BSG 15.4.2008 – B 14/7 b AS 58/06 R.

11 Die BA-FH zu § 7 SGB II gehen davon aus, dass eine Person eine Gemeinschaft sein kann – Rn 7.12., auch wenn dies sprachlich gesehen nicht korrekt ist, dazu auch *Brühl/Schoch* in: LPK-SGB II § 7 Rn 62 vor allem unter Hinweis auf die Rechtsfolgen nach §§ 9 Abs. 2, 38 SGB II.

c) Partner (§ 7 Abs. 3 Nr. 3 SGB II)

33 Als Partner des erwerbsfähigen Leistungsberechtigten gelten zunächst:

- der nicht dauernd getrennt lebende Ehegatte sowie
- der nicht dauernd getrennt lebende Lebenspartner.

Ehegatten sind Personen, die eine gültige Ehe geschlossen haben, die den Vorschriften des bürgerlichen Rechts entspricht. Sie ist grds. durch eine Wohn-, Haushalts-, Lebensführungs- und Geschlechtsgemeinschaft iSd § 1357 BGB geprägt und besteht auch bei einer berufs- oder krankheitsbedingten (zeitweisen) räumlichen Trennung. „Dauernd getrennt leben" Ehegatten erst, wenn anzunehmen ist, dass die Lebens- und Wirtschaftsgemeinschaft nicht nur vorübergehend aufgelöst ist. Die Trennungsvoraussetzungen des § 1567 Abs. 1 S. 1 BGB müssen nicht vorliegen; allerdings müssen das Ende und der Wunsch nach Auflösung der Beziehung auch nach außen hin erkennbar sein (Trennungswille).[12] Im Zweifel wird eine Trennung dann angenommen, wenn die Wirtschaftsgemeinschaft aufgelöst ist. Auch der Umzug bspw in ein Frauenhaus oder die „Wegweisung" des Partners aus der gemeinsamen Wohnung wird als Manifestation des Trennungswillens gewertet. Das bedeutet im Ergebnis jedoch auch, dass Ehegatten nicht als dauernd getrennt lebend gelten, wenn sie (nur) keinen gemeinsamen Haushalt führen. Dieser ist für die Annahme einer Bedarfsgemeinschaft – im Gegensatz zu den eheähnlichen Gemeinschaften – nicht erforderlich.[13]

34 **Lebenspartner** meint die nach § 1 LPartG geschlossenen Lebensgemeinschaften zwischen zwei Personen gleichen Geschlechts. Eine Trennung der Lebenspartner entspricht der zwischen Eheleuten, die Auslegung des Merkmals „dauernd getrennt lebend" kann hier entsprechend angewendet werden. Anstelle der Scheidung tritt nach §§ 15 ff LPartG die Aufhebung der Partnerschaft.

35 Partner sind aber nach § 7 Abs. 3 Nr. 3 c auch die Personen, die in einem gemeinsamen Haushalt so zusammenleben, dass nach verständiger Würdigung der wechselseitige Wille anzunehmen ist, Verantwortung füreinander zu tragen und füreinander einzustehen. Diese sog. **Verantwortungs- und Einstandsgemeinschaft** löst den Begriff der eheähnlichen Gemeinschaft ab und erfasst damit auch gleichgeschlechtliche, dh lebenspartnerschaftsähnliche Lebensgemeinschaften.

36 Bis zum FortentwicklungsG musste das Jobcenter den inneren Willen der Partner, in den Not- und Wechselfällen des Lebens füreinander einzustehen, nachweisen. Da dies in Einzelfällen schwierig war und die Gefahr des Missbrauchs bestand, hat der Gesetzgeber in § 7 Abs. 3 a SGB II bestimmte **Vermutungsregeln** geschaffen, bei deren Vorliegen das Jobcenter eine Einstands- und Verantwortungsgemeinschaft annimmt. Die Kriterien gehen auf eine umfangreiche Rechtsprechung – vor allem zwischen 1985 und 1995 – zurück, mit der der Begriff der eheähnlichen Gemeinschaft entwickelt wurde. Das BVerfG hat im Jahr 1992 festgestellt, dass eine **eheähnliche Gemeinschaft** dann vorliegt, wenn es sich um eine Lebensgemeinschaft zwischen Mann und Frau handelt, die auf Dauer angelegt ist, daneben keine weiteren Lebensgemeinschaften gleicher Art zulässt und sich durch innere Bindungen auszeichnet, die ein gegenseitiges Einstehen der Partner füreinander begründet, dh über die Beziehung in einer reinen Haushalts- und Wirtschaftsgemeinschaft hinausgeht. Die Bindungen der Partner müssten so eng sein, dass von ihnen ein gegenseitiges Einstehen in den Not- und Wechselfällen des Lebens erwartet werden kann. Nur wenn sich die Partner einer Gemeinschaft so füreinander verantwortlich fühlen, dass sie zunächst den gemeinsamen Lebensunterhalt sicherstel-

12 BSG 18.2.2010 – B 4 AS 49/09 R.
13 BSG 18.2.2010 – B 4 AS 49/09 R.

len, bevor sie ihr persönliches Einkommen zur Befriedigung eigener Bedürfnisse verwenden, ist ihre Lage mit nicht dauernd getrennt lebenden Ehegatten vergleichbar.[14]

37 Ob eine solche Gemeinschaft vorliegt, lässt sich nur anhand bestimmter Indizien feststellen. Der Gesetzgeber hat – in dem Bewusstsein dafür, dass auch Partner gleichen Geschlechts derartig füreinander einstehen können wie Partner in einer eheähnlichen Gemeinschaft – diese, durch die Rechtsprechung entwickelten Kriterien aufgegriffen und in § 7 Abs. 3 a SGB II als **Hinweistatsachen** für die Vermutung des Vorliegens einer ehe- oder lebenspartnerschaftsähnlichen Lebensgemeinschaft gesetzlich festgelegt. Allerdings muss, bevor die Hinweistatsachen die Einstands- und Verantwortungsgemeinschaft vermuten lassen, das Vorliegen einer Wohn-, Haushalts- und Wirtschaftsgemeinschaft durch das Jobcenter nachgewiesen werden.

38 Danach wird der wechselseitige Wille, füreinander einzustehen dann angenommen, wenn die Partner

1. länger als ein Jahr zusammenleben (Nr. 1).

   Das **Zusammenleben über den Jahreszeitraum** hinaus ersetzt den Formalakt der Publizität und soll zu flüchtigen, vor allem sexuell motivierten Verhältnissen abgrenzen. Ehe- oder partnerschaftsähnliche Gemeinschaften sollen eine gewisse Konstanz aufweisen. Das setzt eine gemeinsame Wohnung ebenso wie das Wirtschaften „aus einem Topf“ voraus. Getrennte Wohnungen deuten nicht auf eine ehe- oder lebenspartnerschaftsähnliche Gemeinschaft hin.

   Die Regelung ist **verfassungsrechtlich umstritten**. Nur aus der Tatsache des (zumal relativ kurzen) Zusammenlebens lasse sich keine Einstands- und Verantwortungsgemeinschaft ableiten. Insbesondere kann das Zusammenleben verschiedene Gründe haben, seien es wirtschaftliche Zweckerwägungen wie eine geringere Mietbelastung, seien es individuelle persönliche Erwägungen wie ein größeres Sicherheitsgefühl oder die Vermeidung von Einsamkeit, seien es andere reine Zufälligkeiten. Mit der Annahme einer Bedarfsgemeinschaft durch ein einjähriges Zusammenleben missachte der Gesetzgeber die Freiheit der persönlichen Lebensgestaltung und -planung.[15]

   Leben die Partner noch kein Jahr zusammen, dann trägt weiterhin das Jobcenter die Beweislast für den Nachweis einer Verantwortungs- und Einstandsgemeinschaft.[16]

2. mit einem gemeinsamen Kind zusammenleben (Nr. 2).

   Das Zusammenleben mit einem **gemeinsamen Kind**, dh die zusammenlebenden Partner sind Vater und Mutter des Kindes, ist ein deutlicher Hinweis darauf, dass beide Partner in einer Einstands- und Verantwortungsgemeinschaft zusammenleben. In diesen Fällen kann die Zeitdauer des Zusammenlebens auch unter einem Jahr liegen.

3. Kinder oder Angehörige im Haushalt versorgen (Nr. 3).

   Die **Versorgung von Kindern oder Angehörigen** ist ebenfalls ein Hinweis für eine Einstands- und Verantwortungsgemeinschaft. Kinder sind dabei nicht gemeinsame Kinder wie in Nr. 2, sondern Kinder eines Partners oder auch Pflegekinder. Die Versorgung von Angehörigen kann zB die Pflege eines Elternteils eines der Partner bedeuten. Um eine Einstands- und Verantwortungsgemeinschaft anzunehmen, ist allerdings der Nachweis erforderlich, dass tatsächlich eine gemeinsame Versorgung durch beide Partner erfolgt.

4. befugt sind, über Einkommen und Vermögen des anderen zu verfügen (Nr. 4).

14 BVerfG 17.11.1992 – 1 BvL 8/87.
15 Vgl *Lenze* NZS 2007, 413.

Bei der Tatsache der gegenseitigen Befugnis, **über Einkommen und Vermögen des anderen zu verfügen**, greift der Gesetzgeber das Merkmal des „Wirtschaftens aus einem Topf" auf und knüpft insofern an die Haushalts- und Wirtschaftsgemeinschaft an. Es erfasst die gemeinsame Erledigung der die Partner betreffenden wirtschaftlichen Fragen ihres Zusammenlebens oder das Bestreiten des gemeinsamen Lebensunterhalts. Es setzt nicht voraus, dass nur eine gemeinsame Kasse besteht, mit der die der Befriedigung jeglichen Lebensbedarfs dienenden Güter zusammen und nur aufgrund gemeinsamer Planung angeschafft werden oder dass jede Ausgabe nur gemeinsam bestritten wird oder dass der eine Partner über ein etwa bestehendes Konto des anderen verfügen darf. Diese Tatsachen sind nur Indizien für die Befugnis, über des anderen Einkommen und Vermögen zu verfügen. Weitere mögliche Hinweise sind zB die Überlassung einer Bankkarte oder die Verfügungsvollmacht über das Konto des jeweils anderen oder auch die Berücksichtigung in einer Lebensversicherung.

Die Vermutungsregeln sind **alternativ** zu verstehen, dh eine Bedarfsgemeinschaft wird bereits dann vermutet, wenn nur einer der genannten Tatbestände verwirklicht ist.

Praxishinweis: Mit der Vermutungsregelung in § 7 Abs. 3 a SGB II ist eine Umkehr der Beweislast verbunden. Das Jobcenter muss – abgesehen vom Vorliegen einer Haus- und Wirtschaftsgemeinschaft – nur noch die Hinweistatsachen nachweisen. Ihm stehen dafür von Amts wegen alle Beweismittel des § 21 SGB X zur Verfügung. Der Antragsteller muss dann nachweisen, dass er nicht in einer Bedarfsgemeinschaft lebt. Dafür genügt die einfache Behauptung nicht, sondern es ist ein „Gegenbeweis" durch genaue Darlegung und geeignete Nachweise erforderlich.

39 Die Hinweistatsachen nach § 7 Abs. 3 a SGB II sind für das Jobcenter eine Beweiserleichterung für den Nachweis einer Einstands- und Verantwortungsgemeinschaft. Sie sind gleichwohl nur gesetzlicher Regelfall. Darüber hinaus gibt es eine umfangreiche Rechtsprechung dazu, wann ein Leistungsträger von dem Vorliegen einer Einstands- und Verantwortungsgemeinschaft ausgehen kann. Zu den **weiteren Hinweisen** zählen:

- ein gemeinsamer Mietvertrag oder die Anmietung einer neuen Wohnung; allerdings besteht keine eheähnliche Gemeinschaft, wenn eine Eigentumswohnung gemeinsam angeschafft, aber nicht bezogen wird,
- ein mehrmaliger gemeinsamer Wohnungswechsel, der nicht ökonomisch bedingt ist,
- die Unmöglichkeit der für eine Wohngemeinschaft typischen Trennung der Wohnbereiche,
- gemeinsames Wäschewaschen, gemeinsamer Kleiderschrank,
- die gemeinsame Anschaffung von Haushaltsgegenständen,
- der Umbau des Wohnraums mit Blick auf das Zusammenleben,
- die gemeinsame Benutzung des Schlafzimmers, wobei die Annahme einer eheähnlichen Gemeinschaft nicht die Feststellung von Intimbeziehungen voraussetzt,
- der Umstand, dass jeder Partner seine finanziellen Möglichkeiten und persönlichen Kräfte in nennenswertem Umfang nicht nur für sich selbst, sondern auch für das gemeinsame Leben einsetzt, was auch dem jeweils anderen unterstützend zugutekommt; **gegen** eine eheähnliche Gemeinschaft spricht, wenn der Leistungsberechtigte keine oder nur unzureichende Leistungen von seinem Partner erhält, unabhängig davon, ob der Partner leisten kann oder will,
- die Bezeichnung des Partners im Antrag als Lebenspartner, entsprechendes Auftreten gegenüber dem Vermieter, den Nachbarn oder den Verwandten,

16 LSG NRW 16.2.2009 – L 19 AS 70/08. In diesen Fällen müssen „gewichtige Gründe" für die Annahme einer Einstands- und Verantwortungsgemeinschaft vorliegen.

- eine gemeinsame Freizeit- und Urlaubsgestaltung,
- eine gemeinsame Kontoführung oder gegenseitige Zugriffsmöglichkeit auf das Konto des anderen Partners, ein gemeinsames Sparbuch oder ein gemeinsamer Bausparvertrag,
- eine Freundschaft über zehn Jahre oder
- die Anmeldung mit einem einzigen Wohnsitz beider Partner und ein gemeinsamer Telefonbucheintrag.

Diese Umstände müssen – da es sich hierbei nicht um gesetzlich festgelegte Vermutungsregelungen für die Annahme einer Einstands- und Verantwortungsgemeinschaft handelt – **vom Leistungsträger bewiesen** werden. Sie können alternativ vorliegen und sind ebenfalls nicht abschließend. Entscheidend ist die Gesamtwürdigung der Umstände im Einzelfall.

40 **Keine Einstands- und Verantwortungsgemeinschaft** im Sinne einer Bedarfsgemeinschaft bilden zB Geschwister oder andere fürsorgerische Beziehungen. Erfasst werden nur „Partner" iSv ehe- oder lebenspartnerschaftsähnlichen Beziehungen. Dafür spricht zum einen der Gesetzeswortlaut. Partner sind weder umgangssprachlich noch in anderen Gesetzen miteinander verwandte Personen. Auch die systematische Stellung der Regelung im Zusammenhang mit Ehegatten und Lebenspartnern spricht für diese Auslegung. Der Gesetzgeber wollte ursprünglich, die leistungsrechtliche Ungleichbehandlung zwischen Ehe und eheähnlichen Beziehungen verhindern. Mit dem Wegfall der „Eheähnlichkeit" sollten nunmehr allein auch gleichgeschlechtliche Beziehungen erfasst werden.

d) Unter 25-jährige Kinder im Haushalt der Eltern oder des Elternteils (§ 7 Abs. 3 Nr. 4 SGB II)

41 Unverheiratete Kinder gehören grds. bis zur Vollendung des 25. Lebensjahres zur Bedarfsgemeinschaft, sofern sie ihren Lebensunterhalt nicht aus eigenem Einkommen und Vermögen bestreiten können. „Kinder" meint dabei **nur leibliche oder adoptierte Kinder** des erwerbsfähigen Leistungsberechtigten und/oder seines Partners. Nicht leibliche Kinder, Pflege- oder Enkelkinder gehören nicht dazu. Unverheiratet sind diese Kinder, wenn sie ledig oder geschieden sind; nur Getrenntleben genügt nicht für die Annahme des Nichtverheiratetseins.

42 Die Kinder müssen dem **Haushalt** des erwerbsfähigen Leistungsberechtigten **angehören.** Die Wohnung der Eltern oder des Elternteils muss der Lebensmittelpunkt des Kindes sein. Eine vorübergehende räumliche Trennung wie ein Internatsaufenthalt schließt diese Einbeziehung in den elterlichen Haushalt nicht aus.

43 Das Kind gehört nur dann zur Bedarfsgemeinschaft der Eltern, wenn es seinen Bedarf **nicht aus eigenem Einkommen und Vermögen** decken kann, dh wenn es hilfebedürftig ist. Hat das Kind ausreichendes eigenes Einkommen (zB durch eine Ausbildungsvergütung und Kindergeld, durch den Kinderzuschlag, durch anteiliges Wohngeld oder durch Unterhaltszahlungen eines Elternteils) oder ausreichendes Vermögen (zB durch Miet- oder Kapitaleinkünfte nach einer Erbschaft), bildet es keine Bedarfsgemeinschaft mit seinen Eltern.

44 Problematisch sind die Fälle, in denen unter 25-jährige Kinder im Haushalt ihrer Eltern oder ihres Elternteils mit einem eigenen Kind und/oder mit einem Partner in einer eheähnlichen Gemeinschaft zusammen leben (sog. **überlappende Bedarfsgemeinschaften**). Hier entsteht zwischen der Bedarfsgemeinschaft mit den Eltern und der Bedarfsgemeinschaft mit dem eigenen Kind/Partner eine Konkurrenzsituation, die vor allem deshalb geklärt werden muss, weil die Zuordnung zur Bedarfsgemeinschaft Einfluss auf die Höhe der Regelbedarfe hat. Ein unter 25-jähriges Kind, das der Bedarfsgemeinschaft seiner

Eltern zugeordnet ist, bekommt nur 287 EUR bzw 299 EUR, in einer eigenen Bedarfsgemeinschaft mit seinem Kind stehen ihm unter Umständen der Regelbedarf für Alleinstehende bzw für Partner iHv 374 EUR bzw 337 EUR zu.

Nach den Fachlichen Hinweisen der BA zum SGB II[17] bildet das erwerbsfähige unter 25-jährige Kind, das mit seinem eigenen Kind im Haushalt der Eltern bzw eines Elternteils lebt mit diesem Kind eine eigene Bedarfsgemeinschaft. Damit soll vermieden werden, dass innerhalb einer Haushaltsgemeinschaft zwei unterschiedliche Träger zuständig sind, denn das Enkelkind bekäme andernfalls nur Leistungen der Hilfe zum Lebensunterhalt nach dem SGB XII. Gleiches gilt, wenn das Kind mit einem Partner oder mit einem Kind des Partners im Haushalt der Eltern lebt. Auch dann bildet es mit diesem eine eigene Bedarfsgemeinschaft.

Zusammenfassung: Kinder unter 25 Jahren **gehören zur Bedarfsgemeinschaft** der Eltern, wenn sie

1. mit ihren erwerbsfähigen Eltern oder einem erwerbsfähigen Elternteil in einem gemeinsamen Haushalt wohnen oder
2. mit einem nicht erwerbsfähigen Partner im Haushalt der erwerbsfähigen Eltern/des erwerbsfähigen Elternteils leben (der nicht erwerbsfähige Partner des Kindes gehört nicht zur Bedarfsgemeinschaft und hat ggf Ansprüche nach dem SGB XII),
3. nicht erwerbsfähig sind und mit ihrem eigenen Kind im Haushalt der Eltern leben (in diesem Fall gehört das eigene Kind nicht zur Bedarfsgemeinschaft, sondern erhält ggf Hilfe zum Lebensunterhalt nach dem SGB XII),
4. selbst erwerbsfähig sind und mit ihren nicht erwerbsfähigen Eltern oder mit nur einem nicht erwerbsfähigen Elternteil im gemeinsamen Haushalt wohnen (Nr. 2 – dazu gleich Rn 45).

Ein Kind **gehört nicht zur Bedarfsgemeinschaft** der Eltern, wenn

1. es verheiratet ist,
2. das 25. Lebensjahr vollendet hat,
3. es seinen Lebensunterhalt aus eigenem Einkommen und Vermögen bestreiten kann,
4. es mit einem erwerbsfähigen Partner im Haushalt der Eltern lebt,
5. es erwerbsfähig ist und mit einem nicht erwerbsfähigen Partner und mit seinem oder dem Kind des Partners im Haushalt der erwerbsfähigen Eltern lebt,
6. es erwerbsfähig ist und selbst ein Kind hat, das ebenfalls im Haushalt der Eltern (bzw bzgl des Kindes der Großeltern) lebt.

e) Unter 25-jährige Kinder im Haushalt von nicht erwerbsfähigen Eltern/eines Elternteils (§ 7 Abs. 3 Nr. 2 SGB II)

45 § 7 Abs. 3 Nr. 2 SGB II begründet eine Bedarfsgemeinschaft zwischen Eltern bzw eines Elternteils und ggf dessen Partner mit unverheirateten Kindern unter 25 Jahren, wenn **allein das Kind erwerbsfähig** und damit primär leistungsberechtigt ist und mit seinen Eltern oder einem Elternteil in einem gemeinsamen Haushalt lebt. In diesem Fall wird die Bedarfsgemeinschaft durch das zwischen 15 und 25 Jahre alte Kind konstituiert. Die Vorschrift kommt nur zur Anwendung, wenn die Eltern bzw der Elternteil und ggf dessen Partner nicht erwerbsfähig sind. Sie endet entweder durch Auflösung des gemeinsamen Haushalts oder durch Heirat des Kindes oder Vollendung des 25. Lebensjahres. Wird das Kind selbst erwerbsunfähig, stehen dieser Bedarfsgemeinschaft keine Leistungen nach dem SGB II mehr zu.

17 BA-FH zu § 7 SGB II Rn 7.20.

4. Konsequenzen der Zugehörigkeit zu einer Bedarfsgemeinschaft

46 Die Zuordnung zu einer Bedarfsgemeinschaft hat eine Vielzahl leistungsrechtlicher Konsequenzen. In besonderem Maße bestimmt sie den Umfang der Hilfebedürftigkeit und des gegenseitigen Einsatzes von Einkommen und Vermögen.

47 Jedes Mitglied der Bedarfsgemeinschaft hat seinen eigenen **individuellen Anspruch** auf Alg II oder Sozialgeld. Es darf daher keine Zusammenfassung aller Bedarfe und Einkommen ohne Zuordnung zu einem individuellen Bedarf geben.[18] Der Leistungsanspruch ist unabhängig von dem die Bedarfsgemeinschaft konstituierenden erwerbsfähigen Leistungsberechtigten.

48 Diese grundsätzliche Unabhängigkeit des Leistungsanspruchs wird nur in bestimmten Fällen durchbrochen. So können Mitglieder der Bedarfsgemeinschaft in die **Eingliederungsvereinbarung**, die mit dem erwerbsfähigen Leistungsberechtigten nach § 15 SGB II geschlossen werden soll, **mit einbezogen** werden (§ 15 Abs. 2 SGB II) und zwar hinsichtlich der Leistungen, die sie erhalten sollen. Gesetzessystematisch sind hier nur Leistungen nach den §§ 14 ff SGB II gemeint und nicht die Leistungen zur Sicherung des Lebensunterhalts, da die Eingliederungsvereinbarung ein Instrument zur Planung von Leistungen zur Eingliederung in Arbeit ist. Deshalb können nur erwerbsfähige Mitglieder der Bedarfsgemeinschaft von dieser Vorschrift erfasst sein. Dies widerspricht nicht § 7 Abs. 2 S. 2 SGB II und der dort geregelten Ausnahme für die Gewährung von Dienst- und Sachleistungen an nicht erwerbsfähige Mitglieder der Bedarfsgemeinschaft. Diese Leistungen (zB Kinderbetreuung oder Pflege von Angehörigen nach § 16 a Nr. 1 SGB II) sind letztlich Eingliederungsleistungen für den erwerbsfähigen Leistungsberechtigten, nicht für die nicht erwerbsfähigen Kinder und Angehörigen, die allein Nutzer dieser Leistung sind.

49 Konsequenzen für Mitglieder der Bedarfsgemeinschaft entstehen auch bei **Pflichtverletzungen** des erwerbsfähigen Leistungsberechtigten. In den Fällen, in denen iRd §§ 31 ff SGB II dessen Leistungen gekürzt oder gestrichen werden, haben die Mitglieder der Bedarfsgemeinschaft weniger Leistungen zur Verfügung, obwohl ihnen keine Pflichtverletzung vorzuwerfen ist. Problematisch ist das insb. dann, wenn es um die Kürzung der Kosten für Unterkunft und Heizung geht. Fallen diese Leistungen durch eine Sanktion weg, besteht ein teilweise ungedeckter Bedarf, der der gesamten Bedarfsgemeinschaft fehlt und den diese ausgleichen muss. Aber auch bei der Kürzung der Regelbedarfsleistung werden die Mitglieder der Bedarfsgemeinschaft für denjenigen einspringen (müssen), dessen Leistungen gekürzt wurden.

50 Eine weitere Besonderheit in einer Bedarfsgemeinschaft ist die **Vertretungsvermutung**[19] nach § 38 SGB II, die ihrerseits eine Konkretisierung des allgemeinen Vertretungsgrundsatzes des § 13 SGB X darstellt. Sie besteht darin, dass der erwerbsfähige Leistungsberechtigte bevollmächtigt ist, Leistungen nach dem SGB II auch für alle mit ihm in einer Bedarfsgemeinschaft zusammenlebenden Personen zu beantragen und entgegenzunehmen und auch alle damit zusammenhängenden Handlungen (Rücknahme des Antrags, Ergänzungen, Änderungen des Sachverhalts usw) vorzunehmen, sofern dieser Vermutung keine Anhaltspunkte entgegenstehen. Bei mehreren erwerbsfähigen Leistungsberechtigten in einer Bedarfsgemeinschaft gilt diese Vertretungsvermutung zugunsten des Antragstellers. Diese Vorschrift dient der Verwaltungsvereinfachung; das Jobcenter soll nicht einer Vielzahl von Mitgliedern einer Bedarfsgemeinschaft gegenüber stehen. Die Vermutung ist widerlegbar, da sie nicht als gesetzliche, sondern als gewillkürte Vertre-

18 BSG 7.11.2006 – B 7 b AS 8/06 R.
19 Zu Zweifeln an der Rechtmäßigkeit der Vertretungsvermutung und des damit zusammenhängenden Verlusts der individuellen Subjektstellung eines Leistungsberechtigten im Sozialrecht, s. *Samartzis* ZfF 2009, 156 ff.

tung gilt.[20] Dabei wird unterstellt, dass die einzelnen Mitglieder Kenntnis von der Vertretung haben. Sie gilt nicht, wenn im Einzelfall Anhaltspunkte dagegen sprechen. Auf jeden Fall ist die Vertretungsvermutung dann widerlegt, wenn ein Mitglied der Bedarfsgemeinschaft dem Leistungsträger gegenüber – am besten auf schriftlichem Weg – erklärt, er wolle seine Interessen selbst wahrnehmen. Hierfür ist sozialrechtliche Handlungsfähigkeit nach § 36 SGB I erforderlich.

51 Das LSG Hamburg hat darüber hinaus kürzlich entschieden, dass § 38 SGB II nicht zu einer **Verschuldenszurechnung** zu demjenigen volljährigen Mitglied der Bedarfsgemeinschaft führt, das rechtswidrig Leistungen bezogen hat, aber davon keine Kenntnis hatte. Wurden durch ein Mitglied der Bedarfsgemeinschaft Leistungen beantragt – auch für die anderen Mitglieder – und flossen diese Leistungen allein auf sein Konto, ohne dass das vertretene Mitglied davon Kenntnis hatte, können die rechtswidrig erbrachten Leistungen nicht von dem vertretenen Mitglied zurückverlangt werden. Da § 38 SGB II kein Fall der gesetzlichen Vertretung sei, sondern nur die Vermutung einer vorhandenen Vollmacht, sei er mit einer gesetzlichen oder rechtsgeschäftlich erteilten Vertretung nicht vergleichbar.[21]

52 Es genügt indessen nicht, wenn ein Leistungsbescheid nur an den „Vertreter“ der Bedarfsgemeinschaft gerichtet ist. Da jedes Mitglied der Bedarfsgemeinschaft einen individuellen Leistungsanspruch hat, müssen aus dem Bescheid jegliche **Ansprüche und deren Adressaten ersichtlich** sein, so dass zweifelsfrei erkennbar ist, an wen sich der Verwaltungsakt im Einzelnen richtet. Auch die Bevollmächtigung eines Rechtsanwalts im Antrags-, Widerspruchs- und Klageverfahren ist nicht von § 38 SGB II gedeckt.

53 Im Falle der Rechtswidrigkeit einer Bewilligung und der sich daran anschließenden Rückabwicklung, der Festlegung von Sanktionen oder der Aufrechnung der Leistungen muss ebenfalls ein **individueller Bescheid** ergehen, der nicht nur inhaltlich klar erkennen lässt, welche Rechtsfolgen mit diesem Bescheid geregelt werden, sondern auch entsprechend an das betroffene Mitglied der Bedarfsgemeinschaft adressiert ist. Bescheide, die mit dem Wegfall, der Minderung oder Erstattung der Leistungen verbunden sind, müssen im Individualverhältnis zwischen dem Jobcenter und dem jeweiligen Mitglied der Bedarfsgemeinschaft ergehen, es sei denn, der Betroffene hat aus anderen Gründen einen gesetzlichen Vertreter (zB minderjährige Kinder ihre Eltern oder unter Betreuung stehende Personen einen Betreuer). Entsprechend müssen auch Anhörungen vor Erlass der entsprechenden Bescheide individuell durchgeführt und in jedem Einzelfall Vertrauensschutzgesichtspunkte geprüft werden.

54 Die Vertretungsvermutung erfasst nach § 38 Abs. 2 SGB II auch die Fälle der **zeitweisen Bedarfsgemeinschaft**. Da der umgangsberechtigte Elternteil idR nicht (oder nicht allein) sorgeberechtigt ist und dementsprechend keine Leistungen für das Kind beantragen kann, schafft diese Vorschrift eine Befugnis, Leistungen für das Kind zu beantragen und entgegenzunehmen. Diese Befugnis erfasst auch das Widerspruchsverfahren, nicht allerdings das Klageverfahren.[22] Zuständig für diese Leistungen ist der Träger, an dessen Ort die umgangsberechtigte Person ihren gewöhnlichen Aufenthalt hat (§ 36 S. 3 SGB II).

Praxishinweis: Um die gesetzliche Vertretungsvermutung zu entkräften und um seine Interessen selbst zu vertreten, muss das Mitglied einer Bedarfsgemeinschaft dies dem Leistungsträger – am besten schriftlich – anzeigen.

---

20 Sie bedarf aber nicht einer besonderen Vollmacht; es ist ebenso unerheblich, ob tatsächliche eine rechtsgeschäftlich wirksame Vollmacht erteilt wurde.

21 LSG Hamburg 20.10.2011 – L 5 AS 87/08.

22 BSG 7.11.2006 – B 7 b AS 8/06 R; 2.7.2009 – B 14 AS 54/08 R; vgl BT-Drucks. 17/3404, 114.

Rechtsmittel gegen einen Bescheid, die über einen Widerspruch hinausgehen, muss jedes betroffene Mitglied der Bedarfsgemeinschaft individuell einlegen.

III. Leistungsausschlüsse

1. Grundlagen

55 Das SGB II kennt eine Reihe von Tatbeständen, die den **Bezug von Leistungen ausschließen**. Personen, die diese Tatbestände erfüllen, erhalten – unabhängig davon, ob sie erwerbsfähig und hilfebedürftig sind oder nicht – keine Leistungen der Grundsicherung für Arbeitsuchende und auch kein Sozialgeld. Von dem generellen Leistungsausschluss zu unterscheiden, ist die Verpflichtung der Leistungsempfänger vorrangig andere Sozialleistungen, insb. Leistungen der Grundsicherung im Alter und bei Erwerbsminderung, in Anspruch zu nehmen. In diesen Fällen greift lediglich das Nachrangigkeitsprinzip des SGB II.

56 Problematisch sind Leistungsausschlüsse bei **Mitgliedern von Bedarfsgemeinschaften.** Da ausgeschlossene Personen grds. nicht nur keine Leistungen der Grundsicherung für Arbeitsuchende erhalten, sondern ebenso kein Sozialgeld, kann dies zu nachteiligen Konstellationen in Bezug auf die Einkommens- und Vermögensanrechnung führen. Diese Person ist dann zwar Mitglied der Bedarfsgemeinschaft und die Leistungen der Grundsicherung werden als solche entsprechend berechnet. Gleichzeitig ist sie aber selbst nicht leistungsberechtigt. Deshalb gibt es Differenzierungen zB im Bereich der gemischten Bedarfsgemeinschaften sowie bei Bedarfsgemeinschaften mit Studierenden.

2. Ausländer (§ 7 Abs. 1 S. 2 SGB II)

57 § 7 Abs. 1 S. 2 SGB II schließt bestimmte Ausländer von den Leistungen des SGB II aus, auch wenn diese möglicherweise nach Alter und aufgrund von Erwerbsfähigkeit, Hilfebedürftigkeit und gewöhnlichem Aufenthalt in Deutschland leistungsberechtigt wären.

a) Einreisende in den ersten drei Monaten ihres Aufenthalts (Nr. 1)

58 Ausländer und ihre Familienangehörigen[23] sind generell in den ersten drei Monaten ihres Aufenthalts von Leistungen des SGB II ausgeschlossen, es sei denn, sie sind als Arbeitnehmer oder Selbstständige erwerbstätig. Die Dreimonatsfrist beginnt mit dem Tag des ersten Aufenthalts in der Bundesrepublik Deutschland. Allerdings wird zwischen Ausländern, die Staatsbürger eines Mitgliedstaats der EU sind, und anderen differenziert. **Unionsbürger**, die als Arbeitnehmer oder selbstständig Erwerbstätige in Deutschland tätig waren oder sind, unterfallen der Regelung des § 2 Abs. 3 FreizügG/EU. Sie sind nicht von den Leistungen ausgeschlossen, wenn sie

- infolge von Krankheit oder Unfall vorübergehend erwerbsgemindert sind oder
- unfreiwillig, bestätigt durch die zuständige Arbeitsagentur, arbeitslos geworden sind oder ihre selbstständige Tätigkeit unfreiwillig einstellen mussten, nachdem sie ein

23 Familienangehörige im EU-Recht sind Personen, die sich aufgrund ihres Aufenthaltsrechts allein aufgrund ihres Familienstatus in Deutschland aufhalten dürfen. Umfasst werden nach § 3 Abs. 2 FreizügG/EU der Ehegatte (auch Lebenspartner nach Art. 2 Unionsbürgerrichtlinie) und Verwandte in absteigender Linie sowie deren Ehegatten bis zum vollendeten 21. Lebensjahr sowie Verwandte in aufsteigender und in absteigender Linie und deren Ehegatten soweit diese Unterhalt gewährt bekommen. Bei Drittstaatsangehörigen, dh Personen, die keinen Bezug zu einem Mitgliedstaat der EU haben, bestimmt sich die Familienangehörigkeit nach §§ 27 ff AufenthG.

Jahr erwerbstätig waren[24] (bei einer geringeren als einjährigen Erwerbstätigkeit und unfreiwilliger Arbeitslosigkeit bestehen die Rechte während sechs Monaten) oder

- eine Berufsausbildung aufnehmen, die mit ihrer früheren Tätigkeit im Zusammenhang steht; Letzteres ist nicht erforderlich bei unfreiwilliger Arbeitslosigkeit.

59 Ausländer, die einen Aufenthaltstitel aus **völkerrechtlichen, humanitären oder politischen Härtegründen** haben, werden nach § 7 Abs. 1 S. 2 SGB II vom Leistungsausschluss nicht erfasst, es sei denn, sie sind nach dem AsylbLG berechtigt.

60 Der Gesetzgeber beabsichtigte mit dieser Regelung vor allem den **Ausschluss von Unionsbürgern**, die nach Art. 6 der Unionsbürgerrichtlinie[25] sowie nach § 2 Abs. 4 FreizügG/EU ein voraussetzungsloses dreimonatiges Aufenthaltsrecht haben.[26] Der Ausschluss von Unionsbürgern durch diese zum 28.8.2007 neu eingeführte Vorschrift[27] verschlechtert deren Stellung erheblich, denn zuvor bestand Anspruch auf Inländergleichbehandlung nach Art. 18 AEUV und damit auch auf SGB II-Leistungen.

61 Die Regelung ist nicht unumstritten und auch die Rechtsprechung entscheidet hier nicht einheitlich. Das folgt vor allem daraus, dass von den gemeinschaftsrechtlichen Regelungen vor allem Arbeitnehmer und Selbstständige profitieren, die ihre Rechte auf Freizügigkeit und Niederlassungsfreiheit wahrnehmen. Für **nicht erwerbstätige Unionsbürger** sind viele dieser Regelungen nicht anwendbar bzw können durch innerstaatliches Recht ausgeschlossen werden. Gleichwohl muss darauf hingewiesen werden, dass der Begriff des Arbeitnehmers aus Art. 45 AEUV denkbar weit gefasst ist: Erfasst werden zB auch Beschäftigte, die nur zeitlich kurz (auch weniger als ein halbes Jahr) beschäftigt sind oder geringfügig beschäftigte Arbeitnehmerinnen und Arbeitnehmer. Arbeitnehmer oder Selbstständiger ist man bereits dann, wenn man ausländerrechtlich legal und faktisch eine Erwerbstätigkeit ausübt, unabhängig davon, ob das Einkommen, das erzielt wird, auch tatsächlich bedarfsdeckend ist.[28] Darüber hinaus kann sich ein Arbeitsuchender, der bereits in Deutschland erwerbstätig war, auf die Folgewirkung der früheren Arbeitnehmereigenschaft berufen. Der EuGH stellt hierbei auf Art. 7 Abs. 3 lit. c der Unionsbürgerrichtlinie ab, wonach die Erwerbstätigeneigenschaft nach den dortigen Voraussetzungen noch mindestens sechs Monate nach Beendigung der Beschäftigung erhalten bleibt.[29] Zudem gibt es Ansichten, die darauf hinweisen, dass die primärrechtliche Freizügigkeitsgarantie aus Art. 21 AEUV und das Diskriminierungsverbot aus Art. 18 AEUV sowohl einschränkende europarechtliche Richtlinien als auch erst recht nationales Recht überlagern und dementsprechend fordern, dass Unionsbürger generell Gleichbehandlung auch im Bereich sozialer Leistungen genießen müssen.

---

24 Siehe hierzu LSG Berlin-Brandenburg 20.5.2008 – L 15 B 54/08 SO ER, das eine Schwangerschaft als „unfreiwillige Aufgabe" einer (selbstständigen) Erwerbstätigkeit ansah. Eine andere Annahme sei als Verstoß gegen den verfassungsrechtlich verankerten Mutterschutz (Art. 6 Abs. 1 und 4 GG) sowie gegen das Verbot geschlechtsspezifischer Benachteiligung (Art. 3 Abs. 3 GG).

25 Richtlinie 2004/38/EG des Europäischen Parlaments und des Rates vom 29.4.2004 über das Recht der Unionsbürger und ihrer Familienangehörigen, sich im Hoheitsgebiet der Mitgliedstaaten frei zu bewegen und aufzuhalten, ABl. L 158/47.

26 Die Unionsbürgerrichtline enthält in Art. 24 Abs. 2 eine Ermächtigung für eine Abweichung von der grds. geltenden Gleichbehandlung der Unionsbürger, insb. in Bezug auf Sozialhilfeleistungen und Studienbeihilfen.

27 Gesetz zur Umsetzung aufenthalts- und asylrechtlicher Richtlinien der Europäischen Union vom 19.8.2006 (BGBl. I 2006, 1970).

28 Ständige Rspr des EuGH, wesentliches Merkmal des Arbeitsverhältnisses besteht darin, dass jemand während einer bestimmten Zeit für einen anderen nach dessen Weisung Leistungen erbringt, für die er als Gegenleistung eine Vergütung erhält (EuGH 3.7.1986 – Rs. 66/85 [Lawrie-Blum], Slg 1986, 1621 Rn 15 sowie EuGH 11.9.2008 – Rs. C-228/07 [Petersen] Rn 45).

29 Vgl zu allem EuGH 4.6.2009 – verb. Rs. C-22/08 und C 23/08 (Vatsouras und Koupatantze ./. ARGE Nürnberg 900), Rn 31.

b) Allein Arbeitsuchende (Nr. 2)

62 Darüber hinaus erhalten Ausländer und ihre Familienangehörigen keine Leistungen des SGB II, wenn sich ihr Aufenthaltsrecht allein aus dem Zweck der Arbeitsuche ergibt.

63 Auch diese Vorschrift zielt in erster Linie auf **Unionsbürger**, die ein Aufenthaltsrecht allein zum Zweck der Arbeitsuche (als Arbeitnehmer oder als Selbstständige) haben können. Andere Ausländer, die nicht Staatsbürger eines Mitgliedstaates der EU sind, haben kein Aufenthaltsrecht allein zum Zwecke der Arbeitsuche, so dass sie per se schon nicht unter die Vorschrift fallen können. Dieser Ausschluss nach Nr. 2 erweitert im Grunde den Ausschluss nach Nr. 1. Denn er bedeutet für Unionsbürger, die sich zum Zwecke der Arbeitsuche länger als drei Monate in Deutschland aufhalten, dass sie ebenfalls nicht leistungsberechtigt sind. Das Bundessozialgericht hat deutlich gemacht, dass dieser Ausschluss jedenfalls dann nicht gelte, wenn der Ausländer vom Schutzbereich des **Europäischen Fürsorgeabkommens** (EFA)[30] erfasst wird. Nach Art. 1 des Abkommens verpflichten sich die vertragschließenden Parteien, den Staatsangehörigen der anderen Vertragsstaaten, die sich in irgendeinem Teil des Gebietes erlaubt aufhalten, in dem das Abkommen Anwendung findet, und die nicht über ausreichende Mittel verfügen, in gleicher Weise wie den eigenen Staatsangehörigen und unter den gleichen Bedingungen die Leistungen der sozialen und Gesundheitsfürsorge zu gewähren. Die Regelleistung nach § 20 SGB II sei ein Bestandteil der Leistungen zur Sicherung des Lebensunterhalts und damit ein im Falle der Bedürftigkeit gewährtes Mittel für den Lebensbedarf.[31] Die Bundesregierung hat daraufhin mit Wirkung zum 19.12.2011 einen Vorbehalt gegen das EFA eingelegt und damit deutlich gemacht, dass Leistungen nach dem SGB II Staatsangehörige anderer EFA-Staaten nicht beanspruchen können. Die Rechtmäßigkeit dieses – nachträglich erklärten – Vorbehalts ist allerdings heftig umstritten.[32]

64 Nicht erfasst von dem Ausschluss sind Unionsbürger, die sich zur Berufsausbildung in Deutschland aufhalten oder als nicht Erwerbstätige freizügigkeitsberechtigt sind (§ 4 FreizügG/EU) oder ein Daueraufenthaltsrecht nach fünfjährigem Aufenthalt im Bundesgebiet haben (§ 4 a FreizügG/EU). Ebenfalls nicht erfasst werden Ausländer, die ihr Aufenthaltsrecht auf einen anderen Grund – zB Ehegattennachzug – stützen.[33] Ein Ausschluss ist auch nicht zulässig, wenn ein Unionsbürger einen **ausreichenden Bezug zum Arbeitsmarkt** hat, sei es durch eine – auch geringfügige – Beschäftigung oder auch durch eine zeitlich befristete Erwerbstätigkeit, auch von sehr kurzer Dauer. Der EuGH hat dabei festgestellt, dass, selbst wenn das Arbeitsverhältnis als unzureichend angesehen wird, der Beschäftigte weiterhin zumindest während sechs Monaten als Arbeitnehmer im Sinne europarechtlicher Vorschriften (Art. 45 AEUV) anzusehen ist und dann auch ein Leistungsanspruch nach dem SGB II besteht.[34] Auch die ernsthafte Arbeitsuche während eines angemessenen Zeitraums oder eine frühere Beschäftigung in dem jeweiligen Mitgliedstaat kann als notwendiger Arbeitsmarktbezug angesehen werden.[35]

65 § 7 Abs. 1 S. 2 Nr. 2 SGB II greift deshalb vor allem in den Fällen, in denen ein Ausländer **erstmalig zur Arbeitsuche** einreist.[36] Er gilt nicht, wenn Unionsbürger ihre bisherige

30 BGBl II 1956, 564. Das Abkommen haben neben Deutschland auch Frankreich, Belgien, Dänemark, Estland, Griechenland, Irland, Island, Italien, Luxemburg, Malta, die Niederlande, Norwegen, Portugal, Schweden, Spanien, die Türkei und Großbritannien unterzeichnet.

31 Mit ausführlicher Begründung BSG 19.10.2010, B 14 AS 23/10 R.

32 Vgl. zB *Classen*, http://www.fluechtlingsinfo-berlin.de/fr/pdf/EFA_Vorbehalt_Kommentar.pdf (26.3.2012).

33 LSG Niedersachsen-Bremen 14.1.2008 – L 8 SO 88/07.

34 EuGH 4.6.2009 – verb. Rs. C-22/08 und C 23/08 (Vatsouras und Koupatantze ./. ARGE Nürnberg 900), Rn 32.

35 EuGH 23.3.2004 – Rs. C-138/02 (Collins).

36 Vgl LSG Niedersachsen-Bremen 25.7.2007 – L 6 AS 444/07 ER.

Erwerbstätigkeit verlieren oder nach längerem Aufenthalt zum Zwecke der Arbeitsuche wieder einreisen.

66 Auch diese Vorschrift unterliegt **europarechtlichen Bedenken**. Zum einen gilt, trotz der Unionsbürgerrichtlinie, die bestimmte Ausnahmen der Leistungsberechtigung zulässt, das primäre Gemeinschaftsrecht und hier insb. das Gleichbehandlungsgebot und das Recht auf Arbeitnehmerfreizügigkeit. Leistungen der Grundsicherung für Arbeitsuchende zielen in erster Linie auf die Eingliederung in Arbeit ab; Unionsbürger, die gerade Arbeit suchen, hiervon auszuschließen, widerspricht der Zielsetzung.[37] Der EuGH hat schon früher entschieden, dass Leistungen, die den Zugang zum Arbeitsmarkt erleichtern sollen, auch bei einem Aufenthalt zur erstmaligen Arbeitsuche aufgrund der Gewährleistung der Arbeitnehmerfreizügigkeit und des Diskriminierungsverbotes Unionsbürgern nicht vorenthalten werden dürfen.[38] Verstärkt wird dies durch die Rechtsprechung des Gerichtshofs vom 4.6.2009, der entschieden hat, dass **Leistungen des SGB II keine Sozialhilfeleistungen** seien.[39] Vielmehr seien sie Leistungen, die den Zugang zum Arbeitsmarkt erleichtern sollen und die daher vom primärrechtlichen Diskriminierungsschutz erfasst werden. Die Qualifizierung der SGB II-Leistungen als Sozialhilfeleistungen stellt aber die einzige Rechtfertigung dar, um Unionsbürger davon auszuschließen (Art. 24 Abs. 2 Unionsbürgerrichtlinie).

67 Die endgültige Klärung durch den EuGH steht noch aus. Die bisherige Rechtsprechung ist geteilt. Einige Gerichte entscheiden zugunsten der Unionsbürger und gewähren Leistungen nach dem SGB II, indem sie die Vorschrift europarechtskonform auslegen[40] und allein im Zweck der Sicherung des Lebensunterhalts und des Existenzminimums durch Leistungen des SGB II keine automatische Zuordnung dieser Leistungen zur Sozialhilfe erkennen, da im Vordergrund die Eingliederung in den Arbeitsmarkt stehe;[41] andere Gerichte setzen sich über diese Bedenken hinweg.[42]

c) Asylbewerberleistungsberechtigte (Nr. 3)

68 Generell ausgenommen von den Leistungen des SGB II sind Personen, die nach **§ 1 AsylbLG berechtigt** sind. Dazu gehören

- Asylbewerber im Asylverfahren mit einer Aufenthaltsgestattung,
- geduldete Personen,
- vollziehbar ausreisepflichtige Personen, auch wenn eine Abschiebungsandrohung noch nicht oder nicht mehr vollziehbar ist,
- Personen, die eine Aufenthaltserlaubnis aus völkerrechtlichen, humanitären oder poli- tischen Gründen haben sowie
- Flughafenpassagiere ohne Einreisegestattung.

---

37 Vgl hierzu mit ähnlicher Argumentation LSG NRW 26.2.2010 – L 6 B 154/09 AS ER.

38 EuGH 23.3.2004 – Rs. C-138/02 (Collins) sowie 15.9.2005 – Rs. C 258/04 (Ionnidis).

39 EuGH 4.6.2009 – verb. Rs. C-22/08 und C 23/08 (Vatsouras und Koupatantze ./. ARGE Nürnberg 900), Rn 45.

40 Vgl hierzu LSG Berlin-Brandenburg 30.5.2008 – L 14 B 82/08 AS; LSG NRW 26.2.2010 – L 6 B 154/09 AS ER. Dagegen allerdings unter Differenzierung zwischen Leistungen zur Eingliederung in Arbeit und Leistungen zur Sicherung des Lebensunterhalts – letztere seien als „Sozialhilfeleistungen" anzusehen und könnten deshalb europarechtskonform durch Art. 24 Abs. 2 der Unionsbürgerrichtlinie ausgenommen werden, LSG Berlin-Brandenburg 8.1.2010 – L 34 AS 2082/09 B ER.

41 LSG Baden-Württemberg 25.8.2010 – L 7 AS 3769/10.

42 ZB OVG Bremen 15.11.2007 – S 2 B426/07, das allerdings davon ausgeht, Leistungen der Grundsicherung für Arbeitsuchende seien nicht dafür da, den Zugang zum Arbeitsmarkt zu erleichtern; diese Auslegung trifft nach der Rspr des EuGH vom 4.6.2009 – verb. Rs. C-22/08 und C 23/08 (Vatsouras und Koupatantze./. ARGE Nürnberg 900) nicht mehr zu.

Leistungsberechtigt nach dem AsylbLG sind auch die Ehegatten und minderjährige Kinder dieser Personen sowie Folge- und Zweitantragsteller.

69 Berechtigte nach dem AsylbLG erhalten auch dann **keine Leistungen** nach dem SGB II, wenn sie mit einem erwerbsfähigen Leistungsberechtigten in einer **Bedarfsgemeinschaft** leben. Die Ausschlussregelung des § 7 Abs. 1 S. 2 Nr. 3 SGB II gilt damit nicht nur für eigentlich erwerbsfähige Leistungsberechtigte, die Leistungen nach dem AsylbLG erhalten, sondern auch für nicht erwerbsfähige Angehörige in der Bedarfsgemeinschaft, die damit zB kein Sozialgeld erhalten können. Dass auf diese Weise unterschiedliche Leistungen zur Existenzsicherung auf unterschiedlichem Niveau erbracht werden, wird hingenommen, da es keinen Anspruch auf „Gewährung familieneinheitlicher existenzsichernder Leistungen" gebe.[43]

70 **Minderjährige Kinder** mit deutscher Staatsangehörigkeit können Anspruch auf SGB II-Leistungen haben, auch wenn sie mit einem nach dem AsylbLG berechtigten Elternteil zusammenleben.[44] Heiratet ein Asylbewerber einen Unionsbürger, so hat er ein gemeinschaftsrechtliches Aufenthaltsrecht nach der Unionsbürgerrichtlinie.

71 Ausländer sind dann nicht mehr nach dem AsylbLG berechtigt, wenn ihnen ein anderer **Aufenthaltstitel** mit einer Gesamtgeltungsdauer von **mehr als sechs Monaten** erteilt worden ist (zB Aufenthaltstitel mit Niederlassungserlaubnis, in Härtefällen, als Asylberechtigte oder Abschiebungsgeschützte). In diesen Fällen besteht bei Vorliegen der sonstigen Voraussetzungen ein Anspruch auf Leistungen nach dem SGB II.

Praxishinweis: Ausländer, die als Unionsbürger aus einem Mitgliedstaat der EU kommen, haben dann einen Anspruch auf Leistungen nach dem SGB II, wenn sie einen Bezug zum deutschen Arbeitsmarkt haben. Dieser besteht auch, wenn der Unionsbürger früher in Deutschland erwerbstätig war, geringfügig oder nur befristet beschäftigt ist oder unfreiwillig aus dem deutschen Arbeitsmarkt ausgeschieden ist. Darüber hinaus bestehen seit der Rechtsprechung des EuGH Zweifel an der Zulässigkeit des grundsätzlichen Ausschlusses von Unionsbürgern, die sich zum Zweck der Arbeitsuche (erstmalig) in Deutschland aufhalten, da Leistungen des SGB II keine Sozialhilfeleistungen sind. Der Leistungsausschluss nach § 7 Abs. 1 S. 2 Nr. 1, 2 SGB II für Unionsbürger ist daher möglicherweise europarechtswidrig.

Andere Ausländer benötigen grds. einen festen Aufenthaltstitel, um Leistungen nach dem SGB II zu erhalten.

3. Bei stationärer Unterbringung (§ 7 Abs. 4 S. 1 Alt. 1, S. 3 Nr. 1 SGB II)

72 Personen, die länger als sechs Monate in einer stationären Einrichtung untergebracht sind, erhalten keine Leistungen der Grundsicherung für Arbeitsuchende. Dabei war der Begriff **der stationären – leistungsausschließenden – Einrichtung** längere Zeit umstritten. Der Gesetzgeber hat bei der Begründung zum FortentwicklungsG, das die Vorschrift neu gefasst hat, den Tatbestand der Erwerbsfähigkeit aufgegriffen. Eine stationäre Unterbringung iSd SGB II liegt dann vor, wenn der Bewohner weniger als 15 Stunden wöchentlich erwerbstätig sein kann, dh (vermutet) erwerbsunfähig ist. Die Erwerbsunfähigkeit selbst wird dabei nicht geprüft, denn wenn diese fehlt, ist der Betroffene bereits nach § 7 Abs. 1 SGB II nicht leistungsberechtigt. Kann er dagegen noch mindestens 15 Stunden wöchentlich erwerbstätig sein, befindet er sich nicht in einer stationären Einrichtung, die den Bezug von Leistungen der Grundsicherung für Arbeitsuchende aus-

---

43 BSG 21.12.2009 – B 14 AS 66/08 R. Da AsylbLG-Leistungsberechtigte (noch) keinen gefestigten Aufenthaltstitel haben und sie keinen Anreiz zum Verbleiben in Deutschland bekommen sollen, seien sie mit den SGB II-Leistungsberechtigten nicht vergleichbar, s. BSG 13.11.2008 – B 14 AS 24/07 R.

44 So LSG Baden-Württemberg 8.1.2007 – L 12 AS 5604/06 ER-B für ein minderjähriges Kind mit deutscher Staatsangehörigkeit, dessen Mutter nur nach dem AsylbLG berechtigt war. Das Gericht sah eine andere Entscheidung als Verstoß gegen den Gleichheitsgrundsatz (Art. 3 GG).

schließt.[45] Entscheidend ist also bei der Prüfung, ob eine leistungsausschließende Einrichtung vorliegt oder nicht, ob der Untergebrachte aufgrund von Vollversorgung und aufgrund seiner Einbindung in die Tagesabläufe der Einrichtung räumlich und zeitlich so weitgehend fremdbestimmt ist, dass er für Integrationsbemühungen zur Eingliederung in Arbeit nicht zur Verfügung steht oder stehen kann.[46]

73 Entscheidend sind die **objektive Struktur** der in Anspruch genommenen Einrichtung und Art und Umfang der erforderlichen Hilfe zur Resozialisierung sowie deren Therapiekonzept. Indizien für eine vollstationäre Unterbringung sind zB feste Termine im Tagesablauf mit Anwesenheitspflicht oder Kontrolle des Freizeitverhaltens. Dementsprechend gilt insb. ein Leistungsausschluss bei

- Einrichtungen der Eingliederungshilfe nach §§ 53 ff SGB XII,
- Einrichtungen nach §§ 35, 35 a SGB VIII oder
- Therapieeinrichtungen.[47]

74 Leistungen nach dem SGB II sind nicht von vornherein ausgeschlossen bei

- Hilfen zur Überwindung besonderer Lebenslagen nach §§ 67, 70, 73 SGB XII oder § 34 SGB VIII[48] oder
- Einrichtungen, die lediglich ein einzelnes Hilfsangebot zur Verfügung stellen (zB Wohnraum, Verpflegung, medizinische Versorgung und Ähnliches).

Keine leistungsausschließenden stationären Einrichtungen sind deshalb auch Frauenhäuser, Übergangswohnheime für Spätaussiedler, Schulinternate, Einrichtungen der Wohnungslosenhilfe, Übergangswohnheime für Haftentlassene, Krisenhäuser mit Schwerpunkt Familienhilfe, Krankenstationen für Obdachlose, Jugendhilfeeinrichtungen, Einrichtungen mit Eigenverantwortung und Arbeitsmarktbezug, eigenständige Wohnungen mit gelegentlichen Betreuungsleistungen oder therapeutische Wohngruppen mit weitgehend selbstbestimmter Lebensführung.

75 Diese Interpretation der stationären Einrichtung anhand einer möglichen Erwerbsfähigkeit ist vor allem deshalb gesetzessystematisch angebracht, weil § 7 Abs. 4 S. 3 Nr. 2 SGB II eine **Ausnahme vom Leistungsausschluss** für die Fälle vorsieht, in denen der in einer stationären Einrichtung Untergebrachte mindestens 15 Stunden wöchentlich auf dem allgemeinen Arbeitsmarkt erwerbstätig ist. Wenn nämlich die Einrichtung so strukturiert ist, dass aufgrund ihres Konzepts und ihrer tatsächlichen Leistungen eine Erwerbstätigkeit möglich ist, liegt keine Erwerbsunfähigkeit vor. Der Leistungsberechtigte kann also die Fiktion der Erwerbsunfähigkeit, die § 7 Abs. 4 S. 1 SGB II nahe legt, durch die Aufnahme einer – mindestens 15-stündigen Erwerbstätigkeit in der Woche – widerlegen. Dafür muss er aber auch tatsächlich einer entsprechenden Tätigkeit nachgehen. Es gilt eine wöchentliche Arbeitszeit, dh es ist nicht notwendig, dass die Person jeden Tag drei Stunden erwerbstätig ist. Damit werden auch diejenigen erfasst, die nur einzelne Wochentage arbeiten oder teilzeitbeschäftigt sind.

76 Es spielt keine Rolle, wie lange der Betroffene in der stationären Einrichtung (voraussichtlich) verbleibt. Wenn dort die Möglichkeit einer mindestens 15-stündigen wöchentlichen Erwerbstätigkeit dem Grunde nach entfällt, so erhält der Betroffene von Anfang

45 Vgl BSG 6.9.2007 – B 14/7 b AS 16/07 R; LSG Niedersachsen-Bremen 27.8.2009 – L 8 SO 149/07 unter Hinweis auf die funktionale Auslegung des Einrichtungsbegriffs.

46 BSG 6.9.2007 – B 14/7 b AS 16/07 R.

47 Zur Unterbringung eines Drogensüchtigen für eine Langzeittherapie s. SG Dortmund 1.3.2005 – S 27 AS 32/05 ER.

48 Vgl zu einem Übergangswohnheim für Frauen nach §§ 67 ff SGB XII SG Osnabrück 21.11.2005 – S 22 AS 35/05; zu den Einrichtungen der Jugendhilfe im Rahmen der Hilfen zur Erziehung s. Gutachten 4/10 des DV vom 1.9.2011, http://www.deutscher-verein.de/04-gutachten/2011/pdf/G%204-10.pdf.

an keine Leistungen nach dem SGB II.[49] Zuständig ist in diesen Fällen der Sozialhilfeträger; die Leistungen werden nach dem SGB XII erbracht.

77 Eine **Prognoseentscheidung** über die Dauer eines Aufenthalts muss indessen dann getroffen werden, wenn sich der Betroffene in einem Krankenhaus[50] aufhält. Befindet er sich dort (voraussichtlich) weniger als sechs Monate, ist er weiter nach dem SGB II leistungsberechtigt (§ 7 Abs. 4 S. 3 Nr. 1 SGB II).

4. Aufenthalt in einer Einrichtung zum Vollzug einer Freiheitsentziehung

78 Der Unterbringung in einer stationären Einrichtung **gleichgestellt** sind Einrichtungen zum Vollzug richterlich angeordneter Freiheitsentziehung (§ 7 Abs. 4 S. 2 SGB II). Ausgeschlossen von Leistungen des SGB II sind danach Personen, die

- sich in Untersuchungs- oder Strafhaft befinden,
- die eine Ersatzfreiheitsstrafe nach § 43 StGB verbüßen,[51]
- in einem Krankenhaus oder einer Entziehungsanstalt iRd Maßregelvollzugs zur Besserung und Sicherung oder einstweilig in einem Krankenhaus oder einer Entziehungsanstalt nach § 126 a StPO untergebracht sind,
- nach den Gesetzen zur Unterbringung nach den öffentlich-rechtlichen Unterbringungsgesetzen der Bundesländer (PsychKG) eingewiesen wurden,
- nach einer durch das Betreuungsgericht angeordnete Unterbringung (§ 1906 BGB) mit Freiheitsentziehung untergebracht sind oder
- die nach dem Infektionsschutz- oder Geschlechtskrankheitengesetz untergebracht sind.

79 Der Leistungsausschluss gilt allerdings nicht mehr, wenn sich der Strafgefangene im sog. **offenen Vollzug** befindet und sich tagsüber außerhalb der Justizvollzugsanstalt aufhalten darf. In diesen Fällen steht die Unterbringung einer Eingliederung in den Arbeitsmarkt nicht entgegen,[52] zumindest dann nicht, wenn ihm die Vollzugsanstalt die Aufnahme einer Beschäftigung erlaubt hat.

Praxishinweis: Grds. schließt der Aufenthalt in einer stationären Einrichtung oder einer Einrichtung mit Freiheitsentzug Leistungen nach dem SGB II aus. Es spielt dabei keine Rolle, ob der Betroffene tatsächlich noch erwerbsfähig ist oder nicht; die Erwerbsunfähigkeit wird vermutet, wenn sich jemand in einer stationären Einrichtung befindet und aufgrund der Vollversorgung und aufgrund seiner Einbindung in den Tagesablauf der Einrichtung zeitlich und räumlich so weitgehend fremdbestimmt ist, dass er den Integrationsbemühungen zur Eingliederung in den Arbeitsmarkt nicht zur Verfügung steht. Auf die Dauer des Aufenthalts kommt es nicht an. Leistungen werden dann im Bedarfsfall nach dem SGB XII vom Sozialhilfeträger erbracht.

---

49 BSG 6. 9. 2007 – B 14/7 b AS 60/06 R.

50 Nach § 107 Abs. 1 SGB V sind Krankenhäuser Einrichtungen, die 1. der Krankenhausbehandlung oder Geburtshilfe dienen, 2. fachlich-medizinisch unter ständiger ärztlicher Leitung stehen, über ausreichende, ihrem Versorgungsauftrag entsprechende diagnostische und therapeutische Möglichkeiten verfügen und nach wissenschaftlich anerkannten Methoden arbeiten, 3. mit Hilfe von jederzeit verfügbarem ärztlichem, Pflege-, Funktions- und medizinisch-technischem Personal darauf eingerichtet sind, vorwiegend durch ärztliche und pflegerische Hilfeleistung Krankheiten der Patienten zu erkennen, zu heilen, ihre Verschlimmerung zu verhüten, Krankheitsbeschwerden zu lindern oder Geburtshilfe zu leisten, und in denen 4. die Patienten untergebracht und verpflegt werden können.

51 BSG 21.6.2011 – B 4 AS 128/10 R. Bei jeder Verurteilung zu einer Geldstrafe werde die Ersatzfreiheitsstrafe bei Nichtzahlung der Geldstrafe mitgedacht und mitverhängt und trete als echte Strafe ohne rechtsgestaltenden Akt an die Stelle der Geldstrafe, vgl auch BSG 24.2.2011 – B 14 AS 81/09 R, Rn 21.

52 LSG Sachsen 7.1.2009 – L 3 B 349/08 AS ER.

5. Beziehende einer Altersrente, von Knappschaftsleistungen oder öffentlich-rechtlichen Leistungen ähnlicher Art

80 Zu den von Leistungen des SGB II ausgeschlossen Personen gehören nach § 7 Abs. 4 S. 1 Hs 2 SGB II auch diejenigen, die eine Rente wegen Alters oder eine Knappschaftsausgleichsleistung oder eine ähnliche Leistung öffentlich-rechtlicher Art beziehen. Damit sind zunächst alle **Altersrenten** nach § 33 Abs. 2 SGB VI gemeint. Damit werden

- die Regelaltersrente (§ 35 iVm § 235 SGB VI),
- die Altersrente für langjährig Versicherte (§ 36 iVm § 236 SGB VI),
- die Altersrente für schwerbehinderte Menschen (§ 37 iVm § 236 a SGB VI),
- die Altersrente für langjährig unter Tage beschäftigte Bergleute (§ 40 iVm § 238 SGB VI),
- die Altersrente wegen Arbeitslosigkeit oder nach Altersteilzeitarbeit (§ 237 SGB VI) und
- die Altersrente für Frauen (§ 237 a SGB VI)

erfasst. Die Bezieher dieser Renten erhalten vor allem deshalb keine SGB II-Leistungen, weil sie für die Eingliederung in den Arbeitsmarkt nicht (mehr) zur Verfügung stehen. Das gilt auch für Personen, die diese Altersrente vorzeitig ggf unter Inkaufnahme von Abschlägen in Anspruch nehmen, allerdings nur dann, wenn sie eine Vollrente erhalten. Bei Teilrenten oder Altersteilzeitleistungen gilt der Leistungsausschluss nicht.

81 **Knappschaftsausgleichsleistungen** (§ 239 SGB VI) knüpfen an die Vollendung des 55. Lebensjahres sowie an die Erfüllung einer Wartezeit von 25 Jahren mit Beitragszeiten an, die aufgrund einer Beschäftigung mit ständigem Arbeiten unter Tage erreicht wurden.

82 **Öffentlich-rechtliche Leistungen ähnlicher Art** sind Altersbezüge, die mit der Altersrente vergleichbar sind. Die Vorschrift wurde der Ruhensregelung des § 142 Abs. 1 S. 1 Nr. 4 SGB III nachempfunden, nach der der Anspruch auf Alg I ruht, wenn derartige Leistungen bezogen werden. Es muss sich dabei um Leistungen handeln, die die gleichen und typischen Merkmale aufweisen wie die gesetzlichen Renten. Sie müssen – so die Rechtsprechung zum SGB III[53] – durch öffentlich-rechtliche Träger geleistet werden, Entgeltersatz bei Erreichen einer bestimmten Altersgrenze bieten und nach ihrer Konzeption den Lebensunterhalt des Berechtigten sicherstellen (wollen). Ob dies im Einzelfall tatsächlich so ist, kann dabei dahingestellt bleiben. Maßgeblich ist nach dem SGB II – da es sich bei den Leistungen zur Sicherung des Lebensunterhalts nicht um Entgeltersatzleistungen handelt – ob die Leistung ihrem Charakter nach unterstellt oder voraussetzt, dass der Empfänger endgültig aus dem Erwerbsleben ausscheidet und insofern mit einem Altersrentenbezieher gleich zu behandeln ist.[54]

Praxishinweis: Zu den öffentlich-rechtlichen Leistungen ähnlicher Art zählen auch ausländische Renten. Erfasst werden insb. die französische Altersrente (CAN-Rente, die ab dem 55. Lebensjahr in Anspruch genommen werden kann) oder die italienische Altersrente (ab dem 60. Lebensjahr, Frauen ab 55).

53 Vgl nur BSG 3.12.1998 – B 7 AL 94/97 R sowie BSG 24.7.1997 – 11 RAr 95/96.

54 Diese Merkmale sieht auch die BA in ihren Fachlichen Hinweisen als Voraussetzung für die Annahme einer öffentlich-rechtlichen Leistung ähnlicher Art, BA-FH § 7 SGB II Rn 7.50–7.55. Was nicht zu den ähnlichen Bezügen gehört, ist in Anlage 3 der Fachlichen Hinweise aufgeführt.

6. Nicht erreichbare Personen (§ 7 Abs. 4 a SGB II)

83 Nach § 7 Abs. 4 a SGB II erhalten erwerbsfähige Leistungsberechtigte dann keine Leistungen, wenn sie sich ohne Zustimmung des Jobcenters **außerhalb des zeit- und ortsnahen Bereichs** aufhalten und deshalb nicht für Eingliederungsbemühungen zur Verfügung stehen. Die Vorschrift entspricht der früher an dieser Stelle geltenden EAO vom 23.10.1997[55] und soll dafür sorgen, dass erwerbsfähige Leistungsberechtigte zeit- und ortsnah den Vorschlägen des Jobcenters zur beruflichen Eingliederung Folge leisten können.

84 Die EAO gilt nach der Übergangsvorschrift des § 77 Abs. 1 SGB II weiter, bis das BMAS eine Verordnung nach § 13 Abs. 3 SGB II erlassen hat, in der Bestimmungen zum zeit- und ortsnahen Bereich geregelt werden. Insofern müssen bis dahin Jobcenter, Leistungsberechtigte und Gerichte die Vorschriften der EAO weiter anwenden. Nach § 2 Nr. 3 EAO umfasst der **Nahbereich** alle Orte in der Umgebung des Jobcenters, von denen der erwerbsfähige Leistungsberechtigte erforderlichenfalls in der Lage ist, das Jobcenter täglich **ohne** unzumutbaren Aufwand zu erreichen. Was zumutbar ist und was nicht, wurde und wird unterschiedlich bewertet. Die Fachlichen Hinweise der BA gehen von einer Pendelzeit von 2,5 Stunden für Hin- und Rückfahrt aus.[56] Der Nahbereich ist nicht auf das Inland begrenzt, insb. dann nicht, wenn der erwerbsfähige Leistungsberechtigte im grenznahen Bereich wohnt.[57] Ist der Leistungsberechtigte nicht erreichbar, obwohl er sich im (noch) zulässigen Nahbereich aufhält (zB aufgrund eines Ausfalls von Bahnen oder Flugzeugen bei Streik oder Wetterproblemen, eines Autoschadens oder Ähnlichem, die ihn hindern, rechtzeitig an seinem Wohnsitz zu sein), gilt er tatsächlich als nicht erreichbar, da er das Risiko der Entfernung vom Wohnsitz und des von ihm gewählten Verkehrswegs trägt. Die Zeit- und Ortsnähe soll durch den Zwang zur täglichen Rückkehr in die Wohnung sichergestellt werden, nicht durch eine Beschränkung der räumlichen Bewegungsfreiheit. Wichtig ist vor allem, dass der Leistungsberechtigte durch den täglichen Aufenthalt in seiner Wohnung spätestens einen Tag nach dem Zugang eines Angebots darauf reagieren, sich bewerben, einen Termin festmachen, das Jobcenter aufsuchen usw kann.

85 Auch wohnungslose erwerbsfähige Leistungsberechtigte müssen in irgendeiner Form erreichbar sein. Diese Erreichbarkeit wird entweder durch die tägliche Meldung beim Jobcenter oder durch die Benennung der Anschrift einer Beratungsstelle oder Betreuungsperson sichergestellt, die sie einmal werktäglich nach Eingang der Briefpost aufsuchen müssen. Damit können sie ggf am nächsten Tag das Jobcenter aufsuchen. Dazu benötigen sie eine sog. **Erreichbarkeitsbescheinigung**, die sie beim Jobcenter erhalten.[58]

86 Der Aufenthalt außerhalb des zeit- und ortsnahen Bereichs lässt nur dann den Leistungsanspruch entfallen, wenn sich der erwerbsfähige Leistungsberechtigte **ohne Zustimmung des Jobcenters** entfernt hat. Die EAO selbst kennt Ausnahmen vom Grundsatz der Erreichbarkeit. So muss der Leistungsberechtigte nicht erreichbar sein, wenn er

- nachweist, dass er den Vorschlägen des Leistungsträgers nicht zur Verfügung stand, weil er einen Vorstellungs-, Beratungs- oder sonstigen Termin aus Anlass der Arbeitsuche wahrgenommen hat (§ 1 Abs. 3 EAO);
- sich im Nahbereich der Arbeitsagentur aufhält, ohne an seinem Wohnsitz oder gewöhnlichen Aufenthalt zu sein und er dem Leistungsträger rechtzeitig seine An-

55 ANBA 1997, 1685, zuletzt geändert durch die Anordnung vom 26.12.2008 (ANBA Nr. 12, S. 5). Allerdings galt bis 1.4.2011 die EAO in ihrer Änderungsform von 2001, da das Gesetz ausdrücklich darauf Bezug genommen hat.
56 BA-FH zu § 7 SGB II Rn 7.61.
57 BA-FH zu § 7 SGB II Rn 7.60.
58 LSG Berlin-Brandenburg 3.4.2008 – L 29 B 2228/07 AS ER.

schrift während der Ortsabwesenheit mitgeteilt hat und an dem vorübergehenden Aufenthaltsort in gleicher Weise erreichbar ist wie an seinem Wohnsitz, dh werktäglich die Post einsehen kann (§ 2 EAO);

- sich mit Zustimmung seines persönlichen Ansprechpartners außerhalb des zeit- und ortsnahen Bereichs aufhält. Dieser Aufenthalt ist in der Regel für **maximal drei Wochen im Kalenderjahr** möglich und nur dann, wenn die Eingliederung in Arbeit nicht beeinträchtigt ist (§ 3 Abs. 1 EAO);
- sich einer **ärztlich verordneten Maßnahme der medizinischen Vorsorge oder Rehabilitation** bis zu drei Wochen unterzieht (§ 3 Abs. 2 Nr. 1 EAO). Diese Vorschrift spielt v.a. dann eine Rolle, wenn der erwerbsfähige Leistungsberechtigte während dieser Zeit nicht arbeitsunfähig ist; ansonsten bekommt er ggf Krankengeld, Verletztengeld, Übergangsgeld o.Ä.;
- für bis zu drei Wochen an einer Veranstaltung, die staatspolitischen, kirchlichen oder gewerkschaftlichen Zwecken dient oder sonst im öffentlichen Interesse liegt, teilnimmt (§ 3 Abs. 2 Nr. 2 EAO) oder
- bis zu drei Wochen eine ehrenamtliche Tätigkeit ausübt (§ 3 Abs. 2 Nr. 3 EAO).

§ 7 Abs. 4 a S. 2 SGB II greift diese Gründe auf. Er besagt, dass eine Zustimmung zu erteilen ist, wenn es für den Aufenthalt außerhalb des zeit- und ortsnahen Bereichs einen **wichtigen Grund** gibt und die Eingliederung in Arbeit nicht beeinträchtigt wird. Satz 3 benennt als wichtige Gründe

1. die Teilnahme an einer ärztlich verordneten Maßnahme der medizinischen Vorsorge oder Rehabilitation,
2. die Teilnahme an einer Veranstaltung, die staatspolitischen, kirchlichen oder gewerkschaftlichen Zwecken dient oder sonst im öffentlichen Interesse liegt oder
3. die Ausübung einer ehrenamtlichen Tätigkeit.

Wenn ein entsprechend wichtiger Grund vorliegt, hat das Jobcenter kein Ermessen darüber, ob es seine Zustimmung erteilen will.

Beispiel: Ein wichtiger Grund kann vor allem dann vorliegen, wenn Leistungsberechtigte einer Erwerbstätigkeit nachgehen und deren Einkommen nicht zur Deckung ihres Bedarfs ausreicht (sog. Aufstocker mit Entgelt). Besteht diese Erwerbstätigkeit zB in einer Vertretertätigkeit oder ist der Betroffene in einer Spedition als Fernfahrer angestellt, als Montagearbeiter oder als Wochenendpendler erwerbstätig, liegt ein wichtiger Grund vor, um den orts- und zeitnahen Bereich zu verlassen. Auch die zeitweise Erwerbsunfähigkeit oder die fehlende Erwerbspflichtigkeit wegen zB Kindererziehung oder Pflege[59] oder die Abwesenheit von leistungsberechtigten Schülerinnen und Schülern während der Klassenfahrten und der Schulausflüge können als wichtige Gründe gelten.

Leistungsberechtigte über 58 Jahre, die eine Erklärung darüber abgeben können, dass sie Alg II beziehen wollen, ohne dem Arbeitsmarkt zur Verfügung zu stehen (§ 428 SGB III iVm § 65 Abs. 4 SGB II), sind ebenfalls von der Verpflichtung des Aufenthalts im zeit- und ortsnahen Bereich ausgenommen.

87 Befindet sich der erwerbsfähige Leistungsberechtigte **mit Zustimmung** des Jobcenters außerhalb des zeit- und ortsnahen Bereichs werden Leistungen der Grundsicherung auch für die Zeit der Abwesenheit geleistet. Fehlt diese Zustimmung und erhält das Jobcenter Kenntnis von der Abwesenheit des erwerbsfähigen Leistungsberechtigten, erhält dieser keine SGB II-Leistungen für die Zeit der tatsächlichen Abwesenheit, bereits erhaltene Leistungen müssen zurückgewährt werden. Wird während der Abwesenheit noch

59 Nach DA BA § 7 Rn 7.58 will das Jobcenter dennoch die Anwesenheit im Einzelfall prüfen können, um Leistungsmissbrauch zu verhindern.

zusätzlich ein Meldetermin bei der Behörde oder eine Bewerbung oder Eingliederungsmaßnahme verpasst, sind außerdem Sanktionen nach § 32 SGB II möglich.

Praxishinweis: Verlässt der Leistungsberechtigte den zeit- und ortsnahen Bereich ohne Zustimmung des Jobcenters, verliert er seinen Leistungsanspruch vollständig. Auch der Versicherungsschutz entfällt für diese Zeit; hier sind ggf Rückforderungen möglich. Der Leistungsberechtigte muss täglich an jedem Werktag per Briefpost persönlich an seinem gewöhnlichen Aufenthaltsort erreichbar sein. Bei einem Umzug empfiehlt es sich, dem Leistungsträger spätestens eine Woche zuvor die neue Anschrift mitzuteilen, ein Nachsendeauftrag genügt idR nicht.[60] Allerdings muss der Leistungsberechtigte nicht telefonisch ständig erreichbar sein. Er hat auch das Recht, außer Haus zu gehen, Arbeit zu suchen, spazieren zu gehen, mit den Kindern auf Spielplätzen zu sitzen, Sport zu treiben usw.

7. Auszubildende und Studierende

88 Nach § 7 Abs. 5 SGB II haben **Auszubildende**, deren Ausbildung nach dem BAföG oder nach den §§ 51, 57 und 58 SGB III dem Grunde nach förderungsfähig ist, grds. keinen Anspruch auf Leistungen nach dem SGB II. Die Norm, die der Vorschrift des früheren § 26 Abs. 1 BSHG entspricht, soll verhindern, dass für vom Gesetzgeber für förderungswürdig erachtete Ausbildungen, die im BAföG bzw im SGB III abschließend festgelegt sind, eine dritte (oder versteckte) Fördermöglichkeit geschaffen wird.[61] Gleichwohl ist der Leistungsausschluss nicht absolut; zum einen kennt § 7 Abs. 6 SGB II selbst Ausnahmen vom grundsätzlichen Leistungsausschluss; zum anderen gibt es ausdrücklich Leistungen für Auszubildende, die nunmehr in § 27 SGB II zusammengefasst sind.

a) Regelausschluss bei ausbildungsbedingtem Bedarf

89 Der **Leistungsausschluss** für Auszubildende gilt nach § 7 Abs. 5 SGB II grds. nur **in Bezug auf unterhaltssichernde Leistungen** (Leistungen für Regelbedarfe, Kosten der Unterkunft und Heizung sowie einmalige Bedarfe – Ausschluss von „Leistungen zur Sicherung des Lebensunterhalts"). Erfasst wird insofern auch der Zuschuss zur (privaten) Kranken- und Pflegeversicherung, der entweder als Teil der unterhaltssichernden Leistungen oder als ausbildungsbedingter Bedarf vom Leistungsausschluss betroffen ist.[62] Andere oder nicht ausbildungsbedingte Bedarfe können zu einem Anspruch unter den Voraussetzungen des § 27 SGB II führen.

90 Der Begriff des **Auszubildenden** ist nicht im Gesetz definiert. Er umfasst sowohl Auszubildende, die in einem Berufsausbildungsverhältnis stehen (früher „Lehrling") als auch Auszubildende in schulischen Ausbildungen (Schüler und Studierende). Der Anknüpfungspunkt ist die grundsätzliche Förderungsfähigkeit der Ausbildung entweder nach BAföG oder nach dem SGB III.

91 Nach § 2 BAföG wird **Ausbildungsförderung** geleistet für den Besuch von

- weiterführenden allgemeinbildenden Schulen (zB Haupt-, Real- und Gesamtschulen, Gymnasien) ab Klasse 10 (§ 2 Abs. 1 Nr. 1 BAföG),
- Berufsfachschulen, deren Besuch eine abgeschlossene Berufsausbildung nicht voraussetzt, einschl. der Klassen aller Formen der beruflichen Grundbildung (zB Berufsvorbereitungsjahr), ab Klasse 10 (§ 2 Abs. 1 Nr. 1 BAföG),
- Fach- und Fachoberschulklassen, deren Besuch eine abgeschlossene Berufsausbildung nicht voraussetzt (§ 2 Abs. 1 Nr. 1 BAföG),

60 BSG 9.8.2001 – B 11 AL 17/01 R; 20.6.2001 – B 11 AL 10/01 R.
61 BVerwG 14.10.1993 – 5 C 16/91. Dies gilt nach dem Willen des Gesetzgebers auch für Leistungen der Grundsicherung für Arbeitsuchende, vgl BT-Drucks. 15/1749, 31.
62 Vgl hierzu BSG 27.9.2011 – B 4 AS 160/10 R.

- Berufsfachschulklassen und Fachschulklassen, deren Besuch eine abgeschlossene Berufsausbildung nicht voraussetzt, sofern sie in einem zumindest zweijährigen Bildungsgang einen berufsqualifizierenden Abschluss vermitteln (§ 2 Abs. 1 Nr. 2 BAföG),
- Fach- und Fachoberschulklassen, deren Besuch eine abgeschlossene Berufsausbildung voraussetzt (§ 2 Abs. 1 Nr. 3 BAföG),
- Abendhauptschulen, Berufsaufbauschulen, Abendrealschulen, Abendgymnasien und Kollegs (§ 2 Abs. 1 Nr. 4 BAföG),
- höheren Fachschulen und Akademien (§ 2 Abs. 1 Nr. 5 BAföG) sowie
- Hochschulen (§ 2 Abs. 1 Nr. 6 BAföG).

Maßgebend für die Zuordnung sind Art und Inhalt der Ausbildung. Die Ausbildungsförderung wird nur geleistet, wenn die Ausbildung an einer öffentlichen Einrichtung, mit Ausnahme nicht staatlicher Hochschulen, oder einer genehmigten Ersatzschule durchgeführt wird. Zudem dürfen diejenigen Schülerinnen und Schüler, die eine der in den Nummern 1 bis 3 des § 2 Abs. 1 BAföG genannten Schulen besuchen, nicht **bei den Eltern wohnen** und notwendig auswärts untergebracht sind (§ 2 Abs. 1 a S. 1 BAföG). Schülerinnen und Schüler müssen dann auswärts untergebracht werden,[63] wenn

- von der Wohnung der Eltern aus eine entsprechende zumutbare Ausbildungsstätte (zB wegen der Entfernung) nicht erreichbar ist,
- sie einen eigenen Haushalt führen und verheiratet sind oder waren oder
- sie einen eigenen Haushalt führen und mit mindestens einem Kind zusammenleben.

92 Nach den §§ 51, 57 und 58 SGB III sind Ausbildungen mit **Berufsausbildungsbeihilfe** förderungsfähig, wenn es sich dabei um

- berufsvorbereitende Bildungsmaßnahmen handelt, mit denen junge Mensch auf die Aufnahme einer Berufsausbildung vorbereitet werden bzw. die ihnen die berufliche Eingliederung erleichtern (§ 51 SGB III),
- eine förderungsfähige Berufsausbildung nach dem Berufsbildungsgesetz, der Handwerksordnung oder dem Seemannsgesetz handelt (§ 57 SGB III) oder
- eine Berufsausbildung oder berufsvorbereitende Bildungsmaßnahme, die (unter bestimmten Voraussetzungen) ganz oder teilweise im Ausland stattfindet, handelt (§§ 58, 51 Abs. 2 S. 2 SGB III).

Auch in diesen Fällen müssen die Berechtigten nach § 60 Abs. 1 SGB III **außerhalb des Haushalts ihrer Eltern** wohnen. Betriebliche und überbetriebliche Ausbildungen nach dem dualen System sind nicht förderungsfähig.

93 Es genügt, wenn der Auszubildende **dem Grunde nach förderungsfähig** ist. Nicht entscheidend ist, ob er tatsächlich Leistungen nach dem BAföG oder dem SGB III erhält. Entschieden wird nach der Rechtsprechung des BSG allein anhand von sachlichen Förderungskriterien; es kommt nur darauf an, ob die Ausbildung als solche gefördert werden kann.

Beispiel: Hat der Auszubildende persönliche Gründe, die eine Ausbildungsförderung nach dem BAföG oder dem SGB III ausschließen, bekommt er trotzdem keine Leistungen nach dem SGB II. Dazu gehören zB

- ein Auszug aus der elterlichen Wohnung (§ 2 Abs. 1 a BAföG), es sei denn, die Ausbildungsstätte ist nicht in zumutbarer Entfernung erreichbar,

63 Nach § 2 Abs. 1 a S. 2 BAföG kann durch Rechtsverordnung bestimmt werden, dass Ausbildungsförderung auch dann für den Besuch der in Abs. 1 Nr. 1 genannten Ausbildungsstätten auch in den Fällen geleistet wird, in denen die Verweisung des Auszubildenden auf die Wohnung der Eltern aus schwerwiegenden sozialen Gründen unzumutbar ist. Diese Rechtsverordnung existiert allerdings noch nicht.

- die Staatsangehörigkeit bzw ein entsprechender aufenthaltsrechtlicher Status (§ 8 BAföG) die Leistungen ausschließen,[64]
- ein Fachrichtungswechsel[65] oder ein nicht den Voraussetzungen des § 7 BAföG unterliegendes förderungsfähiges Zweitstudium[66] oder eine Zweitausbildung;[67] dabei gilt ein auf einen Bachelor-Studiengang aufbauender Masterstudiengang nach § 7 Abs. 1 a BAföG weiter förderungsfähig und nicht als „Zweitstudium", wenn der Studierende keinen sonstigen Studiengang abgeschlossen hat.
- keine Förderung, weil die Eltern ein zu hohes Einkommen haben (§§ 21 ff BAföG),
- die Überschreitung der Förderungshöchstdauer oder
- die Überschreitung der Altersgrenze (§ 10 Abs. 3 S. 1 BAföG).[68]

Handelt es sich aber um eine dem **Grunde nach nicht förderungsfähige Ausbildung**, so kann der Auszubildende Leistungen zur Sicherung des Lebensunterhaltes erhalten. Dies ist vor allem dann der Fall, wenn die Ausbildung nicht zu einem berufsqualifizierenden Abschluss führt, sondern wie ein Promotionsstudium idR einen bereits berufsqualifizierenden Abschluss voraussetzt.[69] Gleiches gilt auch für den Fall eines Teilzeitstudiums, das mangels Inanspruchnahme der vollen Arbeitskraft des Studierenden grds. nicht förderungsfähig ist (§ 2 Abs. 5 BAföG)[70] oder für ein postgraduales Masterstudium, das nicht auf einen Bachelorstudiengang aufbaut.[71] Umstritten ist, ob auch während eines Urlaubssemesters der Leistungsausschluss nach § 7 Abs. 5 S. 1 SGB II gilt.[72] Da allerdings Studierende während eines Urlaubssemesters nicht dem Grunde nach BAföG-berechtigt sind, weil sie die Ausbildungsstätte tatsächlich nicht besuchen bzw die Ausbildung an der Ausbildungsstätte nicht durchgeführt wird, gibt es für den Leistungsausschluss keinen Grund. Etwas anderes kann nur dann gelten, wenn Studierende während des Urlaubssemesters Prüfungsleistungen ablegen oder Seminare, wenn auch ggf in geringerem Umfang, besuchen. **94**

Von den Leistungen zur Sicherung des Lebensunterhalts nicht ausgeschlossen sind Personen, die im Rahmen einer Leistung zur Teilhabe am Arbeitsleben nach den §§ 97 ff SGB III eine Ausbildung absolvieren und hier eine Ausbildungsbeihilfe erhalten. Diese ist im Ausschlusstatbestand nicht erwähnt; dessen Ausweitung ist auch auf diese Fälle nicht angezeigt.[73] **95**

b) Ausnahmen vom Leistungsausschluss, § 7 Abs. 6 SGB II

§ 7 Abs. 6 SGB II benennt **Ausnahmen** vom grundsätzlichen Leistungsausschluss für Auszubildende. Leistungen nach dem SGB II erhalten – trotz Ausbildung – deshalb **96**

1. Schülerinnen und Schüler, die eine weiterführende allgemeinbildende Schule und Berufsfachschule ab Klasse 10 oder eine Fach- und Fachoberschulklasse, die keine

---

64 BSG 6.9.2007 – B 14/7 b AS 28/06 R; LSG Berlin-Brandenburg 5.7.2006 – L 10 AS 545/06; LSG Hamburg 24.11.2005 – L 5 B 256/05 ER AS.

65 LSG Sachsen-Anhalt 15.4.2005 – L 2 B 7/05 AS ER; bei Studienabbruch wegen persönlicher Versagensgründe, der ebenfalls nicht den Leistungsausschluss verhindert SG Dresden 5.8.2006 – S 23 AS 1202/06 ER.

66 BSG 1.7.2009 – B 4 AS 67/08 R.

67 LSG Hamburg 6.5.2008 – L 5 B 70/08 ER AS.

68 BSG 1.7.2009 – B 4 AS 67/08 R.

69 LSG Sachsen-Anhalt 3.4.2008 – L 2 AS 71/06; OVG NRW 17.2.1994 – 16 B 22/94; VGH Baden-Württemberg 5.12.1995 – 7 S 2963/94. Eine Ausnahme gilt hier nur, wenn die Promotion ausnahmsweise dem Erwerb eines berufsqualifizierenden Abschlusses dient, vgl BVerwG 14.7.1977 – V C 13.76.

70 LSG Thüringen 15.1.2007 – L 7 AS 1130/06 ER.

71 LSG Thüringen 8.3.2006 – L 7 AS 63/06 ER.

72 Für die Anwendung des Leistungsausschlusses LSG Sachsen 11.4.2011 – L 7 AS 664/10; gegen die Anwendung LSG Berlin-Brandenburg 5.2.2008– L 25 B 146/08 AS ER. Die Frage ist beim Bundessozialgericht derzeit anhängig B 14 AS 197/11 R.

73 Vgl LSG Hessen 24.11.2010 – L 6 AS 168/08; LSG Berlin-Brandenburg 10.3.2009 – L 20 AS 47/09 B ER; SG Dresden 4.10.2011 – S 38 AS 4463/10.

abgeschlossene Berufsausbildung voraussetzt, besuchen, aber kein BAföG erhalten, weil sie bei ihren Eltern wohnen (§ 2 Abs. 1 a BAföG). Das Gleiche gilt für diejenigen, die ebenfalls keine Berufsausbildungsbeihilfe erhalten, weil sie noch bei ihren Eltern wohnen (müssen) (§ 60 Abs. 1 SGB III) und kein Ausnahmetatbestand des § 60 Abs. 2 SGB II[74] vorliegt (Nr. 1).

2. Schülerinnen und Schüler einer Berufsfachschule oder einer Fachschulklasse, deren Besuch eine abgeschlossene Berufsausbildung nicht voraussetzt, deren Bedarf nach § 12 Abs. 1 Nr. 1 BAföG als geringer eingeschätzt wird, weil sie bei ihren Eltern wohnen. Das Gleiche gilt für Auszubildende in berufsvorbereitenden Bildungsmaßnahmen (§ 62 Abs. 1 SGB III) und beim Ausbildungsgeld (§ 125 Abs. 1 Nr. 1 SGB III); in den jeweiligen Vorschriften wird auf § 12 Abs. 1 Nr. 1 BAföG verwiesen (Nr. 2).

97 Beide **Ausnahmevorschriften** unterscheiden sich darin, dass nach Nr. 1 die Betroffenen gar keine Leistungen zur Ausbildungsförderung erhalten, weil sie bei ihren Eltern wohnen und eine in § 1 Abs. 1 S. 1 Nr. 1 BAföG genannte Ausbildungsstätte[75] besuchen; die Berechtigten nach Nr. 2 erhalten dagegen Leistungen zur Ausbildungsförderung,[76] allerdings nur einen geringeren Betrag. Dieser monatliche Bedarf ist (derzeit) bei 216 EUR festgelegt. Leben die Auszubildenden dagegen nicht im Haushalt ihrer Eltern, erhalten sie monatlich 465 bzw 543 EUR. Der geringere monatliche Betrag gilt allerdings auch dann, wenn der Auszubildende tatsächlich nicht in der Wohnung seiner Eltern wohnt, die elterliche Wohnung (es genügt auch die Wohnung eines Elternteils)[77] sich aber in weniger als zweistündiger Entfernung vom Ausbildungsort entfernt befindet. Dann gilt der Auszubildende rechtlich als bei seinen Eltern wohnend.

Praxishinweis: Ob eine Ausnahme vom grundsätzlichen Leistungsausschluss für Auszubildende nach § 7 Abs. 6 Nr. 2 SGB II anwendbar ist, ist von den Berechnungen des zuständigen BAföG-Amts abhängig. Ergibt sich danach ein geringerer Bedarfssatz nach § 12 Abs. 1 Nr. 1 BAföG, ist dieser nicht bedarfsdeckend für den Auszubildenden. Das Jobcenter muss Leistungen erbringen.[78] Dies gilt auch für die Bezieher von sog. Schüler-BAföG. Auch hier greift der Leistungsausschluss nicht, unabhängig davon, ob der Betroffene bei seinen Eltern tatsächlich wohnt oder nicht.[79]

Das kann letztlich dazu führen, dass diejenigen Auszubildenden, die während ihrer Berufsfachschulausbildung oder ihres Studiums theoretisch zu Hause wohnen könnten und dennoch ausziehen unter Umständen höhere Gesamtleistungen erhalten, als diejenigen, die notwendig auswärts wohnen müssen, weil ihre Ausbildungsstätte oder ihr Studienort von der Wohnung der Eltern nicht erreichbar ist. Denn es gibt zwar einen geringeren BAföG-Satz, allerdings als Aufstockung die Leistungen nach dem SGB II, in denen auch die Kosten der Unterkunft gesondert und in Höhe der tatsächlichen Aufwendungen erfasst werden. Wer von vornherein den höheren BAföG-Satz erhält, muss seine Unterkunftskosten dagegen selbst tragen.[80]

---

74 Vollendung des 18. Lebensjahres, bereits verheiratet, mit mindestens einem Kind zusammenlebend oder Verweis auf die Wohnung der Eltern aus schwerwiegenden sozialen Gründen nicht möglich.

75 Das sind weiterführende allgemeinbildende Schulen und Berufsfachschulen, einschl. der Klassen aller Formen der beruflichen Grundbildung, ab Klasse 10 sowie Fach- und Fachoberschulklassen, deren Besuch eine abgeschlossene Berufsausbildung nicht voraussetzt.

76 LSG Berlin-Brandenburg 24.1.2008 – L 26 B 60/08 AS ER.

77 Dabei kommt es nicht darauf an, ob die Wohnverhältnisse des Elternteils tatsächlich ein gemeinsames Wohnen überhaupt gestatten, vgl auch LSG Berlin-Brandenburg 20.1.2009 – L 28 AS 1919/7.

78 Sächsisches LSG 12.6.2008 – L 2 AS 203/07; LSG Berlin-Brandenburg 24.1.2008 – L 26 B 60/08 AS ER.

79 BSG 21.12.2009 – B 14 AS 61/08 R.

80 Zu einer Vergleichsberechnung s. LSG Berlin-Brandenburg 20.1.2009 – L 28 AS 1919/07, das aber auch darauf verweist, dass dieser Wertungswiderspruch durch § 22 Abs. 7 (jetzt § 27 Abs. 3) SGB II, nach dem BAföG-Bezieher, die Leistungen nach § 12 Abs. 2 BAföG erhalten, einen Zuschuss zu den ungedeckten Kosten der Unterkunft erhalten können und überdies jungen Leistungsberechtigte der Weg aus der elterlichen Wohnung erschwert wird.

98 Zuletzt sind nach § 7 Abs. 6 Nr. 3 SGB II Auszubildende von einem Leistungsausschluss nicht betroffen, die eine Abendhauptschule, eine Abendrealschule oder ein Abendgymnasium besuchen und aufgrund der **Überschreitung des Alters** (30 Jahre) keinen Anspruch auf Ausbildungsförderung nach dem BAföG haben (§ 10 Abs. 3 S. 1 BAföG). Es liegt damit ein Fall des persönlichen Leistungsausschlusses vor. Satz 2 nennt Ausnahmen von diesem Grundsatz. Das Alter ist danach kein Ausschlussgrund für die Ausbildungsförderung, wenn zB der Auszubildende die Zugangsvoraussetzungen für die zu fördernde Ausbildung auf dem sog. zweiten Bildungsweg erlangt hat, die Hochschulzugangsberechtigung aufgrund seiner beruflichen Qualifikation erworben wurde oder besondere familiäre und persönliche Gründe wie die Erziehung eines Kindes bis zu 10 Jahren einen früheren Studienbeginn nicht erlaubt haben.

D. Leistungen zur Eingliederung in Arbeit

I. Allgemeines zu den Leistungen zur Eingliederung in Arbeit

1. Aktive Leistungen

1 Zentrale Leistungen der Grundsicherung für Arbeitsuchende sind die Leistungen zur Eingliederung in Arbeit (sog. **aktive Leistungen**), die im ersten Abschnitt des dritten Kapitels geregelt sind. Die Eingliederungsleistungen richten sich an erwerbsfähige Leistungsberechtigte und setzen damit u.a. Erwerbsfähigkeit und Hilfebedürftigkeit voraus. Ein Großteil der Eingliederungsleistungen (vgl Anhang) ist der Arbeitsförderung nach dem SGB III entnommen. Diese wurden zuletzt mit dem Gesetz zur Verbesserung der Eingliederungschancen am Arbeitsmarkt (Instrumentenreform 2011) neu geregelt, das im Wesentlichen am 1.42012 in Kraft getreten ist. Ein Überblick über die Leistungen des SGB II zur Eingliederung in Arbeit findet sich in Tabelle 1 im Anhang.

2. Leistungsberechtigter Personenkreis

a) Leistungsvoraussetzungen

2 Die Leistungen zur Eingliederung in Arbeit werden nur an bzw für **erwerbsfähige Leistungsberechtigte** erbracht. Nichtleistungsbeziehende, dh Personen, bei denen insb. wegen der Anrechnung von Partnereinkommen keine Hilfebedürftigkeit vorliegt, sind auch hinsichtlich der Eingliederungsleistungen nach dem SGB II nicht leistungsberechtigt. Ausnahmen vom Erfordernis der Hilfebedürftigkeit macht das SGB II nur bei der Förderung bei Wegfall der Hilfebedürftigkeit und beim Sofortangebot (s.u. Rn 4).

Praxishinweis: Leistungsberechtigt sind auch Personen, deren Einkommen oder Alg I nicht zur Deckung des Lebensunterhalts ausreicht (sog. Aufstocker). Bei Aufstockern mit Alg I ist darauf zu achten, dass Eingliederungsleistungen nach dem SGB II und die Arbeitsförderungsleistungen nach dem SGB III in einem Konkurrenzverhältnis zueinander stehen können.

3 Neben der Leistungsberechtigung ist die **Erforderlichkeit** eine weitere allgemeine Voraussetzung für Eingliederungsleistungen nach dem SGB II (vgl § 3 Abs. 1 S. 1 SGB II). Bei der Auslegung des unbestimmten Rechtsbegriffs Erforderlichkeit wird den Jobcentern nach der überwiegenden Auffassung in der Literatur[1] kein Beurteilungsspielraum zugestanden. Die Auslegung des Merkmals der Erforderlichkeit kann daher von den Sozialgerichten grds. vollständig überprüft werden. Erforderlich ist eine Eingliederungsleistung, wenn es – bezogen auf die öffentlichen Haushalte – keine weniger belastenden Maßnahmen gibt, mit denen die Hilfebedürftigkeit vermieden oder beseitigt, verkürzt oder vermindert werden kann. Die Erforderlichkeit wird in den jeweiligen Einzelvorschriften (§§ 16 ff SGB III) teilweise konkretisiert.

b) Eingliederungsleistungen bei Wegfall der Hilfebedürftigkeit

4 Entfällt die Hilfebedürftigkeit, können Erwerbsfähige dem Grunde nach nicht mehr mit Eingliederungsleistungen nach dem SGB II gefördert werden. Damit in bestimmten Fällen trotzdem Eingliederungsleistungen erbracht werden können, sieht § 16 g SGB II eine Sonderregelung vor. Diese unterscheidet **zwei Fälle**, nämlich

- die Weiterförderung trotz Wegfalls der Hilfebedürftigkeit und
- die Förderung mit weiteren Leistungen trotz Wegfalls der Hilfebedürftigkeit.

5 Voraussetzung für die **Weiterförderung** trotz Wegfalls der Hilfebedürftigkeit ist nach § 16 g Abs. 1 SGB II zunächst, dass sich die Erwerbsfähigen im Zeitpunkt des Wegfalls der Hilfebedürftigkeit in einer Eingliederungsmaßnahme iSd §§ 16 ff SGB II befinden.

---

1 *Münder* in: LPK-SGB II § 3 Rn 5 mwN.

Ferner muss die Weiterförderung wirtschaftlich sein, dh zwischen den Kosten, die bei einer Weiterförderung anfallen, und dem verfolgten Ziel der Eingliederungsmaßnahme muss eine angemessene Zweck-Mittel-Relation[2] bestehen. Schließlich ist Voraussetzung für eine Weiterförderung, dass die Maßnahme voraussichtlich erfolgreich abgeschlossen wird. Dies erfordert eine Prognoseentscheidung des Jobcenters, welcher der bisherige Verlauf der Maßnahme zugrunde zu legen ist.

Auf der Rechtsfolgenseite sieht § 16 g Abs. 1 S. 1 SGB II ein **Ermessen des Jobcenters** vor, das ein Entschließungs- und Auswahlermessen umfasst. Das Entschließungsermessen ist allerdings im Regelfall begrenzt, wenn das Jobcenter auf der Tatbestandsseite die Wirtschaftlichkeit der Weiterförderung und eine positive Erfolgsprognose festgestellt hat. Im Rahmen des Auswahlermessens hat es insb. zu entscheiden, ob es die Weiterförderung in Form eines verlorenen Zuschusses oder eines Darlehens gewährt. Nach § 16 g Abs. 1 S. 2 SGB II soll die Weiterförderung als Darlehen erbracht werden. Das Jobcenter kann von diesem intendierten Ermessen nur in atypischen Fällen abweichen und die Weiterförderung in Form eines verlorenen Zuschusses gewähren.

6 Für die Förderung mit **weiteren Eingliederungsleistungen** trotz Wegfalls der Hilfebedürftigkeit (§ 16 g Abs. 2 S. 1 SGB II) ist Voraussetzung, dass die Hilfebedürftigkeit aufgrund von anrechenbarem Einkommen weggefallen ist. Dieses muss aus einer Erwerbstätigkeit stammen, die mit einer Eingliederungsleistung in Form einer bestimmten Geldleistung an den Arbeitgeber oder Träger gefördert wird. Insoweit kommen alle aus dem SGB III ins SGB II überführten Geldleistungen an Arbeitgeber oder Träger, insb. Eingliederungszuschüsse und die Förderung von Arbeitsverhältnissen in Betracht. Erforderlich ist ein ursächlicher Zusammenhang zwischen dem Wegfall der Hilfebedürftigkeit und dem Einkommen aus einer geförderten Erwerbstätigkeit.

Auf der **Rechtsfolgeseite** sieht § 16 g Abs. 2 S. 1 SGB II vor, dass bestimmte, abschließend aufgezählte Eingliederungsleistungen zusätzlich erbracht werden können. Dies sind im Einzelnen die Beratungs- und Vermittlungsleistungen, Maßnahmen zur Aktivierung und beruflichen Eingliederung in Form von Stabilisierungsmaßnahmen, kommunale Eingliederungsleistungen sowie das Einstiegsgeld. Unter welchen Voraussetzungen und in welchem Umfang diese Leistungen gewährt werden, richtet sich nach den jeweiligen Einzelvorschriften. Die weiteren Eingliederungsleistungen sollen zum Bestandteil der Eingliederungsvereinbarung gemacht (§ 16 g Abs. 2 S. 2 iVm § 15 SGB II) und dürfen höchstens solange erbracht werden, wie auch die Arbeitgeber- bzw Trägerförderung geleistet wird.

c) Eingliederungsleistungen als Sofortangebot

7 Eine weitere Ausnahme von dem Erfordernis der Hilfebedürftigkeit regelt das Sofortangebot (§ 15 a SGB II). Hiernach sollen bestimmten Personen bereits zum Zeitpunkt der Antragstellung Eingliederungsleistungen angeboten werden. Das Sofortangebot erweitert damit den Kreis der Leistungsberechtigten um Personen, die „potenziell hilfebedürftig" sind. Hiermit soll Hilfebedürftigkeit vorgebeugt bzw vermieden und die Bereitschaft zur Arbeitsaufnahme überprüft werden.[3] **Voraussetzung** für das Sofortangebot ist, dass erwerbsfähige Personen innerhalb der letzten zwei Jahre keine laufenden Geldleistungen zur Sicherung des Lebensunterhalts nach dem SGB II oder dem SGB III erhalten und einen Antrag auf Leistungen des SGB II gestellt haben. Bei Zweifeln an der Erwerbsfähigkeit scheidet das Sofortangebot aus.

Auf der **Rechtsfolgenseite** haben die Jobcenter ein gebundenes Ermessen. Sie **sollen** den Antragstellenden unverzüglich Leistungen zur Eingliederung in Arbeit anbieten. Hiermit

2 *Thie* in: LPK-SGB II § 16 g Rn 4.
3 BT-Drucks. 16/1410, 21.

ist den Jobcentern eine abweichende Ermessensentscheidung über das „Ob“ der Leistung nur in begründeten Ausnahmefällen gestattet. Das Auswahlermessen wird – auch in Regelfällen – nicht eingeschränkt. Das Eingliederungsangebot muss unverzüglich, dh ohne schuldhaftes Zögern vonseiten der Jobcenter erfolgen.

3. Leistungsentscheidung und -grundsätze

8 Die Einführungsnorm des § 3 SGB II trägt den Titel „**Leistungsgrundsätze**“, enthält aber neben Grundsätzen für die Leistungsentscheidung und -erbringung auch besondere Pflichten der Jobcenter gegenüber erwerbsfähigen Leistungsberechtigten mit einem speziellen Förderbedarf (§ 3 Abs. 2 bis 2 b SGB II). § 3 Abs. 1 S. 1 SGB II bestimmt, dass die Jobcenter nur erforderliche Eingliederungsleistungen gewähren dürfen und darüber hinaus ein weitreichendes Ermessen bei der Entscheidung haben. Ferner regelt § 3 Abs. 1 SGB II allgemeine Kriterien, welche iRd Ermessensentscheidung zu berücksichtigen sind.

a) Anspruchs- und Ermessensleistungen zur Eingliederung in Arbeit

9 Bei der Leistungsentscheidung ist zwischen Anspruchs- und Ermessensentscheidungen zu unterscheiden. Während die Jobcenter bei Anspruchsleistungen verpflichtet sind, bei Vorliegen der Tatbestandsvoraussetzungen bestimmte Leistungen zu gewähren, steht ihnen bei Ermessensleistungen ein bestimmter Handlungsspielraum auf der Rechtsfolgeseite zu. Die Eingliederungsleistungen des SGB II sind grds. als **Ermessensleistungen** ausgestaltet. Dies gilt für alle unmittelbar im SGB II normierten Eingliederungsleistungen (§§ 16 a–16 f SGB II). Auch die Eingliederungsleistungen des SGB III, die über § 16 Abs. 1 SGB II in den Rechtskreis des SGB II einbezogen sind, stellen grds. Ermessensleistungen dar.

10 **Anspruchsleistungen** zur Eingliederung in Arbeit sieht das SGB II nur in Ausnahmefällen vor. Dies sind aus dem SGB III

- das Vermittlungsangebot,
- die besonderen Leistungen zur Teilhabe behinderter Menschen am Arbeitsleben und
- die Weiterbildung zum nachträglichen Erwerb des Hauptschulabschlusses.

Dass diese aus dem SGB III überführten Leistungen im SGB II Anspruchsleistungen darstellen, ergibt sich aus der Verweisungstechnik. Durch die Formulierungen „erbringt“ bzw „entsprechend anwendbar“ in § 16 Abs. 1 S. 1 SGB II bzw § 16 Abs. 1 S. 3, 4 SGB II wird verdeutlicht, dass die dergestalt überführten Leistungen immer dann Anspruchsleistungen im SGB II sind, wenn sie es auch im SGB III sind.

11 Das Ermessen der Jobcenter bei den Eingliederungsleistungen umfasst grds. ein pflichtgemäßes **Entschließungs- und Auswahlermessen** (§ 39 Abs. 1 S. 1 SGB I). Halten sich die Jobcenter nicht an die rechtlichen Bindungen des Ermessens, handeln sie ermessensfehlerhaft. Die Kriterien für eine pflichtgemäße Ermessensausübung ergeben sich häufig aus den jeweiligen Einzelvorschriften. Sofern in den überführten Arbeitsförderungsleistungen des SGB III ermessenskonkretisierende bzw -begrenzende Regelungen vorgesehen sind, schränken diese Regelungen das Ermessen der Jobcenter in gleicher Weise ein wie das der Arbeitsförderungsträger.[4] Ferner nennt auch die Einführungsnorm des § 3 Abs. 1 S. 2 SGB II einige allgemeine Kriterien für die Ermessensausübung. Dies sind Eignung, individuelle Lebenssituation, insb. familiäre Situation, voraussichtliche Dauer der Hilfebedürftigkeit und Dauerhaftigkeit der Eingliederung. Nach § 3 Abs. 1 S. 3 SGB II sollen vorrangig Maßnahmen eingesetzt werden, welche die unmittelbare Aufnahme ei-

4 Vgl BSG 6.4.2011 – B 4 AS 117/10 R; aA: *Thie* in: LPK SGB II § 16 Rn 12.

ner Erwerbstätigkeit ermöglichen. Nach § 3 Abs. 1 S. 4 SGB II sind bei der Leistungserbringung die Grundsätze von Wirtschaftlichkeit und Sparsamkeit zu beachten.

Praxishinweis: Die Grundsätze von Wirtschaftlichkeit und Sparsamkeit sind beim Auswahlermessen und nicht beim Entschließungsermessen zu berücksichtigen. Die Ablehnung einer erforderlichen Eingliederungsleistung aus Haushaltsgründen wäre ermessensfehlerhaft. Die Haushaltslage allein kann nicht zum Maßstab für eine Ermessensentscheidung gemacht werden.[5]

b) Besondere Leistungspflichten der Jobcenter

12 Die besonderen Leistungspflichten der Jobcenter nach § 3 Abs. 2 bis 2 b SGB II sind nicht nur bei der Einzelentscheidung, sondern sind auch als programmatischer Appell bei der generellen Eingliederungs- und Arbeitsmarktpolitik der Jobcenter zu beachten. Wegen des speziellen Förderbedarfs betreffen diese besonderen Pflichten die Eingliederung von

- erwerbsfähigen Leistungsberechtigten **unter 25 Jahren.**

  Nach § 3 Abs. 2 S. 1 SGB II sind unter 25-jährige Leistungsberechtigte unverzüglich nach Antragstellung in eine Ausbildung oder Arbeit zu vermitteln. Damit soll „eine Gewöhnung an den Bezug von Sozialleistungen“[6] vermieden werden.

- erwerbsfähigen Leistungsberechtigten **ohne Berufsabschluss.**

  Nach § 3 Abs. 2 S. 2 SGB II sollen Leistungsberechtigte ohne Berufsabschluss vorrangig in eine Ausbildung vermittelt werden. Hierzu gehören auch die sog. „Berufsfremden“ (vgl § 81 Abs. 2 Nr. 1 SGB III).[7] Erst wenn eine Vermittlung in Ausbildung nicht gelingt, sollen sie in eine Arbeit vermittelt werden, wobei die Jobcenter darauf hinzuwirken haben, dass diese Arbeit auch zur Verbesserung der beruflichen Kenntnisse und Fähigkeiten beiträgt. Eine Altersbeschränkung gilt für diesen Leistungsgrundsatz nicht.

- erwerbsfähigen Leistungsberechtigten **ab 58 Jahren.**

  Nach § 3 Abs. 2 a SGB II sind erwerbsfähige Leistungsberechtigte ab 58 Jahren unverzüglich in Arbeit zu vermitteln.

- erwerbsfähigen Leistungsberechtigten **mit unzureichenden Sprachkenntnissen.**

  Unter den Voraussetzungen des § 3 Abs. 2 b SGB II hat das Jobcenter erwerbsfähige Leistungsberechtigte mit unzureichenden Kenntnissen der deutschen Sprache zu einem Integrationskurs des Bundesamtes für Migration und Flüchtlinge (§ 43 AufenthG) zu bewegen. Hierdurch wird keine neue Rechtsgrundlage für die Teilnahmepflicht an dem Integrationskurs begründet.[8] Deutsche Sprachkenntnisse sind unzureichend, wenn sie nicht dem Niveau B1 des Gemeinsamen Europäischen Referenzrahmens für Sprachen entsprechen. Die Teilnahmepflicht an einem Integrationskurs ist als vorrangige Maßnahme in eine Eingliederungsvereinbarung aufzunehmen.

- **Frauen.**

  Das Gebot der Frauenförderung nach § 1 Abs. 2 Nr. 4 SGB III wird über § 16 Abs. 1 S. 4 SGB II zu einer besonderen Pflicht der Jobcenter erhoben. Es bezweckt die Verbesserung der beruflichen Situation von Frauen und sieht hierfür u.a. eine Förderquote vor. Die Jobcenter sollen darauf hinwirken, dass Frauen mindestens entsprechend ihrem Anteil an den Arbeitslosen und ihrer relativen Betroffenheit von Ar-

---

5 *Münder* in: LPK-SGB II § 3 Rn 10; Eicher/Spellbrink SGB II/*Spellbrink* § 3 Rn 9.
6 BT-Drucks. 15/1516, 51.
7 BT-Drucks. 15/1516, 51.
8 BT-Drucks. 15/1516, 45.

beitslosigkeit gefördert werden. Das Frauenförderungsgebot steht gleichrangig neben den anderen besonderen Pflichten der Jobcenter aus § 3 SGB II und ergänzt die gleichstellungs- und genderrelvanten Regelungen des SGB II. Nach § 1 Abs. 2 S. 3 SGB II ist die Gleichstellung von Männern und Frauen als durchgängiges Prinzip zu verfolgen. Ferner sind die Leistungen des SGB II darauf auszurichten, dass geschlechtsspezifischen Nachteilen entgegengewirkt wird und dass die familienspezifischen Lebensverhältnisse von erwerbsfähigen Leistungsberechtigten, die Kinder erziehen oder pflegebedürftige Angehörige betreuen, berücksichtigt werden (§ 1 Abs. 2 S. 4 Nr. 3, 4 SGB II). Eine Evaluation dieser Regelungen aus gleichstellungspolitischer Sicht kam u.a. zu dem Ergebnis, dass Frauen – trotz des Frauenförderungsgebots – im Aktivierungsprozess nach wie vor unterrepräsentiert sind.[9]

Praxishinweis: Umstritten ist, ob und inwieweit diesen besonderen Pflichten der Jobcenter auch subjektive Ansprüche der betroffenen Personen korrespondieren. Teilweise wird dies – zumindest – für die besonderen Pflichten gegenüber unter 25-jährigen und ab 58-jährigen erwerbsfähigen Leistungsberechtigten (§ 3 Abs. 2 S. 1 und Abs. 2 a SGB II) angenommen.[10] Andere wiederum sehen in diesen Regelungen lediglich objektiv-rechtliche Programmsätze.[11]

4. Zumutbarkeit

13 Eine zentrale Funktion der Zumutbarkeitsregelung des § 10 SGB II liegt darin, die Mitwirkungsobliegenheiten der erwerbsfähigen Leistungsberechtigten iRd **Grundsatzes des Forderns** zu begrenzen. Die Zumutbarkeitsanforderungen gelten für Arbeiten sowie für die Eingliederungsleistungen iSd §§ 16 ff SGB II (vgl § 10 Abs. 3 SGB II).

Praxishinweis: Der Aufbau des § 10 SGB II entspricht nicht seiner Prüfungsreihenfolge. In § 10 Abs. 1 Hs 1 SGB II wird zunächst geregelt, dass (grds.) jede Arbeit zumutbar ist. Der Absatz 2 nennt eine Reihe von Gründen, die für sich genommen noch nicht für die Unzumutbarkeit einer Arbeit ausreichen. In § 10 Abs. 1 Hs 2 SGB II sind schließlich Gründe für (ausnahmsweise) unzumutbare Arbeiten genannt.

a) Zumutbarkeit von Arbeiten oder Eingliederungsleistungen

14 Grds. ist **jede Arbeit** zumutbar (§ 10 Abs. 1 Hs 1 SGB II). Der § 10 Abs. 2 SGB II beinhaltet einen Katalog von Gründen, die für sich genommen nicht für eine Unzumutbarkeit der Arbeit oder Eingliederungsmaßnahme ausreichen. Dies schließt allerdings nicht aus, dass bei Vorliegen mehrerer Gründe des § 10 Abs. 2 SGB II oder besonderer Umstände des Einzelfalls dennoch eine Unzumutbarkeit in Form eines wichtigen Grundes iSd § 10 Abs. 1 Nr. 5 SGB II vorliegt. Zu den Gründen, die nach § 10 Abs. 2 SGB II – isoliert betrachtet – nicht zu einer Unzumutbarkeit führen, gehören:

- **Verschlechterung** gegenüber Ausbildung oder früherer Arbeit (Nr. 1).

  Grds. spielen die Ausbildung oder die frühere berufliche Tätigkeit für die Zumutbarkeit einer Arbeit oder Eingliederungsmaßnahme keine Rolle.

- **Geringwertigkeit** im Hinblick auf die Ausbildung (Nr. 2).

  Ebenso wenig unzumutbar sind Arbeiten oder Eingliederungsmaßnahmen, weil sie im Hinblick auf die Ausbildung der erwerbsfähigen Leistungsberechtigten als geringwertig anzusehen sind.

- **Entfernung** des Beschäftigungsortes (Nr. 3).

  Längere Pendelzeiten als bei einem früheren Beschäftigungs- oder Ausbildungsort spielen regelmäßig keine Rolle für die Frage der Zumutbarkeit einer Arbeit oder

9 *Weinkopf/Wagner/Rudolph u.a. (2009)*, S. 100 ff.
10 *Münder* in: LPK-SGB II § 3 Rn 13.
11 Eicher/Spellbrink SGB II/*Spellbrink*, 1. Aufl., § 3 Rn 11.

Eingliederungsmaßnahme. Grds. wird von erwerbsfähigen Leistungsberechtigten sogar eine Arbeitsuche im gesamten Bundesgebiet verlangt.[12] Lange Pendelzeiten oder ein Umzug können jedoch einen wichtigen Grund iSd § 10 Abs. 1 Nr. 5 SGB II darstellen.

- **Ungünstigere Arbeitsbedingungen** (Nr. 4).

  Ungünstigere Arbeitsbedingungen (zB Bezahlung, Sozialversicherungsstatus, Urlaubstage, Kündigungsfristen, Ausgestaltung des Arbeitsplatzes, Arbeitszeiten) sind für die Zumutbarkeit grds. irrelevant. Bestimmte Arbeitsumstände können allerdings eine Arbeit unzumutbar sein lassen; dann besteht diese Unzumutbarkeit aus wichtigem Grund iSd § 10 Abs. 1 Nr. 5 SGB II.

- **Beendigung einer Erwerbstätigkeit** (Nr. 5).

  Eine Arbeit oder Eingliederungsmaßnahme ist schließlich nicht allein deshalb unzumutbar, weil sie mit der Beendigung einer Erwerbstätigkeit verbunden ist, es sei denn, es liegen begründete Anhaltspunkte vor, dass durch die bisherige Tätigkeit künftig die Hilfebedürftigkeit beendet werden kann. Leistungsberechtigte, die eine nicht bedarfsdeckende Erwerbstätigkeit (zB Teilzeitbeschäftigung, prekäre Selbstständigkeit) ausüben, sollen auf eine andere Erwerbstätigkeit verwiesen werden können, die zu einer weiteren Reduzierung oder einem vollständigen Ausschluss der Hilfebedürftigkeit führt.

  Praxishinweis: Liegen begründete Anhaltspunkte vor, dass die Hilfebedürftigkeit durch die bestehende Erwerbstätigkeit künftig beendet wird, können sich die Jobcenter nicht auf die generelle Zumutbarkeit ihrer angebotenen Arbeit berufen. Hier ist die angebotene Arbeit unzumutbar (vgl § 10 Abs. 2 Nr. 5 Hs 2 SGB II, „es sei denn"). Gleichzeitig dürfte regelmäßig ein Fall der Unzumutbarkeit aus wichtigem Grund iSd § 10 Abs. 1 Nr. 5 SGB II vorliegen.

b) Unzumutbarkeit

15 § 10 Abs. 1 Hs 2 SGB II enthält einen abschließenden Katalog von Gründen, nach denen eine Arbeit oder Eingliederungsmaßnahme ausnahmsweise **unzumutbar** ist:

- **Unfähigkeit zur Arbeit** (Nr. 1).

  Die Unfähigkeit zur Arbeit besteht, wenn die Leistungsberechtigten zu der bestimmten Arbeit körperlich, geistig oder seelisch nicht in der Lage sind. Die Unfähigkeit kann vorübergehend oder dauerhaft sein. In der Regel wird hierzu eine ärztliche oder psychologische Untersuchung erforderlich sein (vgl § 62 SGB I).

- **wesentliche Erschwernis künftiger Arbeit** (Nr. 2).

  Die wesentliche Erschwernis künftiger Arbeit betrifft Arbeiten oder Eingliederungsmaßnahmen, durch die Leistungsberechtigte besondere körperliche Anforderungen für die bisherige Tätigkeit weitgehend oder ganz einbüßen würden.

  Beispiel: Eine künftige Erwerbstätigkeit würde wesentlich erschwert, wenn einem Opernsänger eine Stelle als Barkeeper in einer Raucherbar angeboten oder ein Goldschmied zum Holzhacken in den Wald geschickt wird.

- **Gefährdung der Erziehung eines Kindes** (Nr. 3).

  Eine Arbeit oder Eingliederungsmaßnahme ist unzumutbar, wenn die Arbeit oder Eingliederungsmaßnahme die Kindererziehung gefährden würde. Nach der gesetzlichen Regelvermutung ist die Erziehung eines Kindes ab drei Jahren idR nicht gefährdet, soweit seine Betreuung in einer Tageseinrichtung oder in Tagespflege iSd SGB VIII oder auf sonstige Weise (zB durch den Partner oder die Eltern) sichergestellt ist. Diese Regelvermutung kann entkräftet werden, wenn eine Arbeit oder Ein-

12 BVerfG 14.12.2006 – 1 BvR 2236/06.

gliederungsmaßnahme trotz sicherer Betreuungsmöglichkeiten wegen besonderer Umstände des Einzelfalls unzumutbar ist (zB wegen einer Krankheit oder Behinderung des Kindes). Bei unter dreijährigen Kindern gilt diese Regelvermutung nicht. Eltern von unter dreijährigen Kindern soll frei stehen, ob sie eine Arbeit oder Eingliederungsmaßnahme aufnehmen. [13]

Praxishinweis: Die Jobcenter sollen darauf hinwirken, dass erwerbsfähigen Erziehenden vorrangig ein Platz zur Tagesbetreuung des Kindes angeboten wird. Die Kostenbeteiligung der Eltern an der Tagesbetreuung des Kindes kann von den Trägern der öffentlichen Jugendhilfe ganz oder teilweise übernommen werden (§ 90 Abs. 3 SGB VIII).

- **Nichtvereinbarkeit mit der Pflege eines Angehörigen** (Nr. 4).

  Auch die Pflege eines Angehörigen stellt einen Unzumutbarkeitsgrund dar, soweit die Pflege nicht auf andere Weise – zB durch andere Angehörige, Pflegedienste etc. – sichergestellt werden kann. Die Jobcenter können hier Leistungen für die häusliche Pflege als kommunale Leistungen (§ 16 a Nr. 1 SGB II) erbringen, wobei für die Frage, in welchem zeitlichen Umfang eine Arbeit oder Eingliederungsmaßnahme wegen der Pflege unzumutbar ist, die Pflegestufe (§ 15 Abs. 3 SGB XI) als erster Anhaltspunkt dienen kann. Der Begriff der „Angehörigen" ist im Gesetz nicht näher definiert, sondern muss – auch vor dem Hintergrund der weit reichenden Einstandspflichten in der Bedarfsgemeinschaft (§ 7 SGB II) – weit ausgelegt werden.

- **sonstiger wichtiger Grund** (Nr. 5).

  Schließlich kann der Zumutbarkeit einer Arbeit oder Eingliederungsmaßnahme ein **sonstiger wichtiger Grund** entgegenstehen. Hierbei handelt es sich um einen Auffangtatbestand, der restriktiv anzuwenden ist. Wie bei den übrigen Unzumutbarkeitsgründen soll er nur nur dann greifen, wenn das Interesse der Leistungsberechtigten an einer Freistellung von der Arbeits- bzw Teilnahmepflicht größeres Gewicht hat als die finanziellen Interessen der Allgemeinheit. Ferner soll mit der Unzumutbarkeit aus einem sonstigen wichtigen Grund die Einheit der Rechtsordnung gewahrt werden. Leistungsberechtigte sollen nicht zur Aufnahme von Arbeiten oder Maßnahmen verpflichtet werden, die die Grenzen der Rechtsordnung überschreiten. Wichtige Beispiele für eine Unzumutbarkeit aus sonstigem wichtigem Grund sind der Verstoß gegen gesetzliche Vorschriften (zB Arbeitszeitschutz, persönliche Arbeitsverbote nach dem MuSchG bzw JArbSchG, Mindestlohn nach dem AEntG oder MiArbG, zwingende Vorschriften des AÜG) oder die Verletzung von Grundrechten.

Beispiele:

- Lohnwucher:

  Eine geringere Bezahlung als bei einer früheren Erwerbstätigkeit stellt für sich genommen noch keinen sonstigen wichtigen Grund dar. Allerdings kann die Zumutsbarkeitsgrenze auch bei einer Niedriglohnbeschäftigung überschritten werden. Die absolute Untergrenze stellt das Verbot des sog. Lohnwuchers dar. Ein Verstoß gegen dieses Verbot führt zur Nichtigkeit des Arbeitsvertrages (§ 138 Abs. 2 BGB) und ist sogar unter den Voraussetzungen des § 291 Abs. 1 S. 1 Nr. 3 StGB strafbar. Voraussetzung für Lohnwucher ist zum einen ein auffälliges Missverhältnis zwischen Leistung und Gegenleistung und zum anderen die Ausbeutung einer Zwangslage. Ein auffälliges Missverhältnis liegt vor, wenn die Arbeitsvergütung zwei Drittel des branchenüblichen Tariflohns[14] oder ortsüblichen Durchschnittslohns unterschreitet.

13 BT-Drucks. 15/1749, 31.
14 BAG 22.4.2009 – 5 AZR 436/08.

- Mindestlohn:

  Unzumutbar aus sonstigem wichtigem Grund sind ferner Arbeiten, deren Vergütung eine festgelegte Mindestlohngrenze unterschreitet. In Deutschland gibt es keinen allgemeinen gesetzlichen Mindestlohn. Allerdings besteht die Möglichkeit nach dem AEntG bzw dem MiArbG Branchenmindestlöhne festzulegen. Wurde ein Branchenmindestlohn für allgemein verbindlich erklärt, ist ein Unterschreiten dieser Grenzen unzulässig und eine Arbeit aus sonstigem wichtigen Grund unzumutbar.
- Sittenwidrige Arbeiten:

  Unzumutbar sind ferner Arbeiten oder Eingliederungsmaßnahmen, die sittenwidrig sind (§ 138 BGB). Sittenwidrigkeit wird allgemein definiert als ein Verstoß gegen das Anstandsgefühl aller billig und gerecht Denkenden. Ob Prostitution nach ihrer Legalisierung noch als sittenwidrig zu qualifizieren ist, ist umstritten. Im Ergebnis kann dies allerdings dahinstehen, weil sich eine Unzumutbarkeit aus sonstigem wichtigen Grund jedenfalls aus dem verfassungsrechtlich geschützten, allgemeinen Persönlichkeitsrecht und der Menschenwürde ergibt.
- Pendler:

  Die Entfernung zwischen dem Wohn- und dem Arbeitsort ist grds. kein relevanter Unzumutbarkeitsgrund. Allerdings kann eine übermäßige Entfernung zwischen Wohn- und Arbeitsort aus sonstigem wichtigem Grund u.a. unzumutbar sein, wenn die Entfernung zwischen Wohn- und Arbeitsort einen „Zwang zur biographischen Entwurzelung" entfaltet und damit das allgemeine Persönlichkeitsrecht verletzt wird. Dies ist der Fall, wenn Beschäftigten die Möglichkeit genommen ist, ihre als konstitutiv qualifizierten Kontakte und Lebensgewohnheiten im selbst gewählten örtlich-sozialen Umfeld an ca. 15 Sonntagen im Jahr zu pflegen.[15] Eine übermäßige Entfernung zwischen Wohn- und Arbeitsort kann wegen Art. 6 Abs. 1 GG auch aus sonstigem wichtigem Grund unzumutbar sein, wenn Partner bzw Familienmitglieder aufgrund der Entfernung zum Arbeitsort gezwungen werden, getrennt voneinander zu leben.

5. Eingliederungsvereinbarung

a) Hintergrund und Rechtsnatur

16 Die Eingliederungsvereinbarung ist nach § 15 Abs. 1 S. 1 SGB II eine Vereinbarung über die für die Eingliederung in Arbeit erforderlichen Leistungen, die die Jobcenter mit den erwerbsfähigen Leistungsberechtigten abschließen sollen. Ihr liegt die Erwartung zugrunde, dass eine **gemeinsam erarbeitete Vereinbarung** eine stärkere subjektive Bindungswirkung entfaltet als ein einseitiger Verwaltungsakt und die Motivation der erwerbsfähigen Leistungsberechtigten auf diese Weise gestärkt wird. Die Eingliederungsvereinbarung wurde bereits 2002 als Instrument bürgerfreundlichen, kooperativen Verwaltungshandelns[16] im SGB III eingeführt.

Der Eingliederungsvereinbarung soll ein Profiling iS einer umfassenden Feststellung aller Stärken und Schwächen der Ausbildung- bzw Arbeitsuchenden vorausgehen.[17] Auf Basis der Profilingergebnisse soll gemeinsam mit den Leistungsberechtigten eine **Eingliederungsstrategie** erarbeitet und in der Eingliederungsvereinbarung in Form von konkreten Leistungen und Eigenbemühungen festgehalten werden. Bei jeder folgenden Eingliederungsvereinbarung sind die bisher gewonnenen Erfahrungen zu berücksichtigen (§ 15 Abs. 1 S. 5 SGB II). Das Profiling, die Entwicklung einer Eingliederungsstrategie und die Eingliederungsvereinbarung sind strategisch aufeinander aufgebaut und dienen dazu, individuelle Hilfeleistungen, Transparenz und Verbindlichkeit im Eingliederungsprozess sicherzustellen.

---

15 Eicher/Spellbrink SGB II/*Rixen* § 10 Rn 125.

16 *Schweiger* NZS 2002, 410.

17 BT-Drucks. 14/6944, 31.

17 Die **Rechtsnatur der Eingliederungsvereinbarung** ist umstritten. Die hM sieht in der Eingliederungsvereinbarung einen öffentlich-rechtlichen Vertrag mit der Folge, dass die Vorschriften der §§ 53 ff SGB II Anwendung finden.[18] Hierfür spricht u.a. die Gesetzesbegründung, wonach mit der Eingliederungsvereinbarung kein neues Rechtsverhältnis geschaffen, sondern ein bestehendes Sozialrechtsverhältnis konkretisiert werden sollte.[19] Andere wiederum halten die Eingliederungsvereinbarung für eine neue, „moderne" Form hoheitlichen Handelns mit verwaltungsaktähnlichem Charakter.[20] Teilweise wird die Eingliederungsvereinbarung auch als ein einseitiges, informelles Verwaltungshandeln verstanden.[21] Die Rechtsnatur der Eingliederungsvereinbarung spielt insbesondere bei der Frage nach dem Rechtsschutz eine Rolle.

b) Inhalte der Eingliederungsvereinbarung

18 Das Gesetz schreibt für die Eingliederungsvereinbarung Regelinhalte und ergänzende Inhalte vor. Zu den **Regelinhalten**, die in jeder Eingliederungsvereinbarung festgehalten werden sollen und durch einen VA nach § 15 Abs. 1 S. 6 SGB II ersetzt werden können, gehören nach § 15 Abs. 1 S. 2 SGB II

1. die Leistungen zur Eingliederung in Arbeit iSd §§ 16 ff SGB II,
2. die Eigenbemühungen, deren Häufigkeit und die Form des Nachweises und
3. die bei Dritten, insb. bei anderen Sozialleistungsträgern, zu beantragenden Leistungen.

Hält man die Eingliederungsvereinbarung für einen öffentlich-rechtlichen Vertrag, dann dürfen die (wenigen) Anspruchsleistungen zur **Eingliederung in Arbeit** nicht Gegenstand der Eingliederungsvereinbarung sein. Denn ein öffentlich-rechtlicher Vertrag kann über Sozialleistungen nur geschlossen werden, soweit diese im Ermessen der Jobcenter stehen (§ 53 Abs. 2 SGB X). Wie konkret und verbindlich die Leistungen in der Eingliederungsvereinbarung bestimmt werden müssen, ist dabei umstritten. Hier wird teilweise vertreten, dass die Eingliederungsleistungen vergleichbar konkret und verbindlich festgelegt werden müssen wie die Pflichten der erwerbsfähigen Leistungsberechtigten.[22] Andere wiederum halten die Frage des Konkretisierungs- und Verbindlichkeitsgrades der Eingliederungsleistungen nicht für eine Frage der Wirksamkeit einer Eingliederungsvereinbarung, sondern vielmehr für eine Frage der Sanktionierbarkeit nach § 31 SGB II.[23]

Die **Eigenbemühungen** müssen in der Eingliederungsvereinbarung konkret und einzelfallbezogen bestimmt werden. Es reicht nicht, die gesetzlich vorgeschriebenen Obliegenheiten der Leistungsberechtigten lediglich zu wiederholen.[24] Ferner dürfen nur solche Eigenbemühungen festgelegt werden, die nach Art und Umfang den Leistungsberechtigten auch durch einen ersetzenden Verwaltungsakt (§ 15 Abs. 1 S. 6 SGB II) auferlegt werden können.[25] Unzumutbar und damit unzulässig ist bspw die Forderung, dass erwerbsfähige Leistungsberechtigte auch bei Krankheit an einer Trainingsmaßnahme teilnehmen müssen.[26]

19 Neben den Regelinhalten können Eingliederungsvereinbarungen auch **ergänzende Inhalte** haben. Das Gesetz sieht die folgenden ergänzenden Inhalte vor

- Leistungen an die anderen Mitglieder der Bedarfsgemeinschaft (§ 15 Abs. 2 SGB II),

18 *Berlit* in: LPK-SGB II § 15 Rn 8 mwN; BA-FH zu § 15 SGB II Rn 15.2.
19 BT-Drucks. 15/1516, 54; iE auch BT-Drucks. 14/6944, 31.
20 Eicher/Spellbrink SGB II/*Spellbrink* § 15 Rn 10.
21 *Schweiger* NZS 2002, 410 ff.
22 *Berlit* in: LPK-SGB II § 15 Rn 22.
23 LSG Baden-Württemberg 22.1.2007 – L 13 AS 4160/06 ER-B.
24 LSG Baden-Württemberg 22.1.2007 – L 13 AS 4160/06 ER-B.
25 *Berlit* in: LPK-SGB II § 15 Rn 25.
26 SG Hamburg 27.1.2006 – S 56 AS 10/06.

- Schadenersatzpflicht bei Abbruch einer Bildungsmaßnahme (§ 15 Abs. 3 SGB II) und
- Teilnahme an einem Integrationskurs (§ 3 Abs. 2 b S. 2 SGB II).

Damit jeder erwerbsfähigen leistungsberechtigten Person eine eigene Eingliederungsvereinbarung abgeschlossen werden soll, bezieht sich die Vereinbarung von Leistungen an **die anderen Mitglieder der Bedarfsgemeinschaft** nur auf die nicht erwerbsfähigen Mitglieder. Insoweit kommen vor allem die Dienst- und Sachleistungen in Betracht (vgl § 7 Abs. 2 S. 1 SGB II). Die betroffenen Mitglieder der Bedarfsgemeinschaft sind bei der Eingliederungsvereinbarung zu beteiligen. Diese Beteiligungspflicht der Jobcenter soll den von der Einbeziehung Betroffenen die Gelegenheit geben, ihre Rechte und Interessen selbst gegenüber den Jobcentern wahrzunehmen, sofern sie ein berechtigtes Interesse daran haben.[27]

Ein weiterer ergänzender Inhalt von Eingliederungsvereinbarungen ist die **Schadenersatzpflicht bei schuldhaftem Abbruch einer Bildungsmaßnahme** (§ 15 Abs. 3 SGB II). Mit der Formulierung „ist zu vereinbaren" stellt das Gesetz klar, dass die Schadenersatzpflicht vereinbart werden muss. Gegenstand dieser Vereinbarung müssen Voraussetzungen und Umfang der Schadenersatzpflicht sein, wenn erwerbsfähige Leistungsberechtigte die Bildungsmaßnahme aus einem von ihnen zu vertretenden Grund nicht zu Ende führen. Wegen § 276 Abs. 1 BGB, der im Sozialverwaltungsverfahren entsprechend gilt (§ 61 S. 2 SGB X), haben erwerbsfähige Leistungsberechtigte nur den vorsätzlichen oder fahrlässigen Abbruch einer Bildungsmaßnahme zu vertreten. Durch diesen Abbruch muss den Jobcentern ein Schaden entstanden sein. Dies ist nicht der Fall, wenn die abgebrochene Bildungsmaßnahme sofort mit anderen Teilnehmenden nachbesetzt werden kann.[28]

c) Dauer und Form der Eingliederungsvereinbarung

20 Nach § 15 Abs. 1 S. 2 SGB II soll die Eingliederungsvereinbarung für sechs Monate abgeschlossen werden. Hiermit wird den Jobcentern ein gebundenes Ermessen eingeräumt: Im Regelfall müssen sie Eingliederungsvereinbarungen für sechs Monate abschließen; nur in besonderen Ausnahmefällen ist eine längere oder kürzere **Vertragslaufzeit** zulässig. Mit der sechsmonatigen Vertragslaufzeit soll die Eingliederungsvereinbarung an den Regelbewilligungszeitraum nach § 41 Abs. 1 S. 4 SGB II gekoppelt werden. Besteht die Hilfebedürftigkeit nach der Regelvertragslaufzeit fort, soll eine neue Eingliederungsvereinbarung abgeschlossen werden (§ 15 Abs. 1 S. 4 SGB II), wobei bei jeder neuen Eingliederungsvereinbarung die bisher gewonnenen Erfahrungen berücksichtigt werden müssen (§ 15 Abs. 1 S. 5 SGB II).

Die Regelvertragslaufzeit schließt eine **Anpassung oder Kündigung** der Eingliederungsvereinbarung grds. in besonderen Fällen nicht aus (§ 59 SGB X).[29] Eine Anpassung an die geänderten Verhältnisse kann nur verlangt werden, wenn ein Festhalten an der ursprünglichen Regelung nicht zuzumuten ist. Sofern eine Anpassung nicht zumutbar oder nicht möglich ist, kann der Vertrag gekündigt werden. Darüber hinaus kann die Behörde den Vertrag kündigen, um schwere Nachteile für das Gemeinwohl zu verhüten oder zu beseitigen. Folgt man der Auffassung, welche die Eingliederungsvereinbarung als eine neue Form hoheitlichen Handelns mit verwaltungsaktähnlichem Charakter qualifiziert, erfolgt eine Anpassung bzw Kündigung entsprechend den Grundsätzen der

27 BT-Drucks. 15/1516, 54.
28 Eicher/Spellbrink SGB II/*Rixen* § 15 Rn 26.
29 *Berlit* in: LPK-SGB II § 15 Rn 36.

Aufhebung eines Verwaltungsaktes mit Dauerwirkung bei Änderung der Verhältnisse (§ 48 SGB X).[30]

21 Das SGB II schreibt keine bestimmte **Form** für die Eingliederungsvereinbarung vor. Versteht man die Eingliederungsvereinbarung mit der hM als einen öffentlich-rechtlichen Vertrag, dann gilt die Schriftform nach § 56 SGB X. Hierzu muss die Eingliederungsvereinbarung durch beide Parteien eigenhändig durch Namensunterschrift unterzeichnet werden (§ 126 Abs. 1 Alt. 1, Abs. 2 S. 1 BGB iVm § 61 S. 2 SGB X). Es genügt, wenn jede Vertragspartei die für die andere Partei bestimmte Urkunde unterzeichnet. Wird die Schriftform nicht eingehalten, ist die Eingliederungsvereinbarung nichtig (§ 125 S. 1 BGB iVm § 58 Abs. 1 SGB X).[31] Nach § 15 Abs. 1 S. 1 SGB II soll die Eingliederungsvereinbarung im Einvernehmen mit dem kommunalen Träger geschlossen werden. Hiermit soll insb. sichergestellt werden, dass die kommunalen Eingliederungsleistungen nicht ohne Beteiligung der zuständigen kommunalen Träger in die Eingliederungsvereinbarung aufgenommen werden.

d) Rechtsschutz bei Eingliederungsvereinbarungen

22 Bei Eingliederungsvereinbarungen ergeben sich vor allem die folgenden drei, rechtsschutzrelevanten Fragen:

1. Können Leistungsberechtigte bzw Jobcenter den Abschluss einer Eingliederungsvereinbarung verlangen?
2. Können Leistungsberechtigte bzw Jobcenter verlangen, dass Regelungen der Eingliederungsvereinbarung erfüllt werden?
3. Nach welchen Maßstäben wird die Wirksamkeit bzw Rechtmäßigkeit einer Eingliederungsvereinbarung überprüft?

Bei der Beantwortung dieser Fragen spielt die Rechtsnatur der Eingliederungsvereinbarung eine wichtige Rolle.

aa) Abschluss einer Eingliederungsvereinbarung

23 Leistungsberechtigte haben **keinen Anspruch auf Abschluss** einer Eingliederungsvereinbarung bestimmten Inhalts. Dies folgt bereits daraus, dass die Eingliederungsleistungen grds. Ermessensleistungen und keine Anspruchsleistungen sind.[32] Umstritten ist, ob erwerbsfähige Leistungsberechtigte von den Jobcentern zumindest ernsthafte und sachgerechte Verhandlungen verlangen können. Das BSG lehnt dies ab.[33] In dem Abschluss einer Eingliederungsvereinbarung und dem Erlass eines ersetzenden Verwaltungsaktes seien zwei grds. gleichwertige Wege zu sehen. Das Jobcenter treffe eine nicht justiziable Opportunitätsentscheidung darüber, welchen der beiden Verfahrenswege es zur Erfüllung des Eingliederungsziels wählt.

24 Umgekehrt können auch die Jobcenter nicht verlangen, dass eine von ihnen vorgelegte Eingliederungsvereinbarung von den erwerbsfähigen Leistungsberechtigten akzeptiert wird. Zwar sind erwerbsfähige Leistungsberechtigte nach dem Grundsatz des Forderns zum Abschluss einer Eingliederungsvereinbarung verpflichtet (§ 2 Abs. 1 S. 2 SGB II). Hierbei handelt es sich aber lediglich um eine Obliegenheit, die nicht mit Mitteln des Verwaltungszwangs durchgesetzt werden kann. Kommt eine Eingliederungsvereinbarung nicht zustande, sollen ihre Regelinhalte durch VA ersetzt werden (§ 15 Abs. 1 S. 6 SGB II). Mit diesem „**ersetzenden Verwaltungsakt**" erhalten die Jobcenter ein Instrument, mit dem sie die von ihnen gewünschten Regelinhalte einer Eingliederungsverein-

30 Eicher/Spellbrink SGB II/*Spellbrink* § 15 Rn 33.
31 Hessisches LSG 17.10.2008 – L 7 AS 251/08 B ER.
32 *Berlit* in: LPK-SGB II § 15 Rn 15.
33 BSG 22.9.2009 – B 4 AS 13/09 R; aA *Berlit* in: LPK-SGB II § 15 Rn 15.

barung rechtsverbindlich machen können. Der Sanktionstatbestand der Weigerung des Abschlusses einer Eingliederungsvereinbarung wurde mit der Regelsatzreform aufgehoben, weil er als sanktionsbewehrter Kontrahierungszwang und damit als verfassungsrechtlich bedenklich gewertet wurde.[34]

bb) Erfüllung einer Eingliederungsvereinbarung

25 Kommt eine Eingliederungsvereinbarung zustande, stellt sich die Frage, ob und wie erwerbsfähige Leistungsberechtigte bzw Jobcenter die Erfüllung der in der Eingliederungsvereinbarung festgehaltenen Inhalte durchsetzen können. **Erwerbsfähige Leistungsberechtigte** können verlangen, dass die in einer Eingliederungsvereinbarung festgehaltenen Eingliederungsleistungen (§ 15 Abs. 1 S. 2 Nr. 1 SGB II) erfüllt werden. Sieht man mit der hM in der Eingliederungsvereinbarung einen öffentlich-rechtlichen Vertrag, erzeugt sie für die Jobcenter eine Bindungswirkung an die vertraglichen Leistungszusagen und zwar in dem zugesagten Förderumfang. Je nach Konkretisierungsgrad der Vertragsregelung sind die Eingliederungsleistungen nach Grund, Umfang und Zeitpunkt bereits unmittelbar durch den Vertrag bewilligt, so dass erwerbsfähige Leistungsberechtigte einen unmittelbaren Vertragserfüllungsanspruch haben. Anderenfalls sind die getroffenen Abreden als vertragliche Zusicherung iSd § 34 SGB X zu werten.[35] Die richtige Klageart auf Durchsetzung der vereinbarten Inhalte hängt im Wesentlichen davon ab, ob das Begehren auf Erlass eines noch vorzuschaltenden bestimmten Verwaltungsaktes bzw auf ermessensfehlerfreie Entscheidung über einen Verwaltungsakt oder direkt auf eine verwaltungsaktunabhängige Leistung gerichtet ist.[36]

Praxishinweis: In der Regel ist der Vertragserfüllungsanspruch – nach Durchführung eines entsprechenden Vorverfahrens (§ 78 Abs. 3 SGG) – mittels einer Verpflichtungsklage (§ 54 Abs. 1 Alt. 2 SGG) geltend zu machen. Wurde die begehrte Eingliederungsleistung bereits durch einen Bescheid abgelehnt, kommt eine kombinierte Anfechtungs- und Verpflichtungsklage (§ 54 Abs. 4 SGG) in Betracht. Bei verwaltungsaktunabhängigen Leistungen können erwerbsfähige Leistungsberechtigte eine Leistungsklage (§ 54 Abs. 5 SGG) erheben.

26 Verpflichten sich erwerbsfähige Leistungsberechtigte in der Eingliederungsvereinbarung zu bestimmten Eigenbemühungen (§ 15 Abs. 1 S. 2 Nr. 2 SGB II) oder zur Beantragung von Leistungen Dritter (§ 15 Abs. 1 S. 2 Nr. 3 SGB II), können die **Jobcenter** im Regelfall nicht auf Erfüllung klagen, da es sich hierbei lediglich um Obliegenheiten handelt.[37] Stattdessen gibt das SGB II den Jobcentern mit den Sanktionen (§§ 31 ff SGB II) und der Antragsbefugnis nach § 5 Abs. 3 SGB II besondere Verfahrensmittel zur Hand, mit denen sie die Erfüllung der Eingliederungsvereinbarung durchsetzen können. Direkt aus der Eingliederungsvereinbarung klagen können Jobcenter hingegen dann, wenn hierin Voraussetzungen und Inhalt des Schadenersatzanspruchs wegen schuldhaften Abbruchs einer Bildungsmaßnahme geregelt sind (§ 15 Abs. 3 SGB II).

cc) Rechtmäßigkeit der Eingliederungsvereinbarung

27 Umstritten ist, nach welchen rechtlichen Maßstäben sich die Inhaltskontrolle einer Eingliederungsvereinbarung richtet. Sieht man in der Eingliederungsvereinbarung mit der hM einen öffentlich-rechtlichen Vertrag, dann ist **Maßstab für die Inhaltskontrolle** § 58 SGB X, der die Nichtigkeit von öffentlich-rechtlichen Verträgen regelt. Problematisch ist allerdings, dass § 58 SGB X nur eine sehr eingeschränkte Inhaltskontrolle zulässt: Zum einen kennt § 58 SGB X nur eine Fehlerfolge, nämlich die Nichtigkeit des öffent-

34 *Berlit* in: LPK-SGB II § 31 Rn 14; zweifelnd auch BVerfG 14.2.2005 – 1 BvR 199/05.
35 Sächsisches LSG 19.6.2008 – L 3 AS 39/07; LSG Baden-Württemberg 19.7.2007 – L 7 AS 689/07; *Berlit* in: LPK-SGB II § 15 Rn 13.
36 *Berlit* in: LPK-SGB II § 15 Rn 54.
37 Sächsisches LSG 3.3.2008 – L 3 B 187/07 AS-ER.

lich-rechtlichen Vertrages. Zum anderen tritt diese Rechtsfolge nicht bei jedem Rechtsverstoß ein, sondern nur in abschließend aufgeführten Fällen. Wegen dieser „gesteigerten Richtigkeitsvermutung öffentlich-rechtlicher Verträge“[38] fordert die hM eine intensivere Inhalts- und Rechtmäßigkeitskontrolle bei den Eingliederungsvereinbarungen, indem sie einige Regelungen des § 58 SGB X weiter auslegt.[39] Dies gelte bspw für die Nichtigkeit wegen Vereinbarung einer unzulässigen Gegenleistung (§ 58 Abs. 2 Nr. 4 SGB II). Wegen der fehlenden Vertragssymmetrie bestehe eine erhöhte Schutzbedürftigkeit der erwerbsfähigen Leistungsberechtigten, so dass eine Eingliederungsvereinbarung in Bezug auf die abverlangten Eigenbemühungen bereits dann nach § 58 Abs. 2 Nr. 4 SGB II nichtig sein müsse, wenn ein entsprechender VA rechtswidrig ist.[40]

Weniger problematisch ist die Inhaltskontrolle einer Eingliederungsvereinbarung, wenn man sie nicht als öffentlich-rechtlichen Vertrag, sondern **als neue Form hoheitlichen Handelns** qualifiziert. Diese Auffassung muss bei fehlerhaften Eingliederungsvereinbarungen nicht auf die rigide Nichtigkeitsnorm des § 58 SGB X zurückgreifen und diese erweitert auslegen. Vielmehr prüft sie die Rechtmäßigkeit einer Eingliederungsvereinbarung nach den für Verwaltungsakte geltenden Grundsätzen. Dies ermöglicht, die Eingliederungsvereinbarung sofort und unmittelbar inhaltlich wie einen Verwaltungsakt zu überprüfen.[41]

Praxishinweis: Die Inhaltskontrolle einer Eingliederungsvereinbarung erfolgt idR nur inzident, vor allem bei der Überprüfung eines Sanktionsbescheides wegen der Nichterfüllung von Pflichten aus einer Eingliederungsvereinbarung („Inzidentkontrolle“). Denn eine rechtmäßige Sanktionierung von Pflichtverstößen im Zusammenhang mit einer Eingliederungsvereinbarung setzt (u.a.) voraus, dass die Eingliederungsvereinbarung wirksam bzw rechtmäßig ist.

II. Beratung und Vermittlung

1. Einführung

28 Die Vorschriften des SGB III über **Beratung und Vermittlung** sind durch § 16 Abs. 1 S. 1, 2 Nr. 1 und S. 4 SGB II in den Rechtskreis des SGB II einbezogen. Während die Vermittlung und die damit verbundenen Grundsätze auch im SGB II Pflichtaufgaben darstellen (vgl § 16 Abs. 1 S. 1, S. 4 SGB II), ist die Beratung im Rechtskreis des SGB II lediglich als Ermessensleistung ausgestaltet (vgl § 16 Abs. 1 S. 2 Nr. 1 SGB II). Die Beratung und Vermittlung ist für erwerbsfähige Leistungsberechtigte kostenlos. Lediglich von Arbeitgebern dürfen die Jobcenter in den Ausnahmefällen des § 42 Abs. 2, 3 SGB III einen Aufwendungsersatz bzw eine Vermittlungsgebühr verlangen, die sich Arbeitgeber nicht von den vermittelten Arbeitnehmerinnen bzw Arbeitnehmern oder Dritten erstatten lassen dürfen (§ 42 Abs. 4 SGB III).

2. Beratung

29 Die **Beratung** ist als Ermessensleistung ins SGB II einbezogen (§ 16 Abs. 1 S. 2 Nr. 1 SGB II iVm §§ 29 ff SGB III). Unterschieden wird zwischen der Berufsberatung für junge Menschen und Erwachsene und der Arbeitsmarktberatung für Arbeitgeber. Die Berufsberatung umfasst nach § 30 SGB III die Erteilung von Auskunft und Rat insb. zur Berufswahl, zur Arbeitsmarktlage, zu den Möglichkeiten der beruflichen Bildung, zur Ausbildungs- und Arbeitsplatzsuche und zu den Leistungen der Arbeitsförderung. Bei entsprechender Einverständniserklärung der Betroffenen kann die Berufsberatung auch nach Aufnahme einer Ausbildung bzw Arbeit fortgesetzt werden, um das Ausbildungs-

---

38 Eicher/Spellbrink SGB II/*Spellbrink* SGB II § 15 Rn 11.
39 *Berlit* in: LPK-SGB II § 15 Rn 30 ff.
40 *Berlit* in: LPK-SGB II § 15 Rn 31 f.
41 Eicher/Spellbrink SGB II/*Spellbrink* § 15 Rn 11.

bzw Arbeitsverhältnis zu festigen. Demgegenüber soll die Arbeitsmarktberatung Arbeitgebern bei der Besetzung von Ausbildungs- und Arbeitsstellen unterstützen und dafür genutzt werden, Ausbildungs- und Arbeitsstellen für die Vermittlung zu gewinnen.

30 Die **Berufsorientierung** (§ 33 SGB III) stellt einen Sonderfall der Beratung dar. Sie ist eine Informationsdienstleistung, mit der umfassend über Fragen der Berufswahl, der Berufe und ihrer Anforderungen und Aussichten sowie über Fördermöglichkeiten und Arbeitsmarktlage informiert werden soll. Auf diese Weise sollen vor allem junge Menschen frühzeitig beim Übergang von der Schule in die Berufsausbildung unterstützt werden. Daneben sieht das Arbeitsförderungsrecht auch die vertiefte Berufsorientierung in Form von Berufsorientierungsmaßnahmen vor (§ 48 SGB III), die jedoch nicht (mehr) zum Eingliederungskatalog des SGB II gehört. Die Arbeitsagenturen können die Berufsorientierungsmaßnahmen aber auch an erwerbsfähige Leistungsberechtigte iSd SGB II erbringen (vgl § 22 Abs. 4 SGB III).

3. Vermittlung in Ausbildung bzw Arbeit

31 Die Vermittlung in Ausbildung bzw Arbeit nach § 35 SGB III zählt zu den wenigen Anspruchsleistungen des SGB II auf Eingliederung in Arbeit (vgl § 16 Abs. 1 S. 1 SGB II). Die Vermittlung umfasst alle Tätigkeiten, die darauf gerichtet sind, Ausbildung- bzw Arbeitsuchende mit Arbeitgebern zur Begründung eines Ausbildungs- bzw Arbeitsverhältnisses zusammenzuführen. Die Vermittlung in Arbeit erfordert ein Profiling, bei dem die vorhandenen beruflichen und persönlichen Merkmale und Fähigkeiten analysiert werden. Diese sog. Potenzialanalyse (vgl § 37 Abs. 1 S. 1 SGB III) stellt im SGB II nur eine „Kann-Aufgabe" der Jobcenter dar, damit diese im Einzelfall auch andere geeignete Verfahren zur Feststellung der individuellen Bedarfslage der Betroffenen heranziehen können.[42] Die Ausbildungs- und Arbeitsvermittlung im SGB III kann grds. nicht an Leistungsberechtigte nach dem SGB II gewährt werden (§ 22 Abs. 4 S. 1 Nr. 1 SGB III). Dieser Leistungsausschluss gilt ausnahmsweise nicht für die Aufstocker mit Alg I (§ 22 Abs. 4 S. 6 SGB III). Die Jobcenter können ihre Pflichtaufgabe der Ausbildungsvermittlung durch öffentlich-rechtlichen Auftrag an die Arbeitsagenturen übertragen (§ 16 Abs. 4 S. 1 SGB II).

32 Die erwerbsfähigen Leistungsberechtigten haben einen Anspruch auf vermittlerisches Tätigwerden,[43] aber idR nicht auf ein bestimmtes Handeln. Vielmehr liegt die **Auswahl der konkreten Vermittlungstätigkeit** im pflichtgemäßen Ermessen der Jobcenter. Dabei haben sie Neigung, Eignung und Leistungsfähigkeit der Ausbildung- bzw Arbeitsuchenden sowie die Anforderungen der angebotenen Stellen zu berücksichtigen (§ 35 Abs. 2 S. 2 SGB III) und sicherzustellen, dass Arbeitslose und Ausbildungsuchende mit einer erschwerten Eingliederungsprognose eine verstärkte vermittlerische Unterstützung erhalten (§ 35 Abs. 1 S. 3 SGB III). Ferner hat die Vermittlung auch über die Internetjobbörse des „Virtuellen Arbeitsmarkts" zu erfolgen (§ 35 Abs. 3 SGB III). Zwingend zu beachten sind insb. die Vermittlungsgrundsätze des § 36 SGB III, die Jobcentern in bestimmten Fällen (zB bei sittenwidrigen Arbeiten oder diskriminierenden Stellenprofilen) Vermittlungsverbote bzw -beschränkungen auferlegen.

III. Leistungen zur Aktivierung und beruflichen Eingliederung

1. Überblick

33 Die Leistungen zur Aktivierung und beruflichen Eingliederung sind als Ermessensleistungen in den Eingliederungskatalog des SGB II einbezogen (§ 16 Abs. 1 S. 2 Nr. 2

42 IE: *Berlit* in: LPK-SGB II § 15 Rn 17.
43 BSG 6.4.2009 – B 11 AL 11/08 R.

SGB II iVm §§ 44 ff SGB III). Sie wurden mit der Instrumentenreform 2008 völlig neu ausgestaltet und sollten gleichzeitig die ehemaligen weiteren erforderlichen Eingliederungsleistungen (§ 16 Abs. 2 S. 1 SGB II aF) ersetzen.[44] Die Leistungen zur Aktivierung und beruflichen Eingliederung umfassen **vier Förderinstrumente**, nämlich

- die Förderung aus dem Vermittlungsbudget,
- die Maßnahmen zur Aktivierung und beruflichen Eingliederung,
- die befristete Probebeschäftigung behinderter Menschen und
- Zuschüsse für die behindertengerechte Ausgestaltung von Arbeitsplätzen.

Die Förderung aus dem Vermittlungsbudget sowie die Maßnahmen zur Aktivierung und beruflichen Eingliederung sind als sehr allgemein gefasste Ermessensleistungen ausgestaltet, wodurch eine höchstmögliche Flexibilität bei der Leistungserbringung garantiert werden sollte. In der Praxis führte dies jedoch zunächst dazu, dass von diesen Leistungen anfangs kaum Gebrauch gemacht wurde. Die sog. Bund-Länder-Arbeitsgruppe, bestehend aus dem BMAS und den Aufsicht führenden Länderministerien, hat am 16.6.2009 eine **Gemeinsame Erklärung** verabschiedet, die als „verlässliche Leitplanke für die Umsetzung" dienen soll und zuletzt im Juni 2010 aktualisiert wurde.[45]

2. Förderung aus dem Vermittlungsbudget

a) Hintergrund

34 Die Förderung aus dem Vermittlungsbudget ist eine Ermessensleistung zur **Anbahnung oder Aufnahme einer versicherungspflichtigen Beschäftigung** (§ 16 Abs. 1 S. 2 Nr. 2 SGB II iVm § 44 SGB III). Sie fasst mehrere, ehemals einzeln im SGB III geregelte Förderinstrumente (Übernahme von Bewerbungskosten, Reisekosten, Ausrüstungsbeihilfe, Umzugskostenbeihilfe u.a.) zusammen. Durch den Verzicht auf Detailregelungen sollte eine flexible, bedarfsgerechte und unbürokratische Förderung geschaffen werden, in deren Mittelpunkt nicht mehr die Frage stehen soll, welche gesetzlich vorgesehenen Leistungen beantragt werden können, sondern ob und welche Hemmnisse beseitigt werden müssen.[46]

Praxishinweis: Mit der Förderung aus dem Vermittlungsbudget sollen eigene Aktivitäten der erwerbsfähigen Leistungsberechtigten unterstützt werden. Hiermit lässt sie sich von den Maßnahmen zur Aktivierung und beruflichen Eingliederung abgrenzen, bei denen regelmäßig Dritte in das Leistungsgeschehen eingebunden werden.[47] Die Förderung aus dem Vermittlungsbudget kann mit anderen Eingliederungsleistungen des SGB II kombiniert werden.[48]

b) Fördervoraussetzungen

35 Zum **förderungsfähigen Personenkreis** zählen nach § 44 Abs. 1 S. 1 SGB III Ausbildungsuchende (§ 15 S. 1 SGB III), von Arbeitslosigkeit bedrohte Arbeitsuchende (§ 17 SGB III) und Arbeitslose (§ 16 SGB III). Ob diese persönlichen Merkmale auch im Rechtskreis des SGB II vorliegen müssen, ist fraglich. Zwar handelt es sich bei dem Verweis in § 16 Abs. 1 S. 2 Nr. 2 SGB II um einen Rechtsgrundverweis, so dass die im SGB III geregelten Fördervoraussetzungen grds. auch im SGB II gelten. Dies würde jedoch bedeuten, dass Aufstocker mit Einkommen nicht aus dem Vermittlungsbudget gefördert werden könnten und zwar selbst dann nicht, wenn sie zur Beseitigung oder Verringerung der Hilfebedürftigkeit eine andere versicherungspflichtige Beschäftigung auf-

---

44 BT-Drucks. 16/10810, 46.
45 *Bund-Länder-Arbeitsgruppe*, S. 2.
46 BT-Drucks. 16/10810, 31.
47 Vgl BA-FH Förderung aus dem Vermittlungsbudget (VB), Anm. 9.
48 *Bund-Länder-Arbeitsgruppe*, S. 4.

nehmen wollen. Daher wird vertreten, dass es im Rechtskreis des SGB II auf die § 44 Abs. 1 S. 1 SGB III genannten persönlichen Merkmale nicht ankommt, sondern der personelle Anwendungsbereich bereits bei einer Leistungsberechtigung nach §§ 7 ff SGB II eröffnet ist.[49]

Praxishinweis: Für erwerbsfähige behinderte Leistungsberechtigte, die eine Förderung aus dem Vermittlungsbudget als allgemeine Teilhabeleistung (s.u.) erhalten, gilt das Merkmal der Arbeitslosigkeit in jedem Fall nicht (vgl § 16 Abs. 1 S. 3 SGB II iVm § 116 Abs. 1 SGB III).

36 Weitere Voraussetzung ist, dass die Förderung aus dem Vermittlungsbudget der Anbahnung oder Aufnahme einer **versicherungspflichtigen Beschäftigung** dient und für die berufliche Eingliederung notwendig ist. Die Aufnahme von versicherungsfreien Erwerbstätigkeiten (zB Minijob oder Selbstständigkeit) kann nicht aus dem Vermittlungsbudget gefördert werden. Hingegen kann die Anbahnung oder Aufnahme einer Beschäftigung in der EU oder dem EWR gefördert werden, sofern die Arbeitszeit mindestens 15 Wochenstunden beträgt (§ 44 Abs. 2 SGB III). Im Rechtskreis des SGB II kann ausnahmsweise auch die Anbahnung einer schulischen Berufsausbildung gefördert werden (§ 16 Abs. 3 SGB II). Die Notwendigkeit der Förderung ergibt sich regelmäßig aus der Bedarfsanalyse (zB Potenzialanalyse).

Praxishinweis: Für die Förderung einer Selbstständigkeit stehen mit dem Einstiegsgeld und den Leistungen zur Eingliederung von Selbstständigen (s.u.) spezielle Förderinstrumente zur Verfügung.

c) Förderleistungen

37 Die Jobcenter haben ein **Auswahl- und Entschließungsermessen.** Da die Förderung aus dem Vermittlungsbudget keinen Katalog von Einzelfallhilfen vorsieht, muss vor der pflichtgemäßen Ermessensübung eine möglichst genaue, an den Eingliederungszielen orientierte Bedarfsanalyse erfolgt sein. Wenn der Inhalt der Förderung feststeht (zB Bewerbungskosten, Reisekosten, Führerschein), entscheidet das Jobcenter über den Umfang der Förderung. Nach § 44 Abs. 1 S. 3 SGB III umfasst die Förderung die angemessenen Kosten, soweit der Arbeitgeber gleichartige Leistungen nicht oder voraussichtlich nicht erbringen wird. Sie kann in Höhe einer Pauschale erbracht werden, ist aber in jedem Fall als Zuschuss zu gewähren. Eine darlehensweise Gewährung ist nicht vorgesehen.[50] Das weitreichende Ermessen der Jobcenter wird durch einige Regelungen in § 44 SGB III eingeschränkt. So dürfen mit der Förderung aus dem Vermittlungsbudget keine Leistungen zur Sicherung des Lebensunterhalts erbracht werden (§ 44 Abs. 3 S. 2 SGB III). Weiterhin darf die Förderung aus dem Vermittlungsbudget Leistungen des SGB II nicht aufstocken, ersetzen oder umgehen (§ 16 Abs. 2 S. 2 SGB II iVm § 44 Abs. 3 S. 3 SGB III).

3. Maßnahmen zur Aktivierung und beruflichen Eingliederung

a) Überblick

38 Die Maßnahmen zur Aktivierung und beruflichen Eingliederung sind Ermessensleistungen, welche die berufliche Eingliederung unterstützen sollen und an deren Umsetzung die Jobcenter selbst oder gemeinsam mit Arbeitgebern bzw anderen Trägern beteiligt sind (§ 16 Abs. 1 S. 2 Nr. 2 SGB II iVm § 45 SGB III). Mit ihnen sollte das Nebeneinander von teilweise gleichen Instrumenten beseitigt werden (zB Beauftragung Dritter mit der Vermittlung, Personal-Service-Agenturen, Trainingsmaßnahmen). Ziel war es, ein einziges, flexibles Instrument zur **Förderung der individuellen Beschäftigungsfähigkeit** durch Erhalt bzw Ausbau von Fertigkeiten und Fähigkeiten und zur umfassenden Un-

49 *Bund-Länder-Arbeitsgruppe*, S. 4 f; BA-FH Förderung aus dem Vermittlungsbudget (VB) Anm. 2.
50 *Bund-Länder-Arbeitsgruppe*, S. 6.

terstützung der Maßnahmeteilnehmenden bei der beruflichen Eingliederung zu schaffen.[51] Der zuletzt bis zum 31.3.2012 verlängerte Vermittlungsgutschein (§ 421 g Abs. 4 S. 1 SGB III aF) wurde mit der Instrumentenreform 2011 in die Maßnahmen zur Aktivierung und beruflichen Eingliederung überführt. Als Alternative zur Vergabe von Maßnahmen ist in § 45 SGB III daher der Aktivierungs- und Eingliederungsgutschein vorgesehen.

b) Fördervoraussetzungen

39 Nach § 45 Abs. 1 S. 1 SGB III zählen zum **förderungsfähigen Personenkreis** Ausbildungsuchende, von Arbeitslosigkeit bedrohte Personen, Arbeitsuchende und Arbeitslose. Wie bei der Förderung aus dem Vermittlungsbudget (§ 44 SGB III) kommt es im Rechtskreis des SGB II nach hM auf diese persönlichen Merkmale nicht an. Vielmehr ergibt sich der personelle Anwendungsbereich bereits aus der Leistungsberechtigung nach § 7 ff SGB II.[52]

Praxishinweis: Erwerbsfähige behinderte Leistungsberechtigte, die Aktivierungs- und Eingliederungsmaßnahmen als allgemeine Teilhabeleistungen erhalten sollen, müssen in jedem Fall nicht arbeitslos sein (vgl § 16 Abs. 1 S. 3 SGB II iVm § 116 Abs. 1 SGB III).

40 Weitere Voraussetzung ist, dass die berufliche Eingliederung der Teilnehmenden durch eines der folgenden genannten **Maßnahmeziele** unterstützt wird:

1. Heranführung an den Ausbildungs- und Arbeitsmarkt,
2. Feststellung, Verringerung oder Beseitigung von Vermittlungshemmnissen,
3. Vermittlung in eine versicherungspflichtige Beschäftigung,
4. Heranführung an eine selbstständige Tätigkeit oder
5. Stabilisierung einer Beschäftigungsaufnahme.

Die Aufzählung ist abschließend, lässt aber eine Kombination mehrerer Ziele in einer Maßnahme zu. Ein zulässiges Maßnahmeziel für sich genommen reicht für eine Förderung jedoch noch nicht aus. Vielmehr muss die Maßnahme die berufliche Eingliederung der Teilnehmenden unterstützen, dh einen erkennbaren Fortschritt für die berufliche Eingliederung leisten. Dies erfordert eine Prognoseentscheidung der Jobcenter. Darüber hinaus muss die Teilnahme für die berufliche Eingliederung notwendig sein. Hierfür ist eine möglichst genaue, an den Eingliederungszielen orientierte Bedarfsanalyse erforderlich.

Praxishinweis: Bei Maßnahmen zur Aktivierung und beruflichen Eingliederung durch Heranführung an eine selbstständige Tätigkeit ist § 16 c Abs. 1 SGB II zu beachten. Hiernach können Leistungen an hauptberuflich Selbstständige nur bei positiver Erfolgsprognose gewährt werden.

c) Förderleistungen

41 Bei der Gewährung von Leistungen haben die Jobcenter ein **Entschließungs- und Auswahlermessen**, das durch einige Regelungen in § 45 SGB III konkretisiert bzw eingeschränkt wird. Der Anspruch auf die Teilnahme an einer Maßnahme zur Aktivierung und beruflichen Eingliederung nach sechsmonatiger Arbeitslosigkeit wurde mit der Instrumentenreform 2011 aufgehoben. Der Anspruch auf den Vermittlungsgutschein für eine ausschließlich erfolgsbezogen vergütete Arbeitsvermittlung (§ 45 Abs. 7 SGB III) gilt im SGB II nicht. Allerdings können Aufstocker mit Alg I diesen Anspruch ausnahmsweise gegenüber den Arbeitsagenturen als originäre SGB III-Leistung geltend machen (§ 22 Abs. 4 S. 5 SGB II).

51 BT-Drucks. 16/10810, 32 f.

52 *Bund-Länder-Arbeitsgruppe*, S. 11.

42 Die **Förderhöhe** umfasst die angemessenen Kosten für die Teilnahme an der Maßnahme, soweit dies für die berufliche Eingliederung notwendig ist (§ 45 Abs. 1 S. 4 SGB III). Hierzu zählen alle Kosten, die unmittelbar oder mittelbar durch die Teilnahme an der Maßnahme entstehen (Maßnahmekosten, Prüfungsgebühren, Fahrtkosten, Kosten für die Kinderbetreuung).[53] Das Ermessen der Jobcenter ist auf die angemessenen Maßnahmekosten beschränkt. Angemessen sind Maßnahmekosten, wenn sie dem Grund und der Höhe nach für die Teilnahme an der Maßnahme unerlässlich sind. Wird die Maßnahme durch das Jobcenter selbst durchgeführt, kann die Förderung auf die Weiterleistung von Alg II beschränkt werden (§ 45 Abs. 1 S. 5 SGB III iVm § 16 Abs. 2 S. 1 SGB II).[54]

43 Das Ermessen hinsichtlich der **Förderdauer** wird durch diverse Regelungen in § 45 Abs. 2 SGB III eingeschränkt. Generell gilt, dass bei Einzel- oder Gruppenmaßnahmen die Dauer dem Zweck und Inhalt der Maßnahme entsprechen muss. Maßnahmen oder Maßnahmeteile, die bei oder von einem Arbeitgeber durchgeführt werden, dürfen jeweils nur für höchstens sechs Wochen gefördert werden, um einen Missbrauch und Mitnahmeeffekte bei betrieblichen Trainingsmaßnahmen zu verhindern.[55] Bei Langzeitarbeitslosen und unter 25-jährigen Leistungsberechtigten mit besonders schwerwiegenden Vermittlungshemmnissen darf die Förderdauer ausnahmsweise bis zu zwölf Wochen betragen (§ 16 Abs. 3 S. 2 SGB II). Die Vermittlung von beruflichen Kenntnissen darf für maximal acht Wochen gefördert werden, damit die Vorschriften zur Förderung der beruflichen Weiterbildung nicht unterlaufen werden.[56] Maßnahmen zur Förderung der Berufsausbildung dürfen nicht unterstützt werden.

d) Leistungserbringung durch Dritte

44 Die Jobcenter können die Maßnahmen zur Aktivierung und beruflichen Eingliederung selbst durchführen oder **Dritte einschalten**. Welchen dieser beiden Wege sie wählen, liegt in ihrem Ermessen. Allerdings sollen sie von der Schaffung neuer Dienste absehen, soweit Dienste Dritter vorhanden sind oder in Kürze geschaffen werden sollen (§ 17 Abs. 1 S. 1 SGB II). Als Dritte kommen Träger (§ 21 SGB III) und – bei betrieblichen Aktivierungs- und Eingliederungsmaßnahmen – auch Arbeitgeber in Betracht. Um sicherzustellen, dass die Träger die angebotene Dienstleistung in guter Qualität erbringen, bedürfen sie einer Zulassung durch eine fachkundige Stelle (§ 176 Abs. 1 iVm §§ 177, 178 SGB III). Ferner müssen Träger ihre Maßnahme durch eine fachkundige Stelle zulassen, sofern es sich nicht um eine erfolgsbezogene Vermittlung handelt (§ 176 Abs. 2 iVm §§ 177, 179 SGB III). Werden Dritte mit der Durchführung einer Maßnahme beauftragt, dann steht ihnen eine Vergütung zu (§ 91 SGB X). Näheres zur Vergütung, insb. bei erfolgsbezogenen Vermittlungsmaßnahmen, bestimmt § 45 Abs. 6 SGB III.

45 Für die **Beauftragung Dritter** mit der Durchführung einer Aktivierungs- und Eingliederungsmaßnahme sieht § 45 SGB III zwei Wege vor, nämlich

- die unmittelbare Beauftragung über die Vergabe oder
- die Ausgabe eines Aktivierungs- und Eingliederungsgutscheins.

Auch die Auswahl zwischen diesen beiden Wegen liegt im Ermessen der Jobcenter. Allerdings sollen sie die Ausgabe eines Vermittlungs- und Aktivierungsgutscheins von der Eignung oder den persönlichen Verhältnissen der Leistungsberechtigten und der örtlichen Verfügbarkeit von Arbeitsmarktdienstleistungen abhängig machen (§ 45 Abs. 5

53 *Bund-Länder-Arbeitsgruppe*, S. 12.
54 *Thie* in: LPK-SGB II Anh. zu § 16 Rn 22.
55 BT-Drucks. 16/10810, 33.
56 BT-Drucks. 16/10810, 33.

SGB III). Denn das Gutscheinverfahren setzt die Kompetenz voraus, die Wahlfreiheit zwischen verschiedenen privaten Anbietern zu nutzen.[57]

46 Mit dem **Aktivierungs- und Vermittlungsgutschein** (§ 16 Abs. 1 S. 2 Nr. 2 SGB II iVm § 45 Abs. 4, 5 SGB III) können die Leistungsberechtigten einen Maßnahmeträger selbst auswählen. Dieser muss den Gutschein vor Beginn der Maßnahme beim Jobcenter vorlegen; im Falle einer erfolgsbezogen vergüteten Arbeitsvermittlung muss der Gutschein erst nach Vorliegen der Auszahlungsvoraussetzungen vorgelegt werden. Der Gutschein, der zeitlich befristet und regional beschränkt werden kann, wird den Leistungsberechtigten ausgestellt und bescheinigt das Vorliegen der Fördervoraussetzungen für eine Aktivierungs- und Eingliederungsmaßnahme. Gleichzeitig legt er Maßnahmeziel und -inhalt fest.

Der Aktivierungs- und Vermittlungsgutschein führt zu einem **Dreiecksverhältnis** zwischen

- dem Jobcenter und den Leistungsberechtigten,
- den Leistungsberechtigten und den leistungserbringenden Dritten sowie
- den leistungserbringenden Dritten und dem Jobcenter.

Das Jobcenter erteilt den Leistungsberechtigten mit Ausstellung des Aktivierungs- und Vermittlungsgutscheins eine Förderzusage[58] dergestalt, dass es den Vergütungsanspruch eines von den Leistungsberechtigten ausgewählten Leistungserbringers erfüllt, sofern er und die von ihm angebotene Maßnahme den Anforderungen des Gutscheins entsprechen. Zwischen den Leistungsberechtigten und dem leistungserbringenden Dritten liegt regelmäßig ein privatrechtliches Verhältnis vor (zB Maklervertrag iSd § 652 BGB bei Vermittlungsleistungen). In Anlehnung an die Rechtsprechung zum Vermittlungsgutschein iSd § 421 g SGB III kann sich der Vergütungsanspruch des leistungserbringenden Dritten gegenüber dem Jobcenter herleiten. Er ist damit selbst Inhaber eines öffentlichrechtlichen gesetzlichen Zahlungsanspruchs.[59]

4. Probebeschäftigung behinderter Menschen

47 Um Schwellenängste vor einer dauerhaften Beschäftigung von behinderten Menschen zu beseitigen,[60] können die Jobcenter Arbeitgeber fördern, die behinderte, schwerbehinderte oder ihnen gleichgestellte Menschen zur Probe beschäftigen (§ 16 Abs. 1 S. 2 Nr. 2 SGB II iVm § 46 Abs. 1 SGB III). Hinsichtlich der Begriffe der behinderten, schwerbehinderten und ihnen gleichgestellten Personen verweist § 46 Abs. 1 SGB III auf § 2 SGB IX. Die **Probebeschäftigung** muss **befristet** sein. Eine unbefristete Beschäftigung ist nicht förderfähig, weil der Förderzweck mit einer dauerhaften Beschäftigung bereits erreicht wäre. Schließlich muss durch die Förderung entweder die Möglichkeit einer Teilhabe am Arbeitsleben verbessert werden oder eine vollständige und dauerhafte Teilhabe am Arbeitsleben zu erreichen sein. Insoweit muss ein kausaler Zusammenhang bestehen. Hieran fehlt es u.a., wenn die Teilhabe am Arbeitsleben auch ohne Förderung verbessert bzw erreicht werden kann.

48 Die Förderung einer befristeten Probebeschäftigung steht im **Ermessen** der Jobcenter. Sie umfasst die vollständigen Kosten der Probebeschäftigung, wozu neben dem Lohn insb. auch der Arbeitgeberanteil zur Sozialversicherung sowie sonstige Leistungen aufgrund gesetzlicher oder tariflicher Regelungen gehören. Nach § 46 Abs. 1 SGB III darf die Förderung höchstens für drei Monate gewährt werden.

---

57 Vgl Wirkungsforschung zum Vermittlungsgutschein: BT-Drucks. 16/505, 80; 16/3982, 17.
58 BT-Drucks. 17/6277, 93.
59 Vgl zum Meinungsstand: BSG 6.4.2006 – B 7 a AL 56/05 R.
60 *Kruse* in: LKP-SGB III § 238 Rn 1.

5. Arbeitshilfe für behinderte Menschen

49 Um räumlich-gegenständlichen Barrieren entgegenzuwirken, die einer dauerhaften Teilhabe behinderter Menschen entgegenstehen, kann das Jobcenter iRd der Arbeitshilfen für behinderte Menschen (§ 16 Abs. 1 S. 1 Nr. 2 SGB II iVm § 46 Abs. 2 SGB III) eine behindertengerechte Ausgestaltung von Ausbildungs- oder Arbeitsplätzen mit Zuschüssen fördern. Die behindertengerechte Ausgestaltung muss erforderlich sein, um eine **dauerhafte Teilhabe am Arbeitsleben zu erreichen oder zu sichern.** Hierzu gehören neben erforderlichen Hilfsmitteln vor allem die erforderlichen Umbauten (zB Rampen, sanitäre Einrichtungen) einschl. der Nebenkosten, nicht aber eine im Einzelfall notwendige menschliche Assistenz.[61] Die behindertengerechte Ausgestaltung bezieht sich auf den Bedarf im konkreten Einzelfall und nicht – wie der Begriff der Barrierefreiheit iSd § 4 BGG – auf die Zugänglichkeit und Nutzbarkeit für alle behinderten Menschen („universal design").

50 Die Förderung von Arbeitshilfen für behinderte Menschen liegt im **Ermessen** der Jobcenter, das durch § 46 Abs. 2 SGB III in zweierlei Hinsicht begrenzt ist. Zum einen ist der Zuschuss auf das für die Teilhabe erforderliche Maß begrenzt. Zum anderen wird er nur erbracht, soweit und solange die Arbeitgeber nicht schon gegenüber ihren schwerbehinderten Beschäftigten zur behindertengerechten Ausgestaltung des Arbeitsplatzes verpflichtet sind (§ 46 Abs. 2 SGB III iVm § 81 Abs. 4 S. 1 Nr. 4, 5 SGB IX).

IV. Leistungen zur Berufsausbildung

51 Die Förderung der Berufsausbildung ist im Dritten Abschnitt des Dritten Kapitels des SGB III normiert. Sie erfolgt **aus Beitragsmitteln** und fällt damit in die Zuständigkeit der BA als Trägerin der Arbeitsförderung. Die Leistungen zur Berufsausbildung sind daher nur teilweise in den Rechtskreis des SGB II überführt worden. Nach § 16 Abs. 1 S. 2 Nr. 3 SGB II können die Jobcenter nur die folgenden (Ermessens-)Leistungen zur Berufsausbildung gewähren:

- Leistungen an Arbeitgeber für die betriebliche Aus- und Weiterbildung von behinderten und schwerbehinderten Menschen,
- Leistungen an Träger zur Unterstützung und Förderung der Berufsausbildung und
- eine Förderung der Einstiegsqualifizierung.

1. Leistungen an Arbeitgeber für die betriebliche Aus- und Weiterbildung von behinderten und schwerbehinderten Menschen

52 Um einen **Anreiz für Arbeitgeber zur Aus- und Weiterbildung** von behinderten und schwerbehinderten Leistungsberechtigten nach dem SGB II zu schaffen, sind nach § 16 Abs. 1 S. 2 Nr. 3 SGB II iVm § 73 SGB III vorgesehen:

- Zuschüsse zur Ausbildungsvergütung behinderter und schwerbehinderter Menschen und
- die Anschlussförderung an eine geförderte Aus- oder Weiterbildung.

Mit der Anschlussförderung soll der Anreiz zur Aus- und Weiterbildung schwerbehinderter Menschen erhöht werden, indem die Übernahme in ein Arbeitsverhältnis nach einer erfolgreich abgeschlossenen, geförderten Aus- und Weiterbildung für eine gewisse Zeit bezuschusst werden kann. Der Zuschuss für die Aus- und Weiterbildung behinderter oder schwerbehinderter Menschen kann auch unmittelbar durch die BA als Trägerin der Arbeitsförderung erbracht werden (§ 22 Abs. 2 S. 2 SGB III).

61 VG Ansbach 28.7.2005 – AN 14 K 2.01125.

a) Zuschüsse zur Ausbildungsvergütung

53 **Fördervoraussetzung** für die Zuschüsse zur Ausbildungsvergütung ist zunächst, dass Arbeitgeber behinderte oder schwerbehinderte Menschen betrieblich aus- oder weiterbilden. Dies erfordert ein sozialversicherungspflichtiges Aus- oder Weiterbildungsverhältnis zwischen Arbeitgeber und dem Betroffenen. Dabei muss es sich nicht zwingend um einen Ausbildungsberuf handeln.[62] Bei schwerbehinderten Menschen muss hinzukommen, dass sie zum Zweck der Aus- oder Weiterbildung eingestellt wurden (§ 104 Abs. 1 Nr. 3 lit. e SGB IX). Schließlich darf die Aus- oder Weiterbildung sonst nicht zu erreichen sein, dh der Zuschuss darf nur als letztes Mittel („ultima ratio“) zum Zuge kommen. Ein Zuschuss scheidet daher aus, wenn Arbeitgeber unabhängig von der Förderung zur Aus- oder Weiterbildung behinderter oder schwerbehinderter Menschen bereit oder verpflichtet sind.[63]

Praxishinweis: Der Zuschuss zur Ausbildungsvergütung muss vor dem Abschluss des Aus- oder Weiterbildungsvertrages beantragt werden.

54 Die Förderung besteht in **monatlichen Zuschüssen zur Ausbildungsvergütung** bzw zu einer vergleichbaren Vergütung und liegt im Ermessen der Jobcenter (§ 16 Abs. 1 S. 2 Nr. 3 SGB II iVm § 73 Abs. 1, 2 SGB III). Es ist in Regelfällen insoweit eingeschränkt, als die Zuschüsse 60 % und bei schwerbehinderten Menschen 80 % der monatlichen Ausbildungsvergütung für das letzte Ausbildungsjahr oder der vergleichbaren Vergütung einschl. des darauf entfallenden pauschalierten Arbeitgeberanteils am Gesamtsozialversicherungsbeitrag nicht übersteigen sollen. In begründeten Ausnahmefällen können die Zuschüsse bis zur Höhe der Ausbildungsvergütung des letzten Ausbildungsjahres erbracht werden. Für die Förderdauer enthält das Gesetz keine ermesseneinschränkende Regelung. Wegen der besonders schwierigen Arbeitsmarktsituation behinderter und schwerbehinderter Menschen dürfte im Regelfall der gesamte Zeitraum der Aus- oder Weiterbildung mit Zuschüssen zu fördern sein.

b) Anschlussförderung an eine Aus- und Weiterbildung schwerbehinderter Menschen

55 **Fördervoraussetzung** für eine Anschlussförderung nach § 16 Abs. 1 S. 2 Nr. 3 SGB II iVm § 73 Abs. 3 SGB III ist zunächst, dass Arbeitgeber schwerbehinderte Leistungsberechtigte im Anschluss an eine abgeschlossene Aus- oder Weiterbildung in ein sozialversicherungspflichtiges Arbeitsverhältnis übernehmen. Unschädlich ist, wenn das Arbeitsverhältnis befristet ist. Weiterhin muss die Übernahme im Anschluss an eine abgeschlossene, durch Zuschüsse geförderte Aus- oder Weiterbildung erfolgt sein. Dabei spielt keine Rolle, ob die Zuschüsse aufgrund von § 73 Abs. 1 SGB III oder anderer Vorschriften geleistet wurden.[64] Förderungsberechtigt sind nicht nur Arbeitgeber, bei denen die Ausbzw Weiterbildung stattgefunden hat, sondern – wie § 73 Abs. 3 SGB III ausdrücklich klarstellt – auch andere Arbeitgeber.

56 Das **Ermessen** der Jobcenter bei der Anschlussförderung ist hinsichtlich Förderhöhe und Förderdauer eingeschränkt. Die Förderhöhe darf maximal 70 % des berücksichtigungsfähigen Arbeitsentgelts (§ 91 SGB III) betragen. Für die Förderdauer ist ein Zeitraum von einem Jahr festgeschrieben.

Praxishinweis: Die Festlegung der Förderdauer auf ein Jahr wird aus Gleichbehandlungsgründen kritisiert, weil bei anderen Eingliederungszuschüssen für behinderte Menschen uU Zeiträume von bis zu 96 Monaten gefördert werden können. Daher wird Betroffenen empfohlen, den Antrag auf Gewährung eines Eingliederungszuschusses möglichst offen zu formulieren und sich auf das Meistbegünstigungsprinzip[65] zu berufen. Da sich die verschiedenen Eingliede-

62 Vgl BT-Drucks. 14/5786, 117; 14/5800, 33.
63 LSG Saarland 20.8.2002 – L 6 AL 68/00.
64 *Kruse* in: LPK-SGB III § 235 a Rn 10.
65 BSG 18.8.2005 – B 7a/7 AL 66/04 R.

rungszuschüsse nicht ausschließen, muss ein offen formulierter Antrag so ausgelegt werden, dass nach dem Ablauf des ersten Förderjahres ein anderer Eingliederungszuschuss beantragt wird.[66]

2. Leistungen an Träger zur Unterstützung und Förderung der Berufsausbildung

57 Bei den Leistungen zur Unterstützung und Förderung der Berufsausbildung (§ 16 Abs. 1 S. 2 Nr. 3 SGB II iVm §§ 74 ff SGB III) handelt es sich um eine zielgruppenspezifische Benachteiligtenförderung für junge Menschen, die ausschließlich an Träger geleistet wird und selbstständig neben den Leistungen für Auszubildende steht.[67] Es gibt hier **zwei Leistungsarten:**[68]

- die aubildungsbegleitenden Hilfen und
- die Förderung einer außerbetrieblichen Berufsausbildung.

a) Gemeinsame Fördervoraussetzungen

58 **Förderungsfähig** ist eine Maßnahme der Berufsausbildung überhaupt nur dann, wenn die zu fördernde Berufsausbildung in einem nach dem BBiG, der HwO oder dem SeemG staatlich anerkannten Ausbildungsberuf durchgeführt wird und der dafür vorgeschriebene Ausbildungsvertrag abgeschlossen wurde (§ 74 Abs. 2 iVm § 57 Abs. 1 SGB III). Berufsausbildungen nach dem AltPflG können nur mit ausbildungsbegleitenden Hilfen, nicht aber iR einer außerbetrieblichen Berufsausbildung unterstützt werden, weil diese auf betriebliche Ausbildungen begrenzt sind. Die Förderungsfähigkeit setzt weiterhin bestimmte personelle und maßnahmebezogene Qualitätsstandards voraus (§ 77 SGB III).

59 Eine weitere gemeinsame Voraussetzung ist, dass sich die Maßnahme an **förderungsbedürftige junge Menschen** iSd § 78 SGB III richtet. Förderungsbedürftig sind danach lernbeeinträchtigte und sozial benachteiligte junge Menschen, die wegen eines in ihrer Person liegenden Grundes

1. ohne die Förderung eine Einstiegsqualifizierung oder Berufsausbildung nicht beginnen, fortsetzen oder erfolgreich beenden können,
2. nach einem Ausbildungsabbruch eine weitere Berufsausbildung nicht beginnen können oder
3. ein Arbeitsverhältnis nach erfolgreich abgeschlossener Berufsausbildung nicht begründen oder festigen können.

Praxishinweis: Die Begriffe der Lernbeeinträchtigung und sozialen Benachteiligung sind im Gesetz nicht definiert. Beide Begriffe sind weit zu fassen.[69] Als lernbeeinträchtigt gelten zB junge Menschen ohne Hauptschulabschluss, aus Förderschulen für lernbehinderte Menschen unabhängig vom erreichten Schulabschluss sowie mit erheblichen Bildungsdefiziten.[70] Als sozial benachteiligt gelten nach der BA zB junge Menschen mit Verhaltensstörungen, Teilleistungsschwächen (Legasthenie, Dyskalkulie), Sprachdefiziten und Alleinerziehende.[71]

Darüber hinaus sind Auszubildende nach § 78 Abs. 2 SGB III förderungsbedürftig, bei denen

66 *Kruse* in: LPK-SGB III § 235 a Rn 12.
67 Hauck/Noftz SGB II/*Voelzke* § 16 Rn 268.
68 Die sozialpädagogische Begleitung und die organisatorische Unterstützung (§ 243 SGB III aF) wurden mangels ausreichender Relevanz in der Praxis abgeschafft: BT-Drucks. 17/6277, 108 f.
69 Hauck/Noftz SGB III/*Voelzke* § 16 Rn 275.
70 Vgl BA-GA Ausbildungsbegleitende Hilfen (abH), S. 8 f.
71 BA-GA Ausbildungsbegleitende Hilfen (abH), S. 9.

1. ein Ausbildungsabbruch droht oder
2. eine abgebrochene betriebliche Ausbildung außerbetrieblich fortgesetzt werden soll.

Förderungsbedürftig sind auch diejenigen, die bereits eine Berufsausbildung absolviert haben und bei denen der Abbruch einer zweiten Berufsausbildung droht, die aber für die dauerhafte berufliche Eingliederung erforderlich ist.

b) Ausbildungsbegleitende Hilfen

60 Ausbildungsbegleitende Hilfen sind Maßnahmen, mit denen förderungsbedürftige junge Menschen bei ihrer **betrieblichen Ausbildung oder zur Verbesserung ihrer Eingliederungsaussichten** in Berufsausbildung oder Arbeit unterstützt werden. Darüber hinaus muss es sich bei der Maßnahme **nach Art und Inhalt** um eine ausbildungsbegleitende Hilfe handeln. In inhaltlicher Hinsicht muss die Maßnahme über die Vermittlung von betriebs- und ausbildungsüblichen Inhalten hinausgehen. Beispielhaft nennt § 75 Abs. 1 S. 2 SGB III Maßnahmen zum Abbau von Sprach- und Bildungsdefiziten, zur Förderung fachpraktischer und fachtheoretischer Fertigkeiten, Kenntnisse und Fähigkeiten sowie Maßnahmen zur sozialpädagogischen Begleitung. Nach § 75 Abs. 2 SGB III können drei Arten von ausbildungsbegleitenden Hilfen gefördert werden: Maßnahmen während einer betrieblichen Ausbildung, erforderliche Maßnahmen nach dem Abbruch einer betrieblichen Berufsausbildung bis zur Aufnahme einer betrieblichen oder außerbetrieblichen Berufsausbildung und erforderliche Maßnahmen, die nach erfolgreicher Beendigung einer mit ausbildungsbegleitenden Hilfen geförderten betrieblichen Berufsausbildung bis zur Begründung oder Festigung eines Arbeitsverhältnisses fortgesetzt werden.

61 Die Förderung von Maßnahmen umfasst die Maßnahmekosten iSd § 79 Abs. 3 S. 1 Nr. 1, 2 SGB III, dh Personal- sowie Sach- und Verwaltungskosten. Nach § 75 Abs. 1 S. 2 SGB III endet die Förderung spätestens sechs Monate nach Begründung eines Arbeitsverhältnisses.

c) Außerbetriebliche Berufsausbildung

62 Die außerbetriebliche Berufsausbildung kann in integrativer oder kooperativer Form erfolgen. Bei der integrativen außerbetrieblichen Berufsausbildung finden sowohl die theoretische als auch die praktische Ausbildung in der außerbetrieblichen Einrichtung statt. Bei der kooperativen außerbetrieblichen Berufsausbildung wird die praktische Ausbildung in Kooperationsbetrieben durchgeführt. Die Förderung einer außerbetrieblichen Berufsausbildung ist nach § 76 Abs. 1 SGB III an zwei **besondere Fördervoraussetzungen** geknüpft:

1. eine ungünstige Vermittlungsprognose für die betriebliche Berufsausbildung und
2. eine angemessene Begrenzung der betrieblichen Ausbildungsphasen je Ausbildungsjahr.

Die Berufsausbildung in einer außerbetrieblichen Einrichtung ist nachrangig gegenüber einer betrieblichen Ausbildung (vgl § 76 Abs. 2 SGB III). Eine ungünstige Vermittlungsprognose liegt daher vor, wenn förderungsbedürftige junge Leistungsberechtigte auch mit ausbildungsfördernden SGB III-Leistungen nicht in eine Ausbildungsstelle in einem Betrieb vermittelt werden können. Das Gleiche gilt, wenn die Integration in eine betriebliche Ausbildung nach einem Ausbildungsabbruch auch mit ausbildungsfördernden Mitteln aussichtslos ist, aber eine außerbetriebliche Berufsausbildung voraussichtlich erfolgreich abgeschlossen wird (§ 76 Abs. 3 SGB III). Mit der angemessenen Beschränkung des Anteils betrieblicher Ausbildungsphasen soll verhindert werden, dass Betriebe, die nicht selbst ausbilden, außerbetriebliche Auszubildende als „billige" Hilfskräfte[72]

72 BT-Drucks. 14/6944, 41.

nutzen. Gleichzeitig soll eine flexible Handhabung der Bemessung von betrieblichen Ausbildungsphasen vor Ort möglich sein.[73]

63 Die Förderung der außerbetrieblichen Berufsausbildung umfasst die **Maßnahmekosten,** zu denen neben den Personal-, Sach- und Verwaltungskosten auch eine pauschale Prämie für eine vorzeitige und nachhaltige Vermittlung in eine betriebliche Berufsausbildung gehört (vgl § 79 Abs. 3 SGB III). Die Förderung umfasst weiterhin Zuschüsse zur Ausbildungsvergütung zuzüglich des Gesamtsozialversicherungsbeitrages (§ 79 Abs. 2 SGB III), wozu auch der Beitrag zur GUV gehört.[74] Für den Zuschuss gilt eine Obergrenze von 316 EUR im ersten Ausbildungsjahr. Ab dem zweiten Ausbildungsjahr erhöht sich der Zuschuss um 5 % pro Jahr.

3. Förderung der Einstiegsqualifizierung

64 Die Einstiegsqualifizierung ist ein längerfristiges betriebliches Praktikum und soll Grundlagen für den Erwerb beruflicher Handlungsfähigkeit im Vorfeld einer Berufsausbildung vermitteln bzw vertiefen. Damit soll sie als „Türöffner in eine betriebliche Berufsausbildung“[75] dienen. Die Förderung der Einstiegsqualifizierung ist als Ermessensleistung in den Eingliederungskatalog des SGB II einbezogen (§ 16 Abs. 1 S. 3 Nr. 3 SGB II iVm § 54 a SGB III). **Fördervoraussetzung** ist, dass

- die Ausbildungsuchenden zum förderungsbedürftigen Personenkreis gehören,
- die Einstiegsqualifizierung förderungsfähig ist und
- kein Förderungsausschluss besteht.

Zum förderungsbedürftigen Personenkreis gehören Ausbildungsuchende, die aus individuellen Gründen eingeschränkte Vermittlungsperspektiven haben, die noch nicht über die erforderliche Ausbildungsreife verfügen oder die lernbeeinträchtigt bzw sozial benachteiligt sind. Die Einstiegsqualifizierung ist nach § 54 a Abs. 2 SGB III förderungsfähig, wenn sie drei Voraussetzungen erfüllt: Zum ersten muss zwischen den Ausbildungsuchenden und dem Arbeitgeber ein Vertrag iSd § 26 BBiG geschlossen worden sein, der eine Einstellung für mind. sechs Monate zum Zweck der Vermittlung von beruflichen Fertigkeiten, Kenntnissen, Fähigkeiten oder beruflichen Erfahrungen vorsieht, ohne dass es sich um einen Ausbildungsvertrag handelt. Die Einstiegsqualifizierung muss zum zweiten auf einen staatlich anerkannten Ausbildungsberuf vorbereiten und zum dritten in Vollzeit oder bei Kindererziehung bzw Pflege in Teilzeit von mind. 20 Wochenstunden durchgeführt werden. Der Förderungsausschluss in § 54 a Abs. 5 SGB III soll einen Missbrauch der Einstiegsqualifizierung bzw Mitnahmeeffekte verhindern. Näheres über Voraussetzungen, Art, Umfang und Verfahren der Einstiegsqualifizierung findet sich in der Einstiegsqualifizierungsförderungs-Anordnung (EQFAO), die der Verwaltungsrat der BA aufgrund von § 235 d iVm § 373 Abs. 5 SGB III erlassen hat.

65 Die Förderung der Einstiegsqualifizierung umfasst **Zuschüsse zur Ausbildungsvergütung.** Hinsichtlich der Förderhöhe und der Förderdauer ist das Auswahlermessen begrenzt. Der monatliche Zuschuss darf höchstens 216 EUR zuzüglich eines pauschalierten Anteils am durchschnittlichen Gesamtsozialversicherungsbeitrag betragen. Die Einstiegsqualifizierung kann mindestens für die Dauer von sechs Monaten bis längstens zwölf Monaten gefördert werden.

---

73 BT-Drucks. 17/7065, 18 f.
74 BT-Drucks. 17/6277, 101.
75 BT-Drucks. 16/5714, 9.

V. Leistungen zur beruflichen Weiterbildung

1. Überblick

66 Da die berufliche Weiterbildung grds. im Verantwortungsbereich von Arbeitgeber und Arbeitnehmer liegt, wird sie im SGB III nur gefördert, wenn sie wegen Arbeitslosigkeit oder drohender Arbeitslosigkeit notwendig ist. Die Förderung der beruflichen Weiterbildung sieht im Einzelnen folgende Leistungen vor:

- Regelförderung,
- Weiterbildung zum nachträglichen Erwerb des Hauptschulabschlusses,
- Weiterbildung von Beschäftigten in klein- und mittelständischen Betrieben sowie
- Arbeitsentgeltzuschuss für die Weiterbildung gering qualifizierter Beschäftigter.

Die Förderung der beruflichen Weiterbildung ist als Ermessensleistung in den Eingliederungskatalog des SGB II einbezogen (§ 16 Abs. 1 S. 2 Nr. 4 SGB II iVm §§ 81 ff SGB III); lediglich die Weiterbildung zum nachträglichen Erwerb des Hauptschulabschlusses stellt bei erfolgreicher Teilnahmeprognose eine Pflichtleistung der Jobcenter dar.

67 Die **Abgrenzung von Ausbildung und Weiterbildung** ist nach dem jeweils objektiven Charakter der Maßnahme zu treffen. Der erste Besuch einer Bildungsmaßnahme ist arbeitsförderungsrechtlich nicht in jedem Fall eine Ausbildung; ebenso wenig stellt jeder zweite Besuch einer Bildungsmaßnahme eine Weiterbildung dar.[76] Maßgeblich ist vielmehr die konkrete Ausgestaltung des Bildungsangebots. Nach Zuschnitt, Struktur und Inhalt des Bildungsangebots ist zu entscheiden, ob es sich um eine Ausbildung oder um eine berufliche Weiterbildung handelt. Im Gegensatz zur beruflichen Ausbildung knüpft die berufliche Weiterbildung an berufliche Kenntnisse und Fähigkeiten an, die durch eine vorangegangene Ausbildung oder sonstige berufliche Tätigkeiten erworben wurden.[77]

2. Regelförderung der beruflichen Weiterbildung

68 Gem. § 16 Abs. 1 S. 2 Nr. 4 SGB II iVm § 81 Abs. 1 SGB III hat die berufliche Weiterbildung idR **drei Fördervoraussetzungen**, die bei Maßnahmebeginn kumulativ erfüllt sein müssen:

1. Notwendigkeit der beruflichen Weiterbildung,
2. Beratung vor Maßnahmebeginn und
3. Zulassung von Träger und Maßnahme.

Die vorherige Beratung durch die Jobcenter ist eine unabdingbare Fördervoraussetzung[78] und soll gewährleisten, dass die Weiterbildungsmaßnahme im Einzelfall geeignet und arbeitsmarktpolitisch zweckmäßig ist. Dass Träger und Maßnahmen durch eine fachkundige Stelle zugelassen sein müssen, ist ein Grundsatz der Arbeitsförderung (§ 176 SGB III) und soll einen hohen Standard hinsichtlich der Inhalte sowie eine geordnete Durchführung der Maßnahmen gewährleisten. Voraussetzung für die Trägerzulassung ist vor allem die erforderliche Leistungsfähigkeit und Zuverlässigkeit (vgl § 178 SGB III). Die Weiterbildungsmaßnahmen müssen neben den allgemeinen Zulassungsanforderungen (§ 179 SGB III) auch die ergänzenden Anforderungen nach § 180 SGB III erfüllen. Zu letzteren zählen bestimmte Weiterbildungsziele und -inhalte sowie Anforderungen an die Förderdauer. Gleichzeitig führt § 180 Abs. 3 SGB III einige Kriterien auf, die bei Weiterbildungsmaßnahmen nicht vorliegen dürfen. So darf eine Weiterbil-

76 BSG 27.1.2005 – B 7a/7 AL 20/04 R.
77 LSG Baden-Württemberg 4.4.2007 – L 7 AL 755/07 ER-B.
78 Hauck/Noftz SGB II/*Voelzke* § 16 Rn 151.

dungsmaßnahme bspw grds. nicht überwiegend Wissen vermitteln, das dem von allgemeinbildenden Schulen angestrebten Bildungsziel entspricht.

Praxishinweis: Bei behinderten Menschen kann eine berufliche Weiterbildung auch als allgemeine Teilhabeleistung unter erleichterten Voraussetzungen gefördert werden (vgl § 116 Abs. 2, 5 SGB III).

69 Zentrale Fördervoraussetzung ist die **Notwendigkeit einer beruflichen Weiterbildung** (§ 81 Abs. 1 S. 1 Nr. 1 SGB III). Sie liegt vor, wenn die Weiterbildung

- der beruflichen Eingliederung bei Arbeitslosigkeit oder
- der Abwendung einer drohenden Arbeitslosigkeit dient oder
- wegen fehlenden Berufsabschlusses anerkannt ist.

Die Prüfung der ersten beiden Varianten erfordert eine Prognoseentscheidung: Es muss die Erwartung bestehen, dass die Eingliederungschancen nach der Weiterbildung besser sind als vorher.[79] Insoweit steht den Jobcentern ein Beurteilungsspielraum zu, der nur eingeschränkt überprüft werden kann. Die Gerichte können lediglich überprüfen, ob die Verwaltungsentscheidung tatsächlich unter Berücksichtigung aller verfügbaren Daten in einer dem Sachverhalt angemessenen und methodisch einwandfreien Weise erarbeitet worden ist.[80]

Demgegenüber wird eine Weiterbildung **bei fehlendem Berufsabschluss** generell als notwendig angesehen. Dies ist für zwei Fälle vorgesehen: Der erste Fall betrifft „Berufsfremde“, dh erwerbsfähige Leistungsberechtigte, die zwar über einen Berufsabschluss verfügen, aber aufgrund einer mehr als vier Jahre ausgeübten Beschäftigung in an- oder ungelernter Tätigkeit eine entsprechende Beschäftigung nicht mehr ausüben können (§ 81 Abs. 2 S. 1 Nr. 1 SGB III). Neben der vierjährigen Beschäftigung in an- oder ungelernter Tätigkeit kann eine Berufsentfremdung auch durch Arbeitslosigkeit, Kindererziehung oder Pflege oder eine Kombination dieser Zeiten eintreten. Der zweite Fall einer anerkannten Notwendigkeit der Weiterbildung betrifft erwerbsfähige Leistungsberechtigte, die über keinen Berufsabschluss verfügen, für den nach Bundes- oder Landesrecht eine Ausbildungsdauer von mindestens zwei Jahren festgelegt ist (vgl § 81 Abs. 2 S. 1 Nr. 1 SGB III). Waren die Betroffenen auch noch nicht drei Jahre beruflich tätig, kann die Förderung nur erfolgen, wenn eine berufliche Ausbildung oder berufsvorbereitende Bildungsmaßnahme aus Gründen nicht möglich oder nicht zumutbar ist, die in der Person des Betroffenen liegen. Hiermit soll klargestellt werden, dass die Förderung der beruflichen Ausbildung und der berufsvorbereitenden Bildungsmaßnahme grds. Vorrang gegenüber einer beruflichen Weiterbildung haben.

Praxishinweis: Ist die Notwendigkeit einer beruflichen Weiterbildung wegen fehlenden Berufsabschlusses anerkannt, kommt für Arbeitgeber wegen des weiterbildungsbedingten Arbeitsausfalls ein Zuschuss zum Arbeitsentgelt in Betracht.

70 Die Regelförderung der beruflichen Weiterbildung steht im **Ermessen der Jobcenter** (§ 16 Abs. 1 S. 2 Nr. 4 SGB II)[81] und besteht in der Übernahme von Weiterbildungskosten. Übernahmefähig sind diese nur dann, wenn zwischen der Teilnahme an der Weiterbildung und dem Entstehen der Kosten ein ursächlicher Zusammenhang besteht. Darüber hinaus muss es sich um eine der in § 83 Abs. 1 SGB III geregelten Kostenarten handeln. Hierzu gehören

- Lehrgangskosten und Kosten für die Eignungsfeststellung (vgl § 84 SGB III),
- Fahrtkosten für Pendelfahrten bzw einen monatlichen Familienbesuch (vgl § 85 SGB III),

79 BSG 3.7.2003 – B 7 AL 66/02 R.
80 BSG 3.7.2003 – B 7 AL 66/02 R.
81 LSG Berlin-Brandenburg 26.7.2007 – L 5 B 549/07 AS ER.

- Kosten für die auswärtige Unterbringung und Verpflegung (vgl § 86 SGB III) sowie
- Kosten für die Betreuung von Kindern (vgl § 87 SGB III).

Die Maßnahmekosten müssen angemessen sein (vgl § 179 Abs. 1 SGB III). Gleiches gilt für die Maßnahmedauer, dh sie muss sich auf den Umfang beschränken, der notwendig ist, um das Maßnahmeziel zu erreichen. Bei einer Vollzeitmaßnahme, die zu einem Abschluss in einem allgemein anerkannten Ausbildungsberuf führt, ist die Maßnahmedauer nur angemessen, wenn sie gegenüber einer entsprechenden Berufsausbildung um mind. ein Drittel der Ausbildungszeit verkürzt ist (§ 180 Abs. 4 SGB III).

71 Die Förderung der beruflichen Weiterbildung erfolgt grds. auf Grundlage des Bildungsgutscheins (§ 16 Abs. 1 S. 2 Nr. 4 SGB III iVm § 81 Abs. 4 SGB III). Ausnahmsweise können die Jobcenter die Träger mit der **Durchführung der Bildungsmaßnahme** unter Anwendung des Vergaberechts direkt beauftragen, wenn die Maßnahme den Anforderungen des § 180 SGB III entspricht und entweder eine dem Bildungsziel entsprechende Maßnahme vor Ort nicht verfügbar ist oder die Eignung und persönlichen Verhältnisse der Leistungsberechtigten die direkte Beauftragung erfordern (§ 16 Abs. 3 a SGB II). Einer Zulassung (vgl § 176 Abs. 2 SGB III) bedürfen die Maßnahmen in diesem Fall nicht. Ob die Bildungsmaßnahme im Wege des Bildungsgutscheins oder der Beauftragung erbracht wird, liegt im Ermessen der Jobcenter.

Mit dem **Bildungsgutschein** können die Leistungsberechtigten einen zugelassenen Bildungsträger frei wählen. Die Bildungsträger wiederum müssen den Bildungsgutschein vor Maßnahmebeginn beim Jobcenter vorlegen. Die Jobcenter können den Bildungsgutschein zeitlich befristen sowie regional und auf bestimmte Bildungsziele beschränken. In inhaltlicher Hinsicht wird mit dem Bildungsgutschein bescheinigt, dass die persönlichen Fördervoraussetzungen, insb. die Notwendigkeit der beruflichen Weiterbildung, vorliegen. Ob die von den Leistungsberechtigten gewählte Maßnahme förderfähig ist und in welcher Höhe Kosten zu übernehmen sind, hängt davon ab, ob neben den im Bildungsgutschein genannten Kriterien auch die weiteren Voraussetzungen für die Förderung von Weiterbildungsmaßnahmen vorliegen.[82] Das Bildungsgutscheinverfahren führt zu einem Dreiecksverhältnis zwischen Jobcenter, Leistungsberechtigten und Bildungsträger. Die Leistungsberechtigten haben gegenüber den Jobcentern Anspruch auf die im Bildungsgutschein zugesagten Leistungen und sind ihrerseits zur Teilnahme verpflichtet. Zwischen Leistungsberechtigten und Bildungsträgern besteht ein privatrechtlicher Vertrag über die Teilnahme an der ausgewählten Weiterbildungsmaßnahme. Die Träger sind mit den Jobcentern über das Zulassungsverfahren (§§ 177 ff SGB III) verbunden und unterliegen der Qualitätsprüfung (§ 184 SGB III).[83]

72 Nach § 83 Abs. 2 S. 1 SGB III können die Weiterbildungskosten unmittelbar an den Maßnahmeträger ausgezahlt werden, soweit sie bei ihm unmittelbar entstehen. Diese **Direktzahlung** an Träger beschränkt sich in aller Regel auf die Lehrgangskosten und ggf auf die Kosten für auswärtige Unterbringung und Verpflegung. Sofern mit Trägern keine Direktzahlung vereinbart wurde, werden die Lehrgangskosten zusammen mit den ggf zu erstattenden anderen Weiterbildungskosten (zB Fahrtkosten) an die Teilnehmenden im Voraus ausgezahlt.[84]

3. Weiterbildung zum nachträglichen Erwerb des Hauptschulabschlusses

73 Die Förderung der Weiterbildung zum nachträglichen Erwerb des Hautschulabschlusses wurde mit der Instrumentenreform 2008 eingeführt und soll der Verbesserung der be-

82 Sächsisches LSG 19.6.2008 – L 3 AS 39/07.
83 *Thie* in: LPK-SGB II Anh. zu § 16 Rn 29.
84 BA-AH SGB II – Arbeitshilfe Förderung der beruflichen Weiterbildung, B 6.

ruflichen Eingliederungschancen von Arbeitnehmerinnen und Arbeitnehmern ohne Schulabschluss dienen. Neben den anderen Voraussetzungen für die Regelförderung muss eine erfolgreiche Teilnahme an der Weiterbildungsmaßnahme zu erwarten sein (vgl § 81 Abs. 3 S. 1 Nr. 2 SGB III). Bei erwerbsfähigen Leistungsberechtigten, die keinen Berufsabschluss haben und noch nicht drei Jahre beruflich tätig gewesen sind, muss außerdem eine berufliche Ausbildung oder eine berufsvorbereitende Bildungsmaßnahme aus Gründen, die in ihrer Person liegen, nicht möglich oder nicht zumutbar sein (vgl § 81 Abs. 5 S. 2). Hiermit soll dem Vorrang der beruflichen Ausbildung vor der Weiterbildung Rechnung getragen werden.

74 Die Förderung der beruflichen Weiterbildung zum nachträglichen Erwerb des Hauptschulabschlusses stellt eine der wenigen **Anspruchsleistungen** im SGB II dar (vgl § 16 Abs. 1 S. 4 SGB III). Gleichwohl haben die Jobcenter ein Auswahlermessen. Insoweit gelten die gleichen Regelungen wie für die Regelförderung der beruflichen Weiterbildung. Hier ist allerdings zu beachten, dass die Weiterbildungskosten nur in dem Umfang übernommen werden, in dem sie nicht schon durch Dritte für den gleichen Zweck erbracht werden. Die Jobcenter sollen daher darauf hinwirken, dass sich die für die allgemeine Schulbildung zuständigen Bundesländer an den Maßnahmekosten beteiligen. Leistungen Dritter, die der Aufstockung der Förderung dienen, werden nicht angerechnet.

4. Weiterbildung von Beschäftigten in klein- und mittelständischen Betrieben

75 Um die Weiterbildung von **Beschäftigten in klein- und mittelständischen Betrieben** zu fördern, sind nach § 16 Abs. 1 S. 2 Nr. 4 SGB III als Ermessensleistung in den Eingliederungskatalog der Grundsicherung für Arbeitsuchende einbezogen:

- die Weiterbildung von leistungsberechtigten Beschäftigten ab 45 Jahren (§ 82 SGB III) und
- die Weiterbildung von leistungsberechtigten Beschäftigten unter 45 Jahren (§ 131 a SGB III).

Die Weiterbildung von Beschäftigten unter 45 Jahren wurde mit der Instrumentenreform 2011 als zeitlich befristet eingeführt, um dem wachsenden Fachkräftebedarf und der zu geringen Weiterbildungsbeteiligung in klein- und mittelständischen Betrieben zu begegnen.[85]

a) Weiterbildung von leistungsberechtigten Beschäftigten ab 45 Jahren

76 Die Besonderheit der Förderung der beruflichen Weiterbildung von älteren leistungsberechtigten Beschäftigten in klein- und mittelständischen Betrieben ist, dass sie keine Notwendigkeit der beruflichen Weiterbildung iSd § 81 Abs. 2 SGB III voraussetzt (vgl § 82 SGB III). **Fördervoraussetzung** ist vielmehr, dass die Leistungsberechtigten 45 Jahre oder älter sind, in einem Betrieb mit weniger als 250 Beschäftigten arbeiten und während der Weiterbildung Anspruch auf Weiterzahlung des bisherigen Arbeitsentgelts haben. Da das Fortbestehen des Beschäftigungsverhältnisses auch im SGB II zu beachten ist, richtet sich die Förderung hier nur an Aufstocker mit Erwerbseinkommen. Erforderlich ist eine abhängige Beschäftigung; eine selbstständige Tätigkeit reicht für die Förderung nicht aus.[86] Weiterhin muss die Weiterbildungsmaßnahme außerhalb des Betriebes durchgeführt werden und es darf sich nicht nur um eine arbeitsplatzbezogene kurzfristige Anpassungsfortbildung handeln.

---

85 BT-Drucks. 17/7065, 18.
86 Bayerisches LSG 9.9.2009 – L 10 AL 184/09 B ER.

77 Die Förderung umfasst die **Übernahme der Weiterbildungskosten** iSd § 83 SGB III. Das Vorliegen der Fördervoraussetzungen wird den Leistungsberechtigten – wie bei der Regelförderung – grds. durch einen Bildungsgutschein bescheinigt, den die Leistungsberechtigten bei einem entsprechenden Träger ihrer Wahl einlösen können. Abweichend hiervon kann die Förderleistung auch unmittelbar an den Arbeitgeber erbracht werden, wenn die Beteiligten damit einverstanden sind (§ 82 S. 3 SGB III).

b) Weiterbildung von leistungsberechtigten Beschäftigten unter 45 Jahren

78 In Anlehnung an die Weiterbildung von leistungsberechtigten Beschäftigten ab 45 Jahren sieht § 16 Abs. 1 S. 2 Nr. 4 SGB II iVm § 131 a SGB III auch die Weiterbildung von leistungsberechtigten Beschäftigten unter 45 Jahren in klein- und mittelständischen Betrieben vor. **Zusätzlich zu den Voraussetzungen des § 82 SGB III** erfordert die Förderung, dass der Arbeitgeber mind. 50 % der Lehrgangskosten (vgl § 84 SGB III) trägt. Die Förderung ist befristet und gilt nur für Maßnahmen, die vor dem 31.12.2014 beginnen.

5. Arbeitsentgeltzuschuss für die Weiterbildung gering qualifizierter Beschäftigter

79 Der Arbeitsentgeltzuschuss für Ungelernte[87] soll Anreize für Arbeitgeber zur beruflichen Weiterbildung von ungelernten bzw gering qualifizierten Beschäftigten schaffen und auf diese Weise die Wahrscheinlichkeit einer dauerhaften Beschäftigung erhöhen.[88] **Fördervoraussetzung** ist nach § 16 Abs. 1 S. 2 Nr. 4 SGB II iVm § 81 Abs. 5, 2 SGB III, dass Beschäftigte, die aufstockende SGB II-Leistungen beziehen und bei denen die Notwendigkeit einer beruflichen Weiterbildung anerkannt ist, von ihren Arbeitgebern iRd bestehenden sozialversicherungspflichtigen Arbeitsverhältnisses für die Weiterbildung freigestellt werden.

80 Der Arbeitsentgeltzuschuss während der Weiterbildung gering qualifizierter Aufstocker ist eine **Ermessensleistung** (§ 16 Abs. 1 S. 2 Nr. 4 SGB II iVm § 81 Abs. 5 SGB III). Er darf maximal den Anteil des Arbeitsentgelts betragen, der auf den weiterbildungsbedingten Arbeitsausfall entfällt.

VI. Eingliederungszuschüsse

1. Überblick

81 Eingliederungszuschüsse sind monatliche Lohnkostenzuschüsse, die an einen Arbeitgeber für einen begrenzten Zeitraum geleistet werden, wenn sie Personen mit Vermittlungshemmnissen neu einstellen (§ 16 Abs. 1 S. 2 Nr. 5 SGB II iVm §§ 88 ff SGB III). Sie zählen zu den wichtigsten Arbeitsförderungsinstrumenten. Ihr Ziel ist, Arbeitgeber zur Einstellung von Personen mit Minderleistungen zu bewegen. Gleichzeitig sollen Wettbewerbsnachteile ausgeglichen werden, die durch die Beschäftigung dieser Personen entstehen. Die Eingliederungszuschüsse wurden mit der **Instrumentenreform 2011** neu strukturiert. Die zeitlich befristeten Regelungen zum Eingliederungszuschuss für ältere Arbeitnehmer, zum Qualifizierungszuschuss für jüngere Arbeitnehmer, zum Eingliederungszuschuss für jüngere Arbeitnehmer sowie zum Eingliederungsgutschein für ältere Arbeitnehmer wurden in den neuen Eingliederungszuschuss überführt. Neben der Regelförderung sind besondere Förderobergrenzen für behinderte und schwerbehinderte Menschen vorgesehen.

87 BA-GA FbW/AEZ/§ 417, Januar 2011, Rn 235 c.11.
88 BT-Drucks. 14/6944, 41.

Übersicht über den Eingliederungszuschuss nach §§ 88 ff SGB III

Förderung	Förderhöhe	Förderdauer
im Regelfall	max. 50 %	max. 12 Monate
bei Arbeitnehmerinnen und Arbeitnehmern ab 50 Jahren und Förderbeginn bis zum 31.12.2014		max. 36 Monate
bei behinderten und schwerbehinderten Menschen	mind. 30 %, max. 70 % Minderung nach 12 Monaten	max. 24 Monate
bei besonders betroffenen schwerbehinderten Menschen	mind. 30 %, max. 70 % Minderung nach 24 Monaten	max. 60 Monate
bei besonders betroffenen schwerbehinderten Menschen ab 55 Jahren		max. 96 Monate

2. Allgemeine Voraussetzungen für Eingliederungszuschüsse

82

Der Eingliederungszuschuss hat **drei Fördervoraussetzungen:**

- Zugehörigkeit zum förderungsbedürftigen Personenkreis,
- Begründung eines sozialversicherungspflichtigen Arbeitsverhältnisses und
- Nichtvorliegen eines Förderausschlusses.

Erwerbsfähige Leistungsberechtigte gehören zum **förderungsbedürftigen Personenkreis,** wenn ihre Vermittlung wegen in ihrer Person liegender Gründe erschwert und ihre individuelle Wettbewerbsfähigkeit im Vergleich zu anderen Bewerberinnen und Bewerbern am Arbeitsmarkt beeinträchtigt ist (§ 88 S. 1 SGB III iVm § 16 Abs. 1 S. 2 Nr. 5 SGB II). Hierfür reichen allgemeine Probleme des Arbeitsmarktes nicht aus. Die Minderleistung ist seit der Instrumentenreform 2011 nicht mehr nur auf der Rechtsfolgeseite, sondern auch als Fördervoraussetzung zu beachten.[89] Mit der Förderung sollen nur Arbeitnehmerinnen und Arbeitnehmer gefördert werden, die ohne die Förderung nicht oder nicht dauernd in den Arbeitsmarkt eingegliedert werden können.

Weitere Fördervoraussetzung ist die **Begründung eines sozialversicherungspflichtigen Arbeitsverhältnisses.** Ein geringfügiges Beschäftigungsverhältnis ist daher nicht förderfähig. Eine Befristung des Arbeitsverhältnisses ist für die Förderung unschädlich, sofern sie nicht nur die Förderzeit, sondern auch die sog. Nachbeschäftigungszeit erfasst.[90] Die Nachbeschäftigungszeit entspricht der Förderdauer und beträgt längstens zwölf Monate (§ 92 Abs. 2 S. 5 SGB II). Endet das Beschäftigungsverhältnis während des Förderzeitraums oder der Nachbeschäftigungszeit, sind die Eingliederungszuschüsse mit Ausnahme der in § 92 Abs. 2 S. 1 SGB III geregelten Fälle teilweise zurückzuzahlen.

Schließlich darf **kein Förderausschluss** vorliegen. In § 92 Abs. 1 SGB III sind zwei Ausschlusstatbestände geregelt, deren Ziel es ist, Substitutions- bzw Mitnahmeeffekte bei Arbeitgebern zu verhindern. Der erste Ausschlusstatbestand betrifft Fälle, in denen Arbeitgeber ungeförderte Beschäftigte entlassen, um für die Neubesetzung der Stelle einen Eingliederungszuschuss zu erhalten. Der zweite Ausschlusstatbestand regelt Fälle, in denen Leistungsberechtigte bereits während der letzten vier Jahre vor Förderungsbeginn bei demselben Arbeitgeber für mehr als drei Monate versicherungspflichtig beschäftigt waren. Der Förderungsausschluss bei Vorbeschäftigung gilt nicht, wenn es sich um eine

89 BT-Drucks. 17/7065, 18.
90 *Kruse* in: LPK-SGB III § 217 Rn 13.

befristete Beschäftigung besonders betroffener schwerbehinderter Menschen (s.u. Rn 86) handelt.

3. Förderumfang

83 Die Förderung mit einem Eingliederungszuschuss liegt nach § 16 Abs. 1 S. 2 Nr. 5 SGB II iVm § 88 SGB III im **Ermessen der Jobcenter**. Ein entscheidendes Kriterium für die Ermessensausübung ist die Eingliederungserforderlichkeit, also die Frage, ob eine Eingliederung in den Arbeitsmarkt auch ohne Förderung möglich wäre. Ist eine Eingliederung nicht (mehr) erforderlich, darf das Jobcenter keine Förderung gewähren.[91] Auch die Relation von Arbeitgeber- und Arbeitsmarktinteresse kann ein ermessensreduzierendes Kriterium darstellen, um Mitnahmeeffekte zu vermeiden (zB bei Einstellung von Verwandten).[92] Bei einem Eingliederungszuschuss für schwerbehinderte oder besonders betroffene schwerbehinderte Menschen müssen die Jobcenter positiv berücksichtigen, wenn Arbeitgeber die Betroffenen über die Beschäftigungspflicht hinaus einstellen (§ 90 Abs. 3 SGB III). Ebenso können sie berücksichtigen, wenn Arbeitgeber einen schwerbehinderten oder besonders betroffenen schwerbehinderten Menschen schon zu einem früheren Zeitpunkt befristet beschäftigt und hierfür eine Förderung erhalten haben.

84 Für den **Regelfall** beträgt die Förderhöhe nach § 89 SGB III maximal 50 % des zu berücksichtigenden Arbeitsentgelts (§ 91 SGB III) und die Förderdauer höchstens zwölf Monate. Bei Arbeitnehmerinnen und Arbeitnehmern ab 50 Jahren kann die Förderung bis zu 36 Monate betragen, wenn die Förderung bis zum 31.12.2014 begonnen hat (§ 131 SGB III). Die Eingliederungszuschüsse werden zu Maßnahmebeginn in monatlichen Festbeträgen für die Förderungsdauer festgelegt. Verringert sich das berücksichtigungsfähige Arbeitsentgelt während einer Förderphase, wird der monatliche Festbetrag des Eingliederungszuschusses entsprechend verringert (§ 91 Abs. 2 S. 2 SGB III).

85 Für **behinderte und schwerbehinderte** erwerbsfähige Leistungsberechtigte gelten nach § 16 Abs. 1 S. 2 Nr. 5 SGB II iVm § 90 Abs. 1 SGB III besondere Förderobergrenzen in Form einer maximalen Förderhöhe von 70 % des zu berücksichtigenden Arbeitsentgelts und einer maximalen Förderdauer von 24 Monaten. Nach Ablauf von zwölf Monaten muss der Eingliederungszuschuss um 10 Prozentpunkte jährlich vermindert werden, wobei er 30 % des zu berücksichtigenden Arbeitsentgelts nicht unterschreiten darf. Mit der jährlichen Minderung soll berücksichtigt werden, dass mit fortschreitender Beschäftigung regelmäßig auch eine Zunahme der Leistungsfähigkeit einhergeht.

86 Für **besonders betroffene schwerbehinderte** erwerbsfähige Leistungsberechtigte gelten nach § 16 Abs. 1 S. 2 Nr. 5 SGB II iVm § 90 Abs. 2 SGB III besondere Förderobergrenzen in Form einer maximalen Förderdauer von 60 Monaten und einer maximalen Förderhöhe von 70 % des zu berücksichtigenden Arbeitsentgelts, wobei er 30 % des zu berücksichtigenden Arbeitsentgelts nicht unterschreiten darf. Der Eingliederungszuschuss ist nicht schon nach zwölf, sondern erst nach Ablauf von 24 Monaten um 10 Prozentpunkte jährlich zu vermindern (§ 90 Abs. 4 S. 1, 3 SGB III). Zum Personenkreis der besonders betroffenen schwerbehinderten Menschen gehören schwerbehinderte oder ihnen gleichgestellte behinderte Menschen, die wegen in ihrer Person liegender Umstände nur erschwert vermittelbar sind. Dies sind nach§ 104 Abs. 1 Nr. 3 lit. a bis d SGB IX insb. schwerbehinderte Menschen, die

a) wegen Art oder Schwere ihrer Behinderung oder sonstiger Umstände im Arbeitsleben iSd § 72 SGB IX besonders betroffen sind,
b) langzeitarbeitslos (§ 18 SGB III), dh mindestens ein Jahr arbeitslos sind,

91 Vgl zur Vorgängerregelung des § 88 SGB III: BSG 6.5.2008 – B 7/7 a AL 16/07 R.
92 Vgl BSG 6.5.2008 – B 7/7 a AL 16/07 R.

c) im Anschluss an eine Beschäftigung in einer anerkannten WfbM oder einem Integrationsprojekt eingestellt werden oder
d) als Teilzeitbeschäftigte eingestellt werden.

Praxishinweis: Wenn ein mit Eingliederungszuschüssen gefördertes Beschäftigungsverhältnis während des Förderzeitraums oder der Nachbeschäftigungszeit gekündigt wird, dann muss die Förderung grds. teilweise zurückgezahlt werden. Dies gilt ausdrücklich nicht, wenn ein Beschäftigungsverhältnis mit besonders betroffenen schwerbehinderten Menschen vorzeitig beendet wird (§ 221 Abs. 2 Nr. 5 SGB III).

87 Für **besonders betroffene schwerbehinderte erwerbsfähige Leistungsberechtigte ab 55 Jahren** gilt nach § 16 Abs. 1 S. 2 Nr. 5 SGB II iVm § 90 Abs. 2 S. 2 SGB III eine abweichende Förderhöchstdauer von bis zu 96 Monaten. Auch hier muss der Eingliederungszuschuss erst nach 24 Monaten um 10 Prozentpunkte jährlich vermindert werden.

VII. Leistungen zur Teilhabe behinderter Menschen am Arbeitsleben

1. Überblick

88 Die Leistungen zur Teilhabe behinderter Menschen am Arbeitsleben sind in den §§ 112 ff SGB III verankert. Parallel hierzu regeln auch die §§ 33 ff SGB IX **Leistungen zur Teilhabe am Arbeitsleben**, die gewissermaßen vor die Klammer gezogenes Recht für den gesamten Reha-Bereich[93] darstellen. Für das Zusammenspiel von Regelungen im SGB IX und SGB III gilt § 7 S. 1 SGB IX, so dass für die Leistungen zur Teilhabe die Vorschriften des SGB IX gelten, soweit sich aus dem SGB III nichts Abweichendes ergibt. Das SGB II verweist in § 16 Abs. 1 S. 3 SGB II auf dieses komplizierte Normgefüge und erklärt einige Regelungen der Leistungen zur Teilhabe behinderter Menschen am Arbeitsleben nach dem SGB III für „entsprechend anwendbar". Daher sind die einbezogenen Teilhabeleistungen auch im Rechtskreis des SGB II Anspruchsleistungen, wenn sie als solche im SGB III geregelt sind. Soweit die SGB III-Leistungen als Ermessensleistungen ausgestaltet sind, gilt dies auch für den Rechtskreis des SGB II.

2. Voraussetzungen für die Leistungen zur Teilhabe am Arbeitsleben

89 Das Gesetz unterscheidet in den §§ 112 ff SGB III zwischen **allgemeinen und besonderen Leistungen** zur Teilhabe am Arbeitsleben. Allerdings normieren diese Vorschriften grds. keine „neuen" Leistungen, sondern Besonderheiten für behinderte Menschen bei bestehenden Leistungen der Arbeitsförderung. Damit diese Arbeitsförderungsleistungen als allgemeine oder besondere Teilhabeleistung erbracht werden können, müssen zunächst ihre jeweiligen speziellen Anspruchsvoraussetzungen erfüllt sein. Die allgemeinen und besonderen Teilhabeleistungen setzen ferner voraus, dass Art oder Schwere der Behinderung der erwerbsfähigen Leistungsberechtigten die Teilhabeleistung erfordern (§ 16 Abs. 1 S. 3 SGB II iVm § 112 Abs. 1 SGB III). **Erforderlich** sind die Teilhabeleistungen dann, wenn das Teilhabeziel, dh der Erhalt, die Besserung, Herstellung oder Wiederherstellung der Erwerbsfähigkeit und die Sicherung der Teilhabe am Arbeitsleben ohne die Teilhabeleistungen nicht erreicht werden kann. Ferner muss zwischen der Behinderung und dem formulierten Teilhabeziel ein kausaler Zusammenhang bestehen.

90 Die **besonderen Leistungen** zur Teilhabe am Arbeitsleben werden darüber hinaus nur erbracht, soweit eine Teilhabe am Arbeitsleben nicht bereits durch die allgemeinen Leistungen erreicht werden kann (§ 16 Abs. 1 S. 3 SGB II iVm § 113 Abs. 2 SGB III). Dieses Stufenverhältnis von allgemeinen und besonderen Teilhabeleistungen[94] wird durch

93 Eicher/Spellbrink SGB II/*Eicher* § 16 Rn 93.
94 Eicher/Spellbrink SGB II/*Eicher* § 16 Rn 108.

§ 117 Abs. 1 S. 1 SGB III konkretisiert: Die besonderen Leistungen zur Teilhabe setzen voraus, dass entweder

- Art oder Schwere der Behinderung oder die Sicherung der Teilhabe am Arbeitsleben eine bestimmte Maßnahme für behinderte Menschen unerlässlich machen (Nr. 1) oder
- die allgemeinen Leistungen die wegen Art oder Schwere der Behinderung erforderlichen Leistungen nicht oder nicht im erforderlichen Umfang vorsehen (Nr. 2).

Unerlässlich sind Maßnahmen in besonderen Einrichtungen für Menschen mit Behinderungen (zB BBW, BFW, § 35 Abs. 1 S. 1 SGB IX) und sonstigen auf die besonderen Bedürfnisse behinderter Menschen ausgerichtete Maßnahmen, wenn überhaupt keine andere Möglichkeit für eine Teilhabe am Arbeitsleben besteht.[95] Beim zweiten Fall handelt es sich um einen Auffangtatbestand für Fälle, in denen die Qualität oder Quantität der allgemeinen Leistungen angesichts einer besonderen Art oder Schwere der Behinderung nicht ausreichen.[96]

3. Allgemeine Leistungen zur Teilhabe am Arbeitsleben

91 Als **allgemeine Leistungen zur Teilhabe am Arbeitsleben** in den Eingliederungskatalog des SGB II einbezogen sind nach § 16 Abs. 1 S. 3 SGB II iVm § 115 SGB III

- die Leistungen zur Aktivierung und beruflichen Eingliederung (Nr. 1),
- bestimmte Leistungen zur Förderung der Berufsausbildung (Nr. 2) sowie
- die Leistungen zur Förderung der beruflichen Weiterbildung (Nr. 3).

Insoweit gelten – auch für behinderte Menschen – zunächst die jeweiligen Einzelvorschriften, wobei der Verweis auf die Leistungen zur Förderung der Berufsausbildung die Leistungen der Berufsvorbereitung und der Berusausbildungsbeihilfe ausdrücklich nicht erfasst wird. Mit dieser Ergänzung iRd Instrumentenreform 2011 sollte klargestellt werden, dass die ausbildungsbegleitenden Hilfen, die außerbetriebliche Berufsausbildung sowie die Zuschüsse zur Ausbildungsvergütung als allgemeine Teilhabeleistung erbracht werden können.[97] Für diese Leistungen sind in § 116 Abs. 1, 2 und 5 SGB III einige Besonderheiten vorgesehen, die erleichterte Förderkonditionen sicherstellen.

92 Als Besonderheit bei den **Leistungen zur Aktivierung und beruflichen Eingliederung** sieht § 16 Abs. 1 S. 3 SGB II iVm § 116 Abs. 1 SGB III vor, dass diese Leistungen entgegen §§ 44 Abs. 1, 45 Abs. 1 SGB III auch dann erbracht werden können, wenn erwerbsfähige behinderte Leistungsberechtigte nicht arbeitslos sind und durch diese Leistungen eine dauerhafte Teilhabe am Arbeitsleben erreicht werden kann.

93 Bei der **Förderung der beruflichen Aus- und Weiterbildung** sieht § 16 Abs. 1 S. 3 SGB II iVm § 116 Abs. 2 SGB III vor, dass Maßnahmen auch förderungsfähig sind, die iRd BBiG oder der HwO abweichend von den Ausbildungen für staatlich anerkannte Ausbildungsberufe oder in Sonderformen für behinderte Menschen durchgeführt werden.

94 Bei der **Förderung der beruflichen Weiterbildung** als allgemeiner Teilhabeleistung sieht § 16 Abs. 1 S. 3 SGB II iVm § 116 Abs. 5 SGB III zunächst einen erleichterten Zugang zur beruflichen Weiterbildung vor, da die Notwendigkeit einer beruflichen Weiterbildung nicht erforderlich ist. Demnach können behinderte Menschen eine berufliche Weiterbildung ausnahmsweise auch dann erhalten, wenn sie nicht arbeitslos sind, als Arbeitnehmer ohne Berufsabschluss noch nicht drei Jahre beruflich tätig gewesen sind oder einer längeren Förderung als nichtbehinderte Menschen oder einer erneuten Förde-

---

95 *Thie* in: LPK-SGB II Anh. zu § 16 Rn 47.
96 *Zamponi/Kruse* in: LPK-SGB III § 102 Rn 5.
97 BT-Drucks. 17/7065, 18.

rung bedürfen, um am Arbeitsleben teilzuhaben. Im zuletzt genannten Fall erlaubt das Gesetz bei behinderten Menschen auch eine längere bzw erneute Förderung der Weiterbildung. Als weitere Besonderheit regelt § 116 Abs. 5 S. 1 SGB III, dass in diesen Fällen auch schulische Ausbildungen förderungsfähig sind, deren Abschluss für die Weiterbildung erforderlich ist.

95 Auf der Rechtsfolgenseite räumt § 16 Abs. 1 S. 3 SGB II iVm § 112 Abs. 1 SGB III den Jobcentern bei den allgemeinen Teilhabeleistungen ein **Ermessen** ein. Das Entschließungsermessen ist im Regelfall allerdings „auf Null“ reduziert, wenn die Teilhabeleistung wegen Art oder Schwere der Behinderung erforderlich ist.[98] Nach § 112 Abs. 2 SGB III sind die Eignung, Neigung, bisherige Tätigkeit sowie die Lage und Entwicklung des Arbeitsmarktes angemessen zu berücksichtigen. Soweit es erforderlich ist, schließt das Verfahren zur Auswahl der Leistung eine Abklärung der beruflichen Eignung oder eine Arbeitsprobe ein.

4. Besondere Leistungen zur Teilhabe behinderter Menschen am Arbeitsleben

96 Als besondere Leistung zur Teilhabe am Arbeitsleben ist in den Eingliederungskatalog der Grundsicherung für Arbeitsuchende lediglich die **Übernahme von Teilnahmekosten** für eine Maßnahme einbezogen (vgl § 16 Abs. 1 S. 3 SGB II iVm § 118 S. 1 Nr. 3 SGB III). Nicht einbezogen sind die besonderen Teilhabeleistungen in Form von Übergangsgeld und von Ausbildungsgeld. Statt dieser Leistungen erhalten erwerbsfähige Leistungsberechtigte, die mit besonderen Teilhabeleistungen gefördert werden, Leistungen zur Sicherung des Lebensunterhalts nach §§ 19 ff SGB II.[99] Die Übernahme von Teilnahmekosten wird grds. als Sachleistung erbracht.[100] Auf Antrag der Leistungsberechtigten können die besonderen Teilhabeleistungen auch als Teil eines trägerübergreifenden Persönlichen Budgets erbracht werden.

Exkurs: Persönliches Budget. Das trägerübergreifende Persönliche Budget soll behinderten Menschen ein eigenverantwortliches und selbstbestimmtes Leben ermöglichen. Anstelle von Dienst- oder Sachleistungen können sie das Persönliche Budget nach § 17 Abs. 2 bis Abs. 4 SGB IX iVm der Budgetverordnung beantragen und die erforderlichen Leistungen selbst „einkaufen“.

97 Nach § 117 Abs. 1 S. 1 iVm § 118 S. 1 Nr. 3 SGB III besteht ein **Rechtsanspruch auf Übernahme der Teilnahmekosten** für eine Maßnahme. Er gilt wegen des Verweises in § 16 Abs. 1 S. 3 SGB II auch im Rechtskreis des SGB II. In Betracht kommen insb. Maßnahmen in besonderen Einrichtungen für behinderte Menschen. In diesen besonderen Einrichtungen (zB BBW, BFW und vergleichbare Einrichtungen der beruflichen Rehabilitation) können auch Aus- und Weiterbildungen außerhalb des BBiG und der HwO gefördert werden (§ 117 Abs. 1 S. 2 SGB III). Zu den besonderen Einrichtungen gehören auch WfbM, wobei SGB II-Leistungen hier wegen fehlender Erwerbsfähigkeit häufig ausscheiden werden (beachte § 43 Abs. 2 S. 3 Nr. 1 SGB VI).

98 Übernahmefähig sind die **Teilnahmekosten** nur, wenn sie **unmittelbar durch** und nicht bloß anlässlich der Teilnahme entstehen.[101] Welche Teilnahmekosten iRd besonderen Leistungen zur Teilhabe am Arbeitsleben übernommen werden, richtet sich nach § 16 Abs. 1 S. 3 SGB II iVm §§ 127 f SGB III. Hiernach gehören zu den Teilnahmekosten

- Kosten nach den §§ 33, 44, 53 und 54 SGB IX,
- Kosten für Sonderfälle der Unterkunft und Verpflegung (§ 128 SGB III),

98 *Zamponi/Kruse* in: LPK-SGB II § 97 Rn 3 mwN.
99 LSG Berlin-Brandenburg 10.3.2009 – L 20 AS 47/09 B ER.
100 *Thie* in: LPK-SGB II Anh. zu § 16 Rn 47.
101 Hauck/Noftz SGB II/*Voelzke* § 16 Rn 392.

- Aufwendungen für erforderliche eingliederungsbegleitende Dienste während der Maßnahme und im Anschluss an die Maßnahme (§ 127 Abs. 2 SGB III) und
- weitere, wegen Art und Schwere der Behinderung unvermeidbare Aufwendungen.

In den **§§ 33, 44, 53 und 54 SGB IX** wird eine Reihe von Leistungen aufgezählt, die nur zum Teil mit dem SGB II vereinbar sind.[102] Zu den mit dem SGB II vereinbaren Leistungen gehören:[103]

- Unterbringungs- und Verpflegungskosten (§ 33 Abs. 7 Nr. 1 SGB IX),
- Lehrgangskosten einschl. Prüfungsgebühren, Lernmittel und Arbeitsausrüstung (§ 33 Abs. 7 Nr. 2 SGB IX),
- Kraftfahrzeughilfe (§ 33 Abs. 8 S. 1 Nr. 1 SGB IX iVm KfzHV),
- Verdienstausfall (§ 33 Abs. 8 S. 1 Nr. 2 SGB IX),
- Arbeitsassistenz (§ 33 Abs. 8 S. 1 Nr. 3 SGB IX),
- Hilfsmittelkosten (§ 33 Abs. 8 S. 1 Nr. 4 SGB IX),
- Kosten für technische Arbeitshilfen (§ 33 Abs. 8 S. 1 Nr. 5 SGB IX),
- Kosten für Wohnungsaufwendungen (§ 33 Abs. 8 S. 1 Nr. 6 SGB IX),
- Rehabilitationssport und Funktionstraining (§ 44 Abs. 1 Nr. 3, 4 SGB IX),
- Reisekosten (§§ 44 Abs. 1 Nr. 5, 53 SGB IX),
- Haushaltshilfe und Kinderbetreuungskosten (§§ 44 Abs. 1 Nr. 6, 54 SGB IX) sowie
- Kranken- und Pflegeversicherungskosten (§ 44 Abs. 2 S. 1 SGB IX).

Bei den **weiteren, wegen Art und Schwere der Behinderung unvermeidbaren Aufwendungen** (§ 127 Abs. 1 S. 2 Alt. 1 SGB III) handelt es sich um einen allgemeinen Auffangtatbestand für Kosten, die nicht von den §§ 33, 44, 53 und § 54 SGB III erfasst sind, aber dennoch für das Erreichen des Teilhabeziels unerlässlich sind.[104]

VIII. Kommunale Eingliederungsleistungen

99 Bei den kommunalen Eingliederungsleistungen handelt es sich um klassische Aufgaben der Kommunen, mit denen eine ganzheitliche und umfassende Betreuung verwirklicht und die Eingliederung in Arbeit unterstützt werden soll. Sie fallen deshalb in den Zuständigkeitsbereich der kommunalen Träger (§ 6 Abs. 1 S. 1 Nr. 2 SGB II). Die jeweilige Leistung muss für die Eingliederung von erwerbsfähigen Leistungsberechtigten in das Erwerbsleben erforderlich sein. Als Leistungen sieht § 16 a SGB II vor:

1. Betreuung minderjähriger oder behinderter Kinder oder die häusliche Pflege von Angehörigen,
2. Schuldnerberatung,
3. Psychosoziale Betreuung und
4. Suchtberatung.

Mit der Betreuung minderjähriger oder behinderter Kinder oder der häuslichen Pflege von Angehörigen soll sichergestellt werden, dass die Aufnahme einer Erwerbstätigkeit nicht an der Erfüllung familiärer Pflichten scheitert. Die **Betreuungs- bzw Pflegeleistungen** werden idR als Sachleistung erbracht. Gleichwohl kann der kommunale Träger auch einen Zuschuss zu den Kosten für die Betreuung bzw häusliche Pflege erbrin-

102 Eicher/Spellbrink SGB II/*Eicher* § 16 Rn 112.
103 Hauck/Noftz SGB II/*Voelzke* § 16 Rn 393.
104 *Zamponi/Kruse* in: SPK-SGB III § 109 Rn 3.

gen.[105] Die Leistungen für die Betreuung minderjähriger oder behinderter Kinder ist **vorrangig gegenüber gleichartigen Leistungen der Kinder- und Jugendhilfe** nach dem SGB VIII. Zwar verweist die Konkurrenzvorschrift des § 10 Abs. 3 S. 2 SGB VIII nicht (mehr) ausdrücklich auf die Betreuungsleistungen nach § 16 a Nr. 1 SGB II. Dies ist indes auf ein redaktionelles Versehen bei der Instrumentenreform 2008 zurückzuführen, als die kommunalen Eingliederungsleistungen in den § 16 a SGB II verlagert wurden.[106] Die Leistungen der häuslichen Pflege nach dem SGB XI sind hingegen vorrangig gegenüber den Pflegeleistungen nach § 16 a Nr. 1 SGB II. Dies ergibt sich aus dem allgemeinen Grundsatz der Nachrangigkeit von Leistungen des SGB II.

100 Zu den kommunalen Eingliederungsleistungen gehören auch die Schuldnerberatung, psychosoziale Betreuung und die Suchtberatung. Diese **Beratungsleistungen** sollen sicherstellen, dass die Eingliederung in Arbeit nicht an besonderen Lebensumständen der erwerbsfähigen Leistungsberechtigten scheitert. Liegen die Voraussetzungen vor, können sie mit gleichartigen Leistungen der Sozialhilfe in Konkurrenz stehen. In Betracht kommen hier die Beratungsleistungen nach § 11 SGB XII sowie die Hilfe zur Überwindung besonderer sozialer Schwierigkeiten nach § 68 SGB XII. Wegen des Nachrangs der Sozialhilfe (§ 2 SGB XII) sind die Beratungsleistungen nach § 16 a SGB II grds. vorrangig. Die Sozialhilfeleistungen können aber ergänzend geleistet werden, weil sie von dem Leistungsausschluss nach § 5 Abs. 2 SGB II bzw seiner spiegelbildlichen Regelung in § 21 SGB XII nicht erfasst sind.

101 Auf der **Rechtsfolgenseite** haben die Jobcenter grds. ein Entschließungs- und Auswahlermessen. Allerdings wird das Ermessen idR eingeschränkt bzw auf Null reduziert sein. Wenn eine kommunale Leistung für die Eingliederung in das Erwerbsleben bereits erforderlich ist, dann dürfte es kaum einen Grund geben, der der Leistungsgewährung entgegensteht.

IX. Einstiegsgeld

102 Das Einstiegsgeld ist ein zeitlich befristeter Zuschuss, der einen finanziellen Anreiz für die Aufnahme einer sozialversicherungspflichtigen Beschäftigung („Kombilohnförderung“) oder einer selbstständigen Erwerbstätigkeit („Gründungsförderung“) schaffen soll. In der Praxis wird das Einstiegsgeld überwiegend als **Gründungsförderung** gewährt. **Voraussetzung** ist nach § 16 b Abs. 1 S. 1 SGB II, dass die zu fördernden erwerbsfähigen Leistungsberechtigten arbeitslos sind und im Zusammenhang mit der Aufnahme einer sozialversicherungspflichtigen Beschäftigung oder hauptberuflichen Selbstständigkeit gefördert werden. Eine geringfügige Beschäftigung oder eine andere Form der nebenberuflichen Erwerbstätigkeit kann mit dem Einstiegsgeld nicht gefördert werden. Die angestrebte Erwerbstätigkeit muss die Arbeitslosigkeit beenden und geeignet sein, die Hilfebedürftigkeit dauerhaft zu überwinden oder zumindest zu reduzieren. Bei Förderung einer hauptberuflichen Selbstständigkeit muss zusätzlich eine positive Erfolgsprognose vorliegen (vgl § 16 c Abs. 3 SGB II). Schließlich setzt das Einstiegsgeld nach § 16 b SGB II voraus, dass es zur Eingliederung in den allgemeinen Arbeitsmarkt erforderlich ist. Dies ist der Fall, wenn es für das Eingliederungsziel keine andere Leistung gibt, welche die öffentlichen Haushalte weniger belastet.[107] Nach § 16 b Abs. 1 S. 2 SGB II kann das Einstiegsgeld auch erbracht werden, wenn die Hilfebedürftigkeit durch oder nach Aufnahme der Erwerbstätigkeit entfällt.

105 BT-Drucks. 16/10810, 47.
106 IE: *Thie* in: LPK-SGB II § 16 a Rn 6.
107 *Thie* in: LPK-SGB II § 16 b Rn 9.

103 Das Einstiegsgeld liegt nach § 16 b Abs. 1 SGB II im Ermessen der Jobcenter. Wird es als laufende Leistung erbracht, dann darf die Bezugsdauer höchstens 24 Monate betragen (§ 16 b Abs. 2 SGB II). Bei der Bemessung der Höhe des Einstiegsgeldes soll die vorherige Dauer der Arbeitslosigkeit sowie die Größe der Bedarfsgemeinschaft berücksichtigt werden. Nähere Regelungen zur Bemessung des Einstiegsgelds finden sich in der Einstiegsgeld-Verordnung (ESGV), die das BMAS aufgrund von § 16 b Abs. 3 SGB II erlassen hat. In der ESGV werden **zwei unterschiedliche Bemessungsverfahren** geregelt, die einzelfallbezogene Bemessung (§ 1 ESGV) sowie die pauschale Bemessung (§ 2 ESGV).[108] Bei der einzelfallbezogenen Bemessung des Einstiegsgelds soll für erwerbsfähige Leistungsberechtigte ein monatlicher Grundbetrag bestimmt werden, der höchstens 50 % des maßgebenden Regelbedarfs betragen darf. Zusätzlich zum Grundbetrag soll bei erwerbsfähigen Leistungsberechtigten, die mindestens zwei Jahre arbeitslos sind oder ein in ihrer Person liegendes Vermittlungshemmnis aufweisen, ein Ergänzungsbetrag von 20 % des Regelbedarfs für Alleinstehende geleistet werden. Für jede weitere leistungsberechtigte Person der Bedarfsgemeinschaft soll darüber hinaus ein Ergänzungsbetrag von jeweils 10 % des Regelbedarfs für Alleinstehende geleistet werden. Der Gesamtbetrag der einzelfallbezogenen Bemessung des Einstiegsgeldes ist auf die Höhe des Regelbedarfs für Alleinstehende beschränkt. Die pauschale Bemessung des Einstiegsgeldes ist möglich, wenn dies zur Eingliederung von besonders zu fördernden Personengruppen erforderlich ist.

X. Leistungen zur Eingliederung von Selbstständigen

104 Mit § 16 c SGB II, der mit der Instrumentenreform 2008 eingeführt wurde, sollten die bisherigen **Hilfen zur Existenzgründung** eigenständig geregelt werden.[109] Der Gründungszuschuss (§§ 93 ff SGB III)[110] wurde daher nicht in den Eingliederungskatalog des SGB II übernommen. Alg II-Beziehende sind zwar nicht vom Gründungszuschuss ausgeschlossen (vgl § 22 Abs. 4 S. 1 SGB III). Da dieser jedoch einen Alg I-Anspruch voraussetzt (§ 93 Abs. 2 S. 1 Nr. 1 SGB III), kommt er nur bei Aufstockern mit Alg I in Betracht.

1. Erfolgsprognose als zusätzliche Voraussetzung für Leistungen an Selbstständige

105 Der § 16 c Abs. 3 SGB II regelt die Erfolgsprognose als **zusätzliche Fördervoraussetzung** für alle Leistungen, die im Rechtskreis des SGB II zur Förderung einer hauptberuflichen Selbstständigkeit erbracht werden. Hierzu gehören insb.

- die Maßnahmen zur Aktivierung und beruflichen Eingliederung durch Heranführung an eine selbstständige Tätigkeit,
- das Einstiegsgeld in Form der Gründungsförderung,
- die begleitenden Hilfen für die Beschaffung von Sachgütern und
- die Beratung und Vermittlung von Kenntnissen und Fertigkeiten.

Die **Erfolgsprognose** muss zwei inhaltliche Fragen klären, nämlich ob eine hauptberufliche Selbstständigkeit vorliegt und ob sie wirtschaftlich tragfähig ist, dh ob sie die Hilfebedürftigkeit innerhalb eines angemessenen Zeitraums dauerhaft überwindet oder verringert. Eine hauptberufliche Selbstständigkeit liegt vor, wenn sie den Mittelpunkt der Erwerbstätigkeit darstellt. Die wirtschaftliche Tragfähigkeit liegt vor, wenn der erzielte Gewinn voraussichtlich wenigstens die Betriebsausgaben deckt.[111] Die wirtschaftliche

108 Ausführlich hierzu: BA-FH Einstiegsgeld, Anm. 4.1.
109 BT-Drucks. 16/10810, 26.
110 Vgl im Einzelnen BA-GA Gründungszuschuss (GZ).
111 Sächsisches LSG 13.10. 2009 – L 3 AS 318/09/ BER.

Tragfähigkeit soll im Regelfall durch eine fachkundige Stelle beurteilt werden (§ 16 c Abs. 3 S. 2 SGB II), zu denen zB Industrie- und Handelskammern, berufsständische Kammern, Fachverbände oder Kreditinstitute gehören. Bei eigener Fachkompetenz können die Jobcenter auf die Stellungnahme einer externen fachkundigen Stelle verzichten. Weiterhin muss die Hilfebedürftigkeit innerhalb eines angemessenen Zeitraums dauerhaft überwunden bzw verringert werden. Bei Leistungsberechtigten, die bereits seit längerem selbstständig sind, gelten als „angemessener" Zeitraum für die Überwindung bzw Verringerung der Hilfebedürftigkeit zwölf Monate, bei Existenzgründern 24 Monate.[112]

2. Begleitende Hilfen in Form von Darlehen und Zuschüssen für Sachgüter

106 Mit den Darlehen und Zuschüssen für Sachgüter (§ 16 c Abs. 1 S. 1 SGB II) soll erreicht werden, dass Existenzgründungen bei guten persönlichen Voraussetzungen und einer tragfähigen Geschäftsidee nicht an fehlender Investitionsfähigkeit scheitern. Neben der positiven Erfolgsprognose ist deshalb weitere **Fördervoraussetzung**, dass die Sachgüter für die selbstständige Tätigkeit notwendig und angemessen sind. **Notwendig** sind Sachgüter, die für die Aufnahme, Ausübung oder den Erhalt einer selbstständigen Tätigkeit während bestehender Hilfebedürftigkeit unerlässlich sind. Die **Angemessenheit** notwendiger Sachgüter beurteilt sich nach den Lebensumständen während des Bezugs von Alg II. Die Sachgüter können insb. dann unangemessen sein, wenn eine preiswerte Alternative zur Erfüllung des betrieblichen Zwecks ebenso geeignet ist.

107 Die Jobcenter können entscheiden, ob sie die Hilfe in Form eines Darlehens oder eines (verlorenen) Zuschusses gewähren. Nach der Gesetzesbegründung soll das Jobcenter im Regelfall ein Darlehen (§ 42 a SGB II) gewähren, sofern dies nicht mit einem unverhältnismäßigen Verwaltungsaufwand verbunden ist oder die Gewährung eines Zuschusses im Einzelfall zielführender ist.[113] Bei der Gewährung von Zuschüssen ist das Auswahlermessen der Jobcenter hinsichtlich der Förderhöhe auf höchstens 5.000 EUR begrenzt (§ 16 c Abs. 1 S. 2 SGB II).

3. Beratung und Vermittlung von Kenntnissen und Fähigkeiten

108 Nach § 16 c Abs. 2 SGB II können leistungsberechtigte Selbstständige durch Beratung und Vermittlung von Kenntnissen und Fähigkeiten gefördert werden. **Fördervoraussetzung** ist, dass die Betroffenen eine selbstständige, hauptberufliche Tätigkeit ausüben und dass die Beratung bzw Vermittlung von Kenntnissen und Fähigkeiten für die weitere Ausübung der selbstständigen Tätigkeit erforderlich ist. In inhaltlicher Sicht beschränken sich die Fördermaßnahmen auf die Vermittlung von Qualifikationen, die erforderlich sind, um speziell mit der Selbstständigkeit verbundene Aufgaben sowie die Rechte und Pflichten der selbstständigen Tätigkeit besser wahrnehmen zu können (zB Unternehmenschecks und evtl damit verbundene Aufbau- und Festigungsberatungen).[114] Nicht erfasst ist die Förderung von berufsfachlichen Qualifikationen. Diese können uU als berufliche Weiterbildung gefördert werden.

109 Die Förderung einer Beratung und Vermittlung von Kenntnissen und Fähigkeiten steht im **Ermessen der Jobcenter**. Die Maßnahme soll durch geeignete Dritte durchgeführt werden. Die Geeignetheit ist im SGB II nicht näher geregelt. Allerdings können die Kriterien für eine Trägerzulassung nach § 178 SGB III als Orientierungshilfe herangezogen werden.

112 BT-Drucks. 16/10810, 47.
113 BT-Drucks. 16/10810, 47.
114 BT-Drucks. 17/6277, 115.

XI. Öffentlich geförderte Beschäftigung (ÖGB)

1. Überblick

110 Die öffentlich geförderte Beschäftigung (ÖGB) wurde mit der Instrumentenreform 2011 vollständig neu geregelt und auf **zwei Instrumente** konzentriert. Dies sind

- die Arbeitsgelegenheiten mit Mehraufwandsentschädigung (§ 16 d SGB II) und
- die Förderung von Arbeitsverhältnissen (§ 16 e SGB II).

Beide Instrumente richten sich an einen arbeitsmarktfernen Personenkreis und verfolgen das Ziel, dessen Beschäftigungsfähigkeit herzustellen, aufrechtzuerhalten oder wiederherzustellen. Als „Zwischenschritt" zum Ziel der Eingliederung in den allgemeinen Arbeitsmarkt sind die ÖGB-Instrumente nachrangig gegenüber Eingliederungsinstrumenten, die eine unmittelbare Aufnahme einer Erwerbstätigkeit auf dem allgemeinen Arbeitsmarkt ermöglichen (vgl § 3 Abs. 1 S. 3 SGB II). Erst wenn der Einsatz der vorrangigen Eingliederungsinstrumente eine unmittelbare Integration in den Ausbildungs- oder Arbeitsmarkt nicht unterstützen kann, sollen ÖGB-Instrumente in Betracht gezogen werden.[115]

2. Arbeitsgelegenheit mit Mehraufwandsentschädigung

a) Allgemeines

111 Ursprünglich beinhaltete § 16 d SGB II zwei Formen von Arbeitsgelegenheiten, nämlich die Arbeitsgelegenheiten mit Mehraufwandsentschädigung und die Arbeitsgelegenheiten in der Entgeltvariante. Letztere wurden iRd **Instrumentenreform 2011** mit den Leistungen der Beschäftigungsförderung (§ 16 e SGB II aF) zu dem neuen Instrument der Förderung von Arbeitsverhältnissen verbunden,[116] so dass § 16 d SGB II nur noch die Arbeitsgelegenheiten mit Mehraufwandsentschädigung regelt. Diese werden in der Praxis häufig als Ein-Euro-Jobs, Zusatzjobs oder MAE bezeichnet. Mit ihnen sollen Leistungsberechtigte, die bereits über einen längeren Zeitraum keine Beschäftigung auf dem allgemeinen Arbeitsmarkt mehr ausgeübt haben, wieder an eine regelmäßige Arbeitstätigkeit gewöhnt werden und es soll erprobt werden, ob sie den sich hieraus ergebenden Belastungen gewachsen sind. [117] Da die Erhaltung und Wiedererlangung der Beschäftigungsfähigkeit nunmehr in § 16 d Abs. 1 SGB II als Ziel der Arbeitsgelegenheiten ausdrücklich genannt ist, ist die bisherige Praxis, die Ein-Euro-Jobs zur Prüfung der Motivation und Arbeitsbereitschaft einzusetzen, nicht mehr aufrecht zu erhalten.

b) Zuweisung in eine Arbeitsgelegenheit mit Mehraufwandsentschädigung

112 Vor der Zuweisung ist zunächst die **Nachrangigkeit der Arbeitsgelegenheiten** zu beachten. Die Jobcenter müssen vor einer Zuweisung prüfen, ob die Eingliederung in den allgemeinen Arbeitsmarkt eher durch Vermittlung, Qualifizierung oder andere Eingliederungsinstrumente erreicht werden kann. Die Arbeitsgelegenheiten sind Ultima Ratio gegenüber Eingliederungsleistungen, die unmittelbar die Aufnahme einer Erwerbstätigkeit auf dem allgemeinen Arbeitsmarkt ermöglichen und dürfen diese nicht ersetzen oder unterlaufen. Diese in § 16 d Abs. 5 SGB II enthaltene Regelung ist eine spezialgesetzliche Ausprägung des Vorranggrundsatzes nach § 3 Abs. 1 S. 3 SGB II.[118]

113 Weitere Voraussetzung für die Zuweisung in eine Arbeitsgelegenheit ist, dass die damit vermittelten Arbeiten bestimmte Anforderungen erfüllen. Nach § 16 d Abs. 1 SGB II müssen die Arbeiten zusätzlich sein, im öffentlichen Interesse liegen und wettbewerbs-

---

115 BT-Drucks. 17/6277, 115.
116 BT-Drucks. 17/6277, 116.
117 BSG 16.12.2008 – B 4 AS 60/07 R.
118 BT-Drucks. 17/6277, 166.

neutral sein. Was unter **zusätzlichen Arbeiten** zu verstehen ist, wird in § 16 d Abs. 2 SGB II definiert. Hiermit soll gewährleistet werden, dass nur solche Arbeiten gefördert werden, die ansonsten nicht oder erst zu einem späteren Zeitpunkt durchgeführt worden wären. Arbeitsgelegenheiten sollen reguläre Arbeitsplätze weder gefährden noch ersetzen. Mithin ist jede Form der Wiederbesetzung von vorübergehend oder dauerhaft frei werdenden Arbeitsplätzen (zB bei Mutterschutz, Urlaubs- oder Krankheitsvertretungen etc.) mit „Ein-Euro-Jobbern" unzulässig. Das Merkmal der Zusätzlichkeit soll weiterhin verhindern, dass Arbeitsgelegenheiten zur Entlastung bei angespannten Haushaltslagen eingesetzt werden.[119]

Praxishinweis: Nach dem BSG erfordert die Zusätzlichkeit keine Begrenzung der wöchentlichen Arbeitszeit. Eine solche Begrenzung sei nicht geeignet, der Gefahr einer Verdrängung regulärer Beschäftigung entgegenzuwirken. Hieraus dürfe aber nicht gefolgert werden, dass bei Arbeitsgelegenheiten regelmäßig eine Vollbeschäftigung möglich sei. Denn Dauer und zeitlicher Umfang einer Arbeitsgelegenheit würden durch das für alle Eingliederungsmaßnahmen geltende ungeschriebene Merkmal der Erforderlichkeit gesteuert.[120]

Das Merkmal des **öffentlichen Interesses** wird in § 16 d Abs. 3 SGB II konkretisiert. Arbeiten liegen demnach im öffentlichen Interesse, wenn das Arbeitsergebnis der Allgemeinheit und nicht überwiegend erwerbswirtschaftlichen Interessen oder den Interessen eines begrenzten Personenkreises dient. Die steuerrechtliche Anerkennung der Gemeinnützigkeit eines Maßnahmeträgers rechtfertigt nicht von vornherein die Annahme, dass auch die von ihm durchgeführten Arbeiten im öffentlichen Interesse liegen.[121] Unschädlich für das öffentliche Interesse ist, wenn das Arbeitsergebnis auch den Maßnahmeteilnehmenden zugutekommt, sofern sichergestellt ist, dass die Arbeiten nicht zu einer Bereicherung einzelner führen.

Das Merkmal der **Wettbewerbsneutralität** ist in § 16 d Abs. 4 SGB II geregelt und hat im Wesentlichen zwei Funktionen: Es soll sichergestellt werden, dass Unternehmen am Markt durch die Schaffung von Arbeitsgelegenheiten keine Wettbewerbsnachteile entstehen. Ferner sollen Arbeitsgelegenheiten reguläre Beschäftigung nicht verdrängen oder beeinträchtigen. Auch darf die Schaffung neuer Arbeitsplätze weder gefährdet noch verhindert werden. Um die Wettbewerbsneutralität vor Ort zu gewährleisten, sind die lokalen Beiräte bei der Auswahl und Gestaltung von Arbeitsgelegenheiten zu beteiligen (§ 16 d Abs. 1 S. 2 SGB II).

114 Die Zuweisung in eine Arbeitsgelegenheit mit Mehraufwandsentschädigung steht im Ermessen der Jobcenter. Dabei sind der zeitliche Umfang und die Zuweisungsdauer maßgeblich durch das Merkmal der Erforderlichkeit der Arbeitsgelegenheit gesteuert. So kann der zeitliche Umfang einer Arbeitsgelegenheit, soweit erforderlich, im Einzelfall auch über 30 Wochenstunden liegen.[122] Für die Bemessung der Zuweisungsdauer sieht § 16 d Abs. 6 SGB II eine Höchstdauer vor. So dürfen erwerbsfähige Leistungsberechtigte innerhalb eines Zeitraums von fünf Jahren nicht länger als insg. 24 Monate in Arbeitsgelegenheiten zugewiesen werden, wobei der Fünfjahreszeitraum mit dem Eintritt in die erste Arbeitsgelegenheit beginnt. Die Zuweisungshöchstdauer gilt nur für Arbeitsgelegenheiten nach Inkrafttreten der Instrumentenreform 2011 (§ 78 SGB II).

c) Anspruch auf Mehraufwandsentschädigung

115 Erwerbsfähige Leistungsberechtigte, die eine Arbeitsgelegenheit wahrnehmen, haben einen Anspruch auf eine angemessene Entschädigung für Mehraufwendungen (§ 16 d Abs. 7 S. 1 SGB II). Der **Anspruch auf Mehraufwandsentschädigung** besteht gegenüber

119 *Stephan/Pananis* NJW 2005, 2178 ff.
120 BSG 18.12.2008 – B 4 AS 60/07 R mwN.
121 BT-Drucks. 17/6277, 115.
122 BSG 18.12.2008 – B 4 AS 60/07 R; aA BVerwG 13.10.1983 – 5 C 67/82.

den Jobcentern und zwar auch dann, wenn die Arbeitsgelegenheit durch einen Maßnahmeträger durchgeführt wird. Die Mehraufwandsentschädigung stellt keinen Arbeitslohn dar, sondern eine Sozialleistung, die nicht zum anrechenbaren Einkommen gehört (§ 11 a Abs. 1 Nr. 1 SGB II) und deshalb zusätzlich zum Alg II geleistet werden muss.

Die **Höhe der Mehraufwandsentschädigung** liegt grds. im Ermessen der Jobcenter. Mit ihr müssen zunächst die arbeitsbedingten Mehraufwendungen gedeckt werden, die nicht vom Regelbedarf zur Sicherung des Lebensunterhalts umfasst sind. Hierzu gehören in erster Linie Fahrtkosten,[123] aber auch Arbeitsbekleidung und zusätzliche Kosten für Körper- bzw Bekleidungsreinigung. Neben der Mehraufwandsentschädigung besteht kein weiterer Anspruch auf Erstattung arbeitsbedingter Mehrbedarfe, insb. nicht auf Erstattung zusätzlicher Fahrtkosten.[124] Ferner muss die Mehraufwandsentschädigung angemessen sein (§ 16 d Abs. 7 S. 1 SGB II). Eine Entschädigung ist nicht unangemessen, wenn sie nicht nur den Mehraufwand vollständig abdeckt, sondern darüber hinaus ein geringer Rest verbleibt, der als Anerkennung für die Aufnahme einer Arbeitsgelegenheit gewertet werden kann.[125]

d) Trägerpauschale für Arbeitsgelegenheiten

116 Träger erhalten auf Antrag eine **Erstattung für die Kosten**, die im Zusammenhang mit der Durchführung einer Arbeitsgelegenheit entstehen (§ 16 d Abs. 8 SGB II). Diese Kostenerstattung umfasst nur die erforderlichen Kosten (Sach- und Personalkosten), einschl. der Kosten, die aus einem besonderen Anleitungsbedarf entstehen.

Praxishinweis: Maßnahmeteile, wie zB Profiling, Stabilisierung, Bewerbungstraining etc. werden ggf gesondert gefördert (zB iRd Leistungen zur Aktivierung und beruflichen Eingliederung).

e) Rechtsbeziehungen der Beteiligten untereinander

117 Die Arbeitsgelegenheiten werden idR nicht bei den Leistungsträgern, sondern bei Dritten eingerichtet. Daher entstehen regelmäßig Rechtsbeziehungen im Dreiecksverhältnis zwischen den Jobcentern und Leistungsberechtigten, den Jobcentern und Dritten sowie den Leistungsberechtigten und Dritten. Zwischen **Jobcentern und Dritten** besteht ein öffentlich-rechtliches Rechtsverhältnis, weil zwischen ihnen idR ein öffentlich-rechtlicher Vertrag (§§ 53 ff SGB X) abgeschlossen wird, der insb. Inhalt, Umfang und Qualität der Arbeitsgelegenheiten sowie die Höhe der Trägerpauschale regelt (§ 17 Abs. 2 S. 1 Nr. 1, 2 SGB II).[126]

118 **Zwischen Jobcentern und Leistungsberechtigten** besteht ein Sozialrechtsverhältnis, so dass der Rechtsweg zu den Sozialgerichten eröffnet ist (§ 51 Abs. 1 Nr. 4 a SGG). Die Zuweisung in die Arbeitsgelegenheit kann unmittelbar durch die Eingliederungsvereinbarung oder durch ein konkretes „Vermittlungsangebot" erfolgen. Dieses konkrete Vermittlungsangebot in eine Arbeitsgelegenheit stellt nach hM einen Verwaltungsakt iSd § 31 SGB X dar.[127]

119 Hinsichtlich der Rechtsbeziehungen **zwischen den Leistungsberechtigten und den Dritten** stellt § 16 d Abs. 7 S. 1 SGB II lediglich klar, dass die Arbeiten weder ein Arbeitsverhältnis im arbeitsrechtlichen Sinne noch ein Beschäftigungsverhältnis im sozialversicherungsrechtlichen Sinne (§ 7 SGB IV) begründen. Die hM geht davon aus, dass zwischen

---

123 Vgl BT-Drucks. 17/6277, 115.
124 BSG 13.11.2008 – B 14 AS 66/07 R.
125 BSG 13.11.2008 – B 14 AS 66/07 R.
126 Zur Frage der Rechtsstellung der Maßnahmeträger siehe: *Jenak* SGb 2010, 8, 9.
127 BSG 13.4.2011 – B 14 AS 101/10 R; 27.8.2011 – B 4 AS 1/10 R; anders beim Angebot einer Trainingsmaßnahme: BSG 19.1.2011 – B 11a/11 AL 39/04; zum Streitstand: *Jenak* SGb 2010, 8.

beiden ein öffentlich-rechtliches Beschäftigungsverhältnis eigener Art begründet wird,[128] so dass bei Streitigkeiten der Rechtsweg zu den Sozialgerichten eröffnet ist.[129]

Hinsichtlich der **Rechtsstellung der Leistungsberechtigten** ordnet zunächst § 16 d Abs. 7 S. 2 Hs 2 SGB II an, dass die Vorschriften über den Arbeitsschutz und das BUrlG mit Ausnahme der Regelungen über das Urlaubsentgelt entsprechend anzuwenden sind. Entsprechend anwendbare arbeitsschutzrechtliche Vorschriften finden sich ferner im ArbZG, JArbSchG, MuSchG und der ArbStättV. Hinsichtlich der zivilrechtlichen Haftung genießen Teilnehmende einer Arbeitsgelegenheit die gleichen Privilegien wie reguläre Arbeitnehmerinnen und Arbeitnehmer (§ 16 d Abs. 7 S. 3 SGB II). In betriebsverfassungsrechtlicher Hinsicht hat das BAG entschieden, dass der Betriebsrat ein Mitbestimmungsrecht bei der Beschäftigung von „Ein-Euro-Jobbern" hat. Auf das Rechtsverhältnis zwischen den Maßnahmeteilnehmenden und dem Betriebsinhaber komme es nicht an.[130]

120 Problematisch ist der Rechtsweg bei sog. unechten Arbeitsgelegenheiten, also **rechtswidrigen Arbeitsgelegenheiten**, welche die Fördervoraussetzungen (idR das Merkmal der Zusätzlichkeit) nicht erfüllen. Teilweise wird vertreten, dass in diesen Fällen ein sog. faktisches Arbeitsverhältnis mit dem Träger entstehe, aus dem ein Anspruch auf reguläre Vergütung erwachse und für das der Rechtsweg zu den Arbeitsgerichten eröffnet sei.[131] Dies ist jedoch abzulehnen, weil bei Trägern und Leistungsberechtigten regelmäßig der Wille fehlt, einen Arbeitsvertrag abzuschließen. Nur wenn die Umstände des Einzelfalls darauf schließen lassen, dass ein Arbeitsvertrag gewollt war, kann auch die Rechtsfigur des faktischen Arbeitsverhältnisses Anwendung finden.[132] Nach der hM kann allerdings ein öffentlich-rechtlicher Erstattungsanspruch gegen die Jobcenter[133] vorliegen. Denn die Arbeitsleistung der Leistungsberechtigten erfolgt unter Verstoß gegen die Fördervoraussetzungen und damit ohne Rechtsgrund, weil das Jobcenter die Arbeitsleistung veranlasst und diese lediglich über einen Träger hat durchführen lassen. Der Erstattungsanspruch ist auf Zahlung des üblichen Entgelts[134] gerichtet und muss vor den Sozialgerichten geltend gemacht werden.

Praxishinweis: Zur Geltendmachung eines Erstattungsanspruchs bei rechtswidrigen Ein-Euro-Jobs muss zunächst ein Widerspruch gegen den Zuweisungsbescheid bzw – im Falle einer bereits abgelaufenen Widerspruchsfrist – ein Überprüfungsantrag gestellt werden. Gleichzeitig ist eine Erstattung der rechtsgrundlos erlangten Arbeitsleistung zu beantragen.

3. Förderung von Arbeitsverhältnissen

a) Förderziele

121 Die Förderung von Arbeitsverhältnissen nach § 16 e SGB II wurde mit der Instrumentenreform 2011 geschaffen und sollte das bisherige Instrument der Arbeitsgelegenheiten in der Entgeltvariante mit den bisherigen Leistungen zur Beschäftigungsförderung verbinden.[135] **Förderungsziel** ist, (beschränkt) sozialversicherungspflichtige Beschäftigungsverhältnisse für langzeitarbeitslose erwerbsfähige Leistungsberechtigte mit multiplen Vermittlungshemmnissen zu schaffen. Als ÖGB ist sie nachrangig gegenüber Eingliede-

128 *Thie* in: LPK-SGB II § 16 d Rn 37 mwN; aA *Rixen/Pananis* NJW 2005, 2177, 2180.

129 Nach der Rspr des BAG (5 AZR 290/07 20.2.2008) ist der Rechtsweg zu den Arbeitsgerichten nur eröffnet, wenn behauptet wird, zwischen Maßnahmeträgern und -teilnehmenden bestehe ein Arbeitsvertrag im arbeitsrechtlichen Sinne.

130 BAG 2.10.2007 – 1 ABR 60/06; ausf. hierzu: *Hannes* Soziale Sicherheit 2009, 314 ff.

131 Eicher/Spellbrink SGB II (2005)/*Eicher*, § 16 Rn 241.

132 *Thie* in: LPK-SGB II § 16 d Rn 35; *Rixen* Soziale Sicherheit 2005, 152, 157; *Jenak* SGb 2010, 8, 13; *Koppenfels-Spieß* NZS 2010, 3, 5 f; BAG 26.9.2007 – 5 AZR 857/06.

133 BSG 13.4.2011 – B 14 AS 98/10 R; 27.8.2011 – B 4 AS 1/19 R.

134 *Rixen* Soziale Sicherheit 2005, 152, 157; *Thie* in: LPK-SGB II § 16 d Rn 35.

135 BT-Drucks. 17/6277, 80.

rungsinstrumenten, welche die unmittelbare Aufnahme einer Erwerbstätigkeit auf dem allgemeinen Arbeitsmarkt ermöglichen (§ 3 Abs. 1 S. 3 SGBII). Daher fällt sie auch nicht unter die Vorrangregelung des § 16 d Abs. 5 SGB II,[136] so dass die Wahl zwischen Arbeitsgelegenheiten mit Mehraufwandsentschädigung und Förderung von Arbeitsverhältnissen grds. im Ermessen der Jobcenter steht. Die Förderung von Arbeitsverhältnissen ist budgetiert (vgl § 46 Abs. 2 S. 3 SGB II).

b) Zuweisung in ein gefördertes Arbeitsverhältnis

122 Voraussetzung für die Zuweisung in ein zuschussgefördertes Arbeitsverhältnis ist zunächst, dass erwerbsfähige Leistungsberechtigte zum **förderungsbedürftigen Personenkreis** gehören. Hierzu müssen sie langzeitarbeitslos und in ihren Erwerbsmöglichkeiten durch mindestens zwei weitere in ihrer Person liegende Vermittlungshemmnisse besonders schwer beeinträchtigt sein (§ 16 e Abs. 3 Nr. 1 SGB II). Als solche Vermittlungshemmnisse kommen zB Alter, Migrationshintergrund, fehlende schulische oder berufliche Qualifikationen, gesundheitliche Einschränkungen oder Sucht- und Schuldenprobleme in Betracht. Mangelnde Mobilität stellt hingegen kein Vermittlungshemmnis dar.[137]

Weitere Voraussetzung ist, dass für einen Zeitraum von mindestens sechs Monaten verstärkte Vermittlungsbemühungen unter Einbeziehung der sonstigen Eingliederungsleistungen stattgefunden haben (§ 16 e Abs. 3 Nr. 2 SGB II). Mit dieser **vorgeschalteten Aktivierungsphase** soll erreicht werden, dass erwerbsfähige Leistungsberechtigte nicht vorschnell und ohne gesicherte Erkenntnisse als nicht (mehr) vermittelbar eingestuft werden.[138] Hierzu sollen die einzelnen Schritte der Aktivierung, insb. die zur Eingliederung in den allgemeinen Arbeitsmarkt zu erbringenden Eingliederungsleistungen, in der Eingliederungsvereinbarung festgehalten werden. Dies dient u.a. dem Nachweis, dass eine Eingliederung in den Arbeitsmarkt mit den herkömmlichen Eingliederungsinstrumenten nicht möglich ist.

Darüber hinaus ist Voraussetzung, dass eine Erwerbstätigkeit auf dem allgemeinen Arbeitsmarkt für die Zuweisungsdauer voraussichtlich nicht möglich ist (§ 16 e Abs. 3 Nr. 3 SGB II). Dies erfordert eine **Prognoseentscheidung** des Jobcenters, an die strenge Anforderungen zu stellen sind.[139] Sie muss sich auf nachprüfbare und objektivierbare Befunde stützen.[140]

Schließlich setzt eine Zuweisung voraus, dass die **individuelle Förderhöchstdauer** nicht überschritten ist (§ 16 e Abs. 3 Nr. 4 SGB II). Für eine erwerbsfähige leistungsberechtigte Person dürfen Zuschüsse nach § 16 e SGB II innerhalb eines Zeitraums von fünf Jahren ab Beginn des ersten zuschussgeförderten Arbeitsverhältnisses höchstens für eine Dauer von 24 Monaten erbracht werden.

123 Die Zuweisung in ein zuschussgefördertes Arbeitsverhältnisses kann für **höchstens 24 Monate** in einem Rahmenzeitraum von fünf Jahren erfolgen. Wenn sich während einer zuschussgeförderten Arbeit herausstellt, dass die BA die erwerbsfähigen Leistungsberechtigten in eine zumutbare Arbeit oder Ausbildung vermitteln kann, oder die Förderung aus anderen Gründen beendet wird, soll die BA die erwerbsfähigen Leistungsberechtigten umgehend abberufen (§ 16 e Abs. 4 S. 1 SGB II).

136 BT-Drucks. 17/6277, 17.
137 BT-Drucks. 16/5715, 7.
138 BT-Drucks. 16/5715, 7.
139 BT-Drucks. 16/5715, 7.
140 BA-AH Leistungen zur Beschäftigungsförderung nach § 16 e SGB II B 1.3.

c) Beschäftigungszuschuss für Arbeitgeber

124 Arbeitgeber können für die Beschäftigung von zugewiesenen erwerbsfähigen Leistungsberechtigten iSd § 16 e Abs. 3 SGB II einen Beschäftigungszuschuss erhalten. Voraussetzung für diesen Beschäftigungszuschuss ist, dass Arbeitgeber einen entsprechenden Antrag stellen und mit den zugewiesenen erwerbsfähigen Leistungsberechtigten ein Arbeitsverhältnis begründen. Hierbei muss es sich – mit Ausnahme der Versicherungspflicht in der Arbeitslosenversicherung (§ 27 Abs. 3 Nr. 5 SGB III) – um ein **sozialversicherungspflichtiges Arbeitsverhältnis** handeln. Minijobs können daher nicht gefördert werden. Hingegen werden eine Vollzeittätigkeit und ein tarifliches bzw ortsübliches Arbeitsentgelt nicht gefordert.

Weitere Voraussetzung für den Beschäftigungszuschuss ist das **Nichtvorliegen eines Förderausschlusses** nach § 16 e Abs. 5 SGB II. Mit den beiden hier normierten Ausschlusstatbeständen sollen Wettbewerbsverzerrungen und die missbräuchliche Inanspruchnahme des Beschäftigungszuschusses vermieden werden. Der erste Ausschlusstatbestand liegt vor, wenn der Verdacht besteht, dass andere Beschäftigte entlassen wurden, um erwerbsfähige Leistungsberechtigte mit Beschäftigungszuschuss einstellen zu können. Mit dem zweiten Ausschlusstatbestand soll verhindert werden, dass eine bereits bisher erfolgte Förderung mit anderen Leistungen durch den Beschäftigungszuschuss abgelöst und damit das Ziel der Förderung von Arbeitsverhältnissen unterlaufen wird. Zum Beispiel sollen Förderungen auf Basis von Integrationsprojekten nach dem SGB IX oder eine Förderung der Länder nicht durch den Beschäftigungszuschuss abgelöst werden.[141] Das Gesetz ordnet den Förderausschluss bereits dann an, wenn Umstände vorliegen, die auf einen der beiden Tatbestände schließen lassen. Hiermit wird die Beweislast zulasten der Arbeitgeber umgekehrt.

125 Die Förderung umfasst nach § 16 e Abs. 1 S. 1 SGB II einen **Zuschuss zum Arbeitsentgelt.** Der bei den früheren Leistungen zur Beschäftigungsförderung vorgesehene Zuschuss zu sonstigen Kosten ist in § 16 e SGB II nicht mehr vorgesehen. Vielmehr sollen die über den Beschäftigungszuschuss hinaus gehenden Kosten des Arbeitsverhältnisses von den Arbeitgebern selbst getragen werden, der hierfür auch Drittmittel einsetzen könne.[142]

Darüber hinaus muss sich die Höhe des Beschäftigungszuschusses nach der Leistungsfähigkeit der erwerbsfähigen leistungsberechtigten Person richten und darf maximal 75 % des berücksichtigungsfähigen Arbeitsentgelts (§ 16 e Abs. 2 S. 2, 3 SGB II) betragen. Der Zuschuss muss zu Maßnahmebeginn in monatlichen Festbeträgen für die Förderdauer festgelegt werden und ist zu vermindern, wenn sich das berücksichtigungsfähige Arbeitsentgelt verringert (§ 16 e Abs. 2 S. 4 SGB II iVm § 91 Abs. 2 SGB III). Zum anderen ergibt sich aus § 16 e Abs. 3 Nr. 4 SGB II, dass die Förderdauer innerhalb einer Rahmenfrist von fünf Jahren insg. höchstens 24 Monate betragen darf. Die früher bei den Leistungen zur Beschäftigungsförderung vorgesehene zweite Förderphase ist nicht mehr möglich.

d) Rechtsbeziehungen zwischen den Beteiligten

126 Wie bei den Arbeitsgelegenheiten entstehen auch bei der Förderung von Arbeitsverhältnissen zwischen den Beteiligten Rechtsbeziehungen im Dreiecksverhältnis. Besonderheiten gegenüber den Arbeitsgelegenheiten bestehen im Hinblick auf die Rechtsbeziehung **zwischen Leistungsberechtigten und Arbeitgebern.** Denn im Gegensatz zu den Arbeitsgelegenheiten werden bei der Förderung nach § 16 e SGB II Arbeitsverhältnisse im ar-

141 BT-Drucks. 16/5715, 9.
142 BT-Drucks. 17/6277, 117.

beitsrechtlichen Sinne geschlossen, so dass im Falle von Rechtsstreitigkeiten aus diesen Arbeitsverhältnissen die Arbeitsgerichte (§ 2 ArbGG) zuständig sind.

Praxishinweis: Für Arbeitsverhältnisse, die nach § 16 e SGB II gefördert werden, gelten einige arbeitsrechtliche Besonderheiten. So können Leistungsberechtigte das Arbeitsverhältnis fristlos kündigen, wenn sie eine Arbeit oder Ausbildung aufnehmen oder an einer Berufsausbildungs- oder beruflichen Weiterbildungsmaßnahme teilnehmen (§ 16 e Abs. 4 S. 2 SGB II). Ferner kann das Arbeitsverhältnis von beiden Parteien fristlos gekündigt werden, wenn die erwerbsfähige leistungsberechtigte Person von der BA nach § 16 Abs. 4 S. 1 SGB II abberufen wird.

XII. Freie Förderung

127 Die Freie Förderung nach § 16 f SGB II wurde mit der Instrumentenreform 2008 ins SGB II aufgenommen. Mit ihr soll den Jobcentern die Möglichkeit gegeben werden, die gesetzlich geregelten Eingliederungsleistungen durch freie Leistungen zu erweitern: Sie erhalten ein „Erfindungsrecht" für individuelle Eingliederungsleistungen, bei dem allerdings die Grenzen des vorrangigen Rechts und das Verhältnis zu anderen Eingliederungsleistungen zu beachten sind. **Fördervoraussetzung** ist zunächst, dass mit der freien Förderung die Möglichkeiten der gesetzlich geregelten Eingliederungsleistungen erweitert werden. Hierzu muss festgestellt werden, dass das Förderziel im konkreten Einzelfall nicht oder nicht in vollem Umfang durch eines der gesetzlich geregelten Eingliederungsinstrumente erreicht werden kann. Die Förderung kann sich unmittelbar an die Leistungsberechtigten oder an Arbeitgeber bzw Träger richten. Ferner muss sie den Zielen und Grundsätzen des SGB II entsprechen und für das im Einzelfall festgestellte Förderziel erforderlich sein. Die freie Förderung ist budgetiert (vgl § 46 Abs. 2 S. 3 SGB II).

128 Die freie Förderung steht im **Ermessen der Jobcenter**. Allerdings verpflichtet § 16 f Abs. 2 S. 6, 7 SGB II die Jobcenter bei Leistungen an Arbeitgeber auf die Vermeidung von Wettbewerbsverfälschungen und bei Projektförderungen auf bundeshaushaltsrechtliche Vorgaben zu achten. Weiterhin wird das Ermessen durch das Umgehungs- und Aufstockungsverbot eingegrenzt, wonach gesetzliche Leistungen durch die freie Förderung weder umgangen noch aufgestockt werden dürfen. Hiermit sollen Grundsatzentscheidungen des Gesetzgebers zur Arbeitsmarktpolitik nicht unterlaufen und Mitnahmeeffekte sowie Wettbewerbsverfälschungen vermieden werden.[143] Das Umgehungs- und Aufstockungsverbot hat vor allem zur Folge, dass Zugang und Förderkonditionen der gesetzlich geregelten Eingliederungsleistungen nicht gelockert werden dürfen, der Katalog der Eingliederungsleistungen im SGB II nicht durch nicht übernommene SGB III-Leistungen erweitert und die gesetzlich vorgeschriebene Aufgabenverteilung (zB durch Übernahme kommunaler Eingliederungsleistungen) nicht unterlaufen werden dürfen. Eine Ausnahme von dem Umgehungs- und Aufstockungsverbot gilt für Langzeitarbeitslose und für unter 25-Jährige mit besonders schwerwiegenden Vermittlungshemmnissen, wenn bei ihnen eine negative Eingliederungsprognose besteht. Schließlich legt § 16 f SGB II den Jobcentern bei der Gewährung von freien Leistungen bestimmte Dokumentations- und Prüfpflichten auf.

143 BT-Drucks. 16/10810, 48.

E. Leistungen zur Sicherung des Lebensunterhalts

I. Arbeitslosengeld II (Alg II)

1. Einführung

§ 19 Abs. 1 S. 1 SGB II ist Rechtsgrundlage für das Alg II, das eine Anspruchsleistung ist. Auch hinsichtlich des **Leistungsumfangs** steht den Jobcentern kein Ermessen zu. Vielmehr bestimmt § 19 Abs. 1 S. 3 SGB II, dass das Alg II Leistungen für 1

- den Regelbedarf,
- die Mehrbedarfe und
- den Bedarf für Unterkunft und Heizung

umfasst. Hieraus folgt gleichzeitig, dass alle anderen im zweiten Abschnitt des dritten Kapitels geregelten Leistungen, insb. die abweichende Erbringung von Leistungen, die Leistungen für Auszubildende und die Leistungen für Bildung und Teilhabe nicht zum Alg II gehören.

Praxishinweis: Ob eine SGB II-Leistung zum Alg II gehört, hat vor allem Bedeutung für den Krankenversicherungsschutz. Denn die Versicherungspflicht in der GKV wird nur durch den Bezug von Alg II ausgelöst, nicht aber durch den Bezug von sonstigen SGB II-Leistungen. Auch bei Kürzungen im Rahmen von Sanktionen ist die Feststellung, ob eine Leistung zum Alg II gehört, von Bedeutung.

2 Das Alg II wird grds. als **Geldleistung** erbracht (§ 4 Abs. 1 Nr. 2 SGB II). Geldleistungen dürfen im SGB II nur dann als Sachleistungen erbracht werden, wenn dies im Gesetz ausdrücklich bestimmt ist. Derartige Ausnahmeregelungen finden sich zB für den Regelbedarf im Fall von Drogen- oder Alkoholabhängigkeit sowie bei unwirtschaftlichem Verhalten (§ 24 Abs. 2 SGB II). Auch die weiteren Leistungen zur Sicherung des Lebensunterhalts werden grds. in Form von Geldleistungen erbracht und dürfen nur ausnahmsweise als Sachleistung gewährt werden. Erlaubt ist dies bei Leistungen für unabweisbare Einmalbedarfe und für Erstausstattungen für die Wohnung, für Bekleidung sowie bei Schwangerschaft und Geburt. Sachleistungen umfassen insb. Gebrauchsgegenstände, Kostenübernahmeerklärungen und Gutscheine.

3 Das Alg II und die weiteren Leistungen zur Sicherung des Lebensunterhalts werden grds. als **Zuschuss** erbracht. Nur in Ausnahmefällen dürfen die Leistungen zur Sicherung des Lebensunterhalts auch als Darlehen erbracht werden. Dies ist der Fall bei unabweisbaren Aufwendungen für Instandhaltung und Reparatur bei selbst genutztem Wohneigentum, der Übernahme von Mietkautionen, der Schuldenübernahme, den Leistungen für unabweisbare Bedarfe, voraussichtlichem Zufluss von Einkommen, der Unmöglichkeit einer sofortigen Vermögensverwertung und Leistungen für Auszubildende in Härtefällen.

Die Vorschrift des § 42 a SGB II beinhaltet Rahmenvorgaben für alle **Darlehen** im SGB II. Der § 42 a Abs. 1 S. 1 SGB II erweitert die Vermögensanrechnung bei darlehensweise gewährten Leistungen auch auf jene Vermögensteile, die grds. iRd Grundfreibeträge sowie des Anschaffungsfreibetrags geschützt sind. Beginn und Höhe der Rückzahlungsverpflichtung während des Leistungsbezugs bestimmen sich nach § 42 a Abs. 2 SGB II. Hiernach wird das Darlehen während des Leistungsbezugs durch monatliche Aufrechnung iHv 10 % des maßgebenden Regelbedarfs getilgt. Dies muss gegenüber den Darlehensnehmern schriftlich durch einen Verwaltungsakt erklärt werden. Nach Beendigung des Leistungsbezugs ist der noch nicht getilgte Darlehensbetrag sofort fällig, wobei über die Rückzahlung eine Vereinbarung getroffen werden soll. Die monatliche Tilgung iHv 10 % des maßgebenden Regelbedarfs gilt nicht bei Darlehen an Auszubildende und bei Darlehen wegen Unmöglichkeit einer sofortigen Vermögensverwertung. Hier gelten Sonderregelungen.

2. Regelbedarfe zur Sicherung des Lebensunterhalts

a) Begriff

4 Die Leistungen für den Regelbedarf sind die **Basisleistung des Alg II** zur Sicherung des Lebensunterhalts. Der Regelbedarf soll die physische und die soziale Seite des sozio-kulturellen Existenzminimums abdecken. Zudem bestimmt § 20 Abs. 1 S. 2 SGB II, dass zum Regelbedarf in vertretbarem Umfang auch eine Teilhabe am sozialen und kulturellen Leben in der Gemeinschaft gehört. Welche Bedarfe im Einzelnen im Regelbedarf enthalten sind, ergibt sich aus dem RBEG. Der Regelbedarf umfasst laufende Bedarfe (zB Ernährung) und einmalige Bedarfe (zB Kleidung). Er wird als monatlicher Pauschalbetrag berücksichtigt. Nicht vom Regelbedarf umfasst sind jene Bedarfe, für die das SGB II zusätzliche Leistungen vorsieht (zB Mehrbedarfe, bestimmte Einmalbedarfe, Bedarfe für Bildung und Teilhabe).

Praxishinweis: Zusätzliche Leistungen für Warmwasseraufbereitung. Die Aufwendungen für die Warmwasseraufbereitung sind seit 1.1.2011 ausdrücklich nicht mehr vom Regelbedarf umfasst (vgl § 20 Abs. 1 S. 1 SGB II). Erfolgt die Warmwasseraufbereitung zentral über die Heizung, dann sind die Kosten bei den Leistungen für Unterkunft und Heizung zu berücksichtigen. Wird das Warmwasser dezentral (zB Boiler) aufbereitet, sieht § 21 Abs. 7 SGB II einen Mehrbedarf vor. Nach der Übergangsvorschrift des § 77 Abs. 6 SGB II müssen die Jobcenter Bewilligungsbescheide, welche die zusätzlichen Leistungen für Warmwasserbereitung seit dem 1.1.2011 nicht berücksichtigen, auch nach Eintritt der Unanfechtbarkeit des Bescheides zurücknehmen und entsprechende Nachzahlungen erbringen.

5 Mit der Regelbedarfsleistung und den ergänzenden Leistungen zur Sicherung des Lebensunterhalts soll der gesamte notwendige Lebensunterhalt in weitgehend pauschalierter Form abgegolten werden (vgl § 3 Abs. 3 Hs 2 SGB II). Mit dieser **Abgeltungswirkung** bricht das SGB II mit der sozialhilferechtlichen Konzeption der Regelsätze, die eine abweichende Festlegung des Regelbedarfs im Einzelfall (nach oben oder nach unten) zulassen (§ 27 a Abs. 4 SGB XII). Den Jobcentern ist dies nicht gestattet. Über die Verwendung der Regelbedarfsleistung entscheiden die Leistungsberechtigten in eigener Verantwortung. Dabei haben sie allerdings zu berücksichtigen, dass sie aus der Regelbedarfsleistung grds. auch Ausgaben für Bedarfe bestreiten müssen, die nur unregelmäßig anfallen (§ 20 Abs. 1 S. 4 SGB II). Dies betrifft insb. langlebige Gebrauchsgüter[1] (zB Kühlschrank), sofern sie nicht ausnahmsweise als Einmalleistung übernommen werden können.

Praxishinweis: Vom Abweichverbot zu unterscheiden ist die kalendertägliche Berechnung der SGB II-Leistungen (§ 41 Abs. 1 SGB II). So dürfen die Jobcenter zB bei zeitweisen Bedarfsgemeinschaften keine Abschläge für einzelne Bedarfe vornehmen, die typischerweise nicht anfallen (zB Bekleidung, Haushaltsgeräte). Aber sie dürfen den Regelbedarf nur anteilig für jeden Kalendertag des Bestehens der zeitweisen Bedarfsgemeinschaft erbringen.

b) Bemessung der Regelbedarfe

6 Wie sich die Regelbedarfe im Einzelnen zusammensetzen, ergibt sich aus dem RBEG, das nach dem **Urteil des BVerfG** vom 9.2.2010 zur Verfassungswidrigkeit der Regelleistungen nach dem SGB II[2] erforderlich geworden war. Mit dem RBEG wurde eine zentrale Anforderung des BVerfG erfüllt, nämlich die Sicherung des Anspruchs auf ein menschenwürdiges Existenzminimum durch ein Parlamentsgesetz.[3] Bis dahin wurde die

1 Vgl BT-Drucks. 17/3404, 97.
2 BVerfG 9.2.2010 – 1 BvL 1/09.
3 Vgl BVerfG 9.2.2010 – 1 BvL 1/09, Rn 136.

Regelleistung auf Grundlage der Regelsatzverordnung nach dem SGB XII bemessen.[4] Um eine weitere Anforderung des BVerfG[5] zu erfüllen, trat das RBEG im Wesentlichen rückwirkend zum 1.1.2011 in Kraft.

Das BVerfG begründete die Verfassungswidrigkeit der Regelleistungen mit einem Verstoß gegen das Grundrecht auf **Gewährleistung eines menschenwürdigen Existenzminimums** (Art. 1 Abs. 1 iVm Art. 20 Abs. 1 GG). Zwar sei die Höhe der Regelbedarfsleistungen nicht evident unzureichend zur Sicherung eines menschenwürdigen Existenzminimums.[6] Die Verfassungswidrigkeit ergebe sich aber daraus, dass der Gesetzgeber die Regelbedarfsleistungen nicht in einem transparenten und sachgerechten Verfahren realitätsgerecht sowie nachvollziehbar auf der Grundlage verlässlicher Zahlen und schlüssiger Berechnungsverfahren bemessen habe.[7] So dürfe der Gesetzgeber von den Strukturprinzipien einer von ihm selbst gewählten Bemessungsmethode nicht ohne tragfähige Begründung abweichen.[8] Insoweit hat es insb. Schätzungen ins Blaue hinein ohne hinreichende Tatsachengrundlagen untersagt. Bei den Kinderregelleistungen hat das BVerfG sogar einen vollständigen Ermittlungsausfall festgestellt. Kinder seien keine kleinen Erwachsenen. Ihr Bedarf habe sich an kindlichen Entwicklungsphasen auszurichten und an dem, was für die Persönlichkeitsentfaltung eines Kindes erforderlich sei.[9]

7 Das Regelsatzurteil des BVerfG sollte (u.a.) mit dem RBEG umgesetzt werden, das Ergebnis zweier Vermittlungsverfahren ist, die mit zwei Beschlussempfehlungen[10] beendet wurden. Das RBEG hält am **Statistikmodell** zur Ermittlung der Regelbedarfe fest. Hierbei werden die Regelbedarfe nach dem Verbrauchsverhalten unterer Einkommensgruppen bemessen. Datengrundlage ist die Einkommens- und Verbrauchsstichprobe (EVS), die vom Statistischen Bundesamt und den Statistischen Landesämtern nach dem PrHaushStatG alle fünf Jahre durchgeführt wird und zuletzt im Jahr 2008 erhoben wurde (EVS 2008). Das BVerfG hat im Statistikmodell eine verfassungsrechtlich zulässige Methode zur realitätsnahen Bestimmung des Existenzminimums für eine alleinstehende Person gesehen. Gegenüber dem Warenkorbmodell habe es den Vorteil, dass es neben dem physischen Existenzminimum auch die erforderlichen Aufwendungen für ein Minimum an gesellschaftlicher Teilhabe messe.[11]

Exkurs: Warenkorb- und Statistikmodell. Das Statistikmodell wurde stufenweise ab dem 1.7.1990 zur Regelsatzbemessung eingeführt und löste das bis dahin verwendete sog. Warenkorbmodell ab, dessen Grundlage ein vom Deutschen Verein erarbeitetes Bedarfsmengenschema (Warenkorb) bildete. Hierbei musste stets ein Konsens mit den Leistungsträgern und anderen Akteuren über Art, Menge, Qualität und preisliche Bewertung der im Warenkorb zu berücksichtigenden Güter gefunden werden.

8 Bereits im Gesetzgebungsverfahren wurde in Zweifel gezogen, dass das RBEG den Vorgaben des Bundesverfassungsgerichtsurteils vom 9.2.2010 entspricht.[12] Dabei stehen im Fokus der **verfassungsrechtlichen Kritik am RBEG** die unzureichende Herausrechnung von Personen mit Einkommen unterhalb der Sozialhilfeschwelle bei der Ermittlung der Referenzgruppe, die Abschläge iRd sog. regelbedarfsrelevanten Verbrauchs, die pauschale Ableitung der Regelbedarfsstufe 3 vom Regelbedarf für Alleinerziehende und die Validität der für die Ermittlung der Kinderregelbedarfe herangezogenen Daten, ein-

4 Zur Regelungshistorie vgl BVerfG 9.2.2010 – 1 BvL 1/09, Rn 40 ff.
5 Vgl BVerfG 9.2.2010 – 1 BvL 1/09, Rn 216.
6 BVerfG 9.2.2010 – 1 BvL 1/09, Rn 151 ff.
7 BVerfG 9.2.2010 – 1 BvL 1/09, Rn 159 ff.
8 BVerfG 9.2.2010 – 1 BvL 1/09, Rn 173.
9 BVerfG 9.2.2010 – 1 BvL 1/09, Rn 188, 190.
10 BT-Drucks. 17/4719, 17/4830.
11 BVerfG 9.2.2010 – 1 BvL 1/09, Rn 162 ff.
12 Vgl etwa Stellungnahme des SoVD, Ausschuss-Drucks. 17(11)309, 84 ff.

schließlich der fehlenden empirischen Grundlagen der Leistungen für den Schulbedarf.[13] Daher beabsichtigen Gewerkschaften und Sozialverbände, Musterklagen gegen die neuen Regelbedarfe zu führen.

c) Fortschreibung der Regelbedarfe

9 Mit der Regelsatzreform wurde die Fortschreibung der Regelbedarfe neu geregelt. Seither werden die Regelbedarfe im SGB II zum 1.1. eines Jahres auf Grundlage der Fortschreibung der sozialhilferechtlichen Regelbedarfe angepasst (§ 20 Abs. 5 S. 1 SGB II iVm § 28 a SGB XII). Die Fortschreibung erfolgt nach dem sog. **Mischindex** aus der bundesdurchschnittlichen Preisentwicklung bei den regelbedarfsrelevanten Gütern und der bundesdurchschnittlichen Nettolohnentwicklung nach der Volkswirtschaftlichen Gesamtrechnung, wobei die regelbedarfsrelevante Preisentwicklung zu 70 % und die Nettolohnentwicklung zu 30 % berücksichtigt werden. Maßgeblich sind jeweils die Veränderungen in dem Zwölfmonatszeitraum, der mit dem 1.7. des vorvergangenen Jahres beginnt und mit dem 30.6. des vergangenen Jahres endet, gegenüber dem davor liegenden Zwölfmonatszeitraum (§ 28 a Abs. 2 S. 1 SGB XII). Der maßgebende Anpassungssatz wird jeweils bis zum 1.11. des Vorjahres im Bundesgesetzblatt bekannt gegeben (§ 20 Abs. 5 SGB II).

10 Die zum 1.1.2011 in Kraft getretenen **Regelbedarfshöhen** wurden auf Basis der EVS 2008 bemessen. Sie wurden abweichend von den Fortschreibungsregelungen des § 28 a SGB II um die Veränderungen aus den Jahresdurchschnittswerten des Jahres 2009 gegenüber 2008 fortgeschrieben, so dass die zum 1.1.2011 in Kraft getretenen Regelbedarfshöhen die Preis- und Nettolohnentwicklung lediglich bis zum Dezember 2009 berücksichtigten. Der Anpassungssatz betrug 0,55 % (§ 7 Abs. 2 RBEG).

Das bis zum Regelfortschreibungszeitraum fehlende halbe Jahr bis 30.6.2010 wurde erst bei der Regelbedarfsanpassung zum **1.1.2012** berücksichtigt. Diese Regelbedarfsanpassung berücksichtigt mithin ausnahmsweise zwei Zeiträume, nämlich die Preis- und Lohnentwicklung vom 1.1.2010 bis zum 30.6.2010, für die der Anpassungssatz 0,75 %[14] beträgt (§ 138 Nr. 1 SGB XII), und die Preis- und Lohnentwicklung vom 1.7.2010 bis zum 30.6.2011, für die der Anpassungssatz 1,99 %[15] beträgt.

d) Höhe der Regelbedarfe im Einzelnen

11 Die **Regelbedarfe im SGB II** sind abhängig vom Alter, der Bedarfssituation und der Zusammensetzung der Bedarfsgemeinschaft:

Regelbedarfe im SGB II seit dem 1.1.2012[16]

Regelbedarf für	
Alleinstehende, Alleinerziehende und Personen mit minderjährigem Partner	374 EUR
volljährige Partner (jeweils)	337 EUR
sonstige volljährige Angehörige der Bedarfsgemeinschaft	299 EUR
sonstige minderjährige Angehörige der Bedarfsgemeinschaft ab 14 Jahren	287 EUR

13 Vgl u.a. *Münder* (2011), *Becker* (2011); SoVD-Stellungnahme, Ausschuss-Drucks. 17(11)309, 84 ff; *Palsherm* Soziale Sicherheit 2011, 63 ff; aA *Groth*, NZS 2011, 571 ff.
14 BR-Drucks. 543/11, 6 ff.
15 Vgl. BR-Drucks. 543/11, 8 ff.
16 Vgl Bek. Vom 20.10.2011 (BGBl. I 2011, 2093).

Regelbedarf für	
Kinder zwischen 6 und unter 14 Jahren	251 EUR
Kinder unter 6 Jahren	219 EUR
unter 25-Jährige mit reduziertem Regelbedarf	299 EUR

Der Regelbedarf für Alleinstehende, Alleinerziehende und Personen mit minderjährigem Partner nach § 20 Abs. 2 S. 1 SGB II entspricht der sozialhilferechtlichen Regelbedarfsstufe 1. **Alleinstehende** sind Personen, die nicht in einer Bedarfsgemeinschaft mit einem Partner leben. Alleinstehend kann auch sein, wer zwar einen (Ehe-)Partner hat, von diesem aber dauernd getrennt lebt. 12

Praxishinweis: Kinder gehören der elterlichen Bedarfsgemeinschaft an, bis sie 25 Jahre alt werden. Ziehen sie vorher in eine eigene Wohnung und haben sie dafür keine vorherige Zusicherung vom Jobcenter erhalten, haben sie, obwohl sie „alleinstehend" sind, nur Anspruch auf den reduzierten Regelbedarf in Höhe des Regelbedarfs für sonstige volljährige Angehörige der Bedarfsgemeinschaft.

In Anlehnung an den Mehrbedarf für Alleinerziehende (§ 21 Abs. 3 SGB II) sind Personen **alleinerziehend**, wenn sie mit einem oder mehreren minderjährigen Kindern in einem gemeinsamen Haushalt leben und allein für deren Pflege und Erziehung sorgen.

Leistungsberechtigte, die mit einem **minderjährigen Partner** in einer Bedarfsgemeinschaft leben, erhalten den vollen Regelbedarf iHv 374 EUR. Der minderjährige Partner erhält den Regelbedarf für sonstige Angehörige der Bedarfsgemeinschaft. Wird er volljährig, erhalten beide den Regelbedarf für Partner.

Der Regelbedarf für **volljährige Partner** (§ 20 Abs. 4 SGB II) entspricht der sozialhilferechtlichen Regelbedarfsstufe 2 und beträgt (jeweils) 90 % des Regelbedarfs für Alleinstehende, so dass Partnern zusammen 180 % des Regelbedarfs für Alleinstehende zusteht. Dies gilt auch bei volljährigen Partnern unter 25 Jahren, die noch im Haushalt der Eltern bzw eines Elternteils leben.[17] Der um 20 Prozentpunkte reduzierte Bedarf bei Partnern wird damit begründet, dass bestimmte in den Regelbedarfen enthaltene Generalunkosten in einem gemeinsamen Haushalt nur einmal anfallen (zB Energie für Haushaltsgeräte, kleine Instandhaltungen). Das BVerfG hat diese pauschale Kürzung unter Verweis auf entsprechende Berechnungen des Deutschen Vereins als ausreichend empirisch belegt angesehen.[18] 13

Der Regelbedarf für **sonstige erwerbsfähige Angehörige der Bedarfsgemeinschaft** ist für Personen maßgebend, die mit einer erwerbsfähigen leistungsberechtigten Person in Bedarfsgemeinschaft leben und weder volljährige Partner sind noch zu den Kindern unter 14 Jahren gehören. Über § 23 SGB II gilt dieser Regelbedarf auch für diejenigen sonstigen Angehörigen der Bedarfsgemeinschaft, die nicht erwerbsfähig sind und deshalb Anspruch auf Sozialgeld haben. § 20 Abs. 2 S. 2 SGB II unterscheidet zwei Regelbedarfsstufen, den Regelbedarf 14

1. für sonstige minderjährige Angehörige der Bedarfsgemeinschaft ab 14 Jahren und
2. für sonstige volljährige Angehörige der Bedarfsgemeinschaft.

Der Regelbedarf für sonstige minderjährige Angehörige entspricht der sozialhilferechtlichen Regelbedarfsstufe 4 und wurde eigenständig ermittelt. Demgegenüber entspricht

17 BA-FH zu § 20 SGB II Rn 20.18.
18 BVerfG vom 9.2.2010 – 1 BvL 1/09, Rn 189.

der Regelbedarf für sonstige volljährige Angehörige einem Anteil von 80 % des Regelbedarfs für Alleinstehende und damit der sozialhilferechtlichen Regelbedarfsstufe 3.

Praxishinweis: Beim Regelbedarf für sonstige minderjährige Angehörige der Bedarfsgemeinschaft ab 14 Jahren ist die Besitzschutzregelung des § 77 Abs. 4 Nr. 1 SGB II zu beachten: Die Neubemessung und Fortschreibung dieses Regelbedarfs zum 1.1.2012 hätte eigentlich einen Bedarf iHv 283 EUR[19] ergeben. Der höhere, nach alter Rechtslage berechnete Regelbedarf gilt solange fort, bis die regelmäßige Fortschreibung einen höheren Bedarfssatz ergibt.

15 Für **unter 15-jährige Kinder mit Anspruch auf Sozialgeld** sieht § 23 Nr. 1 SGB II drei Regelbedarfe vor, die den sozialhilferechtlichen Regelbedarfsstufen 4 bis 6 entsprechen. Wegen des Regelsatzurteils des BVerfG wurden diese Regelbedarfe nicht mehr pauschal von den Erwachsenenbedarfen abgeleitet, sondern eigenständig ermittelt. Dabei wurden die Verbrauchsausgaben von Familienhaushalten zugrunde gelegt. Da der überwiegende Teil der hier ausgewiesenen Verbrauchsausgaben nicht direkt und unmittelbar auf Erwachsene und Kinder aufgeteilt werden können, musste die Verteilung normativ festgelegt werden. Dies erfolgte auf Grundlage der Studie „Kosten eines Kindes", die im Auftrag des BMFSFJ erstellt wurde.[20] Zu diesen Regelbedarfen im Einzelnen s.u. Rn 187 f.

16 Um zu verhindern, dass unter 25-jährige Kinder durch einen Auszug aus dem elterlichen Haushalt ohne besonderen Grund eine eigene Bedarfsgemeinschaft begründen und damit den Regelbedarf für Alleinstehende beanspruchen können, sieht § 20 Abs. 3 SGB II für diese Fälle einen **reduzierten Regelbedarf** in Höhe des Regelbedarfs für sonstige volljährige Angehörige der Bedarfsgemeinschaft vor. Voraussetzung dafür ist, dass der Umzug des unter 25-jährigen Kindes ohne vorherige Zusicherung des kommunalen Trägers nach § 22 Abs. 5 SGB II erfolgt ist. Da die Regelung ausschließlich auf den Regelbedarf für Alleinstehende Bezug nimmt, ist sie nicht anzuwenden, wenn unter 25-jährige Leistungsberechtigte aus dem Elternhaus ausziehen, um mit einem volljährigen Partner eine Bedarfsgemeinschaft zu begründen.

e) Problemfälle bei der Bestimmung der Regelbedarfe

17 Problematisch ist die Bestimmung des maßgebenden Regelbedarfs, wenn eine Person mehreren Bedarfsgemeinschaften zugeordnet werden kann oder wenn in einer Bedarfsgemeinschaft Ansprüche aus dem SGB II und dem SGB XII zusammentreffen. Insoweit können die folgenden Konstellationen unterschieden werden:

- zeitweise Bedarfsgemeinschaften,
- überlappende Bedarfsgemeinschaften und
- gemischte Bedarfsgemeinschaften.

18 Die Rechtsfigur der **zeitweisen Bedarfsgemeinschaft** hat das BSG[21] für Fälle entwickelt, in denen Kinder getrennt lebender Eltern in einer gewissen Regelmäßigkeit länger als einen Tag bei dem einen (nur) umgangsberechtigten Elternteil wohnen. Bei den Kosten, die durch die Ausübung des Umgangsrechts entstehen, ist einerseits zwischen den Kosten des Elternteils und denen des zeitweise zu dessen Bedarfsgemeinschaft gehörenden Kindes und andererseits zwischen der Art der Kosten zu unterscheiden. Die Fahrtkosten, die dem Elternteil oder dem Kind durch die Ausübung des Umgangsrechts entstehen, sind nach hM nicht vom Regelbedarf umfasst und müssen gesondert erbracht werden. Die zusätzlichen Lebenshaltungskosten des Kindes während der Ausübung des Umgangsrechts sind nicht vom Regelbedarf an den Elternteil umfasst, sondern müssen als Kosten des Kindes durch anteilige Regelbedarfsleistungen gedeckt werden.[22] Dabei

19 BR-Drucks. 543/11, 11.
20 BT-Drucks. 17/3404, 64.
21 BSG 7.11.2006 – B 7 b AS 14/06 R.
22 Ausf.: *Münder* NZS 2008 – 621 f.

wird der für das Kind maßgebende Regelbedarf nur für die Tage gewährt (vgl § 41 Abs. 1 S. 1 SGB II), in denen es mit seinem Elternteil in einer zeitweisen Bedarfsgemeinschaft lebt.[23] Um Doppelleistungen zu verhindern, sollen den beiden Bedarfsgemeinschaften nur entsprechend anteilige Leistungen bewilligt werden.[24]

Exkurs: Die zeitweise Bedarfsgemeinschaft begegnet erheblichen Umsetzungsproblemen, die nach dem BSG aber hinzunehmen sind.[25] So ist fraglich, ob die Hilfebedürftigkeit des Kindes in der zeitweisen Bedarfsgemeinschaft ausgeschlossen ist, wenn es den notwendigen Lebensunterhalt mit Mitteln bestreiten könnte (zB Kindergeld, Unterhaltsvorschuss, Sozialgeld), die in vollem Umfang dem anderen sorgeberechtigten Elternteil zufließen und dem Kind zur Wahrnehmung des Umgangsrechts „mitgegeben" werden könnten. Teilweise wird vertreten, der umgangsberechtigte Elternteil habe die Kosten, die sein ehemaliger Partner durch die zeitweise Abwesenheit des Kindes spart, iRd Grundsatzes des Forderns ggf zivilgerichtlich geltend zu machen.[26] Demgegenüber vertritt die herrschende Rechtsprechung die Auffassung, dass das Kind in einer zeitweisen Bedarfsgemeinschaft hilfebedürftig ist, soweit ihm die zur Deckung seines Lebensunterhalts notwendigen Mittel tatsächlich nicht zur Verfügung stehen.[27]

19 Problematisch ist die Bestimmung der maßgebenden Regelbedarfe auch bei **überlappenden Bedarfsgemeinschaften,** dh wenn eine Person gleichzeitig zwei Bedarfsgemeinschaften zugeordnet werden kann. Dies ist der Fall, wenn ein unter 25-jähriges unverheiratetes Kind mit einem Partner (Partnerfälle) oder mit einem eigenen Kind (Drei-Generationen-Fälle) im Haushalt der Eltern lebt. In beiden Fällen ist der (neuen) Bedarfsgemeinschaft mit dem eigenen Kind bzw dem Partner der Vorzug zu geben, so dass dem unter 25-jährigen Kind entweder der Regelbedarf für Alleinstehende oder für Partner zusteht.

20 Mit **gemischten Bedarfsgemeinschaften** werden vor allem Konstellationen bezeichnet, in denen Alg II-Beziehende und Beziehende von Leistungen der Grundsicherung im Alter und bei Erwerbsminderung nach dem SGB XII eine Bedarfsgemeinschaft bilden.[28] Gemischte Bedarfsgemeinschaften können bei Partnern oder bei Eltern und deren unter 25-jährigen Kindern auftreten. Problematisch sind diese Fälle dann, wenn die zT unterschiedlichen Regelungen im SGB II und SGB XII zur Bestimmung des maßgebenden Regelbedarfs dazu führen, dass der gemischten Bedarfsgemeinschaft niedrigere oder höhere Gesamtleistungen zustehen als bei „echten" Bedarfsgemeinschaften. Mit der weitgehenden Angleichung der sozialhilferechtlichen Regelungen zur Bestimmung der Regelbedarfe an das SGB II-Modell iRd Regelsatzreform im Jahr 2011 wurde das Problem der Regelbedarfe in gemischten Bedarfsgemeinschaften entschärft.

Problematisch sind gemischte Bedarfsgemeinschaften, wenn ein Partner minderjährig ist. Denn das SGB II regelt für eine Bedarfsgemeinschaft **mit einem minderjährigen Partner** eine Aufteilung der Gesamtleistung iHv 180 % in einen Regelbedarf iHv 100 % für den volljährigen Partner und 80 % für den minderjährigen Partner (vgl § 20 Abs. 2 SGB II). Demgegenüber sieht das SGB XII auch für diese Fälle eine Aufteilung der Gesamtleistung iHv jeweils 90 % vor (§ 8 Abs. 1 Nr. 2 RBEG iVm Anlage zu § 28 SGB XII). Je nach Fallgestaltung kann die Gesamtleistung somit nur 170 % oder sogar 190 % betragen. Hier sind die SGB II-Regelungen zur Aufteilung der Regelbedarfe im SGB XII analog anzuwenden.[29]

Praxishinweis: Kinder im Rechtskreis des SGB II können ab 25 Jahren den Regelbedarf für Alleinstehende beanspruchen. Demgegenüber erhalten Kinder mit Anspruch auf Leistungen der Grundsicherung bei Erwerbsminderung auch nach Vollendung des 25. Lebensjahres nur 80 %

23 LSG NRW 21.4.2008 – L 20 AS 112/06.
24 LSG NRW 21.4.2008 – L 20 AS 112/06; kritisch: *Mrozynski* SGb 2009, 453.
25 BSG 7.11.2006 – B 7 b AS 14/06 R; zu den Umsetzungsproblemen: *Münder* NZS 2008, 621 f.
26 LSG Niedersachsen-Bremen 14.3.2006 – L 7 AS 363/05 ER.
27 LSG NRW 21.4.2008, L 20 AS 112/06.
28 Ausf. hierzu: Berendes NZS 2008, 634–639.
29 Vgl zur gemischten Bedarfsgemeinschaft bei volljährigen Partnern: BSG 16.10.2007 – B 8/9 b SO 2/06 R.

des Regelbedarfs für Alleinstehende (Regelbedarfsstufe 3), solange sie bei den Eltern leben und keinen eigenen Haushalt führen. Die Bundesregierung beabsichtigt derzeit nicht, diese Ungleichbehandlung zu korrigieren.[30]

3. Leistungen für Mehrbedarfe

a) Überblick

21 Für bestimmte Bedarfe, die durch besondere Lebensumstände entstehen und die nicht von den pauschalierten Regelbedarfen umfasst sind, sieht das SGB II Mehrbedarfe vor. Die Leistungen für Mehrbedarfe sind Bestandteil des Alg II bzw Sozialgeldes und werden nur für die in §§ 21, 23 Nr. 4 SGB II bezeichneten, **typisierten zusätzlichen Bedarfe** erbracht. Erfasst werden Mehrbedarfe

- für werdende Mütter,
- für Alleinerziehende,
- für behinderte Leistungsberechtigte bei Leistungen zur Teilhabe am Arbeitsleben,
- wegen kostenaufwendiger Ernährung,
- für unabweisbare, laufende, besondere Bedarfe,
- für Warmwasser bei dezentraler Warmwassererzeugung und
- für nicht erwerbsfähige Leistungsberechtigte mit einer erheblichen Gehbehinderung.

Die in § 21 SGB II geregelten Mehrbedarfsleistungen für erwerbsfähige Leistungsberechtigte gelten auch für nicht erwerbsfähige Leistungsberechtigte mit Anspruch auf Sozialgeld (§ 19 Abs. 1 iVm §§ 21, 23 SGB II). Demgegenüber gilt der in § 23 Nr. 4 SGB II normierte Mehrbedarf wegen einer erheblichen Gehbehinderung nur für nicht erwerbsfähige Leistungsberechtigte. Auch Auszubildende, deren Ausbildung iRd BAföG oder der Berufsausbildungsbeihilfe dem Grunde nach förderungsfähig ist und die deshalb grds. von den Leistungen zur Sicherung des Lebensunterhalts ausgeschlossen sind, können bei Hilfebedürftigkeit Leistungen für nicht ausbildungsbedingte Mehrbedarfe beanspruchen (vgl § 27 Abs. 2 SGB II).

Praxishinweis: Das BSG hat eine analoge Anwendung des Mehrbedarfs wegen außergewöhnlicher Gehbehinderung auf erwerbsfähige Leistungsberechtigte abgelehnt, weil der regelungshistorische Anknüpfungspunkt für diese Mehrbedarfsleistung nicht das Vorliegen einer Gehbehinderung, sondern die alters- bzw gesundheitsbedingte Erwerbsunfähigkeit ist.[31] Eine Gehbehinderung kann uU einen Mehrbedarf für unabweisbare, laufende Sonderbedarfe begründen.[32]

22 Die Leistungen für Mehrbedarfe werden – mit Ausnahme der Leistungen für Mehrbedarfe wegen kostenaufwendiger Ernährung und wegen eines unabweisbaren, laufenden, besonderen Bedarfs – in Form eines pauschalen Prozentsatzes des Regelbedarfs nach § 20 SGB II gewährt. Die **Summe der Mehrbedarfe** darf die Höhe des für den Leistungsberechtigten maßgebenden Regelbedarfs nicht übersteigen (§ 21 Abs. 7 SGB II). Besteht der Anspruch nicht für den vollen Kalendermonat, werden auch die Leistungen für Mehrbedarfe anteilig für jeden Tag der Anspruchsberechtigung erbracht (vgl § 41 SGB II).

b) Mehrbedarf für werdende Mütter

23 Schwangere Leistungsberechtigte erhalten zu Beginn der 13. Schwangerschaftswoche einen Mehrbedarf iHv **17 % des für die Betroffene maßgebenden Regelbedarfs** (§ 21

30 Vgl Antwort des Staatssekretärs Hoofe vom 15.7.2011, BT-Drucks. 17/6658, 33. Eine Ungleichbehandlung und damit einen Verstoß gegen Art. 3 GG hat auch das SG Aachen 13.12.2011 – S 20 SO 79/11 mit ausführlicher Begründung verneint. A.A. SG Dessau-Rosslau 8.3.2012 – S 10 SO 13/12 ER.

31 BSG 18.2.2010 – B 4 AS 29/09 R.

32 BSG 18.2.2010 – B 4 AS 29/09 R.

Abs. 2 SGB II). Der Anspruch besteht bis zum Tag der Geburt des Kindes und wird im Geburtsmonat folglich anteilig erbracht (§ 41 Abs. 1 SGB II). Inhaltlich umfasst er Bedarfe, die durch die Schwangerschaft zusätzlich anfallen (zB zusätzliche Aufwendungen für Ernährung, Körperpflege und Reinigung der Wäsche, Informationsschriften mit Blick auf die Mutterschaft).[33] Nicht umfasst sind die Aufwendungen für Erstausstattungen bei Schwangerschaft (zB Umstandskleidung), die nach § 24 Abs. 3 Nr. 2 SGB II als einmalige Leistungen gewährt werden. Die Hilfen bei Schwangerschaft und Mutterschaft nach § 50 SGB XII sind nicht von dem Ausschluss nach § 5 Abs. 2 SGB II, § 21 SGB XII erfasst und können daher zusätzlich gewährt werden, soweit die Leistungen nicht bereits von der Krankenversicherung erbracht werden.

c) Mehrbedarf für Alleinerziehende

24 Nach § 21 Abs. 3 SGB II haben Alleinerziehende von minderjährigen Kindern Anspruch auf einen Mehrbedarf. Dieser Anspruch entsteht ab dem Tag der Entbindung und endet mit dem Tag, an dem das Kind volljährig wird. Der Mehrbedarf für Alleinerziehende knüpft an die sozialhilferechtliche Vorgängerregelung an und soll insb. dem Umstand Rechnung tragen, dass Alleinerziehende wegen der Sorge für ihre Kinder weniger Zeit haben, preisbewusst einzukaufen und zugleich höhere Aufwendungen zur Kontaktpflege und zur Unterrichtung in Erziehungsfragen tragen müssen.[34] Das Merkmal **Alleinerziehende** erfordert nach § 21 Abs. 3 SGB II zwei Voraussetzungen, nämlich das Zusammenleben mit minderjährigen Kindern einerseits und die alleinige Sorge für deren Pflege und Erziehung andererseits. Maßgeblich sind hierbei ausschließlich die tatsächlichen Verhältnisse. Es kommt also nicht darauf an, wer im rechtlichen Sinne sorgeberechtigt ist (§§ 1626 ff BGB). Ebenso wenig kommt es darauf an, ob der/die Alleinerziehende mit den Kindern eine Bedarfsgemeinschaft bildet; entscheidend ist allein das Zusammenleben mit den Kindern in einer Haushaltsgemeinschaft.[35] Mithin können auch andere Personen als die leiblichen Eltern alleinerziehend sein, so zB die Pflegeeltern[36] oder Verwandte bzw Verschwägerte. Auch bei Partnern kann einer der beiden Alleinerziehender sein, wenn der andere Partner nicht an der Kindererziehung wesentlich mitwirkt; eine gesetzliche Vermutung, dass der Partner sich beteiligt, besteht nicht.[37]

Problematisch ist das Merkmal „alleinerziehend", wenn sich **getrennt lebende Eltern** die Kindererziehung teilen. Das BSG hat das „Alles-oder-Nichts-Prinzip" in Fällen verworfen, in denen getrennt lebende Eltern sich die Kindererziehung im wöchentlichen Wechsel jeweils zur Hälfte teilen. Hier sei die Mehrbedarfsleistung für Alleinerziehende in hälftiger Höhe zu gewähren, weil sich die fehlende Arbeitsteilung mit einem Partner in der Betreuungswoche erheblich auswirke.[38] Laut BSG kann diese Entscheidung nicht auf Gestaltungen übertragen werden, bei denen ein abweichender Anteil der Betreuungsleistungen praktiziert wird oder bei denen sich die Betreuung in kürzeren als wöchentlichen Intervallen vollzieht.[39]

Problematisch ist das Merkmal der Alleinerziehenden, wenn ein **minderjähriges Kind mit einem eigenen Kind** im Haushalt eines alleinstehenden Elternteils lebt. Hier kommt der Mehrbedarf sowohl bzgl des minderjährigen Kindes als auch bzgl dessen Kindes in Betracht. Die BA vertritt hier die Auffassung, dass der alleinstehende Elternteil für sein

33 Schellhorn/Schellhorn/Hohm SGB XII/*Schellhorn* § 30 Rn 12.
34 BT-Drucks. 10/3079, 5.
35 BSG 27.1.2009 – B 14/7 b AS 8/07 R.
36 So BSG 27.1.2009 – B 14/7 b AS 8/07 R, das entgegen einer teilweise vertretenen Auffassung in der Gewährung von Leistungen zum Unterhalt des Kindes nach § 39 SGB VIII kein Hindernis für die Mehrbedarfsleistungen wegen Alleinerziehung sieht (Rn 16 mwN).
37 LSG NRW 23.3.2010 – L 19 AS 155/10 B.
38 BSG 3.3.2009 – B 4 AS 50/07 R; aA LSG NRW 13.9.2007 – L 7 AS 41/07 mwN.
39 Vgl BSG 3.3.2009 – B 4 AS 50/07 R; 2.7.2009 – B 14 AS 54/08 R.

minderjähriges Kind keinen Mehrbedarf wegen Alleinerziehung beanspruchen kann. Nach den tatsächlichen Lebensverhältnissen sei davon auszugehen, dass ein Mehrbedarf wegen Alleinerziehung durch ein Kind, das selbst ein Kind hat, nicht mehr verursacht wird.[40]

25 Die **Höhe des Mehrbedarfs** beträgt abhängig vom Alter und der Anzahl der minderjährigen Kinder 12, 24, 36, 48 % und maximal 60 % des für Alleinerziehende maßgebenden Regelbedarfs. Nach § 21 Abs. 3 Nr. 1 SGB II beträgt der Mehrbedarf 36 % des für Alleinerziehende maßgebenden Regelbedarfs, wenn die alleinerziehende Person mit einem Kind unter sieben Jahren oder mit zwei oder drei Kindern unter 16 Jahren zusammenlebt. Alternativ beträgt er nach § 21 Abs. 3 Nr. 2 SGB II für jedes minderjährige Kind 12 % des für Alleinerziehende maßgebenden Regelbedarfs, wenn sich dadurch ein höherer Prozentsatz als nach der Nr. 1 ergibt. Der Mehrbedarf ist auf maximal 60 % begrenzt. Aus dieser kompliziert aufgebauten Regelung lassen sich die folgenden Mehrbedarfsleistungen ableiten: Für

- ein Kind unter sieben Jahren: 36 % des Regelbedarfs für Alleinerziehende,
- ein Kind ab sieben Jahren: 12 % des Regelbedarfs für Alleinerziehende,
- zwei Kinder unter 16 Jahren: 36 % des Regelbedarfs für Alleinerziehende,
- zwei Kinder ab 16 Jahren: 24 % des Regelbedarfs für Alleinerziehende,
- drei Kinder: 36 % des Regelbedarfs für Alleinerziehende,
- vier Kinder: 48 % des Regelbedarfs für Alleinerziehende,
- fünf und mehr Kinder: 60 % des Regelbedarfs für Alleinerziehende.

d) Mehrbedarf für behinderte Leistungsberechtigte

26 Nach § 21 Abs. 4 S. 1 SGB II haben behinderte Leistungsberechtigte Anspruch auf einen Mehrbedarf, wenn sie bestimmte Leistungen zur Teilhabe am Arbeitsleben bzw Eingliederungsleistungen erhalten. Hiermit soll der zusätzliche Bedarf abgedeckt werden, der mit der Teilnahme an einer dieser Maßnahmen für **Menschen mit Behinderungen** zusammenhängt. Nach dem Gesetzeswortlaut haben nur behinderte Menschen Anspruch auf die Mehrbedarfsleistung. Die BA schließt hieraus, dass erwerbsfähige Leistungsberechtigte, die von einer Behinderung bedroht sind (§ 2 Abs. 1 S. 2 SGB IX), keinen Anspruch auf die Mehrbedarfsleistungen nach § 21 Abs. 4 SGB II haben.[41] Die Behinderung muss nicht gesondert nachgewiesen werden, wenn ein aktueller Bescheid über die Teilhabeleistungen bzw Eingliederungshilfe vorgelegt wird.[42]

27 Weitere Voraussetzung für den Mehrbedarf ist, dass die Leistungsberechtigten bestimmte **Teilhabeleistungen bzw Eingliederungshilfen** für Menschen mit Behinderungen erhalten. Hierzu gehören

- Leistungen zur Teilhabe am Arbeitsleben nach § 33 SGB IX,
- sonstige Hilfen für die Erlangung eines geeigneten Platzes im Arbeitsleben oder
- Eingliederungshilfen nach § 54 Abs. 1 S. 1 Nr. 1 bis 3 SGB XII.

Der Mehrbedarf setzt voraus, dass die Leistungen tatsächlich erbracht werden.[43] Leistungen zur Teilhabe am Arbeitsleben nach § 33 SGB IX müssen im Bewilligungsbescheid nicht ausdrücklich als solche bezeichnet werden. Vielmehr ergibt sich der Charakter einer Teilhabeleistung aus der Zielrichtung der an einen behinderten Menschen

40 BA-FH zu § 21 SGB II, Rn 21.10.
41 BA-FH zu § 21 SGB II, Rn 21.14.
42 *Münder* in: LPK-SGB II § 21 Rn 20.
43 BSG 25.6.2008 – B 11 b AS 19/07 R; LSG NRW 16.7.2009 – L 7 AS 65/08.

erbrachten Eingliederungsleistung.[44] Ein Katalog von beispielhaft aufgezählten Teilhabeleistungen enthält § 33 Abs. 3 SGB IX. Der Mehrbedarf kann auch nach Beendigung der Eingliederungsmaßnahme für eine angemessene Übergangszeit (zB während der Einarbeitungszeit) weitergewährt werden. Dies gilt insb. dann, wenn erwerbsfähige behinderte Leistungsberechtigte noch nicht voll leistungsfähig sind und deshalb in der ersten Zeit mit einem geminderten Erwerbseinkommen auskommen müssen.

Praxishinweis: Behinderte Auszubildende, die von den Leistungen zur Sicherung des Lebensunterhalts ausgeschlossen sind, können den Mehrbedarf für behinderte Leistungsberechtigte nicht beanspruchen (vgl § 27 Abs. 2 SGB II).

28 Die **Höhe der Mehrbedarfsleistung** für behinderte Leistungsberechtigte nach § 21 Abs. 4 SGB II beträgt pauschal 35 % des im Einzelfall maßgebenden Regelbedarfs.

e) Mehrbedarf wegen kostenaufwendiger Ernährung

29 Nach § 21 Abs. 5 SGB II haben Leistungsberechtigte, die aus medizinischen Gründen einer kostenaufwendigen Ernährung bedürfen, Anspruch auf einen Mehrbedarf in angemessener Höhe. Hiermit soll ein durch eine Erkrankung oder Behinderung verursachter **zusätzlicher Bedarf für Ernährung** abgedeckt werden, der nicht vom pauschalierten Regelbedarf umfasst ist. Leistungsberechtigte bedürfen einer kostenaufwendigen Ernährung, wenn eine Krankheit oder Behinderung vorliegt, die so ausgeprägt ist, dass sie nicht nur eine besondere Ernährung erfordert, um eine Verschlechterung des Gesundheitszustandes zu verhindern, sondern darüber hinaus eine Ernährung verlangt, die mit besonderen Kosten verbunden ist.[45] Dies muss im Einzelfall und iRd Amtsermittlungsgrundsatzes (§ 20 SGB X) ermittelt werden und erfordert idR ein ärztliches Attest, das unter genauer Bezeichnung der Erkrankung die Notwendigkeit des Mehrbedarfs darlegen muss.[46]

30 Leistungen für diesen Mehrbedarf werden **in angemessener Höhe** gewährt. Bei dem Begriff der Angemessenheit handelt es sich um einen unbestimmten Rechtsbegriff, dessen Ausfüllung in vollem Umfang der rechtlichen Überprüfung durch die Gerichte unterliegt.[47] Nach dem Willen des Gesetzgebers können zur Konkretisierung der Angemessenheit die hierzu vom Deutschen Verein entwickelten und an typisierten Fallgestaltungen ausgerichteten Empfehlungen herangezogen werden.[48] Diese Empfehlungen wurden im Oktober 2008 in dritter, völlig neu bearbeiteter Auflage verabschiedet.[49] Sie sehen einen Mehrbedarf insb. bei bestimmten, diätisch mit spezieller Kost zu behandelnden Erkrankungen, verzehrenden Erkrankungen und gestörter Nährstoffaufnahme bzw Nährstoffverwertung sowie bei Niereninsuffizienz und Zöliakie vor.[50] Die insoweit empfohlenen Mehrbedarfsregelwerte sind als Prozentsatz vom Eckregelsatz der Sozialhilfe ausgewiesen, der dem Regelbedarf für Alleinstehende entspricht. Sie beziehen sich ausdrücklich nicht auf den zusätzlichen Ernährungsbedarf Minderjähriger. Hier ist der Mehrbedarf im Einzelfall zu bemessen.[51] Gleiches gilt für einen besonderen zusätzlichen Ernährungsbedarf, der nicht in den Empfehlungen des Deutschen Vereins aufgeführt ist.

Exkurs: Die Bindungswirkung der Empfehlungen des Deutschen Vereins war umstritten. Vor der Neuauflage dieser Empfehlungen hat das BSG entschieden, dass sie wegen des Aktualisierungsbedarfs nicht als antizipierte Sachverständigengutachten, sondern lediglich als Orientie-

44 LSG NRW 12.3.2007 – L 19 AS 41/06.
45 SG Berlin 4.1.2010 – S 128 AS 37434/08.
46 Vgl LSG NRW 12.3.2009 – L 19 B 54/09 AS.
47 BSG 27.2.2008 – B 14/7 b AS 64/06 R.
48 BT-Drucks. 15/1516, 57.
49 *Deutscher Verein* in NDV 2008, 505.
50 *Deutscher Verein* in NDV 2008, 506.
51 *Deutscher Verein* in NDV 2008, 506.

rungshilfe anzusehen seien.[52] Daran hat sich auch nach der Neuauflage dieser Empfehlungen im Oktober 2008 nichts geändert. Die Gerichte dürfen sich bei der Amtsermittlung nicht auf die Empfehlungen beschränken und handeln rechtsfehlerhaft, wenn sie im Bedarfsfall keine eigenen Ermittlungen anstellen.[53]

f) Mehrbedarf für unabweisbare, laufende, besondere Bedarfe

aa) Hintergrund

31 Nach § 21 Abs. 6 S. 1 SGB II wird Leistungsberechtigten ein Mehrbedarf zuerkannt, soweit im Einzelfall ein unabweisbarer, laufender, nicht nur einmaliger besonderer Bedarf besteht. Der Mehrbedarf wurde erst nach dem Regelsatzurteil des BVerfG eingeführt. Vorangegangen war eine lange und kontroverse Diskussion um die Frage, ob und wie das **Fehlen eines zusätzlichen Leistungsanspruchs** für unabweisbare, laufende Sonderbedarfe kompensiert werden kann. In der sozialgerichtlichen Rechtsprechung waren zusätzliche Leistungen für derartige Sonderbedarfe (zB Kosten zur Wahrnehmung des Umgangsrechts,[54] Hygienemehrbedarf bei einer AIDS-Erkrankung)[55] mit oft unterschiedlichen Begründungen zugesprochen worden.[56] Bereits 2006 hatte das BSG entschieden, dass sich bei Sonderbedarfen ein Leistungsanspruch allenfalls aus § 73 SGB XII ergeben könne.[57] Diese Entscheidung war auf erhebliche Kritik gestoßen, weil die Lösung als nicht sachgerecht[58] und als Lastenverschiebung vom Bund auf die Kommunen angesehen wurde.[59] Der überwiegende Teil der Rechtsprechung[60] folgte jedoch dem Lösungsweg des BSG und befasste sich in der Folge mit der Frage, welche anderen Bedarfslagen über § 73 SGB XII gedeckt werden können.[61] Nach dem Urteil des **BVerfG**, welches das Fehlen eines zusätzlichen Leistungsanspruchs für unabweisbare, laufende, nicht nur einmalige, besondere Bedarfe als Verstoß gegen das Grundrecht auf Gewährleistung eines menschenwürdigen Existenzminimums (Art. 1 Abs. 1 iVm Art. 20 Abs. 1 GG) gerügt hat, hat der Gesetzgeber mit der Schaffung der Mehrbedarfsleistung nach § 21 Abs. 6 SGB II auf diese Rüge reagiert.[62]

bb) Voraussetzungen

32 Nach § 21 Abs. 6 S. 1 SGB II ist **Voraussetzung für den Mehrbedarf,** dass im Einzelfall ein

- unabweisbarer,
- laufender, nicht nur einmaliger
- besonderer Bedarf besteht.

Das Merkmal im Einzelfall dient im Wesentlichen dem Zweck, den Ausnahmecharakter der Mehrbedarfsleistung zu betonen. Sie muss im Einzelfall geprüft werden, so dass sich eine schematische Anwendung bzw ein schematischer Ausschluss der Leistung verbietet.

33 Für die Mehrbedarfsleistung nach § 21 Abs. 6 S. 1 SGB II muss zunächst ein **besonderer Bedarf** vorliegen. Der Begriff des besonderen Bedarfs ergibt sich aus der Konzeption des Regelbedarfs als pauschaler, nach dem Statistikmodell ermittelter Festbetrag. Da er nur den durchschnittlichen Bedarf abbildet, fließt ein Sonderbedarf nicht erfasster Art oder

52 BSG 27.2.2008 – B 14/7 b AS 64/06 R; offen gelassen: BVerfG 20.6.2006, 1 BvR 2673/05.
53 BSG 22.11.2011 – B 4 AS 138/10 R.
54 BSG 7.11.2006 – B 7 b AS 14/06 R.
55 BSG 15.12.2010 – B 14 AS 44/09 R.
56 *Schütze* Soziale Sicherheit 2007, 113 ff, Fn 17, 28; *Peters* NDV 2006, 295 ff.
57 BSG 7.11.2006 – B 7 b AS 14/06 R.
58 *Münder* NZS 2008, 619 f; *Mrozynski* SGb 2009, 452.
59 *Gerenkamp/Kroker* NZS 2008, 29.
60 *Münder* NZS 2008, 620, Fn 34 mwN.
61 Überblick über die Rspr zu § 73 SGB XII: *Klerks* info also 2010, 58 ff.
62 BT-Drucks. 17/1465, 3; kritisch: *Deutscher Verein* in Ausschussdrucks. 17(8)1367, 16 ff.

atypischen Umfangs nicht in den Regelbedarf ein.[63] Beim besonderen Bedarf sind folglich zwei Fallgruppen zu unterscheiden, der besondere Bedarf wegen atypischer Art (qualitativer Mehrbedarf) und wegen überdurchschnittlicher Höhe (quantitativer Mehrbedarf).[64]

34 Nach § 21 Abs. 6 S. 2 SGB II ist ein besonderer Bedarf **unabweisbar**, wenn er

1. insb. nicht durch die Zuwendungen Dritter sowie unter Berücksichtigung von Einsparmöglichkeiten der Leistungsberechtigten gedeckt ist und
2. seiner Höhe nach erheblich von einem durchschnittlichen Bedarf abweicht.

Für die Unabweisbarkeit ist zunächst erforderlich, dass eine **anderweitige Bedarfsdeckung unmöglich** ist. Zuwendungen Dritter und Einsparmöglichkeiten der Leistungsberechtigten werden in § 21 Abs. 6 S. 2 SGB II nur beispielhaft genannt. Unter Zuwendungen Dritter sind vor allem gewährte Leistungen anderer Träger (zB Unterhaltsvorschuss, Leistungen der Kranken- und Pflegekassen) und Dritter (zB von Familienangehörigen) zu verstehen.[65] Der besondere Bedarf muss durch diese Zuwendung in tatsächlicher Hinsicht gedeckt sein; dies gilt vor allem bei Sach- oder Dienstleistungen. Die Unabweisbarkeit scheidet auch aus, wenn der besondere Bedarf durch Zuwendungen gedeckt wird, die gerade zu diesem Zweck gewährt werden. Die Einsparmöglichkeiten beziehen sich darauf, dass Leistungsberechtigte einzelne in den Regelbedarfen enthaltene Ausgabepositionen untereinander ausgleichen sollen. Die BA nimmt eine solche Einsparmöglichkeit an, wenn der besondere Bedarf 10 % des maßgebenden Regelbedarfs nicht übersteigt.[66] Die Einsparmöglichkeiten erstrecken sich nicht auf die Leistungen, die an andere Angehörige der Bedarfsgemeinschaft geleistet werden. Eine solche „Haftung" der Bedarfsgemeinschaft ist abzulehnen, da alleinstehende Leistungsberechtigte ansonsten gegenüber Leistungsberechtigten in einer Bedarfsgemeinschaft leistungsrechtlich bessergestellt würden.

Zusätzlich zur Unmöglichkeit der anderweitigen Bedarfsdeckung liegt eine Unabweisbarkeit nur vor, wenn der besondere Bedarf seiner Höhe nach von einem durchschnittlichen Bedarf **erheblich abweicht**. Hiermit soll an die bisherige Rechtsprechung und Literatur zum Begriff des unabweisbaren Bedarfs iSd § 24 Abs. 1 SGB II angeküpft werden. Einerseits muss eine erhebliche Beeinträchtigung des Bedarfs vorliegen und andererseits darf die Abdeckung des fraglichen Bedarfs keinen Aufschub dulden.[67]

35 Schließlich muss es sich um einen **laufenden, nicht nur einmaligen** besonderen Bedarf handeln. Anders als bei kurzfristigen bzw vorübergehenden besonderen Bedarfsspitzen ist die Gewährung eines Darlehens iSd § 24 Abs. 1 SGB II zur Deckung eines laufenden, längerfristigen oder dauerhaften Bedarfs ungeeignet.[68]

Praxishinweis: Die Abgrenzung zwischen laufenden und einmaligen Bedarfen wird durch die Mehrbedarfsleistung des § 21 Abs. 6 SGB II wieder erforderlich. Sie richtet sich – wie auch das BVerfG andeutet[69] – danach, ob der besondere Bedarf in regelmäßig wiederkehrenden oder unregelmäßigen Abständen auftritt. Dabei ist nicht auf den Monat abzustellen, sondern auf den Regelbewilligungszeitraum von sechs Monaten.[70]

63 Vgl BVerfG 9.2.2010 – 1 BvL 1/09, Rn 206; BT-Drucks. 17/1465, 10.
64 Vgl BA-FH zu § 21 SGB II, Rn 21.33.
65 BT-Drucks. 17/1465, 11.
66 BA-FH zu § 21 SGB II, Rn 21.34.
67 Vgl Eicher/Spellbrink SGB II/*Lang/Blüggel* § 23 Rn 26.
68 BVerfG 9.2.2010 – 1 BvL 1/09, Rn 207 f.
69 BVerfG 9.2.2010 – 1 BvL 1/09, Rn 150.
70 Vgl BT-Drucks. 17/1465, 11.

cc) Rechtsfolge

36 Bei Vorliegen der Voraussetzungen besteht ein **Anspruch** auf die Mehrbedarfsleistung. Die Mehrbedarfsleistung ist zu gewähren, soweit der unabweisbare, laufende, nicht nur einmalige besondere Bedarf im Einzelfall besteht. Als Bestandteil des Alg II bzw Sozialgeldes ist die Mehrbedarfsleistung grds. als Geldleistung zu erbringen (§ 4 Abs. 1 Nr. 2 SGB II).

dd) Anwendungsfälle

37 Mit der Mehrbedarfsleistung nach § 21 Abs. 6 SGB II soll die bisherige sozialgerichtliche Rechtsprechung zu zusätzlichen Leistungen für unabweisbare Sonderbedarfe nach § 73 SGB II aufgefangen werden.[71] Vor diesem Hintergrund kommen insb. die folgenden **Anwendungsfälle** für die Mehrbedarfsleistung nach § 21 Abs. 6 SGB II[72] in Betracht:

Beispiele:

- Familiäre Kontakte:

  Ein besonderer Bedarf ist allgemein anerkannt bei Kosten zur Wahrnehmung des Umgangsrechts. Dieser umfasst die Fahrt- und/oder Übernachtungskosten des getrennt lebenden Elternteils bzw des Kindes.[73] Fahrtkosten zur Abholung des Kindes können nur geltend machen, wenn es so klein ist, dass es nicht allein reisen kann.[74] Die Lebenshaltungskosten des Kindes während der Wahrnehmung des Umgangsrechts werden nicht iRd Mehrbedarfsleistung nach § 21 Abs. 6 S. 1 SGB II erbracht, sondern wegen des Bestehens einer zeitweisen Bedarfsgemeinschaft über die Gewährung von Leistungen für einen anteiligen Regelbedarf. Abzulehnen ist die Mehrbedarfsleistung bei gelegentlichen familiären Kontakten, da ein etwaiger besonderer Bedarf bei nur gelegentlichen Besuchen jedenfalls nicht laufend iSd § 21 Abs. 6 S. 1 SGB II ist.[75] Gleiches gilt für einen einmaligen Besuch eines schwer kranken Elternteils und für die Beerdigung eines Elternteils.[76]

- Gesundheitsvorsorge:

  Ein besonderer Bedarf ist anerkannt bei medizinisch notwendigen, aber nicht verschreibungspflichtigen Arznei- und Heilmitteln (zB Hautpflegeprodukte bei Neurodermitis, Hygieneartikel bei ausgebrochener HIV-Infektion).[77] Die Praxisgebühr und die Zuzahlungen begründen idR keine Mehrbedarfsleistungen nach § 21 Abs. 6 SGB II, weil sie in die Regelbedarfsbemessung eingeflossen sind.[78]

- Kassenindividueller Zusatzbeitrag:

  Hinsichtlich des kassenindividuellen Zusatzbeitrags wird teilweise ein besonderer Bedarf iSd § 21 Abs. 6 S. 1 SGB II angenommen.[79] Dies ist jedoch idR abzulehnen. Der Zusatzbeitrag ist bei Leistungsbeziehenden nach dem SGB II auf die Höhe des durchschnittlichen Zusatzbeitrags beschränkt und wird nicht von den Betroffenen selbst getragen, sondern aus Mitteln der Liquiditätsreserve des Gesundheitsfonds finanziert. Von Leistungsbeziehenden nach dem SGB II kann lediglich die Zahlung der Differenz zwischen dem tatsächlichen und dem durchschnittlichen Zusatzbeitrag verlangt werden, sofern die Krankenkasse dies in ihrer Satzung geregelt hat. Solange es den Leistungsbeziehenden möglich und zumutbar ist,

---

71 IE: BT-Drucks. 17/1465, 10.

72 Überblick: *Klerks* info also 2010, 56 ff.

73 BA-GA vom 17.2.2010, SP II – II-1303/7000/5215; zu § 73 SGB XII: BSG 7.11.2006 – B 7 b AS 14/06 R; LSG NRW 5.2.2007 – L 20 B 296/06.

74 *Klerks* info also 2010, 59.

75 IE: Hessisches LSG 16.1.2009 – B 4 AS 98/98 B, bei drei Besuchen einer erwachsenen erwerbsfähigen Leistungsberechtigten bei ihren Eltern pro Jahr.

76 *Klerks* info also 2010, 60 f.

77 BA-GA vom 17.2.2010, SP II – II-1303/7000/5215; zur Behandlung von Neurodermitis: LSG NRW 22.6.2007 – L 1 B 7/07 ER.

78 BT-Drucks. 17/3404, 58.

79 *Klerks* info also 2010, 61.

diese Zahlungsverpflichtung durch einen Wechsel zu einer Krankenkasse mit einem durchschnittlichen oder geringeren Zusatzbeitrag zu vermeiden, fehlt es an der Unabweisbarkeit.

- Deckungslücke bei privat krankenversicherten Leistungsberechtigten:

  Ob die Deckungslücke bei privat krankenversicherten Leistungsberechtigten einen besonderen Bedarf iSd § 21 Abs. 6 SGB II begründet, ist umstritten. Die Beitragslücke entsteht dadurch, dass die Übernahme der Beiträge für eine PKV im Basistarif der Höhe nach begrenzt ist (s.u. Rn 153). Nach dem BSG sind diese Fälle – zumindest vor Inkrafttreten der Mehrbedarfsleistung des § 21 Abs. 6 SGB II – über eine analoge Anwendung des § 26 Abs. 2 S. 1 Nr. 2 Hs 1 SGB II zu schließen.[80] Für Fälle nach Inkrafttreten der Mehrbedarfsleistung nach § 21 Abs. 6 SGB II wird teilweise ein besonderer Bedarf angenommen.[81] Die Bundesregierung lehnt dies mit der Begründung ab, dass keine atypische Bedarfslage bestehe.[82] Die BA gewährt hier einen Zuschuss entsprechend der Rechtsprechung des BSG analog nach § 26 Abs. 2 S. 1 Nr. 2 SGB II.[83]

- Besondere Bedarfe bei Menschen mit Behinderungen:

  Bereits vor dem Regelsatzurteil des BVerfG war iRd Rechtsprechung zu § 73 SGB XII weitgehend anerkannt, dass der Bedarf einer Haushaltshilfe für erwerbsfähige behinderte Leistungsberechtigte durch eine zusätzliche Leistung zu decken ist.[84] Daher sind sie auch als besonderer Bedarf iSd § 21 Abs. 6 SGB II anzuerkennen.[85] Ob die Gehbehinderung eines erwerbsfähigen Leistungsberechtigten einen besonderen Bedarf iSd § 21 Abs. 6 SGB II begründen kann, ist fraglich. Das SGB II regelt einen solchen Mehrbedarf nur für nicht erwerbsfähige Sozialgeld-Beziehende (§ 23 Nr. 4 SGB II). Eine entsprechende Anwendung dieser Mehrbedarfsregelung auf erwerbsfähige Leistungsberechtigte hat das BSG wegen des Fehlens einer planwidrigen Regelungslücke zu Recht abgelehnt.[86] Allerdings hat es nicht ausgeschlossen, dass eine Gehbehinderung einen besonderen Bedarf begründen kann. Dieser müsse allerdings konkret ermittelt werden.[87]

- Schule und Studium:

  Die Schulbedarfe bilden idR keinen besonderen Bedarf, weil sie seit der Regelsatzreform gesondert gewährt werden. Die Bedarfe von Auszubildenden für mit einem Studium verbundene Gebühren, Sozialbeiträge etc. können idR ebenfalls nicht als Mehrbedarfsleistung nach § 21 Abs. 6 SGB II erbracht werden, weil es sich insoweit um ausbildungsbedingte bzw ausbildungsgeprägte Bedarfe handelt.

g) Mehrbedarf für Warmwasser bei dezentraler Warmwassererzeugung

38 Bis zur Regelsatzreform war die Haushaltsenergie, einschl. der Warmwassererzeugung, Bestandteil der Regelleistungen. Zur Vermeidung von Doppelleistungen musste der in den Regelleistungen enthaltene Anteil für die Warmwassererzeugung in Fällen, in denen diese zentral über die Heizung erfolgte, von den Leistungen für Unterkunft und Heizung abgezogen werden. Dieser Abzug führte zu zahlreichen sozialgerichtlichen Auseinandersetzungen, weil sich der in den Regelleistungen enthaltene Anteil nicht ohne Weiteres ermitteln ließ. Daher hat der Gesetzgeber die Warmwassererzeugung von den Regelbedarfen zu den Unterkunftskosten verschoben.[88] Gleichzeitig wurde in § 21 Abs. 7 SGB II eine pauschalierte Mehrbedarfsleistung für Fälle geschaffen, in denen die Warmwassererzeugung dezentral durch eine in der Wohnung installierte Vorrichtung erfolgt.[89]

---

80 BSG 18.1.2011 – B 4 AS 108/10 R.
81 *Klerks* info also 2010, 61.
82 BT-Drucks. 17/2284, 5.
83 BA-FH zu § 26 SGB II, Rn 26.24.
84 Vgl *Knickrehm* NZS 2007, 128 ff.
85 Vgl BT-Drucks. 17/1465, 11; BA-FH zu § 21 SGB II, Rn 21.37.
86 BSG 21.12.2009 – B 14 AS 42/08 R.
87 BSG 18.2.2010 – B 4 AS 29/09 R.
88 *Kötter* info also, 99, 101.
89 Vgl BT-Drucks. 17/4719, 3.

39 Für den Mehrbedarf zur Warmwassererzeugung nach § 21 Abs. 7 S. 1 SGB II ist **Voraussetzung,** dass das Warmwasser dezentral erzeugt und nicht iRd Bedarfe nach § 22 SGB II berücksichtigt wird. Bei einer **dezentralen Warmwassererzeugung** wird das Warmwasser über Vorrichtungen in der Unterkunft erzeugt (zB Durchlauferhitzer oder Gastherme). Die Mehrbedarfsleistung kommt auch dann in Betracht, wenn nur ein Teil der Warmwasserversorgung dezentral erfolgt (zB zentrale Warmwasserversorgung im Bad und Durchlauferhitzer in der Küche).

40 Die **Höhe der Mehrbedarfsleistung** ist grds. pauschaliert und nach dem maßgebenden Regelbedarf gestaffelt. Die Vorschrift des § 21 Abs. 7 S. 2 SGB II sieht einen Mehrbedarf vor für

- Alleinstehende, volljährige unter 25-jährige Angehörige der Bedarfsgemeinschaft, Partner und für unter 25-Jährige mit reduziertem Regelbedarf von 2,3 % (Nr. 1),
- minderjährige Kinder ab 14 Jahren von 1,4 % (Nr. 2),
- Kinder ab sechs Jahren bis unter 14 Jahren von 1,2 % (Nr. 3),
- unter sechsjährige Kinder von 0,8 % (Nr. 4)

des jeweils maßgebenden Regelbedarfs. Diese Mehrbedarfspauschalen gehen auf eine Empfehlung des Deutschen Vereins aus dem Jahr 1991 zurück, der den Anteil der Kosten für die Warmwassererzeugung an dem im Regelsatz enthaltenen Betrag für Haushaltsstrom mit 30 % veranschlagt hat.[90] Im Einzelfall kann von diesen Pauschalen abgewichen werden, wenn die Leistungsberechtigten den abweichenden Bedarf nachweisen (zB durch eine Aufschlüsselung in der Abrechnung). Wird ein Teil des Warmwasserbedarfs zentral über die Heizung erzeugt, dann ist dieser Anteil über die Leistungen für Unterkunft und Heizung zu gewähren. Der Mehrbedarf ist entsprechend dem Verhältnis von zentraler und dezentraler Warmwassererzeugung anzuerkennen.[91]

4. Leistungen für Unterkunft und Heizung

a) Überblick

41 Die Leistungen für Unterkunft und Heizung, die in den sachlichen Zuständigkeitsbereich der kommunalen Träger fallen (§ 6 Abs. 1 S. 1 Nr. 2 SGB II), sind in den §§ 22 ff SGB II geregelt und umfassen die folgenden Leistungen:

- Leistungen für tatsächliche angemessene Unterkunfts- und Heizkosten,
- Leistungen bei unangemessenen Unterkunfts- und Heizkosten,
- Leistungen bei Umzug und
- Schuldenübernahme.

Grds. sind die Leistungen für Unterkunft und Heizung unmittelbar an die Leistungsberechtigten auszuzahlen. Nur für Ausnahmefälle regelt § 22 Abs. 7 SGB II die **Direktzahlung an den Vermieter** oder andere Empfangsberechtigte (zB andere Angehörige der Bedarfsgemeinschaft), wenn der Leistungsberechtigte einen entsprechenden Antrag gestellt hat oder die zweckentsprechende Verwendung durch die Leistungsberechtigten nicht sichergestellt ist. Dies ist zB bei Miet- bzw Energiekostenrückständen der Fall, die zur Kündigung des Mietverhältnisses bzw zur Unterbrechung der Energieversorgung berechtigen oder wenn es konkrete Anhaltspunkte für eine zweckwidrige Verwendung der Leistungen für Unterkunft und Heizung gibt. Die Jobcenter müssen im Regelfall dann die Direktüberweisung veranlassen und die Leistungsberechtigten darüber schriftlich unterrichten.

90 Vgl *Piepenstock* jurisPR-SozR 7/2011, Anm. 1.
91 BA-FH zu § 21 SGB II, Rn 21.45.

b) Leistungen für tatsächliche angemessene Unterkunfts- und Heizkosten

aa) Einführung

42 Die Leistungen für Unterkunft und Heizung werden nach § 22 Abs. 1 S. 1 SGB II in Höhe der tatsächlichen Aufwendungen erbracht, soweit sie angemessen sind. Die Höhe der Leistungen ist mithin in zweifacher Weise begrenzt: auf die Höhe der tatsächlichen Aufwendungen einerseits und auf die Angemessenheit dieser Aufwendungen andererseits. Hieraus folgt, dass es sich – im Gegensatz zu den pauschalierten Regelbedarfen – um eine **individuell zu bemessende Leistung** handelt. Die Bestimmung der Angemessenheitsgrenze bereitet in der Praxis trotz einer beachtlichen Rechtsprechungsdichte erhebliche Probleme.

Seit der Regelsatzreform können die Bundesländer die Kreise und kreisfreien Städte durch Gesetz ermächtigen oder verpflichten, die Angemessenheitsgrenze durch eine **kommunale Satzung** zu bestimmten (§ 22 a Abs. 1 S. 1 SGB II).[92] Ferner können sie die Kreise und kreisfreien Städte ermächtigen, die Leistungen für Unterkunft und Heizung unter bestimmten Voraussetzungen als monatliche Pauschale zu gewähren (§ 22 a Abs. 2 S. 1 SGB II). Die §§ 22 a ff SGB II normieren bestimmte inhaltliche Anforderungen an die kommunalen Satzungen bzw die Ermächtigungsgesetze der Bundesländer. Gegen die Satzungsermächtigungen nach § 22 a SGB II werden verfassungsrechtliche Bedenken erhoben.[93] Als erste Bundesländer haben Hessen und Berlin von der Satzungsermächtigung Gebrauch gemacht; in Schleswig-Holstein liegt ein Gesetzentwurf seit Januar 2012 vor.

bb) Tatsächliche Aufwendungen für Unterkunft und Heizung

43 Die Leistungen für Unterkunft und Heizung werden zunächst nur für die **tatsächlichen Aufwendungen** erbracht. Tatsächliche Aufwendungen liegen nicht nur dann vor, wenn Leistungsberechtigte die Miete bereits gezahlt haben. Vielmehr reicht es aus, dass Leistungsberechtigte im jeweiligen Leistungszeitraum einer wirksamen und nicht dauerhaft gestundeten Mietzinsforderung ausgesetzt sind.[94] Tatsächliche Aufwendungen liegen mithin auch dann vor, wenn Leistungsberechtigte eine Wohnung im Haus der Eltern bewohnen und das Mietverhältnis nicht dem Schriftformerfordernis des § 550 BGB entspricht oder nur eine geringfügige „Gefälligkeitsmiete" vereinbart wurde.[95]

Die tatsächlichen Aufwendungen umfassen **laufende und einmalige Ausgaben**. Während laufende Aufwendungen jeden Monat als Bedarf anerkannt werden (zB monatliche Abschlagszahlungen an den Vermieter oder an ein Energieversorgungsunternehmen),[96] werden einmalige Aufwendungen nur im Monat der Beschaffung bzw der Fälligkeit[97] als Bedarf berücksichtigt. Ein Anspruch auf Ersatz von Aufwendungen für einmalige Heizkosten, die vor Eintritt der Leistungsberechtigung nach dem SGB II getätigt wurden, besteht nicht.[98] Zu den einmaligen Aufwendungen zählen zB Nachforderungen aus einer Nebenkostenabrechnung.

44 Bewohnen mehrere Personen gemeinsam eine Wohnung, sind die tatsächlichen Unterkunfts- und Heizkosten im Regelfall unabhängig von Alter oder Nutzungsintensität **anteilig pro Kopf** aufzuteilen.[99] Eine Ausnahme vom Prinzip der Aufteilung nach Kopf-

92 Ausf. hierzu *Klerks* info also 2011, 195.
93 *Putz* Soziale Sicherheit 2011, 232 ff.
94 BSG 3.3.2009 – B 4 AS 37/08 R.
95 BSG 7.5.2009 – B 14 AS 31/07 R.
96 BSG 16.5.2009 – B 7 b AS 40/06 R.
97 BSG 2.7.2009 – B 14 AS 36/08 R.
98 BSG 16.5.2007 – B 7 b AS 40/06 R.
99 BSG 15.4.2008 – B 14/7 b AS 58/06 R; 27.2.2008 – B 14/11 b AS 55/06 R.

zahl hält das BSG allenfalls für Sonderfälle denkbar,[100] so zB wenn zwischen Mitbewohnern einer WG eine vertragliche Vereinbarung über die Aufteilung der Unterkunftskosten besteht.[101] Die gemeinsame Nutzung einer Wohnung durch mehrere Familienmitglieder lässt eine an der unterschiedlichen Intensität der Nutzung ausgerichtete Aufteilung der Aufwendungen für die Wohnung in aller Regel nicht zu.[102]

Praxishinweis: Eine Ausnahme vom Grundsatz der Pro-Kopf-Aufteilung kann bei einem über das normale Maß hinausgehenden Bedarf[103] vorliegen, zB wenn tatsächlich höhere Aufwendungen wegen Behinderung oder Pflegebedürftigkeit entstanden sind.

45 Zu den **tatsächlichen Unterkunftskosten bei Mietwohnungen** gehören die nach dem Mietvertrag für den bestimmungsgemäßen Gebrauch geschuldeten Kosten. Dies sind neben dem Kaltmietzins grds. Betriebskosten, die mietvertraglich geschuldet und ihrer Art nach in § 2 BetrKV aufgeführt sind.[104] Die Vorschrift legt abschließend fest, welche Nebenkosten vom Vermieter auf den Mieter umgelegt werden dürfen. Zu den tatsächlichen Unterkunftskosten können auch mietvertraglich geschuldete Zahlungen gehören, denen die Leistungsberechtigten regelmäßig nicht ausweichen können. Derartige „unausweichliche Wohnnebenkosten“[105] können zB bei mietvertraglich geschuldeten Kabelanschlussgebühren[106] oder Küchenmöbelzuschlägen[107] vorliegen. Übernehmen Leistungsberechtigte diese Kosten hingegen freiwillig, um einen besseren Standard zu erhalten, handelt es sich nicht um tatsächliche Unterkunftskosten. Mietvertraglich geschuldete und angemessene Aufwendungen für eine Einzugsrenovierung gehören zu den Unterkunftskosten, nicht zu den Wohnungsbeschaffungs- bzw Umzugskosten iSd § 22 Abs. 6 SGB II.[108]

46 Zu den tatsächlichen Unterkunftskosten bei **selbst genutztem Wohneigentum** gehören grds. alle notwendigen Ausgaben, die bei der Berechnung der Einkünfte aus Vermietung und Verpachtung nach § 11 b SGB II abzusetzen sind. Da weder das SGB II noch die Alg II-V konkrete Regelungen zur Bereinigung von Einkünften aus Vermietung und Verpachtung enthalten, findet die Regelung des § 7 Abs. 2 der Verordnung zur Durchführung des § 82 SGB XII entsprechende Anwendung.[109] Als Unterkunftskosten anzuerkennen sind mithin zB Schuldzinsen und dauernde Lasten, Steuern vom Grundbesitz, sonstige öffentliche Abgaben (zB Grundsteuern, Wasser- und Abwassergebühren),[110] Versicherungsbeiträge, sonstige Aufwendungen zur Bewirtschaftung des Haus- und Grundbesitzes.

Ob und inwieweit neben den Schuldzinsen zur Finanzierung von selbst genutztem Wohneigentum auch die **Tilgungsraten** zu den Unterkunftskosten gehören, ist umstritten.[111] In Anlehnung an die ehemalige sozialhilferechtliche Rechtsprechung hat das BSG die Übernahme von Tilgungsleistungen zunächst abgelehnt, weil die steuerfinanzierten Leistungen des SGB II nicht der Vermögensbildung dienen dürfen.[112] Später hat es die Berücksichtigung von Tilgungsraten als tatsächliche Unterkunftskosten nicht von vornherein ausgeschlossen, aber auf Ausnahmefälle beschränkt. Jedenfalls dann, wenn Leis-

---

100 BSG 23.11.2006 – B 11 b AS 1/06 R; 27.1.2009 – B 14/7 b AS 8/07 R; 27.2.2008 – B 14/11 b AS 55/06 R; ausf. hierzu: *Brandmayer* NDV 2009, 85 ff.
101 Vgl BSG 18.6.2008 – B 14/11 b AS 61/06 R.
102 BSG 31.10.2007 – B 14/11 b AS 7/07 R.
103 Zur Rechtslag in der ehemaligen Sozialhilfe: BVerwG 21.1.1988 – 5 C 68/85.
104 BSG 19.2.2009 – B 4 AS 48/08 R.
105 *Berlit* in: LPK-SGB II § 22 Rn 23 mwN.
106 BSG 19.2.2009 – B 4 AS 48/08 R.
107 Vgl BSG 7.5.2009 – B 14 AS 14/08 R.
108 BSG 16.12.2008 – B 4 AS 49/07 R.
109 BSG 15.4.2008 – B 14/7 b AS 34/06 R.
110 *Groth/Siebel-Huffmann* NZS 2007, 71.
111 Ausf. Streitdarstellung in: LSG 16.10.2006 – L 20 AS 39/06.
112 BSG 7.11.2006 – B 7 b AS 8/06 R.

tungsberechtigte ohne (gegebenenfalls anteilige) Übernahme gezwungen wären, ihre Wohnung aufzugeben, komme eine Übernahme der gesamten Finanzierungskosten – und damit auch der Tilgungsleistungen – bis zur Höhe der abstrakt angemessenen Kosten einer Mietwohnung in Betracht.[113]

47 Seit der Regelsatzreform sieht § 22 Abs. 2 S. 1 SGB II vor, dass auch **Instandhaltungs- und Reparaturaufwendungen** bei selbst genutztem Wohneigentum zum Unterkunftsbedarf gehören können. Voraussetzung ist, dass es sich um geschütztes Wohneigentum iSd § 12 Abs. 3 S. 1 Nr. 4 SGB II handelt und die Aufwendungen unabweisbar sind. Unabweisbarkeit liegt nur bei zeitlich besonders dringlichen Aufwendungen vor, die absolut unerlässlich sind.[114] Der Höhe nach sind die Aufwendungen begrenzt auf die Höhe der übernahmefähigen Unterkunftskosten (dh die angemessene Bruttokaltmiete), die entsprechend auch bei Mietern innerhalb von zwölf Monaten berücksichtigt werden könnten.[115] Übersteigen die unabweisbaren Instandhaltungs- und Reparaturkosten diese Angemessenheitsgrenze, können die kommunalen Träger insoweit ein Darlehen gewähren, das im Regelfall dinglich gesichert werden soll (§ 22 Abs. 2 S. 2 SGB II). Keine unabweisbaren Aufwendungen sind monatliche Erhaltungsaufwandspauschalen, weil mit ihnen kein konkreter und akuter, sondern lediglich ein potenzieller und nicht akuter Bedarf gedeckt wird.[116]

Praxishinweis: Die Erhaltungsaufwandspauschale gehört allenfalls dann zu den tatsächlichen Unterhaltskosten, wenn die Leistungsberechtigten zur Entrichtung dieser Pauschale durch Beschluss der Wohnungseigentümerversammlung verpflichtet sind. Ansonsten fehle es – wie bei hilfebedürftigen Mietern – an der Unfreiwilligkeit und Unausweichlichkeit der Aufwendung.[117]

48 Zu den **tatsächlichen Heizkosten** bei Mietwohnungen bzw bei Wohneigentum gehören sowohl laufende als auch einmalige Aufwendungen.[118] Laufende Aufwendungen für die Heizung sind zB die mit der Miete bzw dem Hausgeld erhobenen Abschläge für die Heizmittelversorgung oder die unmittelbar an den Versorger zu zahlenden Abschläge. Einmalige tatsächliche Aufwendungen sind zB die Lieferung von Heizöl, Holzpellets oder Kohlen. Nicht zu den tatsächlichen Heizkosten gehören die Aufwendungen für Haushaltsenergie ohne Warmwassererzeugung (§ 20 Abs. 1 S. 1 SGB II).

49 In bestimmten Fällen können bei den Unterkunfts- und Heizkosten geringere als die tatsächlich geschuldeten Aufwendungen angesetzt werden. Dies ist der Fall bei **Rückzahlungen und Guthaben aus Nebenkostenabrechnungen**. Nach § 22 Abs. 3 SGB II mindern Rückzahlungen und Gutschriften, die den Kosten für Unterkunft und Heizung zuzuordnen sind, die tatsächlichen Unterkunftskosten, die nach dem Monat der Rückzahlung oder Gutschrift entstehen, und sind somit nicht als Einkommen nach § 19 Abs. 3 SGB II anzurechnen. Die Kosten der Warmwassererzeugung sind nicht mehr von den mietvertraglich geschuldeten Unterkunfts- und Heizkosten in Abzug zu bringen, weil sie den Unterkunftskosten zuzuordnen sind.

Praxishinweis: Die neuen Mehrbedarfsleistungen für Warmwassererzeugung sind rückwirkend zum 1.1.2011 in Kraft getreten. Sofern Bescheide diese zusätzlichen Leistungen nicht berücksichtigen, weil sie aufgrund der alten Rechtslage ergangen sind, müssen die Bescheide – auch nach Unanfechtbarkeit – zurückgenommen und entsprechende Nachzahlungen erbracht werden (§ 77 Abs. 6 SGB II).

113 BSG 18.6.2008 – B 14/11 b AS 67/06 R.
114 BT-Drucks. 17/3404, 98.
115 *Straßfeld* SGb 2008, 441.
116 BSG 3.3.2009 – B 4 AS 38/08 R; *Groth/Siebel-Huffmann* NZS 2007, 74; *Berlit* NDV 2006, 18.
117 Sächsisches LSG 26.11.2009 – L 7 AS 219/08; *Groth/Siebel-Huffmann* NZS 2007, 71.
118 Ausf. zu Heizkosten bei Wohneigentum: *Groth*, Soziale Sicherheit 2009, 394.

cc) Angemessene Aufwendungen für Unterkunft

50 Die tatsächlichen Unterkunftskosten werden nach § 22 Abs. 1 S. 1 SGB II anerkannt, soweit sie angemessen sind. Die Angemessenheit der Unterkunftskosten ist ein unbestimmter Rechtsbegriff, dessen Auslegung in der Praxis von den Gerichten in rechtlicher sowie tatsächlicher Hinsicht vollständig überprüft werden kann. Die Bestimmung der Angemessenheit erfordert grds. eine **Einzelfallprüfung**, sofern die Bundesländer Kreise und kreisfreie Städte noch nicht ermächtigt oder verpflichtet haben, die Angemessenheit von Unterkunftskosten der Höhe nach durch Satzung zu konkretisieren (§ 22 a Abs. 1 S. 1 SGB II). In diesen Fällen sind die konkreten Umstände des Einzelfalls nur noch dann zu prüfen, wenn die in der Satzung festgesetzten Angemessenheitswerte überschritten werden.[119] Demgegenüber soll mit der Satzungsermächtigung nach § 22 a Abs. 2 S. 1 SGB II vom Grundsatz der Einzelfallprüfung abgewichen werden.

Nach der Rechtsprechung des BSG ist zwischen der abstrakten und konkreten Angemessenheitsprüfung zu unterscheiden. Die abstrakte Angemessenheit der tatsächlichen Unterkunftskosten ist **in mehreren Schritten**[120] zu prüfen:

1. Feststellung der abstrakt angemessenen Wohnungsgröße,
2. Feststellung des abstrakt angemessenen Wohnungsstandard und
3. Ermittlung der Referenzmiete für abstrakt angemessene Wohnungen.

Übersteigen die tatsächlichen Unterkunftskosten die in den ersten drei Schritten ermittelte abstrakte Angemessenheit, muss im Rahmen einer konkreten Angemessenheitsprüfung festgestellt werden, ob für die Leistungsberechtigten eine andere bedarfsgerechte und kostengünstigere Wohnung konkret verfügbar und zugänglich ist.[121]

51 Für die im ersten Schritt zu ermittelnde **abstrakte Angemessenheit der Wohnungsgröße** sind nach dem BSG die für Wohnberechtigte im sozialen Mietwohnungsbau anerkannten Wohnraumgrößen zu Grunde zu legen.[122] Diese ergeben sich aus den landesrechtlichen Durchführungsbestimmungen zu § 10 WoFG. Wegen der unterschiedlichen Landesbestimmungen über die Obergrenzen für Wohnungsgrößen im Mietwohnungsbau können hier nur allgemeine Richtwerte[123] angegeben werden:

- für Alleinstehende: 45 bis 50 qm,
- für zwei Personen: 60 qm,
- drei Personen: 75 bis 80 qm,
- vier Personen: 85 bis 90 qm und
- für weitere Personen: zusätzliche 10 bzw 15 qm.

Auf die Anzahl der Wohnräume kommt es nicht an.[124] Lebt ein Leistungsberechtigter mit anderen Personen in einer Wohngemeinschaft, ist er für die Bestimmung der angemessenen Wohnfläche wie ein Alleinstehender zu behandeln,[125] weil die gemeinsame Nutzung von Räumen in einer Wohngemeinschaft keinen Abschlag von der angemessenen Quadratmeterzahl rechtfertigt.[126] Die Frage der Angemessenheit der Unterkunftskosten ist für Mieter und Hauseigentümer nach einheitlichen Kriterien zu beantwor-

119 BT-Drucks. 17/3404, 99 f.
120 BSG 7.11.2006 – B 7 b AS 18/06 R.
121 BSG 7.11.2006 – B 7 b AS 18/06 R und B 7 b AS 10/06 R.
122 BSG 7.11.2006 – B 7 b AS 18/06 R; kritisch: *Groth* SGb 2009, 645.
123 *Berlit* in: LPK-SGB II § 22 Rn 32.
124 BSG 19.10.2010 – B 14 AS 2/10 R.
125 BSG 18.6.2008 – B 14/11 b AS 61/06 R; kritisch: *Koepke* SGb 2009, 618 f.
126 BSG 18.6.2008 – B 14/11 b AS 61/06 R; aA: Eicher/Spellbrink SGB II/*Lang/Link* § 22 Rn 44.

ten.[127] Daher sind die o.g. Obergrenzen auch bei selbst genutztem Wohneigentum zu Grunde zu legen und nicht die angemessene Größe iSd § 12 Abs. 3 S. 1 Nr. 4 SGB II.

Für bestimmte Fälle wird zT ein **zusätzlicher Wohnraumbedarf** anerkannt. So gebietet der Bedarfsdeckungsgrundsatz die Berücksichtigung eines besonderen, etwa behinderungs- oder pflegebedingten Wohnraumbedarfs.[128] Ob in Fällen der Wahrnehmung des elterlichen Umgangsrechts ein zusätzlicher Wohnraumbedarf für das Kind besteht, wird unterschiedlich beurteilt. Teilweise wird dies abgelehnt, weil aus zeitweisen Bedarfsgemeinschaften nicht automatisch auch ein ständiger höherer Unterkunftsbedarf folge.[129] Nach einer anderen Auffassung sind die Umstände des Einzelfalls zu berücksichtigen. Kriterien für die Bestimmung der angemessenen Wohnungsgröße können insoweit insb. der zeitliche Umfang der Ausübung des Umgangsrechts, das Alter der Kinder, individuell erhöhte Raumbedarfe, gegebenenfalls auch die Entfernung zum Haushalt des anderen Elternteils etc. sein.[130]

52 Für die im zweiten Schritt zu ermittelnde **abstrakte Angemessenheit des Wohnstandards** ist nach dem BSG darauf abzustellen, ob die Wohnung nach Ausstattung, Lage und Bausubstanz einfachen und grundlegenden Bedürfnissen genügt und keinen gehobenen Wohnstandard aufweist. Da sich diese Kriterien als Mietpreis bildende Faktoren regelmäßig im Quadratmeterpreis niederschlagen, muss die Wohnung im unteren Segment der Wohnungen liegen, die der Größe in dem räumlichen Bezirk (räumlicher Vergleichsmaßstab) in Betracht kommen.[131] Der räumliche Vergleichsmaßstab ist so zu wählen, dass Leistungsberechtigte im Regelfall ihr soziales Umfeld beibehalten können. Deshalb ist für ihn in erster Linie der Wohnort der Leistungsberechtigten maßgebend;[132] er muss sich aber nicht strikt am kommunalverfassungsrechtlichen Begriff der Gemeinde orientieren. In weiteren Entscheidungen hat das BSG den räumlichen Vergleichsmaßstab konkretisiert. Es gehe darum zu beschreiben, welche ausreichend großen Räume (nicht bloß Orts- oder Stadtteile) der Wohnbebauung aufgrund ihrer räumlichen Nähe zueinander, ihrer Infrastruktur und insb. ihrer verkehrstechnischen Verbundenheit einen insgesamt betrachtet homogenen Lebens- und Wohnbereich bilden. Um einer sog. Ghettobildung vorzubeugen, müssten die Grenzen des räumlichen Vergleichsmaßstabes weit gezogen werden.[133] Es ist zweifelhaft, ob dies auch für ländliche Regionen gelten kann. Denn je weiter der Umkreisradius zu ziehen ist, desto schwieriger wird das Bestreben um Erhaltung des sozialen Umfelds.[134]

53 Stehen die abstrakt angemessene Wohnungsgröße und der maßgebliche Vergleichsraum fest, ist nach dem BSG in einem dritten Schritt zur Bestimmung der Angemessenheitsgrenze eine sog. **Referenzmiete** zu bilden. Die Referenzmiete muss so gewählt werden, dass es den Leistungsberechtigten möglich ist, im konkreten Vergleichsraum eine „angemessene" Wohnung anzumieten.[135] Hierzu muss ermittelt werden, wie viel auf dem Wohnungsmarkt des maßgeblichen Vergleichsraums für eine einfache Wohnung aufzuwenden ist. Das Jobcenter muss einen Quadratmeterpreis für Wohnungen einfachen Standards ermitteln, um diesen mit der den Leistungsberechtigten zugestandenen Quadratmeterzahl zu multiplizieren und so die Angemessenheitsgrenze feststellen zu kön-

127 BSG 15.4.2008 – B 14/7 b AS 34/06 R; 2.7.2009 – B 14 AS 32/07 R.
128 *Berlit* in: LPK-SGB II § 22 Rn 33 mwN.
129 LSG Berlin-Brandenburg 5.12.2008 – L 25 B 2022/08 ER.
130 LSG NRW 17.6.2008 – L 20 B 225/07 AS ER.
131 U.a.: BSG 7.11.2006 – B 7 b AS 18/06 R und B 7 b AS 10/06 R; 2.7.2009 – B 14 AS 32/07 R.
132 BSG 18.2.2010 – B 14 AS 73/08 R.
133 BSG 19.2.2009 – B 4 AS 30/08 R; 1.6.2010 – B 4 AS 60/09 R.
134 *Groth* SGb 2009, 646.
135 BSG 19.10.2010 – B 14 AS 2/10 R.

nen.[136] Dabei folgt das BSG[137] der Produkttheorie, nach der es allein auf die Angemessenheit im Ergebnis ankommt. Abzustellen ist auf das Produkt aus angemessener Wohnfläche und angemessenem Quadratmeterzins. Dahinstehen kann, ob einzelne Faktoren – isoliert betrachtet – als angemessen anzusehen sind.

Die Referenzmiete muss auf Grundlage eines **schlüssigen Konzepts** ermittelt werden. Hierbei ist nicht zwingend auf einen qualifizierten oder einfachen Mietspiegel (§§ 558 c, 558 d BGB) abzustellen. Vielmehr muss hinreichende Gewähr dafür geboten werden, die aktuellen Verhältnisse des örtlichen Wohnungsmarkts wiederzugeben.[138] In späteren Entscheidungen hat das BSG die Anforderungen an ein schlüssiges Konzept für sog. grundsicherungsrelevante Mietspiegel konkretisiert.[139]

Die **Tabellenwerte in § 12 WoGG** bilden grds. keinen geeigneten Maßstab für die Angemessenheit der Unterkunftskosten, weil sie die örtlichen Gegebenheiten nicht angemessen widerspiegeln und nicht darauf abstellen, ob der Wohnraum bedarfsangemessen ist. Erst wenn alle anderen Erkenntnismöglichkeiten und -mittel zur Ermittlung der Angemessenheit der Unterkunftskosten ausgeschöpft sind, kommt ein Rückgriff auf die Tabellenwerte in § 12 WoGG in Betracht.[140] Der 4. Senat des BSG hat diese Rechtsprechung insoweit konkretisiert, als die Tabellenwerte in § 12 WoGG die Referenzmiete nicht ersetzen, sondern die zu übernehmenden tatsächlichen Unterkunftskosten begrenzen. Hierzu sei auf den jeweiligen Höchstbetrag der Tabelle zurückzugreifen und ferner ein „Sicherheitszuschlag“ zum jeweiligen Tabellenwert zu gewähren.[141]

54 Sind die tatsächlichen Unterkunftskosten abstrakt unangemessen, muss iR einer **konkreten Angemessenheitsprüfung** festgestellt werden, ob für die Leistungsberechtigten eine andere bedarfsgerechte und kostengünstigere Wohnung konkret verfügbar und zugänglich ist.[142] Besteht eine solche konkrete Unterkunftsalternative nicht, sind die Aufwendungen für die tatsächlich gemietete Unterkunft als konkret angemessen anzusehen.[143] Die Beweislast für die konkrete Unterkunftsalternative liegt bei den Jobcentern. Demgegenüber müssen die Leistungsberechtigten substantiiert darlegen, dass eine andere bedarfsgerechte, kostengünstigere Unterkunft im Bedarfszeitraum auf dem örtlichen Wohnungsmarkt nicht vorhanden bzw trotz ernsthafter und intensiver Bemühungen nicht auffindbar oder eine solche Unterkunft ihnen nicht zugänglich ist.[144] Erst wenn Leistungsberechtigte trotz intensiver Bemühungen keine angemessene Wohnung finden, sind auch bei abstrakter Unangemessenheit, die konkreten Unterkunftskosten weiterhin zu übernehmen, solange das Jobcenter kein konkretes Wohnungsangebot unterbreiten kann.[145]

136 BSG 22.9.2009 – B 4 AS 18/09 R.
137 BSG 7.11.2006 – B 7 b AS 18/06 R.
138 BSG 18.6.2008 – B 14/7 b AS 44/06 R.
139 BSG 22.9.2009 – B 4 AS 18/09 R; kritisch: *Schnitzler* SGb 2009, 511 ff. Das LSG Berlin hat die in Berlin geltenden „Ausführungsvorschriften zur Ermittlung angemessener Kosten der Wohnung gemäß § 22 SGB II der Senatsverwaltung für Gesundheit, Soziales und Verbraucherschutz des Landes Berlin (AV Wohnen)“ für nicht geeignet erklärt, um den Anforderungen der Berechnung einer angemessenen Wohnung des BSG gerecht zu werden. Zudem handele es sich hierbei nur um Verwaltungsvorschriften, die nach außen hin keine rechtliche Bindung entfalten können, LSG Berlin-Brandenburg 28.6.2011 – L 25 AS 438/09 B PKH.
140 BSG 18.6.2008 – B 14/7 b AS 44/06 R; 2.7.2009 – B 14 AS 33/08 R.
141 BSG 17.12.2009 – B 4 AS 50/09 R.
142 BSG 7.11.2006 – B 7 b AS 18/06 R und B 7 b AS 10/06 R.
143 BSG 7.11.2006 – B 7 b AS 18/06 R.
144 So zur ehemaligen Sozialhilfe: BVerwG 30.5.1996 – 5 C 14/95.
145 SG Reutlingen 17.3.2008 – S 12 AS 194/07.

dd) Angemessene Aufwendungen für die Heizung

55 Die **Angemessenheit von Heizkosten** bereitet in der Praxis besondere Schwierigkeiten, weil der Energiebedarf von einer Vielzahl von objektiven Faktoren (zB Witterung, Gebäudezustand) und subjektiven Faktoren (zB Alter, Gesundheitszustand) bestimmt wird. Daher muss sich die Prüfung der angemessenen Heizkosten grds. am Einzelfall orientieren.[146] Wie bei der Prüfung angemessener Unterkunftskosten kann die Einzelfallprüfung bei der Angemessenheit von Heizkosten nur durch eine kommunale Satzung iSd § 22 a SGB II vereinfacht bzw ersetzt werden. Liegt eine solche Satzung nicht vor, ist bei der Prüfung angemessener Heizkosten ein konkret-individueller Maßstab anzulegen. Die Prüfung von angemessenen Heiz- und Unterkunftskosten muss dabei getrennt erfolgen.[147] Die Bildung einer Gesamtangemessenheitsgrenze für Unterkunfts- und Heizkosten (sog. erweiterte Produkttheorie) entspricht nach Auffassung des BSG nicht dem gesetzgeberischen Konzept.[148] Die Angemessenheit der Heizkosten könne nicht davon abhängen, ob einzelne Faktoren für sich genommen unangemessen sind, die für die Bestimmung angemessener Unterkunftskosten iRd Produkttheorie relevant sind (zB Wohnungsgröße).[149] Das sog. Flächenüberhangprinzip, wonach die tatsächlichen Kosten bei unangemessen großen Wohnungen nur anteilig entsprechend der angemessenen Wohnungsgröße zu gewähren sind, ist abzulehnen.[150]

Nach ständiger Rechtsprechung des BSG sind die tatsächlichen Heizkosten grds. als angemessen zu betrachten, sofern nicht Grenzwerte überschritten werden, die ein **unangemessenes Heizverhalten** indizieren.[151] Anhaltspunkte für unangemessenes Heizverhalten können sich daraus ergeben, dass die tatsächlich anfallenden Kosten die durchschnittlich aufgewendeten Kosten aller Verbraucher für eine Wohnung der den abstrakten Angemessenheitskriterien entsprechenden Größe signifikant übersteigen. Zur Bestimmung eines solchen Grenzwertes lässt das BSG bei öl-, erdgas- und fernwärmebeheizten Wohnungen einen Rückgriff auf die Kommunalen Heizspiegel und, soweit diese vor Ort fehlen, auf den Bundesweiten Heizspiegel zu.[152] Die Kommunalen Heizspiegel werden von der co2online gGmbH in Zusammenarbeit mit den Kommunen und weiteren Partnern herausgegeben.[153]

c) Leistungen bei unangemessenen Unterkunfts- und Heizkosten

56 Bei unangemessenen Unterkunfts- und Heizkosten sind in jedem Fall die tatsächlichen Aufwendungen in angemessener Höhe zu übernehmen. Das vom BVerwG zur ehemaligen Sozialhilfe vertretene **„Alles-oder-Nichts-Prinzip"** findet im SGB II wegen des eindeutigen Wortlauts des § 22 Abs. 1 S. 1 SGB II („soweit") keine Rechtsgrundlage.[154] Bei unangemessen hohen Unterkunfts- und Heizkosten stellt sich mithin nicht die Frage, ob überhaupt Leistungen erbracht werden, sondern allenfalls ob auch die unangemessenen Unterkunftskosten übernommen werden können. Das SGB II erlaubt eine übergangsweise Übernahme von unangemessenen Unterkunfts- und Heizkosten in zwei Fällen, nämlich

146 BSG 20.8.2009 – B 14 AS 65/08 R mwN.
147 BSG 2.7.2009 – B 14 AS 36/08 R; 17.12.2009 – B 4 AS 50/09 R.
148 BSG 20.8.2009 – B 14 AS 65/08 R mwN.
149 BSG 2.7.2009 – B 14 AS 36/08 R und B 14 AS 33/08 R.
150 BSG 2.7.2009 – B 14 AS 36/08 R und B 14 AS 33/08 R.
151 BSG 2.7.2009 – B 14 AS 36/08 R und B 14 AS 33/08 R; 20.8.2009 – B 14 AS 65/08 R und B 14 AS 41/08 R.
152 BSG 2.7.2009 – B 14 AS 36/08 R und B 14 AS 33/08 R; *Groth* Soziale Sicherheit 2009, 396.
153 Vgl http://www.heizspiegel.de/verbraucher/heizspiegel/bundesweiter-heizspiegel/index.html (16.11.2011).
154 BSG 7.11.2006 – B 7 b AS 10/06 R.

- für eine Übergangszeit bei Unmöglichkeit oder Unzumutbarkeit der Kostensenkung und
- bei Unwirtschaftlichkeit eines Umzugs.

aa) Kostenübernahme bei Unmöglichkeit bzw Unzumutbarkeit der Kostensenkung

57 Nach § 22 Abs. 1 S. 3 SGB II ist **Voraussetzung** für eine zeitweise Übernahme, dass

- die Aufwendungen für die Unterkunft und Heizung unangemessen sind und
- Kostensenkungsmaßnahmen nicht möglich oder nicht zumutbar sind.

Die übergangsweise Übernahme von unangemessenen Unterkunfts- und Heizkosten hat eine Schutzfunktion für diejenigen, die bereits bei Eintritt der Leistungsberechtigung in einer unangemessenen Wohnung leben bzw bei denen die Unterkunftskosten während des Leistungsbezugs, zB durch eine Mietererhöhung, unangemessen werden. Ihnen soll ermöglicht werden, innerhalb eines angemessenen Zeitraums die Unterkunfts- und Heizkosten auf ein angemessenes Niveau zu senken.

58 Die Vorschrift begründet eine **Obliegenheit zur Kostensenkung**. Bei unangemessenen Unterkunfts- und Heizkosten sind die Leistungsberechtigten angehalten, Kostensenkungsmaßnahmen einzuleiten. Als solche kommen zB ein Wohnungswechsel, (Unter-)Vermietung, Neuverhandlung mit dem Vermieter usw in Betracht. Eine übergangsweise Übernahme von unangemessenen Unterkunfts- und Heizkosten ist nur erlaubt, solange Kostensenkungsmaßnahmen unmöglich oder unzumutbar sind. Unangemessene Unterkunfts- und Heizkosten werden selbst bei Unmöglichkeit oder Unzumutbarkeit von Kostensenkungsmaßnahmen nicht zu angemessenen Aufwendungen.[155] Sind Kostensenkungsmaßnahmen sowohl zumutbar als auch möglich, können Leistungsberechtigte die Erstattung ihrer Aufwendungen ab dem Zeitpunkt, zu dem diese Maßnahmen wirksam umgesetzt werden könnten, nur noch in Höhe der Referenzmiete verlangen.[156]

Praxishinweis: Die Obliegenheit zur Kostensenkung wird oft als „Umzugsaufforderung" oder „Zwangsumzug" bezeichnet. Tatsächlich erlaubt die sog. Kostensenkungsaufforderung den Jobcentern nicht, Leistungsberechtigte zu einem Umzug zu zwingen. Vielmehr hat sie eine Warnfunktion. Die Mittel der Kostensenkung bleiben idR den Leistungsberechtigten überlassen.

59 Kostensenkungsmaßnahmen sind objektiv unmöglich, wenn sie nicht nur von den Leistungsberechtigten, sondern ganz allgemein nicht vorgenommen werden können. Solange es keine allgemeine Wohnungsnot gibt und die Vergleichsräume iRd Angemessenheitsprüfung hinreichend groß sind, dürfte eine objektive **Unmöglichkeit** von Kostensenkungsmaßnahmen idR ausscheiden. Ob von Leistungsberechtigten in extremen Ausnahmefällen auch ein Umzug, insb. in benachbarte Vergleichsräume verlangt werden kann, hat das BSG bisher offen gelassen.[157] Subjektiv unmöglich sind Kostensenkungsmaßnahmen, wenn sie nur von den Leistungsberechtigten nicht vorgenommen werden können. Dies ist insb. bei Unkenntnis der Kostensenkungsmaßnahmen der Fall,[158] zB weil das Jobcenter bzgl der Erforderlichkeit einer Kostensenkungsmaßnahme ein widersprüchliches Verhalten gezeigt[159] hat. Ein solches widersprüchliches Verhalten kann vorliegen, wenn die Leistungsberechtigten keine angemessene Unterkunft finden können, weil ihnen unrichtige Richtgrößen[160] mitgeteilt wurden oder wenn die Leistungen

155 BSG 19.2.2009 – B 4 AS 30/08 R.
156 BSG 19.2.2009 – B 4 AS 30/08 R.
157 BSG 19.2.2009 – B 4 AS 30/08 R.
158 BSG 17.12.2009 – B 4 AS 19/09 R und 22.9.2009 – B 4 AS 8/09 R.
159 BSG 17.12.2009 – B 4 AS 19/09 R und 7.5.2009 – B 14 AS 14/08 R.
160 BSG 19.2.2009 – B 4 AS 30/08 R.

für Unterkunft und Heizung mit dem Erstbescheid nur „abgesenkt“ bewilligt werden, ohne dass sie von der Obliegenheit zur Kostensenkung wissen.[161]

Praxishinweis: Die Kostensenkungsaufforderung ist nicht Tatbestandsvoraussetzung für die zeitweise Kostenübernahme nach § 22 Abs. 1 S. 3 SGB II.[162] Sie ist auch kein Verwaltungsakt, sondern lediglich ein Informationsschreiben mit Aufklärungs- und Warnfunktion.[163] Sie muss zumindest die Angabe des angemessenen Mietpreises beinhalten.[164] Einer Kostensenkungsaufforderung bedarf es nicht, wenn den Leistungsberechtigten die maßgeblichen Gesichtspunkte bekannt waren[165] oder wenn sich ihnen zweifelsfrei aufdrängen musste, dass die tatsächlichen Unterkunfts- und Heizkosten unangemessen und daher zu senken sind.[166]

60 Im Rahmen der **Unzumutbarkeit** von Kostensenkungsmaßnahmen räumt der 4. Senat des BSG[167] der Einbindung der Leistungsberechtigten in ihr soziales Umfeld einen hohen Stellenwert ein. Ein Umzug in einen anderen Wohnort, der mit der Aufgabe des sozialen Umfeldes verbunden wäre, kann regelmäßig nicht verlangt werden, wohl aber Anfahrtswege mit öffentlichen Verkehrsmitteln. Berufen sich Leistungsberechtigte darauf, sich zB örtlich nicht verändern oder ihre Wohnung nicht aufgeben zu können, müssen hierfür besondere Gründe vorliegen, die eine ausnahmsweise Unzumutbarkeit von Kostensenkungsmaßnahmen begründen.[168] Eine affektive Bindung an einen Stadtteil reicht im Regelfall nicht.[169] In Betracht kommen aber insb. grundrechtsrelevante Sachverhalte oder Härtefälle. Als Beispiel hierfür hat das BSG[170] die Rücksichtnahme auf das soziale und schulische Umfeld minderjähriger schulpflichtiger Kinder genannt. Ebenso kann auf Alleinerziehende Rücksicht genommen werden, die zur Betreuung ihrer Kinder auf eine besondere Infrastruktur angewiesen sind. Ähnliches kann für behinderte oder pflegebedürftige Menschen bzw für deren betreuende Familienangehörige gelten. Auch gesundheitliche Einschränkungen können zur Unzumutbarkeit von Kostensenkungsmaßnahmen führen.[171]

61 Liegen die Voraussetzungen des § 22 Abs. 1 S. 3 SGB II vor, besteht ein **Anspruch auf (zeitweise) Übernahme** der unangemessenen Unterkunfts- und Heizkosten. Die Jobcenter haben den unangemessenen Teil der Unterkunfts- und Heizkosten bis zur Höhe der tatsächlichen Aufwendungen zu übernehmen. Die Verpflichtung zur Übernahme des angemessenen Teils der tatsächlichen Unterkunfts- und Heizkosten ergibt sich aus § 22 Abs. 1 S. 1 SGB II.

Ein Auswahlermessen steht den Jobcentern allerdings hinsichtlich der Frage zu, für wie lange sie die unangemessenen Aufwendungen übernehmen. Nach § 22 Abs. 1 S. 3 SGB II haben sie den Zeitraum der Übernahme grds. danach zu bemessen, für wie lange die Unmöglichkeit bzw Unzumutbarkeit der Kostensenkung besteht. Gleichzeitig ist eine **Regelhöchstfrist von sechs Monaten** vorgesehen. Hiermit ist den Jobcentern in besonderen Ausnahmefällen möglich, kürzere oder längere Höchstfristen für die Übernahme von unangemessenen Unterkunfts- und Heizkosten festzulegen. Kürzere Fristen kommen zB bei Kenntnis und längere Fristen bei Unkenntnis der Obliegenheit zur Kostensenkung in Betracht.

161 BSG 17.12.2009 – B 4 AS 19/09 R.
162 BSG 27.3.2008 – B 14/7 b AS 70/06 R.
163 BSG 7.11.2006 – B 7 b AS 10/06 R.
164 BSG 27.2.2008 – B 4 AS 19/09 R, und 7.11.2006 – B 7 b AS 18/06 R.
165 BSG 7.11.2006 – B 7 b AS 10/ 06 R.
166 *Berlit* in: LPK-SGB II, § 22 Rn 71.
167 BSG 19.2.2009 – B 4 AS 30/08 R.
168 BSG 19.2.2009 – B 4 AS 30/08 R.
169 BSG 17.12.2009 – B 4 AS 27/09 R.
170 BSG 19.2.2009 – B 4 AS 30/08 R.
171 BSG 17.12.2009 – B 4 AS 27/09 R.

bb) Kostenübernahme bei Unwirtschaftlichkeit eines Umzugs

62 Die Kostenübernahme bei Unwirtschaftlichkeit eines Umzugs (§ 22 Abs. 1 S. 4 SGB II) knüpft an die Kostenübernahme nach § 22 Abs. 1 S. 3 SGB II an und setzt zunächst voraus, dass dem Grunde nach eine Obliegenheit zur Kostensenkung wegen unangemessener Unterkunfts- und Heizkosten besteht. **Voraussetzung** ist weiterhin, dass die Kostensenkungsmaßnahmen unter Berücksichtigung der zu erbringenden Leistungen bei einem Umzug unwirtschaftlich wären. Hierzu zählen insb. Leistungen für Wohnungsbeschaffungs- und Umzugskosten nach § 22 Abs. 6 SGB II (zB Mietkaution, Umzugswagen, Verpflegung für Umzugshelfer). *Unwirtschaftlich* sind Kostensenkungsmaßnahmen, wenn die Leistungen, die bei einem Umzug zu erbringen wären, höher sind als die unangemessenen Unterkunfts- und Heizkosten. Dabei sind auch die Kosten zu berücksichtigen, die für eine neue kostenangemessene Unterkunft zu erbringen wären. In zeitlicher Hinsicht muss in einer Prognoseentscheidung berücksichtigt werden, wie lange der Leistungsbezug voraussichtlich dauern wird.

63 Auf der Rechtsfolgenseite sieht § 22 Abs. 1 S. 4 SGB II ein **Entschließungs- und Auswahlermessen** der Jobcenter vor. Ein Anspruch auf Übernahme der unangemessenen Unterkunfts- und Heizkosten besteht nicht. Allerdings hat das Jobcenter bei seinem Ermessen den Grundsatz von Wirtschaftlichkeit und Sparsamkeit (§ 3 Abs. 1 S. 4 SGB II) zu beachten.

d) Leistungen bei einem Umzug

64 Das SGB II regelt für Umzüge während des Leistungsbezugs die folgenden **Leistungsfälle**:

- Übernahme der Kosten für die neue Wohnung,
- Übernahme der Kosten für die neue Wohnung bei unter 25-Jährigen und
- Übernahme von Wohnungsbeschaffungs- und Umzugskosten sowie Mietkautionen.

Aus Gründen der Rechtssicherheit verlangen die Vorschriften des SGB II vor dem Umzug eine vorherige Zusicherung, deren Einholung allerdings nur in den beiden zuletzt genannten Fällen als echte Leistungsvoraussetzung ausgestaltet ist.

aa) Übernahme der Kosten für die neue Wohnung

65 Auch bei Umzügen während des Leistungsbezugs besteht grds. ein Anspruch auf Übernahme der angemessenen tatsächlichen Unterkunfts- und Heizkosten für die neue Wohnung (§ 22 Abs. 1 S. 1 SGB II). Allerdings muss es sich um einen **erforderlichen Umzug** handeln, da ansonsten eine Begrenzung der Leistungen auf den bisherigen Bedarf (§ 22 Abs. 1 S. 2 SGB II) in Betracht kommt. Die „Erforderlichkeit“ iSd § 22 Abs. 1 S. 2 SGB II ist ein unbestimmter Rechtsbegriff, der einer Auslegung durch die Jobcenter bedarf und in vollem Umfang der sozialgerichtlichen Kontrolle unterliegt. Ein Umzug ist jedenfalls dann erforderlich, wenn er durch das Jobcenter im Rahmen eines Kostensenkungsverfahrens veranlasst wurde. In diesen Fällen erübrigt sich die Erforderlichkeitsprüfung und das Jobcenter muss nur noch prüfen, ob die Aufwendungen für die neue Wohnung angemessen sind. Ein Umzug kann auch aus anderen plausiblen, nachvollziehbaren und verständlichen Gründen erforderlich sein, von denen sich auch jeder Nichtleistungsempfänger leiten lassen würde.[172] Als Beispiele kommen berufliche, gesundheitliche oder familiäre Gründen in Betracht[173] oder zB der Umzug aus einer Obdachloseneinrichtung in eine eigene Wohnung.[174] Erforderlich ist ein Umzug auch,

172 LSG Sachsen 4.3.2011 – L 7 AS 753/10 B ER; *Berlit* in: LPK-SGB II § 22, Rn 84 mwN.
173 *Berlit* in: LPK-SGB II § 22, Rn 84 mwN.
174 LSG NRW 26.11.2009 – L 19 B 297/09 AS ER.

wenn Leistungsberechtigte mit Vollendung des 25. Lebensjahres aus dem Elternhaus ausziehen wollen.[175]

Um Rechtsstreitigkeiten über die Frage der Erforderlichkeit des Umzugs und die Angemessenheit der Unterkunfts- und Heizkosten für die neue Wohnung zu verhindern, sieht das SGB II in § 22 Abs. 4 SGB II das Instrument der **vorherigen Zusicherung** durch das zuständige Jobcenter vor. Sie hat Aufklärungs- und Warnfunktion und soll vor dem Abschluss des neuen Mietvertrags bei dem örtlich zuständigen Jobcenter eingeholt werden. Die vorherige Zusicherung ist nicht als Rechtspflicht, sondern als bloße Obliegenheit ausgestaltet. Sie ist daher grds. keine Leistungsvoraussetzung.[176] Sie ist eine Zusicherung iSd § 34 SGB X,[177] die der Schriftform bedarf und das Jobcenter verpflichtet, den schriftlich zugesagten Verwaltungsakt zu erlassen. Das Jobcenter ist an die Zusicherung gebunden, solange sich die Rechts- und Sachlage nicht derart ändert, dass sie die Zusicherung bei Kenntnis der nachträglich eingetretenen Änderung nicht gegeben hätte oder nicht hätte geben dürfen (§ 34 Abs. 3 SGB X). Leistungsberechtigte haben einen Anspruch auf Erteilung der Zusicherung nach § 22 Abs. 4 S. 2 SGB II, wenn der Umzug erforderlich ist und die Aufwendungen für die neue Unterkunft angemessen sind. Hierzu muss ein konkretes Mietvertragsangebot über eine bestimmte Wohnung vorgelegt werden.[178]

66 Bei **nicht erforderlichen Umzügen** sind die Leistungen für Unterkunft und Heizung auf den bisherigen Bedarf zu begrenzen, wenn sich die angemessenen Aufwendungen erhöhen (§ 22 Abs. 1 S. 2 SGB II). Voraussetzung für diese Begrenzungsregelung ist zunächst ein nicht erforderlicher Umzug während der Hilfebedürftigkeit. Dabei kommt es entscheidend darauf an, dass die Hilfebedürftigkeit auch schon bei Abschluss des neuen Mietvertrages bestanden hat.[179] Weiterhin werden nach überwiegender Meinung[180] nur solche Umzüge erfasst, die innerhalb des für die Angemessenheitsgrenzen maßgebenden Vergleichsraums erfolgen. Umzüge über die Grenzen des Vergleichsraums hinaus fallen nicht unter die Begrenzungsregelung des § 22 Abs. 1 S. 2 SGB II. Denn bei Umzügen in andere Vergleichsräume kann die ursprünglich geltende Angemessenheitsgrenze nicht „ausgeschöpft" werden, so dass der vom Gesetzgeber in den Blick genommene „Missbrauchsfall"[181] nicht vorliegt.

Weiterhin setzt die Begrenzungsregelung eine **Erhöhung der bisherigen angemessenen Unterkunfts- und Heizkosten** voraus. Hiermit wird bei nicht erforderlichen Umzügen während des Leistungsbezugs eine individuelle Angemessenheitsgrenze für künftige Wohnungen[182] geregelt. Trotz Angemessenheit der neuen Unterkunfts- und Heizkosten sollen die Leistungen bei nicht erforderlichen Umzügen nur in Höhe der bisher zu tragenden angemessenen Aufwendungen erbracht werden. Die Anwendung der Begrenzungsregelung steht nicht im Ermessen der Jobcenter.

bb) Übernahme der Kosten für die neue Wohnung bei unter 25-Jährigen

67 Bei Umzügen von unter 25-jährigen Leistungsberechtigten sieht § 22 Abs. 5 SGB II in zwei Fällen einen **vollständigen Leistungsausschluss** vor, nämlich wenn sie

- während des Leistungsbezugs ohne vorherige Zusicherung umziehen oder
- vorher mit der Absicht umziehen, einen Leistungsbezug herbeizuführen.

175 LSG Mecklenburg-Vorpommern 22.7.2008 – L 10 B 203/08.
176 BSG 7.11.2006 – B 7 b AS 10/06 R.
177 Sächsisches LSG 26.10.2009 – L 3 AS 20/09 mwN.
178 LSG Berlin-Brandenburg 24.3.2010 – L 10 AS 216/10 B ER.
179 BSG 30.8.2010 – B 4 AS 10/10 R.
180 BSG 1.6.2010 – B 4 AS 60/09 R; *Berlit* in: LPK-SGB II § 22, Rn 51 mwN.
181 BT-Drucks. 16/1410, 23.
182 Hauck/Noftz SGB II/*Krauß* § 22 Rn 91.

Beide Regelungen stehen im Zusammenhang damit, dass junge Leistungsberechtigte nicht schon mit Erreichen der Volljährigkeit, sondern erst mit Vollendung des 25. Lebensjahres aus der elterlichen Bedarfsgemeinschaft ausscheiden (§ 7 Abs. 3 Nr. 2, 4 SGB II). Mit dem Zusicherungserfordernis bei Umzügen von unter 25-jährigen Leistungsberechtigten während des Leistungsbezugs sollte ein faktisches Ausscheiden aus der elterlichen Bedarfsgemeinschaft verhindert werden.[183] Mit der zweiten Ausschlussregelung sollte erreicht werden, dass das Zusicherungserfordernis nicht durch einen Umzug vor Beantragung von SGB II-Leistungen umgangen werden kann.[184]

68 Bei unter 25-jährigen Leistungsberechtigten werden Bedarfe für Unterkunft und Heizung nach einem Umzug nur bei entsprechender Zusicherung vor Abschluss des neuen Mietvertrags durch das Jobcenter anerkannt (§ 22 Abs. 4 S. 1 SGB II). Hiermit wird die **vorherige Zusicherung** bei Umzügen von unter 25-jährigen Leistungsberechtigten zu einer Tatbestandsvoraussetzung für die Gewährung von Leistungen für die Unterkunft und Heizung. Umstritten ist, ob das Zusicherungserfordernis nur für den erstmaligen Auszug aus dem Elternhaus (Erstumzug) oder auch jeden weiteren Wohnungswechsel (Folgeumzug) eines unter 25-jährigen Leistungsberechtigten gilt. Teilweise wird vertreten, das Zusicherungserfordernis erfasse jegliche Umzüge von unter 25-jährigen Leistungsberechtigten.[185] Teilweise wird eine derart weite Auslegung mit der Begründung abgelehnt, der Gesetzgeber habe nur den mit dem erstmaligen Auszug aus dem Elternhaus verbundenen unkontrollierten Anstieg von Bedarfsgemeinschaften verhindern wollen.[186]

Praxishinweis: Das Zusicherungserfordernis gilt nicht für **unter 25-jährige** Leistungsberechtigte, die am **17.2.2006** nicht mehr dem elterlichen Haushalt angehört und im Zeitpunkt des Umzugs bereits SGB II-Leistungen bezogen bzw beantragt haben (§ 68 Abs. 2 SGB II).

Die vorherige Zusicherung stellt eine Zusicherung iSd § 34 SGB X dar, die zu ihrer Wirksamkeit der Schriftform bedarf und im Ermessen des Jobcenters[187] steht. Ein **Anspruch auf Zusicherung** besteht nach § 22 Abs. 4 S. 2 SGB II nur, wenn

1. der Betroffene aus schwer wiegenden sozialen Gründen nicht auf die elterliche Wohnung verwiesen werden kann,
2. der Umzug zur Eingliederung in den Arbeitsmarkt erforderlich ist oder
3. ein sonstiger, ähnlich schwer wiegender Grund vorliegt.

Eine schwerwiegende Störung des Eltern-Kind-Verhältnisses muss das übliche Maß innerfamiliärer Konflikte übersteigen[188] und ist idR erst dann anzunehmen, wenn Eltern und ein fast volljähriges Kind nach lang währenden tiefgreifenden Auseinandersetzungen übereinstimmend das Zusammenleben in einer gemeinsamen Wohnung ausschließen.[189] Ein zur Eingliederung in den Arbeitsmarkt erforderlicher Umzug dürfte etwa vorliegen, wenn die Arbeitsstätte von der elterlichen Wohnung nicht in angemessener Zeit zu erreichen ist, wobei ein Zeitaufwand von mehr als zwei Stunden täglich als unangemessen angesehen werden kann.[190] Bei dem Anspruch auf Zusicherung wegen eines sonstigen, ähnlich schwer wiegenden Grundes handelt es sich um einen Auffangtatbestand für Konstellationen, die nicht unter einen der beiden zuvor genannten Fälle gefasst werden können, aber dennoch vergleichbar schwer wiegen. Der Deutsche Verein hat die unbestimmten Rechtsbegriffe des schwer wiegenden sozialen Grundes und des

183 Vgl BT-Drucks. 16/688, 14.
184 BT-Drucks. 16/1696, 27.
185 BT-Drucks. 16/6092, 1; LSG Berlin-Brandenburg 26.11.2010 – L 5 AS 1880/10 BER.
186 *Berlit* in LPK-SGB II § 22 Rn 89.
187 *Berlit* in LPK-SGB II § 22 Rn 94.
188 LSG Berlin-Brandenburg 31.8.2007 – L 5 AS 29/06; SG Reutlingen 18.12.2007 – S 2 AS 2399/07.
189 BSG 2.6.2004 – B 7 AS 38/03 R zur entspr. BAB-Vorschrift (BT-Drucks. 16/688, 14).
190 Eicher/Spellbrink SGB II/*Lang/Link* § 22 Rn 80 s.

sonstigen, ähnlich schwer wiegenden Grundes in Empfehlungen aus dem Jahr 2006 konkretisiert.[191]

69 Liegen die Voraussetzungen für einen Anspruch auf eine vorherige Zusicherung vor, kann nach § 22 Abs. 4 S. 3 SGB II ausnahmsweise **auf das Zusicherungserfordernis verzichtet werden**, wenn es der oder dem Betroffenen aus wichtigem Grund nicht zumutbar war, die Zusicherung einzuholen. Eine Unzumutbarkeit aus wichtigem Grund liegt dann vor, wenn eine Entscheidung des Jobcenters wegen der besonderen Dringlichkeit des Auszugs nicht rechtzeitig eingeholt werden kann.[192] Dabei kann sich die besondere Dringlichkeit aus zeitlichen Gründen (zB angespannte Wohnungsmarktlage) oder aus sozialen Gründen (zB häusliche Gewalt) ergeben.[193] Der Verzicht auf das Zusicherungserfordernis ist als Kann-Vorschrift formuliert. Allerdings handelt es sich nach wohl herrschender Meinung nicht um ein Ermessens-Kann, sondern um ein Kompetenz-Kann.[194] Andere argumentieren, dass aus Gründen einer verfassungskonformen Auslegung das Verzichtsermessen bei Vorliegen der Voraussetzungen des § 22 Abs. 2 a S. 3 SGB II auf Null reduziert sei.[195]

70 Um eine **missbräuchliche Umgehung des Zusicherungserfordernisses** nach § 22 Abs. 4 S. 1 SGB II zu verhindern,[196] normiert § 22 Abs. 4 S. 4 SGB II einen (weiteren) Leistungsausschluss. Hiernach werden Bedarfe für Unterkunft und Heizung bei unter 25-jährigen Personen nicht anerkannt, wenn sie vor einem Antrag in der Absicht umziehen, die Voraussetzungen für den Bezug von Leistungen nach dem SGB II herbeizuführen. Eine fahrlässige oder vorsätzliche Herbeiführung der Voraussetzungen für den Leistungsbezug reicht nicht. Vielmehr verlangt das Gesetz ausdrücklich eine Absicht, worunter ein finaler, auf die Herbeiführung der Leistungsgewährung gerichteter Wille zu verstehen ist.[197] Insoweit trägt das Jobcenter die materielle Beweislast, wobei eine Missbrauchsabsicht nahe liegt, wenn nach dem Umzug trotz fortbestehender Hilfebedürftigkeit zunächst kein Leistungsantrag gestellt wird.[198]

cc) Übernahme der Wohnungsbeschaffungs- und Umzugskosten sowie Mietkaution

71 Nach § 22 Abs. 6 S. 1 SGB II können **Wohnungsbeschaffungs- und Umzugskosten** sowie die Mietkaution bei vorheriger Zusicherung als Bedarf anerkannt werden. Unter Wohnungsbeschaffungskosten fallen nur die Aufwendungen, die mit dem Finden und Anmieten der Wohnung verbunden sind.[199] Als klassische Wohnungsbeschaffungskosten kommen zB Kosten für Besichtigungsfahrten, Kosten für Zeitungsannoncen, Telefonkosten, Kosten für Wohnungsanzeigen in Betracht, sofern sie unvermeidbar sind.[200] Die Einzugsrenovierung gehört nicht zu den Wohnungsbeschaffungskosten.[201] Ausnahmsweise gehören auch Maklergebühren zu den Wohnungsbeschaffungskosten, wenn die Beauftragung eines Maklers zum Finden und Anmieten der Wohnung unvermeidbar ist; dies gilt jedoch nicht bei Maklergebühren für die Veräußerung von Wohnraum.[202] Eine doppelte Mietzahlung kann ebenfalls in Ausnahmefällen zu den Wohnungsbeschaffungskosten gehören.[203] Zu den Umzugskosten zählen die eigentlichen Kosten des Um-

191 *Deutscher Verein* NDV 2007, 4 ff.
192 *Berlit* in: LPK-SGB II § 22 Rn 100.
193 IE: Eicher/Spellbrink SGB II/*Lang/Link* § 22 Rn 80 w.
194 Eicher/Spellbrink SGB II/*Lang/Link* § 22 Rn 80v.
195 *Berlit* in: LPK-SGB II § 22 Rn 99.
196 BT-Drucks. 16/1696, 27.
197 LSG Mecklenburg-Vorpommern 21.5.2008 – L 10 AS 72/07.
198 LSG Sachsen-Anhalt 3.6.2010 – L 5 AS 155/10 B ER.
199 BSG 16.12.2008 – B 4 AS 49/07 R.
200 Eicher/Spellbrink SGB II/*Lang/Link* § 22 Rn 83.
201 BSG 16.12.2008 – B 4 AS 49/07 R.
202 BSG 18.2.2010 – B 4 AS 28/09 R.
203 *Berlit* in: LPK-SGB II § 22 Rn 114.

zugs, wie zB Kosten für Transport, Hilfskräfte, erforderliche Versicherungen, Benzinkosten und Verpackungsmaterial.[204]

Umstritten ist, ob Genossenschaftsanteile und das Eintrittsgeld in eine Genossenschaft zu den Wohnungsbeschaffungskosten zählen oder eine **Mietkaution** iSd § 22 Abs. 6 S. 1 Hs 2 SGB II darstellen. Teilweise wird die Auffassung vertreten, die Genossenschaftsanteile und das Eintrittsgeld sind mit der Mietkaution vergleichbar,[205] so dass sie im Regelfall nur darlehensweise zu übernehmen wären (§ 22 Abs. 6 S. 3 SGB II). Nach einer anderen Auffassung handelt es sich bei Genossenschaftsanteilen und Eintrittsgeld um Wohnungsbeschaffungskosten, weil sie nicht nur die Funktion einer Mietkaution (§ 551 BGB) hätten, sondern auch die Mitgliedschaft in der Genossenschaft begründen, aus der vielfältige Mitbestimmungsrechte hinsichtlich der Gestaltung der Genossenschaft resultieren.[206]

Neben dem Vorliegen von Wohnungsbeschaffungs- bzw Umzugskosten oder einer Mietkaution iSd § 22 Abs. 3 S. 1 SGB II ist eine **vorherige Zusicherung für diese Kosten** nach herrschender Meinung[207] Voraussetzung für deren Übernahme. Sie ist eine Zusicherung iSd § 34 SGB X und bedarf der Schriftform. Während die Zusicherung zur Übernahme von Wohnungsbeschaffungs- bzw Umzugskosten durch das bis zum Umzug örtlich zuständig Jobcenter erfolgen muss, hat die Zusicherung der Übernahme einer Mietkaution durch das am neuen Wohnort zuständige Jobcenter zu erfolgen. Nach wohl herrschender Meinung kann auf eine vorherige Zusicherung verzichtet werden, wenn das Jobcenter bei einem veranlassten oder notwendigen Umzug eine fristgerecht mögliche Entscheidung treuwidrig und ohne sachlichen Grund verzögert.[208] Teilweise wird eine Verzichtbarkeit der vorherigen Zusicherung auch zugelassen, wenn sie nach § 22 Abs. 6 S. 2 SGB II im Regelfall zu erteilen gewesen wäre, ihre vorherige Einholung jedoch aus wichtigem Grund nicht zumutbar war (§ 22 Abs. 5 S. 3 SGB II analog).[209]

Die vorherige Zusicherung steht grds. im Ermessen des Jobcenters und kann auch erteilt werden, wenn noch keine konkrete Wohnung in Aussicht ist.[210] Nach § 22 Abs. 6 S. 2 SGB II sind die Jobcenter in zwei Fällen **gebunden,**[211] nämlich wenn

- der Umzug durch das Jobcenter veranlasst wurde *oder*
- aus anderen Gründen notwendig ist *und*
- ohne die Zusicherung eine Unterkunft in einem angemessenen Zeitraum nicht gefunden werden kann.

Hier ist das Jobcenter im Regelfall zur Erteilung der Zusicherung verpflichtet; nur in atypischen Einzelfällen ist eine Versagung der Zusicherung erlaubt.[212] Für die Notwendigkeit des Umzugs ist nicht nur auf den Auszug aus der bisherigen Wohnung, sondern auch auf die konkrete künftige Wohnung abzustellen. Diese muss kostenangemessen sein, weil die dauerhafte Finanzierung einer kostenunangemessenen Wohnung nicht sichergestellt wäre.[213] Das Ermessen ist bei einem veranlassten bzw einem aus anderen Gründen notwendigen Umzug dann gebunden, wenn ohne die Zusicherung eine Unterkunft in einem angemessenen Zeitraum nicht gefunden werden kann. Es sollen nur un-

204 BSG 16.12.2008 – B 4 AS 49/07 R; 1.7.2009 – B 4 AS 77/08 R.
205 *Berlit* NDV 2006, 23 f, ders. in: LPK-SGB II § 22 Rn 110 mwN.
206 LSG Sachsen 29.9.2008 – L 2 B 611/08 AS-ER; 25.1.2010 – L 3 AS 700/09 B ER mwN.
207 LSG NRW 21.2.2011 – L 19 AS 1930/10 B mwN.
208 BSG 6.5.2010 – B 14 AS 7/09 R; *Berlit* in: LPK-SGB II § 22 Rn 106 mwN.
209 Eicher/Spellbrink SGB II/*Lang/Link* § 22 Rn 85; offen gelassen: LSG NRW 26.11.2009 – L 19 B 297/09 AS ER.
210 Bayerisches LSG 23.12.2010 – L 7 AS 923/10 B ER.
211 Bayerisches LSG 23.12.2010 – L 7 AS 923/10 B ER; *Berlit* NDV 2006, 22.
212 Sächsisches LSG 29.9.2008 – L 2 B 611/08 AS-ER.
213 *Berlit* in: LPK-SGB II § 22 Rn 107; Bayerisches LSG 23.12.2010 – L 7 AS 923/10 B ER.

vermeidbare Aufwendungen übernommen werden. Als Richtschnur für den angemessenen Zeitraum kann die Sechsmonatsfrist nach § 22 Abs. 1 S. 3 SGB II dienen.[214]

Ein **Anspruch auf Übernahme** der Wohnungsbeschaffungs- und Umzugskosten bzw der Mietkaution besteht, wenn das Jobcenter nach § 22 Abs. 6 S. 2 SGB II im Falle eines veranlassten oder eines aus anderen Gründen notwendigen Umzugs zur Zusicherung im Regelfall verpflichtet ist.[215] Dabei geht der Anspruch auf die Übernahme der angemessenen Kosten, was sich daraus ergibt, dass die Umzugskosten als Annex mit der Deckung des Unterkunftsbedarfs eng zusammenhängen, die Leistungen für Unterkunft und Heizung aber nur in Höhe der angemessenen tatsächlichen Aufwendungen erbracht werden.[216] Im Falle eines nicht notwendigen bzw veranlassten Umzugs scheidet ein Anspruch auf Übernahme aus und es kommt lediglich die Auffangnorm des § 22 Abs. 6 S. 1 SGB II[217] in Betracht. Diese räumt dem Jobcenter bei der Übernahme von Wohnungsbeschaffungs- und Umzugskosten bzw einer Mietkaution ein Ermessen ein, das sowohl ein Entschließungs- als auch ein Auswahlermessen hinsichtlich der Höhe der zur übernehmenden Kosten umfasst. Mietkautionen sollen nach § 22 Abs. 6 S. 3 SGB II als Darlehen (§ 42 a SGB II) erbracht werden. Hiermit wird klargestellt, dass Mietkautionen nur in atypischen Fällen als Zuschuss erbracht werden können.[218] 72

e) Schuldenübernahme

Die Schuldenübernahme ist in § 22 Abs. 8 SGB II geregelt und wird durch Mitteilungspflichten der Amtsgerichte gegenüber den Jobcentern bei Räumungsklagen (§ 22 Abs. 9 SGB II) flankiert. **Voraussetzung** für die Schuldenübernahme ist, dass 73

- Leistungen für Unterkunft und Heizung erbracht werden und
- die Schuldenübernahme zur Sicherung der Unterkunft oder zur Behebung einer vergleichbaren Notlage gerechtfertigt ist.

Dem Wortlaut nach erfordert § 22 Abs. 8 S. 1 SGB II, dass Alg II für den Bedarf für Unterkunft und Heizung erbracht wird. Ausreichend ist indes, dass ein entsprechender Anspruch dem Grunde nach besteht,[219] ohne dass bereits eine Leistungsentscheidung getroffen wurde. Nach der Gesetzesbegründung erfasst der Begriff Schulden Miet- und Energieschulden.[220] Die Abgrenzung von Schulden gegenüber tatsächlichen Unterkunfts- und Heizkosten iSd § 22 Abs. 1 S. 1 SGB II ist unabhängig von der zivilrechtlichen Einordnung ausgehend vom Zweck der SGB II-Leistungen zu beurteilen, einen tatsächlich eingetretenen und bisher noch nicht vom Jobcenter gedeckten Bedarf aufzufangen.[221] Weiterhin muss die Schuldenübernahme zur **Sicherung der Unterkunft**, dh der Vermeidung von Wohnungslosigkeit, oder zur Behebung einer vergleichbaren Notlage (zB bei Schulden für Neben- und Heizkosten)[222] gerechtfertigt sein. Dies setzt voraus, dass die Übernahme der Schulden die Unterkunft auf Dauer sichert. Dies ist nicht der Fall, wenn die Kosten für die konkret bewohnte Unterkunft abstrakt unangemessen sind, weil hier ein Verlust der konkreten Unterkunft ohnehin droht.[223] Weiterhin ist für die Rechtfertigung der Schuldenübernahme von Bedeutung, wie es zur Notlage gekommen ist. Regelmäßig ist sie nur dann gerechtfertigt, wenn Leistungsberechtigte nach den

214 Eicher/Spellbrink SGB II/*Lang/Link* § 22 Rn 92.
215 BSG 6.5.2010 – B 14 AS 7/09 R; Bayerisches LSG 23.12.2010 – L 7 AS 923/10 B ER.
216 SG Dresden 15.8.2005 – S 23 AS 692/05 ER.
217 BSG 6.5.2010 – B 14 AS 7/09 R.
218 Eicher/Spellbrink SGB II/*Lang/Link* § 22 Rn 92 a.
219 LSG Berlin-Brandenburg 6.8.2008 – L 28 B 1019/08 AS ER; *Berlit* in: LPK-SGB II § 22 Rn 120.
220 BT-Drucks. 16/688, 14.
221 BSG 22.3.2010 – B 4 AS 62/09 R; 17.6.2010 – B 14 AS 58/09 R.
222 Eicher/Spellbrink SGB II/*Lang/Link* § 22 Rn 105.
223 IE: SG Kiel 16.4.2010 – S 35 AS 205/10 ER; LSG NRW 29.10.2009 – L 7 B 262/09 AS ER; wohl auch BSG 17.6.2010 – B 14 AS 58/09 R.

Gesamtumständen unverschuldet in Zahlungsrückstand geraten sind, die Notlage für die Existenz der Leistungsberechtigten bedrohlich ist und die Schulden nicht aus eigener Kraft getilgt werden können.[224]

74 Die Schuldenübernahme steht grds. im **pflichtgemäßen Ermessen** der Jobcenter. Nach § 22 Abs. 8 S. 2 SGB II sind die Jobcentern in ihrer Ermessensausübung gebunden, wenn die Schuldenübernahme gerechtfertigt und notwendig ist und sonst Wohnungslosigkeit einzutreten droht. In diesen Fällen sind die Jobcenter im Regelfall zur Schuldenübernahme verpflichtet und können diese nur in atypischen Ausnahmefällen versagen.[225] Das Auswahlermessen der Jobcenter wird zunächst insoweit eingeschränkt, als Schulden nur in dem Umfang zu übernehmen sind, als dies gerechtfertigt ist. Dabei ist Vermögen, das iRd Grundfreibetrags geschützt ist, vorrangig einzusetzen (§ 22 Abs. 8 S. 3 SGB II). Weiterhin ist das Auswahlermessen insoweit eingeschränkt, als die Schuldenübernahme im Regelfall als Darlehen zu erbringen ist (§ 28 Abs. 8 S. 4 SGB II) und nur in atypischen Ausnahmefällen als Zuschuss gewährt werden kann. Die Ausgestaltung der Darlehensbedingungen, insb. des Rückzahlungsbeginns und der Ratenhöhe, richtet sich nach § 42 a SGB II.

II. Abweichende Leistungserbringung

75 Seit der Regelsatzreform ist die **abweichende Leistungserbringung** nach § 24 SGB II zusammen mit weiteren Leistungen in einem eigenen Unterabschnitt geregelt. Hiermit sollte verdeutlicht werden, dass diese Leistungen kein Bestandteil des Alg II bzw des Sozialgeldes sind und damit insb. keine Versicherungspflicht in der GKV auslösen können. In der abweichenden Leistungserbringung sind unterschiedliche Leistungen zusammengefasst:

- Darlehen bei unabweisbarem Bedarf,
- Sachleistungen bei unwirtschaftlichem Verhalten,
- Leistungen für besondere Einmalbedarfe,
- Leistungen bei vorübergehenden Liquiditätslücken und
- Leistungen für Auszubildende.

Die weiteren im dritten Unterabschnitt verorteten Leistungen betreffen Sonderfälle der sozialen Sicherung von Alg II- bzw Sozialgeldbeziehenden (§§ 25, 26 SGB II).

1. Darlehen bei unabweisbarem Bedarf

76 Mit der weit reichenden, pauschalen Abgeltung einmaliger Bedarfe durch den Regelbedarf war die Erwartung verbunden, dass Leistungsberechtigte die in den Regelbedarfsleistungen enthaltenen Beträge für besondere Bedarfe zurücklegen und im Bedarfsfall einsetzen. Für Situationen, in denen ein unvermutet auftretender, unabweisbarer Bedarf tatsächlich nicht gedeckt werden kann, ist nach § 24 Abs. 1 SGB II eine darlehensweise Leistungsgewährung vorgesehen, die **vorübergehende Spitzen** eines besonderen Bedarfs auffangen kann. Sie dient nicht der Deckung eines dauerhaften, besonderen Bedarfs[226] und muss daher zu § 21 Abs. 6 SGB II abgegrenzt werden.

224 LSG Berlin-Brandenburg 14.10.2010 – L 5 AS 1325/10 B ER mwN.
225 BSG 17.6.2010 – B 14 AS 58/09 R.
226 BVerfG 9.2.2010 – 1 BvL 1/09, Rn 207.

Voraussetzung für die darlehensweise Leistungsgewährung ist ein im Einzelfall ungedeckter Bedarf, 77

- der vom Regelbedarf umfasst und
- nach den Umständen unabweisbar ist.

Welche Bedarfe im Einzelnen vom Regelbedarf umfasst sind, ergibt sich aus § 20 Abs. 1 SGB II iVm §§ 5, 6 RBEG. Nicht vom Regelbedarf umfasst sind die Bedarfe, für die das SGB II gesonderte Leistungen vorsieht, also zB die Leistungen für Unterkunft und Heizung, die Leistungen für Mehrbedarfe und die Leistungen für besondere Einmalbedarfe. Für die Unabweisbarkeit kann die Definition des § 21 Abs. 6 S. 2 SGB II herangezogen werden. Hiernach müssen für die Unabweisbarkeit zwei Kriterien erfüllt sein, nämlich die Unmöglichkeit einer anderweitigen Bedarfsdeckung einerseits und das der Höhe nach erhebliche Abweichen vom durchschnittlichen Bedarf andererseits. Bei der Unmöglichkeit einer anderweitigen Bedarfsdeckung sind insb. die Rücklagen für notwendige Anschaffungen iSd § 12 Abs. 2 Nr. 4 oder das unter die Freibeträge gefallene Vermögen nach § 12 Abs. 2 Nr. 1 SGB II zu berücksichtigen.

In formeller Hinsicht setzt ein Darlehen bei unabweisbarem Bedarf einen gesonderten Antrag voraus (§ 37 Abs. 1 S. 2 SGB II). Weiterhin verlangt § 24 Abs. 1 S. 1 SGB II einen Nachweis von den Leistungsberechtigten. Diese **Nachweispflicht** bildet eine Ausnahme zum Untersuchungsgrundsatz im Sozialverwaltungsrecht (§ 20 SGB X) und bezieht sich auf das Vorliegen des besonderen Bedarfs und seiner Unabweisbarkeit.

78 Bei Vorliegen der Voraussetzungen besteht ein **Anspruch auf Leistungen** für den unabweisbaren Bedarf. In Betracht kommt allerdings nach § 24 Abs. 1 S. 1 SGB II ausschließlich eine darlehensweise Leistungsgewährung. Im Übrigen steht den Jobcentern ein (begrenztes) Auswahlermessen zu. Hinsichtlich der Frage, ob der unabweisbare Bedarf in Form einer Geld- oder Sachleistung zu gewähren ist, müssen die Jobcenter bei der Ermessensausübung berücksichtigen, dass Geldleistungen gegenüber Sachleistungen nach § 4 Abs. 1 SGB II Vorrang haben. Das Auswahlermessen der Jobcenter ist daher im Regelfall auf eine Geldleistung reduziert.[227]

Hinsichtlich der **Ausgestaltung des Darlehens** sind die Rahmenvorgaben des § 42 a SGB II zu beachten. Insoweit ist insb. eine feste Tilgungsrate während des Leistungsbezugs von 10 % des Regelbedarfs vorgesehen. Eine Verzinsung von Darlehen nach § 24 Abs. 1 SGB II ist den Jobcentern nicht erlaubt, da eine entsprechende Ermächtigung fehlt.[228] Nach § 44 SGB II können die Jobcenter das Darlehen erlassen, wenn die Einziehung nach Lage des einzelnen Falles unbillig wäre.

2. Leistungen für besondere Einmalbedarfe

a) Grundlagen

79 Nach § 24 Abs. 3 S. 1, 2 SGB II werden **bestimmte besondere Einmalbedarfe** nicht von den pauschalierten Regelbedarfen abgegolten, sondern durch gesonderte Leistungen berücksichtigt. Hierbei handelt es sich um untypische Bedarfslagen, die ihrer Art nach zwar von den Regelbedarfen umfasst sind, aber nicht in der erforderlichen Höhe.[229] Da diese untypischen Bedarfslagen sehr selten vorkommen, können sie im Hinblick auf die Höhe der benötigten Mittel nicht sachgerecht in den pauschalierten Regelbedarfen abgebildet werden.

---

227 IE: Hauck/Noftz SGB II/*Hengelhaupt* § 23 Rn 189.

228 Vgl jurisPK-SGB II/*Behrend* § 23 Rn 64; Hauck/Noftz SGB II/*Hengelhaupt* § 23 Rn 178.

229 Eicher/Spellbrink SGB II/*Lang/Blüggel* § 23 Rn 98; BSG 19.9.2008, B 14 AS 64/07 R.

Materielle **Voraussetzung** für Leistungen nach § 24 Abs. 1 SGB II ist, dass einer der folgenden besonderen Einmalbedarfe vorliegt. Besondere Einmalbedarfe werden anerkannt für

- die Erstausstattung für die Wohnung einschl. Haushaltsgeräten,
- die Erstausstattung für Bekleidung,
- die Erstausstattung bei Schwangerschaft und Geburt sowie
- orthopädische Schuhe und therapeutische Geräte.

In **formeller Hinsicht** setzen die Leistungen für besondere Einmalbedarfe einen Antrag voraus (§ 37 Abs. 1 S. 2 SGB II). Mit Ausnahme der Leistungen für orthopädische Schuhe und therapeutische Geräte, die im sachlichen Zuständigkeitsbereich der BA liegen, sind für die anderen Leistungen die kommunalen Träger sachlich zuständig (vgl § 6 Abs. 1 S. 1 SGB II).

80 Einen Anspruch auf die Leistungen für besondere Einmalbedarfe haben auch die sog. **Nichtleistungsbeziehenden**, dh Personen, die hinsichtlich eines besonderen Einmalbedarfs hilfebedürftig sind, aber im Übrigen wegen vorhanden Einkommens oder Vermögens keinen Anspruch auf laufende SGB II-Leistungen haben. Für diese Fälle sieht § 24 Abs. 3 S. 4 SGB II die Möglichkeit einer (zeitlich) erweiterten Einkommensanrechnung vor: Das Jobcenter kann bei dem besonderen Einmalbedarf auch dasjenige Einkommen berücksichtigen, das Nichtleistungsbeziehende innerhalb eines Zeitraums von bis zu sechs Monaten nach Ablauf des Entscheidungsmonats erwerben. Ob das Jobcenter von dieser zeitlich erweiterten Einkommensanrechnung Gebrauch macht, steht in seinem pflichtgemäßen Ermessen. Gleiches gilt für den Zeitraum der erweiterten Einkommensanrechnung. Insoweit regelt das Gesetz lediglich einen Höchstzeitraum von sechs Monaten.

Praxishinweis: Bei der erweiterten Einkommensanrechnung im Rahmen von Einmalleistungen an Nichtleistungsbeziehende können unter Einbeziehung des Entscheidungsmonats maximal sieben Monate berücksichtigt werden.[230]

b) Einmalbedarfe

81 Gesondert anerkannt werden Bedarfe für **Erstausstattungen für die Wohnung** einschl. Haushaltsgeräten (§ 24 Abs. 3 S. 1 Nr. 1 SGB II). Der Anspruch ist gerichtet auf die Ausstattung mit wohnraumbezogenen Gegenständen, die eine geordnete Haushaltsführung und ein an den herrschenden Lebensgewohnheiten orientiertes Wohnen ermöglichen.[231] Einen gebrauchten Fernseher hat das BSG nicht als Wohnungsausstattungsbedarf anerkannt, weil er nicht dem Grundbedürfnis „Wohnen", sondern der Befriedigung von Unterhaltungs- und Informationsbedürfnissen diene.[232] Gleiches wurde für einen PC entschieden.[233] Auch eine Einzugsrenovierung begründet keinen Wohnungserstausstattungsbedarf.[234] Der Anspruch auf Leistungen für Erstausstattungen für die Wohnung richtet sich nicht notwendigerweise auf eine komplette Ausstattung. Welche Gegenstände benötigt werden, hängt vielmehr jeweils von den Besonderheiten des Einzelfalls ab.[235]

Beispiele für wohnraumbezogene Gebrauchsgüter und Hausrat sind: Möbel, Lampen, Gardinen, Herd, Kochtöpfe, Staubsauger, Bügeleisen, Kühlschrank und Waschmaschine.

230 Hauck/Noftz SGB II/*Hengelhaupt* § 23 Rn 409.
231 BSG 13.4.2011 – B 14 AS 53/11 R und 24.2.2011 – B 14 AS 75/10 R.
232 BSG 24.2.2011 – B 14 AS 75/10 R.
233 LSG NRW 23.4.2010 – L 6 AS 297/10 B.
234 BSG 16.12.2008 – B 4 AS 49/07 R.
235 BSG 19.9.2008 – B 14 AS 64/07 R.

Der Begriff der „**Erstausstattung**" ist bedarfsbezogen zu verstehen, dh entscheidend ist, ob erstmals ein Bedarf für die Ausstattung einer Wohnung entsteht.[236] Die amtliche Begründung zur sozialhilferechtlichen Parallelvorschrift nennt als Beispiele für Erstausstattungen einen Wohnungsbrand, die Erstanmietung nach einer Haft oder andere außergewöhnliche Umstände.[237] Auch eine Trennung oder Scheidung stellt ein solches besonderes Ereignis dar.[238] Da es sich bei den in der amtlichen Begründung genannten Fällen nur um eine beispielhafte Aufzählung handelt, darf der Begriff „Erstausstattung" nicht eng ausgelegt werden. Vielmehr zeigen die Beispiele, dass es gerade nicht nur um die erstmalige Ausstattung einer Wohnung überhaupt, sondern auch um eine Ersatzbeschaffung von schon früher vorhandenen Gegenständen geht (zB Wohnungsbrand). Ersatzbeschaffungen für Gegenstände, die zwar weiterhin funktionsfähig sind, aber ihrem Besitzer nicht mehr gefallen, nicht mehr optimal zur neuen Wohnung passen oder auch ohne Umzug wegen Unbrauchbarkeit durch andere Gegenstände hätten ersetzt werden müssen, fallen indes nicht unter Wohnungserstausstattungen.[239]

Praxishinweis: Beantragt ein Leistungsberechtigter Leistungen für eine Wohnungserstausstattung ist eine genaue Auflistung der benötigten Gegenstände, ggf mit dem jeweiligen Beschaffungspreis, beizufügen. Auf diese Weise kann der individuelle Bedarf abgebildet und dem Jobcenter die Möglichkeit gegeben werden, eine Einzelfallentscheidung zu treffen.

Umstritten ist, ob neben der Bedarfsbezogenheit auch ein **zeitlicher Zusammenhang** zu dem besonderen Ereignis erforderlich ist. Teilweise wird vertreten, dass es sich um ein zeitnahes Ereignis handeln muss, da bei länger zurückliegenden Ereignissen davon auszugehen sei, dass der einmalige Hilfebedarf nach und nach aus den Regelbedarfsleistungen befriedigt bzw angespart werden konnte.[240] Hiergegen wendet die wohl überwiegende Meinung zu Recht ein, dass eine enge zeitliche Verknüpfung zwischen Entstehen und Geltendmachung des Erstbedarfs Leistungsberechtigte zwingen würde, möglichst frühzeitig alle erdenklichen Bedarfe geltend zu machen, auch wenn sie sich erst nach einiger Zeit realisieren.[241]

Praxishinweis: Unter 25-jährige Leistungsberechtigte erhalten bei einem Umzug Leistungen für eine Wohnungserstausstattung nur, wenn das Jobcenter die Übernahme der Leistungen für Unterkunft und Heizung zugesichert hat oder vom Erfordernis der Zusicherung abgesehen werden konnte (§ 24 Abs. 6 SGB II). Hiermit wird an das grundsätzliche Zusicherungserfordernis bei Umzügen von unter 25-jährigen Leistungsberechtigten angeknüpft.

82 Gesondert anerkannt werden auch **Erstausstattungen für Bekleidung** (§ 24 Abs. 3 S. 1 Nr. 2 Alt. 1, S 2 SGB II). Die Bekleidungserstausstattung umfasst die Versorgung mit den für den notwendigen Bedarf angemessenen Bekleidungsstücken. Umstritten ist, ob dies nur eine Gesamtausstattung meint oder sich auch nur auf einzelne Bekleidungsstücke beziehen kann. Die Auffassung, die unter die Bekleidungserstausstattung nur Gesamtausstattungen versteht, begründet dies im Wesentlichen damit, dass der Ergänzungs- bzw Erhaltungsbedarf aus der Regelleistung zu decken sei.[242] Die Gegenauffassung argumentiert, dass unter den Erstausstattungsbedarf auch einzelne Bekleidungsstücke fallen, die bisher nicht aufgrund gewährter Sozialleistungen beim Leistungsberechtigten vorhanden sind.[243]

236 BSG 19.9.2008 – B 14 AS 64/07 R.
237 BT-Drucks. 15/1514, 60.
238 LSG NRW 29.10.2007 – L 20 AS 12/07.
239 BSG 1.7.2009 – B 4 AS 77/08 R.
240 LSG NRW 20.3.2008 – L 20 B 16/08 SO ER.
241 Eicher/Spellbrink SGB II/*Lang/Blüggel* § 23 Rn 97; BSG 20.8.2009 – B 14 AS 45/08 R.
242 Hauck/Noftz SGB II/*Hengelhaupt* § 23 Rn 365.
243 Eicher/Spellbrink SGB II/*Lang/Blüggel* § 23 Rn 105; zum Wohnungserstausstattungsbedarf: BSG 19.9.2008 – B 14 AS 64/07 R.

Beispiele für Bekleidungserstausstattungen sind: Mäntel, Jacken, Mützen, Kleider, Röcke, Hosen, Pullover, Strickjacken, Sport- und Schwimmbekleidung, Leibwäsche sowie Zubehör und Schuhe.[244]

Wie beim Wohnungserstausstattungsbedarf ist der Begriff der „**Erstausstattungen**" bedarfsbezogen und nicht zeitbezogen zu verstehen. Der Erstausstattungsbedarf an Bekleidung umfasst insb. Neubedarfe nach einem Gesamtverlust der Bekleidung oder aufgrund von außergewöhnlichen Umständen.[245] Die Teilnahme an einer Familienfeier ist ihrer Art nach kein so außergewöhnlicher Umstand, dass dadurch ein Erstausstattungsbedarf ausgelöst würde.[246] Gleiches gilt für die Teilnahme an einer medizinischen Rehabilitationsmaßnahme.[247] Der wachstums- und verschleißbedingte Bekleidungsbedarf fällt ebenfalls nicht unter den Bekleidungserstausstattungsbedarf, sondern ist als kindspezifischer, regelmäßiger Bedarf aus den Regelbedarfsleistungen zu finanzieren.[248] Ein Erstausstattungsbedarf kann indes durch eine starke Gewichtsveränderung[249] oder eine unzureichende Bekleidungsausstattung nach einer Haft oder Wohnungslosigkeit[250] ausgelöst werden.

83 Gesondert anerkannt wird auch der Erstausstattungsbedarf **bei Schwangerschaft und Geburt** (§ 23 Abs. 3 S. 1 Nr. 2 Alt. 2 SGB II). Ausgehend vom ursprünglichen Wortlaut der Vorschrift wurde unter diesen Leistungstatbestand nur der durch Schwangerschaft und Geburt ausgelöste Bekleidungsbedarf von Mutter und Kind gefasst. Durch die Neufassung der Regelung mit dem FortentwicklungsG sollte klargestellt werden, dass Erstausstattungen bei Schwangerschaft und Geburt nicht nur die Bekleidungsbedarfe, sondern die komplette Babyausstattung umfassen.[251]

Beispiele für Erstausstattungen bei Schwangerschaft und Geburt sind Umstandsbekleidung, Kinderbett mit Lattenrost, Matratze und Decke, Kinderwagen, Wickelkommode bzw Wickelauflage, Kinderhochstuhl, Babybadewanne, Laufstall.[252]

84 Seit der Regelsatzreform werden auch bestimmte Bedarfe bei **orthopädischen Schuhen und therapeutischen Geräten und Ausrüstungen** gesondert anerkannt (§ 24 Abs. 3 S. 1 Nr. 3 SGB II). Diese Bedarfe wurden aus der Bemessung des Regelbedarfs herausgenommen, weil es sich um seltene und untypische Bedarfslagen handelt, die wegen der Höhe der benötigten Mittel gesondert zu berücksichtigen sind.[253] Zu beachten sind die vorrangigen Leistungspflichten der Träger der GKV. Bei orthopädischen Schuhen werden der Anschaffungs- sowie der Reparaturbedarf anerkannt. Zur Anschaffung gehören insb. die von Versicherten selbst aufzubringenden Eigenanteile.[254] Die Zuzahlungen zählen nach Auffassung der BA nicht zum Anschaffungsbedarf, sondern sind aus den Regelbedarfsleistungen zu finanzieren.[255] Bei therapeutischen Geräten und Ausrüstungen werden die Reparatur und bei therapeutischen Geräten zusätzlich die Miete als Bedarf anerkannt.

Beispiele: Zu den therapeutischen Geräten gehören insb. Bestrahlungs-, Blutzucker- oder Blutdruckmessgeräte oder Einlagen für Schuhe.[256] Ob Brillen unter den Begriff der therapeutischen Geräte fallen ist umstritten. Teilweise wird dies unter Bezugnahme auf die Definition des Be-

---

244 Hauck/Noftz SGB II/*Hengelhaupt* § 23 Rn 356 f mwN.
245 Vgl BT-Drucks. 15/1514, 60.
246 Hessisches LSG 10.4.2006 – L 9 AS 44/06 ER.
247 LSG Rheinland-Pfalz 1.10.2008 – L 5 B 342/08 AS.
248 BSG 23.3.2010 – B 14 AS 81/08 R.
249 LSG Berlin-Brandenburg 25.2.2010 – L 34 AS 24/09.
250 BSG 23.3.2010 – B 14 AS 81/08 R.
251 BT-Drucks. 16/1410, 24.
252 Eicher/Spellbrink SGB II/*Lang/Blüggel* § 23 Rn 106.
253 BT-Drucks. 17/3404, 103.
254 *Winkel* Soziale Sicherheit 2011, 196.
255 BA-FH zu § 24 SGB II, Rn 24.24.
256 *Winkel* Soziale Sicherheit 2011, 196.

griffs „therapeutische Geräte“ durch das Statistische Bundesamt für die EVS bejaht.[257] Die Bundesregierung lehnt dies indes ab.[258]

c) Rechtsfolge

85 Bei Vorliegen der Voraussetzungen einer der Bedarfstatbestände nach § 24 Abs. 3 S. 1 SGB II besteht ein **Anspruch auf die Leistung.** Allerdings kann das Jobcenter bei Wohnungs-, Bekleidungs- sowie Schwangerschafts- bzw Geburtserstausstattungen die Bedarfe als Sach- oder Geldleistungen, auch in Form von Pauschalbeträgen erbringen (§ 24 Abs. 3 S. 5 SGB II). Bei der Wahl zwischen Sach- und Geldleistungen haben die Jobcenter den grundsätzlichen Vorrang von Geldleistungen (§ 4 Abs. 1 SGB II) zu beachten. Bei der Bemessung der Pauschalbeträge[259] sind geeignete Angaben über die erforderlichen Aufwendungen und nachvollziehbare Erfahrungswerte zu berücksichtigen (§ 23 Abs. 3 S. 6 SGB II). Die Pauschale unterliegt der richterlichen Kontrolle und muss so bemessen sein, dass die Leistungsberechtigten mit dem gewährten Betrag den Erstausstattungsbedarf in vollem Umfang befriedigen können, weil die Gewährung von Pauschalbeträgen nicht zu einer Verkürzung des Leistungsanspruchs gegenüber der Gewährung durch Sachleistung oder der individuell bestimmten Geldleistungen führen darf.[260]

3. Leistungen bei vorübergehenden Liquiditätslücken

86 Zentrale Voraussetzung für das Alg II bzw Sozialgeld ist die Hilfebedürftigkeit. Für bestimmte Fälle, in denen zwar eine (**theoretische**) **Möglichkeit des Mitteleinsatzes** besteht, dieser aber aus tatsächlichen, rechtlichen oder sonstigen Gründen vorübergehend nicht möglich ist, sieht § 24 SGB II ausnahmsweise eine abweichende Leistungserbringung in Form von Darlehen vor. Geregelt werden derartige Darlehen zur Überbrückung vorübergehender Liquiditätslücken für zwei Fallgestaltungen, nämlich

- bei voraussichtlichen Einnahmen und
- bei Unmöglichkeit bzw besonderer Härte einer sofortigen Vermögensverwertung.

a) Leistungen bei voraussichtlichen Einnahmen

87 **Voraussetzung** für die darlehensweise Leistungsgewährung bei voraussichtlichen Einnahmen ist nach § 24 Abs. 4 SGB II, dass

- die Hilfebedürftigkeit nur deshalb nicht besteht, weil im Leistungsmonat voraussichtlich Einnahmen anfallen und
- die übrigen Voraussetzungen für den Anspruch auf Alg II bzw Sozialgeld vorliegen.

Eine Liquiditätslücke iSd § 23 Abs. 4 SGB II kann sich insb. im Monat einer Arbeitsaufnahme oder eines Rentenbeginns ergeben. Die SGB II-Leistungen sind monatlich im Voraus zu erbringen (§ 41 Abs. 1 S. 2 SGB II). Demgegenüber werden Renten und Arbeitseinkommen idR erst zum Monatsende fällig, sind aber für den gesamten Zuflussmonat als Einkommen zu berücksichtigen (§ 11 Abs. 2, 3 SGB II). Der Einkommenszufluss muss nicht feststehen, vielmehr reicht aus, wenn das Jobcenter im Rahmen einer Prognoseentscheidung („voraussichtlich“), zu dem Ergebnis kommt, dass sehr wahrscheinlich im Leistungsmonat anzurechnende Einnahmen zufließen. Ob neben Einkommen iSd §§ 11 ff SGB II darlehensweise Leistungen auch bei voraussichtlich zufließendem Vermögen zu gewähren sind, ist umstritten. Während der Gesetzgeber offenbar auch Fälle des späteren Vermögenszuwachses unter § 24 Abs. 4 SGB II fassen wollte,[261]

257 *Böker* in Ausschussdrucksache 17(11)309, 153 f; *Winkel* Soziale Sicherheit 2011, 196.
258 BT-Drucks. 17/3404, 103.
259 Ausf.: Hauck/Noftz SGB II/*Hengelhaupt* § 23 Rn 439 ff.
260 BSG 13.4.2011 – B 14 AS 53/10 R.
261 BT-Drucks. 15/2997, 24.

wird in der Literatur bezweifelt, ob ein Vermögenszuwachs im Laufe des Bedarfszeitraums überhaupt möglich ist.[262]

88 Nach § 24 Abs. 4 SGB II haben die **Jobcenter Ermessen** hinsichtlich der Leistungsgewährung. Dabei haben sie zu berücksichtigen, dass es einerseits Aufgabe des SGB II ist, den Lebensunterhalt zu sichern. Andererseits sind die Leistungsberechtigten iRd allgemeinen Selbsthilfeobliegenheit verpflichtet, alle Möglichkeiten zur Verringerung oder Beendigung der Hilfebedürftigkeit zu nutzen (zB durch Bitte um einen Vorschuss beim Arbeitgeber). Die Leistungen dürfen nur darlehensweise erbracht werden, wobei für die Ausgestaltung des Darlehens § 42 a SGB II zu beachten ist. Die Höhe des Darlehens ist durch die Feststellung der Höhe der voraussichtlich anfallenden Einnahmen und damit des voraussichtlich gedeckten Bedarfs festgelegt.

Praxishinweis: Stellt sich im Nachhinein heraus, dass kein Einkommen zugeflossen ist, liegen die Voraussetzungen für das Darlehen nachträglich nicht vor. Der VA über das Darlehen muss überprüft und ggf nach § 40 Abs. 1 S. 1 SGB II iVm § 44 SGB X aufgehoben werden. Gleichzeitig muss das Darlehen rückwirkend in einen Zuschuss umgewandelt werden.[263]

b) Leistungen bei Unmöglichkeit oder besonderer Härte der Vermögensverwertung

89 Die darlehensweise Leistungsgewährung nach § 24 Abs. 5 SGB II soll vorübergehende Liquiditätslücken überbrücken, die sich aus der Unmöglichkeit bzw der besonderen Härte des sofortigen Vermögenseinsatzes ergeben. Da in diesen Fällen zumindest von einer mittelfristigen Möglichkeit des Vermögenseinsatzes ausgegangen wird, ist die Leistung nicht als Zuschuss, sondern als Darlehen zu gewähren. **Voraussetzung** ist, dass

- der sofortige Verbrauch oder die sofortige Verwertung von Vermögen
- nicht möglich ist oder eine besondere Härte bedeuten würde und
- die übrigen Voraussetzungen für den Anspruch auf Alg II bzw Sozialgeld vorliegen.

Zunächst muss Vermögen vorliegen, das iSd § 12 SGB II aus tatsächlichen, rechtlichen oder wirtschaftlichen Gründen generell verwertbar ist, aber dessen sofortige Verwertung entweder nicht möglich ist oder für die Leistungsberechtigten eine besondere Härte bedeuten würde. Für diese Fälle regelt § 9 Abs. 4 SGB II, dass Hilfebedürftigkeit vorliegt.

90 Weiterhin muss eine **Unmöglichkeit oder besondere Härte** der sofortigen Verwertung vorliegen. Die Unmöglichkeit des sofortigen Vermögenseinsatzes erfordert ein objektives Hindernis in tatsächlicher oder in rechtlicher Hinsicht;[264] Billigkeitserwägungen oder Zumutbarkeitsgründe reichen nicht aus.[265] Sie kann zB vorliegen, wenn sich ein Käufer für das Grundstück nicht finden lässt (tatsächliche Unmöglichkeit)[266] oder eine vorübergehende Verfügungsbeschränkung besteht (rechtliche Unmöglichkeit). Die besondere Härte des sofortigen Vermögenseinsatzes ist ein unbestimmter Rechtsbegriff, der einer Auslegung durch die Jobcenter bedarf und von den Gerichten in rechtlicher sowie tatsächlicher Hinsicht vollständig überprüfbar ist. In Abgrenzung zur Unmöglichkeit geht es bei der besonderen Härte nicht um objektive, sondern um subjektive Hindernisse. Diese muss in Abgrenzung zu § 12 Abs. 3 S. 1 Nr. 6 SGB II vorübergehender Natur sein (zB Unwirtschaftlichkeit der sofortigen Vermögensverwertung).[267] Vgl. hierzu auch G. Rn 150 f.

262 Hauck/Noftz SGB II/*Hengelhaupt* § 23 Rn 463.
263 Hauck/Noftz SGB II/*Hengelhaupt* K § 23 Rn 501.
264 Vgl BT-Drucks. 15/1516, 53.
265 Vgl BT-Drucks. 15/1516, 53.
266 Hauck/Noftz SGB II/*Hengelhaupt* § 9 Rn 127.
267 *Brühl/Schoch* in: LPK-SGB II § 9 Rn 62; BA-FH zu § 9 SGB II, Rn 9.56.

91 Im Gegensatz zu den Leistungen bei voraussichtlichen Einnahmen (§ 22 Abs. 4 SGB II) stellen die Leistungen bei Unmöglichkeit oder besonderer Härte der Vermögensverwertung iSd § 24 Abs. 5 SGB II eine **Anspruchsleistung** dar. Die Jobcenter haben indes einen begrenzten Entscheidungsspielraum im Hinblick auf die Höhe des zu gewährenden Darlehens, die sich aus dem festgestellten, vorübergehend nicht gedeckten Hilfebedarf ergibt. Im Übrigen gilt für die Ausgestaltung des Darlehens die Regelung des § 42 a SGB II. Nach § 24 Abs. 5 S. 2 SGB II können die Jobcenter das Darlehen von einer dinglichen oder anderen Sicherung des Rückzahlungsanspruchs abhängig machen. Die dingliche Sicherung erfolgt bei Grundstücken regelmäßig durch eine Hypothek oder Grundschuld und bei sonstigen Sachen insb. durch Sicherungsübereignung, Forderungsabtretung, Bestellung eines Pfandrechts oder einer Bürgschaft. Aus dem Wortlaut des § 24 Abs. 5 S. 2 SGB II ergibt sich, dass das Jobcenter das Darlehen verweigern kann, wenn Leistungsberechtigte der Sicherung der Rückzahlungsforderung nicht zustimmen.

4. Leistungen an Auszubildende

a) Berechtigter Personenkreis

92 Nach § 7 Abs. 5 SGB II sind Auszubildende grds. von Leistungen nach dem SGB II ausgeschlossen; ihnen steht vorrangig Ausbildungsförderung über das BAföG oder das SGB III zu. Der **Leistungsausschluss** galt allerdings bereits bisher nicht bzgl der **Bedarfe**, die durch **besondere Umstände** bedingt und von der Ausbildungssituation unabhängig sind bzw herkömmlicherweise mit der Ausbildung nichts zu tun haben.[268] Hierzu zählten besondere, in der Person des Leistungsberechtigten liegende Umstände wie Behinderungen, Krankheiten, Schwangerschaft, Kindererziehung und Kinderpflege. Darüber hinaus gab es Leistungen in Härtefällen und Zuschüsse zu den ungedeckten Kosten der Unterkunft. Seit der Neufassung des SGB II nach der Regelsatzreform werden die Leistungen für Auszubildende in § 27 SGB II zusammengefasst. Leistungsberechtigt sind hiernach nur die Auszubildenden, die nach § 7 Abs. 5 SGB II keine Leistungen erhalten. Diejenigen, die vom Leistungsausschluss nach § 7 Abs. 6 SGB II nicht betroffen sind, haben auch keinen Anspruch nach § 27 SGB II.

93 Da Auszubildende Leistungen nach § 27 SGB II erhalten können, haben nicht erwerbsfähige Angehörige, die mit diesen Auszubildenden in einer **Bedarfsgemeinschaft** leben, Leistungsansprüche nach dem SGB II, insb. Sozialgeld und entsprechende Mehrbedarfe.

b) Mehrbedarfe und abweichende Erbringung von Leistungen (§ 27 Abs. 2 SGB II)

94 Auszubildende erhalten **Mehrbedarfe** nach § 21 SGB II und zwar

- den Mehrbedarf bei Schwangerschaft nach Absatz 2,
- den Mehrbedarf für Alleinerziehende nach Absatz 3,
- den Mehrbedarf für kostenaufwendige Ernährung nach Absatz 5 sowie
- einen Mehrbedarf für unabweisbare, laufende, nicht nur einmalige besondere Bedarfe nach Absatz 6,

soweit sie hilfebedürftig sind und diese Bedarfe nicht durch zu berücksichtigendes Einkommen und Vermögen decken können. Diese Bedarfe gelten als **nicht ausbildungsbedingt** oder -geprägt,[269] dh als Bedarfe, die mit der Ausbildung nicht unmittelbar zusammenhängen. Der Mehrbedarf für erwerbsfähige behinderte Leistungsberechtigte nach § 21 Abs. 4 SGB II kommt nicht in Betracht, da dieser als ausbildungs- und nicht behinderungsgeprägt gilt.[270] Er ist daher bereits bei der Ausbildungsförderung berücksichtigt.

268 Vgl BSG 6.9.2007 – B 14/7 b AS 36/06 R.
269 BSG 6.9.2007 – B 14/7 b AS 28/06 R sowie B 14/7 b AS 36/06 R.
270 LSG NRW 13.7.2010 – L 6 AS 587/10 B ER; SG Dresden 12.5.2010 – S 36 AS 1891/08.

Praxishinweis: Die mit einem Studium verbundenen Gebühren, Sozialbeiträge etc. können nicht über die Mehrbedarfsleistung nach § 21 Abs. 6 SGB II übernommen werden. Diese Kosten sind ausbildungsbedingt.[271]

Auch Kosten für Privatschulen oder private Ausbildungen sind ausbildungsbedingt und werden nicht als Mehrbedarf anerkannt.[272]

95 Um zu berechnen, ob der Auszubildende **einen Anspruch auf diesen Mehrbedarf** hat, werden die nach dem SGB II zugrunde zu legenden Regelbedarfe, Mehrbedarfe und Bedarfe für die Unterkunft und Heizung ermittelt. Das Einkommen des Auszubildenden wird abgezogen. Übersteigt das Einkommen, den Bedarf, wird dieses auf den zu gewährenden Mehrbedarf angerechnet. Das BAföG wird um den ausbildungsgeprägten Anteil (20 %)[273] vermindert. Darüber hinaus können die Versicherungspauschale in Höhe von 30 EUR und ggf Absetzbeträge nach § 11 b SGB II das Einkommen vermindern.[274]

Berechnungsbeispiel: Eine 20-jährige erwerbsfähige Studierende erhält monatlich den BAföG-Höchstsatz von 597 EUR. Sie bewohnt ein WG-Zimmer, für das sie monatlich 250 EUR inklusive Heizung und Nebenkosten zahlt. Sie ist schwanger und macht einen Mehrbedarf wegen Schwangerschaft nach § 21 Abs. 2 SGB II geltend.

Bedarf der Studierenden aus Regelbedarf (374 EUR) und KdU (250 EUR)	624 EUR
./. bereinigtes Einkommen (597 EUR – 119,40 EUR [20 % ausbildungsbedingter Bedarf] – 30 EUR [Versicherungspauschale])	447,60 EUR

Der Bedarf übersteigt das Einkommen um 176,40 EUR. Deshalb bekommt die Studierende den Mehrbedarf für Schwangere in Höhe von 62 EUR vollständig. Würde das Einkommen den Bedarf übersteigen, würde dieses übersteigende Einkommen den Mehrbedarf verringern.

96 Darüber hinaus können Auszubildende auch Leistungen für **Erstausstattungen** für Bekleidung und Erstausstattungen bei Schwangerschaft und Geburt (§ 24 Abs. 3 Nr. 2 SGB II) erhalten. Zuständig ist der kommunale Träger.

c) Zuschuss zu ungedeckten Unterkunftskosten (§ 27 Abs. 3 SGB II)

97 Auszubildende, die Berufsausbildungsbeihilfe oder Ausbildungsgeld nach dem SGB III oder die Leistungen nach dem BAföG erhalten bzw die diese nur wegen der Vorschriften zur Berücksichtigung von Einkommen und Vermögen nicht erhalten und deren Bedarf sich nach bestimmten Vorschriften bemisst, erhalten einen **Zuschuss** zu ihren angemessenen Aufwendungen **für Unterkunft und Heizung,** soweit sie kein ausreichendes zu berücksichtigendes Einkommen und Vermögen haben, mit dem sie diesen Bedarf decken können. Die Vorschrift entspricht im Wesentlichen dem früheren § 22 Abs. 7 SGB II.

98 Der Zuschuss nach § 27 Abs. 3 SGB II erfasst nicht alle Auszubildenden, die nach § 7 Abs. 5 SGB II von den Leistungen zur Sicherung des Lebensunterhalts ausgeschlossen sind. Zum einen reicht für den Zuschuss – im Gegensatz zu § 7 Abs. 5 SGB II – eine Förderungsfähigkeit dem Grunde nach nicht aus. Anspruchsberechtigt sind nur die Auszubildenden, die Leistungen nach dem SGB III oder dem BAföG auch **tatsächlich erhalten**[275] oder nur wegen der Vorschriften zur Berücksichtigung von Einkommen und Ver-

271 So auch *Klerks* info also 2010, 62.
272 BSG 17.3.2009 – B 14 AS 61/07 R.
273 Vgl BSG 17.3.2009 – B 14 AS 61/07 R. Die Berufsausbildungsbeihilfe wird nicht um den ausbildungsgeprägten Bedarf bereinigt.
274 Wird wegen anderem Einkommen kein BAföG geleistet, kann dieses ebenso gemindert werden, allerdings nur in Höhe den BAföG anerkannten ausbildungsgeprägten Anteil iHv zurzeit 119,40 EUR.
275 Vgl LSG Berlin-Brandenburg 25.1.2011 – L 14 AS 1622/10 B.

mögen nicht erhalten.[276] Zum anderen wird der Zuschuss nur in bestimmten Fallkonstellationen an Berufsausbildungsbeihilfe-, Ausbildungsgeld- oder BAföG-Beziehende gewährt. Insoweit verweist § 27 Abs. 3 S. 1 SGB II auf eine Reihe von Vorschriften des SGB III bzw des BAföG. Hierzu gehören

- Berufsausbildungsbeihilfebeziehende, die eine berufliche Ausbildung oder berufsvorbereitende Bildungsmaßnahmen absolvieren und **außerhalb des Haushalts der Eltern** oder eines Elternteils untergebracht sind (§§ 61 Abs. 1 SGB III),
- Auszubildende in einer berufsvorbereitenden Bildungsmaßnahme, die außerhalb des Haushalts der Eltern oder eines Elternteils untergebracht sind (§ 62 Abs. 2 SGB III),
- **behinderte Berufsausbildungsbeihilfebeziehende**, die eine berufliche Ausbildung absolvieren, auch wenn sie im Haushalt der Eltern oder eines Elternteils untergebracht sind (§ 116 Abs. 3 SGB III),
- **behinderte Ausbildungsgeldbeziehende**, die eine berufliche Ausbildung absolvieren und im Haushalt der Eltern oder eines Elternteils oder anderweitig ohne Kostenerstattung für Unterbringung und Verpflegung untergebracht sind (§ 123 Abs. 1 Nr. 1, 4 SGB III),
- **behinderte Ausbildungsgeldbeziehende**, die eine berufsvorbereitende Bildungsmaßnahme, unterstützte Beschäftigung oder eine Grundausbildung absolvieren und anderweitig außerhalb eines Wohnheims oder Internats ohne Kostenerstattung für Unterbringung und Verpflegung untergebracht sind (§ 124 Abs. 1 Nr. 2 SGB III),
- BAföG-beziehende **Schüler**, die **bei ihren Eltern wohnen**, Abendhauptschulen, Berufsaufbauschulen, Abendrealschulen und Fachoberschulklassen besuchen, für die sie eine abgeschlossene Berufsausbildung brauchen (§ 12 Abs. 1 Nr. 2 BAföG),
- BAföG-beziehende **Schüler**, die **nicht bei ihren Eltern wohnen** und weiterführende allgemeinbildende Schulen und Berufsfachschulen sowie Fach- und Fachoberschulklassen besuchen, für die sie keine Berufsausbildung brauchen (§ 12 Abs. 2 Nr. 1 BAföG),
- BAföG-beziehende **Schüler**, die **nicht bei ihren Eltern wohnen** und Abendhauptschulen, Berufsaufbauschulen, Abendrealschulen und Fachoberschulklassen besuchen, für die sie eine Berufsausbildung brauchen (§ 12 Abs. 2 Nr. 2 BAföG),
- BAföG-beziehende Studierende, die bei ihren Eltern wohnen und Fachschulklassen, deren Besuch eine abgeschlossene Berufsausbildung voraussetzt, Abendgymnasien und Kollegs, höhere Fachschulen, Akademien und Hochschulen besuchen (§ 13 Abs. 1 iVm Abs. 2 Nr. 1 BAföG).

99 Voraussetzung für den Zuschuss ist weiterhin, dass die angemessenen **Kosten** für Unterkunft und Heizung durch die Ausbildungsförderung **nicht vollständig gedeckt** sind. Die Kosten für Unterkunft und Heizung werden nicht übernommen, wenn die Übernahme nach § 22 Abs. 5 SGB II (Umzug von unter 25-Jährigen ohne Zustimmung des kommunalen Trägers) ausgeschlossen ist (§ 27 Abs. 3 S. 2 SGB II).

100 Die Leistung nach § 27 Abs. 3 SGB II wird als verlorener Zuschuss, nicht als Darlehen erbracht. Bei Vorliegen der Voraussetzungen besteht ein Anspruch auf den Zuschuss; ein Ermessen steht dem Jobcenter nicht zu. Die **Höhe** des Zuschusses bemisst sich nach den ungedeckten angemessenen Kosten für Unterkunft. Die Angemessenheit bemisst sich auch bei diesem Zuschuss nach den grundsicherungsrechtlichen Vorgaben,[277] da

276 Diese Regelung ist neu gegenüber der vorhergehenden. Sie erweitert damit den Kreis der Anspruchsberechtigten.

277 BSG 22.3.2010 – B 4 AS 39/09 R und B 4 AS 69/09 R mwN.

§ 27 Abs. 3 S. 1 SGB II ausdrücklich auf § 22 Abs. 1 S. 1 SGB II verweist. Unangemessene Aufwendungen werden beim Zuschuss nach § 27 Abs. 3 SGB II nicht berücksichtigt.

101 Wie die ungedeckten Unterkunftskosten des hilfesuchenden Auszubildenden zu ermitteln sind, wurde in Rechtsprechung und Literatur uneinheitlich beantwortet.[278] Das BSG entschied im Jahr 2010,[279] aus Wortlaut, Gesetzesbegründung, systematischem Zusammenhang sowie Sinn und Zweck der Zuschussregelung folge, dass der Unterkunftsbedarf des Auszubildenden iSd § 27 Abs. 3 S. 1 SGB II an Hand einer **fiktiven Bedürftigkeitsberechnung** nach den Regeln der §§ 9, 11 und 12 SGB II zu ermitteln sei. Die Höhe des Zuschusses richte sich alsdann grds. nach dem ungedeckten SGB II-Unterkunftsbedarf, wie er sich aus der Prüfung nach den SGB II-Regeln ergibt. Übersteigt der konkret ungedeckte Bedarf nach dem SGB II die Differenz zwischen dem Unterkunftsbedarf nach dem SGB II und dem in der Ausbildungsförderung enthaltenen Unterkunftsanteil, ist der Zuschuss auf die Höhe der Differenz zu begrenzen.[280] Diese Begrenzung ergebe sich daraus, dass der Gesetzgeber nur den „ungedeckten" Teil der Unterkunftskosten bezuschussen wollte.

Berechnung nach dem Urteil des BSG

1. Feststellung der abstrakten Höhe der angemessenen Unterkunftskosten nach § 22 Abs. 1 SGB II;
2. Ermittlung des konkreten Unterkunftbedarfs des Auszubildenden nach den Regeln des SGB II;
3. Prüfung, wie das Einkommen – insb. die Ausbildungsförderung – den Unterkunftsbedarf deckt – ist der Unterkunftsbedarf höher als das Einkommen, ist der ungedeckte Betrag als Zuschuss zu gewähren;
4. der Zuschuss ist gedeckelt durch die Differenz zwischen dem Unterkunftsbedarf nach dem SGB II und dem in der Ausbildungsförderung enthaltenen Unterkunftsanteil.

DAS BEDEUTET KONKRET:

zu 1. Die iRd SGB II angemessenen Unterkunftskosten für einen Ein-Personen-Haushalt betragen in Berlin 380 EUR.

zu 2. Der konkrete Unterkunftsbedarf beträgt für eine betroffene Auszubildende 350 EUR.

zu 3. Es wird ermittelt, inwiefern sich bei der Gegenüberstellung von Bedarf (Regelbedarf, KdU, Mehrbedarfe) und einzusetzendem Einkommen/Vermögen ein ungedeckter Unterkunftsbedarf ergibt, zB verbleibt ein ungedeckter Unterkunftsbedarf von 120 EUR.

zu 4. Der ungedeckte Unterkunftsbedarf ist gedeckelt durch die Differenz zwischen dem Unterkunftsbedarf nach dem SGB II – hier 380 EUR – und dem in der Ausbildungsförderung enthaltenen Unterkunftsanteil – nach § 12 Abs. 2 Nr. 2 BAföG für nicht im Haushalt der Eltern wohnende Auszubildende – 224 EUR. Die Differenz beträgt 156 EUR – dies ist der maximale Betrag, der als Zuschuss gewährt werden kann. Betragen die ungedeckten Unterkunftskosten 120 EUR können diese vollständig als Zuschuss gewährt werden.

d) Leistungen an Auszubildende in Härtefällen (§ 27 Abs. 4 S. 1 SGB II)

102 Bedeutet der Leistungsausschluss nach § 7 Abs. 5 SGB II für die Auszubildenden eine besondere Härte, so kann das Jobcenter Leistungen für Regelbedarfe, Bedarfe für Un-

278 Ausf. Streitdarstellung: LSG Berlin-Brandenburg 3.6.2008 – L 28 B 819/08 AS ER; *Wrackmeyer* NDV 2008, 355 ff. Zu der Ansicht, die die iRd Ausbildungsförderung berücksichtigten Unterkunftskosten mit den angemessenen Kosten für Unterkunft und Heizung ohne Anrechnung von Einkommen bzw Vermögen nach dem SGB II vergleicht, s. LSG NRW 2.3.2009 – L 19 AS 79/08 mwN; zu der anderen Ansicht, die von einem fiktiven Gesamtbedarf ausgeht, dem das nach SGB II bereinigte Gesamteinkommen gegenübergestellt wird, s. LSG Berlin-Brandenburg 3.6.2008 – L 28 B 819/08 AS ER mwN und 6.8.2009 – L 25 AS 131/09.

279 BSG 22.3.2010 – B 4 AS 39/09 R und B 4 AS 69/09 R.

280 BSG 22.3.2010 – B 4 AS 39/09 R und B 4 AS 69/09 R.; siehe hierzu auch die Berechnung im Urteil des LSG Berlin-Brandenburg 6.8.2009 – L 25 AS 131/09.

terkunft und Heizung sowie für notwendige Beiträge zur Kranken- und Pflegeversicherung als **Darlehen** erbringen. Diese Leistungen sind nachrangig gegenüber den als Zuschuss gewährten Leistungen für Mehrbedarfe und den ungedeckten Unterkunftskosten nach den Absätzen 2 und 3 (§ 27 Abs. 4 S. 3 SGB II). Die Gewährung der Leistungen als Darlehen liegt im pflichtgemäßen **Ermessen** des Jobcenters. Das Entschließungsermessen ist allerdings im Regelfall begrenzt, da das Darlehen das Vorliegen eines besonderen Härtefalls erfordert und bereits hier entsprechende Interessensabwägungen zu erfolgen haben. Hinsichtlich der Höhe des Darlehens steht dem Grundsicherungsträger ebenfalls kein Auswahlermessen zu. Die Darlehenshöhe ergibt sich aus dem ungedeckten ausbildungsgeprägten Bedarf. Ein teilweises Auswahlermessen hat das Jobcenter allerdings hinsichtlich der Ausgestaltung des Darlehens. Zwar wird es eine Verzinsung und eine Sicherheit nicht verlangen können. Allerdings kann es nach pflichtgemäßem Ermessen entscheiden, ob das Darlehen durch einen Verwaltungsakt (§ 31 SGB X) oder durch einen öffentlich-rechtlichen Vertrag (§§ 53 ff SGB X) gewährt wird.

103 Wann ein **Härtefall** anzunehmen ist, ist heftig umstritten. Es handelt sich hierbei um einen von den Gerichten vollständig überprüfbaren unbestimmten Rechtsbegriff.[281] So ging das BVerwG bei Beurteilung der inhaltlich gleichen Rechtslage des BSHG davon aus, dass auf die Umstände des Einzelfalls abgestellt werden muss. Ein Härtefall lag nur dann vor, wenn die Folgen des Anspruchsausschlusses über das Maß hinausgehen, das regelmäßig mit der Versagung von Hilfe zum Lebensunterhalt für eine Ausbildung verbunden und vom Gesetzgeber in Kauf genommen worden ist.[282] Demgegenüber hat das OVG Lüneburg eine typisierte Betrachtungsweise für notwendig erachtet, nach der in besonderen Fallgruppen regelmäßig von einem Härtefall ausgegangen werden kann.[283] Eine bloße Unterschreitung des Lebensniveaus ist noch keine besondere Härte; auch ist dem Auszubildenden an Hochschulen grds. zumutbar, durch gelegentliche Nebentätigkeiten einen (Zusatz)Verdienst zu erzielen.

104 Die Sozialgerichtsbarkeit folgt in der Auslegung des Härtefalls im Wesentlichen dem BVerwG. Ein Härtefall liege dann vor, wenn außergewöhnliche, schwerwiegende, atypische und möglichst nicht selbst verschuldete Umstände vorliegen, die einen zügigen Ausbildungsverlauf verhinderten oder eine sonstige Notlage hervorrufen und die es als unzumutbar erscheinen lassen, dem Leistungsberechtigten Leistungen zur Sicherung des Lebensunterhalts zu verweigern.[284] Darüber hinaus wird ein **besonderer Härtefall** auch dann angenommen, wenn der wesentliche Teil der Ausbildung absolviert ist und der bevorstehende Abschluss lediglich an Mittellosigkeit zu scheitern droht.[285] Auch arbeitsmarktbezogene Aspekte können die Annahme eines Härtefalls rechtfertigen.[286] So hat das BSG entschieden, dass bei der Anwendung der Härteregelung dem in § 1 Abs. 1 S. 2 SGB II verankerten Ziel der Grundsicherung, die erwerbstätigen Leistungsberechtigten bei der Aufnahme oder Beibehaltung einer Erwerbstätigkeit zu unterstützen, hinreichend Rechnung getragen werden muss.[287] Das gilt umso mehr, als Leistungen zur Eingliedeung in Arbeit für Auszubildende nicht ausgeschlossen sind. Abzuwägen ist immer die Notwendigkeit des Abbruchs der Ausbildung mit dem staatlichen Interesse, kein zusätzliches Fördersystem durch das SGB II für Schule, Ausbildung und Studium vorzu-

281 BSG 6.9.2007 – B 14/7 b AS 28/06 R.

282 BVerwG 14.10.1993 – 5 C 16/91, BVerwGE 94 – 224. Dem inhaltlich folgend LSG Berlin-Brandenburg 10.1.2007 – L 28 B 53/07 AS.

283 OVG Lüneburg 26.6.2002 – 4 LB 35/02 für den Fall einer alleinerziehende Studentin entgegen der Ansicht des BVerwG. Nach der geltenden Rechtslage ist diese Fallgruppe allerdings bereits über § 21 Abs. 3 SGB II erfasst.

284 BSG 6.9.2007 – B 14/7 b AS 28/06 R.

285 BSG 1.7.2009 – B 4 AS 67/08 R.

286 BSG 1.7.2009 – B 4 AS 67/08 R.

287 BSG 6.9.2007 – B 14/7 b AS 36/06 R sowie 30.9.2008 – B 4 AS 28/07 R.

halten. Im Wesentlichen lassen sich folgende Kriterien für das Vorliegen eines Härtefalls herauskristallisieren:[288]

1. Es besteht eine durch objektive Umstände belegbare Aussicht, dass die Ausbildung mithilfe zum Lebensunterhalt alsbald durch einen Abschluss beendet wird, sofern die Ausbildung ursprünglich finanziell abgesichert war, und diese Absicherung kurz vor dem Abschluss entfällt bzw wegen Mittellosigkeit zu scheitern droht.[289]
2. Die bereits weit fortgeschrittene und bisher stetig betriebene Ausbildung musste aufgrund der konkreten Umstände des Einzelfalls wegen Behinderung oder Erkrankung unterbrochen werden.[290]
3. Die konkrete Ausbildung ist belegbar die einzige realistische Möglichkeit, einen Zugang zum Erwerbsleben zu schaffen und damit eine dauerhafte Eingliederung in den Arbeitsmarkt zu ermöglichen.[291]
4. Die Gefahr des Ausbildungsabbruchs führt zu einem Risiko zukünftiger Erwerbslosigkeit, verbunden mit weiter bestehender Hilfebedürftigkeit.[292]

Die Rechtsprechung hat Härtefälle angenommen bei einem Auszubildenden/Studierenden in der akuten Phase des Abschlussexamens (unmittelbar bevorstehende Abschlussprüfung und bereits begonnene Diplomarbeit)[293] bzw bei einem unmittelbar bevorstehenden Schulabschluss, dessen Abbruch wegen Mittellosigkeit drohte,[294]

einem bestehenden Anspruch auf BAföG, wenn sich die Bescheiderteilung aber aufgrund unverschuldeter Gründe (hier fehlende Einkommensnachweise eines Vaters, zu dem kaum Kontakt bestand) verzögerte und eine Vorschussgewährung durch das Amt für Ausbildungsförderung aufgrund eines unvollständigen Antrags ausgeschlossen ist,[295]

einem Studierenden, dessen überlange Studiendauer (hier 48 Fachsemester) sich durch die Pflege seiner schwer pflegebedürftigen und schwer behinderten Eltern erklärte, bei wesentlichem Fortgang der Ausbildung,[296]

einem Auszubildenden, der als 16-jähriger Flüchtling nach massiven traumatischen Erlebnissen nach Deutschland kam und kein familiäres oder soziales Umfeld hatte, das ihn in seiner finanziellen Situation abfangen konnte.[297]

Die in der Rechtsprechung als **Fallgruppen** anerkannten Härtefälle sind **nicht abschließend** und – je nach vorliegenden Einzelfall – auch erweiterungsfähig. Die Fachlichen Hinweisen der BA nehmen auch eine besondere Härte bei denjenigen Auszubildenden an, denen die Aufnahme einer Erwerbstätigkeit neben dem Studium zur Sicherung des Lebensunterhalts nicht zumutbar ist. Dazu gehören zB Alleinerziehende.[298]

288 BSG 6.9.2007 – B 14/7 b AS 36/06 R.

289 SG Aachen 30.3.2007 – S 8 AS 25/07 ER; LSG Hessen 7.11.2006 – L 7 AS 200/06 ER sowie L 7 B 223/06 AS; LSG Baden-Württemberg 9.3.2007 – L 7 AS 200/06 ER-B.

290 BSG 30.9.2008 – B 4 AS 28/07 R. Dabei kann die Behinderung oder Krankheit nur in Bezug auf die Verzögerung der Ausbildung angeführt werden; auch in diesen Fällen muss die Ausbildung in absehbarer Zeit beendet werden können, s. BSG 1.7.2009 – B 4 AS 67/08 R.

291 BSG 1.7.2009 – B 4 AS 67/08 R; BSG 30.9.2008 – B 4 AS 28/07 R, s. auch LSG Hamburg 19.12.2007 – L 5 B 469/07 ER AS zu einem behinderten Antragsteller, der ohne Abschluss des Studiums keine Perspektive habe, seine ohnehin auf drei Stunden täglich beschränkte Erwerbsfähigkeit auszuüben.

292 BSG 6.9.2007 – B 14/7 b AS 28/06 R; LSG Berlin-Brandenburg 13.8.2008 – L 34 B 1550/08 AS.

293 LSG Sachsen-Anhalt 15.4.2005 – L 2 B 7/05 AS ER, SG Bremen 20.4.2009 – S 23 AS 599/09 ER; LSG Thüringen 5.8.2008 – L 9 AS 112/08 ER.

294 LSG Hessen 26.3.2009 – L 7 AS 308/08 B ER und 7.11.2006 – L 7 AS 200/06 ER; LSG Sachsen-Anhalt 15.4.2005 – L 2 B 7/05 AS ER.

295 SG Bremen 2.9.2009 – S 26 AS 1516/09 ER. Hier wird idR das Darlehen nur in Höhe der zu erwartenden Ausbildungsförderung erbracht; die Rückzahlung soll durch die Abtretung des BAföG-Anspruchs oder durch eine Vereinbarung zur sofortigen Rückzahlung bei rückwirkender Zahlung der Ausbildungsförderung sichergestellt werden, vgl BA-FH zu § 27 SGB II Rn 27.12.

296 SG Bremen 2.10.2009 – S 23 AS 1785/09 ER.

297 LSG Baden-Württemberg 9.3.2007 – L 7 AS 200/06 ER-B.

298 BA-FH zu § 27 SGB II Rn 27.13.

105 Die Vorschrift ist in ihrer Rechtsfolge für den Leistungsempfänger **ungünstiger als die Vorschriften des SGB XII.** Denn auch wenn Leistungen zur Sicherung des Lebensunterhalts in besonderen Härtefällen übernommen werden, so werden diese nur als Darlehen geleistet und nicht als verlorener Zuschuss.

Praxishinweis: Auszubildende können, obgleich sie von den Leistungen zur Grundsicherung für Arbeitsuchende grds. ausgeschlossen sind, in besonderen Härtefällen diese Leistungen als Darlehen erhalten. Härtefälle werden vor allem dann angenommen, wenn

der Auszubildende kurz vor dem Abschluss der Ausbildung steht und diese wegen fehlender finanzieller Unterstützung nicht zu Ende gebracht werden könnte („je fortgeschrittener die Ausbildung, desto größer die Härte, die ein Abbruch verursachen würde"),

der fehlende Abschluss für einen behinderten oder chronisch kranken Auszubildenden eine Eingliederung in den Arbeitsmarkt stark erschwert oder dieser gar unmöglich ist,

eine Krankheit oder Behinderung oder die Geburt eines Kindes oder die Pflege eines Angehörigen den Studienabschluss verzögert haben,

die Aufnahme einer Erwerbstätigkeit neben der Ausbildung nicht zumutbar ist.

Die Leistungen in Höhe des Regelbedarfs, des Bedarfs für Unterkunft und Heizung und notwendige Beiträge zur Kranken- und Pflegeversicherung werden in Form eines Darlehens gewährt. Die nicht ausbildungsbedingten Bedarfe (Mehrbedarfe, Leistungen für Mitglieder der Bedarfsgemeinschaft) werden als Zuschuss erbracht und müssen nicht zurückgezahlt werden.

106 Nach § 27 Abs. 4 S. 2 SGB II können Leistungen im ersten Monat einer Ausbildung erbracht werden, wenn die eigentliche Ausbildungsförderung oder -vergütung erst am Ende des Monats dem Auszubildenden gezahlt wird. Zur Vermeidung einer **Deckungslücke zu Beginn der Ausbildung** werden diese Leistungen als Darlehen nach § 24 Abs. 4 SGB II erbracht. Auf diese Weise sollen doppelte Leistungen in einem Monat vermieden werden. Auch wenn diese Leistung im Ermessen der Jobcenter steht, geht die BA davon aus, dass bei einer entsprechenden Zahlungslücke das Ermessen auf Null reduziert ist. Andernfalls wird von einer Gefährdung der Ausbildungsaufnahme ausgegangen.[299]

Praxishinweis: Die Rückzahlung des Darlehens nach § 27 Abs. 4 SGB II ist erst nach Abschluss der Ausbildung fällig (§ 42 a Abs. 5 SGB II). Über die Rückzahlung soll das Jobcenter mit dem Darlehensnehmer eine Vereinbarung treffen, in der dessen wirtschaftliche Verhältnisse berücksichtigt werden.

e) Schuldenübernahme (§ 27 Abs. 5 SGB II)

107 Das Jobcenter kann darüber hinaus Schulden zur Sicherung des Wohnraums oder zur Behebung einer vergleichbaren Notlage nach den Voraussetzungen des § 22 Abs. 8 SGB II übernehmen. Voraussetzung dafür ist, dass der Auszubildende Leistungen für Unterkunft und Heizung erhält. Das ist in erster Linie dann der Fall, wenn ein Zuschuss zu den ungedeckten Kosten der Unterkunft gewährt wurde.

III. Leistungen für Bildung und Teilhabe

1. Hintergrund

108 Die Leistungen für Bildung und Teilhabe (§§ 28 ff SGB II) wurden mit der Regelsatzreform eingeführt, nachdem das BVerfG in seinem **Regelsatzurteil** verdeutlicht hatte, dass ein zusätzlicher Bedarf vor allem bei schulpflichtigen Kindern zu erwarten sei, denen ohne die Deckung dieser Kosten der Ausschluss von Lebenschancen drohe.[300] Der Sozialstaat müsse nachrangig über das Fürsorgesystem die Leistungen erbringen, die notwendig sind, damit insb. Schülerinnen und Schüler aus einkommensschwachen Haus-

299 BA-FH zu § 27 SGB II Rn 27.15. So auch SG Stuttgart 7.10.2011 – S 25 AS 5506/11.
300 BVerfG 9.2.2010 – 1 BvL 1/09, Rn 192.

halten durch Entwicklung und Entfaltung ihrer Fähigkeiten in die Lage versetzt werden, ihren Lebensunterhalt später aus eigenen Kräften bestreiten zu können.[301] Den Einwand der Zuständigkeit der Bundesländer für das Schul- und Bildungswesen ließ das BVerfG nicht gelten. Die Zuständigkeit der Bundesländer betreffe den personellen und sachlichen Aufwand für die Institution Schule und nicht den individuellen Bedarf eines hilfebedürftigen Schülers.[302]

109 Die in § 28 SGB II abschließend aufgeführten Bildungs- und Teilhabebedarfe werden als eigenständige Bedarfe zusätzlich zum Regelbedarf erbracht. Sie werden nicht nur bei leistungsberechtigten Alg II- bzw Sozialgeldbeziehenden berücksichtigt, sondern stellen einen **eigenständigen Leistungsanspruch** dar, der – im Gegensatz zu dem Sozialgeldanspruch – nicht akzessorisch zum Alg II ist, sondern durch ungedeckte Bildungs- und Teilhabebedarfe ausgelöst wird (§ 7 Abs. 2 S. 3 SGB II).

Praxishinweis: Wie § 19 Abs. 2 SGB II klarstellt, sind die Leistungen für Bildung und Teilhabe nach §§ 28 ff SGB II nachrangig, soweit ein Anspruch auf Bildungs- und Teilhabeleistungen iRd Grundsicherung bei Erwerbsminderung (§ 42 Nr. 4 iVm §§ 34 f SGB XII) oder nach § 6 b BKGG bei Bezug von Kinderzuschlag oder Wohngeld besteht. Die hier geregelten Bildungs- und Teilhabeleistungen sind inhaltsgleich mit denen des SGB II.

110 Mit Ausnahme der Leistungen für die Ausstattung mit persönlichem Schulbedarf setzen die Leistungen für Bildung und Teilhabe in formeller Hinsicht einen **gesonderten Antrag** voraus (§ 37 Abs. 1 S. 2 SGB II), der an keine bestimmte Form gebunden und grds. vor der Inanspruchnahme der Leistung zu stellen ist. Unabhängig davon haben die Jobcenter darauf hinzuwirken, dass Kinder und Jugendliche Zugang zu geeigneten vorhandenen Angeboten der gesellschaftlichen Teilhabe erhalten (§ 4 Abs. 2 S. 2 SGB II). Weiterhin sollen die Jobcenter die Eltern unterstützen und in geeigneter Weise dazu beitragen, dass Kinder und Jugendliche Leistungen für Bildung und Teilhabe möglichst in Anspruch nehmen (§ 4 Abs. 2 S. 4 SGB II). Ein Sicherstellungsauftrag der Jobcenter ist hiermit nicht verbunden.[303] Innerhalb der gE sind die kommunalen Träger für die Leistungen für Bildung und Teilhabe sachlich zuständig (§ 6 Abs. 1 S. 1 Nr. 2 SGB II).

Praxishinweis: Bund, Länder und Kommunen haben sich darauf verständigt, das Antragsverfahren für die Leistungen zur Bildung und Teilhabe zu vereinfachen: Mit einem Globalantrag soll der allgemeine Anspruch auf Bildungs- und Teilhabeleistungen beim regelmäßigen Routinebesuch im Jobcenter festgehalten werden. Außerdem sollen Eltern, die in finanzielle Vorleistung getreten sind, das Geld nachträglich erstattet bekommen.[304]

2. Leistungsberechtigter Personenkreis

111 Der Leistungsanspruch ergibt sich aus § 19 Abs. 2 S. 1 iVm § 28 SGB II und setzt voraus, dass neben einer Leistungsberechtigung ein im Gesetz genannter Bildungs- und Teilhabebedarf besteht. Es sind drei unterschiedliche **leistungsberechtigte Personenkreise** zu unterscheiden:

1. Schülerinnen und Schüler unter 25 Jahren,
2. Kinder in Kindertageseinrichtungen bzw Kindertagespflege und
3. Leistungsberechtigte unter 18 Jahren.

Während bei Schülerinnen und Schülern unter 25 Jahren alle Bildungsbedarfe in Betracht kommen, werden für Kinder, die eine Kindertageseinrichtung besuchen, nur Bedarfe für ein- bzw mehrtägige Ausflüge oder für die gemeinschaftliche Mittagsverpflegung anerkannt. Für Kinder in der Kindertagespflege kommt nur der Bedarf für die ge-

301 BVerfG 9.2.2010 – 1 BvL 1/09 zitiert nach BT-Drucks. 17/3404, 104.
302 BVerfG 9.2.2010 – 1 BvL 1/09, Rn 197.
303 BT-Drucks. 17/3404, 91.
304 Pressemitteilung des BMAS vom 2.11.2011.

meinschaftliche Mittagsverpflegung in Frage. Die Bedarfe für soziale und kulturelle Teilhabe nach § 28 Abs. 7 SGB II richten sich an alle Leistungsberechtigten unter 18 Jahren.

112 Erforderlich ist weiterhin **Hilfebedürftigkeit** hinsichtlich der in § 28 Abs. 2 bis 7 SGB II geregelten Bedarfssituationen. Ein Bezug von Leistungen des Alg II oder Sozialgeldes wird nicht vorausgesetzt, weil die Bildungs- und Teilhabeleistungen als eigenständige Leistungen neben dem Alg II bzw Sozialgeld stehen. Ein ungedeckter Bildungs- und Teilhabebedarf wird nicht iRd Bedarfsanteilsmethode („horizontale Berechnung“) auf andere Familienmitglieder verteilt (vgl § 9 Abs. 2 S. 3 Hs 2 SGB II). Dies kann dazu führen, dass in einer Familie nur ein Kind wegen der Bedarfe für Bildung und Teilhabe leistungsberechtigt ist, während die Bedarfe der anderen Familienangehörigen gedeckt sind und deshalb keine Bedarfsgemeinschaft (§ 7 Abs. 2 S. 3 SGB II) besteht.[305] Im Rahmen des Mitteleinsatzes wird berücksichtigungsfähiges Einkommen und Vermögen zunächst auf die Bedarfe des Alg II bzw Sozialgeldes und erst danach auf die Bildungs- und Teilhabebedarfe angerechnet (§ 19 Abs. 3 S. 2 SGB II). Innerhalb der Bildungs- und Teilhabebedarfe wird Einkommen und Vermögen in der Reihenfolge der Absätze 2 bis 7 des § 28 SGB II berücksichtigt.

113 **Schülerinnen und Schüler** sind nach der Legaldefinition des § 28 Abs. 1 S. 2 SGB II Personen unter 25 Jahren, die eine allgemein- oder berufsbildende Schule besuchen und keine Ausbildungsvergütung erhalten. Diese Definition unterscheidet sich von dem entsprechenden schulrechtlichen Begriff. Mit der Altersbeschränkung soll der legitimen Erwartung Rechnung getragen werden, dass die schulische Ausbildung mit der Vollendung des 25. Lebensjahres abgeschlossen ist.[306]

114 Der Begriff der **Kinder in Kindertageseinrichtungen bzw Kindertagespflege** wird nicht im SGB II definiert. Die Begriffe beziehen sich vielmehr auf § 22 Abs. 1 SGB VIII und das hierzu getroffene Landesrecht.[307] Kindertageseinrichtungen sind demnach Einrichtungen, in denen sich Kinder für einen Teil des Tages oder ganztägig aufhalten und in Gruppen gefördert werden. Kindertagespflege wird demgegenüber von einer geeigneten Tagespflegeperson in ihrem Haushalt oder im Haushalt der Eltern geleistet.

3. Bildungs- und Teilhabebedarfe

115 Die in § 28 SGB II **abschließend aufgeführten** Bildungs- und Teilhabebedarfe werden als eigenständige Bedarfe zusätzlich zum Regelbedarf anerkannt. Dies sind:

- Schulausflüge und mehrtägige Klassenfahrten,
- Ausstattung mit persönlichem Schulbedarf,
- Schülerbeförderung,
- Lernförderung,
- Schulspeisung und
- Teilhabe am sozialen und kulturellen Leben.

Während es sich bei den ersten fünf Bedarfspositionen um Bildungsbedarfe handelt, dient die letzte Bedarfsposition dazu, den Anspruch auf gesellschaftliche Teilhabe iRd Grundrechts auf Gewährleistung eines menschenwürdigen Existenzminimums zu erfüllen.[308] Eine Übersicht über die Leistungen für Bildungs- und Teilhabebedarfe findet sich in der Abbildung 2 im Anhang.

305 Groth/Siebel-Huffmann NJW 2011, 1107.
306 BT-Drucks. 17/3404, 104.
307 Vgl *Klerks* info also 2011, 148 mwN.
308 BT-Drucks. 17/3404, 106.

a) Schulausflüge und mehrtägige Klassenfahrten

116 Die Aufwendungen für Schulausflüge und mehrtägige Klassenfahrten werden bei Hilfebedürftigkeit für Schülerinnen und Schüler (§ 28 Abs. 2 S. 1 iVm Abs. 1 S. 2 SGB II) sowie für Kinder berücksichtigt, die eine Kindertageseinrichtung besuchen (§ 28 Abs. 2 S. 2 SGB II). Aufwendungen für mehrtägige Klassenfahrten wurden schon vor der Regelsatzreform als gesonderte Einmalleistungen erbracht. Dagegen waren gesonderte Leistungen für **eintägige Schulausflüge** im SGB II zunächst nicht vorgesehen; entsprechende Aufwendungen sollten von den Regelleistungen gedeckt sein.[309] Da dies in Schulen mit einem hohen Anteil von Kindern im SGB II-Leistungsbezug dazu führte, dass bisweilen überhaupt keine Klassenausflüge mehr stattfanden, wurden diese Leistungen nunmehr auch auf eintägige Klassenfahrten ausgedehnt.[310] Sie sind in § 28 Abs. 2 S. 1 Nr. 1 SGB II geregelt, der zwar nur von „Schulausflügen" spricht, mit dem der Gesetzgeber aber die Berücksichtigung von Aufwendungen für eintägige Klassenfahrten regeln wollte.[311]

117 Die Leistungen für **mehrtägige Klassenfahrten iRd schulrechtlichen Bestimmungen** wurden mit der Regelsatzreform in § 28 Abs. 2 S. 1 Nr. 2 SGB II überführt. Eine mehrtägige Klassenfahrt liegt nur dann vor, wenn sie einen Zeitraum von mindestens einem Tag umfasst. Zu einer mehrtägigen Klassenfahrt gehören auch die im Sachzusammenhang stehenden eintägigen Vorbereitungskurse.[312] Weiterhin muss die mehrtägige Klassenfahrt iRd schulrechtlichen Bestimmungen stattfinden. Ist dies der Fall, sind weiter gehende Erwägungen über ihre Notwendigkeit oder Angemessenheit weder von den Jobcentern noch von den Sozialgerichten anzustellen.[313] Ebenso wenig können Leistungen mit der Begründung verweigert werden, dass die Klassenfahrt nach dem Abschluss des zehnten Schuljahres stattfinde, wenn das Schulrecht nicht zwischen Klassenfahrten vor und nach dem zehnten Schuljahr unterscheidet.[314]

Praxishinweis: Bei Schüleraustauschen ist zu differenzieren: Ein privat organisierter Einzelaustausch stellt keine mehrtägige Klassenfahrt iRd schulrechtlichen Bestimmungen dar. Anders verhält es sich bei einem Gruppenaustausch von Klassen im Rahmen eines schulischen Partnerprogramms.[315]

118 Die Aufwendungen für eintägige Schulausflüge und mehrtägige Klassenfahrten iRd schulrechtlichen Bestimmungen sind grds. **in tatsächlicher Höhe** ohne Beschränkung auf einen Höchstbetrag zu übernehmen, sofern bei mehrtägigen Klassenfahrten das Schulrecht keine Kostenbegrenzung vorsieht.[316] Allerdings werden nur die Aufwendungen übernommen, die durch die Schule selbst veranlasst wurden. Taschengelder für zusätzliche Ausgaben während des Schulausflugs bzw der Klassenfahrt[317] oder Ausrüstungsgegenstände, die überwiegend für den (späteren) privaten Gebrauch angeschafft werden,[318] sind nicht umfasst.

119 § 5 a Nr. 1, 2 Alg II-V schreibt **Besonderheiten für die Bedarfsbemessung** vor. So ist bei eintägigen Schulausflügen ein Betrag von 3 EUR monatlich zugrunde zu legen (§ 5 a Nr. 1 SGB II). Hiermit wird der Anspruch auf Übernahme der tatsächlichen Kosten indes nicht eingeschränkt. Vielmehr handelt es sich lediglich um einen Betrag, der zum Zweck der Bedarfsberechnung bei eintägigen Schulausflügen zugrunde zu legen ist, um

309 BSG 23.3.2010 – B 14 AS 1/09 R und B 14 AS 6/09 R mwN.
310 Vgl BT-Drucks. 17/3404, 104.
311 BT-Drucks. 17/3404, 104.
312 BSG 23.3.2010 – B 14 AS 1/09 R.
313 SG Speyer 8.8.2007 – S 3 AS 643/06.
314 Vgl SG Detmold 9.3.2007 – S 7 AS 103/06.
315 *Wahrendorf* SozialRecht aktuell 2009, 5 mwN.
316 BSG 23.3.2010 – B 14 AS 1/09 R.
317 BT-Drucks. 17/3404, 104.
318 MAIS NRW, II.2.3.

den bürokratischen Aufwand möglichst gering zu halten.[319] Bei mehrtägigen Klassenfahrten sind die tatsächlichen Aufwendungen in monatlichen (Teil-)Beträgen bezogen auf den Regelbewilligungszeitraum von sechs Monaten umzurechnen (§ 5 a Nr. 2 SGB II). Hierdurch soll eine dem § 24 Abs. 3 S. 3 SGB II entsprechende, (zeitlich) erweiterte Einkommensanrechnung innerhalb der folgenden sechs Kalendermonate erreicht werden.[320]

120 Die Leistungen für Schulausflüge und Klassenfahrten werden nicht in Form von Geldleistungen, sondern von **Sach- und Dienstleistungen** erbracht, insb. durch personalisierte Gutscheine oder Direktzahlungen an den Anbieter (vgl § 29 Abs. 1 S. 1 SGB II), also im Regelfall an die Schule oder die Lehrkräfte. Teilweise wird vertreten, das Sach- und Dienstleistungsprinzip erlaube in bestimmten Fällen auch eine nachträgliche Kostenerstattung, wenn die Eltern die Sach- bzw Dienstleistungen bereits beschafft und bezahlt haben.[321]

b) Ausstattung mit persönlichem Schulbedarf

121 Der Bedarf für die persönliche Schulausstattung umfasst laut Gesetzesbegründung neben Schulranzen, Schulrucksack und Sportzeug insb. die für den persönlichen Ge- und Verbrauch bestimmten Schreib-, Rechen- und Zeichenmaterialien (Füller, Kugelschreiber, Blei- und Malstifte, Taschenrechner, Geodreieck, Hefte und Mappen, Tinte, Radiergummis, Bastelmaterial, Knetmasse).[322] Das BVerfG hatte die Vorgängerregelung in seinem Regelsatzurteil gerügt, weil die Pauschalleistung von 100 EUR pro Jahr nicht empirisch ermittelt worden sei und offensichtlich freihändig geschätzt wurde.[323] Gleichwohl wurde der Pauschalbetrag in die Nachfolgeregelung des § 28 Abs. 3 SGB II übernommen, was im Wesentlichen damit gerechtfertigt wird, dass der Betrag im Hinblick auf die Ausgabenpositionen der Abteilung 09 EVS 2008 ausreichend sei und auch die Praxis gezeigt habe, dass hiermit eine gute Ausstattung zu Schuljahresbeginn bewirkt werden könne.[324] Ob diese Begründung einer verfassungsgerichtlichen Überprüfung standhalten kann, ist umstritten.[325]

122 Leistungen für einen persönlichen Schulausstattungsbedarf werden nur bei Schülerinnen und Schülern iSd § 28 Abs. 1 S. 2 SGB II anerkannt. Weitere Voraussetzung ist, dass der **Hilfebedarf zu bestimmten Stichtagen** besteht, nämlich iHv 70 EUR zum 1. August und iHv 30 EUR zum 1. Februar. Der persönliche Schulausstattungsbedarf wurde erstmals zum 1.8.2011 anerkannt (§ 77 Abs. 7 SGB II). Die Leistungen für den persönlichen Schulausstattungsbedarf müssen grds. nicht gesondert beantragt werden (vgl § 37 Abs. 1 S. 2 SGB II), es sei denn, es werden keine laufenden Leistungen nach dem SGB II bezogen.

Praxishinweis: Verbrauchsmaterialien, die regelmäßig nachgekauft werden müssen, sind aus den Leistungen für Regelbedarfe zu finanzieren.[326]

c) Schülerbeförderung

123 Die Übernahme von Schülerbeförderungskosten wurde erst mit der Regelsatzreform im SGB II geregelt. Bis dahin war umstritten, ob bei Schülerbeförderungskosten Leistungen

---

319 *Groth* jurisPR-SozR 8/2011, Anm. 1.
320 BT-Drucks. 17/3404, 137.
321 MAIS NRW, II.2.4.
322 BT-Drucks. 17/3404, 105.
323 BVerfG 9.2.2010 – 1 BvL 1/09, Rn 203.
324 BT-Drucks. 17/3404, 105.
325 Vgl Münder (2011), 86 f, und Becker (2011), 46 f, die die Bemessung des persönlichen Schulausstattungsbedarfs zumindest gegenwärtig für verfassungsrechtlich vertretbar halten, aber auf die fehlende Fortschreibung hinweisen; aA *Klerks* info also 2011, 157 f.
326 MAIS NRW, II.3.3.

für atypische Bedarfslagen zu erbringen sind.[327] Nunmehr werden Schülerbeförderungskosten unter den Voraussetzungen des § 28 Abs. 4 SGB II als gesonderter Bedarf berücksichtigt. Erforderlich hierfür ist, dass die Schülerinnen und Schüler (§ 28 Abs. 1 S. 2 SGB II) für den Besuch der nächstgelegenen Schule des gewählten Bildungsgangs (zB Grundschule, Hauptschule, Realschule, Gymnasium) **auf Schülerbeförderung angewiesen** sind. Das Angewiesensein ist ein unbestimmter Rechtsbegriff, dessen Auslegung von den Gerichten in vollem Umfang überprüft werden kann. Der Auffassung, für die Auslegung seien die Zumutbarkeitsregelungen (§ 10 SGB II) heranzuziehen,[328] wird zu Recht entgegengehalten, dass die Zumutbarkeit einer Arbeitsaufnahme für die Frage der Schülerbeförderung keinen Wert hat. Das Angewiesensein beziehe sich nur darauf, ob die Kosten einer Schülerbeförderung notwendig sind, dh ob der Schüler den Weg nicht auch zu Fuß oder mit einem Fahrrad bewältigen könnte.[329] Dies soll sich wiederum nach den landesrechtlichen Schülerbeförderungsregelungen richten.[330] Für die nächstgelegene Schule kommt es nicht nur auf den kürzesten Weg an. Vielmehr kann auch eine weiter entfernte Schule als nächstgelegene Schule iSd § 28 Abs. 4 SGB II in Betracht kommen, wenn die näher gelegene Schule aus tatsächlichen oder rechtlichen Gründen nicht besucht werden kann.[331]

124 Die Übernahme der Schülerbeförderungskosten wird als Geldleistung erbracht (§ 29 Abs. 1 S. 2 SGB II) und umfasst zunächst die **erforderlichen tatsächlichen Aufwendungen.** Erforderlich sind grds. nur die günstigsten Beförderungsmöglichkeiten. Weiterhin wird der Umfang der Leistung durch § 28 Abs. 4 SGB II in zweifacher Hinsicht begrenzt. Zum einen werden die erforderlichen tatsächlichen Aufwendungen nur berücksichtigt, soweit sie nicht von Dritten übernommen werden. Soweit in den Landesschulgesetzen also eine vollständige oder teilweise Kostenübernahme insb. durch die Schülerbeförderungsträger vorgesehen ist, ist diese ebenso anzurechnen, wie eine Kostenübernahme durch Dritte (zB auch Wohlfahrtsverbände oder Privatpersonen).[332] Zum anderen werden die erforderlichen tatsächlichen Aufwendungen nur berücksichtigt, soweit es der leistungsberechtigten Person nicht zugemutet werden kann, die Aufwendungen aus dem Regelbedarf zu bestreiten. Insoweit ist zu unterscheiden:[333] Handelt es sich um eine Fahrkarte, die nur für die Schülerbeförderung gilt, ist eine Berücksichtigung der in den Regelbedarfen enthaltenen Mobilitätsaufwendungen nicht zumutbar, weil dies eine weiter gehende (private) Mobilität mit öffentlichen Verkehrsmitteln in unangemessener Weise einschränken würde. Handelt es sich dagegen um eine Fahrkarte, mit der neben der Schülerbeförderung auch weiter gehende Verkehrsdienstleistungen in Anspruch genommen werden können (zB Monats- bzw Jahresfahrkarte des ÖPNV), ist eine Berücksichtigung der in den Regelbedarfen enthaltenen Mobilitätskosten als Eigenanteil zumutbar, weil es ansonsten zur einer Doppelförderung käme.[334]

Bei der **Berechnung des Eigenanteils** ist nicht der Gesamtbetrag der Abteilung 7 der EVS 2008 zugrunde zu legen,[335] weil die Schülerbeförderung nicht den gesamten Mobilitätsbedarf von Schülerinnen und Schülern deckt (zB Kauf bzw Reparatur eines Fahr-

327 *Klerks* info also 2010, 62; *Groth/Siebel-Huffmann* NJW 2011, 1107 mwN; zur Rechtslage vor Einführung der Mehrbedarfsleistung des § 21 Abs. 6 SGB II: BSG 28.10.2009 – B 14 AS 44/08/R.
328 MAIS NRW, II.4.3.
329 *Klerks* info also 2011, 152 mwN.
330 *Groth* jurisPR-SozR 8/2011, Anm. 1; kritisch: *Klerks* info also 2011, 152.
331 MAIS NRW, II.4.3.
332 BT-Drucks. 17/4095, 35 f.
333 Vgl Antwort des Staatssekretärs Storm vom 23.6.2011, BT-Drucks. 17/6272, 12 ff.
334 BT-Drucks. 17/5633, 16.
335 Antwort des Staatssekretärs Storm vom 23.6.2011, BT-Drucks. 17/6272, 13; MAIS NRW, II.4.4; *Klerks* info also 2011, 153.

rads). Vielmehr sind lediglich die im Regelbedarf enthaltenen Verbrauchsausgaben für fremde Verkehrsdienstleistungen als Eigenanteil zu berücksichtigen.

Praxishinweis: Bei der Berechnung des Eigenanteils ergeben sich zwei Probleme: Aus Datenschutzgründen sind diese Verbrauchsausgaben bei den Regelbedarfsstufen 4 und 5 im Gesetzentwurf nicht vollständig ausgewiesen. Ferner wären sie wegen der Besitzstandsklausel (§ 77 Abs. 4 SGB II, § 134 SGB XII) nicht anwendbar.[336] Daher ist bisher keine bundeseinheitliche Praxis bei der Berechnung des Eigenanteils für die Schülerbeförderung erkennbar.

d) Lernförderung

125 Ein gesonderter **Mehrbedarf für außerschulische Lernförderung** wird unter den Voraussetzungen des § 28 Abs. 4 SGB II gewährt. Der Mehrbedarf wird bei Schülerinnen und Schülern (§ 28 Abs. 1 S. 2 SGB II) berücksichtigt, wenn die außerschulische Lernförderung geeignet und zusätzlich erforderlich ist, um die nach den schulrechtlichen Bestimmungen festgelegten wesentlichen Lernziele zu erreichen. Im Regelfall ist das wesentliche Lernziel die Versetzung in die nächste Klassenstufe bzw ein ausreichendes Leistungsniveau, nicht hingegen Notenverbesserungen zum Erreichen einer besseren Schulartempfehlung.[337] Die Geeignetheit und zusätzliche Erforderlichkeit der außerschulischen Lernförderung stellen auslegungsbedürftige unbestimmte Rechtsbegriffe dar. Ausgangspunkt dieser Prüfung muss eine auf das Schuljahresende bezogene Erfolgsprognose unter Einbeziehung der schulischen Förderangebote[338] sein. Geeignet und erforderlich ist eine außerschulische Lernförderung danach, wenn eine günstige Prognose besteht, dass die wesentlichen Lernziele mit ihr erreicht werden können.[339] Ist das Lernziel auch mit außerschulischer Lernförderung objektiv nicht zu erreichen, scheidet ein Leistungsanspruch nach § 28 Abs. 5 SGB II aus. Mit dem Merkmal der „Zusätzlichkeit" wird der Vorrang schulischer Angebote zum Ausdruck gebracht. Eine außerschulische Lernförderung ist nur dann zusätzlich erforderlich, wenn die unmittelbaren schulischen Angebote zur Erreichung des Lernziels nicht ausreichen.[340]

126 Die Leistung wird durch Sach- und Dienstleistungen, insb. n Form von personalisierten Gutscheinen oder Direktzahlungen an Leistungsanbieter erbracht (§ 29 Abs. 1 S. 1 SGB II) und umfasst eine, die **schulischen Angebote ergänzende** angemessene Lernförderung. Schulische Angebote sind nicht iRd § 28 Abs. 5 SGB II förderfähig. Dagegen gehen von der Schule initiierte Angebote (zB interne Nachhilfestrukturen) oder schulnahe Förderstrukturen, insb. Angebote von Fördervereinen, über das schulische Angebot hinaus und führen nicht zu einem Ausschluss der Fördermöglichkeit.[341] Angemessen ist die Lernförderung, wenn sie iRd örtlichen Angebotsstruktur auf kostengünstige Anbieterstrukturen zurückgreift. Die Angemessenheit der Vergütungshöhe richtet sich ferner nach der konkret benötigten Lernförderung und den ortsüblichen Sätzen.[342] Als Leistungserbringer kommen insb. in qualitativer Hinsicht geeignete gemeinnützige, freie oder kommerzielle Träger, Stiftungen und Privatpersonen (Studierende, Oberstufenschülerinnen oder -schüler, pensionierte Lehrkräfte) in Betracht. Die Förderung kann für Einzel- oder Gruppenangebote erbracht werden.

e) Schulspeisung

127 Die Mittagsverpflegung ist in pauschalierter Form in den Regelbedarfen enthalten. Da der Gesetzgeber in der Teilnahme an einer Gemeinschaftsverpflegung ein wichtiges Ele-

336 Antwort des Staatssekretärs Storm vom 23.6.2011, BT-Drucks. 17/6272, 13 f.
337 BT-Drucks. 17/3404, 105; 17/5633, 18.
338 BT-Drucks. 17/3404, 105.
339 *Groth* jurisPR-SozR 8/2011, Anm. 1.
340 Vgl *Klerks* info also 2011, 154.
341 BT-Drucks. 17/3404, 105.
342 BT-Drucks. 17/3404, 105 f.

ment der sozialen Teilhabe in der Schule sah und Ausgrenzungsprozesse mit eventuellen Auswirkungen auf den schulischen Erfolg verhindern wollte, werden nach § 28 Abs. 6 SGB II die Mehraufwendungen für eine **gemeinschaftliche Mittagsverpflegung** übernommen. Anspruchsberechtigt sind nach § 28 Abs. 6 S. 1 Nr. 1 SGB II Schülerinnen und Schüler iSd § 28 Abs. 1 S. 2 SGB II und nach § 28 Abs. 6 S. 1 Nr. 2 SGB II Kinder, die eine Kindertageseinrichtung oder eine Einrichtung der Kindertagespflege besuchen. Weiterhin muss es sich um eine gemeinschaftliche Mittagsverpflegung handeln, dh sie muss gemeinschaftlich ausgegeben und eingenommen werden.[343] Bei Schülerinnen und Schülern muss die Mittagsverpflegung in schulischer Verantwortung durchgeführt werden (§ 28 Abs. 6 S. 2 SGB II). Belegte Brötchen und kleinere Mahlzeiten, die an Kiosken oder in Cafeterien auf dem Schulgelände verkauft werden, fallen nicht hierunter.[344] Auch kommunale Einrichtungen iSd § 22 SGB VIII, in denen Schülerinnen und Schüler nach dem Unterricht eigenverantwortlich zu Mittag essen, erfüllen dieses Merkmal grds. nicht. Ausnahmsweise werden die Mehraufwendungen für eine gemeinschaftliche Mittagsverpflegung in diesen Fällen übergangsweise bis zum 31.12.2013 übernommen (§ 77 Abs. 11 S. 4 SGB II).

Die Leistung umfasst die **Mehraufwendungen** gegenüber den ersparten häuslichen Verbrauchsausgaben für ein Mittagessen, so dass die anspruchsberechtigten Kinder einen Eigenanteil für die gemeinschaftliche Mittagsverpflegung tragen müssen. Aus Gründen der Verwaltungsökonomie wird dieser Eigenanteil mit pauschal 1 EUR je Schultag veranschlagt (§ 5 a Nr. 3 Alg II-V iVm § 9 RBEG). Leistungen, die Dritte ausdrücklich für diesen Eigenanteil zur Schulspeisung erbringen, sind anrechnungsfrei (§ 1 Abs. 1 Nr. 2 Alg II-V). Weiterhin ist bei der Leistungsbemessung zu berücksichtigen, dass die Mehraufwendungen bei Schülerinnen und Schülern nur an Schultagen anerkannt werden, wobei für den monatlichen Bedarf die Anzahl der Schultage in dem jeweiligen Bundesland zugrunde zu legen ist (§ 28 Abs. 6 S. 3 SGB II).

Nach § 29 Abs. 1 S. 1 SGB II werden die Leistungen für Mehraufwendungen bei Teilnahme an gemeinschaftlicher Mittagsverpflegung nicht durch Geldleistungen, sondern **durch Sach- und Dienstleistungen** erbracht, insb. in Form von personalisierten Gutscheinen oder Direktzahlungen an Leistungsanbieter.[345] Im Übrigen wird die Auffassung vertreten, dass in Fällen, in denen Eltern in Vorleistung getreten sind und die gemeinschaftliche Mittagsverpflegung bereits bezahlt haben, eine nachträgliche Erstattung möglich ist.[346]

f) Teilhabe am sozialen und kulturellen Leben

128 Nach § 28 Abs. 7 SGB II werden bei Kindern und Jugendlichen **bestimmte Bedarfe zur Teilhabe am sozialen und kulturellen Leben** gesondert berücksichtigt. Anspruchsberechtigt sind lediglich Leistungsberechtigte unter 18 Jahren. Im Vordergrund der Teilhabeleistungen steht das sozialintegrative Moment:[347] Kinder und Jugendliche sollen stärker als zuvor in bestehende Vereins- und Gemeinschaftsstrukturen integriert werden und den Kontakt mit Gleichaltrigen intensivieren.[348] § 28 Abs. 7 SGB II enthält daher einen abschließenden Katalog von Teilhabebedarfen, zu denen Mitgliedsbeiträge in den Bereichen Sport, Spiel, Kultur und Geselligkeit, Unterricht in künstlerischen Fächern (zB Musik) und vergleichbare angeleitete Aktivitäten der kulturellen Bildung (zB Muse-

343 BT-Drucks. 17/3404, 106.
344 BT-Drucks. 17/4304, 106.
345 Zur praktischen Umsetzung vgl MAIS NRW, II.6.5.
346 MAIS NRW, II.6.5 mwN.
347 *Groth* jurisPR-SozR 8/2011, Anm. 1.
348 BT-Drucks. 17/3404, 106.

umsführungen)[349] und die Teilnahme an Freizeiten (zB Sommerkurse, Theaterworkshops)[350] gehören. Eine Kombination mehrerer dieser Teilhabemöglichkeiten ist möglich. Die Teilhabeleistungen müssen gesondert beantragt werden (§ 37 Abs. 1 S. 2 SGB II).

Praxishinweis: Bloße Unterhaltungsbedarfe, die nur ein geringes Potenzial bei der Einbindung in soziale Gemeinschaftsstrukturen haben (zB Kinobesuch),[351] gehören nicht zu den Teilhabebedarfen.

129 Für die Teilhabebedarfe wird nach § 28 Abs. 7 SGB II ein **monatlicher Pauschalbetrag iHv insgesamt 10 EUR** berücksichtigt. Der Gesetzgeber ging davon aus, dass dieses Budget neben einer Mitgliedschaft in einem Sportverein regelmäßig auch für andere Aktivitäten zur gesellschaftlichen Teilhabe ausreicht.[352] In der Literatur werden gegen Ausgestaltung dieser Leistung verfassungsrechtliche Bedenken erhoben.[353] Die Leistungen für Teilhabebedarfe werden nicht durch Geldleistungen, sondern durch Sach- und Dienstleistungen, insb. in Form von personalisierten Gutscheinen oder Direktzahlungen an Leistungsanbieter erbracht. Angesparte Beträge können auf den folgenden Bewilligungsabschnitt übertragen werden.[354] Ebenso ist möglich, dass bereits zu Beginn und im Rahmen eines Bewilligungsabschnitts der Gesamtbetrag für eine Jahresmitgliedschaft bewilligt wird. Bei einem Wegfall der Leistungsvoraussetzungen müsste dann die Aufhebung und Rückforderung der Leistungen geprüft werden.[355]

4. Leistungserbringung durch Gutscheine und Direktzahlung

130 Mit Ausnahme der Leistungen für den persönlichen Schulausstattungsbedarf sowie für Schülerbeförderung, die durch Geldleistungen zu erbringen sind (§ 29 Abs. 1 S. 2 SGB II), werden die Leistungen für Bildung und Teilhabe durch **Sach- oder Dienstleistungen** erbracht, insb. in Form von personalisierten Gutscheinen oder Direktzahlungen an Anbieter. Der § 29 Abs. 1 S. 1 SGB II stellt insoweit eine Spezialnorm zu § 4 SGB II dar, der die Leistungserbringung im SGB II allgemein regelt. Sofern Eltern Sach- und Dienstleistungen bereits beschafft und bezahlt haben, wird die Auffassung vertreten, dass eine nachträgliche Erstattung in diesen Fällen jedenfalls dann erfolgen könne, wenn die Einhaltung von Form- und Verfahrensvorschriften eine Bedarfsdeckung nicht möglich macht. Zur Begründung wird angeführt, dass in diesen Fällen das Sach- und Dienstleistungsprinzip nicht durchbrochen werde.[356]

In welcher konkreten Form die Sach- oder Dienstleistungen erbracht werden, liegt im **Ermessen der Jobcenter**. Das Gesetz nennt insoweit beispielhaft personalisierte Gutscheine und Direktzahlungen an die Leistungsanbieter. Mit dieser beispielhaften Auswahl von Leistungserbringungswegen wollte der Gesetzgeber verdeutlichen, dass Erbringungswege mit und ohne Leistungs-, Prüfungs- und Vergütungsvereinbarungen mit Leistungsanbietern in Betracht kommen, wobei die Direktzahlung an den Leistungsanbieter ohne Vereinbarung mit den Jobcentern auskommen soll.[357]

131 Mit **personalisierten Gutscheinen** iSd § 28 Abs. 1 S. 1 SGB II sind Gutscheine gemeint, die nur von den Leistungsberechtigten selbst eingelöst werden können. Gutscheine sind hinsichtlich ihrer Gültigkeit zu befristen und können für den gesamten Bewilligungszeit-

349 MAIS NRW, II.7.3.
350 BT-Drucks. 17/5633, 4.
351 BT-Drucks. 17/3404, 106 f.
352 BT-Drucks. 17/3404, 106.
353 *Münder* (2011), 86 ff; *Klerks* info also 2011, 156 mwN.
354 MAIS NRW, II.7.3.
355 MAIS NRW, II.7.3.
356 MAIS NRW, II.2.4, II.5.3., II.6.5., V.2.3 unter Bezugnahme auf das BMAS.
357 Vgl BT-Drucks. 17/4095, 36.

raum im Voraus ausgegeben werden (§ 29 Abs. 2 SGB II), damit Kinder und Jugendliche iRd Budgets frei über die Inanspruchnahme der Angebote entscheiden können.[358] Mit Ausgabe des Gutscheins gilt die Leistung als erbracht (§ 29 Abs. 2 S. 1 SGB II). Für den Fall, dass der Gutschein verloren geht, regelt § 29 Abs. 2 S. 5 SGB II aus Billigkeitsgründen,[359] dass der Gutschein in Höhe des nicht in Anspruch genommenen Teils erneut ausgestellt werden soll. Das Gesetz räumt den Jobcentern insoweit ein intendiertes Ermessen ein, dh nur in atypischen Sonderfällen sollen sie eine erneute Ausstellung verweigern können.

132 Der andere beispielhaft hervorgehobene Erbringungsweg stellt die **Direktzahlung** an Anbieter von Leistungen zur Deckung der Bildungs- und Teilhabebedarfe dar. Die Direktzahlung kann für den gesamten Bewilligungszeitraum im Voraus erfolgen und fingiert die Erfüllung des Leistungsanspruchs (§ 29 Abs. 3 SGB II). Einer Kostenübernahmeerklärung gegenüber den Leistungsberechtigten bedarf es in diesen Fällen nicht mehr.[360]

133 Im begründeten Einzelfall kann ein Nachweis über eine zweckentsprechende Verwendung der Leistung verlangt werden (§ 29 Abs. 4 S. 1 SGB II). Der Bewilligungsbescheid soll im Regelfall widerrufen werden, soweit der Nachweis über eine zweckentsprechende Verwendung der Leistung nicht geführt wird. Wird ein Bewilligungsbescheid aufgehoben, müssen die bereits erbrachten Leistungen erstattet werden (§ 50 Abs. 1 SGB X). Gutscheine sind in diesem Fall in Geld zu erstatten (§ 40 Abs. 3 S. 1 SGB II). Soweit ein Gutschein noch nicht in Anspruch genommen wurde, kann die **Rückforderung** durch Rückgabe des Gutscheins erfolgen (§ 40 Abs. 3 S. 2 SGB II). Bereits erbrachte Bildungs- und Teilhabeleistungen sind nicht zurückzufordern, soweit eine Aufhebungsentscheidung allein wegen dieser Leistungen zu treffen wäre (§ 40 Abs. 3 S. 3 SGB II). Mit diesem Verzicht auf die Rückforderung soll dem Umstand Rechnung getragen werden, dass die Erstattung von SGB II-Leistungen teilweise mit einem hohen Verwaltungs- und Kostenaufwand verbunden ist und die Rückforderung von verhältnismäßig geringwertigen Bildungs- und Teilhabeleistungen als unbillig und unwirtschaftlich empfunden werden würde.[361]

Praxishinweis: Die Rückforderung von bereits erbrachten Bildungs- und Teilhabeleistungen hat im Umkehrschluss zu § 40 Abs. 3 S. 3 SGB II zu erfolgen, wenn zugleich ein Bewilligungsbescheid über weitere SGB II-Leistungen (zB Alg II oder Sozialgeld) ganz oder teilweise aufzuheben ist.

IV. Sozialversicherung und Alg II-Bezug

134 Mit der Schaffung des SGB II sollte auch eine **angemessene soziale Sicherung** der Leistungsberechtigten gewährleistet werden.[362] Da das SGB II ein nachrangiges Fürsorgesystem darstellt, wurde auch die soziale Sicherung auf ein Mindestmaß beschränkt, wobei die Leistungsberechtigten entweder auf einem Basisniveau in die Sozialversicherungssysteme einbezogen oder – wie im Fall der Arbeitslosenversicherung – aus einem Sozialversicherungssystem ausgeschlossen und durch eigene Förderleistungen im SGB II abgesichert wurden.

358 BT-Drucks. 17/4095, 37.
359 BT-Drucks. 17/4095, 38.
360 BT-Drucks. 17/4095, 40.
361 BT-Drucks. 17/4095, 41.
362 BT-Drucks. 15/1516, 47.

1. Krankenversicherung

a) Verhältnis von gesetzlicher und privater Krankenversicherung

135 Ursprünglich waren Alg II-Beziehende generell in der GKV abgesichert. Mit dem GKV-WSG sollte für alle in Deutschland lebenden Menschen ein Krankenversicherungsschutz zu bezahlbaren Konditionen hergestellt werden.[363] Hierzu wurde vor allem das **Verhältnis von GKV und PKV** neu geordnet. Mit der Schaffung einer Versicherungspflicht in der PKV für Personen, die nicht in der GKV versichert sind, und der Einführung eines Basistarifs in der PKV sah man für die bis dahin vorgesehene, sehr weit reichende Einbeziehung von Alg II-Beziehenden in die Versicherungspflicht der GKV keine Notwendigkeit mehr.[364] Gleichzeitig sollte dem Umstand Rechnung getragen werden, dass in der GKV ein umfassender Solidarausgleich zwischen Gesunden und Kranken, Alten und Jungen sowie Versicherten mit niedrigem und solchen mit höheren Einkommen stattfindet. Wer sich frühzeitig gegen eine Teilnahme an diesem Solidarausgleich und für eine PKV entschieden hat, soll auch im Falle der Hilfebedürftigkeit nicht mehr die Vorteile des Solidarausgleichs genießen dürfen.

b) Gesetzliche Krankenversicherung (GKV)

136 Leistungsberechtigte, die Alg II erhalten, sind idR in der GKV **kranken(pflicht)versichert**, sofern nicht schon eine beitragsfreie Familienversicherung besteht. Die Krankenversicherungsbeiträge werden unmittelbar durch die Jobcenter abgeführt. In den Fällen, in denen Leistungsberechtigte die Krankenkassenbeiträge selbst zahlen müssen, erhalten sie entsprechende Zuschüsse im notwendigen Umfang. Der kassenindividuelle Zusatzbeitrag wird für Leistungsberechtigte nach dem SGB II in Höhe des durchschnittlichen Zusatzbeitrags übernommen. Zuzahlungen zu den Leistungen der GKV müssen Leistungsberechtigte nach dem SGB II hingegen wie alle anderen GKV-Versicherten erbringen.

aa) Versicherung in der GKV

137 Bei Leistungsberechtigten nach dem SGB II kommen insb. die vier folgenden **Tatbestände für eine Versicherung** in der GKV in Betracht:

- beitragsfreie Familienversicherung,
- eigenständige Versicherungspflicht,
- freiwillige Versicherung,
- Auffangpflichtversicherung.

Alg II-Beziehende sind nur dann eigenständig in der GKV versichert, soweit sie nicht bereits familienversichert sind. Als Ausnahme zu dem Grundsatz, dass eine eigenständige Versicherung in der GKV der Familienversicherung vorgeht, normiert § 5 Abs. 1 Nr. 2 a SGB V den **Vorrang der Familienversicherung** für Alg II-Beziehende. Der Gesetzgeber hat dies damit gerechtfertigt, dass es sich beim Alg II um eine nachrangige staatliche Sozialleistung handele, so dass in Fällen der Familienversicherung kein Bedarf für den Vorrang einer eigenständigen Versicherungspflicht bestehe.[365] Im Vordergrund dürften aber finanzielle Erwägungen gestanden haben, weil die Familienversicherung im Gegensatz zu einer eigenständigen Versicherung beitragsfrei ist (§ 3 S. 3 SGB V).

Voraussetzung für eine **beitragsfreie Familienversicherung** ist zunächst, dass die Person, von der die Familienversicherung abgeleitet wird, Pflichtmitglied oder freiwilliges Mitglied der GKV ist. Familienversichert können Ehepartner bzw Lebenspartner, Kinder

363 BT-Drucks. 16/4247, 66.
364 BT-Drucks. 16/3100, 94 f.
365 BT-Drucks. 15/1516, 72.

von Mitgliedern sowie die Kinder von familienversicherten Kindern sein. Nichteheliche bzw nicht lebenspartnerschaftliche Lebensgemeinschaften können keine Familienversicherung begründen. Nach § 10 Abs. 1 S. 1 SGB V müssen die berechtigten Personen ferner

- ihren Wohnsitz oder gewöhnlichen Aufenthalt im Inland haben (Nr. 1),
- nicht vorrangig versicherungspflichtig oder freiwillig versichert sein (Nr. 2),
- nicht versicherungsfrei oder nicht von der Versicherung befreit sein (Nr. 3),
- nicht hauptberuflich selbstständig sein (Nr. 4) und
- dürfen kein Gesamteinkommen haben, das regelmäßig über einem Siebtel der monatlichen Bezugsgröße bzw bei geringfügig Beschäftigten über 400 EUR liegt (Nr. 5).

Eine **Familienversicherung von Kindern** ist nicht nur für leibliche Kinder, sondern vor allem auch für Stief- und Pflegekinder möglich (vgl § 10 Abs. 4 SGB V). Allerdings ist hier zweierlei zu beachten: Zum einen gelten für die Familienversicherung von Kindern bestimmte Altersgrenzen (§ 10 Abs. 2 SGB V). Zum anderen ist eine Familienversicherung von Kindern nach § 10 Abs. 3 SGB V ausgeschlossen, wenn der mit den Kindern verwandte Ehegatte oder Lebenspartner des Mitglieds nicht Mitglied der GKV ist und sein Gesamteinkommen regelmäßig im Monat ein Zwölftel der Jahresarbeitsentgeltgrenze übersteigt und regelmäßig höher als das Gesamteinkommen des Elternteils ist, das Mitglied der GKV ist.

138 Eine eigenständige **Versicherungspflicht zur GKV** besteht nach § 5 Abs. 1 Nr. 2 a, Abs. 5 a SGB II für SGB II-Leistungsberechtigte, wenn sie

- nicht familienversichert sind,
- Alg II beziehen und
- nicht von der Versicherungspflicht ausgeschlossen sind.

Voraussetzung für die Versicherungspflicht von SGB II-Leistungsbeziehenden in der GKV ist der nicht nur darlehensweise **Bezug von Alg II** (§ 19 Abs. 1 S. 1, 3 SGB II). Andere Leistungen des SGB II, zB Eingliederungsleistungen, Leistungen für Bildung und Teilhabe oder Leistungen für Auszubildende, können mithin keine Versicherungspflicht in der GKV auslösen.

Praxishinweis: Der Sozialgeld-Bezug kann keine eigenständige Versicherungspflicht nach § 5 Abs. 1 Nr. 2 a SGB V begründen. Sozialgeld-Beziehende sind idR über den eigenständig pflichtversicherten Alg II-Beziehenden familienversichert oder, falls keine anderweitige Versicherung besteht, über die Auffangversicherung (§ 5 Abs. 1 Nr. 13 SGB II) pflichtversichert oder über eine eigene private Krankenversicherung i.S.d. § 193 Abs. 3 VVG.

Entscheidend ist der **tatsächliche Bezug von Alg II.** Keine Rolle spielt, in welcher Höhe oder in welcher Form (Geld- oder Sachleistung) es gewährt wird. Wird ein Bewilligungsbescheid rückwirkend aufgehoben und das Alg II zurückgefordert, so hat dies keine Auswirkungen auf die Versicherungspflicht (§ 5 Abs. 1 Nr. 2 a Hs 2 SGB II). Allerdings kommt in diesen Fällen eine Erstattung der geleisteten Beiträge in Betracht.

Praxishinweis: Da der Alg II-Anspruch für jeden Kalendertag besteht, tritt auch die Versicherungspflicht erst mit dem Tag ein, für den das Alg II geleistet wird. Dementsprechend endet sie mit dem Tag, für den das Alg II letztmalig erbracht wird.

Ein **Ausschluss von der Versicherungspflicht** ist möglich, nämlich wenn Alg II-Beziehende

- unmittelbar vor dem Leistungsbezug in der PKV versichert waren (§ 5 Abs. 5 a Alt. 1 SGB V),

- unmittelbar vor dem Leistungsbezug nicht krankenversichert und entweder hauptberuflich selbstständig oder versicherungsfrei waren (§ 5 Abs. 5 a Alt. 2 SGB V),
- wegen Alters versicherungsfrei sind (§ 6 Abs. 3 a SGB V).

In diesen drei Fällen ordnet das Gesetz Alg II-Beziehende der PKV zu, um eine klare Trennung zwischen GKV und PKV zu erreichen. Versicherungsfrei ist nach § 6 Abs. 1 SGB V auch, wer ein regelmäßiges Jahresentgelt über der Jahresarbeitsentgeltgrenze erhält (Nr. 1) oder in einem Beamten- oder beamtenähnlichen Arbeitsverhältnis steht (Nr. 2). Die Versicherungsfreiheit wegen Alters setzt nach § 6 Abs. 3 a SGB V zunächst voraus, dass Versicherungspflicht erst nach Vollendung des 55. Lebensjahres eintritt und in den letzten fünf Jahren vor Eintritt der Versicherungspflicht keine Versicherung in der GKV bestand. Ferner müssen die Alg II-Beziehenden oder ihre Ehe- bzw Lebenspartner mindestens die Hälfte dieser Zeit versicherungsfrei, von der Versicherungspflicht befreit oder als hauptberuflich Selbstständige nicht versicherungspflichtig gewesen sein.

139 Bei Alg II-Beziehenden kommt eine **freiwillige Mitgliedschaft in der GKV** nur in Ausnahmefällen in Betracht. Die freiwillige Mitgliedschaft in der GKV ist an strenge Voraussetzungen geknüpft. So muss u.a. ein Beitrittsrecht bestehen und der Beitritt innerhalb einer bestimmten Ausschlussfrist erklärt werden (§ 9 Abs. 1, 2 SGB V).

140 Die **Auffangpflichtversicherung** nach § 5 Abs. 1 Nr. 13 SGB V wurde mit dem GKV-WSG geschaffen und soll Personen ohne Krankenversicherungsschutz in bestimmten Fällen eine Rückkehr in die GKV ermöglichen. Die Auffangpflichtversicherung ist vor allem für Sozialgeld-Beziehende von Bedeutung. Denn bei ihnen bestanden Lücken beim Krankenversicherungsschutz, wenn sie die Voraussetzungen für eine freiwillige Versicherung oder Familienversicherung nicht erfüllten (zB nichteheliche Lebensgemeinschaft).[366]

Nach § 5 Abs. 1 Nr. 13 SGB V kann eine Person in der Auffangpflichtversicherung versichert werden, wenn sie

- keinen anderweitigen Anspruch auf Absicherung im Krankheitsfall hat und
- entweder zuletzt gesetzlich krankenversichert war (lit. a) oder bisher weder gesetzlich noch privat krankenversichert war und nicht der PKV zuzuordnen ist (lit. b).

Die Auffangpflichtversicherung ist ein nachrangiger Versicherungstatbestand und soll nur dann greifen, wenn kein Anspruch auf **anderweitige Absicherung** im Krankheitsfall besteht. Einige Tatbestände, bei denen eine vorrangige anderweitige Absicherung im Krankheitsfall besteht, sind in § 5 Abs. 8 a SGB V zusammengefasst.

Weiterhin muss die Person ohne anderweitigen Krankenversicherungsschutz der GKV zuzuordnen sein. Eine **Zuordnung zur GKV** besteht zunächst, wenn die Person ohne anderweitigen Krankenversicherungsschutz zuletzt gesetzlich krankenversichert war (§ 5 Abs. 1 Nr. 13 lit. a SGB V). Mit dem Merkmal „zuletzt" wird an die letzte Krankenversicherung angeknüpft, nicht aber ein unmittelbar zeitlicher Bezug zu einer vorbestehenden Versicherung in der GKV verlangt.[367] Der andere Fall einer Zuordnung zur GKV liegt nach § 5 Abs. 1 Nr. 13 lit. b SGB V bei Personen vor, die bisher weder gesetzlich noch privat krankenversichert waren und auch nicht der PKV zuzuordnen sind. Das SGB V ordnet Personen der PKV zu, wenn sie entweder hauptberuflich selbstständig oder versicherungsfrei (§ 6 SGB V) sind.

366 Weitere Fallgruppen siehe: *Geiger* info also 2008, 147.
367 BSG 21.1.2011 – B 12 KR 11/09 R.

bb) Beitrag zur GKV

141 Während die Familienversicherung in der GKV beitragsfrei ist, fallen für pflicht- bzw freiwillig versicherte SGB II-Leistungsberechtigte **GKV-Beiträge** an. Hinsichtlich der Frage, wie die GKV-Beiträge zu übernehmen sind, muss wiederum nach dem Versichertenstatus unterschieden werden.

142 Bei einer **Pflichtversicherung wegen Alg II-Bezugs** wird der reguläre Beitrag zur GKV unmittelbar von der BA bzw den Optionskommunen an den Gesundheitsfonds gezahlt (§ 252 Abs. 1 S. 2, Abs. 2 S. 1 SGB V). Getragen wird der Beitrag vom Bund (§ 251 Abs. 4 SGB V). Die Höhe des GKV-Beitrags bei Alg II-Beziehenden ergibt sich aus dem ermäßigten Beitragssatz von 14,9 % (§§ 246, 243 SGB V) und den beitragspflichtigen Einnahmen. Als beitragspflichtige Einnahme aus dem Alg II gilt *für jeden Kalendertag des Leistungsbezugs* der dreißigste Teil des 0,3450-fachen der monatlichen Bezugsgröße (§ 232 a Abs. 1 S. 1 Nr. 2 S. 1 Hs 1 iVm § 223 Abs. 1 SGB V), wobei der Monat mit dreißig Tagen zu berechnen ist. Im Jahr 2012 beträgt die monatliche Bezugsgröße 2.625 EUR, so dass für einen vollen Kalendermonat des Alg II-Bezugs eine beitragspflichtige Einnahme von rund 905,63 EUR zugrunde zu legen ist.[368] Hieraus errechnet sich ein GKV-Beitrag für einen vollen Monat des Alg II-Bezugs iHv rund 135 EUR. Liegen neben dem Alg II-Bezug weitere beitragspflichtige Einnahmen vor (zB Alg I oder versicherungspflichtiges Einkommen), führen diese zu einer entsprechenden Minderung der beitragspflichtigen Einnahme aus dem Alg II-Bezug nach Maßgabe des § 232 a Abs. 1 S. 1 Nr. 2 S. 1Hs 2 SGB V.[369]

143 **Freiwillig Versicherte** müssen den regulären GKV-Beitrag selbst zahlen (§§ 252 Abs. 1 S. 1, 250 Abs. 2 SGB V). Für freiwillig versicherte Leistungsberechtigte nach dem SGB II ist daher ein Zuschuss zu den GKV-Beiträgen für die Dauer des Leistungsbezugs vorgesehen (§ 26 Abs. 1 S. 1 Nr. 2 Hs 1 SGB II). Der Beitrag wird in voller Höhe übernommen; eine betragsmäßige Begrenzung wie bei der PKV ist nicht vorgesehen. Für freiwillige Mitglieder wird die Beitragsbemessung einheitlich durch den GKV-Spitzenverband geregelt. § 240 SGB V legt hier einige Vorgaben fest. Bei freiwilligen GKV-Mitgliedern ist die gesamte wirtschaftliche Leistungsfähigkeit zu berücksichtigen. Allerdings gibt es für die Bemessung der GKV-Beiträge für freiwillige Mitglieder bestimmte Mindestbeitragsbemessungsgrundlagen (vgl § 240 Abs. 4 SGB V). Dabei wird zwischen hauptberuflich selbstständigen freiwillig versicherten Mitgliedern und sonstigen freiwillig versicherten Mitgliedern der GKV unterschieden, was nach dem BVerfG nicht zu beanstanden ist.[370]

144 Leistungsberechtigte nach dem SGB II, für die eine **Auffangpflichtversicherung nach § 5 Abs. 1 Nr. 13 SGB V** besteht, tragen den GKV-Beitrag – mit Ausnahme der Beiträge aus Arbeitsentgelt und Renten der GRV – allein (§ 250 Abs. 3 SGB V) und müssen diese daher ebenfalls selbst an ihre Krankenversicherung abführen. Fraglich ist, nach welcher Rechtsgrundlage auffangpflichtversicherte Leistungsberechtigte nach dem SGB II einen Zuschuss zu den GKV-Beiträgen vom Jobcenter verlangen können. Die Regelung des § 26 Abs. 1 S. 1 Nr. 2 Hs 1 SGB II scheidet grds. als Anspruchsgrundlage aus, weil die Auffangpflichtversicherung eine Versicherungspflicht darstellt und die Übernahmeregelung gerade das Nichtvorliegen einer Versicherungspflicht oder Familienversicherung voraussetzt. Da andere Übernahmeregelungen ebenfalls ausscheiden,[371] die verfassungsrechtliche Garantie des Existenzminimums aber auch die Absicherung im Krankheitsfall

368 Für den Alg II-Bezug in den neuen Bundesländern gilt ebenfalls die monatliche Bezugsgröße (§ 232 a Abs. 1 S. 1 Nr. 2 SGB V iVm § 18 Abs. 1 SGB IV) und nicht die Bezugsgröße (Ost).

369 Vgl hierzu die Beispielberechnungen in: BA-FH zur Sozialversicherung/Abschnitt C Beiträge und Einnahmen, Erstattung von Beiträgen, 1.2.

370 BVerfG 22.5.2001 – 1 BvL 4/96; kritisch: Bundestagsfraktion DIE LINKE., BT-Drucks. 17/777.

371 *Geiger* info also 2008, 148.

umfasst,[372] ist von einer planwidrigen Regelungslücke auszugehen. Da die Auffangpflichtversicherten den freiwillig Versicherten in beitragsrechtlicher Hinsicht weitgehend gleichgestellt sind (vgl § 227 SGB V), wird die Übernahmeregelung des § 26 Abs. 1 S. 1 Nr. 2 Hs 1 SGB II in diesen Fällen analog angewandt.

145 Personen, die keine laufenden Leistungen des SGB II beziehen müssen (sog. Nichtleistungsbeziehende oder Minderbemittelte), aber **allein durch die Krankenversicherungsbeiträge hilfebedürftig** würden, haben grds. Anspruch auf einen Zuschuss im notwendigen Umfang, dh insoweit, als die Beiträge nicht oder nicht vollständig vom Einkommen abgesetzt werden können und damit Hilfebedürftigkeit besteht. Hinsichtlich der Anspruchsgrundlage für den Zuschuss ist zu unterscheiden zwischen

- pflichtversicherten Nichtleistungsbeziehenden und
- freiwillig versicherten Nichtleistungsbeziehenden.

Für **pflichtversicherte Nichtleistungsbeziehende**, die allein durch den Krankenversicherungsbeitrag hilfebedürftig würden, sieht § 26 Abs. 1 S. 2 SGB II einen Zuschuss im notwendigen Umfang vor. Hierbei handelt es sich aber *nicht* um eine generelle Übernahmeregelung.

Praxishinweis: Die Übernahmeregelung des § 26 Abs. 1 S. 2 SGB II dient allein der Vermeidung von Drehtüreffekten,[373] wenn eine nachrangige Versicherungspflicht durch die Versicherungspflicht wegen Alg II-Bezugs verdrängt und damit gleichzeitig eine Leistungsberechtigung nach dem SGB II sofort wieder entfallen würde, weil die selbst zu tragenden Krankenversicherungsbeiträge, welche die Hilfebedürftigkeit erst begründen, durch die Versicherungspflicht wegen Alg II-Bezugs wegfallen.

Die Übernahmeregelung des § 26 Abs. 1 S. 2 SGB II kommt daher nur in einem der folgenden nachrangigen Versicherungspflichttatbeständen in Betracht:

- Versicherungspflicht als Student oder Praktikant (§ 5 Abs. 1 Nr. 9, 10 SGB V),
- Versicherungspflicht als Rentenantragsteller (§ 5 Abs. 1 Nr. 11, 12 SGB V),
- Versicherungspflicht als selbstständiger Künstler oder Publizist (§ 5 Abs. 1 Nr. 1 KSVG) oder
- Versicherungspflicht nach der Auffangpflichtversicherung (§ 5 Abs. 1 Nr. 13 SGB V).

Für **freiwillig Krankenversicherte**, die allein wegen des Krankenversicherungsbeitrags hilfebedürftig würden, ergibt sich der Anspruch auf einen Zuschuss im notwendigen Umfang aus § 26 Abs. 1 S. 1 Nr. 2 Hs 2 SGB II. Mit dieser Übernahmeregelung sollen ähnliche Drehtüreffekte vermieden werden wie bei den nachrangig pflichtversicherten Leistungsbeziehenden nach dem SGB II.

cc) Zusatzbeitrag zur GKV

146 Neben dem „regulären" Beitrag zur GKV erheben Krankenkassen einen **kassenindividuellen Zusatzbeitrag**, soweit ihr Finanzbedarf durch die Zuweisungen aus dem Gesundheitsfonds nicht gedeckt ist (§ 242 Abs. 1 S. 1 SGB V). Dieser wird als einkommensunabhängiger Zusatzbeitrag erhoben und muss von den Versicherten grds. allein getragen werden (§ 251 Abs. 6 S. 1 SGB V). Für pflichtversicherte Alg II-Beziehende sowie für Leistungsbeziehende nach dem SGB II, die als Rentenantragsteller pflichtversichert, auffangpflichtversichert oder freiwillig versichert sind, begrenzt § 242 Abs. 4 SGB V den kassenindividuellen Zusatzbeitrag der Höhe nach auf den durchschnittlichen Zusatzbeitrag, der jeweils zum 1. November für das Folgejahr vom BMG bekannt gegeben wird. Diese Begrenzung gilt selbst dann, wenn Leistungsberechtigte nach dem

372 Vgl BVerfG 9.2.2010 – 1 BvL 1/09, Rn 148.
373 BT-Drucks. 16/13428, 88.

SGB II weitere beitragspflichtige Einnahmen haben. Der auf den durchschnittlichen Zusatzbeitrag begrenzte kassenindividuelle Zusatzbeitrag ist nicht durch die SGB II-Leistungsberechtigten selbst zu tragen, sondern wird aus den Mitteln der Liquiditätsreserve des Gesundheitsfonds aufgebracht (§ 251 Abs. 6 S. 2 SGB II).

Erhebt eine Krankenkasse einen Zusatzbeitrag, der höher als der durchschnittliche Zusatzbeitrag ist, kann sie in ihrer Satzung regeln, dass die **Differenz zwischen dem tatsächlichen und dem durchschnittlichen Zusatzbeitrag** von den Leistungsberechtigten nach dem SGB II selbst zu zahlen ist (§ 242 Abs. 4 S. 2 SGB II). Hiermit soll ein finanzieller Anreiz dafür geschaffen werden, das Sonderkündigungsrecht wegen erstmaliger Erhebung oder Erhöhung eines Zusatzbeitrags (§ 175 SGB V) geltend zu machen und in eine kostengünstigere Krankenkasse zu wechseln.[374] Erhebt eine Krankenkasse einen Zusatzbeitrag und tritt erst zu einem späteren Zeitpunkt der Bezug von Alg II hinzu, besteht das Sonderkündigungsrecht nach dem mit dem GKV-VStG neu eingeführten § 175 Abs. 4 a S. 3 SGB V erneut.[375]

Praxishinweis: Haben Leistungsberechtigte ein nachvollziehbares Interesse am Verbleib in einer Krankenkasse mit überdurchschnittlichem Zusatzbeitrag (zB wegen eines speziellen Behandlungsprogramms oder einer besonderen Vorsorgeform), kommt als Anspruchsgrundlage für eine Übernahme des Differenzbetrages allenfalls die Mehrbedarfsleistung für einen unabweisbaren, laufenden, nicht nur einmaligen besonderen Bedarf (§ 21 Abs. 6 SGB II) in Betracht.[376] Im Übrigen besteht die Möglichkeit, den Differenzbetrag als Pflichtbeitrag zur GKV vom berücksichtigungsfähigen Einkommen abzusetzen (§ 11 b Abs. 1 S. 1 Nr. 2 SGB II).

147 Unabhängig vom Versicherungstatbestand haben Mitglieder der GKV, die keine laufenden Leistungen nach dem SGB II beziehen und allein durch die Aufwendungen für einen **kassenindividuellen Zusatzbeitrag** hilfebedürftig würden, auch Anspruch auf einen Zuschuss in der erforderlichen, dh die Hilfebedürftigkeit vermeidenden Höhe (§ 26 Abs. 3 SGB II).

Praxishinweis: Solange der Wechsel in eine Krankenkasse ohne oder mit einem niedrigeren Zusatzbeitrag nicht möglich ist, muss bei der Berechnung des Zuschusses der tatsächliche Zusatzbeitrag zugrunde gelegt werden. Nach einem möglichen Wechsel ist für den Umfang des Zuschusses nur noch auf den durchschnittlichen Zusatzbeitrag (§ 242 a SGB V) abzustellen.[377]

dd) Beitragsschulden

148 Als Folge der mit dem GKV-WSG eingeführten „Versicherungspflicht für alle“ führen **Beitragsschulden** nicht mehr zum Ende der Mitgliedschaft in der GKV, sondern zum Ruhen von Leistungen (§ 16 Abs. 3 a S. 2 SGB V). Praktische Bedeutung hat dies vor allem bei den Versicherten, die ihre Beiträge selbst zahlen müssen. Voraussetzung für die Ruhensregelung ist, dass Mitglieder der GKV mit einem Betrag iHv Beitragsanteilen für zwei Monate im Rückstand sind und trotz Mahnung nicht zahlen. Die Ruhensregelung bezieht sich allein auf das zahlungsverpflichtete Mitglied, nicht aber die versicherten Familienangehörigen.[378] Die Mahnung muss eine Rechtsfolgenbelehrung enthalten. Näheres zum Ruhensverfahren ergibt sich aus § 16 Abs. 3 a S. 2, 1 SGB V iVm § 16 Abs. 2 S. 3 KSVG.

Das **Ruhen der Leistungen** betrifft grds. alle Leistungen der GKV gegenüber dem säumigen Mitglied. Ausgenommen hiervon sind lediglich Untersuchungen zur Früherkennung von Krankheiten sowie Leistungen, die zur Behandlung akuter Erkrankungen und Schmerzzustände sowie bei Schwangerschaft und Geburt erforderlich sind (§ 16

374 BT-Drucks. 17/3696, 69.
375 GKV-VStG vom 22.12.2011, BGBl. I, 2983.
376 AA BA-FH zu § 26 SGB II, Rn 26.68.
377 BA-FH zu § 26 SGB II, Rn 26.69.
378 BT-Drucks. 16/13428, 88.

Abs. 3 a S. 2 SGB V). Hierdurch soll eine Notfallversorgung durch die Krankenkassen sichergestellt werden. Ist eine wirksame Ratenzahlungsvereinbarung zu Stande gekommen, hat das Mitglied ab diesem Zeitpunkt wieder Anspruch auf Leistungen, solange die Raten vertragsgemäß entrichtet werden (§ 16 Abs. 3 a S. 3 SGB V). In diesen Fällen ist das Ruhen des Anspruchs unterbrochen.

Das Ruhen endet erst, wenn alle säumigen Beitragsanteile gezahlt sind oder wenn Versicherte hilfebedürftig iSd SGB II oder SGB XII werden (§ 16 Abs. 3 a S. 2 SGB V). Das **Ende des Ruhens wegen Hilfebedürftigkeit** tritt nicht nur dann ein, wenn die Hilfebedürftigkeit während des Ruhens beginnt, sondern auchwenn sie bei der Ruhensfeststellung der Krankenkasse bereits vorlag. Diese zum Ende des Ruhens wegen Hilfebedürftigkeit von privat Krankenversicherten vertretene Auffassung[379] muss grds. auch bei gesetzlich Krankenversicherten gelten, da bei ihnen ebenfalls ein dauerhaftes Ruhen der Leistungen droht.

Praxishinweis: Das Ruhen bei bestehender Hilfebedürftigkeit kann indes eintreten, wenn Leistungsbeziehende den gewährten Zuschuss nicht an die Krankenkasse weiterleiten.[380] Den Betroffenen ist zumutbar, das Ruhen der Leistungen durch Vereinbarung einer Ratenzahlung zu unterbrechen (§ 16 Abs. 3 a S. 3 SGB V).

ee) Leistungen der GKV und Zuzahlungen

149 Leistungsberechtigte nach dem SGB II haben grds. Anspruch auf den **gleichen Leistungsumfang** aus der GKV wie andere Versicherte. Eine Ausnahme bildet das Krankengeld, auf das Alg II-Beziehende keinen Anspruch haben (§ 44 Abs. 2 Nr. 1 iVm § 5 Abs. 1 Nr. 2 a SGB V). Stattdessen erhalten erkrankte Leistungsberechtigte Alg II, solange die Erkrankung nicht zur Erwerbsunfähigkeit führt. Eine weitere Ausnahme besteht bei den Wahltarifen. Alg II-Beziehende können nach § 53 Abs. 8 S. 6 SGB V nur die Tarife für besondere Versorgungsformen wählen (zB hausarztzentrierte Versorgung, strukturierte Behandlungsprogramme bei chronischen Erkrankungen). Die anderen Wahltarife der Krankenkassen, insb. Selbstbehalt-, Beitragsrückerstattungs- und Kostenerstattungstarife, können von Alg II-Beziehenden nicht vereinbart werden. Allerdings ist nicht ausgeschlossen, dass sich Alg II-Beziehende vor Eintritt der Hilfebedürftigkeit für einen solchen Wahltarif entschieden haben und der grds. dreijährigen Bindungsfrist bei Wahltarifen (§ 53 Abs. 8 S. 1 SGB V) unterliegen. In dieser Zeit steht ihnen aber ein Sonderkündigungsrecht wegen Einführung eines Zusatzbeitrags zu (§ 53 Abs. 8 S. 2 iVm § 175 Abs. 4 a S. 2, 3 SGB V). In besonderen Härtefällen müssen die Satzungen der Krankenkassen für die Wahltarife ein Sonderkündigungsrecht vorsehen.

150 Auch Leistungsberechtigte nach dem SGB II müssen **Zuzahlungen zu den Leistungen der GKV** (§ 61 SGB V) erbringen. Eine Befreiung oder besondere Übernahmeregelung ist nicht vorgesehen. Ein Anspruch auf Mehrbedarfsleistungen für unabweisbare, laufende Sonderbedarfe (§ 21 Abs. 6 SGB II) dürfte idR auch nicht bestehen. Zuzahlungen fallen grds. erst bei volljährigen Versicherten an. Bei kieferorthopädischen Behandlungen müssen die Versicherten einen bestimmten Anteil der Behandlungskosten selbst tragen (§ 29 Abs. 2 SGB V).

379 Hessisches LSG 22.3.2010 – L 9 AS 570/09 B ER; LSG Niedersachsen-Bremen 3.12.2009 – L 15 AS 1048/09 B ER.
380 Vgl zu § 193 Abs. 6 S. 4 Alt. 2 VVG: SG Dresden 18.9.2009 – S 29 AS 4051/09 ER.

Übersicht über die Zuzahlungen zu Leistungen der GKV

Leistung der GKV	Zuzahlung
Ärztliche und zahnärztliche Behandlung (§ 28 SGB V), mit Ausnahme von Schutzimpfungen, Früherkennungs- bzw zahnärztliche Vorsorgeuntersuchungen	Praxisgebühr iHv je 10 EUR pro Quartal
Arznei- und Verbandmittel (§ 31 SGB V)	10 % des Abgabepreises, mind. 5 EUR und max. 10 EUR, aber jeweils nicht mehr als die Kosten des Mittels
Hilfsmittel (§ 33 SGB V)	
Soziotherapie (§ 37 a SGB V), je Kalendertag	
Haushaltshilfe (§ 38 SGB V), je Kalendertag	
Fahrtkosten (§ 60 SGB V), in Ausnahmefällen	
Heilmittel (§ 32 SGB V)	10 % der Kosten und 10 EUR je Verordnung
Häusliche Krankenpflege (§ 37 SGB V), für die ersten 28 Tage	
Krankenhausbehandlung (§ 39 SGB V), max. 28 Tage	10 EUR je Kalendertag
Leistungen der medizinischen Rehabilitation (§ 40 SGB V)	
Anschlussrehabilitation (§ 40 Abs. 6 SGB V), max. 28 Tage	
Medizinische Rehabilitation für Mütter und Väter (§ 41 SGB V)	

Nach § 62 Abs. 1 S. 1 Hs 1 SGB V haben Versicherte während jedes Kalenderjahres nur Zuzahlungen bis zur **Belastungsgrenze** zu leisten. Wird die Belastungsgrenze bereits innerhalb eines Kalenderjahres erreicht, muss die Krankenkasse eine Bescheinigung darüber erstellen, dass für den Rest des Kalenderjahres keine Zuzahlungen mehr zu leisten sind. Die Belastungsgrenze beträgt nach § 62 Abs. 1 S. 2 SGB V

- 2 % der jährlichen Bruttoeinnahmen zum Lebensunterhalt oder
- idR 1 % der jährlichen Bruttoeinnahmen zum Lebensunterhalt für chronisch Kranke, die wegen derselben schwerwiegenden Krankheit in Dauerbehandlung sind.

Bei Alg II-Beziehenden ist als Bruttoeinnahmen zum Lebensunterhalt für die gesamte Bedarfsgemeinschaft nur die auf das Kalenderjahr bezogene Regelbedarfsleistung für Alleinstehende maßgeblich. Nach der sog. Chroniker-Richtlinie des G-BA ist eine chronische Erkrankung schwerwiegend, wenn sie wenigstens ein Jahr lang, mind. einmal pro Quartal ärztlich behandelt wurde (Dauerbehandlung) und zusätzlich entweder Pflegebedürftigkeit der Pflegestufe 2 oder 3 nach dem SGB XI oder einen GdB bzw eine MdE von 60 rechtfertigt oder eine kontinuierliche medizinische Versorgung erforderlich macht. Für bestimmte chronisch Kranke, die vor der Erkrankung Gesundheitsuntersuchungen zur Früherkennung nicht regelmäßig in Anspruch genommen haben, gilt die Regelbelastungsgrenze von 1 % der jährlichen Bruttoeinnahmen nicht, es sei denn sie nehmen an einem für ihre Erkrankung bestehenden strukturierten Behandlungsprogramm teil (§ 62 Abs. 1 S. 3 SGB V). Für Aufzahlungen zu Medikamenten bzw. Hilfsmitteln, die teurer als der entsprechende Festbetrag sind, gelten die Belastungsgrenzen nicht.

c) Private Krankenversicherung (PKV)

151 Seit dem 1.1.2009 besteht eine **Versicherungspflicht in der PKV** u.a., wenn keine Versicherung oder Versicherungspflicht in der GKV vorliegt (vgl § 193 Abs. 3 VVG). Dies gilt auch für SGB II-Leistungsberechtigte, die nicht Mitglied der GKV sind. Eine Versicherung oder Versicherungspflicht in der GKV scheidet für Leistungsberechtigte nach dem SGB II aus, wenn sie von der Versicherungspflicht wegen Alg II-Bezugs ausgeschlossen oder wegen Alters versicherungsfrei sind. Die Versicherungspflicht in der PKV geht einher mit einem Kontrahierungszwang der Versicherer (§ 193 Abs. 5 VVG, § 12 Abs. 1 a S. 1, Abs. 1 b VAG).

Der **branchenweit einheitliche Basistarif** muss Vertragsleistungen vorsehen, die in Art, Umfang, und Höhe mit den Anspruchsleistungen der GKV vergleichbar sind, und darf den Höchstbeitrag der GKV nicht übersteigen. Dieser Höchstbeitrag errechnet sich aus dem allgemeinen Beitragssatz und der Beitragsbemessungsgrenze zuzüglich dem durchschnittlichen Zusatzbeitrag (§ 12 Abs. 1 c S. 2 VAG). Im Jahr 2012 liegt der Höchstbeitrag bei 592,88 EUR. Eine Verpflichtung zum Wechsel von einem anderen Tarif der PKV in den Basistarif wird mit dem Hinweis auf den Grundsatz des Vorbehalts des Gesetzes abgelehnt.[381]

152 Privat krankenversicherte SGB II-Leistungsberechtigte haben Anspruch auf einen **Zuschuss zu den Krankenversicherungsbeiträgen** (§ 26 Abs. 1 S. 1 Nr. 1 SGB II iVm § 12 Abs. 1 c S. 4 ff VAG). Voraussetzung ist, dass weder eine Pflicht- noch eine Familienversicherung in der GKV besteht. Hinsichtlich der Höhe des Zuschusses sind zwei Stufen der Hilfebedürftigkeit zu unterscheiden:

1. Die Hilfebedürftigkeit entsteht allein durch die Zahlung des PKV-Beitrags.
2. Die Hilfebedürftigkeit besteht unabhängig von der Höhe des PKV-Beitrags.

Entsteht Hilfebedürftigkeit nach dem SGB II **allein durch die Zahlung des Beitrags**, wird der Beitrag zum Basistarif für die Dauer der Hilfebedürftigkeit halbiert (§ 12 Abs. 1 c S. 4 VAG). Hierdurch soll die Hilfebedürftigkeit vermieden werden. Denn mit der Halbierung des Beitrags verringern sich die vom Einkommen abzusetzenden Beträge, was zu einem höheren anrechenbaren Einkommen und damit zum Wegfall der Hilfebedürftigkeit führen soll. Ein Zuschuss zu den Beiträgen kann erst beansprucht werden, wenn die Hilfebedürftigkeit auch bei Halbierung des Beitrags zum Basistarif fortbesteht (§ 12 Abs. 1 c S. 5 VAG). Ungeschriebene Tatbestandsvoraussetzung für den Zuschuss ist, dass die Hilfebedürftigkeit nicht unabhängig von der Höhe des Beitrags für den Basistarif besteht. Die Leistungsberechtigten müssen einen Teil des halbierten Beitrags aus eigenem Einkommen und Vermögen finanzieren können. Der Zuschuss ist auf den für die Vermeidung von Hilfebedürftigkeit erforderlichen Umfang begrenzt. Formelle Voraussetzung für den Zuschuss ist ein Antrag.

Besteht die Hilfebedürftigkeit **unabhängig von der Höhe des Beitrags** für den Basistarif, halbiert sich der Beitrag für den Basistarif ebenfalls für die Dauer der Hilfebedürftigkeit. Zusätzlich haben privat krankenversicherte Leistungsberechtigte nach dem SGB II Anspruch auf einen Zuschuss zu den Krankenversicherungsbeiträgen (§ 12 Abs. 1 c S. 6 VAG). Hier ist der Zuschuss allerdings auf die Höhe des Beitrags begrenzt, den die Jobcenter für versicherungspflichtige Alg II-Beziehende in der GKV iHv rund 135 EUR (2012) zu tragen haben. Hiermit kann der halbe Basistarif iHv bis zu rund 296 EUR (2012) häufig nicht gedeckt werden, so dass eine Deckungslücke entsteht.

381 Bayerisches LSG 21.12.2009 – L 8 AS 755/09 B ER; LSG NRW 16.5.2011 – L 19 AS 2130/10.

153 Die Lösung dieser Problematik ist umstritten.[382] Das BSG hat für Zeiträume vor Inkrafttreten der Mehrbedarfsleistung für unabweisbare, laufende, nicht nur einmalige Sonderbedarfe nach § 21 Abs. 6 SGB II entschieden, dass die **Deckungslücke bei privat krankenversicherten SGB II-Leistungsbeziehenden** zu schließen ist, indem zusätzliche Leistungen über eine analoge Anwendung der Zuschussregelung für freiwillig versicherte Leistungsberechtigte (§ 26 Abs. 1 S. 1 Nr. 2 SGB II) gewährt werden.[383] Dabei ist es von einer planwidrigen Regelungslücke ausgegangen.[384] Ausdrücklich offen gelassen hat es, ob sich diese Rechtsprechung durch die Mehrbedarfsleistung des § 21 Abs. 6 SGB II erübrigt hat.[385] Die Bundesregierung hat dies abgelehnt, weil diese Mehrbedarfsleistung dazu diene, gesetzlich nicht regelbare atypische Härtefälle abzufedern, ein solcher atypischer Härtefall bei privat krankenversicherten SGB II-Leistungsberechtigten indes nicht vorliege.[386] Ebenfalls offen gelassen hat das BSG, ob über den halbierten Basistarif hinausgehende Kosten für einen anderen PKV-Tarif übernommen werden müssen. Dies wird jedoch zu Recht abgelehnt,[387] weil mit dem Basistarif eine ausreichende medizinische Versorgung sichergestellt werden soll.

Praxishinweis: Obwohl das BSG privat krankenversicherten SGB II-Leistungsbeziehenden zusätzliche Leistungen zum Ausgleich der Deckungslücke zugestanden hat, ist das Problem der bis dahin aufgelaufenen Beitragsschulden noch ungelöst. Im Anschluss an das BSG-Urteil wurden sie grds. nur übernommen, wenn der Bescheid noch nicht unanfechtbar war (vgl § 40 SGB II iVm § 330 Abs. 1 SGB III). Eine Schuldenübernahme nach § 22 Abs. 8 SGB II scheitert regelmäßig am Fehlen einer der Wohnungslosigkeit vergleichbaren Notlage, weil das Ruhen der Leistungen bei Hilfebedürftigkeit nicht eintritt (siehe unten Rn 154). Zeitungsberichten zufolge hat das BMG mit dem Verband der privaten Krankenversicherung einen Schuldenerlass ausgehandelt. Im Gegenzug soll der Zuschuss künftig direkt an die PKV überwiesen werden.[388]

154 Als Folge der zum 1.1.2009 eingeführten „Versicherungspflicht für alle" wurde das Kündigungsrecht der Versicherer im Fall von **Beitragsschulden** abgeschafft (vgl § 206 Abs. 1 S. 1 VVG). Stattdessen sieht § 193 Abs. 6 VVG eine Ruhensregelung im Fall von Beitragsrückständen vor. Sie entspricht im Wesentlichen der Ruhensregelung für GKV-Mitglieder und setzt voraus, dass Versicherungsnehmer mit einem Betrag iHv Prämienanteilen für zwei Monate im Rückstand sind und trotz Mahnung nicht zahlen. Ist der Rückstand zwei Wochen nach Zugang der Mahnung noch höher als der Prämienanteil für einen Monat, stellt der Versicherer das Ruhen der Leistungen fest. In diesem Fall besteht nur Anspruch auf eine Notversorgung. Das Ruhen endet, wenn alle rückständigen und die auf die Zeit des Ruhens entfallenden Beitragsanteile gezahlt sind oder wenn der Versicherungsnehmer hilfebedürftig iSd SGB II oder SGB XII wird. Hieraus wird in der Rechtsprechung geschlossen, dass das Ruhen der Leistungen bei bereits bestehender Hilfebedürftigkeit grds. nicht eintreten kann,[389] es sei denn, der Zuschuss wird nicht an das Krankenversicherungsunternehmen weitergeleitet.[390] Seit dem 1. April 2012 wird der Zuschuss für privat krankenversicherte Leistungsberechtigte von den Jobcentern unmittelbar an das Versicherungsunternehmen abgeführt (§ 26 Abs. 4 SGB II).

382 BT-Drucks. 16/13428, 83; 16/13892, 33; 16/3965, 25; 17/548; 17/2284; vgl zur Regelungshistorie: LSG Niedersachsen-Bremen 3.12.2009 – L 15 AS 1048/09 B ER.
383 BSG 18.1.2011 – B 4 AS 108/10 R.
384 AA LSG Sachsen-Anhalt 14.4.2010 – L 2 AS 16/10 B ER; zum Streitstand: Hessisches LSG 22.3.2010 – L 9 AS 570/09 B ER.
385 IE: SG Bremen 20.4.2010 – S 21 AS 1521/09.
386 BT-Drucks. 17/2284, 5.
387 *Müller* jurisPR-SozR 19/2011, Anm. 1.
388 Vgl Tagesspiegel vom 18.8.2011.
389 Hessisches LSG 22.3.2010 – L 9 AS 570/09 B ER.
390 Vgl SG Dresden 18.9.2009 – S 29 AS 4051/09 ER.

2. Pflegeversicherung

Auch für **Absicherung des Pflegebedürftigkeitsrisikos** besteht eine Versicherungspflicht. Dabei folgt die Versicherungspflicht grds. der Krankenversicherung: Für Personen, die Mitglied der GKV sind, besteht grds. eine Versicherungspflicht bzw Familienversicherung in der sozialen Pflegeversicherung. Personen, die in der PKV versicherungspflichtig sind, müssen einen privaten Pflegeversicherungsvertrag abschließen, der nach Art und Umfang der Leistungen der sozialen Pflegeversicherung gleichwertig ist (§ 23 SGB XI). **155**

a) Soziale Pflegeversicherung

aa) Versicherung in der Sozialen Pflegeversicherung

SGB II-Leistungsberechtigte sind idR in der sozialen Pflegeversicherung familienversichert oder versicherungspflichtig. Für familienversicherte Angehörige werden keine Pflegeversicherungsbeiträge erhoben (§ 1 Abs. 6 S. 2 SGB XI). Die Beiträge für eine Pflegepflichtversicherung werden von den Jobcentern übernommen, aber nicht in allen Fällen unmittelbar an die Pflegekasse gezahlt. Pflegepflichtversicherte, die in der GKV freiwillig versichert oder auffangpflichtversichert sind, müssen auch die Beiträge zur sozialen Pflegeversicherung selbst abführen. Sie erhalten hierfür einen Zuschuss im notwendigen Umfang. **156**

Da die Pflegeversicherung der Krankenversicherung folgt, sind in der **sozialen Pflegeversicherung** versichert **157**

- die versicherungspflichtigen Mitglieder der GKV (§ 20 Abs. 1 SGB XI) und
- die freiwillig versicherten Mitglieder der GKV (§ 20 Abs. 3 SGB XI), die sich nicht von der Versicherungspflicht gem. § 22 SGB XI haben befreien lassen.

Daher führt eine Versicherungspflicht in der GKV wegen Alg II-Bezugs für die Dauer dieses Leistungsbezugs automatisch zu einer Versicherungspflicht in der Pflegeversicherung. Soweit Alg II-Beziehende in der GKV vorrangig familienversichert sind, scheidet eine eigenständige Pflichtversicherung auch in der Pflegeversicherung aus. Eine gesonderte Prüfung, ob die Pflegeversicherungspflicht wegen einer Familienversicherung in der sozialen Pflegeversicherung ausgeschlossen wäre, ist nicht erforderlich.[391] Denn der Vorrang der Familienversicherung in der Pflegeversicherung wird bereits durch den Vorrang der Familienversicherung in der GKV bewirkt. Wie in der GKV tritt die Pflegeversicherungspflicht nicht ein, wenn das Alg II nur darlehensweise oder SGB II-Leistungen bezogen werden, die kein Alg II sind.

Praxishinweis: Pflegepflichtversichert sind insb. auch Personen, die in der GKV auffangpflichtversichert sind.

Eine freiwilligen Versicherung in der GKV führt zur Versicherungspflicht in der sozialen Pflegeversicherung. Hier besteht die Möglichkeit einer **Befreiung von der Versicherungspflicht**, wenn die Betroffenen nachweisen, dass sie für sich und die familienpflegeversicherungsberechtigten Personen eine private Pflegeversicherung abgeschlossen haben (§ 22 SGB XI). Diese private Pflegeversicherung muss Ansprüche auf Leistungen vorsehen, die nach Art und Umfang den Leistungen der sozialen Pflegeversicherung entsprechen.

Die Voraussetzungen für eine **Familienversicherung in der Sozialen Pflegeversicherung** sind in § 25 SGB XI geregelt und entsprechen inhaltlich den Voraussetzungen für eine Familienversicherung in der GKV. Wie in der GKV erstreckt sich die Familienpflegeversicherung nur auf bestimmte Familienangehörige. **158**

391 *Spitzenverbände der Krankenkassen* (2007), 2.1.

159 Eine **freiwillige Mitgliedschaft in der sozialen Pflegeversicherung** ist nur in Ausnahmefällen möglich (vgl §§ 26, 26 a SGB XI).

bb) Beitrag zur sozialen Pflegeversicherung

160 Für Alg II-Beziehende, die in der GKV und damit auch **in der sozialen Pflegeversicherung versicherungspflichtig** sind, werden die Beiträge grds. von den Jobcentern unmittelbar an den Gesundheitsfonds gezahlt und in finanzieller Hinsicht vom Bund getragen (vgl §§ 59, 60 SGB XI iVm §§ 251, 252 SGB V). Dies gilt ausnahmsweise nicht für diejenigen Pflegepflichtversicherten, die in der GKV freiwillig versichert sind oder trotz einer Pflichtversicherung in der GKV ihre Beiträge selbst zahlen müssen.

Die **Höhe des Pflegeversicherungsbeitrags** ergibt sich aus dem Beitragssatz und den beitragspflichtigen Einnahmen (vgl §§ 54 ff SGB XI). Der Beitragssatz beträgt grds. 1,95 %. Der Beitragszuschlag für Kinderlose iHv 0,25 % gilt nicht für Alg II-Beziehende. Diese Befreiung bezieht sich jedoch nicht auf andere beitragspflichtige Einnahmen, die neben dem Alg II bezogen werden. Als beitragspflichtige Einnahme pro Kalendertag gilt für pflegepflichtversicherte Alg II-Beziehende ein Dreißigstel des 0,3620fachen der monatlichen Bezugsgröße (2012: 2.625 EUR). Mithin errechnet sich für 2012 ein monatlicher Pflegeversicherungsbeitrag bei Alg II-Bezug iHv rund 18,53 EUR. Liegen neben dem Alg II-Bezug weitere beitragspflichtige Einnahmen vor (zB Alg I oder Erwerbseinkommen), führen diese zu einer entsprechenden Minderung der beitragspflichtigen Einnahme aus dem Alg II-Bezug.[392]

161 SGB II-Leistungsberechtigte, die **wegen einer freiwilligen Mitgliedschaft in der GKV pflegepflichtversichert** sind, müssen den Pflegeversicherungsbeitrag allein tragen und damit auch selbst zahlen (§ 60 Abs. 1 S. 1 iVm § 59 Abs. 4 S. 1 SGB XI). Gleiches gilt für Versicherungspflichtige in der GKV, die ihre Beiträge selbst zahlen müssen (zB Auffangpflichtversicherte in der GKV). Für diese Leistungsberechtigten sieht das Gesetz keine ausdrückliche Zuschussregelung vor. Das Fehlen einer solchen Zuschussregelung ist unproblematisch, soweit der Pflegeversicherungsbeitrag als Absetzbetrag bei der Einkommensanrechnung geltend gemacht werden kann und deshalb keine Hilfebedürftigkeit besteht. Soweit dies allerdings nicht der Fall ist, liegt eine planwidrige Regelungslücke vor. Denn die betroffenen Leistungsberechtigten dürfen nicht schlechter behandelt werden als die privat pflegeversicherten Leistungsberechtigten, die im Falle einer Hilfebedürftigkeit einen Zuschuss zu den privaten Pflegeversicherungsprämien nach § 26 Abs. 2 S. 1 SGB II erhalten. Diese Übernahmeregelung ist für pflegepflichtversicherte Selbstzahlende analog anzuwenden.[393]

162 Für Pflegepflichtversicherte, die keine laufenden SGB II-Leistungen beziehen müssen (sog. Nichtleistungsbeziehende) und **allein durch die Pflegeversicherungsbeiträge hilfebedürftig** würden, sieht § 26 Abs. 2 S. 3 SGB II einen Zuschuss im notwendigen Umfang vor. Diese Übernahmeregelung richtet sich jedoch nur an Nichtleistungsbeziehende, die in der GKV nachrangig pflichtversichert oder freiwillig versichert sind und dementsprechend auch die Pflegeversicherungsbeiträge selbst tragen müssen. Hiermit sollen – wie bei § 26 Abs. 1 S. 3 SGB II – Drehtüreffekte vermieden werden. Voraussetzung für die Übernahme ist daher, dass die Versicherungspflicht in der Pflegeversicherung entweder aus einer freiwilligen Mitgliedschaft in der GKV oder aus einer – der Versicherungspflicht wegen Alg II-Bezugs nachrangigen – Versicherungspflicht in der GKV folgt. Bei Vorliegen der Voraussetzungen besteht ein Anspruch auf Übernahme der Pflegeversicherungsbeiträge im notwendigen Umfang, dh die Pflegeversicherungsbeiträge sind nur

392 Vgl hierzu die Beispielberechnungen in: BA-FH zur Sozialversicherung/Abschnitt C Beiträge und Einnahmen, Erstattung von Beiträgen, 1.2.
393 BA-FH zu § 26 SGB II, Rn 26.52.

zu übernehmen, soweit sie eine Hilfebedürftigkeit iSd SGB II begründen würden. Der Zuschuss umfasst auch den Beitragszuschlag für Kinderlose von 0,25 Beitragssatzpunkten, da Nichtleistungsbeziehende im Gegensatz zu Alg II-Beziehenden von diesem nicht generell befreit sind (§ 55 Abs. 3 SGB XI).

b) Private Pflegeversicherung

163 Für privat Krankenversicherte besteht eine **Pflicht zum Abschluss einer privaten Pflegeversicherung.** Diese wird grds. beim gleichen Versicherungsunternehmen abgeschlossen und aufrechterhalten werden (§ 23 Abs. 1 SGB XI), sofern der privat Krankenversicherte nicht innerhalb der in § 23 Abs. 2 SGB XI vorgesehenen Frist den Vertrag bei einem anderen Unternehmen abschließt. Der Vertrag muss ab dem Zeitpunkt des Eintritts der Versicherungspflicht für die privat Krankenversicherten selbst und für ihre familienpflegeversicherungsberechtigten Angehörigen, Vertragsleistungen vorsehen, die nach Art und Umfang den Leistungen der sozialen Pflegeversicherung gleichwertig sind. Neben den privat Krankenversicherten müssen auch freiwillig krankenversicherte Leistungsberechtigte, die sich von der Pflegeversicherungspflicht haben befreien lassen, eine private Pflegeversicherung abschließen (§ 22 SGB XI). Die Versicherungspflicht in der privaten Pflegeversicherung wird durch einen entsprechenden Kontrahierungszwang der Versicherer flankiert (§ 110 Abs. 1 Nr. 1, Abs. 3 Nr. 1 SGB XI).

164 Privat pflegeversicherte Leistungsberechtigte erhalten einen **Zuschuss zu den privaten Pflegeversicherungsbeiträgen** (§ 26 Abs. 2 S. 1 SGB II). Voraussetzung ist zunächst, dass sie in der sozialen Pflichtversicherung weder versicherungspflichtig noch familienversichert sind. Hierzu gehören auch freiwillig krankenversicherte Leistungsbeziehende, die von der Möglichkeit der Befreiung von der Pflegeversicherungspflicht Gebrauch gemacht und hierzu eine geeignete private Pflegeversicherung abgeschlossen haben (§ 22 SGB II). Ferner müssen Aufwendungen für eine angemessene private Pflegeversicherung vorliegen. Eine private Pflegeversicherung ist jedenfalls dann angemessen, wenn sie einen der sozialen Pflegeversicherung gleichwertigen Leistungsumfang hat und damit geeignet ist, die Pflicht zur privaten Pflegeversicherung iSd §§ 22, 23 SGB XI zu erfüllen. Inhaltliche Anforderungen an eine angemessene private Pflegeversicherung ergeben sich auch aus § 110 SGB XI.

Für eine angemessene private Pflegeversicherung dürfen insb. die Prämien den **Höchstbeitrag zur sozialen Pflegeversicherung** nicht übersteigen (§ 110 Abs. 1 Nr. 2 lit. e, 2 S. 2 ff SGB XI). Dieser errechnet sich aus dem Beitragssatz und der Beitragsbemessungsgrenze, die der Jahresarbeitsentgeltgrenze in der GKV entspricht. Für das Jahr 2012 ergibt sich hieraus ein Höchstbeitrag zur sozialen Pflegeversicherung iHv monatlich 74,59 EUR.

165 Hinsichtlich der Höhe und Dauer des Zuschusses werden private Pflegeversicherungsbeiträge **für die Dauer des Leistungsbezugs und im notwendigen Umfang** übernommen (§ 26 Abs. 2 S. 1 SGB II). Mit dem Begriff „im notwendigen Umfang" sollte zunächst spiegelbildlich zu § 11 b Abs. 1 Nr. 3 lit. a SGB II klargestellt werden, dass die Übernahme nur insoweit erfolgt, als die Beiträge nicht oder nicht vollständig vom Einkommen abgesetzt werden können und damit Hilfebedürftigkeit besteht. Ferner ist für den Umfang des Zuschusses § 110 Abs. 2 S. 3 ff SGB XI zu beachten, der Sonderregelungen über die Höhe der Prämie zu einer privaten Pflegeversicherung im Falle von Hilfebedürftigkeit beinhaltet und unter Bezugnahme auf den Basistarif für hilfebedürftige Versicherte in der PKV drei Fälle unterscheidet:

- Die Hilfebedürftigkeit entsteht allein durch Zahlung des Basistarifs zur PKV.
- Die Hilfebedürftigkeit entsteht unabhängig von der Höhe des PKV-Beitrags.
- Die Hilfebedürftigkeit entsteht allein durch Zahlung der Pflegeversicherungsprämie.

Entsteht die **Hilfebedürftigkeit allein durch Zahlung des Basistarifs zur PKV** und wird er deshalb halbiert, darf die Prämie zur privaten Pflegeversicherung 50 % des Höchstbeitrags zur sozialen Pflegeversicherung nicht übersteigen (§ 110 Abs. 2 S. 3 SGB XI). Dies entspricht einer Prämie von monatlich 37,25 EUR im Jahr 2012. Soweit die Hilfebedürftigkeit hierdurch nicht beseitigt wird, besteht Anspruch auf einen Zuschuss nach § 26 Abs. 2 S. 1 SGB II im notwendigen, dh zur Beseitigung der Hilfebedürftigkeit erforderlichen Umfang (§ 110 Abs. 2 S. 4 SGB XI iVm § 12 Abs. 1 c S. 5 VAG). Dieser Zuschuss ist nicht der Höhe nach begrenzt.

Entsteht die **Hilfebedürftigkeit unabhängig von der Höhe des PKV-Beitrags** und wird er deshalb halbiert, darf die Prämie zur privaten Pflegeversicherung 50 % des Höchstbeitrags zur sozialen Pflegeversicherung nicht übersteigen (§ 110 Abs. 2 S. 3 SGB XI). Fraglich ist, ob der Zuschuss des § 26 Abs. 2 S. 1 SGB II in diesen Fällen – wie bei der PKV – auf den Betrag zu begrenzen ist, der für versicherungspflichtige Alg II-Beziehende in der sozialen Pflegeversicherung zu zahlen ist. Hierfür spricht § 110 Abs. 2 S. 4 Hs 2 SGB XI, der eine solche Begrenzung explizit vorschreibt. Dies hätte jedoch eine Deckungslücke zur Folge, weil die Prämie für die private Pflegeversicherung auf bis zu 37,25 EUR (2012) festgesetzt werden kann, der Beitrag für pflegepflichtversicherte Alg II-Beziehende hingegen lediglich 18,53 EUR (2012) beträgt. Daher wird vertreten, dass der notwendige Umfang des Zuschusses nicht begrenzt wird. Maßgebend sei allein die rechtsgültige Zahlungsverpflichtung aus § 23 Abs. 1 S. 1 SGB XI.[394] Wird hingegen die Auffassung vertreten, dass der Umfang des Zuschusses der Höhe nach begrenzt ist, kommen zum Ausgleich der dann entstehenden Deckungslücke Leistungen für einen unabweisbaren, laufenden, nicht nur einmaligen besonderen Bedarf (§ 21 Abs. 6 SGB II) in Betracht.[395] Die Rechtsfrage ist derzeit beim BSG anhängig.[396]

166 Werden keine laufenden SGB II-Leistungen bezogen (sog. Nichtleistungsbeziehende) und entsteht die **Hilfebedürftigkeit allein durch Zahlung der Pflegeversicherungsprämie,** ergibt sich der Anspruch auf den Zuschuss aus § 26 Abs. 2 S. 2 SGB II. Ergänzend bestimmt § 110 Abs. 2 S. 5 SGB XI, dass die Prämie in diesen Fällen höchstens 50 % des Höchstbeitrags zur sozialen Pflegeversicherung betragen darf. Für diese Reduzierung der Pflegeversicherungsprämie muss die Hilfebedürftigkeit durch die Nichtleistungsbeziehenden nachgewiesen werden.

Praxishinweis: Für den Nachweis der Hilfebedürftigkeit ist ein Antrag bei dem zuständigen Jobcenter zu stellen, das eine entsprechende Bescheinigung über die allein durch die Pflegeversicherungsprämie verursachte Hilfebedürftigkeit ausstellt (§ 110 Abs. 2 S. 5 Hs 2 SGB XI).

3. Gesetzliche Rentenversicherung und Riester-Rente

a) Versicherung in der gesetzlichen Rentenversicherung

167 Die **Versicherungspflicht in der GRV** wegen Alg II-Bezugs wurde mit dem HBeglG 2011 zum 1.1.2011 abgeschafft. Bis dahin waren Alg II-Beziehende während des Leistungsbezugs grds. in der GRV pflichtversichert, allerdings lediglich auf Basis einer Bemessungsgrundlage von zuletzt 205 EUR. Da sich die Höhe der Rentenleistungen vor allem nach der Höhe der geleisteten Beiträge richtet (sog. Äquivalenzprinzip), fielen die aus dem Alg II-Bezug erworbenen Rentenanwartschaften entsprechend niedrig aus. Allerdings konnten auch mit diesen geringfügigen Pflichtbeitragszeiten Ansprüche auf Leistungen der GRV entstehen.

394 LSG NRW 16.5.2011 – L 19 AS 2130/10.
395 LSG NRW 16.5.2011 – L 19 AS 2130/10.
396 B 14 AS 110/11 R.

Alg II-Beziehende, die auch aus anderen Gründen nicht versicherungspflichtig in der GRV sind, können sich unter den Voraussetzungen des § 7 SGB VI freiwillig versichern. **Freiwillig Versicherte** können zwischen dem Mindest- und dem Höchstbeitrag zur GRV frei wählen,[397] wobei für den Mindestbeitrag ein Bemessungsentgelt von 400 EUR monatlich gilt (§ 167 SGB VI). Die Beiträge zur freiwilligen Versicherung in der GRV können als Altersvorsorgebeiträge vom anrechenbaren Einkommen abgesetzt werden. Ein Zuschuss zu diesen Beiträgen ist seit dem HBeglG 2011 nicht mehr vorgesehen.

b) Anrechnungszeiten wegen Alg II-Bezugs

168 Seit dem 1.1.2011 werden Zeiten des Alg II-Bezugs nur noch als sog. **unbewertete Anrechnungszeiten** anerkannt (§ 58 Abs. 1 S. 1 Nr. 6 SGB VI). Entscheidend hierfür ist der tatsächliche Bezug von Alg II iSd § 19 Abs. 1 S. 3 SGB II. Keine Anrechnungszeiten werden u.a. anerkannt für darlehensweise gewährtes Alg II, SGB II-Leistungen, die kein Alg II darstellen oder an Auszubildende gewährt werden.

Aus den unbewerteten Anrechnungszeiten wegen Alg II-Bezugs kann sich keine unmittelbare Erhöhung der Rente ergeben. Auch ein Neuerwerb von Ansprüchen bzw Anwartschaften ist idR nicht möglich. Zentraler **Zweck der Anerkennung von unbewerteten Anrechnungszeiten** durch Alg II-Bezug ist vielmehr, Lücken in den Erwerbsbiographien zu vermeiden und bestimmte bestehende Anwartschaften bzw Ansprüche aufrechtzuerhalten.[398] Eine solche Aufrechterhaltung eines bereits erworbenen Versicherungsschutzes ist bei Leistungen zur medizinischen Rehabilitation und bei Erwerbsminderungsrenten möglich. Denn für beide Leistungen fordern die versicherungsrechtlichen Voraussetzungen u.a., dass innerhalb einer bestimmten Rahmenfrist eine bestimmte Anzahl von Kalendermonaten mit Pflichtbeitragszeiten für eine versicherte Beschäftigung oder Tätigkeit vorliegen (vgl §§ 11, 43 SGB VI). Wenn diese Kalendermonate mit Pflichtbeitragszeiten bereits bei Eintritt der Alg II-Bezugs vorliegen, verlängert sich die Rahmenfrist um die Anrechnungszeiten wegen Alg II-Bezugs, so dass diese versicherungsrechtliche Voraussetzung auch weiterhin erfüllt bleibt.

In Ausnahmefällen können sich aus den Anrechnungszeiten wegen Alg II-Bezugs **neue bzw höhere Ansprüche aus der GRV** ergeben. Ein ausnahmsweiser Neuerwerb von Ansprüchen durch die Anrechnungszeiten wegen Alg II-Bezugs ist bei der Altersrente für langjährig Versicherte und der Altersrente für schwerbehinderte Menschen möglich. Denn für beide Rentenarten wird u.a. eine Wartezeit von 35 Jahren gefordert, auf die alle Kalendermonate mit rentenrechtlichen Zeiten angerechnet werden, und damit insb. auch die Anrechnungszeiten wegen Alg II-Bezugs (vgl §§ 50, 58 SGB VI). Darüber hinaus können sich die Anrechnungszeiten wegen Alg II-Bezugs in bestimmten Fällen mittelbar auf die Rentenhöhe auswirken. Dies gilt in erster Linie für die sog. Zurechnungszeiten bei Erwerbsminderungs- und Hinterbliebenenrenten. Mit den Zurechnungszeiten werden die Versicherten bzw Hinterbliebenen bei der Rentenberechnung so gestellt, als seien bis zum vollendeten 60. Lebensjahr Rentenversicherungsbeiträge weitergezahlt worden. Dabei erfolgt die Bewertung der Zurechnungszeiten auf Grundlage des durchschnittlichen Werts der bisher entrichteten Rentenversicherungsbeiträge ohne Zeiten des Alg II-Bezugs.[399]

397 Eicher/Keck/Michaelis § 7 SGB VI, Anm. 7.

398 BT-Drucks. 17/3030, 50; vgl ausf. zu den rentenrechtlichen Auswirkungen der Anrechnungszeiten wegen Alg II-Bezugs: BT-Drucks. 17/2593, 17/2597.

399 BT-Drucks. 17/2597, 3.

c) Weiterleistung des Alg II bei Anspruch auf Übergangsgeld nach dem SGB VI

169 Haben Leistungsberechtigte dem Grunde nach einen Anspruch auf **Übergangsgeld bei medizinischen Rehabilitationsleistungen** der GRV, erbringen die Jobcenter die bisherigen Leistungen nach dem SGB II als Vorschuss auf die Leistungen der GRV weiter (§ 25 S. 1 Hs 1 SGB II). Hiermit soll ein kurzfristiger Trägerwechsel vermieden werden. Der Übergangsgeldanspruch besteht nur dann, wenn die Alg II-Beziehenden in der GRV versichert sind, die medizinischen Rehabilitationsleistungen tatsächlich erhalten und vor dem Alg II-Bezug Rentenversicherungsbeiträge aus Arbeitsentgelt bzw -einkommen gezahlt haben (§ 20 SGB VI). In diesen Fällen entspricht die Höhe des Übergangsgelds der Höhe des Alg II. Da seit dem 1.1.2011 der Bezug von Alg II keine Versicherungspflicht in der GRV mehr auslöst, laufen der Übergangsgeldanspruch wegen Alg II-Bezugs und damit die Weiterleistung des Alg II weitgehend leer. Bei Aufstockern mit Entgelt ist die Weiterleistung nach § 25 SGB II nicht anwendbar. Denn hier beruht auch der Anspruch auf Übergangsgeld auf der versicherungspflichtigen Beschäftigung und nicht auf dem Alg II-Bezug. Sie erhalten daher Übergangsgeld von der GRV und ergänzend Leistungen des Alg II, soweit und solange die Arbeitsunfähigkeit nicht zur Erwerbsunfähigkeit (vgl § 8 SGB II) führt.

d) Riester-Förderung und Alg II-Bezug

170 Die Versicherungspflicht in der GRV begründet zugleich einen Anspruch auf die Altersvorsorgezulage (sog. Riester-Förderung). Wegen der Abschaffung der Versicherungspflicht in der GRV aufgrund Alg II-Bezugs wurde in § 10 a Abs. 1 S. 3 EStG eine eigenständige **Förderberechtigung für Arbeitsuchende** geschaffen. Voraussetzung ist, dass die Arbeitslosigkeit Anrechnungszeiten in der GRV begründet und eine unmittelbare Förderberechtigung nach § 10 a Abs. 1 S. 1, 3 Hs 1 EStG (zB Förderberechtigung wegen einer Versicherungspflicht in der GRV oder nach dem ALG) unterbrochen wird. Förderberechtigt sind Alg II-Beziehende mithin nur dann, wenn sie vor dem Alg II-Bezug bereits förderberechtigt waren.

4. Gesetzliche Unfallversicherung

171 Die gesetzliche Unfallversicherung (GUV) ist im SGB VII geregelt und ihrer Konzeption nach eine **Haftpflichtversicherung der Arbeitgeber**. Sie soll die zivilrechtliche Haftpflicht der Arbeitgeber ablösen, wenn Arbeitnehmerinnen bzw Arbeitnehmer bei der Beschäftigung einen Unfall oder eine Berufskrankheit erleiden, den der Arbeitgeber schuldhaft verursacht hat.[400] Bei Leistungen der GUV bestehen daher grds. keine zusätzlichen Schadenersatz- bzw Schmerzensgeldansprüche. Die GUV wird durch Beiträge finanziert, die vor dem Hintergrund ihrer Funktion als Haftpflichtversicherung von den Arbeitgebern allein getragen werden. Eine Übernahme der Beiträge zur GUV sieht das SGB II daher nicht vor.

a) Versicherung in der gesetzlichen Unfallversicherung

172 Der Versicherungsschutz in der GUV, der sich auf Arbeitsunfälle und Berufskrankheiten erstreckt (§ 7 Abs. 1 SGB VII), wird nur durch **versicherte Tätigkeiten** begründet. Der Alg II-Bezug stellt für sich genommen keine versicherte Tätigkeit dar. Ein Versicherungsschutz in der GUV kommt für SGB II-Leistungsberechtigte daher nur in Betracht, wenn eine Tätigkeit vorliegt, für die eine Versicherung kraft Gesetzes (§ 2 SGB VII), eine Versicherung kraft Satzung (§ 3 SGB VII) oder eine freiwillige Versicherung (§ 6 SGB VII) besteht. Bei der Versicherung kraft Satzung können die Unfallversicherungsträger die Versicherungspflicht in der GUV insb. auf Unternehmer und ihre im Unter-

400 *Goeke/Meiburg* in: Übersicht über das Sozialrecht, 502.

nehmen mitarbeitenden Ehegatten oder Lebenspartner sowie auf Personen erstrecken, die sich im Unternehmen aufhalten.

173 Versichert kraft Gesetzes sind nach § 2 SGB VII u.a.

- Beschäftigte,
- Personen bei beschäftigungsähnlichen Tätigkeiten,
- Auszubildende während der beruflichen Aus- und Fortbildung,
- behinderte Menschen in anerkannten WfbM oder in Blindenwerkstätten,
- Kinder und Schüler während des Besuchs von Tageseinrichtungen bzw Schulen,
- Studierende während der Aus- oder Fortbildung an Hochschulen,
- Meldepflichtige nach dem SGB II oder SGB III oder
- nicht erwerbsmäßig tätige Pflegepersonen.

Unter die **Versicherung kraft Gesetzes** für Beschäftigte (§ 2 Abs. 1 Nr. 1 SGB VII) fallen auch geringfügig Beschäftigte. Beschäftigungsähnliche Tätigkeiten erfassen zB Arbeitsgelegenheiten mit Mehraufwandsentschädigung. Die Versicherung kraft Gesetzes wegen Erfüllung einer Meldepflicht nach dem SGB II oder SGB III kommt vor allem bei Meldepflichten nach § 59 SGB II iVm § 309 SGB III in Betracht und erstreckt sich auf Fälle, in denen Alg II-Beziehende einer an sie im Einzelfall gerichteten Aufforderung nachkommen und das Jobcenter oder einen beauftragten Dritten aufsuchen.

b) Leistungen der gesetzlichen Unfallversicherung

174 Die GUV hat **zwei zentrale Aufgaben**. Zum einen soll sie Arbeitsunfälle und Berufskrankheiten sowie arbeitsbedingte Gesundheitsgefahren mit allen geeigneten Mitteln verhüten. Zum anderen soll sie nach dem Eintritt eines Versicherungsfalls die Gesundheit und die Leistungsfähigkeit der Versicherten mit allen geeigneten Mitteln wiederherstellen und sie oder ihre Hinterbliebenen durch Geldleistungen entschädigen. Zu den Leistungen nach Eintritt des Versicherungsfalls gehören neben der Heilbehandlung und Rehabilitationsleistungen insb. Geldleistungen und Renten. Ein Versicherungsfall im unfallrechtlichen Sinn umfasst Arbeitsunfälle, einschl. Wegeunfällen, sowie Berufskrankheiten (§§ 7, 8 SGB VII), die *infolge* einer versicherten Tätigkeit eintreten. SGB II-relevante Besonderheiten bestehen insb. beim Verletztengeld und der Verletztenrente.

175 Das **Verletztengeld** (§§ 45 ff SGB VII) soll Entgelt- oder Einkommensverluste ausgleichen. Voraussetzung für das Verletztengeld ist u.a., dass die Arbeitsunfähigkeit **infolge** des Versicherungsfalls eingetreten ist. Hierzu muss ein innerer und ursächlicher Zusammenhang vorliegen.[401] Weiterhin muss unmittelbar vor dem Beginn der Arbeitsunfähigkeit ein Anspruch auf Arbeitsentgelt oder bestimmte Erwerbsersatzeinkommen bestanden haben. Hierzu zählt auch das Alg II.

Die Höhe des Verletztengeldes (§ 47 SGB VII) entspricht grds. dem Krankengeld. Bei anspruchsberechtigten Alg II-Beziehenden entspricht es der Höhe des Alg II. Der Anspruch auf Verletztengeld besteht grds. längstens für 78 Wochen. Um einen kurzfristen Trägerwechsel während dieser Zeit zu verhindern, sieht § 25 S. 1 Hs 2 SGB II eine **Weiterleistung des Alg II** als Vorschuss auf das Verletztengeld der GUV vor. Leisten die Jobcenter die Vorschüsse länger als einen Monat, erhalten sie von den Unfallversicherungsträgern Abschlagszahlungen in Höhe der Vorschüsse des jeweils abgelaufenen Monats (§ 25 S. 2 SGB II).

Praxishinweis: Problematisch ist die Weiterleistung von Alg II bei arbeitsunfähigen Aufstockern mit Entgelt. Da das Erwerbseinkommen vor Eintritt des Versicherungsfalls auf das Alg II ange-

401 *Fischer* in: Erlenkämper/Fichte, 554 ff.

rechnet wurde, reicht die Weiterleistung des Alg II nach § 25 S. 1 SGB II nicht aus, um das bei Arbeitsunfähigkeit wegfallende Erwerbseinkommen vollständig auszugleichen. In diesen Fällen wird das Verletztengeld daher neben dem weitergeleisteten Alg II erbracht.[402]

176 Die Rente an Versicherte (sog. **Verletztenrente,** §§ 56 ff SGB VII) hat eine Doppelfunktion: Sie soll für eine dauerhafte Beeinträchtigung der Erwerbsfähigkeit entschädigen und immaterielle Schäden des Versicherten ausgleichen.[403] Voraussetzung ist im Regelfall, dass die Erwerbsfähigkeit von Versicherten in der GUV infolge eines Versicherungsfalls über die 26. Woche nach dem Versicherungsfall hinaus um wenigstens 20 % gemindert ist. Die Minderung der Erwerbsfähigkeit (MdE) richtet sich nach dem Umfang der verminderten Arbeitsmöglichkeiten auf dem gesamten Gebiet des Erwerbslebens, wobei vorherige Beeinträchtigungen nicht zu einer niedrigeren MdE führen („Der Versicherte ist versichert, wie er ist.“).[404]

Die **Höhe der Verletztenrente** (§ 56 Abs. 3 SGB VII) beträgt bei völligem Verlust der Erwerbsfähigkeit pro Jahr zwei Drittel des Jahresarbeitsverdienstes. Bei einer MdE wird eine Teilrente entsprechend dem Grad der MdE der Vollrente geleistet. Um die mit dem Verlust eines Arbeitsplatzes verbundenen Einkommensverluste auszugleichen, haben Versicherte Anspruch auf eine befristete Erhöhung der Rente, solange sie infolge des Versicherungsfalls keinen Anspruch auf Erwerbseinkommen haben und die Rente – zusammen mit Alg I oder Alg II – den Betrag des Übergangsgelds nicht erreicht (§ 58 S. 1 SGB VII).

Praxishinweis: Der Erhöhungsbetrag der Verletztenrente wird nicht als Einkommen beim Alg II angerechnet.

V. Sozialgeld

1. Grundsätze

177 Sozialgeld ist eine Leistung des SGB II und wird **nicht erwerbsfähigen Angehörigen** gewährt, die mit einem erwerbsfähigen Leistungsberechtigten in einer Bedarfsgemeinschaft leben (§ 19 Abs. 1 S. 2 SGB II). Die Vorschrift konkretisiert insofern § 7 Abs. 2 S. 1 SGB II. Sie ermöglicht, dass erwerbsfähige und nicht erwerbsfähige Personen in einer Bedarfsgemeinschaft „Hilfen aus einer Hand“ erhalten. Personen, die Alg II-berechtigt sind, erhalten kein Sozialgeld; beide Leistungen schließen sich gegenseitig aus.

178 Der überwiegende Teil der nicht erwerbsfähigen Sozialgeld-Berechtigten sind Kinder unter 15 Jahren. Ihr Anteil lag im Jahre 2009 bei etwa 96 %. Zwischen 15 und 25 beträgt der Anteil Sozialgeld-Berechtigter 2 %; die übrigen 2 % verteilen sich auf Erwachsene von über 25 bis 65 Jahre.[405]

179 Sozialgeld ist ein **unselbstständiger (akzessorischer) Anspruch,** der nur dann gewährt wird, wenn der Sozialgeldbezieher mit einem erwerbsfähigen Leistungsberechtigten in einer Bedarfsgemeinschaft lebt. Es soll – ebenso wie die Regelbedarfsleistung nach § 20 SGB II – das sozio-kulturelle Existenzminimum sicherstellen und wird als (Geldleistungs-)Pauschale gewährt. Deren Höhe und Struktur ist den Leistungen des Alg II angeglichen mit der Folge, dass die gleichen Voraussetzungen zu berücksichtigen sind. Das bedeutet im Einzelnen:

402 *Spitzenverbände der Krankenkassen und Unfallversicherungsträger*, 9.11.
403 *Goeke/Meiburg* in: Übersicht über das Sozialrecht, 517.
404 Kasseler Kommentar/*Ricke* § 56 SGB VII, Rn 16.
405 Antwort der BReg auf die Kleine Anfrage der Linken BT-Drucks. 17/188 vom 14.12.2009.

1. Der Sozialgeldempfänger muss hilfebedürftig gem. § 9 SGB II sein.
2. Es gilt das Verhältnis zu den anderen Sozialleistungen wie beim Alg II (§ 5 SGB II). Ausnahme ist die Grundsicherung im Alter und bei Erwerbsminderung nach dem 4. Kapitel des SGB XII, die dem Sozialgeldbezug nach § 5 Abs. 2 S. 1 SGB II vorgeht.
3. Einkommen und Vermögen nach den §§ 11, 12 SGB II werden in der Bedarfsgemeinschaft nach den Grundsätzen des § 9 Abs. 2 und 3 SGB II angerechnet.
4. Die Bedarfsdeckung erfolgt als pauschalierte Regelbedarfsleistung. Die Berechnung wird nach § 41 SGB II durchgeführt.
5. Zusätzliche Leistungen nach § 24 SGB II werden nur eingeschränkt gewährt.
6. Ansprüche gegen Dritte können übergehen (§ 33 SGB II). Die Erben des Sozialgeldbeziehers haften nach § 35 SGB II.
7. Bestimmte Pflichtverletzungen können mit Entzug oder Absenkung des Sozialgeldanspruchs sanktioniert werden, § 31 a Abs. 4 SGB II.

Nach § 5 Abs. 2 S. 1 SGB II schließt der Anspruch auf Sozialgeld Leistungen der Hilfe zum Lebensunterhalt nach den §§ 27 ff SGB XII aus. Hilfen in besonderen Lebenslagen nach dem 5. bis 9. Kapitel des SGB XII können dagegen gewährt werden.[406] Hat der Leistungsberechtigte Anspruch auf Leistungen zur Grundsicherung im Alter und bei Erwerbsminderung nach §§ 41 ff SGB XII, besteht kein Anspruch auf Sozialgeld (§ 5 Abs. 2 S. 2, 19 Abs. 1 S. 2 SGB II).

2. Anspruchsberechtigung

180 Nach § 19 Abs. 1 S. 2 SGB II erhält Sozialgeld, wer

- mit einem erwerbsfähigen Leistungsberechtigten in einer Bedarfsgemeinschaft zusammenlebt,
- nicht erwerbsfähig und
- hilfebedürftig nach § 9 SGB II ist und
- keine Leistungen nach dem Vierten Kapitel des SGB XII – Grundsicherung im Alter und bei Erwerbsminderung – erhält.

181 Der Sozialgeldberechtigte muss **nicht seinen gewöhnlichen Aufenthalt** in der Bundesrepublik Deutschland iSd § 30 SGB I haben. Diese Voraussetzung gilt nur für den erwerbsfähigen Leistungsberechtigten (§ 7 Abs. 1 S. 1 SGB II). Dies ist insb. dann von Bedeutung, wenn ein Sozialgeldberechtigter (noch) keinen gesicherten aufenthaltsrechtlichen Status und/oder eine Arbeitserlaubnis hat. Da der Sozialgeldanspruch von einem Alg II-Anspruch abgeleitet wird, ist allein entscheidend, ob der Alg II-Berechtigte seinen gewöhnlichen Aufenthalt in Deutschland hat. Notwendig ist aber das Zusammenleben in einer Bedarfsgemeinschaft, dh in einer Haushalts- und Wirtschaftsgemeinschaft.[407]

182 Die Berechtigung leitet sich allein aus dem Zusammenleben in einer **Bedarfsgemeinschaft** ab. Dies bestimmt sich nach § 7 Abs. 3 SGB II und erfasst damit nicht nur „Angehörige" im engen, familienrechtlichen Sinn. So sind zB auch Partnerkinder berechtigt, die mit dem erwerbsfähigen Leistungsberechtigten nicht verwandt oder verschwägert sind. Es genügt auch eine **zeitweise Bedarfsgemeinschaft** für den Anspruch auf Sozialgeld, da das von einem Elternteil getrennt lebende Kind dem Haushalt dieses Elternteils

406 So für Leistungen der Eingliederungshilfe nach dem Sechsten Kapitel des SGB XII BSG 25.6.2008 – B 11 b AS 19/07; zu den atypischen Bedarfslagen (Hilfe in anderen Lebenslagen nach dem Neunten Kapitel des SGB XII) beim notwendigen Erwerb von Schulbüchern s. LSG Rheinland-Pfalz 25.11.2008 – L 3 AS 76/07; dagegen LSG NRW 27.8.2009 – L 7 AS 72/08; LSG Berlin-Brandenburg 11.11.2008 – L 15 B 265/08 SO ER.

407 Ausf. dazu SG Duisburg 11.1.2008 – S 10 AS 168/07 ER; LSG Hessen 6.9.2011 – L 7 AS 334/11 B.

angehören kann, wenn es diesen mit einer gewissen Regelmäßigkeit besucht. Auch Kinder, die iRd Hilfe zur Erziehung in einer Pflegefamilie untergebracht sind und die sich mehr als zwölf Stunden bei dem erwerbsfähigen leistungsberechtigten Elternteil aufhalten, sind anspruchsberechtigt, soweit der Träger der Jugendhilfe das Pflegegeld an die Pflegefamilie auszahlt und für die Beurlaubung ins Elternhaus keine Kostenerstattung gewährt wird.[408]

183 Der Sozialgeldberechtigte darf **nicht erwerbsfähig** iSd § 8 SGB II sein. Die fehlende Erwerbsfähigkeit muss sich nicht allein aus Absatz 1 (Unfähigkeit zu einer mindestens dreistündigen täglichen Erwerbstätigkeit unter den üblichen Bedingungen des allgemeinen Arbeitsmarkts aufgrund von Krankheit oder Behinderung) ergeben. Auch wenn eine Person aus rechtlichen Gründen nach § 8 Abs. 2 SGB II als nicht erwerbsfähig gilt, weil sie keine Arbeitserlaubnis bekommt oder bekommen könnte, kann sie – sofern sie mit einem Alg II-Berechtigten erwerbsfähigen Leistungsberechtigten in einer Bedarfsgemeinschaft zusammenlebt – einen Anspruch auf Sozialgeld haben.[409]

184 **Ausgeschlossen** von den Leistungen nach dem SGB II und damit auch von einem Anspruch auf Sozialgeld sind Mitglieder einer Bedarfsgemeinschaft, die

- nach § 1 AsylbLG leistungsberechtigt sind,
- in einer stationären Einrichtung untergebracht sind,
- eine Rente wegen Alters beziehen oder
- sich in einer Ausbildung befinden, die nach BAföG oder SGB III förderungsfähig ist.

Wenn nur der erwerbsfähige Leistungsberechtigte nach § 7 Abs. 5 SGB II vom Alg II-Bezug ausgeschlossen ist, kann das nicht erwerbsfähige Mitglied der Bedarfsgemeinschaft dennoch Anspruch auf Sozialgeld haben.[410]

185 Nicht anspruchsberechtigt sind darüber hinaus Personen, die **volljährig und dauerhaft voll erwerbsgemindert** sind oder die Regelaltersgrenze in der gesetzlichen Rentenversicherung erfüllen (Vgl C. Rn 3). Sie haben Anspruch auf Leistungen der Grundsicherung im Alter und bei Erwerbsminderung nach §§ 41 ff SGB XII.

Sozialgeldberechtigt sind dagegen Personen, die eine volle **Erwerbsminderungsrente** nur **auf Zeit** beziehen. In diesen Fällen ist ein Anspruch auf Grundsicherung nach dem SGB XII ausgeschlossen.

Praxishinweis: Sozialgeld erhalten danach vor allem

1. Kinder unter 15 Jahren, die mit mindestens einem leiblichen Elternteil in einem Haushalt zusammen leben, soweit sie nicht ihren Bedarf aus eigenem Einkommen und Vermögen decken können und bei denen der Elternteil und/oder dessen Partner erwerbsfähig und hilfebedürftig sind/ist. Diese Kinder erfüllen wegen ihres Alters die Voraussetzungen des § 7 Abs. 1 S. 1 Nr. 1 SGB II nicht.

2. Unverheiratete Jugendliche zwischen 15 und 17 Jahren, die voll erwerbsgemindert sind und mit mindestens einem leiblichen erwerbsfähigen und hilfebedürftigen Elternteil oder dessen Partner in einem Haushalt zusammenleben, soweit sie kein eigenes Einkommen und Vermögen haben, welches ihren Bedarf zur Sicherung des Lebensunterhalts deckt. Diese Jugendlichen erfüllen wegen ihrer mangelnden Erwerbsfähigkeit nicht die Voraussetzungen des § 7 Abs. 1 S. 1 Nr. 2 SGB II, sind aber auch (noch) nicht nach § 41 Abs. 1 Nr. 2 SGB XII leistungsberechtigt, da sie das 18. Lebensjahr noch nicht vollendet haben.

3. Vorübergehend voll erwerbsgeminderte Personen unter 65 Jahren, die als Elternteil, Partner eines Elternteils, als nicht dauernd getrennt lebender Ehegatte oder Lebenspartner oder als Partner einer ehe- oder partnerschaftsähnlichen Lebensgemeinschaft mit einem erwerbsfähi-

408 LSG Baden-Württemberg 20.5.2010 – L 7 AS 5263/08.

409 So SG Dessau 15.7.2005 – S 9 AS 396/05 ER; SG Nürnberg 26.8.2009 – S 20 AS 906/09. aA dazu zB *Birk* in: LPK-SGB II, § 28 Rn 6.

410 So auch die Durchführungshinweise der BA, § 28 Rn 28.1 a.

gen Leistungsberechtigten in einem Haushalt zusammenleben. Diese Personen sind aufgrund ihrer fehlenden Erwerbsfähigkeit nach § 7 Abs. 1 S. 1 Nr. 2 SGB II nicht Alg II-berechtigt, erfüllen aber auch nicht die Voraussetzungen für die Grundsicherung im Alter und bei Erwerbsminderung, da sie nicht auf Dauer voll erwerbsgemindert sind.

3. Leistungsumfang

186 Nach § 19 Abs. 1 S. 3 SGB II umfasst das Sozialgeld die gleichen **Leistungen wie das Alg II.** Damit setzt sich das Sozialgeld zusammen aus

- der Regelbedarfsleistung nach § 20 SGB II,
- den Leistungen für Mehrbedarfe beim Lebensunterhalt nach § 21 SGB II und
- den Leistungen für Unterkunft und Heizung nach § 22 SGB II.

Nach § 23 SGB II gelten für das Sozialgeld einige, von den §§ 20 und 21 SGB II abweichende Regelungen. Im Übrigen sind diese Vorschriften anwendbar.

a) Leistungen für Regelbedarfe

187 Die Leistungen für Regelbedarfe beim Sozialgeld entsprechen denen beim Alg II. Eine allein lebende Person kann nicht sozialgeldberechtigt sein. Alleinerziehende, die mit Alg II-berechtigten Kindern (zwischen 15 und 18 Jahren) zusammenleben, erhalten einen Regelbedarf von derzeit 374 EUR. Der mit einem Partner zusammenlebende Sozialgeldbezieher erhält einen Regelbedarf iHv derzeit 337 EUR (§ 19 Abs. 1 S. 3 iVm § 20 Abs. 4 SGB II).

188 Darüber hinaus gelten nach § 23 Nr. 1 SGB II folgende Sonderregelungen:

1. Kinder bis fünf Jahre (bis zur Vollendung des sechsten Lebensjahres) erhalten 219 EUR.
2. Kinder von sechs bis unter 14 Jahren erhalten 251 EUR, aufgrund der Besitzschutzregelung nach § 77 Abs. 4 Nr. 3 SGB II wird dieser Betrag solange gewährt, bis sich durch die Anpassung der Regelbedarfe nach § 20 Abs. 5 SGB II ein höherer Betrag ergibt.
3. Kinder im 15. Lebensjahr (14 Jahre) erhalten 287 EUR, nach der Besitzschutzregelung des § 77 Abs. 4 Nr. 4 SGB II.

In einer zeitweisen Bedarfsgemeinschaft kann Sozialgeld **auch anteilig** bezogen werden.

b) Mehrbedarfe

189 Sozialgeldbezieher haben dem Grunde nach **Anspruch auf die Mehrbedarfe** nach § 21 SGB II. Das bedeutet, dass sämtliche Mehrbedarfe für Schwangere, Alleinerziehende, kostenaufwendige Ernährung oder behinderte Leistungsberechtigte sowie für unabweisbare laufende besondere Bedarfe in Betracht kommen (§ 21 Abs. 2 bis 6 SGB II).

190 Darüber hinaus wird nach § 23 Nr. 2 SGB II **der Mehrbedarf für behinderte Menschen** gem. § 21 Abs. 4 SGB II (Mehrbedarf für erwerbsfähige behinderte Menschen) erweitert. Der Mehrbedarf wird auch dann geleistet, wenn der Sozialgeldberechtigte – unabhängig von Leistungen zur Teilhabe am Arbeitsleben – Leistungen der Eingliederungshilfe nach § 54 Abs. 1 Nr. 1 und 2 SGB XII (Hilfen zur angemessenen Schulbildung, zum Besuch weiterführender Schulen und zur Vorbereitung, zur schulischen Ausbildung für einen angemessenen Beruf einschl. des Besuchs einer Hochschule) erhält. Dieser Mehrbedarf kann auch nach Beendigung dieser Eingliederungshilfemaßnahmen weitergeleistet werden (§ 23 Nr. 3 SGB II). Der Leistungsausschluss nach § 7 Abs. 5 SGB II für Auszubildende gilt nicht für den Mehrbedarfszuschlag nach dieser Vorschrift. Voraussetzung für diesen Mehrbedarf ist jedoch in jedem Fall, dass der Sozialgeldbezieher das **15. Lebensjahr vollendet** hat.

191 Mit dem FortentwicklungsG wurde ein weiterer Mehrbedarfsanspruch in § 23 Abs. 1 S. 3 Nr. 4 SGB II eingefügt, der eine Gleichstellung zwischen behinderten Sozialgeldempfängern und behinderten Leistungsempfängern nach dem SGB XII erreichen soll. Danach haben Sozialgeldempfänger,[411] die einen **Schwerbehindertenausweis gem. § 69 Abs. 5 SGB IX mit dem Merkzeichen G oder aG** besitzen, Anspruch auf einen Mehrbedarf iHv 17 % der für sie maßgeblichen Regelbedarfsleistung. Leistungsvoraussetzung ist zudem eine volle Erwerbsminderung iSd § 43 Abs. 2 SGB VI. Aus diesen Gründen können diesen Mehrbedarf nur Sozialgeldberechtigte ab vollendetem 15. Lebensjahr erhalten.[412] Der Anspruch auf diesen Mehrbedarf ist ausgeschlossen, wenn der behinderte Sozialgeldbezieher bereits Anspruch auf einen Mehrbedarf nach § 21 Abs. 4 oder § 23 Nr. 2 oder 3 SGB II hat.

c) Sonstige Leistungen

192 Neben den Regelbedarfen haben Sozialgeldempfänger Anspruch auf folgende Leistungen:

1. Leistungen für Unterkunft und Heizung;

   Der Anspruch auf **Leistungen für Unterkunft und Heizung** folgt aus §§ 19 Abs. 1 S. 3, 22 SGB II. Die Höhe des Anspruchs richtet sich nach der Personenzahl des Haushalts und dem jeweiligen kopfanteiligen Betrag für die Unterkunft.

2. Leistungen bei unabweisbarem Bedarf;

   Sozialgeldbezieher können bei Vorliegen der individuellen Voraussetzungen auch Anspruch auf ein Darlehen bei **unabweisbarem Bedarf** (§ 24 Abs. 1 SGB II) sowie auf einmalige Leistungen für Erstausstattungen für Bekleidung und bei Schwangerschaft und Geburt sowie für die Anschaffung und Reparatur von orthopädischen Schuhen, Reparatur von therapeutischen Geräten und Ausrüstungen sowie die Miete von therapeutischen Geräten nach § 24 Abs. 3 Nr. 2, 3 SGB II haben.

   Weitere **Dienst- und Sachleistungen** kommen nur unter der Voraussetzung des § 7 Abs. 2 S. 2 SGB II in Betracht. Sozialgeldbezieher haben nur dann Anspruch auf diese Leistungen, wenn sie erforderlich sind, um dadurch Hemmnisse bei der Eingliederung der erwerbsfähigen Leistungsberechtigten zu beseitigen oder zu vermindern.

3. Zuschuss zu den Versicherungsbeiträgen.

   Sozialgeldbezieher können darüber hinaus einen **Zuschuss zu Versicherungsbeiträgen** nach § 26 SGB II erhalten, wenn sie weder versicherungspflichtig noch familienversichert sind und bei einer privaten Krankenkasse oder freiwillig in der GKV oder in einer privaten Pflegeversicherung versichert sind. Sind sie iRd Auffangpflichtversicherung unter den Voraussetzungen des § 5 Abs. 1 Nr. 13 SGB V versichert, erhalten sie einen Zuschuss zur Krankenversicherung analog § 26 SGB II.

---

411 Die Erwerbsunfähigkeit ist zwingende Voraussetzung für die Gewährung dieses Mehrbedarfs, eine analoge Anwendung auf erwerbsfähige behinderte Leistungsberechtigte kommt nicht in Betracht, s. BSG 18.2.2010 – B 4 AS 29/09 R.

412 Vgl BSG 06.5.2010 – B 14 AS 3/09; LSG NRW 11.12.2008 – L 9 AS 34/08.

F. Sanktionen

I. Allgemeines zu den Sanktionen

Der Grundsatz des Förderns und Forderns spiegelt sich hinsichtlich des Forderns vor allem auch in den §§ 31 ff SGB II wider. Die Vorschriften enthalten – insb. für erwerbsfähige leistungsberechtigte Alg II-Bezieher – rigide Konsequenzen und Sanktionen, wenn diese ihren **Pflichten und Obliegenheiten** nicht nachkommen und bilden so eine Schnittstelle zwischen Eingliederungsmaßnahmen und den Leistungen zur Sicherung des Lebensunterhalts. Die Sanktionen sollen keine Strafe darstellen, sondern werden als wirtschaftliche Druckmittel betrachtet, die mittels erzieherischer Funktionsweise eine Verhaltensänderung des Leistungsbeziehers herbeiführen sollen. Sie gehen als speziellere Regelung den allgemeinen Vorschriften des § 66 SGB I vor; letztere kann nur da ergänzend eingreifen, wo das SGB II keine Regelung trifft. 1

Die Sanktionsvorschriften wurden seit Inkrafttreten des Gesetzes **mehrmals überarbeitet.** Das FortentwicklungsG hat sie zum 1.1.2007 verschärft. Seitdem kann sich auch beim ersten Sanktionsfall die Kürzung auf andere als die Regelbedarfsleistung beziehen, falls diese nicht ausreicht, um die Sanktionen „abzufangen", wie zB Mehrbedarfe oder Kosten der Unterkunft und Heizung. Für junge Leistungsberechtigte zwischen 15 und 25 gelten verschärfte Sanktionen, die schon bei der ersten Ablehnung eines Angebots zur Eingliederung alle Leistungen bis auf Kosten der Unterkunft und Heizung entfallen lassen. Mit der Regelsatzreform erfolgte eine umfangreiche Änderung und Neuordnung der Vorschriften. 2

Die Praxis der Sanktionen hat angesichts der gravierenden Auswirkungen für die Betroffenen immer wieder starke Kritik hervorgerufen.[1] Im Jahr 2008 wurden fast 800.000 Sanktionen verhängt; die Erfolgsquote bei Widersprüchen (41 % im Jahre 2008) und Klagen (65 % im Jahr 2008) ist relativ hoch. Leistungsrechtliche Reaktionen auf sozialrechtliche Obliegenheitsverletzungen sollen den **Grundsatz der Verhältnismäßigkeit und das Übermaßverbot** beachten;[2] Sanktion und Pflichtverletzung sollen dementsprechend in einem angemessenen Verhältnis stehen. Diesem Grundsatz tragen die Sanktionsregelungen des SGB II nicht in vollem Umfang Rechnung, denn Kürzungen sind ohne Ermessensspielräume sowohl hinsichtlich der Höhe als auch der Dauer gesetzlich festgelegt. Unberücksichtigt bleiben das Gewicht des Pflichtenverstoßes, der Verschuldensgrad oder die Lern- und Einsichtsfähigkeit des Leistungsberechtigten. Letzteres spielt erst eine Rolle beim vollständigen Wegfall des Alg II. Problematisch ist vor allem auch, dass sich Sanktionen gegen erwerbsfähige Leistungsberechtigte, die in einer Bedarfsgemeinschaft leben, immer auch auf die anderen Mitglieder dieser Bedarfsgemeinschaft auswirken. Aus diesen Gründen müssen Sanktionsregelungen **verfassungsorientiert** ausgelegt werden. Da während des Sanktionszeitraums kein Anspruch auf ergänzende Hilfe zum Lebensunterhalt besteht, werden von einer Kürzung, die über das zum Lebensunterhalt Unerlässliche hinausgeht, die Grundsätze der Menschenwürde und des Sozialstaatsprinzips berührt. Deshalb muss der Zugang zum Existenzminimum auf andere Weise – zB durch einen ermessensfehlerfreien Zugang zu Sachleistungen – gewährt werden. Aus diesen Gründen kennt das Gesetz bei einer mehr als 30 %-igen Absenkung des Alg II die Möglichkeit, Sachleistungen und geldwerte Leistungen zu gewähren (§ 31 a Abs. 3 SGB II). 3

1 Vgl zur Diskussion die Materialien zur öffentlichen Anhörung von Sachverständigen im Ausschuss für Arbeit und Soziales des Bundestags über die Anträge der Fraktion Bündnis 90/Die Grünen und der Linken über die Aussetzung bzw Abschaffung der Sanktionen, Ausschuss-Drucks. 17 (11) 538 vom 1.6.2011.

2 So BSG 15.11.1995 – 7 RAr 32/95 zu den Sperrzeiten nach dem SGB III.

4 Entscheidungen nach § 31 SGB II sind nach § 39 SGB II sofort vollziehbar, weil sie über eine Leistung der Grundsicherung für Arbeitsuchende entscheiden. Deshalb haben Widerspruch und Anfechtungsklage **keine aufschiebende Wirkung** (§ 86 a Abs. 2 Nr. 4 SGG). Bei lediglich drohendem Sanktionsbescheid wird ein vorbeugender vorläufiger Rechtsschutz abgelehnt.[3]

II. Absenkung und Wegfall des Arbeitslosengeldes II

1. Kürzungstatbestände des § 31 SGB II

a) Überblick

5 Es gibt im SGB II verschiedene **Sanktionstatbestände**, die in den §§ 31 und 32 SGB II aufgelistet sind. Im Vordergrund stehen Pflichtverletzungen, die sich auf den mangelnden oder fehlenden Einsatz der eigenen Arbeitskraft beziehen. Sanktionen nach § 31 Abs. 2 SGB II entsprechen teilweise den sozialhilferechtlichen Regelungen(§ 26 Abs. 1 SGB XII).

Pflichtverletzung	Sanktionsvorschrift	Kürzungsmöglichkeit bei erster Pflichtverletzung
Weigerung, Pflichten zu erfüllen, die in der Eingliederungsvereinbarung oder in dem diese ersetzenden Verwaltungsakt festgehalten sind	§ 31 Abs. 1 Nr. 1 SGB II	30 %
Weigerung, zumutbare Arbeit aufzunehmen, fortzuführen oder deren Anbahnung durch eigenes Verhalten zu verhindern	§ 31 Abs. 1 Nr. 2 SGB II	30 %
Weigerung, eine zumutbare Ausbildung aufzunehmen, fortzuführen oder deren Anbahnung durch eigenes Verhalten zu verhindern	§ 31 Abs. 1 Nr. 2 SGB II	30 %
Weigerung, eine zumutbare Arbeitsgelegenheit nach § 16 d SGB II aufzunehmen, fortzuführen oder deren Anbahnung durch eigenes Verhalten verhindern	§ 31 Abs. 1 Nr. 2 SGB II	30 %
Weigerung, eine mit einem Beschäftigungszuschuss nach § 16 e SGB II geförderte Arbeit aufzunehmen, fortzuführen oder deren Anbahnung durch eigenes Verhalten verhindern	§ 31 Abs. 1 Nr. 2 SGB II	30 %
Nichtantritt oder Abbruch einer zumutbaren Eingliederungsmaßnahme oder durch ei-	§ 31 Abs. 1 Nr. 3 SGB II	30 %

3 LSG Baden-Württemberg 31.1.2008 – L 8 AS 5585/07 ER-B.

Pflichtverletzung	Sanktionsvorschrift	Kürzungsmöglichkeit bei erster Pflichtverletzung
genes Verhalten veranlasster Abbruch dieser Maßnahme		
Absichtliche Herbeiführung der Hilfebedürftigkeit, durch „Verschleuderung" von Vermögen	§ 31 Abs. 2 Nr. 1 SGB II	30 %
Unwirtschaftliches Verhalten	§ 31 Abs. 2 Nr. 2 SGB II	30 %
Sperrzeit für das Alg I oder Erlöschen des Anspruchs darauf nach dem SGB III	§ 31 Abs. 2 Nr. 3 SGB II	30 %
Erfüllen der Voraussetzungen für eine Sperrzeit nach dem SGB III	§ 31 Abs. 2 Nr. 4 SGB II	30 %
Meldeversäumnis	§ 32 SGB II	10 %

6 Nur die **im Gesetz konkret** genannten Handlungen und Unterlassungen des erwerbsfähigen Leistungsberechtigten dürfen sanktioniert werden. Das schließt aus, dass einzelne Verhaltensweisen wie unzureichende Eigenbemühungen bei der Arbeitsuche, wenn diese nicht ausdrücklich in einer Eingliederungsvereinbarung festgehalten wurden,[4] oder wie die unzureichende Nutzung aller vorhandenen Möglichkeiten, um eine Arbeit zu finden, die den eigenen Lebensunterhalt und den der Mitglieder der Bedarfsgemeinschaft zu decken,[5] durch das Jobcenter mit einer Absenkung oder dem Wegfall des Alg II sanktioniert werden können.[6]

b) Rechtsfolgenbelehrung

7 Die Verhängung einer Sanktion ist grds. nur zulässig, wenn zuvor eine schriftliche Belehrung über die Rechtsfolgen des pflichtwidrigen Verhaltens erfolgt ist oder dem erwerbsfähigen Leistungsberechtigten diese Folgen bekannt waren. Damit zeigt sich insb. die erzieherische und Warnfunktion der Sanktionen – bevor jemand seine Pflichten und Obliegenheiten verletzt, soll ihm noch deutlich vor Augen geführt werden, welche Folgen sein Handeln bzw Nichthandeln haben kann. Die Rechtsfolgenbelehrung muss deshalb in einer so konkreten, eindeutigen, verständlichen, verbindlichen und rechtlich zutreffenden Weise erfolgt sein, dass der Leistungsberechtigte daraus unmittelbar und konkret entnehmen konnte, welche Auswirkungen ein bestimmtes Handeln von ihm hat sowie wie er diese Auswirkungen verhindern kann. Es verbietet sich daher von vornherein eine formelhafte Wiederholung des Gesetzestextes oder der Hinweis auf ein allgemeines Merkblatt, aus dem der Leistungsberechtigte die für seinen Fall maßgebenden Voraussetzungen und Rechtsfolgen selbstständig ermitteln muss.[7] Ansonsten geht die

4 VG Bremen 15.11.2005 – S 2 V 2149/05.
5 LSG Sachsen 21.8.2008 – L 3 AS 62/06.
6 Vgl hierzu auch das DIJuF Rechtsgutachten vom 25.8.2008, JAmt 2009, 18. Die Jugendämter haben hierin die Frage nach einer Praxis verschiedener ARGE gestellt, die leistungsberechtigten werdenden unverheirateten Müttern eine 10%-ige Kürzung des Alg II androhen, wenn diese nicht bereit sind, vor der Geburt eine Feststellung der Vaterschaft zu betreiben oder eine Vaterschaftsanerkennung vorzulegen. Die Nichtangabe des Vaters ist keine Pflichtverletzung, die nach dem SGB II sanktioniert werden kann.
7 BSG 16.12.2008 – B 4 AS 60/07 R.

Warn- und Steuerungsfunktion der Rechtsfolgenbelehrung verloren.[8] Die Belehrung muss erkennbar auf den **Empfänger- und Verständnishorizont** des Belehrten abgestimmt sein.[9]

8 Die Rechtsfolgenbelehrung muss in einem **engen sachlichen und zeitlichen Zusammenhang** mit der Pflichtverletzung stehen.[10] Sie ist Voraussetzung für die Absenkung des Alg II, muss der Pflichtverletzung und der Absenkung vorangehen und kann auch nicht nachträglich durch Erläuterung der Gründe für die Absenkung nachgeholt werden.[11] In der Vergangenheit erfolgte Belehrungen genügen nur dann, wenn der erwerbsfähige Leistungsberechtigte wegen einer gleichartigen Pflichtverletzung bereits sanktioniert wurde und er daher die Rechtsfolgten kannte. Die **Kenntnis** kann sich auch aus anderen Umständen ergeben, allerdings muss das Jobcenter dafür konkrete Anhaltspunkte vorlegen. Bei konkreten Eingliederungsangeboten muss jedes einzelne eine gesonderte, wirksame Belehrung enthalten und zwar bevor der Leistungsberechtigte den potenziellen Arbeitgeber kontaktiert und somit Gelegenheit hat, das Angebot abzulehnen. Die zutreffende Belehrung muss in jedem Einzelfall aus sich heraus ihre Warnfunktion entfalten können.

9 **Inhaltlich** muss die Rechtsfolgenbelehrung über die mögliche Absenkung bzw den möglichen Wegfall des Alg II bei einem vorangegangenen Pflichtenverstoß belehren und auf Beginn, Dauer und Höhe der Kürzungen[12] sowie den Ausschluss von ergänzenden Leistungen nach dem SGB XII hinweisen. Sie muss umfassend und zutreffend sein; insb. unter 25-Jährige sind über die verschärften Sanktionsfolgen genau aufzuklären. Droht eine Sanktionierung wegen wiederholter Pflichtverletzung ist auch über Art und Reichweite der verschärften Sanktionierungen zu belehren, einschl. des möglichen Wegfalls der Beiträge für den Kranken- und Pflegeversicherungsschutz[13] sowie über die Möglichkeit der Verkürzung des Sanktionszeitraums, wenn das Gesetz dies vorsieht. Die Belehrung muss widerspruchsfrei sein, dh dem Betroffenen dürfen nicht mehrere, einander widersprechende Belehrungen erteilt werden, ohne deutlich zu machen, in welchem Verhältnis diese stehen.[14]

10 Über die ordnungsgemäße, den gesetzlichen Anforderungen entsprechende Rechtsbelehrung oder den Nachweis, dass der erwerbsfähige Leistungsberechtigte die Folgen eines Pflichtenverstoßes kannte, trägt das Jobcenter die **Beweispflicht.**[15]

11 Die Verhängung von Sanktionen nach § 31 Abs. 2 SGB II bedarf **keiner vorherigen Rechtsfolgenbelehrung.**[16] Lediglich Nummer 2 – die Fortführung unwirtschaftlichen Verhaltens – erfordert eine Belehrung über die Rechtsfolgen oder den Nachweis der Kenntnis des erwerbsfähigen Leistungsberechtigten über diese. Auch die Rechtsfolgenbelehrung nach dem SGB III, die für das Ruhen oder Erlöschen des Anspruchs auf Alg I notwendig ist, muss sich nicht auf die Sanktionsfolgen des SGB II erstrecken.

---

8 BSG 17.12.2009 – B 4 AS 30/09 R.

9 LSG Berlin-Brandenburg 12.3.2007 – L 28 B 153/07 AS ER. Zur Berücksichtigung eines dem Leistungsträger bekannten Analphabetentums s. SG Lüneburg 4.4.2007 – S 24 AS 342/07 ER.

10 BSG 16.12.2008 – B 4 AS 60/07 R; LSG Hessen 26.3.2007 – L 9 AS 38/07 ER.

11 LSG Niedersachsen-Bremen 1.9.2006 – L 8 AS 315/06 ER.

12 BSG 18.2.2010 – B 14 AS 53/08 R.

13 LSG Niedersachsen-Bremen 06.9.2007 – L 7 AS 472/07 ER. Nach der Einführung einer generellen Krankenversicherungspflicht mit dem GKV-WSG bleibt allerdings der Krankenversicherungsschutz trotz fehlender Beiträge erhalten.

14 OVG Bremen 10.10.2008 – S 2 B 458/08.

15 SG Hamburg 21.4.2005 – S 53 AS 229/05 ER; SG Ulm 15.8.2008 – S 10 AS 2799/08 ER. Auf die Problematik des Nachweises einer lediglich mündlich erfolgten Belehrung verweist auch das BSG 16.12.2008 – B 4 AS 60/07 R.

16 Unter Verweis auf die parallel anwendbaren Normen zur Sperrzeit des SGB III s. LSG Sachsen 20.12.2007 – L 3 B 394/06 AS-ER, allerdings auch zweifelnd, ob im Hinblick auf den verfassungsrechtlich gewährten Anspruch des Existenzminimums eine Belehrung nicht dennoch notwendig wäre.

c) Verstoß gegen die in der Eingliederungsvereinbarung bzw die in dem Eingliederungsverwaltungsakt enthaltenen Pflichten (§ 31 Abs. 1 Nr. 1 SGB II)

12 Hat das Jobcenter bestimmte Pflichten des erwerbsfähigen Leistungsberechtigten in einer **Eingliederungsvereinbarung** festgeschrieben oder ist eine solche durch einen Verwaltungsakt[17] ersetzt worden, so muss dieser diesen nachkommen. Als besondere – allerdings nicht als einzige – Pflicht wird dabei die Pflicht zu ausreichenden Eigenbemühungen um eine berufliche Eingliederung hervorgehoben. Ein unmittelbarer Zwang zur Durchsetzung dieser Pflichten ist nicht möglich, da es sich hierbei lediglich um Obliegenheiten handelt, deren Nichtbefolgung indessen zur Absenkung oder zum Verlust von Ansprüchen führen kann. Dem erwerbsfähigen Leistungsberechtigten muss die Verletzung der Pflichten zurechenbar sein, dh er muss sie vorsätzlich oder fahrlässig nicht erfüllt haben (subjektive Vorwerfbarkeit).

13 Eine Sanktion wegen Verletzung der Pflichten aus der Eingliederungsvereinbarung setzt als **ungeschriebenes Tatbestandsmerkmal** voraus, dass diese rechtmäßig und zumutbar sind. Überdies müssen diese Pflichten hinreichend konkret bestimmt sein. Eine solche Pflicht ist nur dann hinreichend bestimmt, wenn der erwerbsfähige Leistungsberechtigte nach Maßgabe seines Empfängerhorizonts das ihm abverlangte Verhalten unzweifelhaft erkennen kann. Treten dabei Unklarheiten auf, gehen diese zulasten des für die Sanktionsentscheidung zuständigen Leistungsträgers.[18] So müssen zB die dem Leistungsberechtigten abverlangten Eigenbemühungen nach Art, Umfang, Zeit und Ort so konkretisiert sein, dass eine Verletzungshandlung ohne Weiteres festgestellt werden kann. Wird eine bestimmte Anzahl von Bewerbungen verlangt ohne weitere Konkretisierung, dann kann nicht deren schlechte oder fehlerhafte Gestaltung sanktioniert werden, sondern nur die Anzahl. Wie viele Bewerbungen monatlich dem erwerbsfähigen Leistungsberechtigten zumutbar sind, ist in der sozialgerichtlichen Rechtsprechung nicht eindeutig geklärt. Einige Gerichte halten zehn Bewerbungen im Monat für zumutbar,[19] andere sehen eine starre Mindestanzahl pro Monat als rechtswidrig an.[20] Die verwaltungsgerichtliche Rechtsprechung hat letztlich eine Entscheidung nach den konkreten Umständen des Einzelfalls verlangt, insb. unter Berücksichtigung der individuellen Kenntnisse und Fähigkeiten des Leistungsberechtigten, seinen persönlichen und familiären Verhältnissen, dem Grad seiner Flexibilität sowie der Lage auf dem regionalen und örtlichen Arbeitsmarkt.[21] Dabei ist wichtig, dass auch die Tragung der Bewerbungskosten in einer Eingliederungsvereinbarung geregelt werden sollte, da diese nicht aus der Regelbedarfsleistung zu finanzieren sind.

14 Nicht ausreichend sind nicht operationalisierbare, **allgemeine Pflichten** wie „alles zu tun, um die Hilfebedürftigkeit zu verringern oder zu beseitigen". Darüber hinaus kann nur dann eine Pflichtverletzung sanktioniert werden, wenn die in der Eingliederungsvereinbarung festgelegte Pflicht auch tatsächlich durch den Leistungsberechtigten erfüllt werden kann, ihm mithin auch zumutbar ist. So kann ein Leistungsberechtigter zB nicht zu Bewerbungen auf eine vollschichtige Tätigkeit verpflichtet werden, wenn er tatsäch-

17 Die Regelung, die seit dem Gesetz zur Ermittlung von Regelbedarfen neu gefasst wurde und nunmehr neben der Eingliederungsvereinbarung auch den sie ersetzenden Verwaltungsakt erfasst, reagiert auf die Rspr, die eine Sanktion wegen einer Pflichtverletzung, die aus dem Verwaltungsakt folgt, abgelehnt hat, vgl LSG Hessen 9.2.2007 – L 7 AS 288/06 ER; ihm folgend LSG NRW 08.7.2009 – L 19 B 140/09 AS ER; Klärungsbedarf sieht das LSG Bayern 18.11.2008 – L 11 AS 421/08 NZB.

18 LSG Berlin-Brandenburg 23.2.2007 – L 28 B 166/07 AS ER; LSG NRW 18.10.2006 – L 1 B 27/06 AS ER.

19 So zB LSG Hessen 29.9.2006 – L 9 AS 179/06 ER.

20 SG Berlin 12.5.2006 – S 37 AS 11713/05; Entscheidung wurde durch das LSG Berlin-Brandenburg am 28.2.2008 – L 25 AS 522/06 aufgehoben und eine geforderte Anzahl von zehn Bewerbungen für rechtmäßig erklärt.

21 Vgl OVG Niedersachsen 3.7.2000 – 4 L 1967/00; BVerwG 17.5.1995 – 5 C 20/93.

lich gesundheitlich nicht in der Lage ist, einer Erwerbstätigkeit in diesem Umfang nachzukommen.[22]

15 Durch die Aufnahme von Pflichten in eine Eingliederungsvereinbarung darf auch nicht die **Systematik der Absenkungsmöglichkeiten** unterlaufen werden. So führt zB eine Pflicht in einer Eingliederungsvereinbarung, bestimmten Meldeterminen nachzukommen, bei Verletzung nicht dazu, dass eine höhere Absenkung nach § 31 Abs. 1 Nr. 1 SGB II erfolgen kann, da dieser Pflichtverstoß in § 32 SGB II gesondert geregelt ist. Ebenso lässt sich eine Verpflichtung zur Erreichbarkeit (Residenzpflicht) in einer Eingliederungsvereinbarung nicht regeln, weil dies bereits durch § 7 Abs. 4 a SGB II vorgesehen ist und der Anspruch auf Alg II in der Zeit, in der der erwerbsfähige Leistungsberechtigte nicht erreichbar ist, bereits dadurch vollständig entfällt.[23]

d) Ablehnung einer zumutbaren Arbeit, Ausbildung, geförderten Arbeit, Arbeitsgelegenheit oder einer mit Beschäftigungszuschuss geförderten Maßnahme (§ 31 Abs. 1 Nr. 2 SGB II)

16 Eine Sanktion nach diesem Tatbestand tritt ein, wenn der erwerbsfähige Leistungsberechtigte eine bestimmte **Eingliederungsmaßnahme verweigert**, indem er diese gar nicht erst antritt, sie nicht weiter fortführt oder durch sein Verhalten Anlass gibt, dass diese gar nicht erst zustande kommt. Dabei spielt es keine Rolle, ob die Maßnahme Gegenstand der Eingliederungsvereinbarung oder in dem entsprechenden Verwaltungsakt ist oder nicht.[24]

17 **Arbeit** ist dabei jede marktvermittelte Beschäftigung auf dem ersten Arbeitsmarkt, unabhängig davon, ob es sich um eine sozialversicherungspflichtige Beschäftigung und/ oder ein arbeitsrechtlich geschütztes Arbeitsverhältnis handelt. In Betracht kommen auch kurzzeitige oder geringfügige Beschäftigungen wie Aushilfs- oder Saisontätigkeiten. Auch selbstständige Tätigkeiten können darunter fallen, obgleich das Jobcenter den erwerbsfähigen Leistungsberechtigten nicht verpflichten kann, sich selbstständig zu machen und das finanzielle Risiko einer solchen Selbstständigkeit zu tragen. Umgekehrt kann es allerdings zumutbar sein, wenn das Jobcenter dem selbstständigen Leistungsempfänger eine abhängige Beschäftigung anbietet, damit dieser seine Hilfebedürftigkeit verringert oder beseitigt (§ 10 Abs. 2 Nr. 5 SGB II). Die angebotene Arbeit muss hinreichend und klar bestimmt sein. Art der Arbeit, zeitlicher Umfang und ihre zeitliche Verteilung, Höhe des Entgelts und der Mehraufwandsentschädigung sowie Arbeitsort sollen verbindlich bezeichnet werden, damit der erwerbsfähige Leistungsberechtigte das Angebot ggf auf seine Zumutbarkeit überprüfen und mit dem potenziellen Arbeitgeber einen Vorstellungstermin vereinbaren kann.[25] War das Angebot hingegen nicht hinreichend bestimmt und hat der erwerbsfähige Leistungsberechtigte gleichwohl Kontakt mit dem Arbeitgeber aufgenommen, um die Stelle dann ohne wichtigen Grund nicht anzutreten, kann das Jobcenter eine Sanktion verhängen.[26]

18 Eine Sanktion kommt auch in Betracht, wenn der erwerbsfähige Leistungsberechtigte sich **selbst eine Tätigkeit gesucht** hat und diese wieder aufgibt, da jedes Auslassen einer konkreten Beschäftigungsmöglichkeit durch den Leistungsberechtigten sanktioniert wird, unabhängig davon, ob er sich die Arbeit in eigener Initiative gesucht oder von der Arbeitsagentur angeboten bekommen hat. Allerdings wird es in diesen Fällen häufig an

22 LSG NRW 12.3.2009 – L 7 B 414/08 AS.
23 Vgl SG Berlin 12.5.2006 – S 37 AS 11713/05.
24 Vor dem Gesetz zur Ermittlung von Regelbedarfen musste die entsprechende Eingliederungsmaßnahme in der Eingliederungsvereinbarung geregelt sein, vgl BSG 12.12.2009 – B 4 AS 30/09 R. Dies entfällt jetzt.
25 LSG Sachsen 2.4.2008 – L 2 B 141/08 AS-ER; LSG Berlin-Brandenburg 28.9.2006 – L 14 B 518/06 AS ER; LSG Hamburg 11.7.2005 – L 5 B 161/05 ER AS.
26 LSG Hamburg 17.4.2007 – L 5 B 75/07 ER AS.

einer – die Rechtmäßigkeit einer Sanktion voraussetzende – Rechtsfolgenbelehrung fehlen. Vergangene Belehrungen können nur dann herangezogen werden, wenn es bereits eine gleichartige Pflichtverletzung gab und der Leistungsberechtigte insofern Kenntnis von den Rechtsfolgen hatte.

19 Eine **Ausbildung** ist ein Tätigkeitsverhältnis, das unter Ausschluss allgemeinbildender schulischer Ausbildung gezielt und vorrangig der Vermittlung beruflicher Qualifikationen dient. Es kann sich dabei um Berufsausbildungen iSd BBiG, der HwO oder des SeemG handeln. Schulische Ausbildungen werden von diesem Tatbestand nicht erfasst, allerdings können sie in eine Eingliederungsvereinbarung aufgenommen werden.

20 Bei **Arbeitsgelegenheiten** nach § 16 d SGB II handelt es sich um Arbeitsgelegenheiten mit Mehraufwandsentschädigung (sog. Ein-Euro-Jobs).[27] Die Arbeitsgelegenheiten in der Entgeltvariante wurden mit der Instrumentenreform 2011 abgeschafft.

21 Der Sanktionstatbestand erfasst auch die Verweigerung eines mit einem Beschäftigungszuschuss **geförderten Arbeitsverhältnisses** nach § 16 e SGB II. Das geförderte Arbeitsverhältnis setzt ein reguläres Arbeitsverhältnis voraus und steht insofern idR einem marktvermittelten Beschäftigungsverhältnis gleich.

22 Die **Zumutbarkeit der Beschäftigung** ergibt sich aus § 10 SGB II. Dabei ist nicht ausgeschlossen, dass das Jobcenter die Aufgabe einer schlecht bezahlten Tätigkeit verlangen kann, wenn der erwerbsfähige Leistungsberechtigte von dem Einkommen aus dieser Beschäftigung seinen Bedarf und den der Mitglieder seiner Bedarfsgemeinschaft nicht decken kann und ihm eine zumutbare, besser bezahlte Arbeitsmöglichkeit zur Verfügung steht, die den Bedarf eher deckt. Bei der Zumutbarkeit einer Ausbildung ist in stärkerem Maße als bei der Aufnahme von Arbeit das Grundrecht der Berufs(wahl)freiheit des Art. 12 GG zu berücksichtigen. Eignung, Begabung oder Berufswunsch des Leistungsberechtigten müssen über die Berufswahl mit entscheiden dürfen. Überdies ist die Aufnahme einer Ausbildung nur zumutbar, wenn auch geklärt ist, wer die Kosten für Lebensunterhalt und Ausbildung trägt. Darüber hinaus muss die entsprechende Eingliederungsmaßnahme rechtmäßig sein.[28]

23 Der erwerbsfähige Leistungsberechtigte hat eine Tätigkeit dann verweigert, wenn er sie ausdrücklich (vorsätzlich) oder stillschweigend, schriftlich, mündlich oder in anderer Weise dem Leistungsträger oder dem Arbeitgeber gegenüber ablehnt und damit seine fehlende Bereitschaft zum Ausdruck bringt oder ein Verhalten zeigt, dass eine Aufnahme oder Fortführung der Tätigkeit vereitelt. Ein nur fahrlässiges Handeln erfüllt nicht die Voraussetzung des „Weigerns".[29] Das „**Verweigerungsverhalten**" muss seiner Art nach objektiv geeignet sein, das Zustandekommen des Beschäftigungsverhältnisses zu vereiteln und dem erwerbsfähigen Leistungsberechtigten zurechenbar sein.

Die Tätigkeit gilt zB dann als verweigert, wenn der erwerbsfähige Leistungsberechtigte sie anzutreten „vergisst" oder sich beim potenziellen Arbeitgeber nicht meldet[30] oder die Stelle ohne wichtigen Grund nicht antritt,

sich nicht den zumutbaren Anforderungen eines Bewerbungsverfahrens unterzieht (zB Lebenslauf vorlegt, Bewerbungsschreiben verfasst, Arbeitsprobe anfertigt),

---

27 Nach einer von der Hans-Böckler-Stiftung in Auftrag gegebenen Studie verstößt die Sanktionierung der Weigerung, eine Arbeitsgelegenheit nach § 16 d S. 2 SGB II aufzunehmen, gegen IAO-Übereinkommen (Nr. 29) über Zwangs- oder Pflichtarbeit, 1930, s. *Max Kern*, Zur Frage der Vereinbarkeit von Recht und Praxis der Arbeit nach § 16 Abs. 3 SGB II iVm § 31 SGB II mit dem IAO-Übereinkommen (Nr. 29) über Zwangs- oder Pflichtarbeit, 1930, Abschlussbericht, http://www.boeckler.de/pdf_fof/S-2007-79-3-1.pdf (26.3.2012).

28 Die Rechtmäßigkeit der Arbeit wurde verneint bei einem Stundenlohn von 4,50 EUR und einem Tariflohn von 9,82 EUR durch das SG Dortmund 2.2.2009 – S 31 AS 317/07 („sittenwidriger Lohnwucher").

29 LSG Sachsen-Anhalt 24.1.2008 – L 2 B 96/07 AS ER.

30 BSG 14.7.2004 – B 11 AL 67/03 R; LSG Bayern 29.1.2004 – L 10 AL 332/01.

durch sein Verhalten den Arbeitgeber zur Ablehnung veranlasst (zB untypische Arbeitsbedingungen fordert,[31] sich selbst als unzuverlässig darstellt,[32] im Gespräch darauf hinweist, dass er sich nur auf Druck des Jobcenters vorstellt,[33] alkoholisiert zum Vorstellungsgespräch erscheint, abschreckendes oder provokantes Verhalten zeigt, für ein schlampiges Erscheinungsbild sorgt), sichtliches Desinteresse bei der Kontaktaufnahme oder im Vorstellungsgespräch zeigt, ein Bewerbungsschreiben so abfasst, dass er auf negative Erfahrungen mit früheren Bewerbungen hinweist und angibt, die Seriosität des Arbeitgebers vor Abgabe seiner Daten zu prüfen, („Nichtbewerbung")[34] oder seinen Bewerbungsschreiben eine Mottoliste zu nicht bewerbungsrelevanten Themen wie „Erholen", „Schlafen", „Gymnastik", „Zahnweh", „Grippe", „Migräne", „Sex", „Kunst" trotz Aufforderung, dies zu unterlassen, beifügt[35].

Der Leistungsberechtigte muss sich auf der anderen Seite aber auch nicht vorteilhafter darstellen, als er tatsächlich ist und darf von sich aus auch auf gesundheitliche Einschränkungen, seine familiäre Situation, sein Lebensalter und die Dauer seiner Arbeitslosigkeit hinweisen und seine Vorstellungen zur Gestaltung der Tätigkeit, den Arbeitsbedingungen und zum Gehalt darlegen, soweit diese nicht offensichtlich überzogen sind. Arbeitsvertragswidriges Verhalten, zB bei Diebstahl, bei dem der Betroffene nicht mit Entdeckung rechnet, reicht nicht für die Annahme einer Verweigerungshandlung.[36]

24 Die **Nichtfortführung einer Tätigkeit** liegt dann vor, wenn der Leistungsberechtigte eine Tätigkeit bereits aufgenommen hat und ohne die Weigerungshandlung auch fortführen könnte. Diese Handlung könnte in einer Kündigung liegen, im Abschluss eines Aufhebungsvertrags oder in einem schlüssigen Verhalten, das darauf hinweist, dass der Betroffene die Tätigkeit nicht mehr ausüben will, zB durch Leistungsverweigerung oder unentschuldigtes Fernbleiben von der Arbeit. Auch eine verhaltensbedingte Kündigung durch den Arbeitgeber wegen Verletzung arbeitsvertraglicher Haupt- und Nebenpflichten (zB Schlecht- oder Minderleistung, Unzuverlässigkeit bei der Erledigung übertragener Aufgaben, Missachtung des Direktionsrechts, Alkoholgenuss während der Arbeit, Störung des Betriebsfriedens, Beleidigungen, rassistische oder sexistische Äußerungen usw) kann als Indiz für eine Weigerung des Leistungsberechtigten, die Arbeit fortzuführen, angesehen werden. **Grundrechtsgeschütztes tendenzwidriges Verhalten** in Tendenzbetrieben (zB Wiederverheiratung eines geschiedenen Mitarbeiters in einer Einrichtung der Katholischen Kirche oder Kirchenaustritt) führt dagegen nicht zu einer Sanktion. Fehltage, die ggf zur Kündigung durch den Arbeitgeber führen, können gleichfalls nicht als Aufgabe der Arbeit betrachtet werden, ebenso nicht die Hinnahme einer offensichtlich rechtswidrigen Kündigung seitens des Arbeitgebers durch den Leistungsberechtigten. Auch wenn dem Leistungsberechtigten die Fortführung der Tätigkeit unzumutbar ist, weil zB ein unentgeltliches Praktikum ohne zeitliche Begrenzung faktisch in ein vollschichtiges, aber nicht entlohntes Arbeitsverhältnis umschlägt,[37] der Leistungsberechtigte aus gesundheitlichen Gründen die Tätigkeit aufgeben muss oder die Tätigkeit gegen ein gesetzliches Verbot verstößt, kommt eine Sanktion nicht in Betracht.

25 Der Sanktionstatbestand der Aufgabe oder des Nichtfortführens einer Beschäftigung trifft häufig die sog. **Aufstocker**, die neben ihrer Beschäftigung ergänzend Leistungen des SGB II erhalten. Denn nur diese sind entsprechend belehrt worden. Personen, die erst durch die Beendigung des Arbeitsverhältnisses bedürftig werden und die ihren Arbeitsplatz durch eine entsprechende Verweigerungshandlung verloren haben, werden

31 LSG Baden-Württemberg 27.1.2004 – L 9 AL 45/03 für einen Fernfahrer, der einen Achtstundentag fordert.
32 BSG 5.9.2006 – B 7 a AL 14/05 R; LSG Baden-Württemberg 9.12.2004 – L 5 AL 415/04.
33 LSG Baden-Württemberg 9.12.2004 – L 5 AL 2319/04.
34 LSG Schleswig-Holstein 11.6.2004 – L 3 AL 19/03 bzgl einer Sperrzeit nach dem SGB III.
35 LSG Hamburg 16.6.2011 – L 5 AS 357/10.
36 LSG Sachsen-Anhalt 24.1.2008 – L 2 B 96/07 AS ER.
37 SG Aachen 22.3.2007 – S 9 AS 32/07 ER.

deshalb idR nicht nach dieser Vorschrift, sondern nach § 31 Abs. 4 Nr. 3 SGB II sanktioniert.

e) Nichtantritt, Abbruch oder Anlass für den Abbruch einer Eingliederungsmaßnahme (§ 31 Abs. 1 Nr. 4 SGB II)

26 Der Sanktionstatbestand erfasst sämtliche Maßnahmen zur Eingliederung in Arbeit nach §§ 16 ff SGB II. Dazu gehören insbesondere:

-
- Maßnahmen zur Aktivierung und beruflichen Eingliederung nach § 45 SGB III (zB Trainingsmaßnahmen, Eignungsfeststellung,
- Maßnahmen der beruflichen Weiterbildung nach §§ 81–87 SGB III,
- Maßnahmen zur Förderung der Teilhabe behinderter Menschen am Arbeitsleben nach §§ 112 ff SGB III und
- Maßnahmen der Förderung der beruflichen Aus- und Weiterbildung älterer Beschäftigter (§ 81 SGB III).

Die Vorschrift erlaubt dann eine Sanktionierung, wenn der erwerbsfähige Leistungsberechtigte diese Maßnahme entweder nicht angetreten oder nach Antritt abgebrochen hat oder wenn sein Verhalten Anlass für einen Abbruch gegeben hat. Dabei schließt die Neuregelung nach der Regelsatzreform eine Regelungslücke, da bis April 2011 lediglich der Abbruch einer Eingliederungsmaßnahme sanktioniert werden konnte, nicht dagegen ein Verhalten des erwerbsfähigen Leistungsberechtigten, diese Maßnahme gar nicht erst anzutreten.[38]

Praxishinweis: Eine Sanktionierung soll nicht vorgenommen werden, wenn der erwerbsfähige Leistungsberechtigte eine kommunale Eingliederungsleistung (§ 16 a SGB II) nicht antritt oder abbricht. Diese Maßnahmen beruhen im Wesentlichen auf Freiwilligkeit und sollten vor allem bei psychosozialer und Suchtberatung nicht als „Zwangstherapie" angewendet werden.

27 Sanktioniert werden kann nur der Nichtantritt oder der Abbruch einer **rechtmäßigen und zumutbaren Eingliederungsmaßnahme**. Wenn der Leistungsberechtigte zB körperlich, geistig oder seelisch zu der Maßnahme oder deren Weiterführung nicht in der Lage ist, darf ihr Nichtantritt oder Abbruch nicht zu einer Absenkung des Alg II führen.[39] Insofern beurteilt sich die Zumutbarkeit der Maßnahme nach § 10 SGB II. Ob eine Maßnahme zumutbar ist, beurteilt sich darüber hinaus daran, ob die Leistungsgrundsätze des § 3 Abs. 1 S. 2 SGB II erfüllt werden, vor allem ob die strittige Maßnahme geeignet ist, den Leistungsberechtigten in den Arbeitsmarkt einzugliedern. Voraussetzung dabei ist, dass die Maßnahmeträger den Qualitätsanforderungen, die § 17 Abs. 2 SGB II oder das SGB III festlegt, entsprechen müssen. Gibt es gravierende Qualitätsmängel bei der Durchführung einer Maßnahme, ist der Antritt oder die weitere Teilnahme für den Leistungsberechtigten nicht zumutbar. Die Maßnahme muss geeignet sein, die Eingliederung in das Erwerbsleben zu befördern und Kenntnisse vermitteln, deren Erwerb für den Arbeitsuchenden in seiner konkreten Situation sinnvoll ist.[40] Eine Maßnahme, die allein den Anschein dafür aufrecht erhält, dass Kenntnisse vermittelt werden, ist für den Leistungsberechtigten nicht zumutbar und kann ohne Sanktionsfolgen abgebrochen werden. Der Leistungsberechtigte muss in diesen Fällen keinen wichtigen Grund iSd § 31 Abs. 1 S. 2 SGB II nachweisen, vielmehr muss das Jobcenter darlegen, dass die

38 Vgl BT-Drucks. 17/3404, 111.

39 LSG Sachsen 14.8.2008 – L 2 B 482/08 AS-ER.

40 So kann keine Sanktion ausgesprochen werden, wenn die Maßnahme den Leistungsberechtigten krass unterfordert; vgl LSG Hessen 23.4.2003 – L 6/10 AL 1404/01; 13.10.2004 – L 6 AL 520/02 und 9.3.2005 – L 6 AL 216/04.

Maßnahme tatsächlich der Eingliederung qualitätsgesichert dient.[41] Allerdings sollte der Leistungsberechtigte bei Qualitätsmängeln vor dem Abbruch der Maßnahme sowohl beimMaßnahme- als auch Leistungsträger auf deren Beseitigung hinwirken.

28 Der Leistungsberechtigte bricht eine Maßnahme ab, wenn er **willentlich und tatsächlich** endgültig seine (weitere) Teilnahme beendet. Dies kann sowohl ausdrücklich – durch eine Erklärung gegenüber Maßnahme- oder Leistungsträger – als auch durch konkludentes Verhalten, zB durch ein dauerhaftes Fernbleiben geschehen. Der Abbruch muss dem erwerbsfähigen Leistungsberechtigten subjektiv zurechenbar sein. Ein bloßes (auch unentschuldigtes) kurzzeitiges Fernbleiben, einzelne Fehltage oder eine unregelmäßige Teilnahme genügen nicht; Letzteres kann allerdings einen Anlass für den Abbruch durch den Maßnahmeträger bilden, der durch die Regelung ebenfalls sanktioniert wird.

29 Ein **Anlass** für den Abbruch einer Maßnahme durch den Maßnahmeträger besteht dann, wenn der Leistungsberechtigte durch ein ihm zurechenbares, subjektiv vorwerfbares maßnahmewidriges Verhalten die Fortführung der Maßnahme für den Träger oder die anderen Teilnehmer unzumutbar macht. Der Leistungsberechtigte muss am Erreichen des Maßnahmeziels mit den ihm physisch und subjektiv zumutbaren Möglichkeiten aktiv mitwirken. Er verhält sich maßnahmewidrig, wenn er die Durchführung der Maßnahmen aktiv und nachhaltig behindert, den Unterricht stört, die Dozenten beschimpft und beleidigt oder die Unterrichts- oder Betriebsordnung missachtet.[42] Das Verhalten des Leistungsberechtigten muss vorsätzlich oder grob fahrlässig sein und durch seine Häufigkeit, Art und sein Gewicht den Abbruch durch den Maßnahmeträger rechtfertigen.

30 Eine Pflichtverletzung liegt allerdings nicht vor, wenn der Leistungsberechtigte das **Maßnahmeziel** aufgrund **fehlender Eignung nicht erreichen** kann oder er über- oder sachwidrig unterfordert ist, auch nicht wenn krankheitsbedingte Fehlzeiten vorliegen, die den Erfolg der Maßnahme vereiteln.[43]

f) Absichtliche Herbeiführung der Hilfebedürftigkeit (§ 31 Abs. 2 Nr. 1 SGB II)

31 Der Kürzungstatbestand erfasst die Fälle, in denen der über 18-jährige Leistungsberechtigte, seine Hilfebedürftigkeit **absichtlich und zielgerichtet** herbeigeführt hat, ohne dafür einen nachvollziehbaren Grund zu haben und um einen Leistungsanspruch auf Alg II zu erhalten oder diesen Anspruch zu erhöhen.[44]

Kein absichtliches Handeln liegt vor bei einfachem Vorsatz oder grober Fahrlässigkeit für die Verschleuderung des Vermögens,

objektiv unwirtschaftlichem Verhalten des Leistungsberechtigten angesichts bevorstehender Bedürftigkeit,[45]

einfachem vorsätzlichen Verhalten, bei dem sich der Leistungsberechtigte zwar über den Minderungseffekt im Klaren war, diesen aber nicht zielgerichtet für die Herbeiführung einer Leistungsberechtigung oder zur Erhöhung von Leistungen angestrebt hat,

einleuchtenden Gründen familiärer, persönlicher oder wirtschaftlicher Art,

indirekter Minderung des Einkommens, weil der Leistungsberechtigte zB durch das Unterlassen einer beruflichen Qualifizierungs- oder Umschulungsmaßnahme weniger Einkommen erzielt,

41 LSG Berlin-Brandenburg 15.7.2008 – L 14 B 568/08 AS ER.

42 SG Chemnitz 26.8.1993 – S 6 Ar 108/92; LSG Rheinland-Pfalz 4.9.2002 – L 1 AL 170/01.

43 Gesundheitliche Gründe dürfen allerdings nicht vorgeschoben sein – so SG Düsseldorf 28.10.2005 – S 29 AS 95/05 ER.

44 Hinsichtlich der Herbeiführung eines Sozialhilfeanspruchs und der insoweit vergleichbaren Regelung des § 103 SGB XII, die allerdings einen Ersatzanspruch und keine Sanktion herbeiführt, s. BSG 18.3.2008 – B 8/9 b SO 9/06 R bzw für die Einschränkung auf das zum Lebensunterhalt Unerlässliche bei absichtlicher Herbeiführung eines Leistungsanspruchs nach § 26 Abs. 1 S. 1 Nr. 1 SGB XII LSG Berlin-Brandenburg 10.10.2007 – L 23 B 146/07 SO ER.

45 OVG Hamburg 14.9.1990 – Bf IV 26/89; VGH Baden-Württemberg 5.5.1998 – 7 S 2309/97.

- Verwendung des vorhandenen Vermögens für den Aufbau einer selbstständigen Existenz,[46]
- Einsatz vorhandenen Vermögens für die außerplanmäßige Tilgung von Darlehensverbindlichkeiten für ein selbstbewohntes Hausgrundstück, wenn dadurch die ansonsten zu erstattenden Aufwendungen für die Unterkunft gesenkt werden,[47]
- Vereinbarung eines unwiderruflichen Verwertungsausschlusses für eine vorhandene Kapitallebensversicherung, nachdem der Antrag auf Leistungen wegen dieses Vermögens abgelehnt wurde.[48]

32 Erfasst werden deshalb vor allem Fälle, in denen vorhandenes Vermögen ohne nachvollziehbaren Grund durch **Schenkungen bis auf das Schonvermögen** reduziert wurde oder in denen das Vermögen für die Tilgung von Altschulden eingesetzt wurde,[49] vor allem wenn der Leistungsberechtigte weiß oder hätte wissen müssen, dass er sein Einkommen und Vermögen zur Deckung seines Lebensunterhalts verwenden muss. Auch der vorzeitige Verbrauch eines während des Alg II-Bezugs zugeflossenen Betrags bildet einen Anwendungsfall des Kürzungstatbestands.[50] Darüber hinaus sieht die Bundesagentur für Arbeit den Sanktionstatbestand verwirklicht, wenn jemand absichtlich eine geringfügige Beschäftigung aufgibt, weil ihm der Hinzuverdienst unter den Anrechnungsbedingungen des § 11 b Abs. 3 SGB II nicht mehr lohnend erscheint und er keinen wichtigen Grund für sein Verhalten nachweist. Die Kündigung erfolge in diesen Fällen mit dem Ziel, die Voraussetzungen für eine Erhöhung des Alg II herbeizuführen.[51]

33 Letztendlich ist eine Gesamtschau aller objektiven und subjektiven Umstände entscheidend,[52] ob der Leistungsberechtigte zielgerichtet Leistungen der Grundsicherung erhalten oder erhöhen wollte. Das absichtliche Verhalten des Leistungsberechtigten muss das Jobcenter **nachweisen.** Dabei ist es unerheblich, wie lange die Verschwendung des Vermögens her ist, sofern es das absichtliche Verhalten des Leistungsberechtigten, Hilfebedürftigkeit herbeizuführen, nachweisen kann, was naturgemäß bei sehr lang vorausliegenden Vermögensverschwendungen schwierig sein dürfte.

Praxishinweis: Die Verschleuderung von Einkommen und Vermögen kann nicht nur zu einer Sanktion führen, sondern auch zu einer Ersatzpflicht nach § 34 SGB II, wenn der Leistungsberechtigte und seine Bedarfsgemeinschaft Leistungen aufgrund ihrer selbst absichtlich herbeigeführten Hilfebedürftigkeit erhalten haben.

g) Fortsetzung unwirtschaftlichen Verhaltens (§ 31 Abs. 2 Nr. 2 SGB II)

34 Sanktioniert werden kann auch ein unwirtschaftliches Verhalten des erwerbsfähigen Leistungsberechtigten während des Leistungsbezugs. Dabei gilt als unwirtschaftlich, wenn jemand mit den ihm zur Verfügung gestellten Mitteln **verschwenderisch**, sinnlos oder sonst in einer mit normalem Verbrauchsverhalten schlicht unvereinbaren Weise umgeht, wenn er jede wirtschaftlich vernünftige Betrachtungsweise vermissen lässt und dadurch weitere Hilfebedürftigkeit auslöst.[53] Erfasst werden könnten zB ein fortlaufend zu hoher Energie-, Strom- oder Telefonkostenbedarf oder ein wiederholtes Auflaufen von Miet- und Heizkostenrückständen.

46 OVG Bremen 06.4.1988 – 2 B 46/88.
47 BSG 16.5.2007 – B 11 b AS 37/06 R.
48 WDB BA § 12.
49 LSG Schleswig-Holstein 25.8.2005 – L 6 B 200/05 AS ER zur Verwendung einer Erbschaft zur Tilgung trotz Kenntnis, Änderungen in Einkommens- und Vermögensverhältnissen bekannt zu geben. Auch der Verbrauch der Erbschaft vor Antragstellung kann als absichtliche Herbeiführung der Hilfebedürftigkeit angesehen werden, vgl LSG Berlin-Brandenburg 29.12.2009 – L 14 AS 1865/09 B ER.
50 Das spielt insb. deshalb eine Rolle, weil dieser Betrag bei fortlaufendem Leistungsbezug als Einkommen auf mehrere Monate berücksichtigt werden darf, so BSG 30.7.2008 – B 14 AS 26/07 R bzw 23.11.2006 – B 11 b AS 17/06 B.
51 BA-FH § 31 Rn 31.21.
52 SG Aurich 6.10.2006 – S 15 AS 394/06 ER.
53 Letzteres so BA-FH § 31 Rn 31.23.

35 Darüber hinaus kommt der Sanktionstatbestand auch dann in Betracht, wenn der Leistungsberechtigte keine ausreichenden und notwendigen Schritte zur **Verwertung seines Vermögens** unternimmt, um ein derzeitig bestehendes Verwertungshindernis zu beseitigen. Dies wird zB in den Fällen angenommen, in denen der Leistungsberechtigte, der als Miterbe in einer Erbengemeinschaft über einen vermögenswerten Nachlassgegenstand verfügt, keine Schritte unternimmt, um diesen Miterbenanteil zu verwerten (zB Verkauf des Erbanteils, Klage auf Erbauseinandersetzung oder Ähnliches).[54]

36 Allerdings ist der Leistungsberechtigte **nicht** ausdrücklich zu einem **bestimmten wirtschaftlichen Verhalten** verpflichtet; ebenso wenig kann das Jobcenter ihm vorschreiben, wie und für was das zur Verfügung gestellte Geld ausgegeben wird, oder ihm eine Nachweispflicht auferlegen, wie das Geld verwendet wurde. Dies widerspräche der Pauschalierung der Leistungen, denn damit soll der Leistungsberechtigte angehalten werden, mit den bereitgestellten Mitteln eigenverantwortlich und autonomiebetont das eigene Leben zu gestalten. Daher steht es ihm auch frei, zB hohe Einzelausgaben für Alkohol und Tabak durch Sparsamkeit und Verzicht in anderen Bereichen zu erwirtschaften. Entscheidend ist, dass er mit dem vorhandenen Geld auskommt.

37 Das Jobcenter kann mit dieser Regelung auch **nicht die zweckkonforme Verwendung der Ansparpauschalen** sicherstellen. So kann es zB den Absenkungsbetrag nicht dazu verwenden, um daraus einen Antrag auf eine abweichende Erbringung von Leistungen nach § 24 Abs. 1 SGB II zu bezuschussen. Stellt das Jobcenter fest, dass das unwirtschaftliche Verhalten des Leistungsberechtigten verstärkt Darlehensleistungen nach § 24 Abs. 1 SGB II erforderlich macht, so besteht immer noch die Möglichkeit – als milderes Mittel – die Regelbedarfsleistung ganz oder teilweise als Sachleistung zu gewähren (§ 24 Abs. 2 SGB II). Darüber hinaus kann er den unwirtschaftlich handelnden Leistungsempfänger bestimmte Dienstleistungen wie Schuldnerberatung uÄ anbieten, durch welche die Fähigkeit oder die Bereitschaft zu einem wirtschaftlicheren Verhalten geweckt oder gestärkt werden.

38 Das unwirtschaftliche Verhalten muss **zurechen- und vorwerfbar** sein. Der Leistungsberechtigte muss die objektiv vorliegende Unwirtschaftlichkeit erkennen können und in der Lage sein, dieses Verhalten zugunsten eines wirtschaftlicheren Verhaltens abzustellen.

39 Vor Absenkung der Leistung muss das Jobcenter den Leistungsberechtigten konkret und eindeutig über die **Rechtsfolgen** seines fortgesetzten unwirtschaftlichen Verhaltens **belehrt** haben. Der Leistungsberechtigte muss erkennen können, welches unwirtschaftliche Verhalten ihm vorgeworfen wird, dass und wie er dieses Verhalten unterlassen und wie er damit die Absenkung verhindern kann.

h) Ruhen oder Erlöschen des Anspruchs auf Alg nach dem SGB III (§ 31 Abs. 2 Nr. 3 SGB II)

40 Die Kürzungstatbestände des § 31 Abs. 2 Nr. 3 und Nr. 4 SGB II harmonisieren die leistungsrechtlichen Konsequenzen wegen Obliegenheitsverletzungen im SGB III mit denen des SGB II.

41 Der Sanktionstatbestand der Nummer 3 erfasst die Fälle, in denen der Leistungsberechtigte **Alg nach dem SGB III** erhält. Dieses Alg I ist indessen

1. entweder nicht bedarfsdeckend, so dass Leistungen nach dem SGB II aufgestockt werden müssen oder
2. zwar grds. bedarfsdeckend, aber durch eine leistungsrechtliche Konsequenz nach dem SGB III (Ruhen oder Erlöschen des Anspruchs) entfallen, so dass Hilfebedürftigkeit eingetreten ist.

54 BSG 27.1.2009 – B 14 AS 42/07 R.

42 Voraussetzung für die Sanktion ist die **Feststellung** des für das Alg I zuständigen Leistungsträgers über den Eintritt einer **Sperrzeit** oder das Erlöschens des Arbeitslosengeldanspruchs. Diese Feststellung hat Bindungswirkung (§ 37 SGB X); das Jobcenter hat in dieser Hinsicht keine eigene Prüfungskompetenz und kann und darf die Rechtmäßigkeit der Feststellung nicht überprüfen; es sei denn, es handelt sich dabei um einen – eher selten auftretenden – nichtigen Verwaltungsakt iSd § 40 SGB X.

43 **Sperrzeiten** können nach § 144 SGB III verhängt werden, bei:

- Arbeitsaufgabe durch eigenständiges Lösen des Beschäftigungsverhältnisses oder durch Verursachen der Arbeitslosigkeit, wenn der Betroffene Anlass zur Lösung des Beschäftigungsverhältnisses gegeben hat,
- Arbeitsablehnung trotz Rechtsfolgenbelehrung,
- unzureichenden Eigenbemühungen um Arbeit trotz Rechtsfolgenbelehrung,
- Ablehnung einer beruflichen Eingliederungsmaßnahme trotz Rechtsfolgenbelehrung,
- Abbruch einer beruflichen Eingliederungsmaßnahme trotz Rechtsfolgenbelehrung,
- Meldeversäumnis trotz Rechtsfolgenbelehrung oder
- verspäteter Arbeitsuchendmeldung.

Die Sperrzeit tritt nicht ein, wenn der Leistungsempfänger einen wichtigen Grund für sein Verhalten nachweisen kann.

44 Bei einer Sperrzeit wegen **verspäteter Arbeitsuchendmeldung** (§ 144 Abs. 1 S. 2 Nr. 7 SGB III) kann keine Sanktion nach § 31 Abs. 2 Nr. 3 SGB II verhängt werden, da das SGB II eine entsprechende Verpflichtung nicht kennt. Tritt eine Sperrzeit wegen eines Meldeversäumnisses nach § 144 Abs. 1 S. 2 Nr. 6 SGB III ein, so wird keine Minderung nach § 31 Abs. 2 Nr. 3 SGB II vorgenommen. Da Meldeversäumnisse nach dem SGB II nur mit einer Sanktion von 10 % belegt sind (§ 32 SGB II), wäre eine entsprechende Sanktion nach dieser Vorschrift unverhältnismäßig.[55]

45 Der **Alg I-Anspruch erlischt** nach § 147 SGB III, wenn (soweit hier maßgeblich), der Arbeitslose Anlass für den Eintritt von Sperrzeiten mit einer Dauer von insgesamt mindestens 21 Wochen gegeben hat, darüber Bescheide erteilt wurden und er über die Rechtsfolgen belehrt wurde.

In diese Zeit können auch Sperrzeiten einfließen, die in den zwölf Monaten vor Entstehung des Anspruchs entstanden sind.

46 Die Rechtfertigung der Sanktion besteht darin, dass sperrzeit- und erlöschensbedingte Einkommenseinbußen nicht **vollständig** durch SGB II-Leistungen **kompensiert** werden sollen. Das verlangt einen zeitlich-sachlichen Zusammenhang zwischen der Leistungsabsenkung nach § 31 Abs. 2 Nr. 3 SGB II und den Anordnungen nach dem SGB III. Stellt der Leistungsberechtigte erst nach Ablauf der Sperrzeit oder nach dem Erlöschen des Anspruchs einen Antrag auf Leistungen nach dem SGB II, können sich diese nicht mehr sanktionsmäßig auf den Alg II-Anspruch auswirken.

47 Nach § 31 b Abs. 1 S. 2 SGB II **beginnt** eine Sanktion nach dem SGB II mit Beginn der Sperrzeit oder des Erlöschens des Anspruchs. Es bedarf aus diesen Gründen nicht der vorherigen Zustellung eines Sanktionsbescheids, um die Absenkung des Alg II wirksam werden zu lassen. Das bedeutet aber nicht, dass die Dauer der Absenkung ebenfalls der Dauer der verhängten Sperrzeit folgt. Diese bleibt auch bei kürzerer Sperrzeit auf drei Monate bestehen, auch dann wenn der Alg I-Anspruch während der Sperrzeit erlischt.

55 So auch BA-FH § 31 Rn 31.26.

48 Der Kürzungstatbestand des Abs. 2 Nr. 3 geht aus Gründen der **Spezialität** den Tatbeständen des Abs. 1 vor, auch wenn das Verhalten des Leistungsberechtigten, welches zur Sperrzeit oder zum Erlöschen des Alg I-Anspruchs geführt hat, uU geeignet ist, die Voraussetzungen des Abs. 1 ebenfalls zu erfüllen.

49 Auch bei einer Sanktion nach dieser Vorschrift wird geprüft, ob ein **Ersatzanspruch** nach § 34 SGB II in Betracht kommt.

Praxishinweis: Der Eintritt einer Sperrzeit oder die Feststellung des Erlöschens beim Alg I kann auch zu einer Sanktion nach dem SGB II führen. Das betrifft nur erwerbsfähige Leistungsberechtigte, die arbeitslos sind und Anspruch auf Leistungen nach dem SGB III haben.

Das bedeutet aber auch, dass Sperrzeiten oder das Erlöschen von Alg I-Ansprüchen, durch die der Betroffene hilfebedürftig wird, nicht dazu führen, dass auch keine Leistungen nach dem SGB II gewährt werden. Der SGB II-Leistungsanspruch besteht trotzdem, allerdings uU nur sanktionsbedingt in geringerer Höhe.

Sperrzeiten wegen verspäteter Arbeitsuchendmeldung oder einem Meldeversäumnis führen nicht zu einer Kürzung nach § 31 Abs. 2 Nr. 3 SGB II.

Ist vor Antragstellung beim Jobcenter die Sperrzeit oder die Feststellung des Erlöschens des Alg I-Anspruchs abgelaufen, dürfen keine SGB II-Leistungen mehr gekürzt werden.

i) Erfüllung der Voraussetzungen für eine Sperrzeit nach dem SGB III (Sperrzeitfiktion, § 31 Abs. 2 Nr. 4 SGB II)

50 Der letzte Sanktionstatbestand des § 31 SGB II erfasst die Fälle, in denen ein Sperrzeit- oder Erlöschenstatbestand nach dem SGB III zwar verwirklicht wurde, tatsächlich aber durch den SGB III-Leistungsträger keine entsprechende leistungsrechtliche Konsequenz angeordnet wurde (**Sperrzeitfiktion**). Auf diese Weise soll ein erwerbsfähiger Leistungsberechtigter mit Anspruch auf Alg I, der bei Eintritt einer Sperrzeit oder beim Erlöschen seines Anspruchs eine Absenkung nach Abs. 2 Nr. 3 erhält, gegenüber erwerbsfähigen Leistungsberechtigten ohne Anspruch auf Alg I bei gleichem Fehlverhalten im Hinblick auf den Anspruch auf Alg II nicht schlechter gestellt werden.[56]

51 Betroffen sind in erster Linie Leistungsberechtigte, die sich in einem Versicherungspflichtverhältnis (§ 24 SGB III) befinden – unabhängig davon, ob sie SGB II-Leistungen daneben beziehen oder nicht – und die eine Sperrzeit wegen schuldhafter Arbeitsaufgabe bekommen (§ 144 Abs. 1 S. 2 Nr. 1 SGB III), aber noch nicht die versicherungsrechtlichen Voraussetzungen für den Bezug von Alg I erworben haben und die nun mangels ausreichender finanzieller Mittel hilfebedürftig sind. Notwendig ist in jedem Fall die **Aufgabe einer versicherungspflichtigen Beschäftigung.**

Eine Arbeitsplatzaufgabe idS bedeutet

1. einen **Arbeitsplatzverlust durch Arbeitnehmerkündigung oder Aufhebungsvertrag**, wenn die Kündigung des Arbeitnehmers oder der Abschluss des Aufhebungsvertrags (einvernehmliche Beendigung des Arbeitsverhältnisses) ursächlich für die Arbeitslosigkeit ist **und** der Leistungsberechtigte diese/diesen vorsätzlich oder grob fahrlässig herbeigeführt hat, ohne dafür einen wichtigen Grund zu haben. **Nicht erfasst** werden Fälle, in denen
   - der Arbeitnehmer das mit einer Änderungskündigung verbundene Angebot des Arbeitgebers zu schlechteren Arbeitsbedingungen zu arbeiten, nicht angenommen hat oder
   - die Kündigung hingenommen wurde und im Kündigungsschutzverfahren ein Vergleich geschlossen wurde oder
   - im Kündigungsschutzverfahren ein Auflösungsantrag nach §§ 9, 10 KSchG durch den Arbeitnehmer und/oder Arbeitgeber gestellt wird und das Gericht das Arbeitsverhältnis durch Urteil beendet[57] oder

56 LSG Sachsen-Anhalt 24.1.2008 – L 2 B 96/07 AS ER.
57 BSG 17.11.2005 – B 11a/11 AL 69/04 R.

- der Leistungsberechtigte bei einer betriebsbedingten Kündigung nach § 1 a KSchG auf eine Kündigungsschutzklage bewusst verzichtet hat und stattdessen eine Abfindung in Anspruch nimmt;
- eine betriebs- oder personenbedingte Kündigung sicher bevorsteht und die Arbeitnehmerkündigung oder der Aufhebungsvertrag dieser Kündigung zuvorkommt und das Arbeitsverhältnis dadurch nicht früher endet (keine Ursächlichkeit für die Arbeitslosigkeit) oder
- der Arbeitnehmer ein unbefristetes Arbeitsverhältnis für ein befristetes Arbeitsverhältnis zu günstigeren Bedingungen kündigt und dabei davon ausging, dass er in ein unbefristetes Verhältnis nach Auslaufen der Befristung übernommen wird (keine Ursächlichkeit für die Arbeitslosigkeit).

2. ein Arbeitsplatzverlust durch Arbeitgeberkündigung, wenn der Leistungsberechtigte durch sein **vertragswidriges Verhalten** Anlass für die Kündigung gegeben hat und dieses Verhalten für die entstandene Arbeitslosigkeit ursächlich gewesen ist und der Leistungsberechtigte durch sein vertragswidriges Verhalten den Eintritt der Arbeitslosigkeit vorsätzlich oder grob fahrlässig herbeigeführt hat, ohne dafür einen wichtigen Grund zu haben. **Nicht erfasst** werden hierbei Fälle, in denen:
   - die Kündigung arbeitsrechtlich unwirksam ist (zB wegen fehlender vorausgegangener Abmahnung),
   - personen- oder betriebsbedingt gekündigt wurde oder
   - der Arbeitnehmer Aussicht auf einen Anschlussarbeitsplatz hatte, die sich dann zerschlagen hat.

52 Das Jobcenter hat in diesen Fällen die Voraussetzungen für eine Sperrzeit bzw für ein Erlöschen des Anspruchs nach §§ 144, 147 SGB III **selbstständig zu prüfen.** Dabei sind die dort angeführten Rechtfertigungsgründe für eine Pflichtverletzung wie Zumutbarkeit der Weiterbeschäftigung, Verstoß gegen gesetzliche Bestimmungen oder das Vorliegen eines wichtigen (beruflichen, betrieblichen, persönlichen, gesundheitlichen oder familiären) Grundes nach dem SGB III zu prüfen und zu berücksichtigen.

53 Das BSG hat sich mit der Systematik und dem Verhältnis der Sanktionstatbestände, insb. dem **Verhältnis zwischen § 31 Abs. 2 Nr. 3 und 4 SGB II** auseinandergesetzt. Es versteht danach die Vorschriften so, dass Nummer 3 diejenigen Fälle erfasst, in denen eine Sperrzeit nach dem Arbeitsförderungsrecht tatsächlich verhängt wurde, während Nummer 4 Konstellationen regelt, in denen eine Sperrzeit nur deshalb nicht festgestellt wurde, weil die Betroffenen keinen Anspruch auf Alg I haben, weil sie die Anwartschaftszeit (noch) nicht erfüllt haben.[58] Da beide Alternativen jedoch grds. eine Gleichstellung darstellen sollen, muss das (an sich) sperrzeitrelevante Ereignis bei beiden Alternativen zu einem Zeitpunkt eingetreten sein, zu dem der Betroffene in einem Sozialversicherungsverhältnis zur BA als SGB III-Träger gestanden hat, insb. weil er eine versicherungspflichtige Beschäftigung ausübt. Deshalb sei § 31 Abs. 2 Nr. 4 SGB II vor allem dann anwendbar, wenn der Betroffene eine Sperrzeit wegen Arbeitsaufgabe erhalten würde. Wer noch keine Versicherungszeiten nach dem SGB III zurückgelegt hat, sei diesem Regelungsregime nicht unterworfen.[59] Das BSG hat so klargestellt, dass jemand, der allein nur im Leistungsbezug des SGB II steht, nicht dem Sanktionstatbestand des § 31 Abs. 2 Nr. 4 SGB II unterworfen sein kann.

54 Gleichzeitig hat es sich aber auch zur Frage geäußert, ob – so wie von einigen Gerichten vertreten – bei Bezug von SGB II-Leistungen allein die Sanktionstatbestände nach

58 Das BSG hat nach den Vorgängervorschriften des § 31 Abs. 2 Nr. 3 und 4 entschieden; beide Tatbestände fanden sich bis zur Neuregelung im Gesetz zur Ermittlung von Regelbedarfen in § 31 Abs. 4 Nr. 3 lit. a) und b). Der Wortlaut ist nahezu derselbe, sodass davon ausgegangen werden kann, dass sich inhaltlich an der Auslegung nichts geändert hat.

59 BSG 17.12.2009 – B 4 AS 20/09 R.

§ 31 Abs. 1 SGB II als **speziellere Regelungen** herangezogen werden dürfen.[60] Die Frage stellte sich vor allem deshalb, weil eine Sanktion nach Absatz 1 eine qualifizierte Rechtsfolgenbelehrung bzw den Nachweis der Kenntnis über mögliche Rechtsfolgen erfordert, während Abs. 2 Nr. 4 dies nicht vorsieht. Die Jobcenter könnten so bei unterbliebener Belehrung oder fehlendem Nachweis eine Sanktion auf Abs. 2 Nr. 4 stützen und damit die Belehrungspflichten umgehen. Das BSG ging von einer Anwendbarkeit der Vorschrift aus, unabhängig davon ob jemand Leistungen nach dem SGB II neben seinem Erwerbseinkommen erhält oder nicht. Entscheidend ist grds. nur das Versicherungspflichtverhältnis zur BA.[61]

Praxishinweis: Wer eine versicherungspflichtige Beschäftigung aufgibt, riskiert eine Absenkung des Alg II, unabhängig davon, ob die BA eine Sperrzeit verhängt oder nicht. Verhängt die BA keine Sperrzeit, weil der Leistungsberechtigte die Anwartschaftszeiten für einen Alg I-Anspruch noch nicht erfüllt, prüft das Jobcenter die Voraussetzungen, die für eine (fiktive) Sperrzeit notwendig sind.

Dabei spielt es keine Rolle, ob jemand erstmalig (durch die Arbeitsplatzaufgabe) überhaupt hilfebedürftig ist oder bereits aufstockend SGB II-Leistungen bezogen hat.

2. Wichtiger Grund

55 Das Jobcenter kann die Pflichtverletzung des Leistungsberechtigten nicht sanktionieren, wenn dieser einen **wichtigen Grund** für diese Pflichtverletzung hatte (§ 31 Abs. 1 S. 2 SGB II). Der wichtige Grund ist eine vom Leistungsberechtigten nachzuweisende Rechtfertigungsmöglichkeit und gilt für die Tatbestände des § 31 Abs. 1 SGB II. Der Prüfung des wichtigen Grundes vorgeschaltet ist allerdings immer eine Prüfung, ob die **Obliegenheit** des Leistungsberechtigten **zu Recht** bestanden hat und zumutbar gewesen ist. Der wichtige Grund ist eine zusätzliche Zumutbarkeitskontrolle, die nicht auf eine nachträgliche Prüfung beschränkt ist, sondern auch vorgelagerte Umstände umfassen kann.

56 Der wichtige Grund ist ein unbestimmter Rechtsbegriff, der in vollem Umfang der gerichtlichen Kontrolle unterliegt. Er liegt vor, wenn dem erwerbsfähigen Leistungsberechtigten bei Berücksichtigung aller Umstände des Einzelfalls und **Abwägung** seiner berechtigten Interessen mit den Interessen der Gemeinschaft iRd SGB II ein anderes Verhalten nicht zugemutet werden kann.[62] Art und Schwere des Pflichtenverstoßes sind dabei ebenso zu berücksichtigen wie die individuelle Situation des Einzelnen.

57 Die Gerichte haben eine **umfangreiche Kasuistik** wichtiger Gründe entwickelt, die eine Pflicht- bzw Obliegenheitsverletzung rechtfertigen. Im Vordergrund stehen persönliche – insb. familiäre oder gesundheitliche – Gründe.

Als wichtige Gründe wurden zB anerkannt (nicht abschließend):

- die Herstellung oder Wahrung einer ehelichen Lebensgemeinschaft oder einer ihr gleichgestellten Lebenspartnerschaft, *nicht* dagegen die Herstellung einer ehe- oder partnerschaftsähnlichen Gemeinschaft,[63]

60 Für die vorgehende spezielle Regelung: SG Hamburg 16.3.2007 – S 62 AS 2227/06; LSG Sachsen-Anhalt 24.1.2008 – L 2 B 96/07 AS ER; SG Düsseldorf 8.10.2007 – S 28 AS 6/05; SG Hannover 28.1.2009 – S 5 AS 3312/08 ER; für eine parallele Anwendung: LSG Schleswig-Holstein 24.1.2007 – L 10 B 563/06 AS ER; zumindest in Fällen die Absatz 1 nicht regelt LSG Berlin-Brandenburg 16.12.2008 – L 10 B 2154/08 AS ER. Das LSG Hamburg hob die Entscheidung des SG Hamburg 16.3.2007 auf. Seiner Ansicht nach macht es keinen Unterschied, ob jemand vor oder während des SGB II-Leistungsbezugs eine selbst gesuchte Arbeitsstelle aufgibt, der Leistungsempfänger im zweiten Fall dann besser gestellt wäre; zwischen Abs. 1 und Abs. 4 gebe es diesbezüglich kein Rangverhältnis, s. LSG Hamburg 16.7.2009 – L 5 AS 20/07.

61 BSG 22.3.2010 – B 4 AS 68/09 R.

62 LSG Rheinland-Pfalz 5.7.2007 – L 3 ER 175/07 AS.

63 BSG 29.11.198811/7 – RAr 91/87.

- Familienpflichten, allerdings *nicht*, wenn sich der Ehemann unter Berufung auf kulturelle Traditionen nicht zur Betreuung der gemeinsamen Kinder bereit erklärt,[64]
- Glaubens- oder Gewissensgründe, die allerdings nicht geltend gemacht werden können, wenn der Maßnahmeträger ein konfessionell orientierter Wohlfahrtsverband ist;[65] auch eine rechtsradikale Gesinnung ist kein wichtiger Grund, die Arbeitsgelegenheit in einem multikulturellen Forum abzulehnen,[66]
- in einer Arbeitssituation bestehende Gründe wie Mobbing oder Auftreten gesundheitsgefährdender Stoffe,
- eine Beschäftigung auf dem ersten Arbeitsmarkt, auch wenn es sich dabei vorerst um eine geringfügige Beschäftigung handelt mit ungewisser Aussicht auf eine sozialversicherungspflichtige Beschäftigung,
- Abwendung einer Haftstrafe, wenn der Leistungsberechtigte eine gemeinnützige unentgeltliche Arbeit zur Abwendung einer Ersatzfreiheitsstrafe verrichtet,
- Arbeitsbedingungen, die gegen gesetzliche oder tarifliche Vorschriften verstoßen (zB Fernfahrer soll gegen die gesetzlichen Lenkzeiten verstoßen, untertarifliche Bezahlung bei einem allgemeinverbindlich erklärten Tarifvertrag oder bei Tarifbindung),
- bestehende Ausbildung in einem schulischen Berufsgrundbildungsjahr, an einer Schule oder Fachoberschule,
- der Aufenthalt in einem Frauenhaus, wenn das Ziel des Aufenthalts – Gewährung von Schutz und Zuflucht vor dem gewalttätigen Ehemann – durch das Tätigwerden des Jobcenters gefährdet wäre,[67]
- rechtswidrige Klauseln in einer Eingliederungsvereinbarung, deren Erfüllung dem Leistungsberechtigten nicht zumutbar ist[68] oder wenn eine Eingliederungsvereinbarung inhaltlich rechtswidrig ist;[69] eine subjektiv empfundene Unzumutbarkeit ist allerdings nicht ausreichend.[70]

58 Erkennbar ist, dass der wichtige Grund, den der Leistungsberechtigte gegen eine Sanktion wegen einer Pflichtverletzung bzgl. seiner Eingliederung anführen kann, sich in hohem Maße an **§ 10 SGB II anlehnt** und deshalb bereits bei Anordnung einer Sanktion geprüft werden müsste. Allerdings betrifft dies vor allem die Kürzungstatbestände, die ausdrücklich auf die Zumutbarkeit abstellen (§ 31 Abs. 1 Nr. 2 und 3 SGB II); im Fall des § 31 Abs. 1 Nr. 1 SGB II stellt sich erst beim wichtigen Grund die Zumutbarkeitsfrage.

59 Die **Darlegungs- und Beweislast** für das Vorliegen eines wichtigen Grundes obliegt dem Leistungsberechtigten, was indessen nicht dazu führt, dass das Jobcenter keine Ermittlungen von Amts wegen mehr betreiben muss. Dies gilt insb. für die in der Sphäre des Jobcenters liegenden wichtigen Gründe, die einen Pflichtenverstoß rechtfertigen können wie den Nachweis der Zumutbarkeit von konkreten Verpflichtungen, den Zugang des Vermittlungsangebots oder die Rechtmäßigkeit der angebotenen Maßnahme. Der Leistungsberechtigte hat seinerseits verstärkte Mitwirkungspflichten, um einen wichtigen Grund, der in seiner persönlichen Sphäre liegt – vor allem gesundheitliche, familiäre oder persönliche Gründe – nachzuweisen.

60 Bevor sich der Leistungsberechtigte auf einen wichtigen Grund beruft, muss er selbst versucht haben, den wichtigen **Hinderungsgrund** zu **beseitigen**, sofern ihm das möglich

64 LSG Hessen 29.9.2006 – L 9 AS 179/06 ER.
65 LSG Baden-Württemberg 16.4.2008 – L 7 AS 1398/08 ER-B.
66 SG Dortmund 9.10.2006 – S 32 AS 214/06.
67 BA-FH § 31 Rn 31.12 a.
68 So zB wenn der Leistungsberechtigte verpflichtet wird „auch bei Krankheit (außer bei bettlägeriger Krankheit)" an einer Trainingsmaßnahme teilzunehmen, s. SG Hamburg 27.1.2006 – S 56 AS 10/06 ER.
69 Wenn sie zB inhaltlich auf die Klärung der Erwerbsfähigkeit zielt, s. LSG Rheinland-Pfalz 5.7.2007 – L 3 ER 175/07 AS.
70 LSG NRW 27.8.2007 – L 19 B 39/07 AS zum Telefonmarketing im Call-Center.

und zumutbar ist[71] (zB Gespräch mit dem Arbeitgeber, um ihn auf die gesetzlichen Vorschriften aufmerksam zu machen, gegen die verstoßen werden soll).

Praxishinweis: Den Nachweis eines wichtigen Grunds für eine Pflichtverletzung muss der erwerbsfähige Leistungsberechtigte selbst führen, um die Sanktion abzuwenden. Vor der Prüfung eines wichtigen Grunds muss allerdings erst festgestellt werden, dass die vom Jobcenter angebotene Maßnahme rechtmäßig, insb. zumutbar war. Auch die formellen Voraussetzungen wie die Rechtsfolgenbelehrung oder der Nachweis der Kenntnis der Rechtsfolgen müssen durch das Jobcenter für die Rechtmäßigkeit der Sanktion nachgewiesen werden. Fehlt es bereits an der Rechtmäßigkeit der Aufforderung des Jobcenters, deren Nichtbefolgung sanktioniert werden soll, ist die Sanktion auch ohne den Nachweis eines wichtigen Grunds rechtswidrig.

3. Rechtsfolgen der Pflichtverletzungen aus § 31 SGB II

a) Sanktionsgegenstand

61 Sanktionen führen zu einer **stufenweisen Absenkung des Alg II.** Dies folgt aus der Erziehungs- und Warnfunktion, die den Sanktionen zugrunde liegt und die dem erwerbsfähigen Leistungsberechtigten Gelegenheit zu einer Verhaltensänderung geben soll. Zudem entspricht diese Form der Absenkung dem rechtstaatlichen Verhältnismäßigkeitsgrundsatz. Von einer Sanktion **nicht betroffen** sind die Eingliederungsleistungen wie arbeitsmarktbezogene Leistungen (zB Leistungen der Ausbildungs-, Arbeits- und Berufsförderung oder Arbeitsmarkteinsteigerhilfen nach dem SGB III) und arbeitsmarktergänzende psychosoziale Eingliederungsleistungen wie Sucht- oder Schuldnerberatung, psychosoziale Hilfe und Tagesbetreuungsangebote für Kinder. Nicht sanktioniert werden darüber hinaus die Zuschüsse nach § 26 SGB II oder das Einstiegsgeld nach § 16 b SGB II sowie die Bedarfe nach § 24 SGB II[72] oder die Leistungen für Bildung und Teilhabe nach § 28 SGB II. Erwerbsfähige Leistungsberechtigte unter 25 Jahren unterliegen verschärften Sanktionen bei wiederholten Pflichtverletzungen.

b) Kürzung bei erstmaliger Pflichtverletzung

62 Bei erstmaliger Pflichtverletzung wird das Alg II **in einer ersten Stufe um 30 % der maßgeblichen Regelbedarfsleistung** gekürzt (§ 31 a Abs. 1 S. 1 SGB II).[73] Bezugsgröße ist dabei die Regelbedarfsleistung, die für den sich pflichtwidrig verhaltenden Leistungsberechtigten zu berücksichtigen ist. Der Kürzungsbetrag muss durch den exakten Eurobetrag ausgewiesen sein. Eine Rundung ist dabei nicht erlaubt.[74] Dabei werden zunächst die Leistungen der Arbeitsagenturen gekürzt (Regelbedarfsleistung, Mehrbedarfe etc.) und nur wenn diese nicht die Absenkung „auffangen" können, werden die Leistungen der kommunalen Träger (idR Kosten für Unterkunft und Heizung) abgesenkt. Übersteigt der Absenkungsbetrag den Leistungsanspruch, weil der Hilfeempfänger anzurechnendes Einkommen und Vermögen hat, läuft die Sanktion ggf ins Leere. Ändert sich während des Sanktionszeitraums die Höhe der Regelbedarfsleistung, weil zB der Partner sich trennt und die Regelbedarfsleistung von 90 auf 100 % steigen muss, hat dies keine Auswirkungen auf den ursprünglich festgelegten Kürzungsbetrag.

63 Nur bei demjenigen Leistungsberechtigten, dem die Pflichtverletzung vorzuwerfen ist, darf das Alg II gekürzt werden; lebt er in einer Bedarfsgemeinschaft, kann lediglich der auf ihn entfallende Anteil der Gesamtleistung gekürzt werden. In diesen Fällen besteht auch weiterhin die Sozial- insb. die Krankenversicherungspflicht, wenn sie sozialgeldbe-

---

71 BSG 06.2.2003 – B 7 AL 72/01 R.

72 Vgl BA-FH § 31 Rn 31.29.

73 Als Maßstab wird der ungeminderte Regelbedarf angesetzt, nicht der Betrag, der tatsächlich gezahlt wird und der unter Umständen aufgrund von Einkommen des Leistungsberechtigten geringer sein kann.

74 LSG Bayern 11.12.2008 – L 7 AS 100/08; SG Braunschweig 17.2.2009 – S 18 AS 983/07; VG Bremen 18.2.2008 – S 7 K 784/07.

ziehende Mitglieder in die Familienversicherung einschließt. Das gilt zumindest dann, wenn Sach- oder geldwerte Leistungen anstelle des Alg II nach § 31 a Abs. 3 SGB II gewährt werden. Eine **Mithaftung** der Mitglieder der Bedarfsgemeinschaft ist nicht zulässig, so dass auch ein Wegfall des Alg II oder eine den eigenen Bedarf übersteigende Absenkung des Betrags nicht den Anspruch der Mitglieder der Bedarfsgemeinschaft zB auf Sozialgeld entfallen lässt.

Praxishinweis: Eine erste Pflichtverletzung führt zur Kürzung von 30 % der Regelbedarfsleistung desjenigen Leistungsberechtigten, dem die Pflichtverletzung vorzuwerfen ist. Wenn der von einer Sanktion Betroffene in einer Bedarfsgemeinschaft lebt, darf nur sein Anteil gekürzt werden. Das muss aus dem Sanktionsbescheid eindeutig hervorgehen. Der zu Sanktionierende muss Adressat des Bescheides sein; geht der Sanktionsbescheid nur an den Vertreter der Bedarfsgemeinschaft bestehen ernsthafte Zweifel an einer rechtmäßigen Bekanntgabe. Nur wenn die Regelbedarfsleistung für die Kürzung nicht ausreicht (zB bei Aufstockern), können auch andere Leistungen gekürzt werden.

Bei Feststellung der Minderung hat das Jobcenter kein Ermessen. Die Kürzung tritt – bei Vorliegen aller Voraussetzungen – kraft Gesetzes ein. Das bedeutet auch, dass vorangegangene Bewilligungsbescheide nicht extra aufgehoben werden müssen.

c) Kürzung bei wiederholter Pflichtverletzung

aa) Allgemeines

64 Nach § 31 a Abs. 1 S. 2 SGB II wird bei der **ersten wiederholten Pflichtverletzung** nach § 31 SGB II das Alg II um 60 % der maßgeblichen Regelbedarfsleistung gekürzt. Eine wiederholte Pflichtverletzung liegt dann vor, wenn der erwerbsfähige Leistungsberechtigte in einem Bezugszeitraum von einem Jahr seinen Obliegenheiten nicht nachkommt, obwohl er bereits einen Sanktionsbescheid für eine erstmalige Pflichtverletzung mit einer Kürzung des Alg II erhalten hat.

65 Jede **weitere wiederholte Pflichtverletzung** nach § 31 SGB II bewirkt einen **vollständigen Wegfall** des Alg II (Minderung um 100 %). Erfasst werden hier nicht nur die Regelbedarfsleistungen, sondern auch die angemessenen Kosten der Unterkunft und Heizung sowie die Mehrbedarfe nach § 21 SGB II.

Praxishinweis: Der zwingend vollständige Wegfall des Alg II ab der zweiten wiederholten Pflichtverletzung stößt immer wieder – trotz der Möglichkeit von ergänzenden Sach- und geldwerten Leistung nach Ermessen des Jobcenters – auf verfassungsrechtliche Bedenken insb. unter dem Grundsatz der Verhältnismäßigkeit. Besitzt der erwerbsfähige Leistungsberechtigte keine anderen finanziellen Quellen, insb. kein Schonvermögen, besteht bei einer dreimonatigen Sanktionsfrist die Gefahr der Wohnungskündigung (§ 543 Abs. 2 Nr. 3 BGB). Das Jobcenter muss dann § 22 Abs. 8 SGB II prüfen, um eine drohende Wohnungslosigkeit abzuwenden; es ist dann auch gerechtfertigt, die Mietschulden zum Erhalt der Unterkunft zu übernehmen.

bb) Art der wiederholten Pflichtverletzung

66 Eine **wiederholte Pflichtverletzung** erfasst sowohl die Fälle, in denen nach Art und Gegenstand zwischen erstmaliger und wiederholter Pflichtverletzung im Kern Identität besteht (beharrliche Weigerung), als auch die Fälle, in denen der Leistungsberechtigte eine neue Pflichtverletzung begeht, die mit der vorherigen nicht identisch ist. Es ist nicht notwendig, dass die Pflichtverletzungen – um als wiederholte betrachtet zu werden – gleiche Tatbestände verwirklichen. Eine wiederholte Pflichtverletzung liegt allerdings nicht vor, wenn neben der Verwirklichung eines Sanktionstatbestands nach § 31 SGB II ein Meldeversäumnis nach § 32 SGB II begangen wurde.

67 **Keine wiederholte Pflichtverletzung** liegt vor, wenn

- ein und dieselbe, identische Obliegenheit mehrfach verletzt wird, in dem der Leistungsberechtigte seine bereits eingenommene Haltung bekräftigt, wenn ein Fortsetzungszusammenhang zwischen diesen Handlungen besteht (zB die mehrfache Ablehnung einer bestimmten, im Kern unverändert gebliebenen Eingliederungsvereinbarung oder einer bestimmten Arbeitsgelegenheit, die nach Art, Umfang und Arbeitgeber mehrmals angeboten und abgelehnt wird),

- mehrere Obliegenheiten durch ein- und dieselbe Handlung verletzt werden (zB die Verweigerung einer in einer Eingliederungsvereinbarung vereinbarten zumutbaren Arbeit) – kumulative Pflichtverletzung,
- mehrere zeitgleich, aber als Alternativen unterbreitete Angebote durch dieselbe Handlung abgelehnt werden,[75] da auf diese Weise die erzieherische Funktion der Sanktionen – die Folgen beharrlichen Weigerns zu spüren – erreicht wird,
- mehrere zeitgleich unterbreitete Arbeitsangebote aus denselben Gründen abgelehnt werden[76] oder
- der Leistungsberechtigte nach einem Meldeversäumnis erneut eingeladen wird, um über die Gründe für sein Nichterscheinen befragt zu werden, und er diesen zweiten Termin auch nicht wahrnimmt.

68 Eine wiederholte Pflichtverletzung liegt erst dann vor, wenn das **vorhergehende Sanktionsereignis bereits festgestellt** wurde (§ 31 a Abs. 1 S. 4 SGB II).[77] Notwendig ist dafür ein entsprechender Sanktionsbescheid, der auch auf die Folgen wiederholter Pflichtverletzung hinweisen und insofern eine Belehrung enthalten muss. Dies ist umso notwendiger, als dem erwerbsfähigen Leistungsberechtigten Gelegenheit gegeben werden soll, nach einem ersten Sanktionsbescheid sein Verhalten zu ändern. Konsequenz daraus ist, dass mehrere Pflichtverletzungen innerhalb eines Kalendermonats nicht mehr gesondert parallel sanktioniert werden können, da die vorhergehenden Sanktionen rechtmäßig verfügt und zumindest vollziehbar sein müssen.[78] Nur so kann der (erste) Absenkungsbescheid seine erzieherischen und appellativen Absichten erfüllen.[79]

69 Trifft die zweite Pflichtverletzung mit der ersten Pflichtverletzung zeitlich zusammen (**Sanktionszeiträume überlappen sich**), beträgt die Sanktionsquote nur 60 % (keine Addition von 30 % für die erste Pflichtverletzung und 60 % für eine wiederholte Pflichtverletzung). Es gilt bei gleichartigen Sanktionstatbeständen immer die höchste Sanktionsquote. Treffen dagegen Pflichtverletzungen nach § 31 SGB II mit denen nach § 32 SGB II (Meldeversäumnisse) zusammen, können die Sanktionsbeträge addiert werden.

Beispiel: Der erwerbsfähige Leistungsberechtigte lehnt am 20.7.2011 ohne wichtigen Grund eine zumutbare Arbeitsgelegenheit nach § 16 d SGB II ab. Er erhält einen Sanktionsbescheid am 4.8.2011, die Minderung seines Alg II um 30 % beginnt am 1.9.2011 und endet am 30.11.2011. Am 23.9.2011 bricht er ohne wichtigen Grund eine Eingliederungsmaßnahme ab. Der Sanktionsbescheid vom 5.10.2011 legt eine Minderung des Alg II um 60 % vom 1.11.2011 bis 31.1.2012 fest. Im „Überlappungsmonat" November beträgt die Minderung insgesamt nur 60 % der maßgeblichen Regelbedarfsleistung.

Versäumt dagegen der erwerbsfähige Leistungsberechtigte am 10.10.2011 ohne wichtigen Grund einen Meldetermin bei der ARGE und geht ihm ein Sanktionsbescheid am 24.10.2011 zu, der eine Minderung ebenfalls vom 1.11.2011 bis 31.1.2012 feststellt, dann beträgt die gesamte Minderung insgesamt 70 % (60 % für wiederholte Pflichtverletzung plus 10 % für Meldeversäumnis).

---

75 LSG Berlin-Brandenburg 12.5.2006 – L 10 B 191/06 AS ER.

76 SG Berlin 9.3.2006 – S 53 AS 1305/06 ER.

77 LSG Baden-Württemberg 22.1.2007 – L 13 AS 4160/06 ER-B; LSG Berlin-Brandenburg 12.10.2007 – L 14 AS 1550/07 ER; LSG Land NRW 24.9.2007 – L 20 B 169/07 AS ER; LSG Niedersachsen-Bremen 22.6.2009 – L 7 AS 266/09 B ER.

78 LSG Baden-Württemberg 16.4.2008 – L 7 AS 1398/08 ER-B.

79 LSG Sachsen 1.11.2007 – L 3 B 292/07 AS-ER; LSG Niedersachsen-Bremen 22.6.2009 – L 7 AS 266/09 B ER.

70 Hat der erwerbsfähige Leistungsberechtigte bereits drei Pflichtverletzungen begangen und wird ihm deshalb das Alg II um 100 % gekürzt, besteht nach § 31 a Abs. 1 S. 6 SGB II die Möglichkeit, die Sanktion auf eine **Minderung auf 60 % des Regelbedarfs** zu begrenzen. Das setzt voraus, dass sich der erwerbsfähige Leistungsberechtigte nachträglich bereit erklärt, seinen Pflichten nachzukommen, dh ein obliegenheitskonformes „Wohlverhalten“ zeigt. Über diese unter Berücksichtigung aller Umstände im Einzelfall zu treffenden Ermessensentscheidung entscheidet das Jobcenter gesondert; sie kann zeitlich und bescheidmäßig mit dem weiterhin zwingend – bei der zweiten wiederholten Pflichtverletzung – anzuordnenden Wegfall des Alg II verbunden werden, muss es aber nicht. Die Vorschrift erlaubt nur und ausschließlich eine Begrenzung der Regelleistung auf 60 %; sie ermöglicht nicht zB eine Verkürzung des Sanktionszeitraums oder die Minderung auf einzelne Leistungsteile (Mehrbedarfe oder Kosten der Unterkunft) zu beschränken und auch nicht einen anderen Prozentsatz festzulegen. Die Begrenzung ist vor allem deswegen wichtig, weil die mit dem Alg II verbundene Versicherungspflicht bei einer 100 %-igen Kürzung wegfällt, wenn darüber hinaus keine Sach- oder Geldleistungen gewährt werden.

So ist eine Begrenzung möglich, wenn der Leistungsberechtigte sich zB bereit erklärt den Pflichten aus der Eingliederungsvereinbarung künftig nachzukommen,

eine verweigerte Eingliederungsmaßnahme doch noch vor deren Beginn oder im Einverständnis mit dem Maßnahmeträger nach deren Beginn anzutreten,

die im öffentlichen Interesse liegende Arbeitsgelegenheit doch noch anzutreten oder

sich rechtzeitig noch auf eine angebotene Arbeitsstelle zu bewerben oder künftig auf Vermittlungsvorschläge unverzüglich zu reagieren und Kontakt mit potenziellen Arbeitgebern aufzunehmen.

71 Die Erklärung folgt dem Pflichtenverstoß zeitlich nach, kann dann aber sowohl nach Erteilung des Sanktionsbescheids als auch davor, etwa während der Anhörung nach § 24 SGB X, erfolgen. Die **Erklärung** muss **ernsthaft und glaubwürdig** sein. Sie kann formfrei, dh auch mündlich abgegeben werden und muss erkennen lassen, dass der Leistungsberechtigte bereit ist, künftig die ihm auferlegten Obliegenheiten zu erfüllen. Falls die Rechtmäßigkeit der Obliegenheit bestritten wird, kann er die Erklärung auch unter Aufrechterhaltung seines Rechtsstandpunkts mit der Maßgabe abgeben, dass er bis auf Weiteres und vorbehaltlich einer Klärung der Sach- und Rechtslage die ihm abverlangten Handlungen vornehmen werde. Das Jobcenter darf die Erklärung nicht mit einem Rechtsbehelfs- oder Rechtsmittelverzicht verbinden lassen.

72 Strittig ist, ob die Erklärung nur wirksam ist, wenn der Leistungsberechtigte im Sinne **„tätiger Reue“** die abverlangte Tätigkeit nachholen können muss zB die Eingliederungsmaßnahme noch beginnen oder fortgeführen kann, die Bewerbung noch erstellen oder die fragliche Stelle noch antreten kann. Der Wortlaut erfordert allerdings lediglich eine **ernsthafte Erklärung.** Da es im Ermessen des Trägers liegt, ob er die Begrenzung vornimmt oder nicht, kann er auch entscheiden, ob diese Erklärung glaubwürdig und ernsthaft ist oder ob sie zB durch vorangegangene Erklärungen, denen keinerlei Taten des Leistungsberechtigten gefolgt sind, nicht ernst zu nehmen ist. Dabei kann er die Umstände des Einzelfalls prüfen, vor allem die bisherige „Sanktionierungsgeschichte“, die man als Indiz für die Ernsthaftigkeit der Erklärung heranziehen kann. Auch die Auswirkungen auf in der Bedarfsgemeinschaft lebende minderjährige Kinder, deren Unterkunft durch den Wegfall der Leistungen gefährdet wird, sollte in die Ermessensentscheidung mit einfließen sowie Art und Gewicht der wiederholten Pflichtverletzung, den Grad des Verschuldens, der Mitverursachungsbeitrag des Jobcenters durch quantitativ oder qualitativ unzureichende Angebote, Betreuungsmängel, Unvermögen des persönlichen Ansprechpartners, der zeitliche Abstand zum vorangegangenen Pflichtverstoß und

das zwischenzeitlich gezeigte Verhalten, Alter oder Einsichtsfähigkeit des Leistungsberechtigten.

73 Die Gerichte können innerhalb des abgestuften Sanktionssystems bei der **Überprüfung des zweiten Sanktionsbescheids** auch den ersten Sanktionsbescheid trotz dessen ggf mittlerweile eingetretenen Bestandskraft überprüfen, wenn der Kläger geltend macht, dass bereits die erste Sanktion unberechtigt war. In diesem Vorbringen kann ein Überprüfungsantrag nach § 44 SGB X gesehen werden, welchen das Gericht auch ohne Verwaltungsentscheidung aufgreifen muss.[80]

Praxishinweis: Jede Pflichtverletzung führt zu einer höheren Sanktion. Bereits die zweite wiederholte Pflichtverletzung lässt das Alg II ganz entfallen. Wird das Alg II um 100 % gekürzt, entfällt auch der Kranken- und Pflegeversicherungsschutz, es sei denn, es werden Sach- oder Geldleistungen gewährt.

Erklärt sich ein erwerbsfähiger Leistungsberechtigter nach Kürzung des Alg II um 100 % nachträglich ernsthaft und glaubhaft bereit, seinen Pflichten und Obliegenheiten künftig nachzukommen, kann das Jobcenter die Sanktion auf 60 % begrenzen. Damit bleibt der Versicherungsschutz erhalten. Diese Entscheidung liegt im Ermessen des Jobcenters, das die Umstände des Einzelfalls berücksichtigen muss. Die Begrenzung erfolgt erst ab dem Zeitpunkt, ab dem die Erklärung des Leistungsberechtigten erfolgt – hat die Minderung schon begonnen, kann die Begrenzung nur für den Rest des Minderungszeitraums eintreten.

cc) Bezugszeitraum

74 Eine wiederholte Pflichtverletzung liegt nur vor, wenn diese **innerhalb eines Jahres** nach Beginn des vorausgegangenen Minderungszeitraums verübt wurde (§ 31 a Abs. 1 S. 5 SGB II). Die Jahresfrist wurde aus Gründen der Verhältnismäßigkeit eingeführt; sie begrenzt einerseits die Wirkungen der Sanktionsverschärfungen bei längerem obliegenheitsgerechtem Verhalten des Leistungsberechtigten. Andererseits ermöglicht diese Frist dem Leistungsträger auch, länger auseinanderliegende Pflichtverletzungen innerhalb eines Jahres mit einer verschärften Sanktionsstufe zu belegen.

75 Entscheidend für den Beginn der Jahresfrist ist der **Beginn des Sanktionszeitraums** für die vorangegangene Pflichtverletzung. Jede Pflichtverletzung löst eine eigene Jahresfrist aus. Das Jahr wird durch Rückrechnung unter Berücksichtigung von § 26 Abs. 1 SGB X iVm §§ 187 Abs. 2 S. 1, 188 Abs. 2 BGB ermittelt. Aus diesen Gründen verlangt die Rechtsprechung auch eine zeitnahe Bescheiderteilung, weil das Jobcenter anderenfalls die Möglichkeit hat, die Jahresfrist unverhältnismäßig zu verlängern. Die Frist läuft dabei kalendermäßig ab. Wird während der Jahresfrist der Leistungsbezug, zB wegen überschießenden Einkommens unterbrochen, wirkt sich dies nicht fristverlängernd aus.

Beispiel für Sanktionszeitraum und wiederholte Pflichtverletzung: 1. Pflichtverletzung – Abbruch einer Eingliederungsmaßnahme am 15.7.2011, Sanktionsbescheid geht am 27.7.2011 zu, Beginn des Sanktionszeitraums ist am 1.8.2011.

2. Pflichtverletzung – Ablehnung einer zumutbaren Arbeit am 28.9.2011, Sanktionsbescheid geht am 10.10.2011 zu, Beginn des Sanktionszeitraums ist am 1.11.2011.

3. Pflichtverletzung – fehlender Nachweis der in der Eingliederungsvereinbarung festgelegten Bewerbungen am 3.1.2012, Sanktionsbescheid geht am 20.1.2012 zu, Beginn des Sanktionszeitraums ist der 1.2.2012.

---

80 LSG Niedersachsen-Bremen 22.6.2009 – L 7 AS 266/09 B ER unter Verweis auf die Rspr des BSG zur Lage im Sperrzeitenrecht, BSG 21.3.2002 – B 7 AL 44/01 R.

Aug 11	Sep	Okt	Nov	Dez	Jan 12	Feb	Mär	Apr	Mai	Jun	Jul	Aug	Sep
Sanktionszeitraum für 1. Pflichtverletzung													
Jahresfrist für 1. Pflichtverletzung bis 31.7.2012													
			Sanktionszeitraum für 2. Pflichtverletzung (1. wiederholte Pflichtverletzung)										
			Jahresfrist für 2. Pflichtverletzung bis 31.10.2012										
						Sanktionszeitraum für 3. Pflichtverletzung (2. wiederholte Pflichtverletzung)							
						Jahresfrist für 3. Pflichtverletzung bis 31.1.2013							

Während des Sanktionszeitraums für die 2. Pflichtverletzung (November 2011 bis Januar 2012) wird das Alg II des Leistungsberechtigten um 60 % abgesenkt; während des 3. Sanktionszeitraums (Februar bis April 2012) um 100 %. Innerhalb jeder Jahresfrist gelten die stufenweisen Absenkungen; würde der Leistungsberechtigte im November 2012 eine weitere Pflichtverletzung begehen, „zählt" nur noch die Jahresfrist der (hier) 3. Pflichtverletzung. Eine Wiederholung bestünde dann bzgl der 3. Pflichtverletzung und eine Absenkung um 60 % wäre möglich.

76 Erforderlich ist, dass die **vorangegangene Leistungsabsenkung wirksam** ist; wird bereits deren Rechtmäßigkeit bestritten und ist das Verfahren noch nicht abgeschlossen, dh der Sanktionsbescheid ist noch nicht bestandskräftig, muss die Rechtmäßigkeit dieses Sanktionsbescheids bei der folgenden Absenkung inzident mit geprüft werden.

77 Begriff und Jahreszeitraum für die wiederholte Pflichtverletzung müssen für Pflichtverletzungen nach § 31 und § 32 SGB II gesondert bestimmt werden. Eine Folgeabsenkung wegen wiederholter Pflichtverletzung kommt nur dann in Betracht, wenn die vorausgegangene Sanktion wegen einer **typengleichen Pflichtverletzung** verhängt wurde. Typengleiche oder gleichartige Pflichtverletzungen sind solche nach § 31 SGB II bzw nach § 32 SGB II und eine Sperrzeit nach § 31 Abs. 2 Nr. 3 SGB II wegen Meldeversäumnisses. Das bedeutet, dass bei dem Leistungsberechtigten, der eine Sanktion zunächst wegen eines Verstoßes gegen § 31 SGB II erhalten hat und bei dem die Jahresfrist zu laufen beginnt, diese nicht wegen eines Meldeversäumnisses nach § 32 SGB II unterbrochen bzw verlängert wird. Nach Ablauf des Jahres wird die dann erste Pflichtverletzung wieder mit 30 % bzw 10 % Absenkung sanktioniert.

Beispiel: Ein Alleinstehender erwerbsfähiger Hilfebedürftiger über 25 nimmt Anfang Januar 2012 eine Arbeitsgelegenheit nach § 16 d SGB II nicht an (§ 31 Abs. 1 Nr. 2 SGB II). Der Sanktionsbescheid mit einer 30 %-igen Absenkung der Regelbedarfsleistung wird am 20.1.2012 wirksam. Der Sanktionszeitraum umfasst die Monate Februar–April 2012. Mitte Januar versäumt er einen rechtmäßig angeordneten ärztlichen Untersuchungstermin (§ 32 SGB II), der Sanktionsbescheid mit einer 10 %-igen Absenkung der Regelbedarfsleistung wird Ende Februar 2012 wirksam, der Sanktionszeitraum umfasst die Monate März–Mai 2012. Im Februar kann er bestimmte, in der Eingliederungsvereinbarung festgelegte Eigenbemühungen nicht nachweisen (§ 31 Abs. 1 Nr. 1 SGB II), der Sanktionsbescheid ergeht im März mit der Anordnung einer 60 %-igen Absenkung wegen wiederholter Pflichtverletzung; Sanktionszeitraum ist April bis Juni 2012. Die Sanktionen stellen sich folgendermaßen dar:

	Januar	Februar	März	April	Mai	Juni
§ 31 Abs. 1 S. 1 Nr. 2 SGB II		30 %	30 %	30 %		
		112,20 EUR	112,20 EUR	112,20 EUR		
§ 32 SGB II			10 %	10 %	10 %	
			37,40 EUR	37,40 EUR	37,40 EUR	
§ 31 Abs. 1 S. 1 Nr. 1 SGB II				60 %	60 %	60 %
				224,40 EUR	224,40 EUR	224,40 EUR
Gesamt-absenkung		30 %	40 %	70 %	70 %	60 %
		112,20 EUR	149,60 EUR	261,80 EUR	261,80 EUR	224,40 EUR
Auszahlungs-betrag		261,80 EUR	224,40 EUR	112,20 EUR	112,20 EUR	149,60 EUR

Praxishinweis: Jede Pflichtverletzung löst eine eigene Jahresfrist aus, in der eine weitere typengleiche Pflichtverletzung als Wiederholung gilt und damit eine weitere Absenkung nach sich zieht. Die Jahresfrist beginnt mit dem Beginn des Sanktionszeitraums zu laufen und endet kalendermäßig. Nach Ablauf der Jahresfrist beginnt die Absenkung wieder bei 30 %.

Nicht gleichartige Pflichtverletzungen laufen parallel und werden zu den bestehenden Absenkungen addiert.

Eine wiederholte Pflichtverletzung kann nur vorliegen, wenn die Sanktion bereits festgestellt und dem Leistungsberechtigten bekannt gegeben wurde.

d) Dauer der Kürzung

78 Absenkung und Wegfall der Alg II-Leistungen treten zwar kraft Gesetzes ein, müssen gleichwohl durch einen entsprechenden Sanktionsbescheid festgestellt werden. Die Dauer der Kürzung beträgt **immer drei Monate**, beginnt jeweils ab dem Monat, der auf die Bekanntmachung und damit das Wirksamwerden des Sanktionsbescheides folgt (§ 31 b Abs. 1 S. 1, 3 SGB II, § 40 Abs. 1 SGB II iVm § 39 Abs. 1 SGB X) und läuft kalendermäßig ab. Vor Erlass des Sanktionsbescheids ist das Jobcenter – da es sich um einen belastenden Verwaltungsakt handelt – verpflichtet, den Leistungsberechtigten **anzuhören** (§ 24 SGB X), allerdings kann die Anhörung auch nachgeholt werden. Die Fristberechnung erfolgt nach § 40 Abs. 1 SGB II iVm § 26 SGB X. Die Sanktionsdauer ist konstitutives Element des (feststellenden) Bescheids. Sie kann grds. nicht verkürzt werden (Ausnahme bei unter 25-Jährigen, § 31 b Abs. 1 S. 4 SGB II), auch wenn zwischenzeitlich die Pflichtverletzung beendet wurde.

79 Eine **Ausnahme** hinsichtlich des Beginns des Sanktionszeitraums bildet § 31 Abs. 2 Nr. 3 SGB II, nach dem die Sanktion an die **Verhängung einer Sperrzeit** oder der Bekanntgabe des Erlöschens eines Alg I-Anspruchs geknüpft ist. Hier beginnt die Absenkung mit Beginn der Sperrzeit bzw mit dem Erlöschen des Anspruchs nach dem SGB III (§ 31 b Abs. 1 S. 2 SGB II). In diesen Fällen hat der Absenkungsbescheid nur noch deklaratorische Wirkung, eine Absenkung ist auch rückwirkend möglich. Indessen

ist die Dauer der Absenkung nicht an die Dauer der Sperrzeit – die weniger als drei Monate umfassen kann – geknüpft.

80 Absenkung und Wegfall können grds. nur mit Wirkung für die Zukunft eintreten; war bereits eine Leistung für diesen Zeitraum bewilligt, geht § 31 b Abs. 1 SGB II als **abschließende und spezielle Sanktionsregelung** dem § 48 SGB X vor. Da so eine Aufhebung des Bewilligungsbescheids für die Vergangenheit gesperrt ist, läuft eine Sanktion in den Fällen, in denen der Bewilligungszeitraum bei Erlass des Sanktionsbescheids ausgelaufen ist und sich keine Folgeleistungen anschließen, ins Leere. Ausnahme ist hier eine Sanktion nach § 31 Abs. 2 Nr. 3 SGB II. Da nach § 31 b Abs. 1 S. 2 SGB II die Absenkung kraft Gesetzes mit Erlass des Sperrzeitbescheids eintritt, können auch zu diesem Zeitpunkt bewilligte Leistungen mit Wirkung für die Vergangenheit noch zurückgefordert werden. Der Eintritt der Sperrzeit ist dann die wesentliche Änderung iSd § 48 Abs. 1 S. 1, 2 Nr. 4 SGB X, der hier über § 40 Abs. 1 Nr. 1 SGB II, § 330 SGB III Anwendung findet.

81 Der Sanktionsbescheid muss **hinreichend klar und deutlich** sowohl die Pflichtverletzung, deren Folge die Absenkung oder der Wegfall des Alg II ist, als auch Umfang der Kürzung, Zeitdauer, ggf „Restdauer" vorhergehender Sanktionen und den konkreten Absenkungsbetrag enthalten.[81]

82 Zwischen Bekanntwerden des Sanktionstatbestands, dh der Pflichtverletzung des Leistungsberechtigten, und dem Sanktionsbescheid muss ein **enger zeitlicher Zusammenhang** bestehen. Dieser enge zeitliche Zusammenhang war bis zum Inkrafttreten des Gesetzes zur Ermittlung von Regelbedarfen nach der Rechtsprechung eine ungeschriebene Rechtmäßigkeitsvoraussetzung für die Verhängung einer Sanktion. Der enge zeitliche Zusammenhang wurde zwischen zwei und drei Monaten gesehen.[82] Nunmehr regelt § 31 b Abs. 1 S. 5 SGB II, dass zwischen der Pflichtverletzung und dem Sanktionsbescheid nicht mehr als sechs Monate liegen dürfen.

83 Bei erwerbsfähigen Leistungsberechtigten **unter 25 Jahren** kann das Jobcenter nach § 31 b Abs. 1 S. 4 SGB II den Sanktionszeitraum **auf sechs Wochen verkürzen**. Dies gilt sowohl für bei Verstößen gegen die Pflichten nach § 31 SGB II als auch nach § 32 SGB II. Auch bei wiederholter Pflichtverletzung ist eine Verkürzung möglich. Die Entscheidung über eine Verkürzung des Sanktionszeitraums setzt eine pflichtgemäße Ermessensentscheidung voraus, die von Amts wegen getroffen werden muss. Das Jobcenter kann dabei Art und Umstände des Pflichtenverstoßes, den Grad des Verschuldens, das Alter und die Einsichtsfähigkeit der oder des jungen Leistungsberechtigten, das Verhalten nach dem Pflichtenverstoß, die Wirkungen, die bei unverkürzter Sanktionsdauer auf die Integrationsfähigkeit und -bereitschaft der oder des jungen Leistungsberechtigten zu erwarten sind und ob es sich um einen wiederholten Pflichtenverstoß handelt, berücksichtigen. Übt das Jobcenter kein Ermessen aus, so liegt ein Ermessensausfall und damit eine rechtswidrige Entscheidung vor.[83]

Praxishinweis: Während des Sanktionszeitraums besteht kein Anspruch auf ergänzende Leistungen der Hilfe zum Lebensunterhalt nach dem SGB XII (§ 31 b Abs. 2 SGB XII).

4. Verschärfte Sanktionen für unter 25-Jährige (§ 31 a Abs. 2 SGB II)

84 Unter 25-jährige Leistungsberechtigte unterliegen nach § 31 a Abs. 2 SGB II strengeren Sanktionen. Auf diese Weise soll der Druck auf sie erhöht und Langzeitarbeitslosigkeit

81 LSG Berlin-Brandenburg 6.12.2007 – L 5 B 1410/07 AS ER; LSG Baden-Württemberg 17.10.2006 – L 8 AS 4922/06 ER-B.

82 SG Hamburg 9.11.2007 – S 62 AS 1701/06 für drei Monate; SG Duisburg 23.11.2007 – S 10 AS 163/07 ER und SG Berlin 21.1.2006 – S 37 AS 11525/05 ER für zwei Monate.

83 Vgl LSG Berlin-Brandenburg 13.10.2008 – L 25 B 1835/08 AS ER.

vermieden werden. Dabei unterscheiden sich die Sanktionstatbestände und deren Rechtmäßigkeitsvoraussetzungen – hier insb. eine konkrete, eindeutige, verständliche, verbindliche Rechtsfolgenbelehrung, die auch die verschärften Rechtsfolgen berücksichtigt – nicht von denen, denen über 25-Jährige unterliegen. Auch gibt es keine gesteigerten Mitwirkungspflichten oder höhere Verhaltensanforderungen an die jungen Leistungsberechtigten, an die die verschärften Sanktionen anknüpfen könnten.

85 Die Vorschrift gilt für Leistungsberechtigte, die das 25. Lebensjahr noch nicht vollendet haben. Maßgeblicher **zeitlicher Anknüpfungspunkt** ist dabei das Alter, in welchem die Obliegenheitsverletzung begangen wurde.

86 Bei einem **erstmaligen** Pflichtverstoß nach § 31 SGB II wird bei Leistungsberechtigten unter 25 Jahren die Regelbedarfsleistung um 100 %, einschl. aller Mehrbedarfe abgesenkt;[84] allein Leistungen für Unterkunft und Heizung nach § 22 SGB II werden noch erbracht. Bei **wiederholtem** Pflichtverstoß nach § 31 SGB II entfällt das Alg II vollständig, auch die Kosten für Unterkunft und Heizung werden gestrichen (Satz 2). Ob ein wiederholter Pflichtverstoß vorliegt, bestimmt sich auch hier nach § 31 a Abs. 1 S. 4 SGB II; der Bezugszeitraum umfasst ebenfalls ein Jahr (§ 31 a Abs. 2 S. 3 iVm Abs. 1 S. 5 SGB II).

Praxishinweis: Die Streichung der Unterkunftskosten für sich wiederholt pflichtwidrig verhaltene junge Leistungsberechtigte führt vor allem dann zu Problemen, wenn diese – so wie es das Gesetz im Grundsatz für unter 25-Jährige vorsieht – noch bei ihre Eltern wohnen, die selbst im Leistungsbezug nach dem SGB II stehen. Sie sind dann von der Sanktion in besonderer Weise mit betroffen, da die Unterkunftskosten nach der Kopfzahl aufgeteilt werden. Es kommt zu einem sippenhaftartigen Übergreifen auf Personen, die sich selbst pflichtenkonform verhalten. Deshalb wird vertreten, dass – zur Vermeidung eines solchen Ergebnisses – der auf den sanktionierten jungen Leistungsberechtigten entfallende Unterkunftskostenanteil für die Dauer der Minderung den Eltern zusätzlich gewährt wird. In diesen Fällen wird von der Aufteilung nach Kopfzahl abgewichen.[85]

87 Wird das Alg II in voller Höhe abgesenkt, kann das Jobcenter nach § 31 b Abs. 2 S. 4 SGB II unter Berücksichtigung aller Umstände des Einzelfalls Leistungen für Unterkunft und Heizung erbringen, sofern sich der junge Leistungsberechtigte nachträglich bereit erklärt, seine Pflichten zu erfüllen. Diese **Wohlverhaltensklausel** setzt eine Ermessensentscheidung des Jobcenters voraus, die ebenso beurteilt wird wie die Entscheidung zur Begrenzung der Absenkung auf 60 % nach Abs. 1 S. 6. Insofern kann auf die dortigen Ausführungen verwiesen werden. Hier stellt sich besonders die Frage, wie groß die Gefahr eines Verlusts der Wohnung ist.

5. Ergänzende Sach- und geldwerte Leistungen

88 Aus Gründen der Verfassungsmäßigkeit und der sozialstaatlichen Verpflichtung zur Sicherung des Existenzminimums sieht das Gesetz verschiedene Möglichkeiten vor, um die Folgen von Sanktionen abzumildern bzw Verschlimmerungen wie Wohnungslosigkeit zu vermeiden. Auf diese Weise soll auch bei wiederholter Pflichtverletzung das zum Lebensunterhalt Unerlässliche gewährt werden. Das ist umso notwendiger, da ergänzende Hilfen zum Lebensunterhalt nach dem SGB XII im Sanktionsfall ausgeschlossen sind. Deshalb besteht die Möglichkeit

1. ergänzender Sach- oder geldwerter Leistungen ab einer Absenkung um mehr als 30 % des Alg II (§ 31 b Abs. 3 S. 1, 2 SGB II) oder

84 LSG Berlin-Brandenburg 13.10.2008 – L 25 B 1835/08 AS ER.
85 LSG Niedersachsen-Bremen 8.7.2009 – L 6 AS 335/09 B ER.

2. einer direkten Zahlung der Kosten der Unterkunft und Heizung an den Vermieter oder eine sonstige empfangsberechtigte Person ab einer Absenkung um mehr als 60 % des Alg II (§ 31 b Abs. 3 S. 3 SGB II).

89 Ergänzende Sach- oder geldwerte Leistungen können nach § 31 a Abs. 3 S. 1 SGB II erbracht werden, wenn das Alg II **über 30 % der Regelbedarfsleistung** abgesenkt wurde. Das setzt idR einen wiederholten Pflichtenverstoß oder einen kumulierten Pflichtenverstoß nach § 31 SGB II und § 32 SGB II voraus.

90 Ergänzende Sach- oder geldwerte Leistungen bedürfen eines **gesonderten Antrags** nach § 37 SGB II. Auf die Möglichkeit der ergänzenden Leistungen und die Notwendigkeit der Antragstellung soll der erwerbsfähige Leistungsberechtigte bereits in der Anhörung zur Sanktion hingewiesen werden.[86] Die Entscheidung über die ergänzenden Leistungen liegt im pflichtgemäßen Ermessen des Jobcenters, das hierbei die wirtschaftlichen Verhältnisse des Leistungsberechtigten – insb. das vorhandene, durch die Freibeträge nach § 12 Abs. 2 Nr. 1, 2 und 4 SGB II eigentlich geschützte Vermögen oder anderes (bis dahin anrechnungsfreies) Einkommen – berücksichtigen darf. Das Ermessen ist auf Null reduziert, wenn

- minderjährige Kinder in der Bedarfsgemeinschaft leben; dann sind ergänzende Leistungen zu erbringen (§ 31 a Abs. 3 S. 2 SGB II) oder
- das Alg II vollständig weggefallen ist und der Leistungsberechtigte keinerlei Reserven hat, um sein physisches Existenzminimum (Wohnung, Nahrung, Kleidung, medizinische Versorgung) sicherzustellen.[87]

91 Ergänzend sind lediglich **Sachleistungen** (zB Kleidung oder Mobiliar) oder **geldwerte Leistungen** (zB Wert- oder Lebensmittelgutscheine). Sie werden als Zuschuss, nicht als Darlehen gewährt. Sie dürfen insgesamt nur bis 70 % der Regelbedarfsleistungen aufgestockt werden. Nicht erfasst werden Mehrbedarfe. Das ergibt sich bereits aus der Vorschrift, die erst ab einer Absenkung über 30 % ergänzende Leistungen für notwendig erachtet, mithin eine 30 %-ige Minderung als hinnehmbar sieht.

92 **Grundlage** für die ergänzenden Leistungen ist der von den Regelbedarfen abgedeckte Betrag für Ernährung, Gesundheitspflege, Hygiene und Körperpflege (ca. 46 %). Beim Regelbedarf für Alleinstehende ist dies derzeit ein Betrag von ca. 172 EUR, der seinerseits um den 30 % überschreitenden Sanktionskürzungssatz verringert werden muss. Bei einer 60 %-igen Kürzung hat das Jobcenter danach über einen ergänzenden Leistungsanspruch iHv ca. 50 EUR zu entscheiden.

93 Wird das Alg II um mindestens 60 % des maßgeblichen Regelbedarfs abgesenkt und erhält der erwerbsfähige Leistungsberechtigte Leistungen nach § 22 SGB II (Kosten der Unterkunft und Heizung), so sollen diese Leistungen **direkt an den Vermieter** oder andere Empfangsberechtigte gezahlt werden (§ 31 a Abs. 3 S. 3 SGB II). Andere Empfangsberechtigte meint dabei insb. Energie-, Gas- oder Wasserversorger. Auf diese Weise soll die Gefahr von Wohnungslosigkeit oder eine ähnliche vergleichbare Notlage (zB Abschaltung von Strom und Heizung) vermieden werden.

---

86 BA-FH § 31 Rn 31.50. So bereits schon *Geiger* info also 2010, 3 (5), der auch die Einholung einer schriftlichen Erklärung des zu Sanktionierenden verlangt, dass die SGB II-Leistungen der übrigen Bedarfsgemeinschaftsmitglieder nicht zum Ausgleich der Kürzung verwendet werden wird. Dies erscheint indessen wenig praktikabel, zumal in einer Bedarfsgemeinschaft die Kassen in den wenigsten Fällen getrennt geführt werden dürften. Bis zur Regelsatzreform musste die Erbringung der ergänzenden Leistungen von Amts wegen geprüft werden s. LSG Berlin-Brandenburg 16.12.2008 – L 10 B 2154/08 AS ER. Ebenso LSG NRW 9.9.2009 – L 7 B 211/09 AS ER.

87 LSG Berlin-Brandenburg 16.12.2008 – L 10 B 2154/08 AS ER betrachtet dies als verfassungsrechtliche Vorgabe aus dem Prinzip der Menschenwürde (Art. 1 GG) und des Grundrechts auf körperliche Unversehrtheit (Art. 2 Abs. 2 GG).

94 Bei einer Absenkung des Alg II um 100 % entfällt der Sozialversicherungsschutz. Werden indessen ergänzende Sach- und geldwerte Leistungen gewährt, bleibt der **Versicherungsschutz** bestehen. Falls diese Leistungen nicht gewährt werden, ist es auch möglich, dem Leistungsberechtigten einen Zuschuss zur Kranken- und Pflegeversicherung nach § 26 Abs. 2 und 3 SGB II analog zu gewähren, um zu verhindern, dass dieser auf die Krankenhilfe nach dem SGB XII angewiesen ist.[88]

6. Meldeverstoß bzw Nichtwahrnehmung eines Untersuchungstermins (§ 32 SGB II)

95 Einen weiteren nunmehr gesondert geregelten Sanktionstatbestand enthält § 32 SGB II. Kommen Leistungsberechtigte trotz schriftlicher Belehrung einer Aufforderung zu einem **Meldetermin** oder einem Termin zu einer ärztlichen oder psychologischen Untersuchung nicht nach, kann das Alg II ebenfalls abgesenkt werden. Meldepflichtig sind dabei alle erwerbsfähigen Leistungsberechtigten. Der Tatbestand knüpft an die arbeitsförderungsrechtliche Meldeverpflichtung des § 309 SGB III, der auch über § 59 SGB II in der Grundsicherung für Arbeitsuchende Anwendung findet, an.

96 Die Aufforderung, Melde- oder Untersuchungsterminen nachzukommen, entspricht auch in gewissem Umfang den allgemeinen **Mitwirkungspflichten** der §§ 61, 62 SGB I; sie ist aber hinsichtlich ihrer Voraussetzungen, ihrem Rechtscharakter und ihren Folgen nicht vergleichbar,[89] da § 309 SGB III zB genau regelt, zu welchen Zwecken ein Melde- oder Untersuchungstermin möglich ist. Entscheidend ist aber vor allem, dass ein Nichterscheinen trotz Aufforderung nach dem SGB II (und auch nach dem SGB III) bereits per Gesetz Konsequenzen – hier eine Absenkung des Alg II bzw dort eine Sperrzeit nach dem SGB III – auslöst, ohne dass das Jobcenter hinsichtlich des Eintretens dieser Rechtsfolgen ein Ermessen hat. Rechtsfolgen nach § 66 SGB I liegen hingegen im Ermessen des Jobcenters, das die Leistungen gar nicht, ganz oder teilweise im Falle der Obliegenheitsverletzung entziehen kann. Das SGB II ist hinsichtlich der Verpflichtung, zu Melde- oder Untersuchungsterminen zu erscheinen, abschließend und kann insoweit nicht durch die allgemeinen Vorschriften des SGB I ergänzt werden.[90] Das Jobcenter ist damit verpflichtet, bei Verletzung der Meldepflicht Sanktionen nach § 32 SGB II zu ergreifen.[91]

97 Der erwerbsfähige Leistungsberechtigte hat eine **Obliegenheit**, sich persönlich zu melden und bestimmten Untersuchungen zur Verfügung zu stehen, wenn dies das Jobcenter verlangt. **Voraussetzungen** für die Verhängung einer Sanktion sind:

1. Der Leistungsberechtigte erscheint trotz Kenntnis der Aufforderung nicht zu einem Meldetermin oder zu einem ärztlichen/psychologischen Untersuchungstermin.
2. Der Termin war rechtmäßig angeordnet.
3. Der Leistungsberechtigte wurde schriftlich über die Rechtsfolgen seines Nichterscheinens belehrt oder hatte nachgewiesen Kenntnis über die Rechtsfolgen.
4. Er hatte keinen wichtigen Grund für sein Fernbleiben.

---

88 BA-FH § 31 SGB II Rn 31.52.

89 So BSG 20.3.1980 – 7 RAr 21/79 zur Meldeaufforderung nach Arbeitsförderungsrecht.

90 LSG Saarbrücken 2.5.2011 – L 9 AS 9/11 B ER, das auch eine Umdeutung eines Verwaltungsakts, der Leistungen nach § 66 SGB I versagt, in einen Sanktionsbescheid nach § 32 SGB II entsprechend ablehnt. Das schließt allerdings nicht aus, dass in anderen Bereichen die Mitwirkungspflichten des SGB I ergänzend angewendet werden können, wenn es keine speziellen Regelungen im SGB II bzw SGB III gibt, so zB für die Vorlage von Kontoauszügen in BSG 19.9.2008 – B 14 AS 45/07 R.

91 LSG Sachsen-Anhalt 20.2.2009 – L 5 B 376/08 AS ER.

5. Dem Leistungsberechtigten ist die Obliegenheitsverletzung auch subjektiv vorzuwerfen.[92]

98 Die Melde- oder Untersuchungsaufforderung muss konkret bezeichnen, warum der Leistungsberechtigte zu erscheinen hat.[93] Nach § 59 SGB II iVm § 309 SGB III analog muss die Aufforderung einem **zulässigen Zweck** dienen und klar bestimmen, zu welchem Zeitpunkt der Leistungsberechtigte an welchem Ort erscheinen soll.[94] Der Zweck muss sachgerecht sein und in der Einladung konkret, zumindest stichwortartig genannt werden.[95] Der Meldetermin muss nicht zwingend beim Jobcenter stattfinden, sondern kann auch in den Räumen eines Weiterbildungsträgers sein.[96]

Meldetermine sind zulässig für zB Berufsberatung, die Vermittlung in Ausbildung und Arbeit, die Vorbereitung von Eingliederungshilfen, die Vorbereitung von Entscheidungen im Leistungsverfahren, eine gemeinschaftliche Informationsveranstaltung oder die Prüfung der Voraussetzungen für einen Leistungsanspruch.

Eine Grenze der Meldeanordnungen liegt darin, wenn diese sich als objektiv erkennbar „schikanös" erweisen, allerdings ist der subjektive Eindruck, „schikaniert zu werden", nicht ausreichend!

99 Die auch formlos mögliche Meldeanordnung wird teilweise als **Verwaltungsakt** angesehen.[97] Das lässt sich systematisch auch aus der analogen Anwendung des SGB III herleiten. Nach § 336 a S. 1 Nr. 4 SGB III haben Widerspruch und Klage gegen eine Meldeaufforderung nach § 309 SGB III keine aufschiebende Wirkung. Da Widersprüche nur gegen Verwaltungsakte zulässig sind (vgl §§ 78 ff SGG), kann indirekt daraus geschlossen werden, dass es sich bei der Meldeaufforderung um einen Verwaltungsakt handeln muss.[98] In jedem Fall muss das Jobcenter nachweisen, dass die Meldeaufforderung dem Leistungsempfänger zugegangen ist, bevor es eine Sanktion verhängen darf.

100 Das Alg II kann nur abgesenkt werden, wenn der Leistungsberechtigte am angegebenen Tag nicht am angegebenen Ort erschienen ist. Dieser Meldepflicht wird auch Genüge getan, wenn sich der Meldepflichtige in entsprechender Anwendung des **§ 309 Abs. 3 S. 2 SGB III** zu einer anderen Zeit am angegebenen Tag meldet und der Zweck der Meldung noch erreicht werden kann.

101 Nach § 31 Abs. 2 SGB II kann **nur die Verweigerung der physischen Präsenz** sanktioniert werden. Erscheint der Leistungsberechtigte zum Termin oder zur ärztlichen und psychologischen Untersuchung, lehnt die Mitarbeit oder die Untersuchung selbst aber ab, richten sich die Rechtsfolgen dieses Verhaltens nicht nach § 32 SGB II, sondern nach den §§ 66, 67 SGB I.[99]

102 Der Leistungsberechtigte kann durch den **Nachweis eines wichtigen Grundes**, der ihn zur Versäumung des Meldetermins veranlasst hat, die Absenkung des Alg II abwenden. Er muss dabei angeben, welche Umstände ihm das Erscheinen am angegebenen Ort und

92 Dies folge, so das BSG 9.11.2010, aus der strukturellen Ähnlichkeit des § 31 SGB II (Vorgängervorschrift) mit den Sperrzeittatbeständen des § 144 Abs. 1 S. 2 SGB III.

93 LSG Baden-Württemberg 27.9.2002 – L 8 AL 855/02.

94 LSG Berlin-Brandenburg 16.1.2008 – L 28 B 2119/07 AS ER.

95 LSG Baden-Württemberg 27.9.2002 – L 8 AL 855/02.

96 LSG Hamburg 13.2.2007 – L 5 B 43/07 ER AS.

97 So *Berlit* in: LPK-SGB II § 31 Rn 78. LSG Berlin-Brandenburg 21.7.2011 – L 14 AS 999/11 B. Bejaht hat es auch das BSG in seiner Entscheidung v. 20.3.1980 – 7 RAr 21/79. Einige Gerichte haben diese Frage offen gelassen, so zB LSG Sachsen 16.12.2008 – L 7 B 613/08 AS-ER; LSG Baden-Württemberg 14.3.2008 – L 8 AS 5579/07, die allerdings davon ausgehen, dass dann die Vorschriften des SGB X über den Verwaltungsakt – insb. § 37 SGB X über die Bekanntgabe – entsprechend angewendet werden müssen.

98 In diese Richtung auch die Aussagen des BSG 19.1.2005 – B 11a/11 AL 39/04 R. Das LSG NRW 26.6.2006 – L 1 B 16/06 AS ER prüft die Frage indirekt im Rahmen einer vorbeugenden Unterlassungsklage gegen Meldeaufforderungen des Jobcenters.

99 BSG 20.10.2005 – B 7a/7 AL 102/04 R zur Arbeitslosenhilfe.

zur angegebenen Zeit unmöglich gemacht oder so erschwert haben, dass es ihm bei Abwägung der widerstreitenden Interessen nicht möglich war, seiner Verpflichtung nachzukommen. Der Grund muss objektiv vorgelegen und auch subjektiv die Ursache für das Nichterscheinen gebildet haben.

Wichtige Gründe können zB sein:

- eine plötzliche Krankheit oder ein sonstiges krankheitsbedingtes Unvermögen, den angegebenen Termin wahrzunehmen. Allerdings muss bei idR durch Arbeitsunfähigkeitsbescheinigung nachgewiesener Arbeitsunfähigkeit[100] der Leistungsberechtigte am ersten Tag der wieder bestehenden Arbeitsfähigkeit dem Jobcenter dies mitteilen, wenn die Meldeaufforderung dies bestimmt (anlog § 309 Abs. 3 S. 3 SGB III).
- die Erledigung unaufschiebbarer persönlicher Angelegenheiten wie die Teilnahme an einer Trauerfeier für einen nahen Angehörigen, eine Hochzeit oder ein unvorhersehbarer Ausfall der Betreuungsperson für ein Kleinkind.
- vorrangige eingliederungsorientierte Obliegenheiten wie ein Vorstellungsgespräch mit einem potenziellen Arbeitgeber oder eine zu diesem Zeitpunkt notwendige Erwerbstätigkeit (auch geringfügige Beschäftigung) und keine Freistellung durch den Arbeitgeber oder
- ein unvorhergesehener Ausfall öffentlicher Verkehrsmittel.

Keine wichtigen Gründe sind zB

- die mit einer Meldeaufforderung verbundenen Reisekosten, die das Jobcenter übernehmen kann (§ 309 Abs. 4 SGB III) und bei Leistungsberechtigten nach dem SGB II idR auch übernehmen muss,[101]
- die Abholung eines 12-jährigen Schulkindes von der Schule[102] oder
- ein Irrtum über das Datum aufgrund unsorgfältiger Durchsicht des Aufforderungsschreibens.[103]

Bei **Terminkollisionen** ist dem erwerbsfähigen Leistungsberechtigten zuzumuten, sich entsprechend der Umstände des Einzelfalls um eine Verlegung des Termins zu bemühen.

103 Bei einem Meldeversäumnis, für das kein wichtiger Grund geltend gemacht werden kann, wird das Alg II **um 10 %** des jeweils maßgeblichen Regelbedarfs **gekürzt**. Erhält der sich pflichtwidrig verhaltende Leistungsberechtigte wegen überschießenden Einkommens oder Vermögens keine Regelbedarfsleistung, kann auf die Leistungen für Mehrbedarfe und Kosten der Unterkunft und Heizung zurückgegriffen werden.

104 Jedes weitere Meldeversäumnis zieht weitere jeweils 10 %-ige Kürzungen nach sich. Die **Absenkungsbeträge können addiert** werden, auch zu den Minderungsbeträgen nach § 31 a SGB II (§ 32 Abs. 2 SGB II). Beginn und Dauer der Absenkung entspricht denen des § 31 SGB II (§ 32 Abs. 2 S. 2 iVm § 31 b SGB II); die Möglichkeit der Verkürzung des Sanktionszeitraums für junge erwerbsfähige Leistungsberechtigte besteht auch bei einem Meldeversäumnis.

105 Führt die addierte Absenkung des Alg II zu einer Kürzung um mehr als 30 %, können gem. § 32 Abs. 2 S. 2 iVm § 31 a Abs. 3 SGB II **Sach- und geldwerte Leistungen** gewährt werden. Auch die durch die Kumulierung der Sanktionshöhen möglicherweise entstehende Minderung um mindestens 60 % kann zu einer Direktzahlung an den Vermieter oder andere Empfangsberechtigte führen.

---

100 Arbeitsunfähigkeit ist jedoch nicht in jedem Einzelfall gleichbedeutend mit einer krankheitsbedingten Unfähigkeit, zu einem Meldetermin zu erscheinen. Die Gerichte können dies im Streitfall selbst überprüfen und sind nicht an die Bescheinigung eines Vertragsarztes gebunden, vgl BSG 9.11.2010 – B 4 AS 27/10 R.

101 BSG 6.12.2007 – B 14/7 b AS 50/06 R.

102 LSG Hessen 5.11.2007 – L 6 AS 279/07 ER.

103 LSG Land NRW 13.7.2007 – L 20 B 114/07 AS.

Praxishinweis: Meldeversäumnisse, die ohne wichtigen Grund begangen wurden, werden mit einer Kürzung des Alg II um 10 % sanktioniert. Die Kürzungen können sowohl zu den nach § 31 SGB II verfügten Kürzungen als auch miteinander bei mehreren Meldepflichtverstößen addiert werden.

III. Absenkung und Wegfall des Sozialgeldes

1. Zulässigkeit

106 Auch nicht erwerbsfähige leistungsberechtigte Bezieher von Sozialgeld können nach den Vorschriften des SGB II Sanktionen unterworfen werden, die zur Absenkung ihres Sozialgeldanspruchs führen. Grund hierfür ist, dass Sozialgeldbezieher als nicht erwerbsfähige Angehörige von erwerbsfähigen Leistungsberechtigten durch § 2 Abs. 1 S. 1, Abs. 2 S. 1 und § 15 Abs. 2 SGB II in den Verpflichtungszusammenhang des Gesetzes mit einbezogen sind und damit auch dem Konzept des Förderns und Forderns unterliegen.

107 In den Jahren 2007 und 2008 wurden gegenüber Sozialgeldbeziehenden insgesamt 800 bzw 900 Sanktionen ausgesprochen. Dabei waren nur Leistungsbeziehende über 15 Jahren betroffen. Der überwiegende Teil der Sanktionen erfolgte wegen Meldeversäumnissen. Einen vollständigen Wegfall des Sozialgeldes wegen wiederholter Pflichtverletzung gab es nur in den seltensten Fällen.[104]

2. Voraussetzungen

108 Sozialgeldbezieher können – da sie nicht erwerbsfähig sind und damit keine Obliegenheitsverletzung nach § 31 Abs. 1 SGB II begehen können[105] – nur eingeschränkt bestimmte Pflichten verletzen. Dazu zählen nach § 31 a Abs. 4 SGB II

1. nach Vollendung des 18. Lebensjahres die absichtliche Herbeiführung der Hilfebedürftigkeit durch Verminderung von Einkommen und Vermögen (§ 31 Abs. 2 Nr. 1 SGB II),
2. trotz Belehrung oder Kenntnis über die Rechtsfolgen unwirtschaftliches Verhalten (§ 31 Abs. 2 Nr. 2 SGB II)[106] sowie
3. die Verletzung von Meldepflichten (§ 32 SGB II).

Sanktionen erfordern ein **zurechenbares Fehlverhalten** der Sozialgeldbeziehenden.

109 Sanktionen bei absichtlicher Herbeiführung der Hilfebedürftigkeit und wegen unwirtschaftlichen Verhaltens unterliegen den gleichen Voraussetzungen wie beim erwerbsfähigen Leistungsberechtigten. Insbesondere bedarf es einer Rechtsfolgenbelehrung oder dem Nachweis der Kenntnis der Rechtsfolgen für eine Sanktion wegen fortgesetzten unwirtschaftlichen Verhaltens. Die oben erfolgten Ausführungen können hier herangezogen werden.

110 Pflichtverletzungen wegen Meldeversäumnissen kommen in erster Linie wegen nicht wahrgenommenen ärztlichen oder psychologischen Untersuchungsterminen in Betracht. Voraussetzung ist neben der Rechtsfolgenbelehrung oder dem Nachweis der Kenntnis der Rechtsfolgen, dass die **Aufforderung** selbst **rechtmäßig** ist. Die Erscheinungspflicht leitet sich nicht aus den entsprechend anwendbaren Vorschriften des SGB III (§ 59 SGB II) ab, auch dann nicht, wenn in der Person des Sozialgeldbeziehers ein Vermittlungshemmnis für den erwerbsfähigen Leistungsberechtigten liegt (zB eine durch Alko-

104 Vgl BT-Drucks. 17/188.

105 Daran ändert auch die mögliche Einbeziehung der Mitglieder einer Bedarfsgemeinschaft in eine Eingliederungsvereinbarung nach § 15 Abs. 2 SGB II nichts. Diese Vorschrift sieht allein vor, dass Leistungen an die Mitglieder der Bedarfsgemeinschaft geregelt werden können, nicht dagegen, welche Verpflichtungen oder Mitwirkungshandlungen daraus folgen.

106 Der Verweis der beiden Ziffern entspricht § 26 SGB XII.

holabhängigkeit verursachte Unfähigkeit, ein der Bedarfsgemeinschaft angehörendes Kind zu betreuen). Der Sozialgeldberechtigte ist aber aufgrund der §§ 60 ff SGB I zur Mitwirkung verpflichtet. Eine Meldung für Maßnahmen zur Eingliederung in Arbeit kommt für Sozialgeldberechtigte nicht in Betracht.

111 Bei minderjährigen Sozialgeldbeziehenden muss die Rechtsfolgenbelehrung auch dem Personensorgeberechtigten bekannt gegeben werden.

3. Rechtsfolgen

112 Die Rechtsfolgen für die Absenkung von Sozialgeld entsprechen denen der Absenkung des Alg II (§ 31 a Abs. 4 SGB II). Das Sozialgeld unterliegt den **gleichen Absenkungsstufen** wie das Alg II (Rechtsfolgenverweisung). Es wird in einer ersten Stufe bei Pflichtverstößen gegen § 31 Abs. 2 Nr. 1 und 2 SGB II um 30 %, bei Verstößen gegen § 32 SGB II um 10 % abgesenkt. Wiederholte Pflichtverstöße führen zu Absenkung und Wegfall des Sozialgeldes in den gleichen Stufen wie beim Alg II. Da die Vorschrift nicht auf § 31 a Abs. 2 SGB II verweist, unterliegen Sozialgeldbezieher unter 25 Jahren **keinen verschärften Sanktionen**. Auch **ergänzende Leistungen** sind bei einer Minderung des Sozialgeldes von mehr als 30 % möglich.

113 Bezugsgröße für die Absenkung ist der Grundbetrag des **maßgeblichen Regelbedarfs für das Sozialgeld nach § 23 SGB II**. Dauer und Beginn der Absenkung entsprechen denen des Alg II nach § 31 b SGB II. Es bedarf eines Sanktionsbescheids.

G. Anrechnung von Einkommen und Vermögen

I. Allgemeines

1 Das Alg II, das Sozialgeld und die Leistungen für Bildung und Teilhabe werden in Höhe der jeweiligen Bedarfe erbracht, soweit diese nicht durch das zu berücksichtigende Einkommen und Vermögen gedeckt sind (§ 19 Abs. 3 S. 1 SGB II). Das zu berücksichtigende Einkommen und Vermögen sind mithin auf die jeweiligen Bedarfe anzurechnen und mindern dementsprechend die Leistungen. Für die Reihenfolge der **Anrechnung von Einkommen und Vermögen** bestimmt § 19 Abs. 3 S. 2 SGB II, dass Einkommen und Vermögen zunächst auf die Regelbedarfe, dann auf evtl vorhandene Mehrbedarfe und schließlich auf die Bedarfe für Unterkunft und Heizung anzurechnen sind. Wenn nach der Deckung dieser Bedarfe noch Einkommen und Vermögen vorhanden ist, wird es auf die Bedarfe für Bildung und Teilhabe angerechnet. Dabei gilt für diese Anrechnung die Reihenfolge der Absätze in § 28 SGB II.

II. Anrechnung von Einkommen

2 Auf die Bedarfe zur Sicherung des Lebensunterhalts ist nur das **zu berücksichtigende Einkommen** anzurechnen. Dies sind nach § 11 Abs. 1 S. 1 SGB II

- Einnahmen in Geld oder Geldeswert,
- die nicht ausnahmsweise anrechnungsfrei sind und
- um die absetzbaren Beträge iSd § 11 b SGB II bereinigt wurden.

Nach der Systematik des SGB II muss zunächst ermittelt werden, ob Einkommen in Geld oder Geldeswert oder ob Vermögen vorliegt. Sodann ist zu prüfen, ob es sich um Einkommen handelt, das ausnahmsweise anrechnungsfrei ist. Wenn dies nicht der Fall ist, muss das monatliche Bruttoeinkommen ermittelt werden. Abschließend sind die Absetzbeträge des § 11 b SGB II vom Bruttoeinkommen abzuziehen.

1. Einnahmen in Geld oder Geldeswert

3 Als Einkommen zu berücksichtigen sind zunächst nur die Einnahmen in Geld oder Geldeswert (§ 11 Abs. 1 S. 1 SGB II), die einen wertmäßigen Zuwachs darstellen und den Leistungsberechtigten zur endgültigen Verwendung verbleiben.[1] Daher stellen Darlehen mit einer zivilrechtlich wirksam vereinbarten Rückzahlungsverpflichtung grds. kein SGB II-relevantes Einkommen dar, es sei denn, es handelt sich um darlehensweise gewährte Sozialleistungen, die dem Lebensunterhalt dienen (§ 11 Abs. 1 S. 2 SGB II). Einnahmen in Geldeswert sind solche, die einen Marktwert haben, also gegen Geld tauschbar sind.[2] Hierunter können insb. Sach- und Dienstleistungen fallen, wie zB die im Rahmen eines Beschäftigungsverhältnisses bereitgestellte Verpflegung (vgl § 2 Abs. 5 Alg II-V).

4 Anrechenbar sind Einnahmen in Geld und in Geldeswert grds. nur dann, wenn sie bedarfsbezogen verwendbar,[3] dh als „**bereite Mittel**" tatsächlich bzw kurzfristig verfügbar sind. Dies ist vor allem bei gepfändetem, abgetretenem, wirksam aufgerechnetem oder verrechnetem Einkommen nicht der Fall.[4] Demgegenüber sind Schulden oder titulierte Ansprüche für die bedarfsbezogene Verwendbarkeit von Einkommen unerheblich. Eine Ausnahme hierzu bilden titulierte oder notariell beurkundete Unterhaltsansprüche. Auf-

1 BSG 17.6.2010 – B 14 AS 46/09 R.
2 *Brühl* in: LPK-SGB II § 11 Rn 23.
3 SG Freiburg 24.10.2006 – S 9 AS 1557/06.
4 *Brühl* in: LPK-SGB II § 11 Rn 24.

wendungen zur Erfüllung dieser Unterhaltsansprüche werden nicht als Einkommen angerechnet (vgl § 11 b Abs. 1 S. 1 Nr. 7 SGB II), weil sie jederzeit gepfändet werden können.[5] Zu den bereiten Mitteln in Geld oder Geldeswert zählen auch Ansprüche gegen Dritte oder auf Leistungen, soweit sie dem Grunde nach feststehen, fällig sind und in angemessener Zeit realisiert werden können. Fiktive Einnahmen dürfen hingegen nicht angerechnet werden.[6]

5 Die **Abgrenzung von Einkommen und Vermögen** bereitet in der Praxis oft Schwierigkeiten. Das SGB II enthält keine klare Abgrenzungsregelung. Eine klare Abgrenzung aber ist wegen der unterschiedlichen Anrechnungsregelungen bei Einkommen und Vermögen erforderlich. Für die Abgrenzung vertritt das BSG in Anlehnung an die Rechtsprechung zur ehemaligen Sozialhilfe die sog. modifizierte Zuflusstheorie. Hiernach hat die Abgrenzung nach dem Zeitpunkt des Zuflusses zu erfolgen: Einkommen ist alles, was jemand nach Antragstellung wertmäßig dazu erhält, und Vermögen das, was er vor Antragsstellung bereits hatte.[7] So ist zB bei Zinsen aus angelegtem Guthaben zu unterscheiden: Während das Guthaben Vermögen darstellt, handelt es sich bei den Zinseinnahmen um Einkommen iSd § 11 SGB II.[8]

Praxishinweis: Grds. können die Leistungsberechtigten den Zeitpunkt der Antragstellung frei wählen,[9] so dass sie bei der Anrechnung von einmaligen Einnahmen einen gewissen Gestaltungsspielraum haben, ob diese als Einkommen oder Vermögen zu berücksichtigen sind. Dabei ist zu beachten, dass der Antrag auf den Monatsersten zurückwirkt (§ 37 Abs. 2 S. 2 SGB II).

Es ist vom tatsächlichen Zufluss auszugehen, soweit rechtlich nicht ein anderer Zufluss als maßgeblich bestimmt wird (**normativer Zufluss**).[10] Einen solchen normativen Zufluss regelt zB § 11 Abs. 3 SGB II, der bei einmaligen Einnahmen eine Verteilung des Einkommens über mehrere Monate zulässt und damit monatliche Einkommenszuflüsse fingiert. Kein abweichender normativer Zufluss liegt hingegen vor, wenn Arbeitsentgelt[11] oder Alg I[12] für Zeiträume vor dem Alg II-Bezug geleistet wird. In beiden Fällen kommt es auf den tatsächlichen Zufluss an, so dass Einkommen und nicht freiwillig angespartes Vermögen vorliegt. Das BSG hat auch eine Steuerrückzahlung als Einkommen und nicht als Vermögen qualifiziert, weil Rückzahlungsberechtigte die zu hoch entrichtete Steuer nicht freiwillig ansparen, sondern die Steuerrückzahlung nicht früher erhalten würden.[13] Mithilfe der Zuflusslehre und der Freiwilligkeit des Ansparens lassen sich weitere Fallgruppen lösen, zB die Nachzahlung einer Abfindung oder Auskehrung von Abfindungszahlungen nach dem Kündigungsschutzgesetz.[14] Die Behandlung von Erbschaften ist umstritten. Tritt der Erbfall bei einer Gesamtrechtsnachfolge vor der Antragstellung ein, handelt es sich um Vermögen. Dies gilt auch für einen aus dieser Erbschaft stammenden Geldbetrag, der erst während des Leistungsbezugs zufließt.[15] Tritt der Erbfall nach Antragsstellung ein, liegt nach der BA Einkommen vor.[16]

Praxishinweis: Die Anrechnung einer Erbschaft kann erschwert werden, indem die leistungsberechtigte Person hinsichtlich der gesamten Erbschaft oder eines Teils davon zum nicht befreiten Vorerben und ein Dritter insoweit zum Nacherben eingesetzt wird.[17]

5 BSG 9.11.2010 – B 4 AS 78/10 R.
6 *Brühl* in: LPK-SGB II § 11 Rn 24; LSG Niedersachsen-Bremen 3.2.2010 – L 15 AS 1081/09 B.
7 BSG 18.2.2010 – B 14 AS 86/08 R mwN.
8 Vgl BSG 30.9.2008 – B 4 AS 57/07 R.
9 BSG 30.7.2008 – B 14/11 b AS 17/07 R.
10 BSG 30.7.2008 – B 14 AS 26/07 R; B 14 AS 43/07 R; LSG NRW 2.4.2009 – L 9 AS 58/07.
11 BSG 30.7.2008 – B 14 AS 43/07 R.
12 JurisPK-SGB II/*Söhngen* § 11 Rn 30 mwN.
13 BSG 30.9.2008 – B 4 AS 29/07 R; 13.5.2009 – B 4 AS 49/08 R.
14 *Berlit* jurisPR-SozR 7/2009, Anm. 1.
15 BSG 24.2.2011 – B 14 AS 45/09 R.
16 BA-FH zu §§ 11, 11 a, 11 b SGB II, Rn 11.80; *Angermaier* Soziale Sicherheit 2010, 194.
17 Ausf.: *Angermaier* Soziale Sicherheit 2010, 194, 197.

2. Anrechnungsfreie Einkommen

a) Allgemeines

6 Bestimmte Einkommen sind vollständig oder teilweise von der Einkommensanrechnung ausgenommen. Diese anrechnungsfreien Einkommen ergeben sich unmittelbar aus dem SGB II, der Alg II-V oder aus anderen Gesetzen. Die Anrechnungsfreiheit besteht für

- bestimmte Sozialleistungen,
- Schmerzensgeld,
- zweckbestimmte Einnahmen aufgrund öffentlich-rechtlicher Vorschriften,
- Zuwendungen der freien Wohlfahrtspflege,
- freiwillige Zuwendungen Dritter,
- bestimmte Einnahmen von Kindern und Jugendlichen,
- Bagatelleinnahmen,
- bestimmte Fälle der bereitgestellten Verpflegung und
- Taschengeld bei Freiwilligendiensten.

Praxishinweis: Nicht zu den anrechnungsfreien Einkommen gehören insb. das Kindergeld, der Kinderzuschlag und – seit dem 1.1.2011 – auch das Elterngeld. Zu den Besonderheiten s.u. Rn 29 ff.

b) Anrechnungsfreie Sozialleistungen

7 Aus sozialpolitischen bzw systematischen Gründen sind **bestimmte Sozialleistungen** ausdrücklich von der Einkommensanrechnung ausgenommen. Hierzu gehören

- Leistungen nach dem SGB II,
- bestimmte Leistungen des sozialen Entschädigungsrechts und
- bestimmte Sozialleistungen nach anderen Gesetzen.

8 Nicht als Einkommen zu berücksichtigen sind die **Leistungen nach dem SGB II** (§ 11 a Abs. 1 Nr. 1SGB II). Hierunter fallen alle Leistungen, die ihre Rechtsgrundlage unmittelbar im SGB II haben, wie zB das Alg II und das Sozialgeld, die Mehraufwandsentschädigung bei sog. Ein-Euro-Jobs, das Einstiegsgeld oder Leistungen zur Eingliederung von Selbstständigen.

9 Zu den anrechnungsfreien **Leistungen des sozialen Entschädigungsrechts** gehören

- die Grundrente nach dem BVG,
- die Grundrente in entsprechender Anwendung des BVG,
- die Renten oder Beihilfen nach dem BEG.

Die **Grundrente nach dem BVG** ist gem. § 11 a Abs. 1 Nr. 2 Alt. 1 SGB II anrechnungsfrei. Hierbei handelt es sich um eine Leistung an Kriegsbeschädigte, die als Entschädigung für die Beeinträchtigung der körperlichen, geistigen oder seelischen Unversehrtheit (§ 31 BVG) gewährt wird. Anrechnungsfrei ist auch die Grundrente an Hinterbliebene (§§ 38 ff BVG). Die Höhe der Grundrente ist nach dem Grad der Schädigungsfolgen (GdS) gestaffelt.[18]

Zu den anrechnungsfreien **Grundrenten in entsprechender Anwendung des BVG** iSd § 11 a Abs. 1 Nr. 2 Alt. 2 SGB II gehören zB Leistungen an Wehrdienstopfer (§§ 80 ff SVG), Grenzdienstopfer (§§ 59 ff Bundesgrenzschutzgesetz), Zivildienstopfer (§§ 42 ff Zivildienstgesetz), Impfgeschädigte (§ 60 Infektionsschutzgesetz), zu Unrecht Verhaftete oder rechtsstaatswidrig Strafverfolgte (§§ 21 ff StrRehaG). Ausländische Renten, die ih-

18 Zur Höhe der Grundrente nach dem BVG vgl BA-FH zu § 11 SGB II, Anh. 1.

rer Funktion und Struktur nach mit den Grundrenten des BVG vergleichbar sind, bleiben in analoger Anwendung des § 11 a Abs. 1 Nr. 2 Alt. 2 SGB II anrechnungsfrei.[19] Demgegenüber scheidet eine analoge Anwendung auf innerbetriebliche Invaliditätsrenten,[20] Erwerbsminderungsrenten der GRV[21] oder die Verletztenrente der GUV[22] aus.

Nach § 11 a Abs. 1 Nr. 3 SGB II sind **Renten oder Beihilfen nach dem BEG** anrechnungsfrei, sofern sie für Schäden an Leben sowie an Körper und Gesundheit geleistet werden. Diese Anrechnungsfreiheit ist allerdings begrenzt auf die Höhe der vergleichbaren Grundrente nach dem BVG. Die Renten und Beihilfen BEG sind vorgesehen für Opfer der nationalsozialistischen Verfolgung und deren Hinterbliebenen. Leistungen des BEG für Schäden im beruflichen Fortkommen (§§ 65 ff BEG) sind nicht anrechnungsfrei.

10 Auch in anderen Gesetzen finden sich Regelungen, die **bestimmte Sozialleistungen** von der Einkommensanrechnung im SGB II ausnehmen. Hierzu gehören insb.

- finanzielle Hilfen der Stiftung „Mutter und Kind – Schutz des ungeborenen Lebens“ an (werdende) Mütter in Notlagen,
- Leistungen an contergangeschädigte Menschen nach dem Conterganstiftungsgesetz,
- bestimmte Leistungen nach dem Anti-D-Hilfegesetz an Frauen, die zu DDR-Zeiten im Rahmen einer Anti-D-Immunprophylaxe mit dem Hepatitis-C-Virus infiziert wurden,
- Leistungen an HIV-infizierte bzw AIDS-erkrankte Menschen nach dem HIV-Hilfegesetz,
- bestimmte Leistungen nach dem LAG zum Ausgleich von Schäden bzw Verlusten infolge von Vertreibung und Kriegszerstörungen (vgl § 292 LAG),
- Ausgleichsleistungen für Opfer politischer Verfolgung in der DDR nach § 9 BerRehaG,
- Ausgleichsleistungen an Opfer rechtsstaatswidriger Strafverfolgungsmaßnahmen in der ehemaligen DDR nach § 16 Abs. 4 StrRehaG oder
- der Erhöhungsbetrag bei Verletztenrenten (§ 58 S. 2 SGB VII), nicht jedoch die Verletztenrente als solche.[23]

c) Schmerzensgeld

11 Nach § 11 a Abs. 2 SGB II sind Entschädigungen anrechnungsfrei, die wegen eines **immateriellen Schadens** nach § 253 Abs. 2 BGB geleistet werden. Hiernach kann Schmerzensgeld („eine billige Entschädigung in Geld für einen Schaden, der nicht Vermögensschaden ist“) gefordert werden, wenn wegen einer Verletzung des Körpers, der Gesundheit, der Freiheit oder der sexuellen Selbstbestimmung Schadenersatz zu leisten ist. Die Rechtsprechung billigt auch bei Verletzungen des Persönlichkeitsrechts Schmerzensgeld zu. Nicht (analog) anwendbar ist § 11 Abs. 2 SGB II auf die Verletztenrente der GUV.[24]

Praxishinweis: Ist angespartes Schmerzensgeld dem Vermögen zuzuordnen, ergibt sich die Anrechnungsfreiheit aus der besonderen Härte der Vermögensverwertung § 12 Abs. 3 S. 1 Nr. 6 SGB II.[25]

19 Hauck/Noftz SGB II/*Hengelhaupt* § 11 Rn 113 h ff.
20 BSG 16.5.2007 – B 11 b AS 27/06 R.
21 BSG 16.5.2007 – B 11 b AS 27/06 R.
22 BSG 17.3.2009 – B 14 AS 17/08 R.
23 BSG 6.12.2007 – B 14/7 b AS 62/06 R; 6.12.2007 – B 14/7 b AS 22/06 R; B 14/7 b AS 20/07 R.
24 BSG 5.9.2007 – B 11 b AS 15/06 R.
25 BSG 15.4.2008 – B 14/7 b AS 6/07 R.

d) Zweckbestimmte Einnahmen aufgrund öffentlich-rechtlicher Vorschriften

aa) Zweckbestimmte Einnahmen

12 Zweckbestimmte Leistungen aufgrund öffentlich-rechtlicher Vorschriften sind nach Maßgabe des § 11 a Abs. 3 S. 1 SGB II anrechnungsfrei. Hiermit soll einerseits verhindert werden, dass eine besondere Zweckbestimmung durch Anrechnung der Leistung vereitelt wird. Andererseits sollen für einen bestimmten Zweck keine Doppelleistungen erbracht werden.[26] Voraussetzung für die Anrechnungsfreiheit von zweckbestimmten Leistungen ist, dass sie

- aufgrund öffentlich-rechtlicher Vorschriften
- zu einem ausdrücklich genannten Zweck erbracht werden und
- dieser Zweck im Einzelfall nicht mit dem der SGB II-Leistungen identisch ist.

Eine allgemeine Zweckbestimmung reicht nicht aus. Vielmehr muss sie ausdrücklich im Gesetz benannt sein. An einer solchen **ausdrücklich genannten Zweckbestimmung** fehlt es jedenfalls dann, wenn die Einkommensbeziehenden weder rechtlich noch tatsächlich daran gehindert sind, das Einkommen zur Deckung von Bedarfen nach dem SGB II einzusetzen.[27] Eine steuerliche Privilegierung stellt für sich genommen keine ausreichende Zweckbestimmung dar.[28] Steuerfreie Aufwandsentschädigungen für ehrenamtliche Tätigkeiten sind daher grds. keine zweckbestimmten Einnahmen iSd § 11 a Abs. 3 S. 1 SGB II, es sei denn es liegt eine ausdrückliche Zweckbestimmung (zB Fahrtkostenersatz, Kleidergeld, Materialkostenpauschale)[29] vor. Auch die Steuerfreiheit von Nacht-, Sonntags- und Feiertagszuschlägen stellt keine Zweckbestimmung idS dar.[30]

13 Neben der ausdrücklich genannten Zweckbestimmung ist eine **fehlende Zweckidentität** mit den Leistungen des SGB II erforderlich. Bei einer teilweisen Zweckidentität ist nach dem BSG[31] nur der Anteil der Leistung anzurechnen, der die gleiche Zweckbestimmung wie die Leistungen nach dem SGB II hat (vgl Wortlaut des § 11 a Abs. 3 S. 1 SGB II). In diesen Fällen muss der zweckidentische Anteil der Leistungen betragsmäßig eingegrenzt werden.

Beispiele für anrechnungsfreie zweckbestimmte Leistungen sind:

- Arbeitnehmersparzulage,
- Arbeitsförderungsgeld für Beschäftigte einer WfbM,
- Ausbildungsgeld im Eingangs- oder Berufsbildungsbereich einer WfbM,
- Blindenführhundeleistungen,
- Blindengeld,
- Entschädigung für Blutspendende,
- Pflegeversicherungsleistungen nach Bundes- oder Landesrecht,
- Witwenrentenzuschlag im Sterbevierteljahr[32]

u.a.[33]

26 BSG 16.8.2007 – B 11 b AS 15/06 R.
27 BT-Drucks. 17/3404, 94.
28 BT-Drucks. 17/3404, 94.
29 Vgl BT-Drucks. 17/5268, 27.
30 BA-FH zu §§ 11, 11 a, 11 b SGB II Rn 11.88; BSG 1.6.2010 – B 4 AS 89/09 R.
31 BSG 17.3.2009 – B 14 AS 63/07 R.
32 Hauck/Noftz § 11 SGB II/*Hengelhaupt* Rn 240 f.
33 Weitere Beispiele in: BA-FH zu § 11, 11 a, 11 b SGB II, Rn 11.89.

Beispiele für nicht zweckbestimmte Leistungen sind:

- Elterngeld,
- Existenzgründungszuschüsse nach dem SGB III,[34]
- Erwerbsminderungsrenten,
- Erziehungsrente nach § 47 SGB VI,
- Übergangsgebührnisse und -beihilfen nach dem SVG,
- Verletztengeld und Verletztenrente der GUV.[35]

bb) Sonderfall: Ausbildungsförderung für Fahrt- und Materialkosten

14 Leistungen der Ausbildungsförderung (zB BAföG, BAB) gehören grds. zum berücksichtigungsfähigen Einkommen. Allerdings stellt der Teil der Ausbildungsförderung, mit dem **ausbildungsbedingte Aufwendungen** gedeckt werden sollen, eine zweckbestimmte Leistung dar, die mit den Leistungen zur Sicherung des Lebensunterhalts nicht zweckidentisch ist. Für das BAföG hat das BSG den zweckbestimmten und damit anrechnungsfreien Anteil der Ausbildungskosten auf 20 % der Förderung festgelegt.[36] Ergänzend hierzu bestimmt § 1 Abs. 1 Nr. 10 Hs 1 Alg II-V, dass Ausbildungsförderungsleistungen anrechnungsfrei sind, *soweit* sie für Fahrtkosten zur Ausbildung oder für Ausbildungsmaterial *verwendet* werden. Hiermit wird klargestellt, dass ausbildungsbedingte Aufwendungen, die tatsächlich getätigt werden und die 20 %-Pauschale übersteigen, bei entsprechendem Nachweis als anrechnungsfreies Einkommen geltend gemacht werden können. Wenn von dem Einkommen der Grundfreibetrag iHv 100 EUR abgesetzt wird, ist nur der darüber hinausgehende Betrag der ausbildungsbedingten Aufwendungen anrechnungsfrei (§ 1 Abs. 1 Nr. 10 Hs 2 Alg II-V).

cc) Sonderfall: Pflegegeld nach dem SGB VIII

15 Das Pflegegeld nach dem SGB VIII, das sowohl bei der Kindertagespflege als auch bei der Vollzeitpflege aus einem Aufwendungsersatz und aus einem Erziehungsbetrag („Anerkennungsbetrag für den erzieherischen Einsatz“) geleistet wird, stellt dem Grunde nach eine zweckbestimmte Einnahme iSd § 11 a Abs. 3 S. 1 SGB II dar. Um dennoch eine (teilweise) Anrechnung des Pflegegeldes nach dem SGB VIII zu ermöglichen, sieht § 11 a Abs. 3 S. 2 SGB II eine Sonderregelung vor.

Nach § 11 a Abs. 3 S. 2 Nr. 2 SGB II ist das **Pflegegeld für die Kindertagespflege** (§ 23 SGB VIII) vollständig als Einkommen zu berücksichtigen. Dies wird damit begründet, dass das Pflegegeld für die Kindertagespflege regelmäßig in Ausübung der Erwerbstätigkeit zufließe.[37] Diese erst mit dem RBEG eingeführte vollständige Anrechnung gilt nach Übergangsregelung des § 77 Abs. 2 SGB II seit dem 1.1.2012.

Bei dem **Pflegegeld für die Vollzeitpflege** (§ 39 SGB VIII) ist zunächst zu beachten, dass die abweichende Anrechnungsregelung des § 11 a Abs. 3 S. 2 Nr. 1 SGB II nur für den Erziehungsbeitrag Anwendung findet. Der Aufwendungsersatz bleibt daher als zweckbestimmte Leistung anrechnungsfrei. In Anlehnung an die frühere Rechtsprechung[38] ist für Erziehungsbeitrag eine gestaffelte Anrechnung vorgesehen. Danach bleibt der Erziehungsbeitrag für das erste und das zweite Pflegekind vollständig anrechnungsfrei. Erst für das dritte Pflegekind ist das Pflegegeld als Einkommen anzurechnen und zwar zu 75 %. Für jedes weitere Pflegekind findet eine vollständige Anrechnung auf die Leistungen nach dem SGB II statt.

---

34 BSG 6.12.2007 – B 14/7 b AS 16/06 R.
35 BSG 5.9.2007 – B 11 b AS 15/06 R.
36 BSG 17.3.2009 – B 14 AS 63/07 R.
37 BT-Drucks. 17/3404, 94.
38 BSG 1.7.2009 – B 4 AS 9/09 R.

dd) Sonderfall: Pflegegeld nach dem SGB XI

16 Pflegebedürftige können bei Anspruch auf Grundpflege und hauswirtschaftliche Versorgung anstelle einer häuslichen Pflegehilfe ein Pflegegeld beantragen, um damit die Pflege selbst zu organisieren. Dieses Pflegegeld bzw vergleichbare Einnahmen (zB aus einer privaten Pflegeversicherung), werden bei der Ermittlung des Einkommens nicht berücksichtigt (§ 13 Abs. 5 SGB XI). Dies gilt auch, wenn das Pflegegeld an eine Pflegeperson iSd § 19 SGB XI weitergeleitet wird. Das Pflegegeld ist anrechnungsfrei, sofern es nicht steuerpflichtig ist (vgl § 1 Abs. 1 Nr. 4 Alg II-V). Dies ist wiederum der Fall, wenn die Pflegeperson entweder Angehöriger (vgl § 15 AO) des Pflegebedürftigen ist oder eine sittliche Pflicht gegenüber dem Pflegebedürftigen erfüllt (§ 3 Nr. 36 EStG). Eine solche „sittliche Pflicht" ist nach der Rechtsprechung des BFH[39] anzunehmen, wenn eine enge persönliche Beziehung zu der gepflegten Person besteht. Die Pflegeperson darf nicht erwerbsmäßig tätig sein. Steuer- und damit anrechnungsfrei nach § 1 Abs. 1 Nr. 4 Alg II-V sind diese Einnahmen nur bis zur Höhe des gesetzlich festgelegten Pflegegeldes. Darüber hinaus gewährte Beträge, die der Pflegebedürftige der Pflegeperson für ihre Pflege zahlt, werden angerechnet.

Praxishinweis Das Pflegegeld beträgt nach § 37 Abs. 1 S. 3 SGB XI je Kalendermonat bei

- Pflegestufe I 235 EUR,
- Pflegestufe II 440 EUR,
- Pflegestufe III 700 EUR.

ee) Sonderfall: Eigenheimzulage

17 Die Eigenheimzulage, mit der die Schaffung selbstgenutzten Wohnraums gefördert werden sollte, wurde Ende 2005 abgeschafft. Sie wird daher nur noch in Ausnahmefällen gewährt, nämlich wenn vor dem 1.1.2006 der notarielle Kaufvertrag beurkundet oder der Bauantrag für eine Wohnimmobilie gestellt wurde (§ 19 Abs. 9 Eigenheimzulagengesetz). Nach § 1 Abs. 1 Nr. 7 Alg II-V ist die Eigenheimzulage anrechnungsfrei, wenn sie nachweislich zur Finanzierung einer geschützten, selbst genutzten Wohnimmobilie verwendet wird. Hierunter fallen nicht nur die Tilgung eines Baudarlehens, sondern auch andere Verwendungsmöglichkeiten, soweit sie auf die Errichtung der Immobilie (zB Erwerb von Baumaterialien oder die Bezahlung von Handwerkern) gerichtet sind.[40] Die Begleichung von laufenden Steuern, Gebühren usw dient hingegen nicht dem geforderten Finanzierungszweck.[41]

e) Zuwendungen der freien Wohlfahrtspflege

18 Zuwendungen der freien Wohlfahrtspflege sind nach § 11 a Abs. 4 SGB II nicht als Einkommen zu berücksichtigen, soweit sie die Lage der Empfängerinnen und Empfänger nicht so günstig beeinflussen, dass daneben Leistungen des SGB II nicht gerechtfertigt wären (sog. Gerechtfertigkeit). Der Begriff der freien Wohlfahrtspflege ist weit auszulegen.[42] Neben den sechs Spitzenverbänden der Freien Wohlfahrtspflege (AWO, Deutscher Caritasverband, Der Paritätische Wohlfahrtsverband, DRK, Diakonisches Werk und Zentralwohlfahrtsstelle der Juden in Deutschland) zählen insb. auch die Kirchen und Religionsgemeinschaften des öffentlichen Rechts zur freien Wohlfahrtspflege iSd § 11 a Abs. 4 SGB II.

Bei der **Gerechtfertigkeitsprüfung** ist zunächst zu berücksichtigen, dass Zuwendungen der freien Wohlfahrtspflege gerade zu dem Zweck geleistet werden, die Lage des Leis-

39 BFH 29.8.1996 – III R 4/95.
40 BSG 30.9.2008 – B 4 AS 19/07 R.
41 BSG 3.3.2009 – B 4 AS 17/08 R.
42 BA-FH zu §§ 11, 11 a, 11 b SGB II Rn 11.104.

tungsberechtigten in einer bestimmten Situation zu verbessern (zB Tafeln, Möbelkammern). Daher ist nicht der Zweck der Zuwendungen, sondern ihre Auswirkung auf den Lebensunterhalt der Betroffenen für die Gerechtfertigtprüfung maßgebend. Zu berücksichtigen ist demnach iRd Gerechtfertigkeitsprüfung Art, Wert, Umfang und Häufigkeit der Zuwendung.[43]

f) Freiwillige Zuwendungen Dritter

19 Freiwillige Zuwendungen Dritter sind nach Maßgabe des § 11 a Abs. 5 SGB II anrechnungsfrei. Freiwillige Zuwendungen liegen nur dann vor, wenn sie ohne rechtliche oder sittliche Pflicht erbracht werden. Eine **sittliche Pflicht** ist anzunehmen, wenn besondere Umstände in der Beziehung zwischen dem Zuwendenden und dem Zuwendungsempfangenden die Zuwendung als zwingend geboten erscheinen lassen.[44] Für die Anrechnungsfreiheit ist weiterhin erforderlich, dass entweder die Anrechnung der Zuwendung für die Leistungsberechtigten grob unbillig wäre oder die Zuwendung neben den SGB II-Leistungen gerechtfertigt ist.

Praxishinweis: Aus der groben Unbilligkeit bzw der Gerechtfertigkeit ergibt sich gleichzeitig der Umfang der Anrechnungsfreiheit („soweit"), so dass auch eine Teilanrechnung möglich ist.

Eine **grobe Unbilligkeit der Berücksichtigung** iSd § 11 a Abs. 5 Nr. 1 SGB II liegt vor, wenn die Anrechnung der Zuwendung nicht akzeptabel wäre und die Zuwendung erkennbar nicht auch zur Deckung des physischen Existenzminimums verwendet werden soll.[45] Dies sind zB Soforthilfen bei Katastrophen, Preise zur Ehrung von Zivilcourage, Ehrengaben aus öffentlichen Mitteln, Spenden aus Tombolas.[46] Begrüßungsgelder für Neugeborene gehören grds. auch hierzu. Allerdings kann insoweit ein Erstausstattungsbedarf iSd § 24 Abs. 3 S. 1 Nr. 2 SGB II gedeckt sein.[47] Anrechnungsfrei sind auch freiwillige Zuwendungen Dritter, die an den Bezug von SGB II-Leistungen geknüpft sind (zB Zuschüsse zu Schulmaterialien, Bereitstellung von Verhütungsmitteln u.a.).[48]

Zu den **gerechtfertigten Zuwendungen Dritter** iSd § 11 a Abs. 5 Nr. 2 SGB II gehören gelegentliche oder regelmäßige Zuwendungen, die üblich und auch gesellschaftlich akzeptiert sind und deshalb die Lage der Begünstigten nur unmaßgeblich beeinflussen.[49] Ein Beispiel hierfür ist ein monatliches Taschengeld der Großeltern iHv 20 EUR.[50]

g) Einnahmen von Kindern und Jugendlichen

20 Aus sozialpolitischen Gründen werden **bestimmte Einnahmen von Kindern und Jugendlichen** nicht bei den SGB II-Leistungen berücksichtigt. Dies sind nach der Alg II-V

- Einkommen aus Taschengeldjobs bis zu 100 EUR monatlich,
- Einkommen aus Ferienjobs von Schülerinnen und Schülern bis zu 1.200 EUR im Jahr,
- Geldgeschenke an minderjährige Leistungsberechtigte anlässlich einmaliger Feste und
- Leistungen für den Eigenanteil von Schülerinnen und Schülern zur Schulspeisung.

43 BT-Drucks. 17/3404, 94.
44 Vgl zur ehemaligen Arbeitslosenhilfe: BSG 17.3.2005 – B 7a/7 AS 4/04 R.
45 BT-Drucks. 17/3404, 94.
46 Vgl BT-Drucks. 17/3404, 94.
47 BT-Drucks. 17/3404, 94.
48 BA-FH zu §§ 11, 11 a, 11 b SGB II Rn 11.109.
49 BT-Drucks. 17/3404, 95.
50 BA-FH zu §§ 11, 11 a, 11 b SGB II Rn 11.110.

aa) Einkommen aus Taschengeldjobs

21 Nach § 1 Abs. 1 Nr. 9 Alg II-V sind **Erwerbseinkommen von Sozialgeld-Beziehenden unter 15 Jahren** (zB aus gelegentlichen Aushilfs-, Schüler- oder Ferienjobs) bis zu 100 EUR monatlich anrechnungsfrei.

Praxishinweis: Nach wohl herrschender Meinung sollte mit dieser 100-EUR-Grenze ein Grundfreibetrag iSd § 11 b Abs. 2 SGB II geregelt werden und kein Erwerbstätigenfreibetrag iSd § 11 b Abs. 3 SGB II. Ausgaben für gesetzlich vorgeschriebene bzw angemessene Versicherungen, Riester-Renten und für Werbungskosten sind daher mit der 100-EUR-Grenze abgegolten und können nicht mehr zusätzlich geltend gemacht werden.[51]

bb) Einkommen aus Ferienjobs von Schülerinnen und Schülern

22 Einnahmen aus **Ferienjobs von Schülerinnen und Schülern** sind nach § 1 Abs. 4 S. 1 Alg II-V teilweise anrechnungsfrei. Hiermit soll sichergestellt werden, dass leistungsberechtigte Schülerinnen und Schüler sich eigene Wünsche durch eine Ferienbeschäftigung finanzieren können. Voraussetzung ist zunächst, dass diese Schülerinnen oder Schüler iSd § 28 Abs. 1 S. 2 SGB II sind. Weiterhin muss es sich um eine Ferienerwerbstätigkeit handeln. Dies ist – in Anlehnung an das JArbSchG – eine Erwerbstätigkeit, die in den Schulferien und für höchstens vier Wochen im Kalenderjahr ausgeübt wird. Dabei bezeichnet der Begriff Schulferien die Zeit zwischen zwei Schulabschnitten, so dass Einnahmen, die in den Ferien nach dem letzten Schuljahr erzielt werden, nicht privilegiert sind. Für die Bemessung des vierwöchigen Zeitraums bleiben Erwerbstätigkeiten außer Betracht, die in den Schulferien ausgeübt und mit denen Einnahmen unter dem monatlichen Grundfreibetrag iHv 100 EUR erzielt werden. Hiermit sollen Unbilligkeiten vermieden werden, wenn anrechnungsfreie Taschengeldjobs in den Schulferien weiter ausgeübt werden.

Einnahmen aus Schülerferienjobs sind **iHv maximal 1.200 EUR im Kalenderjahr** anrechnungsfrei. Nach Auffassung der BA ist dieser Betrag von den Bruttoeinnahmen abzuziehen. Die dann noch verbleibenden Einnahmen seien nach §§ 11, 11 b SGB II anzurechnen, wobei die Absetzbeträge für Steuern und Sozialversicherungsbeiträge nicht in tatsächlicher Höhe abzuziehen seien, sondern auf Grundlage einer fiktiven Nettolohnberechnung.[52]

cc) Geldgeschenke an Minderjährige

23 Leistungsberechtigte Kinder sollen Geldgeschenke in angemessenem Umfang anlässlich besonderer Feste ebenso in Empfang nehmen können wie nicht leistungsberechtigte Kinder. Geldgeschenke an minderjährige Leistungsberechtigte sind daher nach § 1 Abs. 1 Nr. 11 Alg II-V **anrechnungsfrei**, wenn sie

- anlässlich der Firmung, Kommunion, Konfirmation oder vergleichbarer religiöser Feste sowie anlässlich der Jugendweihe gemacht werden und
- soweit sie den Grundfreibetrag von 3.100 EUR nicht übersteigen.

Das Geldgeschenk muss zu einem bestimmten Anlass gemacht worden sein. Der Begriff „vergleichbare religiöse Feste“ ist nicht als Öffnungsklausel zu verstehen, sondern im Zusammenhang mit den zuvor genannten einmaligen religiösen Festen zu lesen. Ein Geldgeschenk anlässlich des Weihnachtsfests ist nicht mit diesen religiösen Festen vergleichbar.

51 *Brühl* in: LPK-SGB II § 11 Rn 99 mwN.
52 BA-FH zu §§ 11, 11 a, 11 b SGB II, Rn 11.127.

dd) Leistungen für den Eigenanteil zur Schulspeisung

24 Anrechnungsfrei nach § 1 Abs. 1 Nr. 2 Alg II-V sind Leistungen, die ausdrücklich für den Eigenanteil erbracht werden, den leistungsberechtigte Schülerinnen und Schüler bei den Leistungen für Bildung und Teilhabe für die Schulspeisung zu erbringen haben. Der **Eigenanteil für die Schulspeisung** beläuft sich auf 1 EUR für jede gemeinschaftliche Mittagsverpflegung. Für die Anrechnungsfreiheit müssen die Leistungen für den Eigenanteil ausdrücklich, dh zum Zweck der Deckung des Eigenanteils zur Schulspeisung, erbracht werden.

h) Weitere anrechnungsfreie Einkommen nach der Alg II-V

25 Neben den bisher genannten anrechnungsfreien Einnahmen sind in der Alg II-V weitere Einkommen geregelt, die aus sozialpolitischen Gründen nicht auf die Leistungen des SGB II angerechnet werden dürfen. Hierzu gehören nach § 1 Abs. 1 Alg II-V

- Bagatelleinnahmen iHv maximal 10 EUR pro Kalendermonat,
- Verpflegung, die außerhalb einer Erwerbstätigkeit bereitgestellt wird,
- das Taschengeld bei Freiwilligendiensten,
- der Auslandsverwendungs- und der Leistungszuschlag bei Soldatinnen und Soldaten und
- die Überbrückungsbeihilfe an ehemalige Arbeitnehmerinnen und Arbeitnehmer bei den Stationierungsstreitkräften.

aa) Bagatelleinnahmen

26 Einnahmen von maximal 10 EUR pro Kalendermonat sind nach § 1 Abs. 1 Nr. 1 Alg II-V als **Bagatelleinnahmen** anrechnungsfrei. Die Regelung gilt für jeden Angehörigen der Bedarfsgemeinschaft gesondert. Bis zum Inkrafttreten des RBEG bezog sich die Bagatellgrenze auf einmalige Einnahmen und betrug 50 EUR im Kalenderjahr.

bb) Anrechnungsfreie Verpflegung

27 Verpflegung ist nicht als (geldwerte) Einnahme zu berücksichtigen, wenn sie **außerhalb von Erwerbseinkommen** bereitgestellt wird (§ 1 Abs. 1 Nr. 11 Alg II-V). Zu den Erwerbseinkommen zählen Einkommen aus nichtselbstständiger Arbeit, aus selbstständiger Arbeit, Gewerbebetrieb oder Land- und Forstwirtschaft sowie aus Wehr- und Ersatzdienstverhältnissen. Anrechnungsfrei ist damit insb. die Verpflegung in Krankenhäusern bzw Reha-Einrichtungen und die Verpflegung bei Verwandten oder Bekannten. Diese anrechnungsfreie Verpflegung darf auch nicht bei den Regelbedarfen bedarfsmindernd berücksichtigt werden, weil eine abweichende Bestimmung der Regelbedarfe im SGB II nicht vorgesehen ist.[53]

cc) Taschengeld bei Freiwilligendiensten

28 Leistungsberechtigte, die einen Jugendfreiwilligen- oder Bundesfreiwilligendienst absolvieren, erhalten ein angemessenes Taschengeld (§ 2 Abs. 1 Nr. 3 JFDG, § 2 Nr. 4 BFDG), wobei als Angemessenheitsgrenze 6 % der Beitragsbemessungsgrenze zur GRV gilt. Damit leistungsberechtigte Teilnehmende diesen finanziellen Vorteil behalten können, bestimmt § 1 Abs. 7 S. 3 Alg II-V, dass ein Betrag iHv **60 EUR des Taschengelds** anrechnungsfrei bleibt, wenn die Absetzbeträge für gesetzlich vorgeschriebene oder angemessene Versicherungen, die Riester-Rente und für Werbungskosten die Summe von 115 EUR übersteigen. Dies gilt allerdings nur, wenn derjenige, der den Freiwilligen-

53 BSG 18.6.2008 – B 14 AS 22/07 R, 18.6.2008 – B 14 AS 46/07 R.

dienst leistet, nicht erwerbstätig ist. Für diejenigen, die niedrigere Absetzbeträge als 115 EUR haben, vgl Rn 57 ff.

i) Besonderheiten bei Kindergeld, Kinderzuschlag und Elterngeld

aa) Kindergeld

29 Nicht zu den anrechnungsfreien Einnahmen gehört das Kindergeld. Da die Einkommen von Kindern an der horizontalen Einkommensverteilung innerhalb der Bedarfsgemeinschaft (§ 9 Abs. 2 SGB II) nicht teilnehmen, ist von Bedeutung, ob das Kindergeld den Eltern oder den Kindern als Einkommen zuzurechnen ist. Als Anspruchsleistung der Eltern (§ 62 EStG) ist das Kindergeld grds. bei ihnen als Einkommen anzurechnen. In besonders geregelten Fällen ist das Kindergeld jedoch den Kindern als Einkommen zuzurechnen.

Einen solchen Fall normiert § 11 Abs. 1 S. 4 SGB II für Kinder, die mit den Eltern in Bedarfsgemeinschaft leben. Hier ist das Kindergeld den **Kindern als Einkommen zuzurechnen**, soweit es bei ihnen zur Sicherung des Lebensunterhalts benötigt wird; Bildungs- und Teilhabebedarfe bleiben insoweit außer Betracht. Hat das Kind weitere Einnahmequellen (zB Unterhalt), ist das Kindergeld stets als letztes Einkommen zu berücksichtigen.[54] Der Teil des Kindergelds, der nicht für den Lebensunterhalt des Kindes benötigt wird, fällt wieder dem kindergeldberechtigten Elternteil als Einkommen zu.[55] Auch das Kindergeld für Pflegekinder ist dem Kindergeldberechtigten als Einkommen zuzuordnen, soweit es nicht gem. § 39 Abs. 6 SGB VIII bei der Berechnung des Pflegegelds auf den Bedarf des Kindes angerechnet wird.[56] Bei einer zeitweisen Bedarfsgemeinschaft ist das Kindergeld nur dann als Einkommen dem jeweiligen Kind zuzurechnen, wenn auch der kindergeldberechtigte Elternteil Mitglied der zeitweisen Bedarfsgemeinschaft ist.[57]

Einen weiteren Ausnahmefall regelt § 1 Abs. 1 Nr. 8 Alg II-V[58] für Fälle, in denen das Kind nicht im Haushalt der Eltern lebt. Hier ist Kindergeld nicht als Einkommen der kindergeldberechtigten Eltern zu berücksichtigen, soweit es an das Kind weitergeleitet wird. Die **Weiterleitung des Kindergelds** muss jedoch nachgewiesen werden. Dieser Nachweis kann in einfachster Form erfolgen (zB Überweisungsbeleg, Kopie eines Dauerauftrags, Erklärung des Kindes).[59] Allerdings stellt das Kindergeld in diesen Fällen kein anrechnungsfreies Einkommen dar. Vielmehr ist es bei dem nicht im Haushalt der Eltern lebenden Kind als Einkommen zu berücksichtigen, soweit es hilfebedürftig nach dem SGB II oder SGB XII ist. Bei unmittelbarer Auszahlung des Kindergelds an das Kind (§ 74 Abs. 1 EStG) ist es ebenfalls ihm und nicht den Eltern als Einkommen zuzurechnen.

bb) Kinderzuschlag

30 Auch der Kinderzuschlag nach § 6 a BKGG gehört nicht zu den anrechnungsfreien Einnahmen. Obgleich er ebenfalls eine Anspruchsleistung der Eltern ist, wird er nach § 11 Abs. 1 S. 3 SGB II stets dem Kind als Einkommen zugerechnet. Da der gleichzeitige Bezug von SGB II-Leistungen und Kinderzuschlag idR nicht möglich ist, hat die Zuordnungsregelung des § 11 Abs. 1 S. 3 SGB II vor allem für die Prüfung der Leistungsvoraussetzungen für den Kinderzuschlag praktische Relevanz.

54 Hauck/Noftz SGB II/*Hengelhaupt* § 11 Rn 122 a.
55 BSG 13.5.2009 – B 4 AS 39/08 R.
56 BSG 27.1.2009 – B 14/7 b AS 8/07 R.
57 BSG 2.7.2009 – B 14 AS 75/08 R.
58 Zum Regelungszweck vgl BSG 27.1.2009 – B 14/7 b AS 14/07 R.
59 Hauck/Noftz SGB II/*Hengelhaupt* § 11 Rn 338.

cc) Elterngeld

31 Das Elterngeld und vergleichbare Leistungen der Bundesländer waren bis Ende 2010 bis zu einer Höhe von 300 EUR im Monat anrechnungsfrei. Mit dem HBeglG 2011 wurde die betragsmäßig begrenzte **Anrechnungsfreiheit des Elterngelds** bei Leistungen des SGB II grds. aufgehoben (vgl § 10 Abs. 5 S. 1 BEEG). Da das Elterngeld keine zweckbestimmte Einnahme darstellt, ist es seither als Einkommen iSd § 11 Abs. 1 S. 1 SGB II zu berücksichtigen. Ausnahmsweise anrechnungsfrei ist das Elterngeld (bzw vergleichbare Leistungen der Bundesländer) bei Eltern, die unmittelbar vor der Geburt erwerbstätig waren und durchschnittlich weniger als 1.000 EUR verdient haben. Bei ihnen bleibt das Elterngeld nach § 10 Abs. 5 S. 2 BEEG anrechnungsfrei und zwar in Höhe des vor der Geburt erzielten durchschnittlichen Erwerbseinkommens, maximal aber iHv 300 EUR. Diese Beträge verringern sich um die Hälfte bei Elterngeldberechtigten, die sich für eine gestreckte Auszahlung des Elterngelds entschieden haben (§ 10 Abs. 5 S. 3 BEEG). Bei der gestreckten Auszahlung können Elterngeldberechtigte die Auszahlung des Geldes über 24 Monate strecken(§ 6 S. 2 BEEG). Konsequenz ist allerdings, dass die monatlichen Leistungen des Elterngelds halbiert werden. Eine Bestandsschutzregelung trifft § 1 Abs. 5 Alg II-V. Hiernach ist das Elterngeld iHv 150 EUR je Lebensmonat eines Kindes, der vor dem 1.1.2011 begonnen hat, anrechnungsfrei, soweit es aufgrund einer vor dem 1.1.2011 widerrufenen gestreckten Auszahlung nachgezahlt wird.

3. Ermittlung des monatlichen Bruttoeinkommens

a) Einführung

32 Vor der Bereinigung des Einkommens um die Absetzbeträge iSd § 11 b SGB II müssen die **monatlichen Bruttoeinnahmen** ermittelt werden. Hier sind vor allem zwei Fragen zu klären:

1. Für welchen Monat fällt Einkommen an?
2. Wie hoch ist das Bruttoeinkommen im jeweiligen Monat?

Für die erste Frage ist grds. auf den Zuflusszeitpunkt abzustellen, dh Einnahmen sind regelmäßig für den Monat zu berücksichtigen, in dem sie zufließen. Sonderregelungen gelten für laufende Einnahmen, die in größeren als monatlichen Zeitabständen zufließen, und für einmalige Einnahmen. Für die Frage nach der Höhe der monatlichen Bruttoeinnahmen sieht die Alg II-V unterschiedliche Ermittlungs- und Berechnungsvorschriften für Einnahmen aus nichtselbstständiger Arbeit und aus selbstständiger Erwerbstätigkeit vor. Einkommen in sonstigen Fällen, wie zB Einnahmen aus Sozialleistungen, Vermietung und Verpachtung, Kapitalvermögen oder aus Wehr-, Ersatz- und Freiwilligendienstverhältnissen, sind wie Einkommen aus nichtselbstständiger Arbeit zu ermitteln und zu berechnen. Für Fälle, in denen die Höhe der tatsächlich zufließenden Einnahmen im Entscheidungszeitpunkt noch nicht feststeht, besteht die Möglichkeit einer vorläufigen Entscheidung.

b) Ermittlung von laufenden und einmaligen Einnahmen

33 Für die Ermittlung von laufenden und einmaligen Einnahmen sieht § 11 Abs. 2 und 3 SGB II unterschiedliche Regelungen vor. Daher kann im Einzelfall eine **Abgrenzung** erforderlich sein. Laufende Einnahmen sind solche, die auf demselben Rechtsgrund beruhen und regelmäßig erbracht werden.[60] Sie liegen auch vor, wenn die Einnahmen aufgrund der Eigenart der Entlohnung monatlich in unterschiedlicher Höhe zufließen (zB bei Stunden- oder Akkordlohn).[61] Zu den laufenden Einnahmen gehören ferner Einnah-

60 BSG 30.7.2008 – B 14 AS 26/07 R mwN.
61 BA-FH zu §§ 11, 11 a, 11 b SGB II Rn 11.8.

men, die an einzelnen Tagen eines Monats aufgrund von kurzzeitigen Beschäftigungsverhältnissen von weniger als einem Monat erzielt werden (§ 11 Abs. 2 S. 2 SGB II). Bei einmaligen Einnahmen erschöpft sich das Geschehen demgegenüber in einer einzigen Leistung. Dabei ändert sich die Qualifizierung einer laufenden Einnahme nicht dadurch, dass es sich bei der Zahlung um die letzte einer typischerweise regelmäßig erfolgenden Leistung handelt, die (vertragsgemäß) im Bedarfszeitraum einmalig zufließt (zB letztmalige Arbeitsentgeltzahlung).[62] Typische einmalige Einnahmen sind zB Steuererstattungen, Jubiläumszuwendungen, Abfindungen.

34 Nach § 11 Abs. 2 SGB II sind **laufende Einnahmen** für den Monat zu berücksichtigen, in dem sie zufließen. Entscheidend ist grds. der tatsächliche Zufluss, soweit rechtlich nicht ein anderer Zufluss als maßgeblich bestimmt wird. Laufende Einnahmen, die in größeren als monatlichen Zeitabständen zufließen, sind wie einmalige Einnahmen zu berücksichtigen.

35 **Einmalige Einnahmen** sind grds. ebenfalls im Zuflussmonat zu berücksichtigen (§ 11 Abs. 3 SGB II). Als Ausnahme hierzu gilt, dass eine einmalige Einnahme erst im Folgemonat zu berücksichtigen ist, wenn im Zuflussmonat bereits Leistungen ohne Berücksichtigung dieser einmaligen Einnahme erbracht wurden. Hiermit soll der Verwaltungsaufwand vermieden werden, der dadurch entsteht, dass die SGB II-Leistungen monatlich im Voraus erbracht werden und später zufließende einmalige Einnahmen uU nicht mehr bei der Berechnung der Leistungen berücksichtigt werden können. Gemessen am Zweck der Vorschrift können einmalige Einnahmen, die Leistungsberechtigten am Monatsende zufließen und infolgedessen schon nach den verwaltungspraktischen Abläufen nicht mehr bei der Auszahlung im Folgemonat berücksichtigt werden können, auch im nachfolgenden Monat angerechnet werden.[63]

Eine weitere Ausnahme regelt § 11 Abs. 3 S. 3 SGB II. Führt die (vollständige) Berücksichtigung einer einmaligen Einnahme im Zuflussmonat dazu, dass der Leistungsanspruch für diesen Monat entfallen würde, ist die einmalige Einnahme auf einen Zeitraum von sechs Monaten gleichmäßig aufzuteilen und monatlich mit einem entsprechenden Teilbetrag anzurechnen. Mit der **Aufteilung der einmaligen Einnahme** auf sechs Monate soll ein kurzfristiger Wegfall des Leistungsbezugs und der damit verbundene Verwaltungsaufwand bei der An- und Abmeldung zur GKV vermieden werden. Den Jobcentern steht bei der Festlegung des Verteilzeitraums kein Ermessen zu.

Nach dem BSG[64] wird der Verteilzeitraum weder durch den Ablauf eines Bewilligungszeitraums, noch durch die erneute Antragstellung begrenzt. Grenze des Verteilungszeitraums bilde der Zustand der Hilfebedürftigkeit. Daher erfolge eine **Unterbrechung des Verteilzeitraums** nur, wenn die Hilfebedürftigkeit – ohne Berücksichtigung der einmaligen Einnahme – für mind. einen Monat entfällt (zB durch Erwerbseinkommen). Erst wenn die Hilfebedürftigkeit danach wieder eintritt, ist die einmalige Einnahme als Vermögen zu berücksichtigen.

Praxishinweis: Der Einwand, eine einmalige Einnahme sei schon vor Ablauf des Verteilzeitraums verbraucht, greift grds. nicht. Sofern sich der vorzeitige Verbrauch nicht rechtfertigen lässt (zB wegen eines plötzlich auftretenden Sonderbedarfs) sind allenfalls in Notlagen darlehensweise Leistungen (§ 24 Abs. 1 SGB II) zu gewähren, weil die Leistungsberechtigten ansonsten die Einkommensanrechnung nachträglich zu ihren Gunsten verändern und die Jobcenter letztlich auf einen Erstattungsanspruch nach § 34 SGB II verweisen könnten.[65]

62 BSG 30.7.2008 – B 14 AS 26/07 R.
63 Zur Vorgängerregelung in der Alg II-V: BSG 13.5.2009 – B 4 AS 49/08 R.
64 BSG 30.9.2008 – B 4 AS 29/07 R.
65 LSG NRW 2.4.2009 – L 9 AS 58/07; aA LSG Baden-Württemberg 18.6.2009 – L 12 AS 2457/09/ER-B.

c) Besonderheiten bei Einkommen aus nichtselbstständiger Arbeit

36 Bei der Berechnung des Einkommens aus nichtselbstständiger Arbeit ist von den **Bruttoeinnahmen** auszugehen (§ 2 Abs. 1 Alg II-V), die in tatsächlicher Höhe zu ermitteln sind. Zum Arbeitsentgelt idS gehören alle laufenden oder einmaligen Einnahmen aus einer abhängigen Beschäftigung (vgl § 14 SGB IV). Aufwandsentschädigungen für ehrenamtliche Tätigkeiten gehören – trotz der Steuerfreiheit (zB iRd Übungsleiterpauschale iSd § 3 Nr. 26 EStG) – zu den anrechnungsfähigen Einkommen und sind grds. wie Arbeitsentgelt nach § 2 Alg II-V zu berechnen.[66]

Praxishinweis: Um einen unverhältnismäßigen Verwaltungsaufwand zu vermeiden bzw eine schnelle Entscheidung zu ermöglichen, kann das Jobcenter das Arbeitsentgelt schätzen, wenn entweder das Einkommen bzw die SGB II-Leistungen nur für kurze Zeit anfallen oder wenn die Entscheidung über die Leistungen keinen Aufschub duldet. Allerdings muss in beiden Fällen vor einer Schätzung eine Anhörung stattgefunden haben (vgl § 2 Abs. 7 Alg II-V).

37 Bei monatlich **schwankenden Einnahmen** müssten die Jobcenter das Einkommen für jeden Monat einzeln ermitteln und festsetzen. Um den hiermit verbundenen Verwaltungsaufwand zu verhindern, erlaubt § 2 Abs. 3 S. 1, 2 Alg II-V, für alle Monate des Bewilligungszeitraums ein gleichbleibendes, monatliches Durchschnittseinkommen[67] anzusetzen. Ob das Jobcenter von dieser Möglichkeit Gebrauch macht, liegt in seinem pflichtgemäßen Ermessen. Bei der Ermessensausübung hat es insb. darauf zu achten, dass die Zugrundelegung eines monatlichen Durchschnittseinkommens in Monaten mit unterdurchschnittlichen Einnahmen nicht zu einer erheblichen Bedarfsunterdeckung führt. Wenn die Höhe der monatlich schwankenden Einnahmen noch nicht bekannt ist, wird das Jobcenter idR eine vorläufige Entscheidung treffen. Stellt sich dann bei der endgültigen Einkommensfestsetzung heraus, dass das zugrunde gelegte monatliche Durchschnittseinkommen zu niedrig angesetzt wurde, gilt für die Rückforderungen eine Bagatellgrenze von 20 EUR pro Monat (§ 2 Abs. 3 S. 3 Alg II-V).

38 Für Einkommen aus nichtselbstständiger Arbeit in Geldeswert sieht § 2 Abs. 5, 6 Alg II-V Regelungen der Einkommensermittlung vor. **Einnahmen in Geldeswert** sind mit ihrem Verkehrswert zu berücksichtigen (§ 2 Abs. 6 S. 1 Alg II-V). Ist die Einnahme mit Geldeswert auch im Regelbedarf enthalten (zB Bekleidung, Monatskarte für den ÖPNV), darf bei der Ermittlung des Verkehrswerts höchstens der beim Regelbedarf berücksichtigte Betrag in Ansatz gebracht werden (§ 2 Abs. 6 S. 2 Alg II-V). Hierfür sind das RBEG und dessen amtliche Begründung[68] zugrunde zu legen. Die sich hieraus ergebenden Werte müssen ggf entsprechend der Regelbedarfsfortschreibung zum 1.1. eines jeden Jahres angepasst werden.

Die **vom Arbeitgeber bereitgestellte Verpflegung** wird nicht mit ihrem Verkehrswert berücksichtigt, sondern nach der Sonderregelung des § 2 Abs. 5 Alg II-V, die zwischen Voll- und Teilverpflegung unterscheidet. Vollverpflegung ist mit täglich 1 % des maßgebenden Regelbedarfs zu berücksichtigen. Hiermit soll berücksichtigt werden, dass rund ein Drittel des monatlichen Regelbedarfs auf Nahrungsmittel und alkoholfreie Getränke entfällt. Da auch bei einer vom Arbeitgeber bereitgestellten Vollverpflegung ergänzende Kosten für die Verpflegung anfallen können, wurde für die tägliche Vollverpflegung ein Pauschalbetrag von 1 % des Regelbedarfs festgelegt. Bei einer Teilverpflegung entfallen auf das Frühstück ein Anteil von 20 % und auf das Mittag- und Abendessen Anteile von je 40 % des Betrags, der für die Vollverpflegung anzusetzen ist (§ 2 Abs. 5 S. 2 Alg II-V).

---

66 BA-FH zu §§ 11, 11 a, 11 b SGB II Rn 11.17.
67 Kritisch hierzu: *Schwarzlos/Siebel-Huffmann* info also 2008, 52.
68 BT-Drucks. 17/3404, 49 ff.

Praxishinweis: Verpflegung, die außerhalb einer Erwerbstätigkeit bereitgestellt wird (zB im Krankenhaus oder bei Freunden und Verwandten), ist anrechnungsfrei.

d) Besonderheiten bei Einkommen aus selbstständiger Erwerbstätigkeit

39 Ausgangspunkt für die Berechnung des Einkommens aus selbstständiger Arbeit, Gewerbebetrieb oder Land- und Forstwirtschaft sind die **Betriebseinnahmen**, dh alle aus der selbstständigen Erwerbstätigkeit erzielten Einnahmen, die im Bewilligungszeitraum tatsächlich zugeflossen sind (§ 3 Abs. 1 S. 1, 2 Alg II-V). Da diese Einnahmen im Entscheidungszeitpunkt häufig noch nicht feststehen, sind bei der Ermittlung der Betriebseinnahmen die voraussichtlichen Einnahmen zugrunde zu legen (Einkommensprognose). Anhaltspunkte hierfür können die Betriebseinnahmen des vorangegangenen Bewilligungszeitraums, ein Businessplan oder andere betriebswirtschaftliche Auswertungen sein. Das Jobcenter wird in diesen Fällen nur eine vorläufige Entscheidung treffen. Weisen Leistungsberechtigte für die abschließende Entscheidung Einnahmen nach, dann können diese Einnahmen angemessen erhöht werden, wenn anzunehmen ist, dass die nachgewiesene Höhe der Einnahmen offensichtlich nicht den tatsächlichen Einnahmen entspricht (§ 3 Abs. 3 S. 2 Alg II-V).

Praxishinweis: Weisen Leistungsberechtigte das tatsächliche Einkommen bei einer vorläufigen Entscheidung nicht innerhalb von zwei Monaten nach Ende des Bewilligungszeitraums nach, kann das Jobcenter das Einkommen für die abschließende Entscheidung schätzen.

Als Betriebseinnahmen anzusetzen ist nur der Überschuss der Einnahmen über den tatsächlich geleisteten, notwendigen **Betriebsausgaben** (vgl § 3 Abs. 2 Alg II-V). Erst nach Abzug der Betriebsausgaben ergibt sich ein dem Arbeitnehmereinkommen vergleichbares „Bruttoeinkommen".[69] Auf die steuerrechtlichen Gewinnermittlungsvorschriften kommt es nicht an, so dass zB Abschreibungen oder pauschalierte Abzüge keine Berücksichtigung finden können. Betriebsausgaben dürfen höchstens bis zur Höhe der Betriebseinnahmen abgezogen werden (§ 5 S. 1 Alg II-V). Gleichzeitig untersagt § 5 S. 2 Alg II-V einen Verlustausgleich, dh das Einkommen darf nicht um die Ausgaben einer anderen Einkommensart vermindert werden. Da die im Bewilligungszeitraum tatsächlich zu leistenden notwendigen Betriebsausgaben im Entscheidungszeitpunkt häufig noch nicht feststehen, werden im Regelfall die voraussichtlichen Betriebsausgaben zugrunde zu legen sein (Ausgabenprognose).

Abgesetzt werden können nur die **tatsächlich geleisteten und notwendigen** Betriebsausgaben. Betriebsausgaben sind insb. nicht notwendig, soweit sie ganz oder teilweise vermeidbar sind oder offensichtlich nicht den Lebensumständen während des Bezugs von SGB II-Leistungen entsprechen oder soweit das Verhältnis der Ausgaben zu den jeweiligen Einnahmen in einem auffälligen Missverhältnis steht (Umkehrschluss zu § 3 Abs. 1 S. 1, 3 Alg II-V).[70] Hiermit soll erreicht werden, dass selbstständige Leistungsberechtigte alle Möglichkeiten der Kostenvermeidung und -optimierung nutzen (zB Umschuldung, Reduzierung von Tilgungsleistungen bei Betriebskrediten) und keine Betriebsausgaben für überteuerte Waren oder Luxusartikel[71] geltend machen können. Zu den notwendigen Betriebsausgaben gehören grds. auch die Kosten für ein Betriebs-Kfz. Für die Kosten eines sowohl betrieblich als auch privat genutzten Kfz trifft § 3 Abs. 7 Alg II-V eine Sonderregelung.

Praxishinweis: Die Kfz-Pauschale des § 3 Abs. 7 Alg II-V ist keine Entfernungspauschale für Fahrten zwischen Arbeitsstätte und Wohnung, sondern soll Betriebsfahrten berücksichtigen.

---

69 Hauck/Noftz SGB II/*Hengelhaupt* § 13 Rn 226.
70 LSG Sachsen-Anhalt 26.6.2009 – L 5 AS 143/09 B ER.
71 Am Beispiel eines geleasten BMW: LSG Sachsen-Anhalt 26.6.2009 – L 5 AS 143/09 B ER.

40 Das „monatliche Bruttoeinkommen“ aus selbstständiger Erwerbstätigkeit wird ermittelt, indem die um die notwendigen Ausgaben reduzierten Gesamtbetriebseinnahmen im Bewilligungszeitraum zu gleichen Teilen auf die Monate des Bewilligungszeitraums verteilt werden (sog. **Regelberechnung**). Hierzu wird das Gesamteinkommen nach § 3 Abs. 4 S. 1 Alg II-V durch die Anzahl der Monate im Bewilligungszeitraum geteilt. Wird die selbstständige Erwerbstätigkeit nur während eines Teils des Bewilligungszeitraums ausgeübt, ist auf die Monate im entsprechenden Teilzeitraum abzustellen. Erst das auf diese Weise ermittelte „monatliche Bruttoeinkommen“ ist um die Absetzbeträge nach § 11 b SGB II zu bereinigen.

Bei bestimmten selbstständigen Tätigkeiten sind üblicherweise stark schwankende Einnahmen im Laufe des Jahres zu verzeichnen (zB bei Saisonbetrieben oder Künstlern). Abweichend von der Regelberechnung erlaubt § 3 Abs. 5 Alg II-V die ergänzende Berücksichtigung von Einkommen, die innerhalb eines Zeitraums von sechs Monaten vor wiederholter Antragstellung erzielt wurden. Mit dieser **jahresbezogene Berechnungsweise** soll erreicht werden, dass Selbstständige, die wiederholt SGB II-Leistungen beziehen und typischerweise schwankende Einnahmen haben, für Zeiträume mit geringen Einnahmen Rücklagen bilden. Die jährliche Betrachtungsweise ist ausdrücklich nur bei wiederholter Antragsstellung zulässig und nicht schon bei Erstantragstellung.[72] Um eine Doppelberücksichtigung von Einkommen zu verhindern, darf Einkommen aus den sechs Monaten vor der wiederholten Antragstellung nicht berücksichtigt werden, soweit es bereits im vorangegangenen Bewilligungszeitraum berücksichtigt wurde oder bei Antragstellung in diesem Zeitraum hätte berücksichtigt werden müssen.

4. Bereinigung des Bruttoeinkommens

a) Überblick

41 Da auf die Bedarfe zur Sicherung des Lebensunterhalts nur die sog. bereiten Mittel angerechnet werden, muss das Einkommen nach der Ermittlung der Bruttoeinnahmen um die nicht verfügbaren Einkommensbestandteile bereinigt werden. Das SGB II stellt für die Bereinigung des Bruttoeinkommens nicht auf das steuerrechtliche Nettoeinkommen ab, sondern sieht in § 11 b SGB II eigene Regelungen vor. Die insoweit geregelten Absetzbeträge sind abschließend und umfassen

- die auf das Einkommen entrichteten Steuern,
- die auf das Einkommen entrichteten Pflichtbeiträge zur Sozialversicherung,
- Beiträge zu sonstigen Versicherungen,
- Beiträge zur Riester-Rente,
- Ausgaben für Werbungskosten,
- Freibeträge bei Erwerbseinkommen,
- Freibeträge bei Aufwandsentschädigungen für ehrenamtliche Tätigkeiten,
- titulierte Unterhaltsleistungen und
- bereits berücksichtigtes Einkommen bei Ausbildungsförderungsleistungen.

42 Grds. sind Ausgaben für Absetzbeträge nur **bei dem eigenen berücksichtigungsfähigen Einkommen** abzuziehen. Problematisch sind Fälle, in denen die Ausgaben für Absetzbeträge nicht von der einkommensbeziehenden Person selbst, sondern von einem anderen Mitglied der Bedarfsgemeinschaft getätigt werden. In der Praxis wird eine solche Verlagerung von Ausgaben für Absetzbeträge grds. für zulässig gehalten.[73] Wenn das Gesetz

72 Hauck/Noftz SGB II/*Hengelhaupt* § 13 Rn 228.
73 BA-FH zu §§ 11, 11 a, 11 b SGB II Rn 11.137.

bei der Einkommensanrechnung in Bedarfsgemeinschaften von Einstands- und Verantwortungsgemeinschaften ausgehe und Einnahmen zusammenrechne, müsse dies auch für die Ausgaben gelten. Anderenfalls würden Mitglieder einer Bedarfsgemeinschaft gegenüber Alleinstehenden unzumutbar schlechter gestellt.[74] Für die Beiträge zu sonstigen angemessenen Versicherungen wird eine solche Verlagerung zT abgelehnt.[75]

Praxishinweis: Für die Bereinigung einer auf sechs Monate verteilten einmaligen Einnahme sieht § 11 b Abs. 1 S. 3 SGB II eine Sonderregelung vor: Hiernach sind die auf die Einnahme entrichteten Steuern und Sozialversicherungsbeiträge sowie die Werbungskosten und der Erwerbstätigenfreibetrag vor der Aufteilung der einmaligen Einnahme abzusetzen. Die übrigen Absetzbeträge, die jeden Monat anfallen, sind monatlich abzusetzen. Dies gilt insb. für Beiträge zu sonstigen Versicherungen, zur Riester-Rente sowie für Unterhaltszahlungen.[76]

b) Auf das Einkommen entrichtete Steuern

43 Vom Bruttoeinkommen absetzbar sind die tatsächlich auf das Einkommen entrichteten Steuern (§ 11 b Abs. 2 S. 1 Nr. 1 SGB II). Hierzu gehören sämtliche Steuern mit Einkommensbezug, insb. die Lohn- und Einkommensteuer, der Solidaritätszuschlag, die Kirchensteuer, die Gewerbesteuer oder die Kapitalertragssteuer. Keinen Einkommensbezug hat zB die Mehrwertsteuer, die auf Waren und Dienstleistungen entrichtet wird.[77] Gleiches gilt für die Grundsteuer bei Einnahmen aus Vermietung und Verpachtung. Allerdings kann es sich hier um Werbungskosten handeln.

c) Pflichtbeiträge zur Sozialversicherung

44 Vom Bruttoeinkommen absetzbar sind die Pflichtbeiträge zur Sozialversicherung, also zur Renten-, Kranken- und Pflegeversicherung sowie zur Arbeitslosenversicherung (§ 11 b Abs. 1 S. 1 Nr. 2 SGB II). Diese Beiträge können in der tatsächlich geleisteten Höhe abgesetzt werden. Keine Pflichtbeiträge zur Sozialversicherung liegen bei einer freiwilligen Mitgliedschaft in der Sozialversicherung bzw bei einer privaten Versicherung vor. Diese Beiträge sind als Beiträge zu sonstigen Versicherungen absetzbar. Zu den Pflichtbeiträgen zur GKV gehört auch der kassenindividuelle Zusatzbeitrag, weil auch er als Pflichtbeitrag von den Mitgliedern der jeweiligen Krankenkasse erhoben wird (§ 242 SGB V).

Praxishinweis: Freiwillig Krankenversicherte sind pflichtversichert in der sozialen Pflegeversicherung (§ 20 Abs. 3 SGB XI). Damit zahlen sie zwar keine Pflichtbeiträge zur GKV, wohl aber zur sozialen Pflegeversicherung.

d) Beiträge zu sonstigen Versicherungen

45 Beiträge zu sonstigen Versicherungen, dh Beiträge, die keine Pflichtbeiträge zur Sozialversicherung sind, können unter den Voraussetzungen des § 11 b Abs. 1 S. 1 Nr. 3 SGB II vom Bruttoeinkommen abgesetzt werden. Hierzu gehören insb. die Beiträge zu Vorsorgeversicherungen bei Personen, die in der Kranken-, Pflege- bzw Rentenversicherung nicht pflichtversichert sind. Systematisch wird zwischen zwei Tatbeständen der Absetzbarkeit unterschieden:

- gesetzlich vorgeschriebenen Versicherungen (Alt. 1) und
- angemessenen Versicherungen (Alt. 2).

Praxishinweis: Die sonstigen Versicherungsbeiträge sind vom Grundfreibetrag erfasst, so dass ein Einzelnachweis erst bei einem Erwerbseinkommen über 400 EUR möglich ist.

---

74 LSG Berlin-Brandenburg 25.9.2009 – L 32 AS 412/08.
75 *Brühl* in: LPK-SGB II § 11 Rn 46; für eine Privathaftpflicht- und eine Vollkaskoversicherung: BSG 27.2.2008 – B 14/7 b AS 32/06 R.
76 BA-FH zu §§ 11, 11 a, 11 b SGB II Rn 11.15.
77 SG Stade 19.7.2011 – S 28 AS 143/09.

46 Zu den Beiträgen zu gesetzlich vorgeschriebenen Versicherungen iSd § 11 b Abs. 1 S. 1 Nr. 3 Hs 1 Alt. 1 SGB II zählen zB die Beiträge zu einer **Kfz-Haftpflichtversicherung** (vgl § 1 PflVG). Diese Beiträge sind im Umfang der Mindestdeckungssumme[78] absetzbar. Kasko- bzw Verkehrsrechtsschutzversicherungen sind hingegen keine gesetzlich vorgeschriebenen Versicherungen, sondern können allenfalls als angemessene Versicherungen abgesetzt werden. Auch die Gebäudeversicherung stellt seit 1992 keine gesetzlich vorgeschriebene Versicherung mehr dar.

47 Beiträge zu Versicherungen, die nicht gesetzlich vorgeschrieben sind, können vom Bruttoeinkommen abgesetzt werden, soweit sie **nach Grund und Höhe angemessen** sind (§ 11 b Abs. 1 S. 1 Nr. 3 Hs 1 Alt. 2 SGB II). Für die Angemessenheit sollten ursprünglich die Lebensumstände während des Bezugs von SGB II-Leistungen maßgeblich sein. Dieser Prüfungsmaßstab wurde im Laufe des Gesetzgebungsverfahrens jedoch wieder aufgegeben, weil er die Aufrechterhaltung der bisherigen Lebensumstände in Fällen eines kurzfristigen SGB II-Bezugs nicht erlaubte.[79] Mithin ist für die Angemessenheit darauf abzustellen, was bei vergleichbaren Personenkreisen unter Berücksichtigung der individuellen Lebensverhältnisse üblich bzw bei Vorliegen besonderer Umstände gerechtfertigt ist und ob Versicherungsaufwand und -ertrag in einem wirtschaftlichen Verhältnis zueinander stehen.

Beispiele[80] für dem Grunde nach angemessene Versicherungsbeiträge sind Beiträge zu einer Haftpflichtversicherung, Hausratversicherung, Unfallversicherung. Hingegen wird eine Kfz-Vollkaskoversicherung überwiegend dem Grunde nach für unangemessen gehalten.[81]

Praxishinweis: Bei Beiträgen zu einer betrieblichen Altersvorsorge ist zu differenzieren: Soweit Beiträge unmittelbar von den Arbeitgebern in eine betriebliche Altersvorsorge entrichtet werden, fließen den Leistungsberechtigten keine berücksichtigungsfähigen Einnahmen zu. Soweit die Beiträge von den Leistungsberechtigten im Wege der Entgeltumwandlung selbst gezahlt werden, handelt es sich um dem Grunde nach angemessene Versicherungsbeiträge.[82]

Für die absetzbaren Beiträge zu angemessenen Versicherungen sehen § 6 Abs. 1 Nr. 1 und Nr. 2 Alg II-V monatliche **Versicherungspauschalen iHv 30 EUR** vor, die wegen der Abgeltungswirkung des Grundfreibetrags (§ 11 b Abs. 2 S. 2 SGB II) bei Erwerbseinkommen nur dann eine praktische Bedeutung haben, wenn die Bruttoeinkommen über 400 EUR liegen. Von den Versicherungspauschalen nicht erfasst werden gesetzlich vorgeschriebene Versicherungen (zB Kranken- und Pflegeversicherung). Während die Nr. 1 die Versicherungspauschale bei Einkommen von volljährigen Leistungsberechtigten regelt, betrifft die Nr. 2 die Versicherungspauschale bei Einkommen minderjähriger Leistungsberechtigter. Bei volljährigen Leistungsberechtigten ist die Versicherungspauschale von jedem erzielten Einkommen abzusetzen, ohne dass entsprechende Versicherungsbeiträge tatsächlich gezahlt bzw nachgewiesen werden müssen.[83] Demgegenüber ist die monatliche Versicherungspauschale von 30 EUR bei Einkommen minderjähriger Leistungsberechtigter (zB Kindergeld) nur absetzbar, wenn tatsächlich eine entsprechende Versicherung abgeschlossen wurde. Denn minderjährige Kinder sind idR in den Versicherungsschutz der Eltern einbezogen.

Praxishinweis: Ob auf Nachweis auch höhere tatsächliche Ausgaben für angemessene Versicherungen abgesetzt werden können, ist in der Praxis umstritten. Während die Geltendma-

78 Vgl BSG 18.3.2008 – B 8/8 b SO 11/06 R.

79 BT-Drucks. 15/1728, 175; 15/1749, 31.

80 Vgl *Brühl* in: LPK-SGB II § 11 Rn 43.

81 BSG 27.2.2008 – B 14/7 b AS 32/06 R; aA: *Brühl* in: LPK-SGB II § 11 Rn 43; zur Teilkaskoversicherung: SG Fulda 31.1.2008 – S 10 AS 192/06.

82 *Brühl* in: LPK-SGB II § 11 Rn 45, iE: LSG Niedersachsen-Bremen 3.12.2009 – L 13/6 AS 8/06, das die Angemessenheit der Höhe von Arbeitnehmerbeiträgen in die betriebliche Altersvorsorge an den Förderhöhen für die Riesterrente messen will.

83 BSG 21.12.2009 – B 14 AS 42/08 R.

chung höherer Ausgaben auf Nachweis teilweise zugelassen wird,[84] hält das BSG die monatliche 30 EUR-Pauschale für ausreichend, um die in einfachen Lebensverhältnissen üblichen, angemessenen Versicherungen zu zahlen.[85]

48 Zur Klarstellung regelt § 11 Abs. 1 S. 1 Hs 2 SGB II, dass die **Beiträge zu Vorsorgeversicherungen** von Leistungsberechtigten, die nicht in die Versicherungspflicht der gesetzlichen Kranken-, Pflege- oder Rentenversicherung einbezogen sind, als sonstige Versicherungsbeiträge abzusetzen sind. Die Beiträge zu Vorsorgeversicherungen sind zunächst in der jeweils nachgewiesenen, tatsächlichen Höhe abzusetzen. Um Doppelleistungen zu verhindern, sind Vorsorgebeiträge nicht abzusetzen, soweit sie nach § 26 SGB II bezuschusst werden.

Unter die **Kranken- und Pflegeversicherungsbeiträge** iSd § 11 Abs. 1 S. 1 Hs 2 lit. a SGB II fallen sowohl die Beiträge einer freiwilligen Mitgliedschaft in der gesetzlichen Sozialversicherung als auch die Beiträge einer privaten Kranken- und Pflegeversicherung.

Unter die **Altersvorsorgebeiträge** iSd § 11 Abs. 1 S. 1 Hs 2 lit. b SGB II fallen alle Beiträge für eine Altersvorsorge, mit der der Versicherungsschutz der GRV als erster Säule der Alterssicherung ersetzt werden soll. Hierzu gehören neben den Beiträgen zu einer freiwilligen Mitgliedschaft in der GRV vor allem die Beiträge zu einer berufsständischen Versorgungseinrichtung (zB Versorgungswerk der Rechtsanwälte) und zu einer sog. Rürup-Rente.

Praxishinweis: Altersvorsorgebeiträge zur betrieblichen bzw privaten Zusatzvorsorge müssen als sonstige angemessene Versicherungen auf ihre angemessene Höhe überprüft werden. Dabei müssen die Jobcenter berücksichtigen, dass Selbstständige keinen Anspruch auf die Riester-Förderung haben und damit nicht vom Absetzbetrag für Riester-Renten profitieren können.

e) Beiträge zur Riester-Rente

49 Vom Bruttoeinkommen abzusetzen sind die tatsächlich geleisteten Beiträge zu einer Riester-Rente bis zur Höhe des Mindesteigenbeitrags. Der Mindesteigenbeitrag ist der Betrag, den Riester-Sparende mindestens einsetzen müssen, um die Riester-Zulage in voller Höhe zu erhalten (vgl § 86 EStG). Der Mindesteigenbeitrag beläuft sich regelmäßig auf 4 Prozent der rentenversicherungspflichtigen Einnahmen des Vorjahres, abzüglich der Riester-Zulage. Der selbst zu zahlende Beitragsanteil muss mindestens aber 60 EUR betragen (sog. Sockelbetrag). Die Riester-Zulage besteht aus einer Grundzulage und einer Kinderzulage. Die Grundzulage beträgt jährlich 154 EUR. Für Zulagenberechtigte, die noch nicht 25 Jahre alt sind, erhöht sich die Grundzulage um einmalig 200 EUR für das erste Beitragsjahr. Die Kinderzulage beträgt für jedes Kind, für das Kindergeld bezogen wird, jährlich 185 EUR. Für Kinder, die nach dem 31.12.2007 geboren sind, beträgt sie jährlich 300 EUR. Der Mindesteigenbeitrag ist auf maximal 2.100 EUR jährlich begrenzt.

f) Werbungskosten

50 Vom Bruttoeinkommen abzusetzen sind die mit der Erzielung des Einkommens verbundenen notwendigen Ausgaben (§ 11 b Abs. 1 S. 1 Nr. 5 SGB II). Dieser Absetzbetrag wird in der Praxis auch als „**Werbungskosten**" bezeichnet, darf aber nicht mit dem einkommensteuerrechtlichen Werbungskostenbegriff (§ 9 EStG) verwechselt werden. So können notwendige Ausgaben bei der Einkommensbereinigung im SGB II nur bei der jeweiligen Einkommensart berücksichtigt und maximal bis zur Höhe der jeweiligen Einnahme abgezogen werden (vgl § 5 S. 1 Alg II-V).

84 SG Fulda 31.1.2008 – S 10 AS 192/06 zu der Frage, ob anstelle der 30 EUR-Pauschale tatsächliche Beiträge iHv monatlich insgesamt 35,35 EUR abgesetzt werden können.

85 Vgl BSG 15.4.2008 – B 14/7 b AS 58/06 R.

Voraussetzung für die Absetzbarkeit ist zunächst, dass die Ausgaben mit der Einkommenserzielung verbunden sind. Der Begriff der Einkommenserzielung ist weit auszulegen und umfasst auch die Sicherung und Erhaltung von Einkommen. Die Einkommenserzielung muss nicht notwendigerweise der unmittelbare Zweck der Ausgabe sein, vielmehr reicht aus, wenn die Zielrichtung einer Ausgabe mit der Einkommenserzielung in Beziehung steht. Dafür ist nicht erforderlich, dass die Erzielung von Einkommen ohne die Ausgabe undenkbar wäre. Der Mitgliedsbeitrag zum SoVD ist zB daher als mit der Einkommenserzielung verbundene Ausgabe zu qualifizieren.[86] Erforderlich für die Absetzbarkeit ist weiterhin, dass die Ausgabe notwendig ist. Bei der Notwendigkeit handelt es sich um einen unbestimmten Rechtsbegriff, der in vollem Umfang der sozialgerichtlichen Kontrolle unterliegt. Entscheidend für die Notwendigkeit ist, ob die Ausgabe einen Nutzen für das Einkommen erwarten lässt.[87]

Beispiele für notwendige Ausgaben:

- Mitgliedsbeitrag zum SoVD und Berufsverbänden,
- Aufwendungen für Arbeitsmaterial, Berufskleidung, Arbeitsmittel, Bewerbungskosten,
- IT/Telefon,
- Fahrt- und Reisekosten,
- Fachliteratur und Fortbildung,
- Umzugskosten,
- doppelte Haushaltsführung,[88]
- Unfallkosten,
- Kinderbetreuungskosten, soweit sie nicht wegen Unzumutbarkeit erlassen oder von Dritten übernommen werden (vgl § 90 Abs. 3 SGB VIII).

51 Für die notwendigen Ausgaben (ohne Wegstrecken) ist bei Erwerbseinkommen eine **Werbungskostenpauschale** iHv 15,33 EUR abzusetzen, soweit keine tatsächlich höheren notwendigen Aufwendungen nachgewiesen werden (vgl § 6 Abs. 1 Nr. 3 lit. a Alg II-V). Der Betrag von 15,33 EUR errechnet sich aus 1/60 der bisherigen einkommensteuerlichen Werbungskostenpauschale iHv 920 EUR, was rechnerisch der Werbungskostenpauschale bei einem Steuersatz von 20 % entspricht. Die Werbungskostenpauschale gilt ausdrücklich nicht für Einkommen aus selbstständiger Arbeit, Gewerbebetrieb oder Land- und Forstwirtschaft. Hiermit sollte der Gefahr einer doppelten Berücksichtigung begegnet werden, nämlich als „notwendige Betriebsausgaben" bei der Ermittlung der Betriebseinnahmen einerseits und als „notwendige Ausgaben" bei der Einkommensbereinigung andererseits.

52 Zusätzlich zur Werbungskostenpauschale sieht die Alg II-V bei Erwerbseinkommen einen Pauschbetrag für Wegstrecken zwischen der Wohnung und der Arbeitsstätte bei Benutzung eines Kfz vor. Diese **Entfernungspauschale** beträgt nach § 6 Abs. 1 Nr. 3 lit. b Alg II-V 0,20 EUR für jeden Entfernungskilometer der kürzesten Straßenverbindung, soweit nicht höhere notwendige Ausgaben nachgewiesen werden. Dabei ist – wie im Steuerrecht – nur die einfache Strecke und nicht Hin- und Rückfahrt zugrunde zu legen.[89] Die Entfernungspauschale gilt für alle Einkommensarten, also auch für Einnahmen aus einer selbstständigen Erwerbstätigkeit. Die Entfernungspauschale ist auf die Kosten eines zumutbaren öffentlichen Verkehrsmittels zu begrenzen, wenn sie im Vergleich zum ÖPNV unangemessen hoch ausfällt (§ 6 Abs. 2 Alg II-V). Die Frage der im

---

86 So zu der ehemaligen sozialhilferechtlichen Parallelregelung BVerwG 27.1.1994 – 5 C 29/91.
87 Hauck/Noftz SGB II/*Hengelhaupt* § 11 Rn 166.
88 Ausf. hierzu: BA-FH zu §§ 11, 11 a, 11 b SGB II Rn 11.147 ff.
89 LSG NRW 13.7.2009 – L B 199/09 AS.

Vergleich zum ÖPNV unangemessenen Höhe ist erst zu beantworten, wenn feststeht, dass die Benutzung des ÖPNV im konkreten Einzelfall zumutbar ist. Die Unzumutbarkeit kann sich zB aus schlechten Verkehrsverbindungen, der Länge der Wegstrecke, den zu transportierenden Arbeitsmitteln oder aus der Eigenart der beruflichen Tätigkeit (zB Spät- oder Nachtschicht) ergeben.[90]

53 Vergleichbar mit den steuer- bzw reisekostenrechtlichen Verpflegungspauschalen,[91] sieht die Alg II-V für vorübergehende auswärtige Tätigkeiten einen **Pauschbetrag für Verpflegungsmehraufwendungen** bei Erwerbseinkommen vor. Nach § 6 Abs. 3 Alg II-V beträgt dieser 6 EUR für jeden Kalendertag, an dem Leistungsberechtigte für mindestens 12 Stunden auswärtig, dh von der Wohnung und dem Tätigkeitsmittelpunkt entfernt, erwerbstätig sind. Der Pauschbetrag gilt nur bei vorübergehend auswärtigen Tätigkeiten und damit insb. nicht für Fälle der doppelten Haushaltsführung.

Praxishinweis: Wegen der Abgeltungswirkung des Grundfreibetrags (s.u. Rn 55) haben die Werbungskostenpauschale, die Entfernungspauschale und der Pauschbetrag für Verpflegungsmehraufwendungen nur bei Bruttoeinnahmen über 400 EUR eine praktische Relevanz.

g) Freibeträge bei Erwerbseinkommen

54 Bei Erwerbseinkommen von erwerbsfähigen Leistungsberechtigten sind anstelle bestimmter Absetzbeträge bzw als zusätzlicher Absetzbetrag zu berücksichtigen

- ein monatlicher Grundfreibetrag iHv 100 EUR und
- ein einkommensabhängiger Erwerbstätigenfreibetrag.

Diese beiden Freibeträge gelten nur für erwerbsfähige Leistungsberechtigte und nur für Erwerbseinkommen. Sie können nicht bei Erwerbseinkommen von Sozialgeld-Beziehenden berücksichtigt werden.

Unter **Erwerbseinkommen** sind Einnahmen zu verstehen, die Leistungsberechtigte unter Einsatz und Verwertung ihrer Arbeitskraft erzielen.[92] Keine Rolle spielt, ob es sich um laufende oder einmalige Erwerbseinkommen oder um Einnahmen einer abhängigen Beschäftigung oder selbstständigen Erwerbstätigkeit handelt. Auch Einkünfte aus einer geringfügigen Beschäftigung gehören zu Erwerbseinkommen. Nicht zum Erwerbseinkommen gehören hingegen Mehraufwandsentschädigungen für einen „Ein-Euro-Job“.[93] Auch Lohnersatzleistungen zählen grds. nicht zum Erwerbseinkommen. Etwas anderes kann allenfalls für Lohnersatzleistungen gelten, die in rechtlicher und wirtschaftlicher Hinsicht anstelle des Arbeitsentgelts treten und an die tatsächliche Arbeitsleistung anknüpfen.[94] Dies gilt für das Insolvenzgeld,[95] nicht aber für das Krankengeld[96] oder das Kurzarbeitergeld.[97]

55 Der sog. **Grundfreibetrag für Erwerbseinkommen** stellt eine Abgeltungspauschale für bestimmte Absetzbeträge dar und soll den Verwaltungsaufwand bei der Einkommensbereinigung vereinfachen. Er ist iHv monatlich 100 EUR anstelle der Absetzbeträge für die Beiträge zu sonstigen Versicherungen, Riester-Renten und Werbungskosten vom Bruttoeinkommen abzusetzen (vgl § 11 b Abs. 2 SGB II) und umfasst auch die in § 6 Abs. 1 Alg II-V für Versicherungen und Werbungskosten vorgesehenen Pauschalen.

90 Vgl hierzu SG Neuruppin 18.8.2010 – S 26 AS 2002/08.
91 Vgl Begründung zum Entwurf des BMAS für eine Alg II-V, Stand 27.11.2007, 18.
92 LSG NRW 13.6.2007 – L 20 B 6/07 AS ER.
93 SG Lübeck 29.2.2008 – S 28 AS 261/08 ER.
94 IE LSG Baden-Württemberg 13.10.2010 – L 3 AS 5594/09.
95 BSG 13.5.2009 – B 4 AS 29/08 R.
96 LSG Baden-Württemberg 13.10.2010 – L 3 AS 5594/09.
97 BA-FH zu §§ 11, 11 a, 11 b SGB II Rn 11.162.

Bei Bruttoeinkommen von weniger als 400 EUR ist der Grundfreibetrag stets in Abzug zu bringen, ohne dass den Leistungsberechtigten ein **Nachweis höherer Ausgaben** für die abgegoltenen Absetzbeträge möglich ist. Erst bei Bruttoeinkommen von mehr als 400 EUR gilt der Grundfreibetrag nicht, sofern die erwerbsfähigen Leistungsberechtigten nachweisen, dass die Summe der tatsächlichen Ausgaben für die abgegoltenen Absetzbeträge den Betrag von 100 EUR übersteigt.

Praxishinweis: Die BA lässt ausnahmsweise auch den Nachweis höherer Aufwendungen bei Bruttoeinkommen unter 400 EUR zu, wenn es sich hierbei um eine Ausbildungsvergütung für eine betriebliche oder überbetriebliche Ausbildung handelt und die den Grundfreibetrag übersteigenden Aufwendungen notwendig entstehen.[98]

56 Ebenfalls vom Bruttoerwerbseinkommen abzusetzen ist der sog. **Erwerbstätigenfreibetrag** (§ 11 b Abs. 1 Nr. 6 iVm Abs. 3 SGB II). Der Erwerbstätigenfreibetrag soll einen finanziellen Anreiz zur Aufnahme bzw Aufrechterhaltung einer nicht bedarfsdeckenden Erwerbstätigkeit schaffen.[99] Er ist als ein monatlicher, bruttoeinkommensbezogener Freibetrag in zwei Stufen ausgestaltet, die sich nach § 11 b Abs. 3 S. 2 SGB II

- für den Teil des monatlichen Einkommens, das 100 EUR übersteigt und nicht mehr als 1.000 EUR beträgt, auf 20 % (Nr. 1) und
- für den Teil des monatlichen Einkommens, das 800 EUR übersteigt und nicht mehr als 1.200 EUR beträgt, auf 10 % (Nr. 2)

belaufen.

Der Erwerbstätigenfreibetrag wird erst für Erwerbseinkommen ab 100 EUR gewährt, weil die ersten 100 EUR wegen des Grundfreibetrags ohnehin anrechnungsfrei sind. Einkommensteile oberhalb von 1.200 EUR werden grds. nicht berücksichtigt, so dass der Erwerbstätigenfreibetrag in diesen Fällen maximal 200 EUR betragen kann. Für erwerbsfähige Leistungsberechtigte, die entweder mit mindestens einem minderjährigen Kind in einer Bedarfsgemeinschaft leben oder die mindestens ein minderjähriges Kind haben, gilt anstelle der Obergrenze von 1.200 EUR ein Betrag von 1.500 EUR (§ 11 Abs. 3 S. 3 SGB II). Hierdurch wird ein zusätzlicher Erwerbstätigenfreibetrag von maximal 30 EUR erreicht.

Berechnungsbeispiele für Freibeträge bei Erwerbseinkommen

Bruttoeinkommen	**400 EUR**	**1.000 EUR**	**1.200 EUR**	**1.500 EUR**
Grundfreibetrag	100 EUR	100 EUR/tatsächliche Ausgaben bei Nachweis		
Erwerbstätigenfreibetrag Stufe 1 (20 %)	60 EUR (20 % von 300 EUR)	180 EUR (20 % von 900 EUR)		
Erwerbstätigenfreibetrag Stufe 2 (10 %)			20 EUR (10 % von 200 EUR)	
Kinderkomponente				30 EUR (10 % von 300 EUR)
Freibeträge insgesamt	**160 EUR**	**280 EUR**	**300 EUR**	**330 EUR**

h) Freibeträge bei Aufwandsentschädigungen für ehrenamtliche Tätigkeiten

57 Sofern Aufwandsentschädigungen für ehrenamtliche Tätigkeiten nicht schon als zweckbestimmte Einnahmen anrechnungsfrei sind, stellen sie im Grundsatz berücksichtigungsfähiges Erwerbseinkommen[100] dar. Sofern dieses Einkommen iRd sog. Übungsleiterpauschale bzw einer ehrenamtlichen nebenberuflichen Tätigkeit (§ 3 Nr. 12, 26, 26 a, 26 b EStG) steuerfrei ist, gilt anstelle des Grundfreibetrags iHv 100 EUR für Erwerbs-

98 BA-FH zu §§ 11, 11 a, 11 b SGB II, Rn 11.167.
99 BT-Drucks. 15/1516, 59.
100 Vgl BT-Drucks. 17/5268, 27.

einkommen unter 400 EUR ein **erhöhter Grundfreibetrag** iHv monatlich 175 EUR. Dies gilt auch für Personen, die einen Bundesfreiwilligendienst oder Jugendfreiwilligendienst absolvieren (§ 1 Abs. 7 S. 1 Alg II-VO). Bei Aufwandsentschädigungen über 175 EUR können Leistungsberechtigte höhere tatsächliche Aufwendungen für die mit dem Grundfreibetrag abgegoltenen Absetzbeträge geltend machen (vgl § 11 b Abs. 2 S. 3 SGB II).

58 Unabhängig von dem erhöhten Grundfreibetrag wird der **Erwerbstätigenfreibetrag** iSd § 11 b Abs. 3 SGB II bei Aufwandsentschädigungen weiterhin für die Einkommensteile berücksichtigt, die den Betrag von 100 EUR übersteigen. Wegen des erhöhten Grundfreibetrags wirkt sich dieser allerdings erst bei Aufwandsentschädigungen aus, die den erhöhten Grundfreibetrag von 175 EUR übersteigen.

Beispiel: Bei einer monatlichen Aufwandsentschädigung iHv 250 EUR bleiben 205 EUR anrechnungsfrei. Hierauf entfällt der erhöhte Grundfreibetrag iHv 175 EUR zuzüglich eines Erwerbstätigenfreibetrags der Stufe 1 iHv 30 EUR. Dieser errechnet sich aus 20 % von 150 EUR, dh dem Einkommensteil, das den „regulären" Grundfreibetrag von 100 EUR übersteigt.

59 Werden neben der Aufwandsentschädigung **weitere Erwerbseinkommen** erzielt, kann neben dem erhöhten Grundfreibetrag kein weiterer Grundfreibetrag abgesetzt werden. Dies folgt daraus, dass der Grundfreibetrag einheitlich in § 11 b Abs. 2 SGB II geregelt ist.[101]

Beispiel: Bei einer Aufwandsentschädigung iHv 175 EUR und einem Minijob iHv 400 EUR bleiben insgesamt 270 EUR anrechnungsfrei. Dieser Betrag setzt sich aus dem erhöhten Grundfreibetrag von 175 EUR und einem Erwerbstätigenfreibetrag iHv 95 EUR zusammen. Der Erwerbstätigenfreibetrag errechnet sich aus 20 % (Stufe 1) von 475 EUR, also dem Betrag des Gesamteinkommens, der den „regulären" Grundfreibetrag iHv 100 EUR übersteigt. Für das Einkommen aus dem Minijob kann kein weiterer Grundfreibetrag geltend gemacht werden.

i) Titulierte Unterhaltsleistungen

60 Vom Bruttoeinkommen abzusetzen sind Aufwendungen zur Erfüllung gesetzlicher Unterhaltspflichten bis zu dem Betrag, der in einem Unterhaltstitel oder in einer notariell beurkundeten Unterhaltsvereinbarung festgelegt ist (§ 11 b Abs. 1 S. 1 Nr. 7 SGB II). Mit der Absetzbarkeit von **titulierten Unterhaltsleistungen** sollte dem Umstand Rechnung getragen werden, dass sie wegen der jederzeitigen Pfändbarkeit nicht als „bereites", dh einsatzfähiges Einkommen zur Verfügung stehen.[102] Freiwillige Unterhaltszahlungen fallen nach hM[103] wegen des eindeutigen Wortlauts der Vorschrift nicht unter den Absetzbetrag. Absetzbar sind nur die tatsächlichen Ausgaben; vertraglich vereinbarte Unterhaltsleistungen reichen nicht aus. Weiterhin muss die titulierte Unterhaltsverpflichtung im unterhaltsrechtlichen Rang (vgl § 1609 BGB) anderen Unterhaltsverpflichtungen besser- oder zumindest gleichgestellt sein.[104] Begründet wird dies mit der Notwendigkeit einer verfassungskonformen Auslegung (Art. 6 GG) zugunsten unterhaltsberechtigter Kinder in der Bedarfsgemeinschaft.[105]

Praxishinweise: Zu den Unterhaltstiteln zählen neben Gerichtsentscheidungen auch vollstreckbare Urkunden, die beim Jugendamt kostenfrei beschafft werden können (§§ 59, 60 SGB VIII).

Werden Unterhaltsverpflichtete erst wegen der tatsächlich geleisteten Unterhaltsbeträge hilfebedürftig, dann werden sie aufgefordert, iRd Selbsthilfeobliegenheit (§ 2 SGB II) einen Antrag auf Abänderung des ergangenen Unterhaltstitels zu stellen. Eine Verweigerung dieser Auffor-

101 Vgl BT-Drucks. 17/5268, 28.
102 BT-Drucks. 16/1410, 49 f.
103 BSG 30.9.2008 – B 4 AS 57/07 R; LSG NRW 26.2.2010 – L 6 B 84/09 AS; aA: LSG Berlin-Brandenburg 27.1.2009 – L 32 AS 3/09 B ER.
104 *Brühl* in: LPK-SGB II § 11 Rn 55; iE BA-FH zu §§ 11, 11 a, 11 b SGB II, Rn 11.176.
105 *Brühl* in: LPK-SGB II § 11 Rn 55.

derung berechtigt die Jobcenter aber nicht, die Absetzung der tatsächlich geleisteten Unterhaltszahlungen wegen unterlassener Selbsthilfe zu verweigern.[106]

Ob auch **aus anderen Gründen bestehende und titulierte Ansprüche** oder gepfändete oder auf andere Weise der Disposition entzogene Einkommensteile nach § 11 b Abs. 1 S. 1 Nr. 7 SGB II das Bruttoeinkommen mindern können, hat das BSG bisher offen gelassen.[107] Die BA wendet § 11 b Abs. 1 S. 1 Nr. 7 SGB II zumindest auch auf Kostenbeiträge iSd §§ 91 ff SGB VIII an,[108] die unterhaltsverpflichtete Elternteile zu den Kosten für Leistungen und vorläufige Maßnahmen der Kinder- und Jugendhilfe zu leisten haben und die bei der Berechnung des Unterhalts berücksichtigt werden (§ 10 Abs. 2 SGB VIII).

j) Bereits berücksichtigtes Einkommen bei der Ausbildungsförderung der Kinder

61 Einkommen, das **bereits bei der Ausbildungsförderung** nach dem BAföG, der Berufsausbildungsbeihilfe oder dem Ausbildungsgeld nach dem SGB III für mindestens ein Kind berücksichtigt wurde, darf nach § 11 b Abs. 1 S. 1 Nr. 8 SGB II nicht ein weiteres Mal bei der Berechnung von Leistungen nach dem SGB II berücksichtigt werden. Der Gesetzgeber sah in der Berücksichtigung von Einkommen bei der Ausbildungsförderung für die Kinder eine mit titulierten Unterhaltsansprüchen (§ 11 Abs. 2 Nr. 7 SGB II) vergleichbare Situation.[109]

III. Anrechnung von Vermögen

1. Einführung

62 Nach § 9 Abs. 1 SGB II ist u.a. derjenige **hilfebedürftig**, der seinen Lebensunterhalt nicht oder nicht ausreichend aus eigenen Kräften und Mitteln, vor allem nicht aus dem zu berücksichtigenden Einkommen oder Vermögen sichern kann. Neben der Berücksichtigung des Einkommens kommt es daher vor allem auch auf das vorhandene Vermögen an. Doch ebenso wie beim Einkommen ist nicht jegliches, innerhalb einer Bedarfsgemeinschaft vorhandene Vermögen berücksichtigungsfähig; § 12 SGB II legt fest, welches Vermögen durch das Jobcenter als **leistungsmindernd oder anspruchsausschließend** berücksichtigt werden kann.

63 Nach dieser Vorschrift wird – kurz zusammengefasst – das Vermögen angerechnet, das

- verwertbar (Abs. 1) und
- kein Schonvermögen ist (Abs. 3) und
- die Freibeträge übersteigt (Abs. 2).

Nach der **Systematik des Gesetzes** ist zunächst alles verwertbare Vermögen festzustellen. Handelt es sich um einen verwertbaren Vermögensgegenstand, wird geprüft, ob es sich um geschütztes („Schon"-)Vermögen handelt. Wenn es sich um solches Schonvermögen handelt, wird es nicht als Vermögen berücksichtigt; ist es keines, muss im nächsten Schritt überprüft werden, ob es die im Gesetz vorgegebenen Freibeträge übersteigt. Erst danach handelt es sich um Vermögen oder einen Vermögensgegenstand, der bei Entscheidung über die Hilfebedürftigkeit eines Leistungsberechtigten berücksichtigt wird.

64 Keine Rolle spielen idR **Verbindlichkeiten**, die der Leistungsberechtigte eingegangen ist. Der Gesetzgeber ist nicht von einer saldierenden Betrachtungsweise des Vermögens ausgegangen, dh der Gegenüberstellung von Aktiva und Passiva, sondern nimmt nur be-

106 LSG Baden-Württemberg 22.4.2010 – L 7 AS 5458/09.
107 BSG 19.9.2008 – B 14/7 b AS 10/07 R.
108 BA-FH zu §§ 11, 11 a, 11 b SGB II Rn 11.177.
109 BT-Drucks. 16/1410, 21.

stimmte, gesetzlich festgelegte Vermögenswerte und -gegenstände (Abs. 2 und 3) vom Verwertungszwang aus.[110] Solange sich der Vermögensgegenstand noch im Vermögen des Leistungsberechtigten befindet, wird er diesem zugerechnet, selbst wenn diesbezüglich eine Zwangsvollstreckung droht. Schulden oder Verbindlichkeiten spielen nur dann eine Rolle, wenn sie unmittelbar den Vermögensgegenstand belasten, da diese sich bei dessen Verwertung als wertmindernd auswirken.

2. Verwertbares Vermögen (§ 12 Abs. 1 SGB II)

a) Verwertbare Vermögensgegenstände

65 Nach § 12 Abs. 1 SGB II werden als Vermögen alle **verwertbaren Vermögensgegenstände** berücksichtigt. Damit sollen zur Behebung der Hilfebedürftigkeit grds. alle Vermögensgegenstände eingesetzt werden, die beim Leistungsberechtigten vorhanden sind. Verfügt ein Leistungsberechtigter über mehrere Vermögensgegenstände, ist die Verwertbarkeit für jeden einzelnen Vermögensgegenstand getrennt festzustellen.

66 **Vermögensgegenstände** sind alle Dinge, die Objekt von Rechten sein können und einen bestimmten Geldwert haben.

Vermögensgegenstände sind zB:

- Geld und Geldeswerte (zB Bargeld, und Schecks),
- unbewegliche Sachen wie bebaute und unbebaute Grundstücke und bewegliche Sachen wie Schmuck, Gemälde, Möbel, Edelmetalle,
- auf Geld gerichtete Forderungen (zB Rückforderungsansprüche, Bereicherungsansprüche[111], Schadensersatzansprüche, Rückübertragungsansprüche gem. § 528 BGB nach Schenkung),
- sonstige Rechte wie Rechte aus Wechseln, Aktien und Gesellschaftsanteilen, Rechte aus Grundschulden, Nießbrauch, Dienstbarkeiten, Altenteil, Miterbenanteil[112] oder
- Immaterialgüterrechte, Urheberrechte.

Nicht entscheidend ist, ob das **Vermögen im Inland oder im Ausland** vorhanden ist. Der Vermögensgegenstand darf allerdings nicht bereits zum Einkommen gerechnet werden.

67 Vermögen ist nur etwas, das zum maßgeblichen Zeitpunkt tatsächlich vorhanden ist und als „**bereites Mittel**" zur Verfügung steht;[113] der maßgebliche Zeitpunkt bezieht sich dabei auf den aktuellen Bedarfszeitraum. Wenn der erwerbsfähige Leistungsberechtigte sein Vermögen **vor der Antragstellung** ausgegeben hat, kann dieses nicht mehr berücksichtigt werden. Hier besteht – bei Nachweis der Absicht, Hilfebedürftigkeit herbeizuführen – allein die Möglichkeit einer Sanktion nach § 31 Abs. 2 Nr. 1 SGB II bzw eines Ersatzanspruchs nach § 34 SGB II, wenn die Senkung des Vermögen vorsätzlich oder grob fahrlässig ohne wichtigen Grund zur Hilfebedürftigkeit geführt hat.

b) Grundsätze der Verwertbarkeit

68 Wichtigstes Merkmal für einen zu berücksichtigenden Vermögensgegenstand ist seine Verwertbarkeit. Dabei handelt es sich um einen rein wirtschaftlichen Begriff, der sich sowohl nach **tatsächlichen** als auch nach **rechtlichen** Verhältnissen bestimmt[114] und der auch eine zeitliche Komponente hat. Verwertbar ist ein Vermögensgegenstand, wenn er für den Lebensunterhalt verwendet oder sein Geldwert durch Verbrauch, Verkauf, Beleihung, Vermietung oder Verpachtung für den Lebensunterhalt nutzbar gemacht („ver-

110 Vgl BSG 15.4.2008 – B 14/7 b AS 52/06.
111 LSG Rheinland-Pfalz 31.5.2011 – L 3 AS 147/09.
112 BSG 27.1.2009 – B 14 AS 42/07 R.
113 Vgl LSG Baden-Württemberg 1.8.2005 – L 7 AS 2875/05 ER-B.
114 BSG 16.5.2007 – B 11 b AS 37/06 R.

silbert")[115] werden kann. Verwertbar ist ein Vermögensgegenstand dann nicht, wenn bis auf Weiteres ein wirtschaftlicher Nutzen nicht absehbar ist. Besteht ein Verwertungshindernis muss eine Prognoseentscheidung getroffen werden, ob und ggf wann dieses wegfällt. Dabei ist idR der Zeitraum maßgebend, für den die Leistungen bewilligt werden, dh der grds. sechsmonatige Bewilligungszeitraum des § 41 Abs. 1 S. 4 SGB II. Nur wenn für diese Zeit eine Verwertung absehbar ist, die die Hilfebedürftigkeit des Leistungsberechtigten abwenden oder mindern kann, gilt der Vermögensgegenstand als verwertbar. Darüber hinaus muss die Prognose über die Verwertbarkeit nicht gehen, da nach Ablauf des Bewilligungszeitraums bei fortlaufendem Leistungsbezug erneut und ohne Bindung an die vorhergehende Einschätzung geprüft wird, ob Vermögen vorhanden ist und ob Gründe der Verwertbarkeit entgegenstehen. Ausnahmen können nur dann vorliegen, wenn die Verwertbarkeit zu einem kalendermäßig bestimmbaren Datum eintritt.[116]

69 Der Verwertbarkeit eines Vermögensgegenstandes können

- rechtliche,
- tatsächliche oder
- wirtschaftliche Gründe

entgegenstehen. Liegt ein Fall der Unverwertbarkeit vor, ist das Vermögen von vornherein nicht zu berücksichtigen. Betrifft die Unverwertbarkeit nur einen Teil oder bestimmte Teile des Vermögensgegenstands wird der verwertbare Teil berücksichtigt.

70 Wie der Vermögensgegenstand zur Deckung des Lebensunterhalts eingesetzt wird, obliegt grds. dem erwerbsfähigen Leistungsberechtigten. So kann er zB nicht zum Verkauf eines Hauses gezwungen werden, wenn er dieses auch durch Vermietung zu seiner Bedarfsdeckung einsetzen kann.[117] Wenn die gewünschte Verwertungsmöglichkeit indessen nicht ausreicht, um den tatsächlichen Bedarf des Leistungsberechtigten zu decken, ist dieser nicht mehr frei, sondern muss uU den Vermögensgegenstand vollständig verwerten.

71 Nach der Rechtsprechung des BSG kann das Jobcenter den Leistungsberechtigten allerdings nur dann zur Verwertung von Vermögensgegenständen zwingen, wenn damit auch tatsächlich Vermögen in einer Höhe erzielt wird, das zur **Beendigung der Hilfebedürftigkeit** führt.[118] Die Verwertung des Vermögens und der dabei erzielte Geldwert müssen daher im Zusammenhang mit den Vorschriften zu den Vermögensfreibeträgen gesehen werden. Liegt der durch die Verwertung erzielte Geldwert innerhalb der Vermögensfreibeträge und hat der Leistungsberechtigte kein weiteres Vermögen mehr, dann ist er nicht gezwungen, den Gegenstand zu verwerten.

„Würde man die Verwertbarkeit etwa von Haushaltsgegenständen iS des § 12 Abs. 3 S. 1 Nr. 1 SGB II rein isoliert und ohne Blick auf die dem Leistungsberechtigten zustehenden Freibeträge iSd § 12 Abs. 2 SGB II beurteilen, so wäre ein Hilfebedürftiger gezwungen, einen – isoliert betrachtet – unangemessenen Haushaltsgegenstand zu ‚versilbern'. Der aus der Verwertung zufließende Geldbetrag wäre im Moment der Verwertung aber als Geldvermögen wieder geschützt, soweit er die Freibeträge des § 12 Abs. 2 Nr. 1 und Nr. 4 SGB II nicht erreicht und kein weiteres Geldvermögen vorhanden ist. Dies führte im Ergebnis zu einem Verwertungszwang von lediglich isoliert betrachtet unangemessenen Vermögensgegenständen, ohne dass damit gleichzeitig die Hilfebedürf-

115 BSG 27.1.2009 – B 14 AS 42/07 R.
116 Zu all dem BSG 27.1.2009 – B 14 AS 42/07 R.
117 BSG 16.5.2007 – B 11 b AS 37/06 R.
118 BSG 6.9.2007 – B 14/7 b AS 66/06 R; ähnlich BSG 27.1.2009 – B 14 AS 42/07 R „tatsächliche Komponente der Verwertbarkeit".

tigkeit iSd § 9 SGB II beendet würde. Ein Zwang zur Verwertung von Vermögensgegenständen kann nach dem Sinn und Zweck des SGB II aber immer nur dann einsetzen, wenn damit auch tatsächlich Vermögen in einer Höhe erzielt wird, das zur Beendigung der Hilfebedürftigkeit führt. Ob dies der Fall ist, kann wiederum nur anhand der Freibetragsregelung in § 12 Abs. 2 SGB II und damit anhand der den Leistungsberechtigten zustehenden Freibeträge entschieden werden."[119]

72 Darüber hinaus können nach dieser Entscheidung auch die Regelungen zu den **Freibeträgen mit** denen des **Schonvermögens kombiniert** werden. Ist ein Vermögensgegenstand (zB Hausratsgegenstand, Kfz) iSd § 12 Abs. 3 SGB II unangemessen, kann dieser unangemessene Teil der Freibetragsregelung zugeschlagen werden, sofern diese nicht durch andere Vermögensgegenstände ausgeschöpft ist.

Beispiel nach LSG Celle:[120] Ein alleinstehender 40-jähriger erwerbsfähiger Leistungsberechtigter, der sonst kein (Geld-)Vermögen besitzt, hat ein unangemessenes Kfz (Wert ca. 9.600 EUR). Als angemessen wird ein Kfz im Werte von 7.500 EUR angesehen. Der die Angemessenheit überschießende Betrag iHv 2.100 EUR kann nicht als Vermögen berücksichtigt werden, weil der Leistungsberechtigte seinen ihm nach § 12 Abs. 2 Nr. 1 und 4 SGB II zustehenden Freibetrag iHv 6.750 EUR nicht ausschöpft. Das Jobcenter kann damit dem Leistungsberechtigten nicht unter Hinweis auf das unangemessene Kraftfahrzeug Leistungen verweigern und ihn so zum Verkauf oder zu einer anderweitigen Verwertung seines Fahrzeugs zwingen, weil die Hilfebedürftigkeit auf diese Weise nicht beseitigt wird.

c) Rechtliche Unverwertbarkeit

aa) Überblick

73 Unverwertbar ist ein Vermögensgegenstand dann, wenn seiner Verwertung **rechtliche Gründe** entgegenstehen. Diese rechtlichen Gründe können zB darin bestehen, dass:

- die Verwertung gesetzlich ausgeschlossen ist,
- der Vermögensgegenstand im Eigentum eines anderen steht,
- das Recht an einem Vermögensgegenstand einem Dritten zusteht,
- ein geldwerter Anspruch wirksam übertragen oder abgetreten wurde,
- ein gebundenes Nutzungsrecht an diesem Vermögensgegenstand besteht,
- der Vermögensgegenstand mit einer nicht aufhebbaren Verfügungsbeschränkung versehen wurde oder
- der Vermögensgegenstand aus verfassungsrechtlichen Gründen nicht verwertet werden kann.

bb) Gesetzlicher Verwertungsausschluss

74 Ein gesetzlicher Verwertungsausschluss liegt zB bei **Ansprüchen auf eine betriebliche Altersversorgung** vor, die unverfallbare Anwartschaften beinhaltet (§§ 2, 3 BetrAVG), unabhängig davon, wie diese Altersvorsorge durchgeführt wird (Direktzusage, Unterstützungskasse, Direktversicherung, Pensionskasse oder Pensionsfonds) und unabhängig davon, ob die betriebliche Altersversorgung über den Arbeitgeber oder über Entgeltumwandlung finanziert wurde. Nicht erfasst und damit verwertbar sind Anwartschaften, die jederzeit abgefunden werden können, weil sie nicht unter das BetrAVG fallen oder Ansprüche, die der ehemalige Arbeitnehmer dadurch erworben hat, dass er nach seinem Ausscheiden aus dem Betrieb die betriebliche Versicherung oder Versorgung mit eigenen Beiträgen fortgeführt hat. Diese eigenen Beiträge unterliegen nicht der Unverwertbarkeit durch das BetrAVG.

119 BSG 6.9.2007 – B 14/7 b AS 66/06 R, Rn 19.
120 LSG Celle 29.9.2009 – 8 SO 177/09 B, hier allerdings zu § 90 Abs. 1 SGB XII.

75 Gesetzlich ist auch die Verwertung von bestimmten Rentenversicherungsverträgen ausgeschlossen, die nach dem **Gesetz zum Pfändungsschutz der Altersvorsorge** nach § 815 c Abs. 2 ZPO als unpfändbar gestellt wurden.[121] Danach müssen private Rentenversicherungen, Bankspar- und Investmentfondssparpläne folgende Voraussetzungen erfüllen:

1. Die Leistung, die aus dem Altersvorsorgevertrag folgt, muss lebenslang gewährt werden.
2. Die Rente wird vor Vollendung des 60. Lebensjahres nicht gewährt, es sei denn, der Berechtigte wird vorher berufsunfähig.
3. Über die Ansprüche aus dem Versicherungsvertrag kann bis zu der gesetzlich festgelegten pfändungsgeschützten Höchstgrenze nicht verfügt werden, eine vorzeitige Kündigung, Beleihung, Verpfändung oder Abtretung ist nicht möglich.
4. Die Bestimmung von Dritten – mit Ausnahme der Ehe- oder Lebenspartner bzw der Kinder – als Berechtigte ist ausgeschlossen.
5. Die Zahlung einer Kapitalleistung, außer einer Zahlung im Todesfall, ist nicht vereinbart.

Die auf diese Weise geschützten oder schützbaren Beträge berechnen sich nach Lebensalter und pro Jahr. So können Personen

- zwischen 18 und 29 Jahren jährlich 2.000 EUR,
- zwischen 30 und 39 Jahren jährlich 4.000 EUR,
- zwischen 40 und 47 Jahren jährlich 4.500 EUR,
- zwischen 48 und 53 Jahren jährlich 6.000 EUR,
- zwischen 54 und 59 Jahren jährlich 8.000 EUR und
- zwischen 60 und 65 Jahren jährlich 9.000 EUR

pfändungsfrei stellen. Daraus ergeben sich Maximalbeträge, die von 2.000 EUR für einen 18-Jährigen bis 238.000 EUR für einen 65-Jährigen reichen. Der Verwertungsausschluss muss mit der Versicherungsgesellschaft vereinbart werden, § 168 Abs. 3 S. 1 VVG.

Praxishinweis: Darüber hinaus ist es auch möglich, bestehende Verträge nach § 173 VVG umzuwandeln und so den Verwertungsausschluss auch noch später zu vereinbaren. Dies ist sogar dann zulässig, wenn zuvor ein Antrag auf Leistungen wegen dieses vorhandenen Vermögens abgelehnt wurde.

Das so vor einer Pfändung gesicherte Altersvorsorgevermögen unterfällt nicht den Freibeträgen nach § 12 Abs. 2 SGB II, da es nicht verwertbar ist und folglich von vornherein nicht zum Bruttovermögen gezählt werden kann.

76 Auch die sog. **Rürup-Renten** sind gesetzlich nicht verwertbar. Es handelt sich hierbei um private Leibrenten, die in § 10 Abs. 1 Nr. 2 b EStG definiert sind und steuerlich gefördert werden. Sie gehört wie die Renten der GRV einkommensteuerrechtlich zur Basisvorsorge und muss daher nicht vererblich, nicht übertragbar, nicht beleihbar, nicht veräußerbar und nicht kapitalisierbar sein. Es darf kein Anspruch auf Auszahlung bestehen. Der Verwertungsausschluss besteht in Höhe der steuerlich geförderten Einzahlungen; das sind 20.000 EUR pro Jahr für einen Alleinstehenden, für Ehepaare 40.000 EUR pro Jahr.

77 Ein **Kleingarten** kann einschl. der Laube § 3 Abs. 2 Bundeskleingartengesetz nicht verwertet werden ebenso wenig Ansprüche von contergangeschädigten Menschen nach

---

121 Nach dem Gesetz zum Pfändungsschutz der Altersvorsorge 26.3.2007, BGBl. I 2007, 368. Ausf. zu der Argumentation *Winkler* Soziale Sicherheit 2008, 205ff.

dem Conterganstiftungsgesetz bzw Ansprüche auf Leistungen aus der Stiftung „Mutter und Kind – Schutz des ungeborenen Lebens" (§ 5 Abs. 2 MuKStiftG).

cc) Mit Rechten Dritter belastetes Vermögen

78 Vermögensgegenstände, die nur geliehen oder gemietet wurden oder die unter Eigentumsvorbehalt erworben wurden, stehen im **Eigentum eines Dritten** und können daher auch nicht verwertet werden.

79 Die Verwertbarkeit ist auch dann ausgeschlossen, wenn der Leistungsberechtigte nur Begünstigter des jeweiligen Rechts ist, dieses selbst aber einem Dritten zusteht, es sei denn, das vermögenswerte Recht sollte der Anrechnung entzogen werden.[122] Erfasst werden hiervon auch die **Treuhand-Geschäfte.** Bei einer **offenen** Treuhand ist das idR unproblematisch, weil dann von vornherein klar ist, dass der Leistungsberechtigte die Gegenstände oder Rechte des Treugutes nicht für sich verwaltet, sondern diese einem anderen zustehen. Bei einer **versteckten** Treuhand, bei der nicht ersichtlich ist, dass der Leistungsberechtigte das Treugut für einen anderen verwaltet, ist das schwieriger. Hier muss der Leistungsberechtigte beweisen, dass er das Vermögen oder den Vermögensgegenstand für einen Dritten verwaltet; die Beurteilung, ob und inwieweit eine treuhänderische Verwaltung vorliegt, beurteilt sich nach bürgerlichem Recht.[123] Jedenfalls ist ein solches Recht nicht wirksam, wenn es sich bei einer entsprechenden Vereinbarung um ein sog. Scheingeschäft (§ 117 BGB) handelt, dh die Vertragsparteien rufen nur den äußeren Schein eines Rechtsgeschäfts herbei, ohne tatsächlich die damit verbundenen Rechtsfolgen eintreten zu lassen. Bei Verträgen zwischen Angehörigen wird hier ein besonders strenger Prüfungsmaßstab angesetzt.[124]

80 Ist ein Anspruch wirksam **abgetreten oder übertragen** kann er ebenfalls nicht verwertet werden, es sei denn, es handelt sich um eine Abtretung oder Übertragung mit dem Ziel, diesen Anspruch dem Zugriff des Jobcenters zu entziehen. In diesen Fällen ist die Abtretung nicht wirksam.[125] Legt jemand ein Sparbuch auf den Namen eines Dritten an, gilt dieser im Zweifel solange nicht als Berechtigter, als sich derjenige, der das Sparbuch angelegt hat, den Besitz vorbehält und er damit noch die Auszahlung des Guthabens an sich verlangen kann (§ 808 BGB), es sei denn es ergibt sich aus der Vereinbarung mit der Bank etwas anderes.

dd) Nutzungsrechte

81 Ausschließlich an die Person des Inhabers gebundene Nutzungsrechte, wie zB Wohnrecht in einem Haus, sind nicht verwertbar, da hierfür kein Geldwert bei einem Dritten erzielt werden kann. Ergeben sich indessen aus diesem Nutzungsrecht Vorteile, können sie uU als Einkommen angerechnet werden.

ee) Verfügungsbeschränkungen

82 Gesetzlich unverwertbar ist ein Vermögenswert, der mit einer **nicht aufhebbaren** Verfügungsbeschränkung belegt wurde. Diese Verfügungsbeschränkungen können sich insb. bei einer Beschlagnahme oder in der Insolvenz ergeben, bei Mietkautionen, im Falle eines Grundstücks einer noch nicht auseinandergesetzten Erben- oder Gütergemeinschaft,

122 Vgl zB VG Münster 17.8.2004 – 5 K 1541/01 bei Überweisungen vom Konto der Leistungsberechtigten auf das Festgeldkonto der Mutter oder LSG Rheinland-Pfalz 24.2.2005 – L 1 AL 84/03 bei einem „verdeckten" Treuhandkonto.

123 LSG NRW 23.6.2009 – L 1 AS 30/08.

124 LSG Baden-Württemberg 16.2.2007 – L 7 AS 117/07 ER-B bei einem Antragsteller, der unmittelbar vor seinem Antrag auf Alg II seiner Mutter 45.000 EUR und ein neuwertiges Fahrzeug übertragen hat als Ausgleich für ein angeblich bestehendes Darlehen; auch OVG Bremen 13.1.2009 – S 2 B 576/08.

125 LSG Niedersachsen-Bremen 11.3.2008 – L 7 AS 143/07; OVG NRW 30.12.1996 – 8 A 3204/94.

Testamentsvollstreckung,[126] rechtsgeschäftlichen Verfügungsverboten[127] oder bei einer befreiten Vorerbschaft. Eine Verfügungsbeschränkung wird auch angenommen, wenn Vermögen aufgrund abgeschlossener Vereinbarungen zur Vertragserfüllung verwendet wird[128] oder durch eine Straftat (zB gestohlene Gegenstände, unterschlagenes Geld) erlangt und zurückgegeben werden muss.[129]

Ebenso unverwertbar ist Immobiliarvermögen, das mit einem grundbuchgesicherten Rückübertragungsanspruch belastet ist, um damit auszuschließen, dass der jetzige Eigentümer dieses Vermögens ohne Zustimmung der ursprünglichen Eigentümer das Grundeigentum veräußert.[130]

ff) Verfassungsrechtlicher Schutz

83 Ein Vermögenswert ist verfassungsrechtlich geschützt, wenn es sich um einen Gegenstand handelt, der der **Sicherung eines menschenwürdigen Daseins** dient. Dabei handelt es sich um Gegenstände, die zum lebensnotwendigen Bedarf gehören und nicht der zivilrechtlichen Pfändung nach §§ 811, 812 ZPO unterliegen.

Beispiel: In diesem Zusammenhang wird das Problem des sog. Bestattungsvermögens diskutiert, welches zwar häufiger bei der Vermögensanrechnung in der Sozialhilfe eine Rolle spielt, aber dennoch auch iRd SGB II beurteilt werden muss. Es handelt sich dabei um Leistungen, die zu Lebzeiten an ein Bestattungsunternehmen gezahlt werden, um zum einen eine Bestattung nach seinen eigenen Vorstellungen sicherzustellen und zum anderen die Kosten der Bestattung bereits zu diesem Zeitpunkt aufzufangen. Dieses Guthaben soll – sofern es eine für Bestattung und Grabpflege angemessene Höhe hat – aus Gründen der Menschenwürde, des Grundrechts auf freie Entfaltung der Persönlichkeit und der Glaubensfreiheit geschützt sein. Neben diesen verfassungsrechtlichen Erwägungen könnte auch die Verwertung des angemessenen Vermögens, welches zum Zweck einer würdigen Beerdigung angespart wurde, eine nicht hinzunehmende Härte iSd § 12 Abs. 3 Nr. 6 SGB II darstellen.

Wurde der Bestattungsvertrag von einem Dritten zugunsten einer leistungsberechtigten Person abgeschlossen, dann steht das Recht diesem Dritten zu; eine Verwertung ist damit aus diesen Gründen ausgeschlossen.[131]

gg) Kein Verwertungsausschluss bei Miterben

84 Keine rechtlichen Verwertungshindernisse bestehen bei einem **Miterben**, der sein Erbteil im Wege des Erbschaftsverkaufs oder durch Verpfändung des Miterbenanteils entspr. §§ 1273 Abs. 2, 1258 BGB verwerten kann. Solange die Erbengemeinschaft noch nicht auseinandergesetzt ist, kann der Miterbe nach § 2033 Abs. 1 BGB zumindest über seinen Anteil am Nachlass als Ganzes verfügen.[132] Auch die Einrichtung eines Sperrkontos, mit dem der Leistungsberechtigte eine Verwertung des Vermögens verhindern will, schließt die Verwertung nicht aus, vor allem dann nicht, wenn der Betroffene diesbezüglich mit seiner Bank eine Absprache getroffen hat.[133]

---

126 LSG Niedersachsen-Bremen 29.9.2009 – 8 SO 177/09 B – hier allerdings zur Verwertbarkeit des Vermögens nach § 90 Abs. 1 SGB XII.

127 LSG NRW 30.8.2007 – L 7 (12) AS 8/07.

128 BSG 20.6.1978 – 7 RAr 47/77.

129 BSG 6.4.2000 – B 11 AL 31/99 R.

130 LSG Bayern 2.2.2012 – L 11 AS 675/10. Da hier die ursprünglichen Eigentümer (Eltern) das übertragene Immobiliarvermögen letztlich für ihr Enkelkind sichern wollten und der jetzige Eigentümer (Sohn) dazu neigte, sein Vermögen zu verschleudern, sah das Gericht auch kein sittenwidriges Zusammenwirken, um einen Leistungsanspruch für den Sohn zu begründen.

131 VGH München 21.10.2004 – 12 CE 04.1784.

132 BSG 27.1.2009 – B 14 AS 42/07 R.

133 Ein solcher Vertrag über die Kontensperrung sei sittenwidrig, LSG BW 27.9.2011 – L 13 AS 4496/10.

d) Tatsächliche Unverwertbarkeit

85 Ein Vermögensgegenstand kann auch tatsächlich unverwertbar sein. Das liegt zB dann vor, wenn ein erwerbsfähiger Leistungsberechtigter über ein Grundstück verfügt, das aufgrund seiner Lage oder seiner Ausstattung keinen Käufer oder Nutzer findet[134] oder wenn es sich um Wertpapiere handelt, die nicht mehr gehandelt werden.

e) Wirtschaftliche Unverwertbarkeit

86 Die Verwertung eines Vermögensgegenstands kann nicht zuletzt aus wirtschaftlichen Gründen ausgeschlossen sein. Das liegt vor allem dann vor, wenn in absehbarer Zeit das zur Bedarfsdeckung möglicherweise grds. geeignete Vermögen wirtschaftlich (noch) nicht verwertet, dh zu Geld gemacht werden kann.

Dazu gehören zB

- Ansprüche, die (noch) keinen Geldwert haben,
- Wertpapiere, die (noch) nicht gehandelt werden,
- Lebensversicherungen, die zur Hauskauftilgung abgeschlossen wurden oder
- überschuldete Grundstücke, die über ihren Marktwert belastet wurden oder für die bei einer Zwangsversteigerung kein Gebot abgegeben werden würde,
- Erbbaurechte an einem Grundstück mit einem Haus, das von einem Angehörigen aufgrund lebenslangen Niesbrauchrechts bewohnt wird.[135]

87 Von der wirtschaftlichen Unverwertbarkeit zu unterscheiden ist die **Wirtschaftlichkeit der Verwertung**, dh ob die Verwertung des Vermögensgegenstands zu einem wirtschaftlichen Verlust des Vermögensinhabers führt. Diese Frage bleibt an dieser Stelle außer Betracht; derjenige, der einen Vermögensgegenstand zur Bedarfsdeckung einsetzen kann, muss dies auch dann tun, wenn er ggf beim Verkauf dieses Gegenstands Verluste macht. Unter Umständen kann eine Verwertung aber offensichtlich unwirtschaftlich sein. Dann ist die Verwertung aber nicht grds. ausgeschlossen, sondern muss im Rahmen von § 12 Abs. 3 Nr. 6 SGB II beurteilt werden; der Vermögensgegenstand unterfällt dann uU dem Schonvermögen.

Praxishinweis: Wird durch die Verwertung des Vermögensgegenstands die Hilfebedürftigkeit nicht verringert oder beseitigt, weil der mit der Verwertung erzielte Geldbetrag den Freibeträgen nach § 12 Abs. 2 SGB II unterfällt, kann der erwerbsfähige Leistungsberechtigte nicht zur Verwertung gezwungen werden. Auch – eigentlich iSd § 12 Abs. 3 SGB II – unangemessene Vermögensgegenstände müssen nicht verwertet werden, wenn der die Angemessenheit übersteigende Betrag innerhalb der noch nicht ausgeschöpften Freibeträge liegt.

3. Schonvermögen (§ 12 Abs. 3 SGB II)

a) Grundsätze

88 Ist das Vermögen des Leistungsberechtigten grds. verwertbar, folgt nach § 12 Abs. 3 SGB II die Prüfung, ob dieses – an sich verwertbare Vermögen – als Schonvermögen **besonders geschützt** ist. Neben den in § 12 Abs. 3 SGB II aufgezählten Vermögensgegenständen wird auch die Alg II-VO herangezogen, die in § 7 Abs. 1 Vermögensgegenstände schützt, die zur Aufnahme oder Fortsetzung der Berufsausbildung oder der Erwerbstätigkeit unentbehrlich sind.

134 Vgl LSG Thüringen 29.9.2009 – L 9 AS 613/09 ER.

135 In diesem Fall ist der Leistungsberechtigte nicht in der Lage, die Verwertung innerhalb eines bei Antragstellung überschaubaren Zeitraums autonom herbeizuführen, weil der Nießbrauch erst mit dem Tod des Rechtinhabers endet, s. BSG 6.12.2007 – B 14/7 b AS 46/06 R.

89 Verschiedene Vermögensgegenstände (zB Hausrat, Kfz, Grundstück, Eigentumswohnung usw) werden nur geschützt, wenn sie angemessen sind. Die **Angemessenheit** bestimmt sich gem. § 12 Abs. 3 S. 2 SGB II nach den aktuellen Lebensumständen während des Bezugs der Grundsicherung für Arbeitsuchende. Die Lebenssituation, in der der erwerbsfähige Leistungsberechtigten und seine Bedarfsgemeinschaft vor Bezug des Alg II gelebt hat, bleiben dabei grds. außer Betracht, so dass Vermögensgegenstände, die für einen Haushalt mit ausreichendem Einkommen als angemessen gelten, für Leistungsberechtigte nach dem SGB II als unangemessen betrachtet werden können. Die Angemessenheit muss für jeden einzelnen geschützten Vermögensgegenstand beurteilt werden.

Praxishinweis: Die Angemessenheit iRd SGB II wird anders als in der Sozialhilfe nach dem SGB XII beurteilt. Während im SGB II ausdrücklich nur die Lebensumstände eines Sozialleistungsempfängers relevant sind, wird bei der Beurteilung der Angemessenheit von Vermögensgegenständen (insb. Hausrat) nach § 90 Abs. 2 Nr. 4 SGB XII auch der bisherige Lebenszuschnitt berücksichtigt.

b) Angemessener Hausrat (Nr. 1)

90 Zum angemessenen Hausrat gehören nach § 12 Abs. 3 Nr. 1 SGB II Gegenstände, die zur Haushaltsführung und zum Wohnen notwendig oder zumindest üblich sind. Damit sind in erster Linie Möbel und sonstige Wohnungseinrichtungsgegenstände, Wäsche, Bücher, Bilder, Geschirr, Telefon, Radio, Fernsehgerät, Gebrauchsteppiche, Lampen uÄ erfasst. Insbesondere soll der Hausrat eines erwerbsfähigen Leistungsberechtigte dem Standard der erwerbstätigen Bevölkerung entsprechen, dh auch Waschmaschinen oder ein normaler (Heim-)Computer gelten als angemessen. Besonders wertvolle Einrichtungsgegenstände oder Luxusgüter wie Designermöbel, Edelteppiche oder teure Gemälde sind nicht angemessen und werden als Vermögen berücksichtigt.

91 Die Angemessenheit eines Hausratsgegenstands kann durch **weitere Kriterien** beurteilt werden. Dazu gehören insb.

- die Dauer des Leistungsbezugs,
- die Größe der Bedarfsgemeinschaft und
- sog. „Mindeststandards", die dem Durchschnitt der Bevölkerung entsprechen und nicht als luxuriös gelten.

Die Größe der Bedarfsgemeinschaft spielt vor allem deshalb eine Rolle, weil Hausratsgegenstände idR gemeinschaftlich benutzte Gegenstände sind und entsprechendem Ge- und Verbrauch unterliegen. So ist gut vorstellbar, dass in einer Bedarfsgemeinschaft mit mehreren Kleinkindern eine qualitativ hochwertigere Waschmaschine angemessen ist, da diese viel häufiger in Gebrauch ist.

92 Wird ein „Luxushausratsgegenstand" als unangemessen betrachtet und fehlt es nach seiner Verwertung an einem notwendigen Gebrauchsgegenstand (zB Designersofa), so kommt auch ein **Austausch** des jeweiligen Gegenstands oder ein Umstieg auf einen „angemessenen" Gegenstand in Betracht; der Preis für das Ersatzstück muss dann vom Erlös für den nicht angemessenen Gegenstand abgezogen werden.

c) Angemessenes Kraftfahrzeug (Nr. 2)

93 Geschützt ist nach § 12 Abs. 3 Nr. 2 SGB II auch ein angemessenes Kfz und das nicht nur für eine Person, sondern für **jede** in der Bedarfsgemeinschaft lebende **erwerbsfähige Person.** Auch demjenigen, dem eine Erwerbstätigkeit nicht zumutbar ist (zB weil er ein Kind in Elternzeit erzieht oder einen Angehörigen pflegt), steht ein angemessenes Kfz zu. Andere, in der Bedarfs- oder Haushaltsgemeinschaft einsatzpflichtige Personen wie

Partner, Eltern unverheirateter Kinder, Verwandte und Verschwägerte dürfen ein angemessenes Kfz besitzen.[136]

94 Die **Angemessenheit** eines Kfz muss im Einzelfall geprüft werden. Dabei können folgende Kriterien berücksichtigt werden:

- Größe der Bedarfsgemeinschaft,
- Dauer der Arbeitslosigkeit,[137]
- Anzahl der Fahrzeuge in dieser Bedarfsgemeinschaft insgesamt oder
- Behinderung eines Mitglieds der Bedarfsgemeinschaft (hier ggf Berücksichtigung einer behinderungsbedingten Sonderausstattung).[138]

Danach ist idR ein Mittelklassewagen und ein bereits vor der Arbeitslosigkeit vorhandener Wagen, der bereits altersbedingt einen Wertverlust hat, als angemessen zu betrachten. Bei zwei oder mehr erwerbsfähigen Leistungsberechtigten wird als Zweitwagen grds. ein Kleinwagen angemessen sein.

95 Diskutiert wird häufig die Frage, ab welchem Wert ein Fahrzeug als angemessen angesehen wird, ohne dass es einer gesonderten Prüfung im Einzelfall bedarf. Das BSG geht dabei von einem **Grenzwert von 7.500 EUR** aus. Es leitet diesen Grenzwert aus § 5 Abs. 1 KfzHV ab, nach dem die Förderung eines Kfz für einen behinderten Menschen bis maximal 9.500 EUR möglich ist. Nach der Begründung des Verordnungsgebers zur KfzHV gehöre ein Kfz bei der heutigen weitgehenden Motorisierung zu den Gebrauchsgegenständen des täglichen Lebens und zur Standardausstattung auch von Arbeitnehmerhaushalten mit durchschnittlichem Einkommen. Der Betrag von 9.500 EUR sei ausreichend, um sich ein gebrauchsfähiges Mittelklasseauto anzuschaffen. Da sich die Leistungen des SGB II aber grds. an den unteren 20 % der Haushalte in der Einkommens- und Verbrauchsstichprobe orientierten, müsse ein Abschlag iHv 2000 EUR vorgenommen werden.[139] Bei der Feststellung des Werts dürfe nicht der Händlerverkaufspreis zugrunde gelegt werden, da ein privater Verkäufer nicht die gleichen Preise erzielen kann wie ein professioneller Händler.[140] Die Durchführungshinweise der BA haben diese Rechtsprechung aufgegriffen und sehen heute ebenfalls ein Kraftfahrzeug, dessen Verkaufserlös abzüglich noch bestehender Kreditverbindlichkeiten maximal 7.500 EUR beträgt, ohne weitere Prüfung als angemessen an.[141]

96 Kfz von **nicht erwerbsfähigen Mitgliedern** der Bedarfsgemeinschaft sind nicht geschützt. Hier kann von einer Verwertung nur bei besonderen Umständen (zB Behinderung dieses Mitglieds und dem Fahrzeug als einziger Mobilitätshilfe) abgesehen werden.

97 Der Schutz des Fahrzeugs als Schonvermögen bedeutet nicht, dass auch die **Unterhaltskosten** berücksichtigungsfähig sind. Diese Kosten – wie Steuern, Kfz-Haftpflicht- und Kaskoversicherung, Reparatur- und Benzinkosten – müssen aus der Regelbedarfsleistung getragen werden.

136 Im Recht der Sozialhilfe war nur bei demjenigen ein Kfz geschützt, der dieses aus beruflichen oder persönlichen (zB einer Behinderung) Gründen benötigte, vgl zB OVG NRW 20.2.1998 – 8 A 5181/95; OVG Hamburg 18.1.1993 – Bs IV 439/92.
137 LSG Baden-Württemberg 1.8.2005 – L 7 AS 2875/05 ER-B für einen Wert unter 10.000 EUR; LSG Niedersachsen-Bremen 11.8.2005 – L 8 B 67/05 AS.
138 SG Detmold 21.6.2005 – S 4 AS 17/05.
139 BSG 6.9.2007, B 14/7 b AS 66/06, Rn 16.
140 BSG aaO Rn 17, für Privatverkäufer müssen Listen wie die Schwacke-Liste zugrunde gelegt werden.
141 BA-FH § 12 Rn 12.24.

d) Vermögensgegenstände zur Altersvorsorge von nicht rentenversicherungspflichtigen Leistungsbeziehenden (Nr. 3)

98 Zum Schonvermögen gehören nach § 12 Abs. 3 Nr. 3 SGB II des Weiteren Vermögensgegenstände des erwerbsfähigen Leistungsberechtigten oder seines Partners, die für die Altersvorsorge bestimmt sind, sofern die Betroffenen **nicht** in der GRV **versicherungspflichtig** sind (oder waren) und diese Vermögensgegenstände angemessen sind. Hintergrund der Regelung ist der Schutz eines **privat aufgebauten Altersvorsorgevermögens** zusätzlich zu anderen Altersvorsorgeverträgen. Die Vorschrift soll dem betroffenen Personenkreis das privat aufgebaute Altersvorsorgevermögen erhalten, zumal dieser idR keine gesetzlichen Altersvorsorge hat, zusätzlich zu ggf vorhandenen Riester-Verträgen und ebenfalls zusätzlich zu den Alterssicherungsfreibeträgen nach § 12 Abs. 2 Nr. 2 und 3 SGB II. Sie stellt insofern eine Ergänzung zu den Freibeträgen dar.[142]

99 Wer von der **GRV befreit** ist, bestimmt sich zunächst nach § 6 SGB VI. Darüber hinaus werden auch diejenigen erfasst, die früher von der Rentenversicherungspflicht befreit waren und die aufgrund einer Übergangsvorschrift weiterhin von der Versicherungspflicht befreit sind (§§ 231, 231 a SGB VI). Die Befreiung von der Rentenversicherungspflicht muss zum Zeitpunkt des Leistungsbezugs (noch) vorliegen.

Von der Rentenversicherungspflicht befreit sind im Wesentlichen folgende Personen:

- Angestellte und Selbstständige, die aufgrund einer gesetzlichen Verpflichtung Mitglied einer öffentlich-rechtlichen Versicherungs- oder Versorgungseinrichtung ihrer Berufsgruppe (berufsständische Versorgungseinrichtung, zB Anwaltsversorgungswerk, Versorgungswerk der Ärzte und Zahnärzte) sind. Diese werden von der Rentenversicherungspflicht befreit, wenn sie einkommensbezogene Beiträge zahlen, die mit denen in der Rentenversicherung vergleichbar sind, und wenn die Versorgungseinrichtung vergleichbare Leistungen vorsieht.
- Lehrer und Erzieher an nicht-öffentlichen Schulen, wenn ihnen nach beamtenrechtlichen Grundsätzen oder entsprechenden kirchenrechtlichen Regelungen eine Anwartschaft auf Versorgungsleistungen gewährleistet ist.
- Selbstständige Handwerker, wenn sie mindestens 18 Jahre lang Pflichtbeiträge bezahlt haben.
- Bezieher von Alg II, die im letzten Kalendermonat vor dem Leistungsbezug nicht rentenversichert waren, wenn
  - sie weiterhin Mitglied einer berufsständischen Versorgungseinrichtung bleiben oder
  - sie eine selbstständige Tätigkeit ausüben und mit einem öffentlichen oder privaten Versicherungsunternehmen einen Lebens- oder Rentenversicherungsvertrag abgeschlossen haben, der die in § 6 Abs. 1 b Nr. 2 SGB VI festgelegten Kriterien erfüllt.
- Angestellte im Zusammenhang mit der früheren Jahresarbeitsverdienstgrenze, Handwerker und Empfänger von Versorgungsbezügen.

100 Von der Vorschrift nicht erfasst werden Personen, die in der Vergangenheit **aus anderen Gründen keine Rentenanwartschaften** in der GRV begründet haben bzw die von vornherein, zB aufgrund einer selbstständigen Erwerbstätigkeit oder als Beamte bzw Richter (§ 5 SGB VI) nicht rentenversicherungspflichtig waren und damit auch keine ausdrückliche Befreiung von der GRV erhalten konnten.[143] Sofern diese Personen zur Altersvorsorge bestimmte Vermögensgegenstände haben, unterfallen diese nicht dem Schutz des § 12 Abs. 3 Nr. 3 SGB II. Das ist im Hinblick auf den Gleichbehandlungsgrundsatz nach Art. 3 Abs. 1 GG nicht unproblematisch; ein Verfassungsverstoß wurde aber durch das BSG verneint. Dies sah zwischen der Personengruppe, die von der Versicherungspflicht befreit ist und der, die durch die ausgeübte Tätigkeit niemals rentenversicherungspflichtig war, keine Vergleichbarkeit. Der nach § 12 Abs. 3 S. 1 Nr. 3 SGB II privilegierte Per-

---

142 BSG 15.4.2008 – B 14/7 b AS 68/06 R.
143 BSG 7.5.2009 – B 14 AS 35/08.

sonenkreis unterliege im Grunde der Versicherungspflicht in der GRV, sei jedoch insb. aus Gründen der anderweitigen Vorsorge für das Alter von der Versicherungspflicht befreit worden, wobei das anderweitige Vorsorgesystem bestimmten Kriterien im Hinblick auf den Umfang des Invaliditäts- und Hinterbliebenenschutzes entsprechen muss. Demgegenüber hätten Selbstständige, die nie der Versicherungspflicht unterlagen, von vornherein die Obliegenheit, sich eigenständig um eine entsprechende Sicherung für das Alter zu bemühen.[144] Die betroffenen Personen müssten dann – um ihre Altersvorsorge zu schützen – einen Versicherungsvertrag abschließen, der ihre Altersvorsorge iHd Pfändungsfreigrenzen von der Verwertung ausschließt.

101 **Nicht erfasst** werden auch Leistungsberechtigte, die der **Versicherungspflicht in der GRV** unterliegen.[145] Der Schutz ihrer Altersvorsorge erfolgt allein nach § 12 Abs. 2 Nr. 2 und 3 SGB II.

102 Die Vermögensgegenstände müssen für die **Altersvorsorge** objektiv und subjektiv **bestimmt**[146] sein, dh sie müssen nach dem Eintritt in den Ruhestand zur Bestreitung des Lebensunterhalts für den erwerbsfähigen Leistungsberechtigten und seinen Partner gedacht worden sein. Die Bestimmung als Altersvorsorge muss nachgewiesen werden. Sie lässt sich zB daran erkennen, dass ein Zugriff auf das Vermögen vor dem Ruhestand (nicht unbedingt identisch mit der Regelaltersgrenze) erheblich erschwert ist. Der Nachweis hierfür kann durch Vorlage des entsprechenden Vertrags erfolgen.

103 Inwiefern der Vermögensgegenstand der Altersvorsorge **angemessen** ist, kann danach bestimmt werden, inwieweit das gesamte Alterssicherungsvermögen – gesetzliche Standardrente, geförderte Riesterrente und ergänzende Privatvorsorge bis zu den Grenzen des § 12 Abs. 2 Nr. 3 SGB II – erreicht wird. Zu berücksichtigen ist dabei auch, die Lebensstellung und die Zahl der Angehörigen, deren Sicherung das Vermögen auch dienen soll.

Die **Rechtsprechung** hat als angemessene zusätzliche Alterssicherung typisierend einen Betrag angesehen, der **3/7 der Standardrente der GRV** entspricht. Sie ging dabei davon aus, dass die Standardrente (noch) den Lebensstandard des Versicherten zu etwa 70 % sichere, so dass es angemessen sei, wenn ihm zusätzlich ein Betrag zur Alterssicherung zur Verfügung stehe, der eine Lebensstandardsicherung bis zu 100 % ermögliche. Da sich nach dem SGB II die Angemessenheit jeweils nach der aktuellen Lebenssituation des Bezugs einer staatlichen Fürsorgeleistung und nicht nach vorherigem Lebenszuschnitt richte, sei es gerechtfertigt, zur Bestimmung der Angemessenheit jedenfalls ein der Standardrente (Regelaltersrente eines Durchschnittsverdieners) aus der GRV entsprechendes Vermögen unter Zugrundelegung der durchschnittlichen Lebenserwartung anrechnungsfrei zu belassen. Daher ist von einem durchschnittlichen Bedarf im Alter auszugehen. Ausgehend von einer durchschnittlichen Lebenserwartung von knapp 17 Jahren nach Vollendung des 65. Lebensjahrs (für Männer), muss in dieser Zeit der Lebensunterhalt durch den Verbrauch des angesammelten Kapitals zu decken sein. Die Höhe des monatlichen Kapitalverbrauchs kann an den Wert der aktuellen Standardrente angeknüpft werden, dh an den Wert der Rente eines Versicherten, der über 45 Jahre Beiträge aufgrund eines Entgelts gezahlt hat, das dem des durchschnittlich beschäftigten Arbeitnehmers entspricht (§ 68 SGB VI). Die insoweit maßgeblichen 45 Entgeltpunkte (§ 70 SGB VI) sind mit dem zum 1.7. eines jeden Jahres zu aktualisierenden Rentenwert

144 BSG 7.5.2009 – B 14 AS 35/08 unter Bestätigung seiner Rspr 15.4.2008 – B 14/7 b AS 68/06 R.
145 BSG 15.4.2008 – B 14/7 b AS 52/06 R.
146 OVG Bremen 14.1.2009 – S 2 B 510/08; LSG Saarland 24.1.2006 – L 6 AL 19/04.

(§ 69 SGB VI) zu multiplizieren.[147] Bei der Beurteilung der Angemessenheit müssen die sonstigen Anwartschaften der Altersvorsorge mit berücksichtigt werden.

Praxishinweis: Das Altersvorsorgevermögen ist nach § 12 Abs. 3 Nr. 3 SGB II als Schonvermögen nur geschützt, wenn die leistungsberechtigte Person oder deren Partner bzw deren Partnerin zum Zeitpunkt der Antragstellung von der Rentenversicherungspflicht befreit ist. Waren sie von vornherein nicht rentenversicherungspflichtig oder sind sie weiterhin rentenversicherungspflichtig, wird ihre (zusätzliche) Altersvorsorge nicht nach § 12 Abs. 3 SGB II als Schonvermögen, sondern nur iRd Freibeträge nach § 12 Abs. 2 SGB II geschützt.

e) Angemessenes Hausgrundstück oder angemessene Eigentumswohnung (Nr. 4)

104 Besitzt ein erwerbsfähiger Leistungsberechtigter oder sein Partner bzw seine Partnerin ein angemessenes **Hausgrundstück oder** eine entsprechende **Eigentumswohnung** und wird diese(s) von ihnen auch **tatsächlich genutzt**, dh selbst bewohnt, dann unterfällt es dem Schonvermögen nach § 12 Abs. 3 Nr. 4 SGB II, sofern es angemessen ist. Die Vorschrift schützt das Haus und Grundstück bzw die Eigentumswohnung allein wegen der unmittelbaren Verbindung zum Wohnen. Deshalb sind auch Wohnrechte (§ 1093 BGB, § 31 WEG) in den Schutz einbezogen. Unbebaute Grundstücke oder vermietete Häuser bzw Wohnungen, die nicht selbst genutzt werden, sind daher nicht geschützt. Sie können durch Veräußerung oder Beleihung verwertet werden. Ebenso wenig sind Ferienwohnungen, die nur dem gelegentlichen Aufenthalt dienen, privilegiert.

105 Ob das Haus bzw Grundstück oder die Eigentumswohnung angemessen ist, bestimmt sich nicht nach dem Verkehrswert des Grundstücks oder der Eigentumswohnung,[148] sondern nach der **Größe**.[149] Die Wertermittlung erfolgt erst, wenn zuvor festgestellt wurde, dass das Wohnungs- oder Hauseigentum nicht angemessen ist und deshalb verwertet werden muss.

106 Bei der Prüfung der Angemessenheit orientiert sich das BSG im Grundsatz an den **Wohnflächengrenzen** des außer Kraft getretenen 2. WoBauG, differenziert aber nach Anzahl der Personen. Es geht im Anschluss an die sozialhilferechtliche Rechtsprechung der Verwaltungsgerichte[150] davon aus, dass eine für vier Personen angemessene Wohnfläche von 120 qm nicht nur bei jeder weiteren Person im Haushalt um 20 qm aufgestockt wird (so ehemals § 82 Abs. 3 S. 1 2. WoBauG), sondern dass bei einer geringeren Anzahl von Bewohnern auch eine Reduktion der angemessenen Wohnfläche um jeweils 20 qm in Betracht kommt. Dies regele auch § 90 Abs. 2 Nr. 8 SGB XII; unter Berücksichtigung der Rechtsanwendungsgleichheit bei der Pflicht zur Verwertung von Immobilien müsse eine entsprechende Anwendung sichergestellt werden. Dementsprechend stellt das Gericht fest, dass – ausgehend von angemessenen 120 qm bei einem Haushalt von vier Personen – bei einer geringeren Belegung der Wohnung die Angemessenheit der Größe um jeweils 20 qm reduziert werden kann. Diese Werte orientieren sich am „Durchschnittsfall" und können beim Vorliegen besonderer Umstände nach oben, uU aber auch nach unten angepasst werden.[151] Allerdings bestimmt es die untere Grenze

147 Das LSG Baden-Württemberg ging in seiner Entscheidung vom 27.2.2009 – L 12 AS 3486/08 davon aus, dass zu diesem Zeitpunkt für jemanden, der in die Altersrente geht, ein Kapitalbedarf von 239.873,40 EUR notwendig ist. Da eine Altersvorsorge während des Berufslebens idR erst allmählich aufgebaut wird, könne analog § 12 Abs. 2 Nr. 3 SGB II ab Vollendung des 20. Lebensjahres für jedes weitere Lebensjahr 1/45 dieser Summe als angemessenes Altersvorsorgevermögen unberücksichtigt bleiben und ist damit angemessen.

148 BSG 7.11.2006 – B 7 b AS 2/05 R; LSG Baden-Württemberg 1.8.2005 – L 7 AS 2875/05 ER-B. Insofern besteht ein Unterschied zu § 90 Abs. 2 Nr. 8 S. 2 SGB XII, der weitere wertbildende Faktoren zur Bestimmung der Angemessenheit eine selbst bewohnten Hausgrundstücks benennt.

149 BSG 7.11.2006 – B 7 b AS 2/05 R.

150 Vgl OVG Lüneburg 12.6.1995 – 12 L 2513/94; BVerwG 1.10.1992 – 5 C 28/89.

151 BSG 7.11.2006 – B 7 b AS 2/05 R.

auch für zwei Personen bei 80 qm, die uU bei außergewöhnlichen Bedarfslagen im Einzelfall angepasst werden können.[152]

107 Dies gelte zumindest für Wohnungen. Bei **selbst genutzten Häusern** kann die so ermittelte Wohnfläche nicht schematisch übertragen werden. Da Hauseigentum in aller Regel eine größere Quadratmeterzahl aufweist, würde der Eigentumsschutz des § 12 Abs. 3 S. 1 Nr. 4 SGB II, der gerade an erster Stelle das selbst genutzte Hausgrundstück nennt, weitgehend leer laufen. Insbesondere sei zu berücksichtigen, dass in die Wohnfläche eines Hauses ganz oder teilweise auch Flächen wie etwa Hausflure eingerechnet werden, die bei Eigentums- und Mietwohnungen nicht in die Berechnung einfließen. Das BSG hat deshalb die angemessene Quadratmeterzahl für einen Haushalt mit vier Personen bei selbst genutzten Häusern auf 130 qm erhöht.[153] Hier bestimme sich die Angemessenheit vorrangig nach der Größe, sowohl der Hausgröße, dh Wohnfläche in Abhängigkeit der Anzahl der dort lebenden Personen als auch der Grundstücksgröße.[154]

108 Die Durchführungshinweise der BA halten dementsprechend eine Prüfung der **Angemessenheit** für **entbehrlich**, wenn folgende Voraussetzungen vorliegen:[155]

bewohnt mit … Personen	Eigentumswohnung in qm	Eigenheim in qm
1–2	80	90
3	100	110
4	120	130

Allerdings orientieren sich diese Werte am Durchschnittsfall. Die **Lebensumstände im Einzelfall** wie zB eine anstehende Familienplanung oder die Hilfebedürftigkeit oder eine Behinderung von Mitgliedern der Bedarfsgemeinschaft und ein damit verbundener Bedarf einer größeren Wohnfläche können berücksichtigt und somit noch als angemessen bewertet werden. Zudem können Baujahr, Zuschnitt und Ausstattung des Wohngebäudes und der Verkehrswert des Hausgrundstücks in Betracht gezogen werden.

109 Bei der **Grundstücksgröße** gilt im städtischen Bereich eine Größe bis 500 qm, im ländlichen Bereich bis 800 qm als angemessen. Höhere Werte können – sofern dies im Bebauungsplan so vorgesehen ist – akzeptiert werden. Befindet sich ein – von der Wohnfläche her betrachtet – angemessen großes Haus auf einem unangemessenen großen Grundstück muss geprüft werden, ob Teile des unangemessen großen Grundstücks als selbstständige Immobilie verwertbar sind. Wenn Haus und Grundstück indessen eine solche Einheit bilden, dass sie nur als einheitlicher Vermögensgegenstand betrachtet werden können, kann die Grundstücksgröße unberücksichtigt bleiben.[156]

110 Sind Haus und/oder Grundstück nicht angemessen, so sollen eigentumsrechtsrechtlich abtrennbare Gebäude oder Grundstücksbestandteile durch **Verkauf oder Beleihung** verwertet werden, auch die Vermietung einzelner Räume kann verlangt werden.

f) Vermögen für Wohnzwecke behinderter oder pflegebedürftiger Menschen (Nr. 5)

111 Als Schonvermögen ist nach § 12 Abs. 3 Nr. 5 SGB II auch dasjenige geschützt, das nachweislich zur baldigen Beschaffung oder Erhaltung eines Hausgrundstücks von an-

152 BSG 19.9.2008 – B 14 AS 54/07 R.
153 BSG 16.5.2007 – B 11 b AS 37/06 R.
154 BSG 15.4.2008 – B 14/7 b AS 34/06 R.
155 BA-FH § 12 SGB II Rn 12.26.
156 BSG 15.4.2008 – B 14/7 b AS 34/06 R.

gemessener Größe bestimmt ist, welches Wohnzwecken behinderter oder pflegebedürftiger Menschen dient oder dienen soll und dieser Zweck durch den Einsatz oder die Verwertung des Vermögens gefährdet wäre.

112 Das Vermögen muss bestimmt sein, ein Hausgrundstück von angemessener Größe **zu beschaffen oder zu erhalten.** Auch wenn im Gesetz nur das Hausgrundstück genannt ist, muss es gleichermaßen für die Beschaffung oder Erhaltung einer Eigentumswohnung zu dem gleichen Zweck dienen. Das folgt aus dem systematischen Zusammenhang mit Nr. 4. Erfasst werden auch der Erwerb eines Dauerwohnrechts sowie der Abschluss eines Erbbauvertrags.

Unter **Beschaffung** wird nicht nur ein Neubau, sondern auch der Aus- und Anbau oder der Einbau einer zweckentsprechenden Ausstattung verstanden. Die **Erhaltung** des Hausgrundstücks meint alle zweckdienlichen Verbesserungen des Hauses oder einer Eigentumswohnung, insb. Instandhaltungs- und Instandsetzungsmaßnahmen, die der Ermöglichung des Wohnens behinderter oder pflegebedürftiger Menschen dienen und die auch zweckdienlich sein können (zB Modernisierung einer Heizungsanlage, Wärmeisolierung); nicht erfasst werden dagegen bloße Verschönerungsmaßnahmen.

113 Das zu schützende Vermögen muss bald und nachweislich, dh **in absehbarer Zeit** für die Haus- oder Wohnungsbeschaffung oder Erhaltungsmaßnahmen eingesetzt werden. Der Kaufvertrag sollte – so die Durchführungshinweise der BA – spätestens innerhalb eines Jahres abgeschlossen werden bzw die Erhaltungsmaßnahmen sollten in dieser Zeitspanne begonnen werden, es sei denn, es sprechen zwingende rechtliche Gründe (zB eine ausstehende Baugenehmigung) für eine Verlängerung dieses Zeitraums.[157] Die konkrete Absicht und Planung sind plausibel darzulegen. Dazu sind zB Bau- und Finanzierungspläne, Verträge mit Bauträgern, Aufträge an Handwerker oder Ähnliches vorzulegen. Das Jobcenter hat eine Prognoseentscheidung darüber zu treffen, ob das vorhandene Kapital nachweislich zur baldigen Beschaffung des Hausgrundstücks oder der Wohnung dient, dh ob der Leistungsberechtigte mit dem vorhandenen Vermögen, der Art der Anlage und ggf mit dem ergänzenden Sparplan voraussichtlich in der Lage sein wird, das angestrebte Objekt bald zu beschaffen und auch im weiteren Verlauf zu finanzieren.[158]

114 Geschützt ist das Vermögen nur dann, wenn durch die Beschaffung oder Erhaltung des Hausgrundstücks oder der Eigentumswohnung **Wohnzwecken behinderter oder pflegebedürftiger Menschen** gedient wird. Das bedeutet, dass derjenige, dessen Wohnung mit dem geschützten Vermögen gesichert werden soll, behindert iSd § 2 SGB IX oder pflegebedürftig iSd §§ 14, 15 SGB XI sein muss. Ausreichend ist indessen, wenn der behinderte oder pflegebedürftige Mensch in der Wohnung oder dem Haus wohnt und betreut wird; nicht erforderlich ist, dass die Wohnung ausschließlich für diesen Zweck bestimmt ist. Diese Zweckbestimmung muss aber subjektiv und objektiv vorliegen und plausibel nachgewiesen werden.

115 Die behinderten oder pflegebedürftigen Personen müssen nicht zur Bedarfsgemeinschaft gehören. Es genügt, wenn es sich dabei um **Angehörige** iSd § 16 Abs. 5 SGB X (Verlobter, Ehegatte, Lebenspartner, Verwandte und Verschwägerte in gerader Linie, Geschwister, Nichten und Neffen, Schwägerinnen und Schwäger und deren Geschwister, Onkel und Tanten, Personen, die durch ein auf längere Dauer angelegtes Pflegeverhältnis mit häuslicher Gemeinschaft wie Eltern und Kind miteinander verbunden sind [Pflegeeltern und Pflegekinder]) handelt. Wenn die Person nicht mehr in dieser Wohnung

157 BA-FH § 12 SGB II Rn 12.31.
158 So LSG Hessen 26.1.2009 – L 9 SO 48/07 zu § 90 Abs. 2 Nr. 3 SGB XII.

betreut werden soll, weil sie zB in eine stationäre Einrichtung auf Dauer zieht oder die Bauabsicht nicht verwirklicht wird, ist das Vermögen nicht mehr geschützt.

116 Durch die Verwertung oder den Einsatz des Vermögens muss zudem die Gefahr bestehen, dass die Beschaffung oder Erhaltung des Hausgrundstücks oder der Wohnung zu diesem **Zweck vereitelt** wird. Dabei ist die Feststellung der Gefährdung eine Prognoseentscheidung; es genügt, dass die Hausbeschaffung oder -erhaltung durch diese Verwertung auf unabsehbare Zeit aufgeschoben werden muss, wenn sich die laufenden Belastungen unzumutbar erhöhen oder wenn erhebliche Kostensteigerungen eintreten würden. Da das Vermögen nur „soweit" geschützt ist, wie es diesem gesetzlich vorgegebenem Zweck zu dienen bestimmt ist, kann auch nur ein Teil des Vermögens unter den Schutzbereich fallen.

Praxishinweis: Vermögen (zB ein Bausparvertrag), das nur zur Beschaffung eines (eigenen) Hausgrundstücks oder einer (eigenen) Eigentumswohnung gedacht ist, ohne dass der Antragsteller selbst oder dass Mitglieder seiner Bedarfs- oder Haushaltsgemeinschaft behindert oder pflegebedürftig sind, ist nicht geschützt. In diesen Fällen ist die Verwertung nicht ausgeschlossen.

g) Offensichtliche Unwirtschaftlichkeit oder besondere Härte (Nr. 6)

117 § 12 Abs. 3 Nr. 6 SGB II schützt schließlich Sachen oder Rechte, soweit deren Verwertung **offensichtlich unwirtschaftlich** ist oder für den Betroffenen eine **besondere Härte** darstellt. Die Vorschrift ist ein Auffangtatbestand für vermögenswerte Sachen und Rechte. Der Tatbestand der Unwirtschaftlichkeit zielt auf einen ökonomischen Sachverhalt ab, während die besondere Härte vor allem personenbezogene Dinge betrifft.

118 Hauptanwendungsfall dieser Vorschrift betrifft die Verwertung **vermögenswirksam angelegten Vermögens** wie Lebensversicherungen, Bausparverträge oder Festgeldanlagen. Dabei muss zuerst geprüft werden, ob eine Lebensversicherung in erster Linie anderen Schutztatbeständen unterfällt. Hier kommen vor allem § 12 Abs. 2 Nr. 2 und 3 sowie Abs. 3 Nr. 3 und 5 SGB II in Betracht. Erst wenn diese Vorschriften nicht einschlägig sind, ist das mögliche Vorliegen eines Härtefalls zu untersuchen.

119 Eine **offensichtliche**, dh eine sich sichtlich aufdrängende **Unwirtschaftlichkeit** wird angenommen, wenn der zu erwartende Nettoerlös (Bruttoerlös abzüglich der Verwertungskosten) erheblich unter dem tatsächlichen Wert liegt, zB Verkehrs- und Gebrauchswert erheblich voneinander abweichen.

Wann wird die Stufe zur Erheblichkeit nicht überschritten?

- Verlust der Bausparprämie oder einer Arbeitnehmersparzulage bei der Verwertung eines Bausparvertrags,[159]
- Zinsverluste bei der Verwertung einer Geldanlage,
- ein im Vergleich zu den Anschaffungskosten einer Münzsammlung geringerer Verkehrswert, wenn dieser auf dem Marktgeschehen beruht.[160]

Die Rechtsprechung orientiert sich bei Feststellung der offensichtlichen Unwirtschaftlichkeit der Verwertung an dem Recht der ehemaligen Arbeitslosenhilfe. Danach lag eine offensichtliche Unwirtschaftlichkeit dann vor, wenn der zu erzielende Gegenwert in einem **deutlichen Missverhältnis** zum wirklichen Wert des zu verwertenden Vermögensgegenstands steht.[161] Eine offensichtliche Unwirtschaftlichkeit ist nicht gegeben, wenn das Ergebnis der Verwertung vom wirklichen Wert nur geringfügig abweicht.[162] Abzu-

159 LSG NRW 29.6.2009 – L 7 B 169/09 AS ER.
160 LSG Niedersachsen-Bremen 10.8.2010 – L 7 AS 382/08.
161 BSG 17.10.1990 – 11 RAr 133/88; 25.4.2002 – B 11 AL 69/01 R.
162 BSG 17.10.1996 – 7 RAr 2/96.

stellen ist auf das ökonomische Kalkül eines rational handelnden Marktteilnehmers. Es ist zu ermitteln, welchen Verkehrswert der Vermögensgegenstand gegenwärtig auf dem Markt hat. Der Verkehrswert ist dem Substanzwert gegenüberzustellen;[163] danach kann geprüft werden, ob ein Missverhältnis zwischen beiden besteht. Die BA sieht eine Verwertung dann als nicht offensichtlich unwirtschaftlich an, wenn im Ergebnis unter Berücksichtigung der Verwertungskosten der Verkehrswert des Vermögensgegenstands nur geringfügig (**bis 10 %**) **unter dem Substanzwert** liegt.[164] Das BSG sieht diese Grenze ebenfalls als noch im Bereich des Wirtschaftlichen liegend an, bei 18,5 % Verlust sei es strittig, ein Verlust von 48,2 % sei in jedem Falle unzumutbar.[165]

120 Der Begriff der **besonderen Härte** erfasst im Gegensatz zur offensichtlichen Unwirtschaftlichkeit eher die persönliche Bindung zu einem Vermögensgegenstand. Besondere Härte ist ein unbestimmter Rechtsbegriff und gerichtlich voll überprüfbar.[166] Der Begriff ist enger als im Recht der Sozialhilfe, in dem Vermögensgegenstände geschützt sind, deren Verwertung für den Leistungsberechtigten nur eine „Härte" voraussetzt (§ 90 Abs. 3 SGB XII). Das BSG legt insofern einen strengeren Maßstab an.[167]

Nach der Rechtsprechung des BSG richtet es sich nach den **Umständen des Einzelfalls,** ob eine besondere Härte gegeben ist.[168] Dabei können nur außergewöhnliche Umstände maßgebend sein, die nicht durch die ausdrücklichen Freistellungen über das Schonvermögen (§ 12 Abs. 3 S. 1 SGB II, § 4 Abs. 1 Alg II-VO) und die Freibeträge nach § 12 Abs. 2 SGB II erfasst werden und die dem Betroffenen ein deutlich größeres Opfer abverlangen als eine einfache Härte und erst recht als die mit der Vermögensverwertung stets verbundenen Einschnitte.[169] Voraussetzung ist deshalb ein atypischer ungewöhnlicher Fall, bei dem besondere Umstände vorliegen.[170] Dabei müssen auch vergleichbare Gruppen von Leistungsberechtigten herangezogen und geschaut werden, ob ein besonderer Einzelfall vorliegt.[171] Notwendig ist eine Gesamtbetrachtung.

In die Gesamtbetrachtung können einfließen und berücksichtigt werden:

- Art, Schwere oder Dauer der Hilfebedürftigkeit, so muss zB bei absehbar nur kurzer Hilfebedürftigkeit eine Lebensversicherung nicht zwingend verwertet werden,
- Alter,
- Familienstand,
- Behinderung und damit zB die Notwendigkeit eines Fahrzeugs für einen nicht erwerbsfähigen Angehörigen einer Bedarfsgemeinschaft,

163 BSG 15.4.2008 – B 14/7 b AS 52/06.

164 BA-FH § 12 SGB II Rn 12.37 a. Eine Lebensversicherung muss erst im letzten Fünftel der Laufzeit beliehen werden, um sie zu verwerten. Vorher wird davon ausgegangen, dass durch die lange Beleihungsphase der Auszahlungsbetrag durch die Zinsbelastung so stark gemindert wird, dass Wirtschaftlichkeit nicht vorliegt.

165 BSG 6.9.2007 – B 14/7 b AS 66/06 R.

166 BSG 8.2.2007 – B 7 a AL 34/06 R sowie 15.4.2008 – B 14/7 b AS 52/06.

167 BSG 16.5.2007 – B 11 b AS 37/06 R; ebenso BSG 15.4.2008 – B 14/7 b AS 52/06 R. Eine andere Ansicht möchte hingegen keine Unterschiede zwischen den Schutzstandards im SGB XII und SGB II sehen, so *Brühl* in: LPK-SGB II § 12 Rn 59 mwN.

168 BSG 15.4.2008 – B 14/7 b AS 52/06.

169 BSG 15.4.2008 – B 14/7 b AS 52/06 R.

170 So wurde ein Härtefall angenommen, als eine erwerbsfähige Leistungsberechtigte kurz vor dem Rentenalter ihre Ersparnisse für die Altersvorsorge einsetzen sollte, obwohl ihre Rentenversicherung Lücken wegen einer selbstständigen Tätigkeit aufwies, BSG 7.5.2009 – B 14 AS 35/08 R. Was „kurz vor dem Rentenalter" heißt, wurde nicht genauer ausgeführt, die Erreichung des 55. Lebensjahres allein genügt angesichts der längeren Lebensarbeitszeit jedenfalls nicht. Auch hier können verschiedene Kriterien wie berufliche Einsatzmöglichkeiten, Ausbildung und bisherige Erwerbsbiografie sowie gesundheitliche Leistungsfähigkeit berücksichtigt werden. Eine besondere Härte wird auch nicht durch das Nichterreichen eines erstrebten Niveaus der Lebensversicherung begründet, vgl LSG Baden-Württemberg 18.11.2009 – L 13 AS 5234/08.

171 BSG 16.5.2007 – B 11 b AS 37/06 R.

- große Rentenversicherungslücken,
- Betreuung von behinderten oder pflegebedürftigen Personen, und dafür uU die Nutzung eines eigentlich unangemessen großen Grundstücks,[172]
- eine während der Elternzeit eingetretene Hilfebedürftigkeit einer alleinerziehenden Mutter für ihre Lebensversicherung,[173]
- eine persönliche Bindung an Familienerbstücke oder an Gegenstände, die zur Befriedigung geistiger, wissenschaftlicher oder künstlerischer Bedürfnisse dienen und deren Besitz nicht Luxus ist (zB Briefmarkensammlung, Bibliothek),
- sonstige Belastungen.

121 Auch wenn die **Vermögensherkunft** idR keine Rolle spielt, so kann sie doch in seltenen Fällen dazu führen, dass die Verwertung des jeweiligen Vermögensgegenstands eine besondere Härte bedeutet. Das kann zB bei Nachzahlungen, Kapitalabfindungen oder Ansparungen der Fall sein, die aus Quellen stammen, die als Einkommen nicht berücksichtigt werden wie Grundrente, Schmerzensgeld[174] oder Blindengeld[175] oder auch Zahlungen an Opfer nationalsozialistischer Verfolgung aus entsprechenden Härtefonds.[176] Nicht geschützt ist allerdings zB eine Abfindungszahlung, die durch den ehemaligen Arbeitgeber für einen vor dem Alg II-Bezug liegenden Zeitraum gezahlt wurde. Das BSG hat diese Zahlung als „normales" Einkommen gewertet.[177]

122 Darüber hinaus kann die Verpflichtung zur **Verwertung eines Pflichtteilsanspruchs**[178] durch den Nacherben eines Berliner Testaments uU eine besondere Härte darstellen, wenn dies notwendig zur Veräußerung eines Hausgrundstücks oder zu einer unzumutbaren wirtschaftlichen Belastung des befreiten Vorerben führt. Die besondere Härte ergibt sich dann nicht nur aus den wirtschaftlichen Auswirkungen auf die Lebenssituation des Leistungsberechtigten, sondern auch aus den besonderen persönlichen Umständen, die mit der Vermögensverwertung verbunden sind, die eine schwerwiegende familiäre Konfliktsituation hervorrufen können. Das ist vor allem dann der Fall, wenn das Vermögen des Erblassers vor allem eben nur aus einem Hausgrundstück besteht, welches auch der gemeinsamen Altersvorsorge der Ehegatten dienen sollte.[179]

123 Bei durch **Schenkungen oder Spielgewinnen** erworbenen Vermögensgegenständen wird idR die Annahme eines Härtefalls abgelehnt.[180]

124 Eine besondere Härte kann auch die Verwertung von **Bestattungs- und Grabpflegeguthaben** bedeuten.[181] Darunter können auch reine Todesfallversicherungen und kombi-

172 Es bedeutet indessen keine Härte, wenn ein unangemessen großes Grundstück verwertet werden muss, welches schon vor Eintritt der Hilfebedürftigkeit vorhanden war.

173 OVG Bremen 10.9.2003 – 2 A 131/02.

174 BSG 15.4.2008 – B 14/7 b AS 6/07 R, ob das auch für Zinsen, die aus dem Schmerzensgeld resultieren, gilt, ist umstritten, bejahend LSG NRW 21.3.2011 – L 20 AS 22/09, die Revision zu diesem Urteil ist beim BSG unter dem Az B 14 AS 103/11 R anhängig.

175 BSG 11.12.2007 – B 8/9 b SO 20/06 R.

176 So für den Bereich der Sozialhilfe LSG NRW 28.7.2008 – L 20 SO 17/08.

177 BSG 3.3.2009 – B 4 AS 47/08 R.

178 Die Verwertung ist möglich durch Geltendmachung der Forderung gegenüber dem (Haupt)Erben nach § 2303 BGB, Abtretung und Verkauf oder Verpfändung der Forderung, vgl BSG 6.5.2010 – B 14 AS 2/09.

179 BSG 6.5.2010 – B 14 AS 2/09 R.

180 So bisher in der Sozialhilfe, vgl VG Düsseldorf 7.1.2000 – 20 L 4143/99 bei einer gewonnenen Luxuskreuzfahrt im Wert von fast 20.000 DM; BVerwG 8.7.1991 – 5 B 57/91 für ein geschenktes Auto; VG Meiningen 13.6.1997 – 8 E 635/97.Me hinsichtlich einer geschenkten Urlaubsreise nach Mexiko im Wert von knapp 3.000 DM.

181 Wenn man hier nicht bereits von einer Unverwertbarkeit aus verfassungsrechtlichen Gründen ausgeht, s. dazu oben Rn 83. Vgl auch OVG Lüneburg 23.7.2003 – 4 LC 523/02; OVG NRW 19.12.2003 – 16 B 2078/03. AA OVG Rheinland-Pfalz 24.3.2003 – 12 A 10302/03; LSG Hamburg 17.7.2007 – L 4 B 246/07 ER SO. Letzteres sah allerdings deswegen keine Notwendigkeit, das Bestattungsvermögen der Härtefallklausel zuzuordnen, weil der Betroffene vermögende Verwandte hatte, die für eine würdige Bestattung sorgen könnten; für die Annahme eines Härtefalls auch BSG 18.3.2008 – B 8/9 b SO 9/06 R.

nierte Lebensversicherungen in angemessenem Umfang fallen.[182] Die Angemessenheit beurteilt sich nach den notwendigen Aufwendungen für Bestattung und Grabpflege, Letztere kann für die Erhaltung des Grabs für die Dauer der Mindestruhezeit vereinbart werden. Die Bestattung soll würdig und nach den persönlichen Vorstellungen des Betroffenen erfolgen können.

125 Steht der Verwertung eines Vermögensgegenstands eine besondere Härte entgegen, dann werden die Leistungen nicht nur als Darlehen gem. § 23 Abs. 5 SGB II erbracht, sondern als **Zuschuss** unter Nichtberücksichtigung dieses Vermögensgegenstands.

h) Gegenstände zur Aufnahme oder Fortsetzung der Berufsausbildung oder Erwerbstätigkeit (§ 7 Abs. 1 Alg II-VO)

126 Zum Schonvermögen gehören auch Vermögensgegenstände, die **zur Aufnahme oder Fortsetzung der Berufsausbildung oder der Erwerbstätigkeit unentbehrlich** sind, § 7 Abs. 1 Alg II-VO. Die Regelung, die § 12 Abs. 3 SGB II ergänzt, soll verhindern, dass Arbeitsuchende Vermögensgegenstände einsetzen müssen, die sie gerade für ihre Berufsausbildung oder Berufsausübung benötigen und ihnen damit die Möglichkeit zur Arbeitsaufnahme erschwert wird. Außerdem bestünde die Gefahr, dass nach Veräußerung dieser unentbehrlichen Arbeitsmittel im weitesten Sinn, diese später wieder über die Leistungen zur Eingliederung in Arbeit durch das Jobcenter beschafft werden müssten. Die Vorschrift erfasst zB Betriebsgrundstücke, Arbeitsgeräte jeder Art, Schutzkleidung, Fachliteratur, Maschinen, angemessene Vorräte an Rohmaterial oder andere Arbeitsmittel. Nicht geschützt sind Ausbildungsversicherungen, die für eine spätere Ausbildung oder für ein Studium abgeschlossen wurden. Da es für Ausbildung und Studium staatliche Leistungen (BAB, BAföG) gibt, wird hier ein besonderer Schutz als nicht notwendig betrachtet.

127 Erfasst werden auch selbst geschaffene Kunstwerke, die grds. nicht als Vermögen angerechnet werden, wenn sie zur Fortführung der Erwerbstätigkeit tatsächlich benötigt werden (zB zu Ausstellungszwecken).

4. Freibeträge (§ 12 Abs. 2 SGB II)

128 Ist das Vermögen verwertbar und wird es nicht als Schonvermögen geschützt, muss es grds. iRd Leistungen des SGB II eingesetzt werden. Alle Vermögensgegenstände werden zu einem **Bruttogesamtvermögen** zusammengerechnet, von dem dann die Freibeträge nach § 12 Abs. 2 SGB II abgezogen werden.

Praxishinweis: § 12 Abs. 2 SGB II kennt fünf Freibetragsregelungen. Bei der Berücksichtigung der Beträge ist systematisch eine Reihenfolge anzunehmen. Danach werden in dieser **Reihenfolge** Vermögensbeträge berücksichtigt:

1. geförderte Altersvorsorge (Nr. 2),
2. sonstige Altersvorsorge (Nr. 3),
3. Anschaffungsfreibetrag (Nr. 4),
4. Grundfreibetrag für volljährige Leistungsberechtigte (Nr. 1),
5. Grundfreibetrag für minderjährige Kinder in der Bedarfsgemeinschaft (Nr. 1 a).

Die Rangfolge spielt insofern eine Rolle, weil die **Freibeträge der Nr. 2 bis 4** Spezialregelungen sind und es sich hierbei um **zweckgebundenes Vermögen** handelt. Fällt das Vermögen hierunter, belastet es nicht mehr den Grundfreibetrag, andererseits kann zB nicht berücksichtigungsfähiges Altersvorsorgevermögen über den Grundfreibetrag freigestellt werden.

182 LSG Land NRW 19.3.2009 – L 9 SO 5/07 für reine Sterbegeldversicherungen.

a) Grundfreibetrag für jeden volljährigen Leistungsberechtigten und seinen Partner (Nr. 1)

129 Die Vorschrift erfasst volljährige Leistungsberechtigte und ihre Partner, unabhängig davon, ob sie erwerbsfähig sind oder nicht. Auch volljährige, leistungsberechtigte Angehörige einer Bedarfsgemeinschaft können – unabhängig von ihrer Erwerbsfähigkeit – den Grundfreibetrag geltend machen. Der Betrag beträgt **150 EUR je vollendetem Lebensjahr**, mindestens 3.100 EUR. Eine **Höchstgrenze** findet sich in § 12 Abs. 2 S. 2 SGB II. Sie beträgt

- 9.750 EUR für alle, die vor dem 1.1.1958 geboren sind,
- 9.900 EUR für alle, die nach dem 31.12.1957 und vor dem 1.1.1964 geboren sind,
- 10.050 EUR für alle, die nach dem 31.12.1963 geboren sind.

130 Erwerbsfähige Leistungsberechtigte, die vor dem 1.1.1948 geboren sind, haben nach der Sonderregelung des § 65 Abs. 5 SGB II iVm § 4 Abs. 2 Arbeitslosenhilfeverordnung einen Grundfreibetrag von 520 EUR pro vollendetem Lebensjahr, höchstens 33.800 EUR.

131 Die **Höchstbeträge** werden indessen **nie erreicht**, da sich der Grundfreibetrag mit vollendetem 64. Lebensjahr auf 9.600 EUR beläuft und der Leistungsberechtigte mit Vollendung des 65. Lebensjahres aus der Leistungsberechtigung ausscheidet. Gleiches gilt bei der schrittweisen Erhöhung der Freibeträge mit zunehmendem Renteneintrittsalter. Dieses wird ab Geburtsjahrgang 1958 schrittweise auf 66 Jahre, ab Geburtsjahrgang 1964 auf 67 Jahre angehoben. Dementsprechend werden auch höhere Freibeträge angesetzt. Auch hier wird der jeweilige Höchstbetrag (9.900 EUR ab Jahrgang 1958; 10.050 EUR ab Jahrgang 1964) erst erreicht, wenn das jeweilige 66. bzw 67. Lebensjahr vollendet ist, der Zeitpunkt, an dem die Leistungsberechtigung nach dem SGB II endet (§§ 7 Abs. 1, 7 a SGB II).

132 Für das Lebensalters ist auf den **Zeitpunkt der Antragstellung** abzustellen. Sie erfolgt nach §§ 187 Abs. 2, 188 Abs. 2 BGB. Danach beginnt die Berechnung des Lebensalters mit dem Tag der Geburt. Ein Lebensjahr wird mit Ablauf des Tages vollendet, der nach seiner Zahl dem Geburtstag vorausgeht.

Beispiel: Der am 14.8.1968 geborene erwerbsfähige Leistungsberechtigte vollendet sein 43. Lebensjahr mit Ablauf des 13.8.2011. Mit Beginn des 14.8.2011 ist demnach von einem vollendeten 43. Lebensjahr auszugehen. Stellt er seinen Antrag auf SGB II-Leistungen am 14.8.2011 steht ihm demnach ein Grundfreibetrag von 6.450 EUR zu.

Der Freibetrag ist ab dem Monat der Vollendung des Lebensjahres jährlich neu anzusetzen.

133 Der Grundfreibetrag ist **zwischen Partnern in einer Bedarfsgemeinschaft übertragbar.** Er steht dem erwerbsfähigen Leistungsberechtigten und seinem Partner entsprechend der Mindest- und Höchstgrenzen zu. Erreicht einer der Partner den Höchstbetrag mit seinem Vermögen nicht, kann der andere sein überschießendes Vermögen auf diesen übertragen.

134 Dieser Grundfreibetrag ist **nicht an bestimmte Zwecke** gebunden. Er muss allerdings vorrangig eingesetzt werden, bevor der Leistungsberechtigte ein Darlehen, z.B. für unabweisbare Bedarfe, vom Jobcenter erhält (§ 42 a Abs. 1 SGB II) oder für Schulden, die bei den Kosten der Unterkunft und Heizung entstanden sind (§ 22 Abs. 8 S. 3 SGB II).

b) Grundfreibetrag für jedes hilfebedürftige minderjährige Kind (Nr. 1 a)

135 Jedes minderjährige leistungsberechtigte Kind hat einen **Grundfreibetrag iHv 3.100 EUR**, der von seinem Vermögen abgesetzt werden kann. Das betrifft auch die 15- bis 17-Jährigen, die im Grundsatz bereits Alg II-berechtigt sind. Voraussetzung

hierfür ist, dass die Kinder mit ihren erwerbsfähigen leistungsberechtigten Eltern bzw mit ihrem leistungsberechtigten Elternteil in einer Bedarfsgemeinschaft leben. Die Freibetragsregelung gilt somit sowohl bei der Berechnung des Alg II als auch des Sozialgelds. Geschützt ist nicht nur das Geldvermögen, sondern ebenso Vermögensgegenstände, wie Sparvermögen oder Ausbildungsversicherungen bis zur entsprechenden Freibetragshöhe.

136 Im Gegensatz zu den Vermögensfreibeträgen nach Nr. 1, die zwischen Partnern in einer Bedarfsgemeinschaft übertragbar sind, ist der dem Kind zustehende **Freibetrag nicht übertragbar** und steht immer nur dem jeweiligen Kind zu. Ebenso kann umgekehrt keine Übertragung des Kinder-Grundfreibetrags auf den der Eltern erfolgen.[183] Hintergrund ist, dass das Vermögen des Kindes, welches ihm ab seiner Geburt zugestanden wird, nicht den nach § 9 Abs. 2 S. 2 SGB II für den Lebensunterhalt des Kindes verantwortlichen Eltern bzw dem Elternteil zugutekommen soll. Da das Kind zunächst sein eigenes Vermögen zur Deckung seines Lebensunterhalts einzusetzen hat, bevor es nach dessen Verbrauch zur Bedarfsgemeinschaft überhaupt zählt (vgl § 7 Abs. 3 Nr. 4 SGB II), kann sich eine entsprechende Schutzvorschrift auch nur auf dessen eigenes Vermögen beziehen.[184]

Praxishinweis: Während Freibeträge zwischen Partnern bis zur Höchstgrenze der nach § 12 Abs. 1 Nr. 1 SGB II geltenden Beträge in einer Bedarfsgemeinschaft übertragen werden können, geht dies nicht zwischen Eltern und Kindern. Hier ist weder eine Übertragung des überschüssigen Vermögens der Eltern auf den Freibetrag der Kinder, noch umgekehrt eine Übertragung des überschüssigen Vermögens eines Kindes auf den Freibetrag der Eltern zulässig.

c) Geförderte Altersvorsorge (Nr. 2)

137 Vom Bruttovermögen abzusetzen ist auch die Altersvorsorge, die **nach Bundesrecht ausdrücklich** als solche **gefördert** wird, einschl. der daraus fließenden Erträge und der geförderten laufenden Altersvorsorgebeiträge (§ 10 a oder dem XI. Abschnitt des EStG), soweit dieses Vermögen nicht vorzeitig durch den Leistungsberechtigten verwendet wird. Der Höchstbetrag der staatlichen (Riester-)Förderung und somit auch der Privilegierung richtet sich nach § 10 a EStG.

138 **Voraussetzungen** für eine staatliche Förderung der Altersvorsorge sind:

- Betroffener muss zum begünstigten Personenkreis gehören (§ 10 a EStG).
- Er ist zulagenberechtigt (§ 79 EStG).
- Der Vertrag wurde bei einem anerkannten Anbieter abgeschlossen (§ 80 EStG).
- Es handelt sich um eine zulässige Anlagenform (§ 5 AltZertG).

139 Eine Privilegierung des Altersvorsorgevermögen besteht für:

das Kalenderjahr	in maximaler Höhe (Eigenbetrag und Zulage) von
2002 und 2003	525 EUR
2004 und 2005	1.050 EUR
2006 und 2007	1.575 EUR
ab 2008	2.100 EUR

183 LSG Hamburg 20.10.2011 – L 5 AS 80/08.
184 BSG 13.5.2009 – B 4 AS 58/08 R.

Erforderlich ist dabei, dass der Sicherung ein nach § 5 AltZertG durch die Bundesanstalt für Finanzdienstleistungsaufsicht **zertifizierter Altersvorsorgevertrag** zugrunde liegt. Dies wird durch eine jährliche Bescheinigung des Anbieters der Altersvorsorge nach § 92 Nr. 5 EStG über den Stand des Altersvorsorgevermögens nachgewiesen (amtlicher Vordruck).

Die **Altersvorsorgezulage** besteht aus einer Grundzulage und einer Kinderzulage (§§ 83 ff EStG). Die Grundzulage beträgt jährlich grds. 154 EUR, bei unter 25-Jährigen erhöht sich die Grundzulage im ersten Beitragsjahr einmalig um 200 EUR. Die Kinderzulage beträgt grds. für jedes kindergeldberechtigte Kind jährlich 185 EUR. Für Kinder, die nach dem 31.12.2007 geboren sind, beträgt sie 300 EUR. Darüber hinaus können die Altersvorsorgebeiträge zuzüglich der Altersvorsorgezulage als Sonderausgaben steuerlich geltend gemacht werden (§ 10 a EStG). Die Altersvorsorgezulage wird gekürzt, wenn der Altersvorsorgebeitrag keinen bestimmten Mindesteigenbeitrag erreicht (§ 86 Abs. 1 S. 1 EStG). Der Mindesteigenbeitrag beläuft sich auf jährlich 4 % der beitragspflichtigen Einnahmen iSd SGB VI des vorherigen Kalenderjahres, mindestens aber 60 EUR (sog. Sockelbetrag).

Praxishinweis: Wird der Mindesteigenbeitrag nicht geleistet, kürzt sich die Altersvorsorgezulage entsprechend dem Verhältnis der tatsächlich geleisteten Altersvorsorgebeiträge zum Mindesteigenbeitrag (§ 86 Abs. 1 S. 6 EStG).

140 **Geschützt** sind:

- das angelegte Vermögen,
- die Grund- und Kinderzulagen (§§ 83–85 EStG),
- die Altersvorsorgebeiträge (§ 82 EStG), soweit sie den Mindesteinlagenbetrag (§ 86 EStG) nicht überschreiten und
- die Erträge (Zinsen).

141 Zu der ausdrücklich geförderten Altersvorsorge gehört in jedem Fall das Vermögen, welches iRd sog. **Riester-Rente** als zusätzliche Altersvorsorge angespart wurde. Die Riester-Rente wird in Höhe der steuerlich geförderten Höhe nach § 97 EStG auch vor einer Pfändung geschützt. Dieses Vermögen ist ohne Obergrenze und ohne Anrechnung auf den Grundfreibetrag privilegiert. Es steht jedem Leistungsberechtigten, jedem in einer Bedarfsgemeinschaft Einsatzpflichtigen und jedem Verwandten oder Verschwägerten in einer Haushaltsgemeinschaft zu. Auch minderjährige Kinder können über ein derartig privilegiertes Altersvorsorgevermögen verfügen.

142 Voraussetzung ist dabei, dass dieses angesparte Vermögen **nicht vorzeitig** durch den Inhaber **verwendet** wird; es muss vielmehr für seinen bestimmungsgemäßen Zweck im Alter angesammelt werden. Denn anders als bei der **Rürup-Rente** kann der Berechtigte nach § 1 Abs. 1 Nr. 10 b AltZertG den Vertrag binnen einer Frist von drei Monaten kündigen. Damit gehört ein solcher Altersvorsorgevertrag eigentlich grds. zum verwertbaren Vermögen. Ob es bestimmungsgemäß vorzeitig verwendet wird oder nicht, ist bereits daran zu erkennen, ob die Förderung bei der vorzeitigen Entnahme zurückgezahlt werden muss oder nicht. Das Jobcenter kann mittels automatisierten Datenabgleichs überprüfen, ob das angesparte Vermögen für seinen bestimmungsgemäßen Zweck im Alter angesammelt wird (§ 52 Abs. 1 Nr. 4 SGB II). Wird der Vertrag gekündigt und das Vermögen nicht bestimmungsgemäß verwendet, dann muss es sich der Berechtigte bei der Prüfung seiner Hilfebedürftigkeit anrechnen lassen. Wird der Altersvorsorgevertrag vorzeitig gekündigt, wird der Zufluss als Vermögen berücksichtigt.

143 Ob auch **andere Vorsorgeformen** von der Regelung erfasst werden, hat das BSG bisher offen gelassen. Entscheidend ist, dass es sich um nach Bundesrecht gefördertes Altersvorsorgevermögen handelt und ob ein nach § 5 AltZertG zertifizierter Altersvorsorge-

vertrag vorliegt. Auf diese Weise wird die Zweckbestimmung – die Sicherung des Vermögens zur Altersvorsorge – öffentlich überwacht.[185]

d) Sonstiges Altersvorsorgevermögen (Nr. 3)

144 Neben dem ausdrücklich durch Bundesrecht geförderten Altersvorsorgevermögen besteht weiterhin ein besonderer Schutz für **weitere geldwerte Ansprüche**, die der Altersvorsorge dienen. Dies allerdings nur dann, wenn der Inhaber dieses Vermögens dieses vor dem Eintritt in den Ruhestand aufgrund einer vertraglichen Vereinbarung nicht verwerten (zB durch Kündigung, Rückkauf oder Beleihung) kann.[186]

145 Dieses Altersvorsorgevermögen ist indessen im Gegensatz zur staatlich geförderten Altersvorsorge in der Höhe begrenzt und beträgt **750 EUR pro vollendetem Lebensjahr.** Der Betrag gilt für jeden erwerbsfähigen Leistungsberechtigten und seinen Partner und kann zwischen diesen übertragen werden. Auch dem minderjährigen Kind steht nach Vollendung des 15. Lebensjahres dieser Freibetrag zu. Seinem Schutzzweck nach soll er auch auf andere Leistungsberechtigte und Einsatzpflichtige in der Bedarfsgemeinschaft sowie auf Verwandte und Verschwägerte in einer Haushaltsgemeinschaft ausgedehnt werden (vgl § 7 Abs. 2 Alg II-VO). Die Begrenzung des geschützten Vermögens liegt gemäß § 12 Abs. 2 S. 2 SGB II bei:

- 48.750 EUR für diejenigen, die vor dem 1.1.1958 geboren sind,
- 49.500 EUR für diejenigen, die nach dem 31.12.1957 und vor dem 1.1.1964 geboren sind und
- 50.250 EUR für diejenigen, die nach dem 31.12.1963 geboren sind.

146 Das Altersvorsorgevermögen besteht idR aus geldwerten Ansprüchen, die im allgemeinen Rechts- und Wirtschaftsleben ohne Weiteres realisiert werden können (zB Bankguthaben und Ansprüche aus kapitalbildenden Lebensversicherungen, auch Sachleistungen mit Geldeswert); eine bestimmte Anlageform ist nicht vorgeschrieben. Die geldwerten Ansprüche müssen aber der Altersvorsorge dienen und können durch den Inhaber aufgrund einer vertraglichen Vereinbarung **vor dem Eintritt in den Ruhestand** nicht verwertet werden. Der Schutz des vermögenswerten Anspruchs unter die Bestimmung des § 12 Abs. 2 Nr. 3 SGB II erfordert eine entsprechende eindeutige vertragliche Vereinbarung, die diesen Voraussetzungen gerecht und die mit dem jeweiligen Vertragspartner (Finanzdienstleister, Versicherungsunternehmen) geschlossen wird. Bei Versicherungsleistungen genügt der Ausschluss vorheriger Verwertbarkeit in Höhe der eingeräumten Freibeträge; daraus muss erkennbar sein, dass das Vermögen unwiderruflich nicht vor dem endgültigen Ausscheiden aus dem Arbeitsleben angetastet werden soll.[187]

Praxishinweis: Eine bestehende Lebensversicherung kann in eine solche unverwertbare Alterssicherungsversicherung umgewandelt werden und stellt damit kein sanktionsfähiges oder sozialwidriges Verhalten iSd § 31 Abs. 2 Nr. 1 oder des § 34 SGB II dar, sondern wird durch das Gesetz ausdrücklich ermöglicht.[188] Rechtsgrundlage für eine solche „Unverwertbarkeitsklausel" ist § 168 Abs. 3 VVG.

147 Fehlt es an einer **Unverwertbarkeitsklausel** im Versicherungsvertrag, muss die Versicherung verwertet werden. Das begegnet keinen verfassungsrechtlichen Bedenken.[189] Auch

185 BSG 15.4.2008 – B 14/7 b AS 52/06 R.

186 Vgl LSG Land NRW 1.12.2005 – L 9 B 90/05 AS ER; BSG 15.4.2008 – B 14/7 b AS 52/06 R.

187 Die Versicherungsunternehmen haben häufig eine entsprechende Klausel in ihren Verträgen formuliert, die sog. Hartz-Klausel. Sie sieht vor, dass die Versicherung bis zur Obergrenze der Nr. 3 nicht vor dem Ruhestand gekündigt, beliehen oder zurückgekauft werden kann.

188 So die Gesetzesbegründung zum SozVersStabG, BT-Drucks. 17/501, 19. Wird die Unverwertbarkeit der Altersvorsorge erst später vereinbart, kann das Jobcenter bis zu diesem Zeitpunkt die Leistungen verweigern, vgl LSG Baden-Württemberg 18.11.2009 – L 13 AS 5234/08.

189 BSG 15.4.2008 – B 14/7 b AS 52/06 R.

das, was über die Freibetragsgrenzen hinausgeht, muss verwertet werden, es sei denn der Vertrag entspricht den Anforderungen des § 815 c ZPO.

e) Anschaffungsfreibetrag (Nr. 4)

148 Die Pauschalierung der Regelbedarfe im SGB II sollte die Leistungsberechtigten dazu veranlassen, von diesem Betrag monatlich etwas für notwendige Anschaffungen zurückzulegen. Um diesen „Sparbetrag“ zu schützen, sieht § 12 Abs. 2 S. 1 Nr. 4 SGB II einen Freibetrag iHv 750 EUR vor, der vom vorhandenen Bruttovermögen abgesetzt werden kann. Damit sollen **notwendige Anschaffungen** bestritten werden, die früher von der Sozialhilfe als einmalige Leistungen gesondert erbracht wurden. Dieser Freibetrag steht jedem in der Bedarfsgemeinschaft lebenden Mitglied zu, er kann übertragen oder auch addiert werden; auch eine Übertragung der Kinderfreibeträge auf die Eltern ist in diesem Falle möglich. Er steht darüber hinaus auch erwerbsfähigen Leistungsberechtigten zu, die nicht in einer Bedarfsgemeinschaft leben, ebenso wie anderen Einsatzpflichtigen in der Bedarfsgemeinschaft und Verwandten bzw Verschwägerten in einer Haushaltsgemeinschaft.

f) Exkurs: Prüfungsschritte bei Lebensversicherungen[190]

149

1. Feststellung des Werts der Lebensversicherung;
2. geschütztes Altersvorsorgevermögen nach § 12 Abs. 3 S. 1 Nr. 3 SGB II? (nur bei von der Rentenversicherungspflicht befreiten Leistungsberechtigten, wenn die Lebensversicherung für die Altersvorsorge bestimmt und angemessen ist);
3. Privilegierung nach § 12 Abs. 2 S. 1 Nr. 2 SGB II? (durch Bundesrecht gefördertes Altersvorsorgevermögen, Schutz in voller Höhe);
4. Privilegierung nach § 12 Abs. 2 S. 1 Nr. 3 SGB II? (nur bei unwiderruflichem Verwertungsausschluss und innerhalb der Höchstbetragsgrenzen);
5. Freibetragsgrenzen nach § 12 Abs. 2 S. 1 Nr. 1 und 4 SGB II überschritten? (keine Verletzung des Gleichheitssatzes mit den vor dem 1.1.1948 geborenen Leistungsberechtigten);
6. Vorliegen einer besonderen Härte nach § 12 Abs. 2 S. 1 Nr. 6 Alt. 2 SGB II (atypischer Fall, außergewöhnliche Umstände, die über die Schonvermögens- und Freibetragsregeln hinausgehen);
7. Vorliegen einer offensichtlichen Unwirtschaftlichkeit nach § 12 Abs. 2 S. 1 Nr. 6 Alt. 1 SGB II (geringfügiger Verlust ca. 10 % ist nicht unwirtschaftlich).

Die Freibeträge nach § 12 Abs. 2 Nr. 1 und 3 SGB II, die dem Leistungsberechtigten und seinem Partner zustehen, können addiert und dem vorhandenen Vermögen bzw Vermögenswert gegenübergestellt werden, unabhängig davon, wer von beiden Partnern Inhaber dieses Vermögens ist.

Die Freibeträge für das minderjährige Kind werden ausschließlich diesem zugerechnet; eine Übertragung nicht ausgeschöpfter Freibeträge der Eltern auf das Vermögen des Kindes bzw nicht ausgeschöpfter Freibeträge von Kindern auf das Vermögen der Eltern ist nicht möglich.

Der Freibetrag für Anschaffungen (Nr. 4) wird für alle Mitglieder der Bedarfsgemeinschaft addiert und den vorhandenen Vermögenswerten gegenübergestellt.

Praxishinweis: Wenn der Wert aller Vermögensgegenstände einer Person maximal 3.850 EUR beträgt (Mindestfreibetrag Nr. 1: 3.100 EUR plus Anschaffungsfreibetrag Nr. 4: 750 EUR), ggf pro Lebensjahr weitere 150 EUR hinzuziehen, muss im Antragsformular das entsprechende Vermö-

190 Nach BSG 15.4.2008 R – B 14/7 b AS 52/06 und B 14/7 b AS 68/06 R.

gensblatt nicht ausgefüllt werden. Allerdings sind auch vermögenswerte Gegenstände (zB Schmuck, Edelmetalle, Gemälde etc.) mit zu berücksichtigen und anzugeben.

5. Verwertung des Vermögens

150 Ist der Vermögensgegenstand nach den obigen Prüfungen verwertbar, stellt sich die Frage, ob diese **Verwertung** auch **sofort** stattfinden kann, dh ob der Wert des Vermögensgegenstands auch tatsächlich und gleich als bereites Mittel zur Verminderung oder Beseitigung der Hilfebedürftigkeit zur Verfügung steht. Stellt sich nämlich heraus, dass die Verwertung des Vermögensgegenstands einige Zeit in Anspruch nimmt oder eine sofortige Verwertung eine besondere Härte für den Leistungsberechtigten darstellt, kann das Jobcenter dies bei der Bewilligung des Antrags auf Leistungen berücksichtigen. Härte ist dabei nicht identisch mit der Härte iSd § 12 Abs. 3 Nr. 6 SGB II. Sie betrifft hier den Zeitpunkt des Vermögenseinsatzes und kann als **„zeitliche Härte"** bezeichnet werden.

151 Wenn die Verwertung nicht sofort möglich ist oder diese besondere zeitliche Härte besteht oder wenn die Vermögensverhältnisse noch nicht geklärt sind, weil zB noch nicht klar ist, ob eine selbst bewohnte Immobilie angemessen ist oder nicht,[191] wird der Antragsteller nach § 9 Abs. 4 SGB II **fiktiv als hilfebedürftig** betrachtet; die Leistungen können ihm dann als Darlehen gem. § 24 Abs. 5 SGB II gewährt werden. Das allerdings nur, wenn der Leistungsberechtigte auch tatsächlich Schritte zur Verwertung unternimmt. Weigert er sich kategorisch, sein Vermögen zu verwerten, ist auch eine darlehensweise Gewährung der Leistungen nicht möglich.[192] Das Jobcenter kann sich dieses Darlehen dinglich oder auf andere Weise sichern lassen. Es kann in Form eines Bescheids oder eines öffentlich-rechtlichen Vertrags gewährt werden. Stellt sich später heraus, dass entgegen der ursprünglichen Annahme die spätere Verwertung nicht möglich ist, muss die darlehensweise Gewährung aufgehoben und das Darlehen in einen Zuschuss umgewandelt werden (§ 44 SGB X).

152 Problematisch ist die **Verwertung eines Erbteils**, welches der Leistungsberechtigte als Miterbe in einer Erbengemeinschaft besitzt. Das BSG sah hier im Falle eines bebauten Hausgrundstücks, welches der Betroffene mit seiner Schwester in einer Erbengemeinschaft besaß, folgende Verwertungsmöglichkeiten:[193] Verkauf oder Verpfändung des Erbteils,[194] Verkauf des Hausgrundstücks selbst oder die Auseinandersetzung der Erbengemeinschaft. Wenn zeitlich nicht absehbar ist, wann die Auseinandersetzung einer Erbengemeinschaft erfolgt, wird ein zeitweiliges Verwertungshindernis angenommen; Leistungen können dann nach § 9 Abs. 4 SGB II erbracht werden.[195]

153 Ist es zeitlich indessen **nicht absehbar** (zumindest für die Dauer des Bewilligungszeitraums),[196] dass das Vermögen in irgendeiner Weise verwertet werden kann, ohne dass dies in der Verantwortung des Leistungsberechtigten liegt (zB fehlende Zustimmung eines Miterben zum Verkauf des nicht selbst genutzten Hauses), müssen die Leistungen als Zuschuss gewährt werden. Ein Darlehen kommt in diesen Fällen nicht in Betracht.

154 Sobald der Vermögensgegenstand verwertet wird, ist das Darlehen sofort und in voller Höhe zurückzuzahlen (§ 42 a Abs. 3 S. 1 SGB II).

---

191 LSG NRW 9.11.2009 – L 12 B 58/09 SO ER.
192 LSG Niedersachsen-Bremen 20.8.2009 – L 7 AS 852/09 B ER.
193 BSG 27.1.2009 – B 14 AS 42/07 R Rn 18.
194 Wobei in diesem Fall der Wert des Erbteils wegen der mit einem Erbschaftskauf verbundenen Risiken nicht identisch mit dem Verkehrswert der gesamten Sache ist und gesondert ermittelt werden muss, s. BSG 27.1.2009 – B 14 AS 42/07 R Rn 42.
195 LSG Hamburg 31.5.2007 – L 5 AS 41/06.
196 LSG Thüringen 29.9.2009 – L 9 AS 613/09 ER.

155 Berücksichtigt wird das Vermögen mit seinem **Verkehrswert** zum Zeitpunkt der Antragstellung oder wiederholten Antragstellung,[197] sofern es hier keine wesentlichen Änderungen gibt und zwar ohne Rücksicht auf steuerrechtliche Vorschriften (§ 12 Abs. 4 SGB II, § 8 Alg II-VO). Wird Vermögen später erworben, gilt dieser Zeitpunkt zur Feststellung des Verkehrswerts. Verkehrswert des Vermögensgegenstands ist der Preis, den die Sache oder das Recht auf dem Markt erzielt. Bei Gegenständen, die auf dem Markt veräußert werden können, ist der Nettoerlös (Bruttoerlös abzüglich der Verkaufskosten) zugrunde zu legen, bei nicht marktfähigen Vermögensgegenständen der Schätzwert. So ist bei Kapital bildenden Lebensversicherungen der aktuelle Rückkaufswert maßgeblich; dingliche Belastungen bei Immobilien müssen berücksichtigt werden. Bei einer zumutbaren Verwertung durch die „Belastung“ des Vermögensgegenstands ist der Verkehrswert durch den erzielbaren Darlehensvertrag gleichzusetzen, zu dessen Kosten auch die Schuldzinsen gerechnet werden müssen. Ist der Vermögenswert festgestellt worden, können ggf noch die Vermögensfreibeträge nach § 12 Abs. 2 SGB II abgezogen werden.[198]

Beispiele für die Beurteilung des Wertes einzelner Vermögensgegenstände:

- Geld, auf einen bestimmten Geldbetrag gerichtete Forderungen oder Rechte (Bankguthaben, Bargeld): tatsächlicher Wert,
- kapitalbildende Lebensversicherungen: Rückkaufswert (Auszahlungsbetrag unter Abzug von Gebühren und Kosten, ggf mit Überschussbeteiligung),
- Kraftfahrzeuge: Gebrauchtwagenbörsen im Internet, „Schwacke“-Liste,
- Sammlungen: nach Katalogen unter Berücksichtigung der tatsächlich bei Händlern erzielbaren Erträge,
- Wertpapiere: niedrigster am Stichtag im amtlichen Handel notierter Kurs (§ 11 Abs. 1 Bewertungsgesetz),
- Immobilien: Kaufpreis, sofern nicht länger als drei Jahre zurückliegender Kauf, iÜ derzeitiger Wert abzüglich tatsächlich bestehender dinglicher Belastungen

Praxishinweis: Darlehen werden nach der Regelsatzreform nur noch gewährt, wenn der Bedarf des Leistungsberechtigten nicht durch sein Vermögen nach § 12 Abs. 2, S. 1 Nr. 1, 1 a und 4 SGB II (oder auf andere Weise) gedeckt wird. Damit müssen – abgesehen von den Altersvorsorgebeiträgen – das Vermögen auch in Höhe der Grundfreibeträge eingesetzt werden, um den anstehenden Bedarf zu decken.

IV. Einkommens- und Vermögensanrechnung bei gemeinsamen Haushalten

1. Allgemeines

156 Wenn Menschen in einem gemeinsamen Haushalt leben, stellt sich im Leistungsrecht der existenzsichernden Leistungen häufig die Frage, ob und wie sie **finanziell füreinander einstehen**, dh ob und wie ihr Einkommen und Vermögen gegenseitig berücksichtigt werden kann. Das SGB II kennt zwei Gemeinschaften, in denen die Frage nach der Einstandspflicht gestellt wird: die Bedarfs- und die Haushaltsgemeinschaft. Die Aufteilung und Anrechnung von Einkommen und Vermögen in einer Bedarfsgemeinschaft regelt § 9 Abs. 2, 3 SGB II, in einer Haushaltsgemeinschaft § 9 Abs. 5 SGB II.

157 Nicht erwähnt und nicht erfasst sind Gemeinschaften von Personen, die in einem Haushalt leben, keine Bedarfsgemeinschaft nach § 7 Abs. 3 SGB II bilden und auch nicht miteinander verwandt oder verschwägert sind. Diese reinen **Wohn- oder Zweckgemeinschaften** lösen – anders als im Recht der Sozialhilfe (§ 39 SGB XII) – unter der Geltung

197 LSG Thüringen 29.9.2009 – L 9 AS 613/09 ER.
198 LSG Thüringen 29.9.2009 – L 9 AS 613/09 ER.

des SGB II keine rechtlichen Folgen aus. Sie sind lediglich relevant bei der Berechnung der Unterkunftskosten und ggf bei der Berücksichtigung eines Mehrbedarfs für Alleinerziehende.

2. Bedarfsgemeinschaft

a) Grundsätze

158 Nach § 9 Abs. 1 SGB II ist nur derjenige hilfebedürftig, der seinen Lebensunterhalt nicht oder nicht ausreichend aus eigenen Kräften und Mitteln oder die erforderliche Hilfe nicht von anderen, insb. von Angehörigen oder anderen Sozialleistungsträgern erhält. § 9 Abs. 2 und 3SGB II enthalten diesbezüglich **ergänzende Sonderregelungen** für Leistungsberechtigte in einer Bedarfsgemeinschaft. Für diese Personen ist nicht allein ihr eigenes Einkommen und Vermögen entscheidend, sondern auch das des Partners bzw das der Kinder bzw Partnerkinder. Darüber hinaus wird auch das Einkommen und Vermögen von Mitgliedern der Bedarfsgemeinschaft berücksichtigt, die selbst nicht leistungsberechtigt nach dem SGB II sind (zB Altersrentner, Asylbewerberleistungsberechtigte, Studierende).

159 Jedes Mitglied der Bedarfsgemeinschaft hat einen **individuellen Leistungsanspruch**; die Leistungsberechtigung folgt nicht nach einer einfachen Gegenüberstellung des Einkommens und Vermögens mit dem Bedarf. Zuvor wird der Anteil des Bedarfs des Einzelnen am Gesamtbedarf der Bedarfsgemeinschaft festgestellt und erst danach werden Einkommen und Vermögen verteilt und entsprechende Leistungen gewährt.

b) Anrechnung von Einkommen und Vermögen

160 Die Bedarfsgemeinschaft nach dem SGB II ist eine **Einsatzgemeinschaft im umfassenden Sinn**, in der derjenige, der mit einem Leistungsberechtigten eine solche Bedarfsgemeinschaft bildet, diesem idR von seinem bereinigten Einkommen und Vermögen alles abgeben muss, was seinen Bedarf übersteigt. Diese „abzugebenden" Beträge mindern in voller Höhe den Anspruch des Leistungsberechtigten gegen das Jobcenter. Ob zwischen dem Einstandspflichtigen und dem Leistungsberechtigten auch ein zivilrechtlicher Anspruch, vor allem ein Unterhaltsanspruch, besteht, spielt dabei keine Rolle.

161 Bei der Berücksichtigung von Einkommen und Vermögen ist **kein unterhaltsrechtlicher Selbstbehalt** vorgesehen. Die Regelungen des SGB II folgen nicht den Kriterien des (zivilrechtlichen) Unterhaltsrechts, sondern gehen als Regelungen des öffentlichen Rechts darüber hinaus. Leistungen des SGB II sind nachrangig; Hilfebedürftigkeit muss zuerst durch den Partner einer ehelichen oder vergleichbaren Lebensgemeinschaft beseitigt werden, bevor staatliche Leistungen gewährt werden.[199]

162 Das Gesetz kennt wechselseitige und einseitige Einstandspflichten. **Wechselseitige Einstandspflichten** bestehen zwischen Ehe- und Lebenspartner bzw zwischen Partnern iSd § 7 Abs. 3 Nr. 3 c), Abs. 3 a SGB II, sofern diese in einem gemeinsamen Haushalt leben. Nach § 9 Abs. 2 S. 1 SGB II sind Einkommen und Vermögen des Partners bei Personen, die in einer Bedarfsgemeinschaft leben, in vollem Umfang zu berücksichtigen.

163 **Einseitige Einstandspflichten** bestehen zwischen Eltern und ihren unter 25-jährigen Kindern. Kinder meint dabei leibliche Kinder und Adoptivkinder, nicht Enkelkinder und nicht Pflegekinder. Wenn diese Kinder ihren Lebensunterhalt nicht aus eigenem Einkommen oder Vermögen sichern können, müssen nicht nur die Eltern oder der Elternteil, mit dem sie in einer Bedarfsgemeinschaft zusammenleben, sondern auch der Partner des Elternteils für das Kind einstehen. Umgekehrt gilt dies indessen nicht; die Kinder müssen mit ihrem (den eigenen Bedarf überschießenden) Einkommen und Vermö-

199 BSG 15.4.2008 – B 14/7 b AS 58/06 R.

gen nicht für ihre Eltern oder Elternteile bzw deren Partner einstehen. Ausnahmen bilden in diesem Zusammenhang allein der **Kinderzuschlag** nach § 6 a BKGG und das **Kindergeld.** Diese werden – sofern sie nicht zur Sicherung des Lebensunterhalts des Kindes benötigt werden – dem Einkommen der kindergeld- bzw kinderzuschlagsberechtigten Eltern zugerechnet (§ 11 Abs. 1 S. 2 und 3 SGB II).[200] Eine Ausnahme gilt dabei für **zeitweise Bedarfsgemeinschaften,** wenn der kindergeldberechtigte Elternteil nicht mit in dieser zeitweisen Bedarfsgemeinschaft lebt. In diesen Fällen kann der (zeitweise) bestehende Sozialgeldanspruch nicht durch das anteilige Kindergeld gemindert werden, da es in dieser zeitweisen Bedarfsgemeinschaft tatsächlich nicht den Kindern zufließt.[201]

164 Entscheidend ist, dass Einkommen und Vermögen bei Kindern – einschl. Kinderzuschlag und Kindergeld – zunächst **gesondert festgestellt** und dem Bedarf des Kindes gegenübergestellt werden. Dabei wird das Einkommen der Kinder (zB das Kindergeld) auch um die Versicherungspauschale von 30 EUR bereinigt,[202] bei Minderjährigen nur, wenn ein entsprechender Versicherungsvertrag existiert, sonst grds. (§ 6 Abs. 1 Nr. 1 und 2 Alg II-VO). Wird der Bedarf der Kinder durch ihr eigenes Einkommen und Vermögen gedeckt und wird der „überschießende" Betrag nicht allein durch Kindergeld und/oder Kinderzuschlag erreicht, so müssen die Kinder nicht für ihre Eltern/ihre Elternteile im Rahmen einer Bedarfsgemeinschaft einstehen. In Betracht kommt dann lediglich ein vermögens- bzw einkommensrechtliches Einstehen innerhalb einer Haushaltsgemeinschaft.

165 Problematisch ist die Anrechnung von Einkommen und Vermögen bei Kindern, zu denen zivilrechtlich keine Unterhaltspflicht besteht. Durch das FortentwicklungsG wurde zum 1.8.2006 eine **Einstandspflicht für sog. Stief- oder Partnerkinder** begründet, durch die der Partner oder die Partnerin eines Elternteils für die Kinder einstehen müssen, die weder mit ihnen verwandt noch verschwägert sind. Der Gesetzgeber wollte auf diese Weise die Lücke schließen, die verheiratete oder verpartnerte Paare mit Kindern haben, bei denen ein Partner nicht der leibliche Elternteil ist. Durch die Ehe oder eine eingetragene Lebenspartnerschaft werden die (nicht leiblichen) Kinder mit dem nicht leiblichen Elternteil verschwägert und mussten nach der alten Rechtslage im Rahmen einer Haushaltsgemeinschaft nach § 9 Abs. 5 SGB II für diese einstehen. Bei ehe- oder partnerschaftsähnlichen Beziehungen war dies nicht der Fall. Durch die Neuregelung sollte eine Gleichstellung bewirkt werden, allerdings geht sie weit darüber hinaus und ist deshalb verfassungsrechtlich nicht unbedenklich.[203]

166 Das BSG sieht diese Regelung dennoch als **verfassungsgemäß** an. Der Gesetzgeber sei nicht gehalten, im Einzelfall den Einstandswillen oder die Verteilung des Einkommens in einer Bedarfsgemeinschaft nachprüfen zu lassen. Der leibliche Elternteil sei verpflichtet dafür zu sorgen, dass das Existenzminimum seines Kindes gesichert sei, unabhängig davon, ob Unterhaltsansprüche auch tatsächlich realisiert werden können. Das Kind nehme faktisch an den Vorteilen der gemeinsamen Haushaltsführung teil, die sich aus der gemeinsamen Hausgemeinschaft seines Elternteils mit einem Partner ergebe. Der Elternteil müsse das, was vom Partner zugewandt wird zuvörderst seinem Kind zuwenden; erfolge dies nicht, so liege eine Sorgerechtsverletzung vor, gegen die mit den Rege-

---

200 BSG 13.5.2009 – B 4 AS 39/08 R.

201 BSG 2.7.2009 – B 14 AS 75/08 R.

202 BSG 13.5.2009 – B 4 AS 39/08 R. Es ist zulässig, dass dann der überschießende Teil des Kindergelds (der nicht für den Lebensunterhalt des Kindes benötigte Teil), der dem kindergeldberechtigten Elternteil zugerechnet wird, nochmals um die Versicherungspauschale von 30 EUR bereinigt wird, so das BSG.

203 Ausf. mit umfangreicher Diskussion zum verfassungsrechtlichen Hintergrund SG Berlin 8.1.2007 – S 103 AS 10869/06 ER; ähnlich auch LSG Baden-Württemberg 19.4.2007 – L 3 AS 1740/07 ER-B. Das LSG Berlin-Brandenburg hat mit seiner Entscheidung vom 22.5.2007 – L 5 B 240/07 AS ER den Beschluss des SG Berlin aufgehoben.

lungen des SGB VIII vorgegangen werden könnte. Die Regelung sei konsequent, da für die Leistungen des SGB II das Nachrangprinzip gelte.[204] Damit folgt das BSG dem Grundgedanken einer faktischen Gemeinschaft. In dieser besteht – so die Vermutung – losgelöst von allen zivilrechtlichen Verpflichtungen ein durch die persönliche Beziehung der Beteiligten getragenes Unterhaltsverhältnis.[205]

167 Eine **Ausnahme** von der einseitigen Einstandspflicht der Eltern bzw der Elternteile und ggf deren Partner stellt § 9 Abs. 3 SGB II dar. Wenn das unter 25-Jährige Kind **schwanger** ist oder sein **eigenes Kind** bis zur Vollendung des sechsten Lebensjahres **betreut**, müssen die Eltern nicht mit ihrem Einkommen und Vermögen für ihr Kind einstehen. Die Regelung dient dem Schutz des ungeborenen Lebens. Sie soll sicherstellen, dass schwangere unter 25-Jährige nicht wegen der elterlichen Einstandspflicht zu einem Schwangerschaftsabbruch veranlasst werden. Diese Ausnahme gilt nur, solange das Kind unverheiratet ist. Sie umfasst nicht nur die Nichtberücksichtigung des elterlichen Einkommens und Vermögens, sondern auch die Verpflichtung zur Geltendmachung von Unterhaltsansprüchen gegenüber den Eltern iRd Selbsthilfepflicht. Mit der Heirat endet die Bedarfs- und die Einsatzgemeinschaft mit den Eltern(teilen); ggf besteht dann eine Haushaltsgemeinschaft, in der jedenfalls die gleichen Regelungen zur Nichtanrechnung des Einkommens und Vermögens gelten.

Praxishinweis: Kinder gehören – sofern sie über ausreichendes Einkommen und Vermögen zur Sicherung ihres Lebensunterhalts verfügen – nicht zur Bedarfsgemeinschaft. Deshalb muss zunächst ihr eigenes Einkommen und Vermögen ermittelt werden. Ergibt sich ein den Bedarf überschießender Betrag nicht allein aus Kindergeld bzw Kinderzuschlag (der dann dem berechtigten Elternteil wieder zugerechnet wird), müssen die Kinder nicht für ihre Eltern in der Bedarfsgemeinschaft einstehen.

168 Ein besonderes Problem der gegenseitigen Einkommens- und Vermögensanrechnung besteht in Bedarfsgemeinschaften, in denen ein Ehegatte oder Lebenspartner Leistungen nach dem SGB XII und der andere Leistungen nach dem SGB II bezieht (**gemischte Bedarfsgemeinschaften**). Da es die in § 12 Abs. 2 SGB II geregelten Freibeträge in § 90 Abs. 2 SGB XII nicht in diesem Umfang gibt, kann es vorkommen, dass das – eigentlich nach SGB II geschützte – Vermögen des erwerbsfähigen Leistungsberechtigten dem sozialhilfeberechtigten Partner nach § 27 Abs. 2 S. 2 SGB XII zugerechnet wird und damit einen Leistungsanspruch ausschließt.[206]

c) Fiktion der Hilfebedürftigkeit

169 Eine besondere Folge der Bedarfsgemeinschaft findet sich in § 9 Abs. 2 S. 3 SGB II. Die Vorschrift besagt:

„Ist in einer Bedarfsgemeinschaft nicht der gesamte Bedarf aus eigenen Kräften und Mitteln gedeckt, gilt jede Person der Bedarfsgemeinschaft im Verhältnis des eigenen Bedarfs zum Gesamtbedarf als hilfebedürftig, dabei bleiben die Bedarfe nach § 28 außer Betracht."

Die Vorschrift ist eine **Abkehr** vom sozialhilferechtlichen Grundsatz der **individuellen Bedarfs- und Einkommensermittlung,**[207] denn sie macht auch diejenige Person hilfebe-

---

204 BSG 13.11.2008 – B 14 AS 2/08 R. Zur grundlegenden Kritik an diesem Urteil, s. *Stephan*, Soziale Sicherheit 2009, 434 ff. Gegen das Urteil und mittelbar gegen die Regelung des § 9 Abs. 2 S. 2 SGB II ist derzeit eine Verfassungsbeschwerde unter dem Az 1 BvR 1083/09 anhängig.

205 Vgl *Schürmann*, Anmerkung zum Urteil des BSG 13.11.2008 – B 14 AS 2/08 R, SGb 2009, 741; grundlegende Kritik kommt vom *Münder/Geiger* NZS 2009, 593 ff.

206 So SG Braunschweig 13.11.2008 – S 20 SO 13/06.

207 Auch in der Sozialhilfe gibt es eine Einstandspflicht im Rahmen einer Einstandsgemeinschaft, allerdings werden diejenigen, die ihren Bedarf aus eigenem Einkommen und Vermögen decken können, nicht zu Leistungsberechtigten. Verfügen sie über ihren Bedarf „überschießendes" Einkommen oder Vermögen, wird dieses bei der Berechnung des Bedarfs der übrigen Mitglieder der Einstandsgemeinschaft berücksichtigt.

dürftig, die ihren eigenen Bedarf zwar aus eigenen Einkommen und Mitteln decken kann, nicht aber den Bedarf ihrer ganzen Bedarfsgemeinschaft. Sie ist deshalb nach wie vor verfassungsrechtlich umstritten, weil so eine Form von „Sippenhaft" entsteht[208] und zudem den tatsächlich Bedürftigen in einer Bedarfsgemeinschaft ein Anteil ihres Bedarfs quasi „weggenommen" und einem Nichtbedürftigen zugewiesen werde.[209]

170 Das BSG hat bzgl dieser Regelung indessen keine Bedenken. Der nur fiktive Leistungsberechtigte habe – so die Ansicht des Gerichts – sogar einen Vorteil daraus, weil ihm eigene Ansprüche erwüchsen.[210] Es teilt lediglich die Bedenken, dass dem tatsächlich Bedürftigen die Leistungen nicht in vollem, benötigtem Umfang zufließen könnten. Allerdings sei diese Rechtsfolge zumindest so lange hinzunehmen, als es sich um eine **„funktionierende Bedarfsgemeinschaft"**[211] handele, in der die bewilligten Leistungen tatsächlich dem Bedürftigen im Ergebnis zufließen. Aus der öffentlich-rechtlichen Konstruktion der Bedarfsgemeinschaft lasse sich ggf auch ein zivilrechtlicher Anspruch auf „Weiterleitung" des Betrags gegen den Nichtbedürftigen herleiten. Oder man müsse dem Bedürftigen ein Darlehen nach § 24 Abs. 1 SGB II gewähren und mittels eines Ersatzanspruchs nach § 34 SGB II gegen denjenigen vorgehen, der die Leistungen nicht weiterleite.[212]

171 Tatsächlich folgt aus dieser Hilfebedürftigkeitsfiktion eine Reihe von **Problemen**, die den Leistungsempfänger nachteilig treffen können. So muss zB der eigentlich nicht hilfebedürftige Leistungsberechtigte vorrangig andere Ansprüche gegen Dritte geltend machen, Rückforderungen können ihn treffen, Sanktionen uU verhängt werden oder er kann zur Aufnahme einer (anderen) Arbeit oder zum Abschluss einer Eingliederungsvereinbarung verpflichtet werden. Auch eine mögliche Erbenhaftung nach § 35 SGB II kommt in Betracht oder die Kompensation von Geld- durch Sachleistungen, wenn sich der Leistungsberechtigte unwirtschaftlich verhält (§ 24 Abs. 2 SGB II). Andererseits muss bedacht werden, dass eine andere Regelung, die eine Hilfebedürftigkeit bei – für den eigenen Bedarf – ausreichendem Einkommen und Vermögen ausschließt, dazu führen kann, dass überhaupt keine Bedarfsgemeinschaft entsteht, weil möglicherweise das einzige erwerbsfähige Mitglied derjenige ist, der über dieses ausreichende Einkommen und Vermögen verfügt. Da die nicht erwerbsfähigen Angehörigen nur einen akzessorischen Anspruch haben, würden ihnen keine Leistungen nach dem SGB II zustehen, weil der Erwerbsfähige gar nicht hilfebedürftig ist.[213]

172 Wird der Gesamtbedarf einer Bedarfsgemeinschaft ermittelt und ihr eigener Bedarf im Verhältnis zum Gesamtbedarf festgelegt, müssten unterschiedliche Bedarfe, die zB durch **Mehrbedarfe** entstehen, vom Gesamtbedarf herausgerechnet werden. Derjenige, der keinen Mehrbedarf geltend macht, hat eine entsprechend geringere Quote. In den Durchführungshinweisen der BA werden bei der Berechnung des Gesamtbedarfs der Bedarfsgemeinschaft die Mehrbedarfe mit einbezogen, so dass derjenige, der einen Mehrbedarf geltend macht, einen entsprechend höheren Anteil an der Gesamtquote hat.[214]

208 Vgl hierzu die Rspr des BVerfG, welches es als unvereinbar mit der Menschenwürde angesehen hat, eine Person, die ihren eigenen Lebensunterhalt eigentlich decken kann, auf staatliche Transferleistungen zu verweisen, nur weil sie für andere Personen einstehen muss, BVerfGE 87, 153. Mit der Menschenwürde argumentiert auch das BVerwG in Bezug auf den Einsatz des Einkommens des Stiefvaters für nicht leibliche Kinder iRd alten § 11 Abs. 1 BSHG, BVerwG 26.11.1998 – 5 C 37/97.

209 So *Spellbrink* § 7 Rn 33.

210 BSG 7. 11. 2006 – B 7 b AS 8/06 R.

211 S. zu einer nicht funktionierenden Bedarfsgemeinschaft, in der der Leistungsberechtigte nach Ansicht des Gerichts nicht am Einkommen der Ehefrau partizipiert, LSG Schleswig-Holstein 2.1.2009 – L 11 B 541/08 AS ER.

212 BSG 7.11.2006 – B 7 b AS 8/06 R, Rn 15. Zweifelnd an dieser Konstruktion *Brühl/Schoch* in: LPK-SGB II § 9 Rn 39.

213 Vgl hierzu *Stephan*, Die Ansprüche zusammenlebender Personen, S. 153.

214 BA-FH § 9 SGB II Rn 9.49.

Unberücksichtigt bleiben allerdings die Bedarfe der Leistungen für Bildung und Teilhabe.

173 Der individuelle Anspruch der Person in einer Bedarfsgemeinschaft, die selbst im Grund nicht hilfebedürftig ist, kann nur ermittelt werden, wenn festgestellt wird in welcher Höhe diese Person Einkommen für die Leistungsberechtigten einzusetzen hat. Die BA berechnet dies nach der **Bedarfsanteilmethode**. Zunächst wird der Bedarf jeder einzelnen Person berechnet, dann der Gesamtbedarf der Bedarfsgemeinschaft. Diesem Gesamtbedarf wird das Gesamteinkommen der Bedarfsgemeinschaft gegenübergestellt. Der Bedarf, der nicht durch das Einkommen gedeckt wird, wird alsdann im Verhältnis des jeweiligen Einzelbedarfs am Gesamtbedarf der Mitglieder der Bedarfsgemeinschaft aufgeteilt (horizontale Berechnung).[215]

Beispiel: Ehepaar mit zwei Kindern (6 und 10 Jahre), Ehemann hat ein anrechenbares Einkommen von 1.000 EUR, Kinder haben außer Kindergeld kein Einkommen, Ehefrau hat kein Einkommen, Kosten der Unterkunft betragen 800 EUR.

Berechnung nach der Bedarfsanteilmethode:

	Mann	Frau	Kind 1 (6)	Kind 2 (10)	Bedarfsgemeinschaft
Einkommen	1.000 EUR	0 EUR	184 EUR	184 EUR	1.368 EUR
Bedarf	537 EUR (90 % RB + anteilig KdU)	537 EUR	451 EUR (70 % RB + anteilig KdU)	451 EUR	1.976 EUR
Hilfebedarf in %[216]	27,2*	27,2	22,8	22,8	100
Gesamteinkommen Verteilung	372 EUR	372 EUR	312 EUR	312 EUR	1.368 EUR
SGB II-Anspruch	165 EUR	165 EUR	139 EUR	139 EUR	608 EUR

* Beträge und Zahlen sind teilweise gerundet

174 Wird bei der Berechnung festgestellt, dass ein **Kind** ein seinen Bedarf **überschreitendes Einkommen** hat und folgt der den Bedarf überschießende Betrag aus dem Kindergeld bzw Kinderzuschlag, wird dieser dem kindergeldberechtigten Elternteil zugerechnet. Das Kind selbst ist dann nicht mehr Mitglied in der Bedarfsgemeinschaft. Insofern findet in Bezug auf das Kind zunächst eine vertikale Berücksichtigung des Einkommens statt.[217]

Beispiel: Die Berechnung nach der horizontal-vertikalen Berechnungsmethode würde im Beispielsfall dann so aussehen, wenn Kind 1 aus erster Ehe des Ehemannes wäre und Unterhalt iHv 300 EUR EUR von seiner Mutter bekäme:

215 BSG 27.1.2009 – B 14/7 b AS 14/07 R; 18.6.2008 – B 14 AS 55/07 R.

216 Verhältnis des eigenen zum Gesamtbedarf.

217 Vgl BSG 18.6.2008 – B 14 AS 55/07 R, Rn 24 f.

	Mann	Frau	Kind 1	Kind 2	Bedarfsgemeinschaft
Bedarf	537 EUR	537 EUR	451 EUR	451 EUR	1.976 EUR
Eigen-Einkommen			484 EUR (Unterhalt + Kindergeld)	184 EUR	
Hilfebedarf	537 EUR	537 EUR	0 EUR	267 EUR	1.341 EUR
Hilfebedarf in %	40*	40	0	20	100
Einkommen	1.033 EUR (Einkommen plus 33 EUR überschießendes Kindergeld, § 11 Abs. 1 S. 3 SGB II)				1.033 EUR
Gesamteinkommen Verteilung	413,50 EUR	413,50 EUR	0	206	1.033 EUR
SGB II-Anspruch	123,50 EUR	123,50 EUR	0	61 EUR	308 EUR

* Beträge und Zahlen sind teilweise gerundet

175 Der **Anteil** des eigenen Bedarfs am Gesamtbedarf ist gerade in Fällen von Aufhebungs- und Rückforderungsbescheiden sowie bei Sanktionen von erheblicher Bedeutung.[218] Dementsprechend muss das Jobcenter im Ausgangsbescheid die jeweiligen Einzelansprüche korrekt berechnen, auch wenn in der Gesamtsumme möglicherweise kein Unterschied besteht.[219]

176 Haben beide Eltern Einkommen und/oder Vermögen muss zunächst deren Individualbedarf ermittelt werden. Wird dann festgestellt, dass ihr Einkommen oder Vermögen ihren eigenen Bedarf deckt, muss vorrangig der **Anspruch auf den Kinderzuschlag** nach § 6 a BKGG geprüft werden.

177 Ein Problem der Hilfebedürftigkeitsfiktion des § 9 Abs. 2 S. 3 SGB II besteht in sog. **gemischten Bedarfsgemeinschaften**. Damit sind die Fälle gemeint, in denen ein erwerbsfähiger Hilfebedürftiger mit einer Person in einer Bedarfsgemeinschaft lebt, die von den Leistungen nach dem SGB II ausgeschlossen ist (zB wegen Altersrente), deren Einkommen und Vermögen gleichwohl iRd Berechnung des Gesamteinkommens der Bedarfsgemeinschaft voll berücksichtigt wird. § 9 Abs. 2 S. 3 SGB II geht davon aus, dass die Differenz zwischen dem Gesamtbedarf und dem Gesamteinkommen der Bedarfsgemeinschaft entsprechend der Bedarfsanteile auf die Mitglieder der Bedarfsgemeinschaft verteilt werden. Da aber eine Person rechtlich keinen Leistungsanspruch nach dem SGB II hat, könnte sie diesen auf sie entfallenden Anteil am Gesamtbedarf nicht geltend machen. Damit bestünde die Gefahr einer Unterdeckung des Gesamtbedarfs einer Bedarfsgemeinschaft.

218 Vgl hierzu LSG NRW 26.9.2008 – L 19 B 142/08 AS ER.
219 Vgl BSG 18.6.2008 – B 14 AS 55/07 R.

Das BSG betrachtete diese Konstellation als **Verstoß gegen den Gleichheitssatz** des Art. 3 GG. Die Aufteilung des Gesamtbedarfs für jedes Mitglied der Bedarfsgemeinschaft ist nur in den Fällen rechtlich unbedenklich, in denen diese jeweils zumindest potenziell anspruchsberechtigt nach dem SGB II sind. Nur in diesen Fällen kann durch die Geltendmachung aller Einzelansprüche der Gesamtbedarf gedeckt werden. Entfällt allerdings ein Anteil des Gesamtbedarfs auf ein nicht leistungsberechtigtes Mitglied der Bedarfsgemeinschaft, ist die Deckung des Gesamtbedarfs nicht mehr gewährleistet. Der Gleichheitssatz gebiete in diesen Fällen entgegen dem Wortlaut des § 9 Abs. 2 S. 3 SGB II, dass diese Regelung nur für die leistungsberechtigten Mitglieder der Bedarfsgemeinschaft angewendet wird. Nur das Einkommen, das den Bedarf des nicht leistungsberechtigten Mitglieds der Bedarfsgemeinschaft übersteigt, darf auf die anderen leistungsberechtigten Mitglieder der Bedarfsgemeinschaft angerechnet werden.[220] Damit gilt in den Fällen der gemischten Bedarfsgemeinschaften eine sog. **vertikale Berechnung** der Bedarfe. Dem Gesamtbedarf der hilfebedürftigen Mitglieder der Bedarfsgemeinschaft wird nur das Einkommen und Vermögen gegenübergestellt, das sich nach Abzug des eigenen Bedarfs des nicht hilfebedürftigen Mitglieds der Bedarfsgemeinschaft ergibt. Der ungedeckte Gesamtbedarf ist dann allein dem leistungsberechtigten Mitglied der Bedarfsgemeinschaft zuzurechnen.

Praxishinweis: Diese Auslegung gilt nicht nur für von Leistungen des SGB II ausgeschlossene Altersrentner, sondern für alle diejenigen Mitglieder der Bedarfsgemeinschaft, die nicht leistungsberechtigt sind, dh auch Auszubildende nach § 7 Abs. 5 SGB II (es sei denn, es greift die Ausnahmeregelung des § 7 Abs. 6 SGB II), stationär oder in Haft Untergebrachte, die keine 15 Stunden wöchentlich arbeiten oder nach dem Asylbewerberleistungsgesetz Berechtigte.[221]

3. Haushaltsgemeinschaft

178 Nicht nur in Bedarfsgemeinschaften kann das Einkommen und Vermögen berücksichtigt werden, sondern auch in den sog. Haushaltsgemeinschaften. Diese Einkommens- und Vermögensanrechnung regelt § 9 Abs. 5 SGB II. Nach dieser Vorschrift wird vermutet, dass Verwandte und Verschwägerte, die mit Leistungsberechtigten in einer Haushaltsgemeinschaft in einer Wohnung nicht nur vorübergehend zusammenleben,[222] diese Leistungsberechtigen unterstützen, soweit ihr Einkommen und Vermögen dafür ausreicht. Die Berücksichtigung der Haushaltsgemeinschaft beruht so entweder direkt auf bestehenden (zivilrechtlichen) Unterhaltsansprüchen oder einer sittlichen Pflicht zur gegenseitigen Unterstützung innerhalb einer Familie.

179 Wann **Verwandtschaft oder Schwägerschaft** vorliegt, bestimmt sich nach den §§ 1589, 1590 BGB. Verwandt sind danach alle, die entweder direkt voneinander abstammen (Großeltern, Kinder, Enkelkinder – Verwandte in gerader Linie) oder die von derselben dritten Person abstammen (Geschwister, Onkel, Tanten, Nichten, Neffen – Verwandte in Seitenlinie). Verschwägert ist jemand mit den Verwandten seines Ehegatten oder Lebenspartners, entsprechend dem jeweiligen Verwandtschaftsgrad in gerader oder in Seitenlinie. Dabei wird die Einstandspflicht nicht auf einen Grad der Verwandtschaft oder Schwägerschaft begrenzt. Die Schwägerschaft besteht auch nach Beendigung der Ehe fort. Nicht verschwägert ist jemand mit den Ehegatten der Verwandten seines Ehe- oder Lebenspartners (sog. „Schwipp-Schwägerschaft“). Zwischen den Kindern des Partners in einer ehe- oder partnerschaftsähnlichen Lebensgemeinschaft besteht weder Verwandtschaft noch Schwägerschaft. Sofern sie das 25. Lebensjahr noch nicht vollendet haben, gilt § 9 Abs. 2 S. 2 SGB II; sie sind Mitglied(er) der Bedarfsgemeinschaft. Das

220 BSG 15.4.2008 – B 14/7 b AS 58/06 R.
221 BSG 6.10.2011 – B 14 AS 171/10.
222 BSG 18.2.2010 – B 4 AS 5/09 R.

Gleiche gilt für Ehegatten oder Lebenspartner. Auch sie sind nicht miteinander verwandt oder verschwägert; leben sie allerdings nicht dauernd getrennt, gehören sie einer Bedarfsgemeinschaft an.

180 Im Unterschied zur Bedarfsgemeinschaft erfolgt bei einer **Haushaltsgemeinschaft** keine strenge Einkommens- und Vermögensanrechnung. Voraussetzung ist das Zusammenleben in einem gemeinsamen Haushalt und ein gemeinsames Wirtschaften. Dazu gehört u.a., dass Dinge des täglichen Bedarfs gemeinsam gebraucht und verbraucht werden und dass die anfallenden hauswirtschaftlichen Arbeiten gemeinsam oder füreinander erledigt werden. Eine Haushaltsgemeinschaft liegt nicht vor, wenn eine Wohnung zwar gemeinsam bewohnt, aber in ihr getrennt gewirtschaftet wird. In diesen Fällen liegt keine enge Wohn- und Wirtschaftsgemeinschaft vor, die die Vermutung begründet, dass jedes Mitglied der Haushaltsgemeinschaft nach seinen finanziellen Kräften zur Bestreitung des Lebensunterhalts beiträgt. Es ist hierfür nicht erforderlich, dass es eigenständig abschließbare Wohnbereiche gibt, die auf dem freien Wohnungsmarkt als eigenständige Wohneinheit vermietbar wären.[223]

181 Das Jobcenter trägt für das **Vorliegen einer Haushaltsgemeinschaft** zwischen Verwandten und/oder Verschwägerten – einschl. des „Wirtschaftens aus einem Topf“[224] – die volle **Beweislast.** Die Vermutung wird nicht allein dadurch begründet, dass diese Personen in einem Haushalt zusammen wohnen. Eine Haushaltsgemeinschaft geht über eine bloße Wohngemeinschaft hinaus, auch über das einfache gemeinsame Nutzen von Bad, Küche und ggf anderen Gemeinschaftsräumen. Selbst das in Wohngemeinschaften häufig anzutreffende gemeinsame Einkaufen von Grundnahrungsmitteln, Reinigungs- und Sanitärartikeln aus einer von allen Mitbewohnern zu gleichen Teilen gespeisten Gemeinschaftskasse genügt noch nicht, um auch ein gemeinsames Wirtschaften anzunehmen.[225] Die Vermutung gilt zudem in analoger Anwendung des § 9 Abs. 3 SGB II nicht, wenn eine Leistungsberechtigte schwanger ist oder eine oder ein Leistungsberechtigte(r) ein eigenes Kind betreut, welches das sechste Lebensjahr noch nicht vollendet hat.

182 Die Heranziehung im Rahmen einer Haushaltsgemeinschaft setzt auch die **Leistungsfähigkeit** des Verwandten bzw Verschwägerten, der mit dem Leistungsberechtigten in einem gemeinsamen Haushalt lebt, voraus. Dabei wird zwischen unterhaltspflichtigen und nicht unterhaltspflichtigen Verwandten unterschieden. Unterhaltspflichtig sind nur Verwandte in gerader Linie. Eine **gesteigerte Unterhaltspflicht** besteht für Eltern, deren Kind das 21. Lebensjahr noch nicht vollendet hat und sich noch in der allgemeinen Schulausbildung befindet (§ 1630 Abs. 2 S. 2 BGB) und gegenüber Kindern, die das 25. Lebensjahr noch nicht vollendet haben und deren Erstausbildung noch nicht abgeschlossen ist (vgl auch § 33 Abs. 2 S. 1 Nr. 2 lit. b SGB II). Hier können ggf weitere Unterhaltsleistungen erwartet werden.[226] Die Leistungsfähigkeit der Mitglieder in der Haushaltsgemeinschaft, die sie mit Leistungsberechtigten bilden, wird je nach Einkommen und Vermögen bewertet.

183 Die **Berücksichtigung des Einkommens** des Verwandten bzw Verschwägerten in einer Haushaltsgemeinschaft erfolgt nach § 1 Abs. 2 Alg II-VO. Danach werden

1. das berücksichtigungsfähige Gesamteinkommen nach § 11 b SGB II bereinigt,
2. der nach § 20 Abs. 2 SGB II geltende doppelte Regelbedarf abgezogen,

223 SG Dresden 1.8.2006 – S 23 AS 1122/06 ER.

224 BSG 18.2.2010 – B 4 AS 5/09 R und B 14 AS 32/08 R.

225 BSG 27.1.2009 – B 14 AS 6/08 R.

226 Diese Frage stellt sich allerdings nur, wenn das Kind mit einem Ehegatten bzw Lebenspartner oder einem eigenen Kind im Haushalt seiner Eltern lebt, denn das unverheiratete unter 25-jährige Kind gehört andernfalls zur Bedarfsgemeinschaft, in der die volle Einstandspflicht nach § 9 Abs. 2 S. 2 SGB II besteht.

3. die anteiligen Kosten für Unterkunft und Heizung abgezogen und
4. von dem sich daraus ergebenden Einkommen weitere 50 % abgezogen.

Die verbleibenden 50 % dieses so berechneten Einkommens werden dem Leistungsberechtigten als Einkommen nach § 11 SGB II zugerechnet,[227] es sei denn, die Vermutung des Einstehens für das hilfebedürftige Mitglied der Haushaltsgemeinschaft wird widerlegt. Ggf können noch weitere Belastungen wie Unterhaltsverpflichtungen an andere Unterhaltsberechtigte außerhalb der Haushaltsgemeinschaft, Beiträge zu Versicherungen (zB Rechtsschutzversicherung, Hundehaftpflichtversicherung), Kosten für eigene Fort- und Weiterbildungen, Sonderbedarfe für medizinische Hilfsmittel, Zinsen und Tilgungsleistungen aus Schuldverpflichtungen usw geltend gemacht und berücksichtigt werden.

Beispiel: Der 27-jährige Antragsteller lebt mit seinen Eltern in einem Haushalt. Er bezieht aus einer geringfügigen Beschäftigung ein bereinigtes Einkommen iHv 140 EUR EUR. Die Mutter hat ein bereinigtes Einkommen von 1.700 EUR, der Vater hat kein Einkommen. Die Kosten der Unterkunft betragen 500 EUR EUR; der Antragsteller wohnt mietfrei.

1.	bereinigtes Einkommen der Mutter:		1.700 EUR
2.	Eigenbedarf der Familie ohne den Antragsteller:		
	Mutter:	2 x 374 EUR	748 EUR (doppelter Regelsatz)
	Vater:		337 EUR (§ 20 Abs. 4 SGB II)
	Miete:		500 EUR
	Freibetrag:		1.585 EUR
3.	Differenz:		115 EUR
4.	50 % der Differenz		57,50 EUR

Bei der Berechnung der Leistungen für den Antragsteller (Regelbedarfsleistung 374 EUR) werden nicht nur sein Einkommen von 140 EUR, sondern auch 57,50 EUR aus den anrechenbaren Leistungen seiner Angehörigen berücksichtigt. Er hat deshalb – Kosten der Unterkunft und Heizung fallen nicht an – Anspruch auf 176,50 EUR (374-140-57,50=176,50).

184 Bei der Berücksichtigung des **Vermögens** werden nach § 7 Abs. 2 Alg II-VO die gleichen Maßstäbe angesetzt wie bei erwerbsfähigen Leistungsberechtigten und ihren Partnern. Das verwertbare Vermögen kann nach § 12 Abs. 3 SGB II dem Schonvermögen unterfallen oder durch die Freibeträge nach § 12 Abs. 2 SGB II bereinigt werden. Für Verwandte oder Verschwägerte gilt damit **kein zusätzlicher Freibetrag.**

185 Leistungen, die ein Leistungsberechtigter von Mitgliedern seiner Haushaltsgemeinschaft tatsächlich erhält wie Unterkunft (zB des über 25-jährigen Kindes im Haushalt seiner Eltern oder Großeltern) oder Sachleistungen (zB Übernahme der Kosten für Strom und Wasser) können nach § 9 Abs. 1 SGB II als **„Hilfe von anderen"** und als Einkommen berücksichtigt werden. Dieses mindert dann uU das Alg II. Die von Angehörigen gewährte unentgeltliche Verpflegung wird nicht als Einkommen berücksichtigt, da diese von den in der Alg II-VO genannten Einkommensarten nicht erfasst wird. Bagatellzuwendungen wie die Einladung zu einem Kinobesuch oder der gelegentliche Kauf von

227 BSG 18.2.2010 – B 14 AS 32/08 R, dabei muss ein konkret benannter Zufluss von Einkommen bestehen, eine reine Vermutung „das Einkommen ... reiche ... zur Deckung des Gesamtbedarfs aus", genügt der Vermutungsregelung nicht und ist damit unzulässig.

Kleidung sollen nach den Durchführungshinweisen der BA nicht berücksichtigt werden, sofern sie einen angemessenen Rahmen nicht überschreiten und nicht regelmäßig erbracht werden.

186 Der Vermutung des Vorliegens einer Haushaltsgemeinschaft kann mit **einfacher, schriftlicher (glaubhafter) Erklärung** widersprochen werden, wenn zwischen den Mitgliedern der Haushaltsgemeinschaft keine Unterhaltspflichten bestehen (zB zwischen Geschwistern, Verschwägerten).[228] Bei bestehenden Unterhaltspflichten (zwischen Verwandten in gerader Linie) werden strengere Anforderungen an die Widerlegung der Vermutung gestellt. Es müssen weitere nachvollziehbare und überprüfbare Tatsachen vorgebracht und dargelegt werden, aus denen hervorgeht, dass tatsächlich kein Unterhalt geleistet wird. Bei einer gesteigerten Unterhaltspflicht wird die Vermutung bei festgestellter Leistungsfähigkeit grds. als unwiderlegbar angesehen. Das BSG verlangt für die Widerlegung der Vermutung die Darlegung von Tatsachen, die geeignet sind, Zweifel an der Richtigkeit der Vermutung zu begründen.[229]

187 Die BA legt in ihren Durchführungshinweisen **Abwägungskriterien** zugrunde, wann eine bestehende Leistungsvermutung als widerlegt angesehen werden kann. Insbesondere soll nach den Besonderheiten des Einzelfalls die Heranziehung der Angehörigen nicht zur Zerstörung einer Haushaltsgemeinschaft führen. Dabei können:

- der Grad der Verwandtschaft oder Schwägerschaft,
- das Verhalten in der Vergangenheit,
- die Dauer der bestehenden Haushaltsgemeinschaft.
- der Bezug von kindsbezogenem Einkommen durch den Angehörigen, die durch den Leistungsberechtigten bedingt sind,
- die Höhe des Einkommens und Vermögens des Angehörigen (je höher das Einkommen desto höher die Anforderungen an den Gegenbeweis) und
- die Intensität der Beziehungen zwischen Antragsteller und Angehörigem

eine Rolle spielen.[230]

188 Die Mitglieder der Haushaltsgemeinschaft unterliegen hinsichtlich ihres Einkommens und Vermögens der **Auskunfts- und Mitwirkungspflicht** nach §§ 60, 61 SGB II.

Praxishinweis: Das gegenseitige Einstehen wird bei einer Haushalts- und Wirtschaftsgemeinschaft vermutet. Diese Vermutung kann widerlegt werden:

1. Bei nicht zivilrechtlich zum Unterhalt verpflichteten Personen durch einfachen glaubhaften, schriftlichen Widerspruch.
2. Bei zivilrechtlich Unterhaltspflichtigen durch die Darlegung von nachvollziehbaren und überprüfbaren Tatsachen, die Zweifel an der Vermutung begründen.
3. Bei gesteigert Unterhaltspflichtigen kann die Vermutung praktisch nicht widerlegt werden.

228 So BA-FH § 9 SGB II Rn 9.35.

229 So bei Haushaltsgemeinschaft zwischen volljähriger über 25-jähriger Tochter und deren Mutter, BSG 19.2.2009 – B 4 AS 68/07 R.

230 BA-FH § 9 SGB II Rn 9.37.

H. Verpflichtungen Anderer

I. Überblick über die Erstattungsansprüche

1 Der Abschnitt „Verpflichtungen anderer", den das SGB II in den §§ 33–35 regelt, ergänzt die Vorschriften zum **Nachrangigkeitsprinzip** der Grundsicherung für Arbeitsuchende. Er umfasst dabei nicht nur die Möglichkeit des Jobcenters, Verpflichtungen Dritter gegenüber dem Leistungsberechtigten zu berücksichtigen und sich die geleisteten finanziellen Hilfen zurückzuholen (§ 33 SGB II) oder gegen jemanden einen Ersatzanspruch geltend zu machen, der Leistungen an Dritte verursacht hat (§ 34 a SGB II), sondern beinhaltet auch einen Anspruch gegen den Leistungsberechtigten selbst, der unter den Voraussetzungen des § 34 SGB II im Rahmen eines Ersatzanspruchs zu Rückzahlungen verpflichtet werden kann. Insofern ist die Überschrift „Verpflichtungen *Anderer*" nicht ganz korrekt, weil auch der Leistungsberechtigte selbst uU verpflichtet werden kann.

2 Der Übergang von Ansprüchen an das Jobcenter bzw dessen Anspruch auf Kostenersatz setzt – bis auf § 34 a SGB II – voraus, dass die **Leistungen** nach dem SGB II **rechtmäßig** erbracht wurden. Wurden die Leistungen rechtswidrig erbracht, kommt eine Rückforderung nach den allgemeinen Vorschriften der §§ 45, 48, 50 SGB X oder ergänzend nach § 34 a SGB II in Betracht. Aus diesen Gründen ist bei der Geltendmachung von Ersatz- und übergegangenen Ansprüchen idR, ggf auch inzident, zu prüfen, ob die Leistungen rechtmäßig erbracht wurden.

3 Der Übergang von Ansprüchen sowie die Ersatzansprüche beschränken sich auf die Aufwendungen, die dem Leistungsträger entstanden sind. Erfasst werden **alle Leistungen** nach dem SGB II. Es besteht kein Anspruch auf eine Verzinsung dieser Aufwendungen.

4 Neben den in den §§ 33–35 SGB II vorgesehenen Rückzahlungsansprüchen kennt das SGB II **weitere Möglichkeiten der Rückforderung** erbrachter Leistungen. Dazu gehört u.a.

1. die Rückforderung gewährter Darlehen (idR durch Verrechnung mit laufenden Leistungen) – §§ 16 c Abs. 2, 22 Abs. 8, 24 Abs. 1 iVm § 42 a SGB II;
2. die Erstattung von Beiträgen zur Kranken-, Renten- und Pflegeversicherung (§ 40 Abs. 1 S. 2 Nr. 3 SGB II iVm § 335 Abs. 1, 2 und 5 SGB III);
3. die Geltendmachung von Schadensersatz gem. den Voraussetzungen der §§ 15 Abs. 3 bzw 62 SGB II.

5 Gegen andere Leistungsträger kommt darüber hinaus eine **Erstattung erbrachter Leistungen** nach § 44 a Abs. 3 SGB II in Betracht, wenn sich bei der Prüfung von Erwerbs- und Hilfebedürftigkeit herausstellt, dass der Leistungsempfänger nicht nach dem SGB II leistungsberechtigt war.

6 Eine Erstattung rechtmäßig erbrachter Leistungen zur Sicherung des Lebensunterhalts durch Dritte kommt darüber hinaus **nach den Vorschriften des SGB X** in Betracht, insb. gegen

1. andere Sozialleistungsträger (§§ 102–114 SGB X),
2. Arbeitgeber (§ 115 SGB X) sowie
3. Schadensersatzpflichtige (§ 116 SGB X).

Zwischen den Sozialleistungsträgern ist § 104 SGB X von besonderer Bedeutung. Er betrifft den Anspruch des nachrangig verpflichteten Sozialleistungsträgers und berechtigt daher häufig das Jobcenter zur Geltendmachung von Ansprüchen gegen vorrangig verpflichtete Leistungsträger.

7 Die **Erstattungsansprüche nach §§ 115, 116 SGB X** (gegen Arbeitgeber und Schadensersatzpflichtige) sind gegenüber dem Übergang von Ansprüchen nach § 33 Abs. 1 SGB II **vorrangig** (§ 33 Abs. 5 SGB II). Es handelt sich hierbei um gesetzliche Forderungsübergänge und nicht um selbstständige Erstattungsansprüche. Sie treten nach § 115 SGB X dann in Kraft, wenn ein Arbeitgeber den Anspruch des Arbeitnehmers auf Arbeitsentgelt nicht erfüllt und deshalb Leistungen nach dem SGB II erforderlich werden.[1] Nach § 116 SGB X gehen Ansprüche über, die der Berechtigte aufgrund eines Schadens hat, für den ihm aufgrund gesetzlicher Vorschriften (zB §§ 823 ff BGB, §§ 7, 18 StVG) ein Schadensersatzanspruch zusteht. Der Forderungsübergang wird dann wirksam, wenn das Jobcenter zur Behebung des Schadens und für denselben Zeitraum wie der vom Schädiger zu leistende Schadensersatz Leistungen erbringen musste.

8 Über die in den Vorschriften des SGB II und des SGB X geregelten Rückforderungs- und Ersatzansprüche hinaus gibt es **keine Möglichkeiten** der Jobcenter, erbrachte Leistungen zurückzufordern. Hat eine Person versehentlich Leistungen erhalten (zB als Erbe des Leistungsempfängers), ist dies keine Leistung nach dem SGB II. Eine solche Fehlzahlung kann nur nach den allgemeinen (zivilrechtlichen) bereicherungsrechtlichen Vorschriften zurückgefordert werden.

9 Von den Rückforderungs- und Erstattungsansprüchen zu unterscheiden ist die Möglichkeit der **Aufrechnung**, die § 43 SGB II vorsieht. Sie ist kein verpflichtendes Instrument des SGB II, dient aber der Durchsetzung von Erstattungs- oder Schadensersatzansprüchen nach den §§ 42 Abs. 2 S. 2, 43 Abs. 2 S. 1 SGB I, 328 Abs. 3 S. 2 SGB III, § 50 SGB X sowie §§ 34, 34 a SGB II (§ 43 Abs. 1 SGB II). Die Aufrechnungshöhe beträgt bei Erstattungsansprüchen – bis auf diejenigen nach § 34 und § 34 a SGB II – 10 % des für den Leistungsberechtigten maßgebenden Regelbedarfs, in den anderen Fällen 30 %. Insgesamt darf gegen maximal 30 % des maßgebenden Regelbedarfs aufgerechnet werden. Fallen mehrere Aufrechnungen zusammen (zB nach § 43 und nach § 42 a Abs. 2 SGB II) bleibt die maximale Grenze von 30 % des Regelbedarfs; dabei tritt die Aufrechnungserklärung nach § 42 a Abs. 2 SGB II zurück. Die Aufrechnung wird schriftlich durch Verwaltungsakt erklärt und unterliegt einer dreijährigen Verjährungsfrist (§ 43 Abs. 4 SGB II).

10 Von der Aufrechnungsmöglichkeit nach § 43 SGB II unberührt bleibt die allgemeine **Aufrechnungsregelung des § 51 SGB I.** Allerdings unterliegt hier die Aufrechnung strengeren Voraussetzungen; so sind hiernach bestimmte unpfändbare Ansprüche von einer Aufrechnung von vornherein ausgeschlossen bzw ist eine Aufrechnung gar nicht möglich, wenn dadurch die Hilfebedürftigkeit des Betroffenen ausgelöst wird. Deshalb wird das Jobcenter in erster Linie die Aufrechnungsmöglichkeit nach § 43 SGB II nutzen, da diese Regelung im Vergleich zu § 51 SGB I deutlich schärfer ist.

Praxishinweis: Das Jobcenter hat neben den allgemeinen Vorschriften des SGB X auch nach dem SGB II vielfältige Möglichkeiten, sich seine Aufwendungen erstatten zu lassen. Dabei kön-

1 Vgl den Erstattungsanspruch des Jobcenters gegen den Arbeitgeber einer Küchenhilfe bzw einer Kellnerin bei Zahlung eines sittenwidrigen Arbeitslohns (1,88 EUR–2,11 EUR für die Küchenhilfe, 1,14 EUR–3,33 EUR für die Kellnerin) ArbG Stralsund 26.1.2010 – 4 CA 166/09, info also 2010, 128. In der Anmerkung zum Urteil wird darauf hingewiesen, dass die Erstattungsklagen der betroffenen ARGE zum überwiegenden Teil erfolgreich sind; gleichwohl scheint sie die einzige Behörde zu sein, die derartige Erstattungsansprüche geltend macht. Dies resultiert wohl vor allem daraus, dass in den bisher verwendeten Formularen nicht die Arbeitsstunden, sondern nur der gezahlte Geldbetrag angegeben werden muss und die ortsübliche Lohnhöhe schwer zu ermitteln sei. In den Durchführungshinweisen der BA zu § 33 werden die Mitarbeiter nur angehalten, „in Fällen auffällig sittenwidriger Lohnzahlung (im Regelfall unter 3 EUR pro Stunde)“ übergegangene Ansprüche zu prüfen, BA-FH § 33 SGB II 7.4. Sonderfall Lohnwucher. – zu allem s. Anmerkung von *Spindler* info also 2010, 133.

nen sich seine Ansprüche sowohl gegen den Leistungsempfänger als auch gegen Dritte oder andere Leistungsträger richten. Ist der zum Ersatz Verpflichtete auch leistungsberechtigt nach dem SGB II, besteht die Möglichkeit der Aufrechnung. Damit können die Erstattungsansprüche durchgesetzt werden.

II. Übergang von Ansprüchen (§ 33 SGB II)

1. Allgemeines

11 Nach dem Vorbild des Rechts der Sozialhilfe (§§ 93 ff SGB XII) besteht auch im Recht der Grundsicherung für Arbeitsuchende für das Jobcenter die Möglichkeit, auf Ansprüche des Leistungsberechtigten gegenüber Dritten zuzugreifen. Allerdings geht die Regelung des SGB II weiter als die des SGB XII: Während in der Sozialhilfe regelmäßig nur ein gesetzlicher Übergang für Unterhaltsansprüche vorgesehen ist, gehen nach § 33 SGB II alle **Ansprüche gegen Dritte** auf das Jobcenter über und zwar in Höhe der von diesem geleisteten Aufwendungen für die Zeit, für die Leistungen erbracht wurden. Gemeint sind allein Drittverpflichtete, die nicht selbst Leistungsträger sind. Erbringt ein anderer Leistungsträger nicht rechtzeitig seine Leistungen, stehen dem SGB II-Träger die Erstattungsansprüche nach den §§ 102 ff SGB X zur Verfügung.

12 Der **Übergang** der Ansprüche **setzt voraus**, dass

1. die Leistungen bereits erbracht wurden.

   Es muss sich dabei um Leistungen nach den §§ 19 ff SGB II – Leistungen zur Sicherung des Lebensunterhalts, auch Leistungen für Bildung und Teilhabe – handeln; die Feststellung, dass Leistungen erbracht werden, ist ausreichend.[2] Nicht erfasst werden

   - Leistungen zur Eingliederung in Arbeit wie das Einstiegsgeld nach § 16 b SGB II;[3]
   - Leistungen, die nach § 24 SGB II abweichend erbracht werden und Leistungen nach § 25 SGB II sowie Leistungen an Auszubildende nach § 27 SGB II;[4]
   - Beiträge zur Renten-, Kranken- und Pflegeversicherung bzw für geleistete Zuschüsse zur freiwilligen Kranken- oder Rentenversicherung nach § 26 SGB II.

   Wurde die Bewilligung später wieder aufgehoben und der Leistungsberechtigte hat die Leistungen erstattet, gelten diese nicht mehr als „erbracht“. Da der übergegangene Anspruch in diesen Fällen nicht automatisch an den Leistungsempfänger zurückfällt, muss er zurückübertragen werden. Der Schuldner, der durch eine Überleitungsanzeige vom Übergang informiert wurde, muss davon entsprechend Kenntnis erhalten.

2. die Leistungen zur Sicherung des Lebensunterhalts bei rechtzeitiger Leistung des Dritten nicht oder nicht in der bewilligten Höhe gewährt worden wären.

   Das bedeutet, dass die **Nichterfüllung des Leistungsanspruchs** durch den Dritten für die Gewährung von Leistungen nach dem SGB II ursächlich gewesen sein muss (sog. kausale Verknüpfung). Dabei sind die Bestimmungen über den Einsatz von Einkommen und Vermögen (§§ 11 ff SGB II) heranzuziehen.

---

2 Nach den BA-FH müssen die Leistungen überwiesen sein, nur die Bewilligung allein genügt nicht, bei Gutscheinen genügt die Ausgabe dieser Gutscheine, § 33 SGB II Rn 7.

3 Vgl BA-FH § 33 SGB II Rn 6. S. auch OLG Celle 15.3.2006 – 15 UF 54/05. Die Entscheidung des OLG Celle betraf die Frage ob andererseits das Einstiegsgeld unterhaltsminderndes Einkommen darstellt und bejahte diese Frage, da es sich hierbei nicht um eine Leistung zur Sicherung des Lebensunterhalts iSd SGB II handele.

4 So die BA-FH § 33 SGB II Rn 5.

Praxishinweis: Der Übergang eines Anspruchs ist ausgeschlossen, wenn
- der Anspruch nicht als Einkommen berücksichtigt werden kann (zB Grundrente nach dem BVG, Schmerzensgeld) oder
- der Anspruch nicht als Vermögen einzusetzen wäre (zB wenn der Rückforderungsanspruch eines Schenkers Gegenstände des Schonvermögens iSd § 12 Abs. 3 SGB II betrifft oder die Höhe des Anspruchs unter die Freibetragsregelungen fällt) oder
- es sich dabei um Leistungen handelt, die ohne Rücksicht auf Einkommen und Vermögen des Hilfeempfängers zu erbringen sind.

3. zwischen der Verpflichtung des Dritten und dem Bewilligungszeitraum zeitliche Deckungsgleichheit besteht.

   War der Drittverpflichtete nicht **im Bewilligungszeitraum leistungsverpflichtet**, sondern nur für die Zeit davor oder danach, dann kommt auch kein Anspruchsübergang in Betracht. Entscheidend sind dabei die Zeiträume, für die die Hilfe bewilligt und bestimmt war.[5] Wenn ein Anspruch in der Vergangenheit entstanden ist, besteht die Möglichkeit des Übergangs nur dann, wenn dieser im Zeitpunkt der Leistungsbewilligung nach dem SGB II noch nicht oder noch nicht in voller Höhe erfüllt wurde (zB wenn sich der Schuldner im Verzug befand).
4. der Leistungsempfänger Inhaber des Anspruchs war.

Ansprüche anderer Mitglieder der Bedarfsgemeinschaft sind nicht zugunsten des Leistungsberechtigten überleitbar.

Praxishinweis: Forderungen, die bereits vor Antragstellung bestanden und fällig geworden sind, aber noch nicht erfüllt wurden und damit fortbesehen, werden zum Vermögen gerechnet. Wird eine Forderung erst nach Antragstellung fällig, wird sie als Einkommen berücksichtigt. Ansprüche, die während des Leistungsbezugs entstehen oder fällig werden, gehen ab diesem Zeitpunkt auf das Jobcenter über.

13 Ein Anspruchsübergang wird nur dann ausgelöst, wenn der Anspruchsinhaber bedürftig ist und die empfangenen Leistungen **zu Recht erhalten** hat. Probleme gibt es vor allem bei der Berechnung des übergegangenen Anspruchs, wenn der Anspruchsinhaber in einer Bedarfsgemeinschaft lebt. Denn wenn dieser nur fiktiv, dh über § 9 Abs. 2 S. 3 SGB II hilfebedürftig ist, eigentlich seinen Bedarf aus eigenem Einkommen und Vermögen decken kann und nur die Mittel für den Bedarf der Mitglieder seiner Bedarfsgemeinschaft fehlen, ist er nicht bedürftig iSd § 33 Abs. 1 S. 1 SGB II.

14 Bei **Kindern** gilt mit § 33 Abs. 1 S. 2 SGB II eine besondere Regelung. Hier geht der Anspruch auch dann über, wenn diese Kinder unter Berücksichtigung des Kindergelds keine Leistungen bekommen und damit nicht zur Bedarfsgemeinschaft gehört haben, aber bei einer Leistungsverpflichtung eines Dritten keine oder weniger Leistungen an die Haushaltsgemeinschaft geflossen wären.[6] Diese Vorschrift folgt aus der Besonderheit des § 11 Abs. 1 S. 3 SGB II. Da hiermit das Kindergeld ausdrücklich dem Einkommen der Kinder zugerechnet wird und diese bei sonstigem, ihren Bedarf deckenden Einkommen und Vermögen nicht mehr Mitglied der Bedarfsgemeinschaft sind, sondern ggf Mitglied einer Haushaltsgemeinschaft nach § 9 Abs. 5 SGB II, wäre bei ihnen mangels Bedürftigkeit kein Anspruchsübergang möglich. Deshalb stellt § 33 Abs. 1 S. 2 SGB II eine Rücknahme des § 11 Abs. 1 S. 3 SGB II dar; das Kindergeld wird wieder dem Kindergeldberechtigten zugerechnet, ein Anspruch der Kinder gegen einen Drittverpflichteten (zB Unterhaltsanspruch) kann bis in Höhe des Kindergelds auf das Jobcenter übergehen.

5 BGH 3.4.1973 – VI ZR 58/72.
6 Die Vorschrift gilt erst ab 1.1.2009, davor fand – sofern die Kinder aufgrund fehlender Bedürftigkeit keine Leistungen nach dem SGB II erhalten haben – kein Anspruchsübergang statt, vgl BGH 1.12.2010 – XII ZUR 19/09.

15 Die Leistung kann nur insofern übergehen, als es sich bei ihr um eine **endgültige Leistung** handelt. Hat der Leistungsberechtigte ein Darlehen erhalten, ist davon auszugehen, dass sich das Jobcenter durch Aufrechnung mit der monatlichen Regelbedarfsleistung die Leistungen beim Leistungsberechtigen direkt zurückholen kann. Würden diese Darlehensansprüche ebenfalls auf Dritte übergehen, wäre das Jobcenter übersichert.[7] Erst wenn das Darlehen nicht zurückgezahlt wird, kann die Leistungssumme übergehen. Erlässt das Jobcenter dem Leistungsberechtigten ein Darlehen, darf ein Anspruchsübergang nicht mehr geltend gemacht werden.

16 Der Anspruch gegen den Drittverpflichteten geht – bei Vorliegen dieser Voraussetzungen und der Besonderheiten des § 33 SGB II – allein **kraft Gesetzes über**. Es bedarf weder eines feststellenden Verwaltungsakts noch einer Überleitungsanzeige an den Dritten.[8] Die Vorschriften des BGB (§ 412 iVm mit den Verweisungsvorschriften) sind anwendbar. Damit wird per Gesetz eine Auswechslung des Gläubigers bewirkt: Statt des Unterhaltsberechtigten wird das zuständige Jobcenter Gläubiger des Unterhaltsverpflichteten. Es ist deshalb sinnvoll, wenn der Schuldner über die **Auswechslung des Gläubigers** informiert wird; andernfalls kann er mit befreiender Wirkung an den Leistungsberechtigten seine Leistung erbringen. Problematisch ist dabei, wenn das Jobcenter eine gE aus der BA und dem kommunalen Träger ist.

17 Der **Anspruch ändert sich** in seinem Wesen durch den Übergang **nicht**, dh er muss so geltend gemacht werden, wie er auch ohne den Übergang geltend gemacht worden wäre. Der Dritte behält gegenüber dem neuen Gläubiger – dem Jobcenter – alle Einwendungen (zB Einrede der Verjährung oder unterhaltsrechtliche Ausschlüsse wie Verwirkung); die §§ 399 ff BGB sind anwendbar. Da der Leistungsempfänger weiter Inhaber des Stammrechts ist, kann der Schuldner auch weiterhin mit befreiender Wirkung unmittelbar an diesen leisten. Dies entspricht auch dem Nachrangprinzip der Grundsicherung; der Leistungsberechtigte kann durch die Realisierung seines Anspruchs auch selbst versuchen, seinen Lebensunterhalt sicherzustellen.[9]

18 Handelt es sich um Leistungen, die das Jobcenter in der Vergangenheit erbracht hat, dann kann es nach § 33 Abs. 3 S. 1 SGB II nur dann einen Übergang des Anspruchs geltend machen, wenn entweder die Voraussetzungen nach bürgerlichem Recht dazu vorliegen[10] oder das Jobcenter dem Drittverpflichteten die Erbringung der Leistungen schriftlich mitgeteilt hat (sog. **Rechtswahrungsanzeige**). Diese Rechtswahrungsanzeige selbst greift noch nicht unmittelbar in die Rechtsposition des Unterhaltspflichtigen ein; sie ist deshalb kein Verwaltungsakt und deshalb auch nicht rechtsbehelfsfähig. Diese – als lediglich schlichtes Verwaltungshandeln bezeichnete – Mitteilung muss schriftlich erfolgen. Maßgeblich ist der Zugang der Mitteilung.

---

7 So auch BA-FH, § 33 SGB II Rn 9; aA OLG Celle 9.1.2008 – 15 WF 293/07.

8 Dies gilt seit 1.8.2006 mit dem Inkrafttreten des FortentwicklungsG. Bis dahin bedurfte es eines überleitenden Bescheids des Jobcenters. Das führte teilweise dazu, dass verschiedene OLG in ihren Leitlinien Sozialleistungen nach dem SGB II als unterhaltsminderndes Einkommen des Unterhaltsberechtigten ansahen, soweit kein Überleitungsbescheid erlassen war (vgl Koblenzer Leitlinien und Leitlinien des Kammergerichts jeweils von 2005, Rn 2.2.). Somit wurde letztlich der Unterhaltsschuldner auf Kosten der Allgemeinheit von seiner Unterhaltspflicht teilweise entlastet. Die Änderung des Anspruchsübergangs kraft Gesetzes führte darüber hinaus zu einer Vereinheitlichung mit dem Sozialhilferecht.

9 BGH 7.10.1981 – IVb ZR 598/80.

10 Nach § 1613 BGB kann Unterhalt auch für die Vergangenheit geltend gemacht werden, wenn der Schuldner aufgefordert wurde, „Auskunft über seine Einkommens- und Vermögensverhältnisse“ zu erteilen (§ 1605 BGB) und das Auskunftsverlangen erkennen lässt, dass eine Überleitung des Anspruchs wegen der Gewährung von Leistungen zur Sicherung des Lebensunterhalts erwogen wird. Auch bei Verzug des Unterhaltsschuldners, bei Rechtshängigkeit des Anspruchs, bei einem Sonderbedarf des Leistungsberechtigten oder in den Fällen, in denen der Unterhaltsberechtigte aus rechtlichen oder tatsächlichen Gründen gehindert war, seine Ansprüche geltend zu machen, kann nach bürgerlichem Recht Unterhalt für die Vergangenheit gewährt werden.

Darüber hinaus kann das Jobcenter gegen den Drittverpflichteten auf **künftige Leistungen** klagen, sofern absehbar ist, dass die Leistungen zur Sicherung des Lebensunterhalts auf längere Zeit erbracht werden (§ 33 Abs. 3 S. 2 SGB II). Bei der Beurteilung der „längeren Zeit" wird eine Prognoseentscheidung zum Zeitpunkt der Klageerhebung getroffen. Ein längerer Zeitraum wird in Anlehnung an § 41 Abs. 1 S. 4 SGB II für einen Leistungsbezug von mindestens sechs Monaten angenommen. 19

Der Umfang des Übergangs ist maximal auf die Höhe der von den Leistungsträgern gemachten **Aufwendungen begrenzt**; bei der Geltendmachung durch die gE werden die Ansprüche der Arbeitsagentur und der kommunalen Träger addiert. Aufwendungen sind dabei sämtliche an die Bedarfsgemeinschaft des Leistungsberechtigten geleisteten Leistungen zur Sicherung des Lebensunterhalts. Nicht berücksichtigt werden 56 % der Unterkunftskosten (ohne Kosten für Heizung und Warmwasser). Hintergrund dieser Regelung ist der Ausschluss der Alg II- bzw Sozialgeldempfänger vom Wohngeld (§ 7 WoGG). Das Wohngeld als Sozialleistung unterliegt nicht einem Übergang, die betroffene Personengruppe würde deshalb schlechter gestellt werden. Aus diesen Gründen werden die Betroffenen rechnerisch so gestellt, als würden sie Wohngeld erhalten. Allerdings hat § 33 SGB II diese Regelung im Gegensatz zu § 40 Abs. 2 SGB II nicht aufgenommen. Da aber auf diese Weise Unterhaltspflichtige nach dem SGB II schlechter gestellt werden als Erstattungsverpflichtete muss unter Berücksichtigung des Gleichheitsgrundsatzes auch die Übergangsvorschrift entsprechend ausgelegt werden. 20

Bei dem Übergang von Unterhaltsansprüchen können nur diejenigen Aufwendungen geltend gemacht werden, für die es auch im Unterhaltsrecht einen identischen Anteil gibt. Deshalb gehören **Sozialversicherungsbeiträge**, die aufgrund des Alg II-Bezugs gezahlt werden, grds. nicht zu den geleisteten Aufwendungen, die einen Übergang auslösen können, da der Bezug von Unterhalt keine Versicherungspflicht auslöst. Bei Zuschüssen zu freiwilligen bzw privaten Versicherungsbeiträgen nach § 26 Abs. 2 und 3 SGB II sieht dies indes anders aus. Diese Beiträge müsste der Leistungsberechtigte auch ohne Alg II-Bezug entrichten; sie können deshalb bei Unterhaltsansprüchen berücksichtigt werden. 21

Es besteht überdies die Möglichkeit, die übergegangenen Ansprüche zur gerichtlichen Geltendmachung auf den Leistungsberechtigten **zurückzuübertragen** (§ 33 Abs. 4 SGB II). Die Vorschrift ist identisch mit § 94 Abs. 5 SGB XII, der sich allerdings nur auf Unterhaltsansprüche bezieht. Voraussetzung ist ein **Einvernehmen** zwischen Leistungsberechtigten und Leistungsträger; ohne Mitwirkung des Leistungsberechtigten kann das Jobcenter die Ansprüche nicht zurück übertragen. Das Einvernehmen muss mittels einer Vereinbarung über Art und Umfang der Geltendmachung des Anspruchs erzielt werden, in der u.a. auch Fragen über die Hinzuziehung anwaltlicher Unterstützung, eines Vergleichs, einstweiliger Anordnungen usw geregelt werden sollten. Die Rückübertragung ist nur **zur gerichtlichen Durchsetzung** möglich. Der hilfebedürftige Gläubiger tritt insoweit als Prozessstandschafter des Jobcenters auf; der Antrag muss die Leistung an diesen beinhalten. Ist der in Frage stehende Anspruch nur zT übergegangen, klagt der Gläubiger einen eigenen Anspruch (der nicht übergegangene) und den Anspruch des Jobcenters (der rückübertragen wurde) ein. Auch wenn es sich hierbei um unterschiedliche Ansprüche handelt, die entsprechend differenziert behandelt werden müssen,[11] handelt es sich um eine einheitliche Klage. 22

Kosten, die durch die Geltendmachung der rückübertragenen Ansprüche entstehen, müssen nach § 33 Abs. 4 S. 2 SGB II durch das Jobcenter übernommen werden. Der 23

11 So unterliegt der rückübertragene Anspruch den grundsicherungsrechtlichen Beschränkungen; der Beklagte kann sich zB darauf berufen, dass der Gläubiger die Leistungen aufgrund derer der Anspruch überhaupt übergegangen ist, nicht rechtmäßig gewährt wurden.

rechtliche Umfang dieser Vorschrift wird von den Gerichten bei der inhaltlich fast gleichen sozialhilferechtlichen Vorschrift unterschiedlich diskutiert. So beinhaltete sie u.a.

- eine Vorschusspflicht des Jobcenters,[12]
- einen Anspruch auf Kostenübernahme entweder unmittelbar aus dem Gesetz[13] oder aufgrund ausdrücklicher Erklärung des Jobcenters,[14]
- einen Anspruch auf Erstattung der Kosten[15] oder
- (nur) einen Freistellungsanspruch für die entstandenen Kosten.[16]

Die BA geht nach der Rechtsprechung des BGH[17] in ihrer Durchführungsanweisung davon aus, dass die durch die Rückübertragung entstehenden Kosten übernommen werden müssen. Bis zur Zahlung des Prozesskostenvorschusses durch das Jobcenter kann der Leistungsberechtigte die gerichtliche Geltendmachung des Anspruchs verweigern. Problematisch ist das nur in den Fällen, in denen der Anspruch nur zT übergegangen ist und der Leistungsberechtigte den gesamten Anspruch einklagen will (sog. „Mischfälle“). In diesen Fällen soll dem Grunde nach weiter ein Anspruch auf Prozesskostenhilfe bzgl des nicht übergegangenen Anspruchs bestehen.[18] Unterliegt der Leistungsberechtigte im gerichtlichen Verfahren, soll das Jobcenter auch die Kosten des Prozessgegners tragen müssen.[19]

24 Welcher **Rechtsweg** für die Geltendmachung des Kostenersatzes gegen das Jobcenter gilt, bestimmt sich nach der Art des Anspruchs. Ist die Geltendmachung der Kosten für die Rückübertragung von Ansprüchen und die gerichtliche Geltendmachung betroffen, wurde auch der Verwaltungsrechtsweg als zulässig erachtet, da es sich hier um ein öffentlich-rechtlich ausgestaltetes Rechtsverhältnis handele.[20]

Praxishinweis: Gerade die Frage der Kosten, die bei der Rückübertragung und Geltendmachung gesetzlich übergegangener Ansprüche entstehen, ist im Detail häufig umstritten und wird auch von den Gerichten unterschiedlich beurteilt. Deshalb empfiehlt es sich in jedem Fall die Fragen der Kostenerstattung, des Prozesskostenvorschusses, der Kosten anwaltlicher Vertretung und auch des Rechtswegs in die Vereinbarung zwischen Leistungsberechtigtem und Leistungsträger über die Rückübertragung der Ansprüche mit aufzunehmen und damit für Klarheit zu sorgen.

25 Treten nach Rechtskraft des Urteils Veränderungen ein (zB bei dem Umfang der geleisteten Grundsicherungszahlung oder bei Änderungen des Anspruchs), dann muss ggf der **Titel nach § 727 ZPO umgeschrieben** werden bzw mit einer Abänderungsklage nach § 323 ZPO gegen den Umfang des rechtskräftigen Titels vorgegangen werden.

Praxishinweis: Die Rechtmäßigkeit der Leistung ist Voraussetzung dafür, dass der Anspruch übergeht. Der in Anspruch genommene Schuldner des Leistungsberechtigten kann sich auf die Rechtswidrigkeit der Leistung berufen (zB dass Leistungsberechtigte nicht hilfebedürftig war) und dies einer Inanspruchnahme durch das Jobcenter entgegensetzen. Beruht die Rechtswidrigkeit der Leistung indessen auf unrichtigen Angaben des Unterhaltsverpflichteten (zB der falschen Angabe seiner Bedürftigkeit), kann sich dieser nicht auf die Rechtswidrigkeit der Leistun-

12 BGH 2.4.2008 – XII ZB 266/03; OLG Karlsruhe 27.8.1998 – 2 WF 81/98; OLG Celle 25.8.1998 – 12 WF 170/98. Daraus folgt vor allem auch, dass der Leistungsberechtigte und Kläger keinen Anspruch auf Prozesskostenhilfe hat, da die Kosten ihm insofern vom Jobcenter zustehen.
13 OLG Köln 31.10.1996 – 14 WF 190/96, 14 WF 227/96.
14 OLG Hamm 23.9.1997 – 7 WF 379/97; vor allem bei Mehrkosten OLG Celle 16.8.1996 – 15 WF 162/96.
15 OLG Frankfurt 1.4.1999 – 5 WF 123/98.
16 OLG Köln 29.7.1997 – 25 WF 115/97. OLG Düsseldorf 15.10.1998 – 1 WF 162/98.
17 BGH 2.4.2008 – XII ZB 266/03.
18 BA-FH § 33 SGB II Rn 33.52.
19 BA-FH § 33 SGB II Rn 33.53.
20 Dennoch wird teilweise auch der Verwaltungsrechtsweg als eröffnet angesehen, so das VG Münster 28.3.2003 – 5 K 1522/00.

gen berufen. Ein solches Verhalten wäre rechtsmissbräuchlich und verstieße gegen Treu und Glauben (§ 242 BGB).[21]

Wurden die Leistungen nicht rechtmäßig erbracht, kann das Jobcenter grds. nur nach den §§ 45, 48 SGB X gegen den Leistungsberechtigten selbst vorgehen.

Die Höhe der Aufwendungen, für die ein Anspruchsübergang geltend gemacht werden kann, ist auf Leistungen zur Sicherung des Lebensunterhalts begrenzt; nicht erfasst werden die Leistungen nach den §§ 24–27 SGB II. Von den Kosten der Unterkunft (ohne Heizung) dürfen maximal 34 % geltend gemacht werden.

2. Übergang von Unterhaltsansprüchen

26 Der Übergang von Unterhaltsansprüchen ist der häufigste und praktisch wichtigste Fall eines Forderungsübergangs im SGB II. Es handelt sich dabei um zivilrechtliche Unterhaltsansprüche, die gesetzlich vor allem im BGB verankert sind. Der Übergang der Unterhaltsansprüche auf das Jobcenter ist speziell in § 33 Abs. 2 SGB II geregelt. Die Besonderheit im Recht der Grundsicherung für Arbeitsuchende ist dabei, dass der Übergang der Unterhaltsansprüche nur für einen eingeschränkten Personenkreis gilt. Allerdings ist die Vorschrift nur insoweit anwendbar, als es sich um den Übergang **gesetzlicher Unterhaltsansprüche** handelt. Bei originär vertraglich begründeten Unterhaltsansprüchen, die einen wirtschaftlichen Austauschvertrag darstellen, gelten die Modifikationen des Absatzes 2 nicht,[22] es sei denn der Unterhaltsvertrag konkretisiert die gesetzlichen Ansprüche.

a) Exkurs: Unterhaltsansprüche im Überblick[23]

27 Gesetzliche Unterhaltsansprüche[24] nach bürgerlichem Recht bestehen nur zwischen

1. **Verwandten in gerader Linie** (§ 1589 S. 1 iVm §§ 1601–1615 BGB), dh Personen, deren eine von der anderen abstammt (Eltern, Kinder, Großeltern, Enkel usw); adoptierte Kinder sind leiblichen Kindern gleichgestellt (§ 1754 BGB).
2. **Ehegatten und Lebenspartnern** (§§ 1360, 1360 a BGB, § 5 LPartG),

   Solange zwischen Ehe- oder Lebenspartnern eine Lebensgemeinschaft besteht, kann der unterhaltsberechtigte Ehegatte nach § 1360 S. 1 BGB idR – bis auf ein Taschengeld – keinen Barunterhalt verlangen.
3. **Ehegatten und Lebenspartnern nach Trennung** (§ 1361 BGB, § 12 LPartG),

   Barunterhalt wird dann nur geschuldet, wenn und soweit ein Ehegatte/Lebenspartner einen ungedeckten Unterhaltsbedarf hat und der andere Ehegatte/Lebenspartner leistungsfähig ist.
4. **Ehegatten und Lebenspartnern nach Scheidung** (§§ 1569 ff BGB, § 16 LPartG);

   Nach der Scheidung bzw. der Aufhebung der Lebenspartnerschaft hat jeder Ehegatte bzw Lebenspartner grds. zunächst selbst für seinen Unterhalt zu sorgen (§ 1569 S. 1 BGB). Nur wenn er dazu außerstande ist (zB Erwerbstätigkeit ist nicht möglich wegen Betreuung eines gemeinschaftlichen Kindes, wegen Alters, Krankheit

21 Vgl OLG Frankfurt 21.11.2003 – 3 UF 119/02.

22 Vgl BVerwG 27.5.1993 – 5 C 7/91: „Solchen (vertraglichen) Unterhaltspflichten fehlt die ‚Einseitigkeit‘, die die gesetzliche Unterhaltspflicht zwischen Verwandten prägt und Ausdruck sittlicher Bindung und Familienzusammengehörigkeit ist.“

23 Das Unterhaltsrecht ist zum 1.1.2008 geändert worden. Für die bis zu diesem Zeitpunkt bestehenden Unterhaltsansprüche gilt das bis dahin geltende Recht. Für die ab dem 1.1.2008 fällig gewordenen Unterhaltsansprüche ist das Unterhaltsrecht idF des Gesetzes zur Änderung des Unterhaltsrechts vom 21.12.2007 (BGBl. I, 3189) anzuwenden.

24 Neben den gesetzlichen können auch vertragliche Unterhaltsansprüche begründet werden (zB zwischen Geschwistern). Diese haben idR Vorrang vor den gesetzlichen Unterhaltsansprüchen.

oder Gebrechen oder Schwäche der körperlichen und geistigen Kräfte, wegen Ausbildung, Fortbildung oder Umschulung u.a.), kann er uU Unterhalt verlangen.

5. **nichtehelichen Eltern eines gemeinsamen Kindes** (§ 1615 l BGB);

   Die Unterhaltsverpflichtung besteht gegenüber der Mutter des gemeinsamen Kindes für die Dauer von sechs Wochen vor und acht Wochen nach der Geburt des Kindes. Darüber hinaus hat die Mutter des nichtehelichen gemeinsamen Kindes einen Unterhaltsanspruch, wenn ihr durch die Schwangerschaft oder Entbindung außerhalb dieses Zeitraums Kosten entstehen oder sie einer Erwerbstätigkeit nicht nachgehen kann, weil sie infolge der Schwangerschaft oder einer durch die Schwangerschaft oder Entbindung verursachten Krankheit dazu außerstande ist. Des Weiteren besteht für die Dauer von frühestens vier Monaten vor der Geburt des Kindes bis mindestens drei Jahre nach der Geburt ein Unterhaltsanspruch, soweit von der Mutter – für den Zeitraum ab der Geburt kann der Unterhaltsanspruch auch dem Vater des Kindes zustehen – wegen der Pflege oder Erziehung des Kindes eine Erwerbstätigkeit nicht erwartet werden kann. Verlangen besondere Umstände (zB eine Behinderung) eine längere Betreuung des Kindes oder gibt es keine ausreichenden Kinderbetreuungsmöglichkeiten, kann uU die Unterhaltspflicht auch noch länger bestehen.

28 Zwischen **Verwandten in Seitenlinie** (§ 1589 S. 2 BGB) und **verschwägerten Personen** (§ 1590 BGB) bestehen keine gesetzlichen Unterhaltspflichten (zB keine Unterhaltspflichten zwischen Geschwistern, Schwiegereltern oder Stiefkindern).[25]

29 Eine Unterhaltspflicht besteht darüber hinaus nur, wenn

1. der Unterhaltsberechtigte bedürftig (§§ 1360, 1361, 1573, 1574 BGB),
2. der Unterhaltsverpflichtete leistungsfähig und
3. der Unterhaltsanspruch nicht durch Erfüllung, Verzicht, Verwirkung, Herabsetzung, zeitliche Begrenzung oder Berufung auf Verjährung ganz oder teilweise erloschen ist.

30 Der **unterhaltsrechtliche Bedarf** eines Unterhaltsberechtigten bestimmt sich grds. nach der sog. *Düsseldorfer Tabelle*.[26] Er ist nicht identisch mit dem Bedarf, der über das SGB II gewährt wird. Unter Umständen besteht eine verstärkte Pflicht des Bedürftigen, seinen Bedarf durch eigene Erwerbstätigkeit sicherzustellen (sog. Erwerbsobliegenheit). In diesen Fällen wird ein fiktives Einkommen angenommen, das seinen Unterhaltsbedarf mindert. Eine solche Erwerbsobliegenheit besteht vor allem für volljährige Kinder, es sei denn das Kind beginnt seine Erstausbildung. Die Düsseldorfer Tabelle wird auch herangezogen, um den angemessenen Eigenbedarf des Unterhaltsverpflichteten (§ 1603 BGB) zu berechnen, es sei denn, dieser ist gesteigert unterhaltspflichtig. Kinder sind ihren Eltern gegenüber nur abgeschwächt unterhaltsverpflichtet.

31 **Gesteigert unterhaltspflichtig** sind Eltern gegenüber ihren minderjährigen Kindern bzw gegenüber den Kindern, die sich noch in Schulausbildung befinden bis zu deren 21. Lebensjahr. In diesen Fällen können sich die unterhaltsverpflichteten Eltern nur einge-

---

25 Der BGH hat indessen in seiner Rspr einen „verdeckten Verschwägertenunterhalt" eingeführt. Danach wird unter Umständen ein eigentlich bedürftiger (dh unter dem Selbstbehalt verdienender) Unterhaltsverpflichteter dennoch zum Unterhalt herangezogen, wenn er mit einem sehr leistungsfähigen Ehegatten verheiratet ist. Das Einkommen dieses Ehegatten wird iRd Ehegattenunterhalts dem unterhaltsverpflichteten, bedürftigen Ehegatten zugerechnet, sodass er auf diese Weise leistungsfähig wird und den geltend gemachten Unterhaltsanspruch erfüllen kann. Damit ist faktisch der nicht verwandte, aber leistungsfähige Ehegatte für die Verwandten des unterhaltspflichtigen Ehegatten verantwortlich, da dieser den Barunterhalt idR nicht aus eigenem Einkommen bestreiten kann, vgl BGH 15.10.2003 – XII ZR 122/00 und 29.10.2003 – XII ZR 115/01.

26 http://www.olg-duesseldorf.nrw.de/07service/07_ddorftab/07_ddorf_tab_2011/Duesseldorfer_Tabelle_2011.pdf (28.3.2012).

schränkt darauf berufen, dass sie eigentlich nicht oder nicht ausreichend leistungsfähig sind (§ 1603 Abs. 2 BGB).

32 Die Unterhaltspflicht besteht **unabhängig** davon, ob ein persönliches Verhältnis bzw ein persönliches Näheverhältnis zwischen Unterhaltsberechtigten und Unterhaltsverpflichteten besteht. Nur in wenigen Ausnahmen kann sich der Verpflichtete auf einen Wegfall oder Einschränkung der Unterhaltspflicht berufen (§ 1611 BGB).

Die Unterhaltspflicht entfällt oder ist nur eingeschränkt, wenn

- der Unterhaltsberechtigte durch sein sittliches Verschulden selbst bedürftig geworden ist (zB durch Spiel-, Trunk- oder Drogensucht, die für die Bedürftigkeit ursächlich sein müssen) oder
- der Unterhaltsberechtigte seine eigenen Unterhaltspflichten grob vernachlässigt hat (zB ein Kind soll Unterhalt für seinen Vater zahlen, der sich selbst seiner Unterhaltspflicht entzogen hat) oder
- der Unterhaltsberechtigte sich vorsätzlich einer schweren Verfehlung gegenüber dem Unterhaltspflichtigen bzw dessen Angehörigen hat zuschulden kommen lassen (zB tätliche Angriffe, Bedrohungen, wirtschaftliche oder berufliche Schädigungen, sexueller Missbrauch uÄ).

Gegenüber minderjährigen Kindern können die Eltern diese Einwendungen allerdings nicht geltend machen (§ 1611 Abs. 2 BGB).

33 Auch zwischen geschiedenen oder getrennt lebenden Ehegatten können nach Maßgabe des § 1579 BGB **Unterhaltspflichten eingeschränkt** werden oder gänzlich wegfallen. Das gilt zB bei kurzer Ehedauer, bei einem Verbrechen oder schweren vorsätzlichen Vergehen gegen den Verpflichteten oder seine nahen Angehörigen oder wenn der Berechtigte seine Bedürftigkeit mutwillig herbeigeführt hat usw.

34 Hat eine Person **mehrere Unterhaltsverpflichtungen** (zB gegenüber Kindern, Eltern usw) sieht das BGB eine bestimmte Reihenfolge vor, nach der diese einzelnen Verpflichtungen bis zum angemessenen Eigenbedarf des Verpflichteten erfüllt werden müssen. Nachrangig Berechtigte können nur Unterhalt beanspruchen, falls der angemessene Unterhalt aller vorrangig Berechtigten gedeckt und der Unterhaltspflichtige darüber hinaus leistungsfähig ist. Für Unterhaltszeiträume ab dem 1.1.2008 gilt für Unterhaltsverpflichtungen folgende Reihenfolge:

1. minderjährige unverheiratete Kinder bzw Kinder, die sich in Schulausbildung befinden und unter 21 sind (§ 1609 Abs. 1, Abs. 2 S. 1 BGB);
2. (geschiedene) Ehegatten, die ein Kind betreuen bzw (geschiedene) Ehegatten, wenn die Ehe von langer Dauer war[27] und unverheiratete Elternteile, die nach § 1615 l BGB unterhaltsberechtigt sind;
3. sonstige Ehegatten und Lebenspartner (§ 1609 Abs. 2 S. 2 BGB);
4. Kinder, die nicht unter 1. fallen, insb. volljährige und verheiratete Kinder (§ 1609 Abs. 1 BGB);
5. Enkelkinder und andere Abkömmlinge;
6. Eltern.

35 Gibt es **mehrere Unterhaltsverpflichtete**, richtet sich die Reihenfolge ihrer Heranziehung nach den §§ 1584, 1586 a Abs. 2, 1603 Abs. 2 S. 1, 3, 1606, 1607 Abs. 1 und 2 S. 1, 1608, 1615 l Abs. 3 S. 2 und Abs. 4 S. 2, 1751 Abs. 4 BGB. Aus diesen Vorschriften er-

27 Maßgeblich für die lange Ehedauer sind nicht in erster Linie die Zahl der Ehejahre, sondern die Nachteile, die für den unterhaltsbedürftigen Ehegatten durch die Ehe im Hinblick auf die Möglichkeit eingetreten sind, für den eigenen Unterhalt zu sorgen (§ 1609 Nr. 2 iVm § 1578 b Abs. 1 S. 2 und 3 BGB).

geben sich folgende Vorrangverhältnisse. Wird ein vorrangig Verpflichteter herangezogen, entfällt die Verpflichtung des nachrangig Verpflichteten.

1. Ein Elternteil, der sein minderjähriges unverheiratetes Kind nicht selbst betreut, haftet diesem auf Barunterhalt, ggf haften beide Elternteile.
2. Ehegatte und Lebenspartner (§ 1608 S. 1 BGB) haften vor Verwandten auch nach Scheidung bzw Aufhebung der Partnerschaft.
3. Abkömmlinge (§ 1606 Abs. 1 BGB) haften generationenweise (§ 1606 Abs. 2 BGB „die Naheren vor den Entfernteren") und ggf anteilig bei mehreren gleich nahen Verwandten (§ 1606 Abs. 3 S. 1 BGB) entsprechend den Vermögens- und Erwerbsverhältnissen – bei minderjährigen unverheirateten Kindern erfüllt der Elternteil, bei dem das Kind lebt, seine Unterhaltspflichten durch Pflege und Erziehung („Betreuungsunterhalt", § 1606 Abs. 3 S. 2 BGB).
4. Verwandte haften in aufsteigender Linie (§ 1606 Abs. 1 BGB) generationenweise (§ 1606 Abs. 2 BGB) und ggf anteilig bei mehreren gleich nahen Verwandten (§ 1606 Abs. 3 S. 1 BGB) entsprechend den Vermögens- und Erwerbsverhältnissen.
5. Der Elternteil eines nichtehelichen Kindes haftet dem dieses Kind betreuenden anderen Elternteil vor dessen Verwandten.
6. Bei einer Adoption haftet der Annehmende ab dem Zeitpunkt der Annahme vor den Verwandten dieses Angenommenen.

Voraussetzung dieser Haftungsreihenfolge ist, dass der vorrangig Verpflichtete unter Berücksichtigung seiner sonstigen Verpflichtungen und ohne Gefährdung seines eigenen angemessenen Unterhalts in der Lage ist, diesen Unterhaltsverpflichtungen nachzukommen. Ist der zum Barunterhalt verpflichtete Elternteil eines minderjährigen Kindes wegen Unterschreitung seines Selbstbehalts nicht leistungsfähig, haftet zunächst der betreuende Elternteil auf Barunterhalt, wenn sein angemessener Unterhalt gewahrt wird und seine Einkommensverhältnisse günstiger als diejenigen des eigentlich barunterhaltspflichtigen Elternteils sind.

36 Mit dem Unterhaltsanspruch verbunden ist auch ein zivilrechtlicher **Auskunftsanspruch** (§§ 1580, 1605 BGB iVm § 33 Abs. 1 S. 4 SGB II) des Unterhaltsberechtigten gegen den Unterhaltsverpflichteten über dessen Einkommen und Vermögen. Dieser Auskunftsanspruch kann neben dem öffentlich-rechtlichen Auskunftsanspruch nach § 60 Abs. 2 S. 1 SGB II geltend gemacht werden.

b) Ausschluss des Übergangs

37 Der Übergang von Unterhaltsansprüchen ist im SGB II speziell geregelt und folgt nicht im vollen Umfang dem Recht der Sozialhilfe. Bestimmte Ansprüche können von vornherein nicht übergehen. Nach § 33 Abs. 2 S. 1 SGB II gehen die Ansprüche nicht über, wenn

1. die unterhaltsberechtigte Person mit dem Verpflichteten in einer Bedarfsgemeinschaft nach § 7 Abs. 3 SGB II lebt (Nr. 1).

   In einer Bedarfsgemeinschaft werden nach § 9 Abs. 2 SGB II die Mitglieder mit ihrem Einkommen und Vermögen **ohne Berücksichtigung unterhaltsrechtlicher Selbstbehalte** herangezogen. Die Verpflichtung geht in diesen Fällen viel weiter als ein zivilrechtlicher Unterhaltsanspruch, sowohl was den Umfang als auch den berechtigten Personenkreis betrifft (hier insb. die Verpflichtung für nichtleibliche Stief- oder Partnerkinder).
2. der Unterhaltsberechtigte mit dem Unterhaltsverpflichteten verwandt ist und den Anspruch „nicht geltend macht" (Nr. 2 Hs 1).

Der Ausschluss gilt **nur für den Verwandtenunterhalt**, nicht für den Ehegattenunterhalt. Die **Geltendmachung** bedeutet eine konkrete und ernsthafte Forderung des Unterhalts durch den Berechtigten. Diese kann in Form einer schriftlichen Zahlungsaufforderung, eines Auskunftsverlangens oder in einer Unterhaltsklage zum Ausdruck kommen. Das Jobcenter hat nach dem Gesetz allerdings keine Möglichkeit eine Geltendmachung der Unterhaltsansprüche zu fordern. Es hat insofern auch keine Prüfungskompetenz, ob eventuelle Ansprüche bestehen, sondern kann sich allenfalls danach erkundigen, ob Unterhaltsansprüche vom Leistungsberechtigten geltend gemacht wurden.[28] Dies kann aber weder als Bedingung für die Gewährung von Leistungen bestimmt werden noch darf die Geltendmachung in einer Eingliederungsvereinbarung inhaltlich festlegt werden. Insofern bleibt die Untätigkeit des Leistungsberechtigten ohne leistungsrechtliche Konsequenzen; das Selbsthilfegebot des § 2 SGB II tritt hinter die spezielle Regelung des § 33 SGB II zurück.[29] Wird der Unterhalt von Verwandten tatsächlich gezahlt – ob als Geld- oder Naturalleistung – wird dieser Unterhaltsbetrag als Einkommen nach § 11 Abs. 1 SGB II berücksichtigt.

Auf die Geltendmachung des Unterhaltsanspruchs kommt es nicht an, wenn es sich um Unterhaltsansprüche von **minderjährigen oder Kindern unter 25** Jahren handelt, die ihre Erstausbildung[30] noch nicht (förmlich) abgeschlossen haben gegenüber ihren Eltern (gesteigerte Unterhaltspflicht). In diesen Fällen ist ein Anspruchsübergang nicht ausgeschlossen (§ 33 Abs. 2 S. 1 Nr. 2 Hs 2 lit. a) und b) SGB II).

3. die Unterhaltsberechtigte schwanger ist bzw der oder die Unterhaltsberechtigte ein leibliches Kind bis zur Vollendung des sechsten Lebensjahres betreut gegenüber ihren leiblichen Eltern/Elternteilen oder Adoptiveltern/-elternteilen;

   Entscheidend ist, dass die oder der Leistungsberechtigte einen maßgeblichen Teil der **Betreuungsleistungen** erbringt und die Hauptverantwortung für die Betreuung trägt. Das liegt auch dann vor, wenn das Kind zB in einer Kinderkrippe, einem Kindergarten oder einer Tagespflege betreut wird. Die Betreuung können sowohl Vater als auch Mutter übernehmen; bei nichtehelichen Kindern muss die Vaterschaft anerkannt worden sein.

38 Ein Übergang der Unterhaltsansprüche ist darüber hinaus ausgeschlossen, wenn der Unterhaltsanspruch durch **tatsächliche, laufende Zahlungen erfüllt** wird (§ 33 Abs. 2 S. 2 SGB II). Wird der Unterhaltsanspruch nur teilweise erfüllt, geht der nicht geleistete Unterhaltsanspruch über. Das Jobcenter kann prüfen, ob dem Leistungsberechtigten ggf höhere Unterhaltsansprüche zustehen und dann den fehlenden Betrag geltend machen.

39 Der Unterhaltsverpflichtete soll durch die Erfüllung und Durchsetzung des übergegangenen Unterhaltsanspruchs **nicht selbst hilfebedürftig** werden. Deshalb ist ein Übergang nur dann möglich, „soweit das Einkommen und Vermögen der unterhaltsverpflichteten Person das nach §§ 11 und 12 zu berücksichtigende Einkommen und Vermögen übersteigt" (§ 33 Abs. 2 S. 3 SGB II). Wenn also der Unterhaltspflichtige aufgrund des übergegangenen Unterhaltsanspruchs nicht einmal mehr über seinen Grundsicherungsbedarf verfügen könnte, wäre er selbst nach dem SGB II bzw SGB XII anspruchsberechtigt; dies verstieße gegen die Menschenwürde und das Sozialstaatsprinzip.[31] Das Jobcenter muss

---

28 LSG Niedersachsen-Bremen 22.6.2006 – L 8 AS 165/06 ER.

29 LSG Hamburg 28.1.2008 – L 5 B 21/08 ER AS.

30 Es kann sich dabei um berufliche oder schulische Ausbildungen handeln. Berufliche Ausbildungen (§ 57 SGB III) sind betriebliche oder überbetriebliche Ausbildungen nach dem Berufsbildungsgesetz; schulische Ausbildungen sind idR solche mit Praktika, die den Zugang zu einem Beruf eröffnen (zB Gesundheitspflegeberufe, Physiotherapeuten u.a. Fachschulausbildungen).

31 St. Rspr vgl nur BSG 20.6.1984 – 7 RAr 18/83; BGH 2.5.1990 – XII ZR 72/89; OLG Nürnberg 21.12.1998 – 10 UF 2453/98.

eine entsprechende **Vergleichsberechnung** anstellen; nur das den Bedarf des Unterhaltsverpflichteten übersteigende Einkommen und Vermögen ist vom Anspruchsübergang betroffen. Nicht entscheidend ist der Bedarf der mit dem Unterhaltspflichtigen lebenden Mitglieder seiner Bedarfsgemeinschaft, auch wenn diese durch den zu zahlenden Unterhalt des Pflichtigen sozialhilfebedürftig werden,[32] es sei denn, die zivilrechtlichen Regelungen über die Unterhaltsrangfolge (§§ 1582, 1609 BGB) werden hierdurch ausgehebelt. Für die Feststellung des Bedarfs des Unterhaltspflichtigen werden die Bestimmungen der §§ 19 ff SGB II herangezogen. Allerdings müssen Sonderregelungen beachtet werden. Ist der Unterhaltspflichtige selbst kein Leistungsempfänger nach dem SGB II, können zB die Kosten der Unterkunft nicht auf „angemessene“ Kosten beschränkt werden. Auf der Bedürftigkeitsseite werden Einkommen und Vermögen (§§ 11, 12 SGB II) geprüft. Dabei ist nicht auf die Situation eines Leistungsbeziehers nach dem SGB II abzustellen, sondern auf seine persönliche Situation. Bei der Vergleichsberechnung darf nur auf reale Einkünfte abgestellt werden und – nicht wie bei Unterhaltsansprüchen grds. möglich – auf fiktive Einkünfte.[33] In welcher Höhe der Unterhaltsanspruchsübergang geltend gemacht wird, wird unterschiedlich gehandhabt. Bei gesteigerter Unterhaltspflicht kann idR ein über den Eigenbedarf hinausgehender Betrag geltend gemacht werden.

c) Anspruchsübergang

40 Unter Berücksichtigung des § 33 Abs. 2 SGB II und des begrenzten Personenkreises, der vom Anspruchsübergang erfasst wird, sind folgende bürgerlich-rechtlichen Unterhaltsansprüche stets übergangsfähig und können berücksichtigt werden:

1. Unterhaltsansprüche minderjähriger Kinder gegen ihre Eltern oder einen Elternteil,
2. Unterhaltsansprüche volljähriger Kinder bis zur Vollendung des 25. Lebensjahres, sofern sie sich noch in Erstausbildung befinden gegen die Eltern oder einen Elternteil,
3. Unterhaltsansprüche getrennt lebender oder geschiedener Eheleute untereinander,
4. Unterhaltsansprüche von Partnern einer eingetragenen Lebenspartnerschaft, die getrennt leben oder die ihre Partnerschaft aufgelöst haben,
5. Unterhaltsansprüche der Kindesmutter bzw des Kindesvaters bei außerehelicher Geburt bei Betreuung eines Kindes unter drei Jahren gegen den anderen Elternteil.

41 Folgende Unterhaltsansprüche werden **nur bei Geltendmachung** berücksichtigt:

1. Unterhaltsansprüche von Eltern gegen ihre Kinder,
2. Unterhaltsansprüche von volljährigen Kindern außerhalb einer Erstausbildung gegen die Eltern oder einen Elternteil bzw noch in Erstausbildung aber über 25 Jahre,
3. Unterhaltsansprüche der Enkel gegen die Großeltern und umgekehrt.

42 Folgende Unterhaltsansprüche gehen **nicht über** und können deswegen nicht berücksichtigt werden:

1. Unterhaltsansprüche gegen Verpflichtete, die mit dem Berechtigten in einer Bedarfsgemeinschaft leben,
2. Unterhaltsansprüche einer schwangeren Tochter gegen ihre Eltern oder ein Elternteil,
3. Unterhaltsansprüche von Kindern, die ihr leibliches Kind bis zur Vollendung des sechsten Lebensjahres betreuen, gegen ihre Eltern oder einen Elternteil,

---

32 So BGH 10.7.1996 – XII ZR 121/95; OLG Hamburg 5.2.1996 – 12 UF 29/95.
33 BGH 11.3.1998 – XII ZR 190/96.

4. Unterhaltsansprüche, soweit diese durch laufende Zahlung erfüllt werden und
5. Unterhaltsansprüche für die Vergangenheit vor der Zeit der sog. „Rechtswahrungsanzeige“ iSd § 33 Abs. 3 S. 1 SGB II.

Praxishinweis: Der zivilrechtliche Auskunftsanspruch nach §§ 1580, 1605 BGB kann im Rahmen einer Stufenklage der Klage auf Unterhalt vorangestellt werden. Der öffentlich-rechtliche Auskunftsanspruch nach § 60 Abs. 2 S. 1 SGB II kann – bei Vorliegen der Voraussetzungen – durch Verwaltungsakt geltend gemacht und mit Verwaltungszwang durchgesetzt werden. Erfüllt dieser den Auskunftsanspruch nicht, unvollständig oder unrichtig, verwirklicht er auch einen Ordnungswidrigkeitstatbestand nach § 63 Abs. 1 Nr. 4 SGB II und kann mit einem Bußgeld belangt werden. Das Jobcenter kann die Auskunft jederzeit und mehr als einmal verlangen.[34]

d) Verzicht auf Unterhaltsansprüche

43 Unterhaltsberechtigte können uU auf Unterhaltsansprüche verzichten. Ausgenommen von dieser **Verzichtsmöglichkeit** sind lediglich die Ansprüche minderjähriger unverheirateter Kinder und die in §§ 1360 a Abs. 3, 1361 Abs. 4 S. 3 1614 BGB genannten Unterhaltsansprüche von Ehegatten bzw getrennt lebenden Ehegatten. Von Bedeutung sind hierbei vor allem nacheheliche Unterhaltsansprüche, auf die durch Ehevertrag verzichtet werden kann (§ 1585 c BGB). Erfolgt ein Verzicht nach Übergang der Ansprüche auf das Jobcenter ist ein Verzicht jedoch unwirksam, denn die Unterhaltsansprüche standen dem Verzichtenden in diesem Moment nicht mehr zu.[35]

44 **Vor dem Übergang** ist ein Verzicht grds. möglich, es sei denn

- es bestand eine **Schädigungsabsicht** zulasten des Sozialleistungsträgers.

  Dabei ist der **Zeitpunkt des Verzichts** für die Annahme einer Schädigungsabsicht maßgeblich. Der BGH hat klargestellt, dass das Scheidungsfolgenrecht einerseits grds. disponibel ist und keine Pflicht zur Begünstigung des Sozialleistungsträgers besteht. Andererseits dürften die Ehegatten durch entsprechende Vertragsgestaltung zukünftig entstehende Lasten nicht auf die Allgemeinheit verteilen. Der BGH hielt deshalb einen Verzicht in den Fällen für zulässig, in denen das Eingehen der Ehe von einem solchen Unterhaltsverzicht abhängig gemacht wurde, bereits bei Eheschließung Sozialhilfebedürftigkeit bestand und durch Ehevertrag ein Unterhaltsverzicht vereinbart wurde. Hier trete keine zusätzliche Belastung des Sozialhilfeträgers ein; ein solcher Vertrag sei mithin nicht sittenwidrig.[36] Ist indessen absehbar, dass der verzichtende Ehegatte aufgrund dieses Verzichts hilfebedürftig wird, ist der Vertrag sittenwidrig.[37]
- der Unterhaltsverzicht ist aus anderen Gründen **sittenwidrig.**[38]
- die Regelung führt zu einer einseitigen und durch die individuelle Gestaltung der ehelichen Lebensverhältnisse **nicht gerechtfertigten Lastenverteilung.**

  Das wird vor allem dann vermutet, wenn der Unterhaltsverzicht den Betreuungsunterhalt nach § 1570 BGB, den Krankheitsunterhalt nach § 1571 BGB und den Altersunterhalt nach § 1572 BGB betrifft und dieser Nachteil nicht durch anderweitige Vorteile oder die besonderen Verhältnisse der Ehegatten, durch den von ihnen angestrebten oder gelebten Ehetyp oder durch sonstige gewichtige Belange des begünstigten Ehegatten gemildert wird.

---

34 LSG NRW 11.1.2006 – L 1 B 18/05 AS ER, das darauf hinweist, dass die Vorschrift des § 1605 Abs. 2 BGB – die einen wiederholten Auskunftsanspruch innerhalb von zwei Jahren nur ausnahmsweise ermöglicht – für § 60 Abs. 2 SGB II nicht gilt.
35 SG Schwerin 15.6.2010 – S 19 AS 614/08.
36 BGH 25.10.2006 – XII ZR 144/04.
37 BGH 28.3.2007 – XII ZR 119/04; OLG Frankfurt 21.3.2007 – 6 WF 28/07.
38 BGH 11.2.2004 – XII ZR 265/02.

- eine spätere, nach dem Verzicht eintretende Entwicklung eine Berufung auf diesen Verzicht nach Treu und Glauben nach § 242 BGB nicht zulässt.[39]

45 Die Inhaltskontrolle und die Prüfung, ob ein Ehevertrag in der Gesamtschau zu einer offenkundig einseitigen Lastenverteilung führt, wird nicht nur zugunsten des eigentlich Unterhaltsberechtigten, sondern auch zugunsten des Unterhaltsverpflichteten durchgeführt.[40]

e) Unterhaltsansprüche und Leistungen zur Sicherung des Lebensunterhalts nach dem SGB II

46 Auch wenn Unterhaltsansprüche auf das Jobcenter übergehen, müssen die **Unterschiede**, die zwischen dem zivilrechtlichen Unterhalt und den sozialrechtlichen Leistungen zur Sicherung des Lebensunterhalts bestehen, berücksichtigt werden. Dies betrifft nicht allein den teilweise unterschiedlichen Personenkreis, wie anhand der Einstandspflicht für Stief- und Partnerkinder deutlich wird.

47 Unterschiede gibt es dabei zunächst beim **Bedarf**. Der zivilrechtliche Unterhaltsanspruch umfasst grds. nur den konkreten, gegenwärtigen Bedarf. Sonderbedarfe oder Unterhalt für die Vergangenheit können nur nach ausdrücklichen gesetzlichen Vorschriften geltend gemacht werden. Dagegen gehören zu den Leistungen zur Sicherung des Lebensunterhalts zB auch Einmalleistungen für sonst nicht hilfebedürftige Personen nach § 24 Abs. 3 S 2 SGB II, die Mietzuschüsse nach § 27 Abs. 3 SGB II[41] oder Leistungen, die nur als Darlehen erbracht werden. Da nur in Ausnahmefällen Unterhalt für die Vergangenheit gefordert werden kann, können zB bei einer Schuldenübernahme nach § 22 Abs. 8 SGB II keine Unterhaltsforderungen übergehen.

48 Darüber hinaus gibt es nach den Vorschriften des SGB II **Einkommen**, welches **anrechnungsfrei** bleibt, bei einer Unterhaltsverpflichtung und der Feststellung der Leistungsfähigkeit des Pflichtigen jedoch einzusetzen ist. Dazu gehören u.a. die in § 11 a SGB II genannten Grundrenten, der Erwerbstätigenfreibetrag nach § 11 b Abs. 3 SGB II, das nach § 11 a Abs. 2 SGB II für die Beurteilung der Bedürftigkeit nach dem SGB II nicht anzurechnende Schmerzensgeld[42] oder die weiteren in § 11 a Abs. 5 SGB II genannten Einkommensarten. Vermögen muss unterhaltsrechtlich nur eingesetzt werden, wo nach zivilrechtlichen Vorschriften der Vermögensstamm eingesetzt werden muss, und auch hier gibt es Unterschiede, da § 12 Abs. 2 SGB II bestimmte Freibeträge kennt und ein selbst genutztes Hausgrundstück nach § 12 Abs. 3 Nr. 4 SGB II zum Schonvermögen zählt. Nach dem Grundsicherungsrecht liegt hier Bedürftigkeit vor; zivilrechtlich ist in diesen Fällen idR keine Bedürftigkeit anzunehmen.

49 Derjenige, der Unterhalt leisten muss, ist verpflichtet, neben Einkommen und Vermögen auch seine Arbeitskraft einzusetzen, um seinen Unterhaltsverpflichtungen nachzukommen. Tut er dies nicht, so wird zivilrechtlich auf eine **fiktive Leistungsfähigkeit** abgestellt; der Unterhalt wird so berechnet, als würde der Pflichtige ein seinen Fähigkeiten und Kenntnissen entsprechendes Arbeitsentgelt erzielen. Sozialrechtlich können dagegen nur tatsächliche Einkünfte angerechnet werden. Der Unterhaltsverpflichtete muss – bei nicht gesteigerter – Unterhaltspflicht nur das jenseits seines Eigenbedarfs[43] liegende Einkommen für seine Unterhaltsverpflichtung einsetzen; Schulden werden berücksichtigt,

---

39 OLG Düsseldorf 23.6.1995 – 7 U 189/94; OLG Hamm 6.2.1998 – 10 UF 553/96; OLG Koblenz 20.3.2000 – 13 UF 540/99; BVerfG 6.2.2001 – 1 BvR 12/92.

40 BGH 5.11.2008 – XII ZR 157/06.

41 Diese gehören nach § 19 S. 2 SGB II ausdrücklich nicht zum Alg II.

42 BGH 13.7.1988 – IVb ZR 39/87; OLG Hamm 8.1.2009 – 3 Ss 548/08. Für die Nichtanrechnung des Schmerzensgelds als Einkommen OLG Frankfurt 2.7.2009 – 20 W 491/08 iRd Mittellosigkeitsprüfung bei einer Betreuerbestellung.

43 Der Eigenbedarf bestimmt sich nach den jeweiligen Tabellen der OLG, s. zB Düsseldorfer Tabelle.

sofern sie einer eigenverantwortlichen Lebensführung entsprechen und im Verhältnis zum verfügbaren Einkommen angemessen sind.[44] Bei nicht versicherungspflichtig beschäftigten Unterhaltsverpflichteten ist ein Anteil von ca. 20 % des Bruttoeinkommens für die Altersvorsorge abzuziehen, wenn es dafür eingesetzt wird,[45] ggf können weitere Beträge geltend gemacht werden. Ist der Unterhaltspflichtige danach nicht leistungsfähig, kann auch ein Unterhaltsanspruch nicht übergehen.

Praxishinweis: Auch wenn grds. Unterhaltsansprüche nach § 33 Abs. 2 SGB II übergehen können, verbietet sich eine pauschale Gleichsetzung der zivilrechtlichen Ansprüche mit denen, die tatsächlich durch den Übergang vom Leistungsträger geltend gemacht werden. Insb. sind hier Einkommens- und Vermögensfreibeträge zu berücksichtigen, die es zivilrechtlich in dieser Form nicht gibt, während es wiederum keinen unterhaltsrechtlichen Selbstbehalt im Leistungsrecht des SGB II gibt. Deshalb muss nicht nur genau geprüft werden, welche Ansprüche übergehen, sondern auch in welcher Höhe sie geltend gemacht werden können.

3. Übergang von sonstigen Ansprüchen

50 Neben Unterhaltsansprüchen können auch andere Ansprüche der Leistungsempfänger gegenüber Dritten auf das Jobcenter übergehen. Grds. ist dabei **jede Art von Ansprüchen übergangsfähig**, unabhängig davon, ob es sich um private oder öffentlich-rechtliche Ansprüche handelt. Ausgeschlossen sind allein Ansprüche gegen andere Leistungsträger; hier ist der Übergang in den §§ 102 ff SGB X geregelt.

Übergangsfähig sind damit zB

- vertragliche Zahlungsansprüche gegen Dritte,
- vertragliche Schadensersatzforderungen,
- Ansprüche aus einer privaten Kranken- oder Pflegeversicherung oder aus Steuererstattungen,[46]
- Ansprüche aus ungerechtfertigter Bereicherung (§§ 812 ff BGB),
- Ansprüche aus einem Pflichtteil eines Erben (§§ 2303 ff BGB),
- Ansprüche aus Altenteilsvertrag,[47]
- Beihilfeansprüche,
- Ansprüche aus betrieblicher Altersversorgung und nicht erfüllte Leibrentenzahlungen.[48]

51 Ein wichtiger Anspruch in diesem Zusammenhang ist der zivilrechtliche **Rückforderungsanspruch bzw Rückübertragungsanspruch des verarmten Schenkers** nach § 528 BGB.[49] Er besteht dann, wenn der erwerbsfähige Leistungsberechtigte oder sein Ehegatte bzw Partner ohne die erfolgte Schenkung nicht bedürftig wären. Der Schenker kann dann von dem Beschenkten die Herausgabe des Geschenks nach den Vorschriften über die Herausgabe einer ungerechtfertigten Bereicherung (§§ 812 ff BGB) verlangen. Der Anspruch geht indessen nur über, wenn zwischen Hilfebedürftigkeit und Schenkung entspr. § 33 Abs. 1 S. 1 SGB II eine kausale Verknüpfung bestand, dh dass durch die vorrangige und rechtzeitige Leistung des Beschenkten die Hilfebedürftigkeit des Leistungsberechtigten (Schenkers) ganz oder teilweise weggefallen wäre. Bei dem Schenkungswiderruf kommt es nicht darauf an, ob das Jobcenter den Notbedarf geltend gemacht hat; vielmehr genügt es, dass der hilfebedürftig gewordenen Schenker Leistungen nach dem SGB II erhält.[50]

44 Vgl BGH 19.3.2003 – XII ZR 123/00.
45 BGH 19.2.2003 – XII ZR 67/00.
46 BVerwG 18.2.1999 – 5 C 35/97; LSG Baden-Württemberg 22.1.2008 – L 7 AS 5846/07 ER-B.
47 LSG Bayern 14.2.2009 – L 11 SO 20/07.
48 VGH Hessen 10.11.1987 – 9 OE 25/83.
49 Vgl für den Bereich der Sozialhilfe LSG Berlin-Brandenburg 10.10.2007 – L 23 B 146/07 SO ER.
50 Vgl BGH 7.11.2006 – X ZR 184/04.

52 Auch **zukünftige Ansprüche** können übergehen, wenn sie zum Zeitpunkt des Übergangs genügend bestimmt oder bestimmbar sind, allerdings nur, wenn tatsächlich Leistungen in der Zukunft durch das Jobcenter erbracht werden.

53 Nicht übergangsfähig sind **höchstpersönliche Ansprüche** wie Schmerzensgeldansprüche.[51] Bei Wohnrechtsansprüchen ist es umstritten, ob diese übergangsfähig sind oder nicht; jedenfalls kann der Zahlungsanspruch, der als Ausgleich für die Nichtausübung des Wohnrechts gezahlt wird, übergehen.

54 Der Übergang des Anspruchs wird nach § 33 Abs. 1 S. 3 SGB II nicht dadurch ausgeschlossen, dass dieser dem Grunde nach gem. §§ 399, 400 BGB nicht **übertragen, gepfändet oder verpfändet** werden kann.

55 **Einreden** sind zu berücksichtigen, wenn sie ausdrücklich geltend gemacht werden (zB Wegfall der Bereicherung – § 818 Abs. 3 BGB; Ausschluss der Rückforderung nach § 529 BGB, wenn seit der Schenkung zehn Jahre verstrichen sind oder der Schenker seine Bedürftigkeit vorsätzlich oder grob fahrlässig selbst herbeigeführt hat oder der Beschenkte mit der Herausgabe des Geschenks selbst bedürftig würde). Bei **verzichtbaren Ansprüchen**[52] kann zwischen dem hilfebedürftigen Gläubiger und dem Dritten ein Verzichtsvertrag nach § 397 BGB geschlossen und damit der Anspruch zum Erlöschen gebracht werden. Dies ist aber nur solange möglich, wie dieser Anspruch noch nicht auf das Jobcenter übergegangen ist, denn danach fehlt dem Leistungsberechtigten die Verfügungsbefugnis über den Anspruch. Erfolgt der Verzicht indessen in der Absicht, das Jobcenter zu Leistungen zu verpflichten und den Anspruchsübergang zu vereiteln, kann ein entsprechender Vertrag sittenwidrig iSd § 138 BGB und damit nichtig sein.[53]

Praxishinweis: Ein Anspruch des Leistungsberechtigten gegen einen Dritten geht kraft Gesetzes auf das Jobcenter über. Ob dieser Anspruch tatsächlich (rechtmäßig) besteht bzw welchen Umfang er insgesamt hat oder ob er durchsetzbar ist, ist für den Übergang zunächst nicht entscheidend. Diese Fragen stellen sich erst in einem Prozess um den Anspruch und werden auch an dieser Stelle geprüft. Ausnahmen können hier nur angenommen werden, wenn der Anspruch offensichtlich und erkennbar nach materiellem Recht nicht bestehen kann.[54]

4. Durchsetzung der übergegangenen Ansprüche

56 Das Jobcenter muss den **Anspruch** gegenüber dem Schuldner **zeitnah geltend machen.** Das gilt insb. für Unterhaltsansprüche, die bei längerer Untätigkeit des Gläubigers verwirkt werden können. Dabei wird ein Zeitraum von bis zu einem Jahr angenommen; macht der Gläubiger in dieser Zeit den übergegangenen Anspruch nicht geltend, dann kann er verwirkt sein. Deshalb erfolgt idR zunächst die Mitteilung des Jobcenters an den entsprechenden Schuldner, dass der Gläubiger Grundsicherungsleistungen erhalten hat.

57 Bei Unterhaltsansprüchen wird das Jobcenter darüber hinaus die **Darlegung der Einkommens- und Vermögensverhältnisse** verlangen; allerdings ist dies auch bei anderen Ansprüchen möglich. Auf diese Weise kann das Jobcenter die Leistungsfähigkeit des Schuldners prüfen und ggf eine Vergleichsberechnung anstellen, die Höhe der übergegangenen Ansprüche berechnen und den vom Schuldner zu zahlenden Betrag festsetzen. Erfolgt dann die Zahlung des festgesetzten Betrags durch den Schuldner, darf das Job-

51 Schmerzensgeld wird nach § 11 a Abs. 2 SGB II auch nicht als Einkommen gewertet.
52 Zum Pflichtteilsverzicht eines behinderten Sozialleistungsbeziehers, der grds. nicht sittenwidrig ist, s. BGH 19.1.2011 – IV ZUR 7/10.
53 BGH 8.12.1982 – IVb ZR 333/81; 17.9.1986 – IVb ZR 59/85.
54 Dazu für den Bereich der Sozialhilfe BVerwG 27.5.1993 – 5 C 7/91 (sog. „Negativevidenz“); LSG NRW 9.11.2005 – L 20 (12) B 38/05 SO ER; LSG Bayern 14.2.2008 – L 11 SO 20/07.

center nicht nachträglich den Betrag nochmals erhöhen; der Schuldner genießt insofern Vertrauensschutz.[55]

58 Weigert sich der Schuldner, den vom Jobcenter festgesetzten Betrag zu zahlen, muss dieses den **Anspruch vor Gericht geltend machen.** Zuständiges Gericht ist dasjenige, an welchem auch der ursprüngliche Gläubiger seinen Anspruch hätte geltend machen müssen. Werden die Ansprüche vor einem Zivilgericht geltend gemacht, gilt der Beibringungsgrundsatz, dh der Kläger (hier das Jobcenter) muss sämtliche Tatsachen vorbringen und ggf beweisen, die seinen Anspruch stützen. Dazu gehören im Einzelnen:

- das Vorliegen der grundsicherungsrechtlichen Voraussetzungen des Übergangs,
- der Umfang der bisher erbrachten Leistungen aufgeschlüsselt nach Zeiträumen und – bei Bedarfsgemeinschaften – nach Leistungen für die jeweiligen Berechtigten,
- die tatsächlichen Voraussetzungen für den zivilrechtlichen Anspruch,
- die Durchführung der Vergleichsberechnung bei Unterhaltsansprüchen (§ 33 Abs. 2 S. 3 SGB II),
- der Nachweis der Voraussetzungen, insb. auch die Rechtswahrungsanzeige nach § 33 Abs. 3 S. 1 SGB II, bei der Geltendmachung von Unterhaltsansprüchen für die Vergangenheit,
- Tatsachen, dass auch künftig für längere Zeit Leistungen erbracht werden (müssen), wenn Unterhaltsansprüchen für die Zukunft geltend gemacht werden.

59 Der Beklagte seinerseits kann sich u.a. darauf berufen, dass

- der Unterhaltsanspruch nicht besteht oder er nicht leistungsfähig ist,
- die Grundsicherungsleistungen zu Unrecht bestanden haben,
- der Unterhaltsanspruch ausgeschlossen ist (zB durch einen Unterhaltsverzichtsvertrag).

Darüber hinaus kann er alle **Einwendungen und Einreden** (zB Verjährung, Zurückbehaltungsrechte, Einrede des nichterfüllten Vertrages), die gegen das Bestehen des Anspruchs sprechen bzw die Durchsetzung des Anspruchs verhindern, vorbringen.

60 Für die Durchsetzung der Ansprüche ist das Jobcenter **aktiv legitimiert**, es allein ist prozessführungsbefugt. Die gE ist insoweit rechts- und prozessfähig.[56] Geht der Anspruch nur teilweise über, besteht die Gefahr von Doppelprozessen, da die jeweiligen Teilansprüche sowohl durch den Leistungsberechtigten als auch durch das Jobcenter eingeklagt werden können. Deshalb sollen **Streitgenossenschaften** gebildet werden (§ 60 ZPO), um unterschiedliche Ergebnisse zu vermeiden. Reichen sowohl Leistungsträger als auch der Leistungsberechtigten als Inhaber des Anspruchs Klage ein, bilden beide eine Streitgenossenschaft nach den §§ 59, 60 ZPO.

61 **Zukünftige (Unterhalts)Ansprüche** können durch den Leistungsberechtigten auch allein geltend gemacht werden. Das gilt unabhängig davon, ob nach der Klageerhebung ein Anspruchsübergang eintritt; der Berechtigte bleibt aktiv legitimiert (§ 265 Abs. 2 S. 1 ZPO). Er kann den Unterhaltsanspruch im eigenen Namen in (gesetzlicher) Prozessstandschaft geltend machen,[57] muss allerdings seine Klage der neuen Rechtslage anpassen und die Zahlung in Höhe der an das Jobcenter übergegangenen Ansprüche an diesen fordern.[58]

55 Vgl OLG Karlsruhe 15.2.2002 – 2 UF 136/00.
56 Vgl für die ARGE BGH 1.12.2010 – XII ZUR 19/09; LSG Land NRW 23.2.2010 – L 1 AS 36/09.
57 BGH 14.6.1995 – XII ZR 171/94; OLG Frankfurt 19.12.1996 – 6 UF 123/95.
58 BGH 14.6.1995 – XII ZR 171/94; OLG Hamm 4.7.1997 – 10 UF 342/96; Frankfurt 19.12.1996 – 6 UF 123/95.

III. Ersatzansprüche

1. Hintergrund

62 Leistungen nach dem SGB II werden grds. unabhängig von der Ursache der Hilfebedürftigkeit geleistet. Lediglich durch Sanktionen iRd §§ 31 ff SGB II, die durch ein pflichtwidriges Verhalten der Leistungsberechtigten ausgelöst werden, können die Leistungen gekürzt werden oder über eine bestimmte Zeit lang ganz entfallen. Allerdings hat es der Gesetzgeber als unbillig angesehen, dass **bei schuldhaftem Verhalten** des Leistungsberechtigten oder einer dritten Person, durch welches die Hilfebedürftigkeit und damit den Leistungsanspruch erst verursacht wird, keine **Rückgriffsmöglichkeit** bestehen soll. Deshalb hat er eine Möglichkeit für das Jobcenter geschaffen, unter bestimmten Voraussetzungen, die in den §§ 34, 34 a SGB II festgelegt sind, Ersatzansprüche für die iRd SGB II gewährten Leistungen gegen den Verursacher der Hilfebedürftigkeit geltend zu machen.

63 Nach §§ 34 Abs. 2, 34 a Abs. 3 SGB II geht die **Ersatzpflicht kraft Gesetzes auf den Erben** über, auch wenn sie zu Lebzeiten des Ersatzpflichtigen noch nicht geltend gemacht wurde. Mehrere Erben haften als Gesamtschuldner. Die Ersatzpflicht ist **auf den Nachlasswert** im Zeitpunkt des Erbfalls **begrenzt.**[59] Haben die Erben den Nachlass vor Geltendmachung des Ersatzanspruchs vermindert, ist der Nachlasswert im Zeitpunkt des Erbfalls entscheiden. Es ist unerheblich, ob der Erbe aufgrund der Ersatzpflicht selbst hilfebedürftig wird. Der Anspruch gegen den Erben erlischt drei Jahre nach dem Tod des Ersatzpflichtigen. Die Frist ist von Amts wegen zu berücksichtigen.

64 Mit der Regelsatzreform wurden die Ersatzansprüche neu geordnet. § 34 SGB II regelt die Erstattung rechtmäßig erbrachter Leistungen aufgrund sozialwidrigen Verhaltens; § 34 a SGB II erfasst den Verursacher rechtswidrig geleisteter Zahlungen an andere Personen. Darüber hinaus können Ersatzansprüche nach sonstigen Vorschriften gem. § 34 b SGB II geltend gemacht werden. Hiervon werden vor allem andere Leistungsträger erfasst.

65 **Erstattungsfähig** sind alle Leistungen des SGB II. Dazu gehören

- das Alg II und Sozialgeld iSd § 19 Abs. 1 SGB II,
- einmalige Leistungen nach § 24 Abs. 3 SGB II,
- Leistungen für Bildung und Teilhabe iSd § 19 Abs. 2 SGB II,
- der Zuschuss zu den Versicherungsbeiträgen nach § 26 SGB II,
- der Zuschuss zu den angemessenen Aufwendungen für Unterkunft und Heizung nach § 27 Abs. 3 SGB II,
- geleistete Beiträge zur Kranken-, Pflege- und Rentenversicherung (§ 335 Abs. 1, 2 und 5 SGB III iVm §§ 34 Abs. 1 S. 2, 34 a Abs. 1 S. 2 SGB II) und
- Leistungen zur Eingliederung in Arbeit.

Es müssen alle gezahlten Leistungen erstattet werden, unabhängig davon, ob sie an den Ersatzpflichtigen selbst oder an andere Leistungsberechtigte innerhalb oder außerhalb seiner Bedarfsgemeinschaft erbracht wurden. Die Leistungen müssen tatsächlich gezahlt, dh den Berechtigten zugeflossen sein; wurden sie nur als Darlehen gewährt, tritt keine Ersatzpflicht ein.

59 Bei der Ermittlung des Nachlasswertes muss das Jobcenter die mit der Erbschaft verbundenen Kosten absetzen, einschl. der Kosten einer standesgemäßen Beerdigung des Erblassers, vgl VGH Bayern 15.7.2003 – 12 B 99.1700.

2. Ersatzansprüche bei sozialwidrigem Verhalten (§ 34 SGB II)

66 Das Jobcenter kann nach § 34 Abs. 1 SGB II Ersatz für **rechtmäßig geleistete Zahlungen**[60] verlangen, wenn der Betroffene:

1. nach Vollendung des 18. Lebensjahres,

   Maßgebend für den Eintritt des Ersatzanspruchs ist das Alter zum Zeitpunkt der schuldhaften Handlung; war der Betroffene zu diesem Zeitpunkt noch minderjährig, greift der Ersatzanspruch nicht.

2. vorsätzlich oder grob fahrlässig ohne wichtigen Grund,
3. seine Hilfebedürftigkeit oder die der mit ihm in seiner Bedarfsgemeinschaft lebenden Personen herbeigeführt hat (kausaler Zusammenhang zwischen Verhalten und Eintritt der Hilfebedürftigkeit).

Leben die Personen, deren Hilfebedürftigkeit verursacht wurde, nicht mit dem Verursacher in einer Bedarfsgemeinschaft, tritt die Ersatzpflicht nach § 34 SGB II nicht ein.

67 Vorsatz und grobe Fahrlässigkeit sind im Zusammenhang mit dem schuldhaften, insb. dem **sozialwidrigen** (nicht rechtswidrigen!) **Verhalten**[61] zu verstehen. Vorsätzlich handelt jemand mit Wissen und Wollen bzw mit billigendem Inkaufnehmen der Rechtsfolgen; fahrlässig, wer die erforderliche Sorgfalt in besonders schwerem Maße verletzt. Selbst nahe liegende Überlegungen durften nicht angestellt worden sein; entscheidend ist die objektive Einsichtsfähigkeit des Handelnden.[62] Die Regelung wird als quasi-deliktischer Anspruch verstanden, da es auf einem schuldhaften – vor allem sozialwidrigen – Verhalten des Ersatzpflichtigen beruht. Die Sozialwidrigkeit muss der Ersatzpflichtige vorsätzlich oder grob fahrlässig nicht erkannt haben.[63]

Beispiele für sozialwidriges Verhalten:

- Arbeitsscheu,
- Verschwendungssucht oder vergleichbare Verhaltensweisen,
- Verletzung der Unterhaltspflicht durch Herbeiführung von Untersuchungs- oder Strafhaft,
- Auflösung des Ausbildungsverhältnisses unter Verletzung ausbildungsvertraglicher Pflichten,
- Aufgabe des Arbeitsplatzes,[64]
- ehewidriges Verhalten (zB Gewalttätigkeit eines Ehemannes, der die Ehefrau zum Umzug ins Frauenhaus zwingt)
- Weigerung der Mutter eines nichtehelichen Kindes, den Vater zu benennen[65] oder
- Verkehrsunfall nach Trunkenheitsfahrt.

68 Das sozialwidrige Verhalten kann nicht nur eine Ersatzpflicht nach § 34 SGB II auslösen, sondern **auch Sanktionen** nach § 31 SGB II. Insofern kann dasselbe Verhalten mehrere Rechtsfolgen nach sich ziehen. Es ist deshalb zu unterscheiden, ob der Ersatzpflichtige die Hilfebedürftigkeit (überwiegend) verursacht oder herbeigeführt hat; in diesen

60 Das heißt, die Voraussetzungen für einen Leistungsanspruch, insb. die Hilfebedürftigkeit, lagen objektiv vor, auch wenn die Hilfebedürftigkeit unter Umständen durch schuldhaftes Verhalten verursacht wurde.
61 So BVerwG 24.6.1976 – V C 41.74 und 23.9.1999, 5 C 22/99.
62 BA-FH §§ 34, 34 a SGB II Rn 34.4.
63 Zu allem s. LSG Berlin-Brandenburg 10.7.2007 – L 5 B 410/07 AS ER, L 5 B 410/07.
64 Ob die Aufgabe eines Arbeitsplatzes, um einen anderen Beruf zu lernen oder ein Studium aufzunehmen, sozialwidrig ist, ist von großer praktischer Bedeutung. Es kommt auch hier entscheidend auf den Einzelfall an – wenn mit dem neuen angestrebten Beruf eine materielle Besserstellung eintritt, wird idR eine Sozialwidrigkeit zu verneinen sein, wenn allerdings nur ein Studium um des Studiums willen begonnen wird, dann hat das OVG Bremen in seiner Entscheidung vom 5.8.1980 – 2 BA 16/80, die Sozialwidrigkeit der Arbeitsplatzaufgabe bejaht.
65 Vgl BVerwG 5.5.1983 – 5 C 112/81.

Fällen können Sanktionen und eine Ersatzpflicht eintreten. Haben der Betroffene und seine Bedarfsgemeinschaft dagegen schon Leistungen bezogen und das sozialwidrige Verhalten hat dazu geführt, dass höhere bzw weitere Zahlungen herbeigeführt wurden (zB durch Arbeitsaufgabe oder Ablehnung einer Beschäftigung ohne wichtigen Grund), kommen nur Sanktionen nach § 31 SGB II in Betracht; eine Ersatzpflicht tritt in diesen Fälle nicht ein.

69 Der Ersatzanspruch ist ausgeschlossen, wenn der Ersatzpflichtige einen **objektiv wichtigen Grund** für sein Verhalten hatte. Das Jobcenter trifft insofern die Beweislast. Entscheidend sind die Umstände des Einzelfalls; zu berücksichtigen ist dabei wiederum der Begriff der Sozialwidrigkeit des Verhaltens. Ist das Verhalten aus der Sicht der Solidargemeinschaft zu missbilligen, weil es sich um ein Fehlverhalten handelt, das die Zahlung steuerfinanzierter Leistungen auslöst, besteht eine hohe Wahrscheinlichkeit, dass dem Betroffenen kein wichtiger Grund zur Seite stand. Ist das Verhalten von der Rechtsordnung gebilligt, kann idR von einem wichtigen Grund ausgegangen werden.[66]

70 Sobald die Voraussetzungen vorliegen, tritt der **Ersatzanspruch kraft Gesetzes** ein und ist zwingend festzustellen. Allerdings ist das Jobcenter berechtigt, von einer Geltendmachung des Ersatzanspruchs abzusehen, wenn es für den Ersatzpflichtigen eine besondere Härte bedeuten würde (§ 34 Abs. 1 S. 3 SGB II). Dies kann vor allem dann sein, wenn absehbar ist, dass schon eine geringe Ratenzahlung die künftige Existenz der Bedarfsgemeinschaft unabhängig von SGB II-Leistungen ernsthaft gefährden würde (zB bei hoher Überschuldung). Allerdings genügt allein der Leistungsbezug nach SGB II noch nicht, um eine besondere Härte anzunehmen. Hier kann der Ersatzanspruch uU nach § 43 Abs. 1 S. 1 Nr. 2 SGB II mit dem Leistungsanspruch bis zu 30 % der maßgebenden Regelbedarfsleistung aufgerechnet werden.

71 Der Ersatzanspruch **erlischt innerhalb von drei Jahren** (§ 34 Abs. 3 SGB II). Bis zu diesem Zeitpunkt muss das Jobcenter seinen Ersatzanspruch geltend gemacht haben. Die Frist beginnt mit Ablauf des Jahres, in dem die Hilfe gewährt wurde, dh die Leistungen eingegangen sind. Sie läuft unabhängig davon, ob das Jobcenter Kenntnis des sozialwidrigen Verhaltens hatte; eine dem § 45 Abs. 4 SGB X entsprechende Vorschrift („innerhalb eines Jahres seit Kenntnis der Tatsachen“) wurde nicht in die Regelung aufgenommen. Die Vorschriften über Hemmung und Verjährung des Zivilrechts (§§ 203 ff BGB) gelten entsprechend.

Beispiele:

- Die Leistungen wurden am 30.11.2011 ausgezahlt. Die Erlöschensfrist beginnt am 1.1.2012. Das Jobcenter muss bis 31.12.2014 seinen Ersatzanspruch geltend gemacht haben.
- Die Leistungen für Januar 2012 werden am 27.12.2011 ausgezahlt. Die Erlöschensfrist beginnt am 1.1.2012 und endet am 31.12.2014.
- Die Leistungen für Dezember 2011 werden im Januar 2012 nachgezahlt. Die Erlöschensfrist beginnt am 1.1.2013 und endet am 31.12.2015.

72 Der Eintritt des Ersatzanspruchs und die Entscheidung über die Geltendmachung werden durch **Verwaltungsakt** des Jobcenters dem Ersatzpflichtigen bekannt gegeben. Gegenüber dem Leistungsberechtigten kann der Bewilligungsbescheid nach §§ 45, 48 SGB X aufgehoben und eine Erstattung nach § 50 SGB X gefordert werden. Die Erstattung ist allerdings nur gegenüber demjenigen geltend zu machen, der sowohl die Leistungsgewährung schuldhaft verursacht hat (zB durch falsche Angaben) als auch die Leistungen empfangen hat. Hat ein Dritter die Leistungsgewährung schuldhaft verur-

---

66 SG Freiburg 7.12.2009 – S 14 AS 4212/08 für den Fall einer Arbeitsaufgabe, weil der ungelernte Leistungsberechtigte eine Berufsausbildung aufgenommen hat oder LSG Berlin-Brandenburg 10.7.2007 – L 5 B 410/07 AS ER, L 5 B 410/07 für den Erwerb einer Eigentumswohnung.

sacht, kann gegen den Leistungsberechtigten keine Erstattung der Leistungen gefordert werden. Sieht das Jobcenter zunächst von der Geltendmachung des Ersatzanspruchs ab, wird die Ersatzpflicht dem Grunde nach durch Bescheid festgestellt und auf die möglicherweise spätere Geltendmachung hingewiesen.

Praxishinweis: Der feststellende Verwaltungsakt, der die Ersatzpflicht dem Grunde nach feststellt, aber noch keine Leistungen verlangt, unterbricht nicht die Erlöschensfrist zur Geltendmachung des Ersatzanspruchs.[67] Diese wird erst durch einen Leistungsbescheid unterbrochen, in dem die Ersatzforderung beziffert und dem Ersatzpflichtigen gegenüber durchgesetzt wird, entweder durch Zahlungsaufforderung oder durch Aufrechnungserklärung, und der der Erhebung einer Klage gleichsteht (§ 34 Abs. 3 S. 2 SGB II). Ist der Bescheid bestandskräftig, unterliegt er der 30-jährigen Verjährungsfrist (§§ 34 Abs. 2 S. 4, 52 Abs. 2 SGB X iVm § 197 BGB).

73 Widerspruch und Klage gegen den Leistungsbescheid haben **aufschiebende Wirkung** nach § 86 a Abs. 1 SGG. § 39 SGB II ist nicht anwendbar, weil es sich bei dem Ersatzanspruch nicht um die Aufhebung oder Zurücknahme von Leistungen der Grundsicherung für Arbeitsuchende handelt.

3. Ersatzansprüche nach § 34 a SGB II

74 § 34 a SGB II erfasst die Fälle, in denen **unrechtmäßig Leistungen** an Personen erbracht wurden. Ersatzpflichtig ist derjenige, der

- vorsätzlich oder grob fahrlässig (dh schuldhaft),
- Leistungen an einen Dritten
- rechtswidrig verursacht hat.

Dritte können Personen sein, die mit dem Ersatzpflichtigen in einer Bedarfsgemeinschaft leben, aber auch Personen außerhalb seiner Bedarfsgemeinschaft. Die Ersatzpflicht tritt auch ein, wenn der Verursacher minderjährig ist.

75 Erfasst werden die Fälle, in denen das schuldhafte Fehlverhalten einer Person zu **unrechtmäßigen Leistungszahlungen an einen Dritten** geführt hat; der Dritte war tatsächlich nicht oder in geringerem Umfang hilfebedürftig.

Beispiele (nach BA-FH):[68]

- Einkommen aus selbstständiger oder nichtselbstständiger Tätigkeit wurde verschwiegen,
- Angaben zu den Vermögensverhältnissen waren unvollständig oder falsch,
- ein Mietvertrag mit Verwandten wurde vorgetäuscht.

76 Die Vorschrift soll dem Leistungsträger ermöglichen, den Verursacher von rechtswidrigen Leistungen in Anspruch zu nehmen. Sie ergänzt damit die Vorschriften über die Rücknahme rechtswidriger Verwaltungsakte und die Erstattung unrechtmäßig erbrachter Leistungen nach dem SGB X. Der Verursacher rechtswidriger Leistungen soll diesbezüglich die gleiche Verantwortung haben wie der Empfänger der Leistungen, der sich einem Rückforderungsanspruch aus § 50 SGB X ausgesetzt sieht.[69] Gleichwohl ist es nicht zwingend, dass die Bewilligungsbescheide auch tatsächlich aufgehoben worden sind bzw dass ein Rückforderungsanspruch gegen den rechtswidrig begünstigten Leistungsempfänger geltend gemacht wurde. Der Ersatzanspruch nach § 34 a SGB II kann auch dann geltend gemacht werden, wenn die Bewilligung nicht aufgehoben wurde (zB weil das Vertrauen des Begünstigten schutzwürdig war). Wird sowohl der Ersatzanspruch nach § 34 SGB II als auch der Erstattungsanspruch nach § 50 SGB X geltend ge-

67 Vgl VG München 20.4.2000 – M 15 K 98.2884.
68 BA-FH zu §§ 34, 34 a SGB II Rn 34.13.
69 Dabei gilt bei der Rückforderung gegen Minderjährige das Privileg des § 1669 a BGB; die Haftung ist beschränkt auf das Vermögen, über welches das Kind zum Zeitpunkt der Volljährigkeit verfügt, vgl BSG 7.7.2011 – B 14 AS 153/10 R, B 14 AS 144/10 R.

macht, haften Verursacher und rechtswidrig begünstigter Leistungsempfänger als **Gesamtschuldner** (§ 34 a Abs. 4 SGB II).

77 Aus der Verbindung des Ersatzanspruchs nach § 34 a SGB II mit den §§ 45, 50 SGB X erklären sich auch die **Verjährungsfristen**. Nach § 34 a Abs. 2 SGB II verjährt der Ersatzanspruch in vier Jahren nach Ablauf des Kalenderjahres, in dem der Verwaltungsakt, mit dem die Erstattung der rechtswidrig erbrachten Leistungen nach § 50 SGB X gefordert wird, bestandskräftig geworden ist. In den Fällen, in denen kein Aufhebungsbescheid gegenüber dem Begünstigten ergangen ist, beginnt die vierjährige Verjährungsfrist mit dem Zeitpunkt, ab dem die Behörde Kenntnis von der Rechtswidrigkeit der Leistungen hatte. Die Vorschriften des BGB über die Verjährung sind anwendbar.

Beispiel: Der 42-jährige Leistungsempfänger verschweigt gegenüber dem Leistungsträger eine selbstständige Tätigkeit als Maler. Den Verdienst behält er „schwarz". Da das Jobcenter davon ausgeht, dass der Leistungsberechtigte hilfebedürftig ist, erhalten er und seine Familie ungekürzte Leistungen nach dem SGB II. Das Jobcenter erfährt im September 2011 von der Tätigkeit; es ergeht ein Aufhebungs- und Erstattungsbescheid am 16.12.2011. Dieser ist an alle Mitglieder der Bedarfsgemeinschaft gerichtet. Am 16.1.2012 ist die Widerspruchsfrist abgelaufen, der Bescheid wird bestandskräftig. Die Verjährungsfrist beginnt am 1.1.2013 und endet am 31.12.2016. Wurde gleichzeitig ein Ersatzanspruch nach § 34 a SGB II geltend gemacht, unterliegt dieser den gleichen Verjährungsfristen.

Praxishinweis: Der Ersatzanspruch nach § 34 a SGB II kann auch gegen einen (minderjährigen) Verursacher rechtswidriger Leistungen geltend gemacht werden, wenn aufgrund dessen Verhalten Leistungen an Dritte verursacht wurden. Der Anspruch ist neben, gemeinsam mit den allgemeinen Aufhebungsvorschriften des SGB X oder an deren Stelle anwendbar. Für die Erstattung der Ansprüche haften sowohl der rechtswidrig Begünstigte, gegenüber dem die Bewilligung aufgehoben wurde, als auch der Ersatzpflichtige als Gesamtschuldner.

4. Ersatzansprüche nach § 34 b SGB II

78 § 34 b SGB II stellt eine Sonderregelung dar, die mit den Ersatzansprüchen der Jobcenter nach sonstigen (nicht nach § 33 SGB II) Vorschriften verbunden ist. Er beinhaltet eine Erweiterung des Anspruchs des Jobcenters gegen einen anderen **vorrangig verpflichteten Leistungsträger**, wenn dieser Leistungen an die mit dem Leistungsempfänger in einer Bedarfsgemeinschaft lebenden Ehegatten oder Lebenspartner oder Kinder unter 25 Jahren zu erbringen gehabt hätte und damit der Bedarf der Bedarfsgemeinschaft im Bewilligungszeitraum geringer gewesen wäre. Der Ersatzanspruch erfasst allein Leistungen zur Sicherung des Lebensunterhalts nach Kapitel 3 Abschnitt 2.

79 Die Vorschrift ist vor allem deshalb notwendig, weil Erstattungsansprüche nach § 104 Abs. 1 SGB X, der sonst den Anspruch des nachrangig verpflichteten Leistungsträgers gegen den vorrangig verpflichteten Leistungsträger regelt, eine „Personenidentität" zwischen dem Anspruchsinhaber des anderen Sozialleistungsanspruchs und dem Empfänger der Grundsicherungsleistung voraussetzen. § 34 b SGB II hebt dieses **Erfordernis der Personenidentität** auf und ermöglicht dem Jobcenter so einen weiteren Rückgriff, der auch Mitglieder der Bedarfsgemeinschaft erfassen kann.[70]

80 Der Ersatzanspruch besteht nur, wenn es sich um Ansprüche handelt, die dem § 33 SGB II vorgehen. Dabei handelt sich idR um **gesetzliche Ersatz- und Erstattungsansprüche** gegen einen Anderen. Erstattungsansprüche gegen einen Leistungsträger für Leistungen, die dem Leistungsberechtigten selbst direkt erbracht werden, sind im SGB X (§§ 102–106) geregelt. Die Vorschrift findet deshalb Anwendung bei

- Erstattungsansprüchen gegen einen vorrangigen Leistungsträger nach den §§ 102–114 SGB X,

70 Vgl BAG 21.3.2012 – 5 AZR 61/11.

- Ansprüchen des Jobcenters, der SGB II-Leistungen während der Feststellung der Erwerbs- und Hilfebedürftigkeit nach § 44 a SGB II erbracht hat (§ 44 a Abs. 1 S. 7 SGB II iVm § 103 SGB X),
- Ansprüchen auf Arbeitsentgelt (§ 115 SGB X),
- Schadensersatzansprüchen (§ 116 SGB X),
- Kindergeldansprüchen (§ 74 EStG, § 46 AO)

die den nicht getrennt lebenden Ehegatten oder Lebenspartnern und deren unverheirateten unter 25-jährigen Kindern in der Bedarfsgemeinschaft des Leistungsberechtigten zustehen. Der Wortlaut erfasst nicht die Kinder des Leistungsberechtigten und nicht die ehe- oder partnerschaftsähnlichen Partner. Während davon ausgegangen wird, dass Kinder des Leistungsberechtigten trotz Nichtnennung erfasst werden, da es unwahrscheinlich erscheint, dass der Gesetzgeber zwar die Partnerkinder in den Ersatzanspruch einbeziehen wollte, die eigenen Kinder jedoch nicht, ist die Regelung **auf ehe- oder partnerschaftsähnliche Partner nicht anzuwenden.** Auch sonstige Mitglieder der Haushaltsgemeinschaft (§ 9 Abs. 5 SGB II) werden nicht erfasst.

Praxishinweis: Die Ersatzansprüche nach § 34 b SGB II eröffnen dem Jobcenter die Möglichkeit, sich nicht nur die Leistungen von anderen Sozialleistungsträgern, Arbeitgebern oder schadensersatzpflichtigen Personen erstatten zu lassen, die dem betroffenen Leistungsberechtigten unmittelbar zugestanden haben, sondern auch die Leistungen, die bestimmte Mitglieder seiner Bedarfsgemeinschaft bezogen haben.

IV. Erbenhaftung

81 Wie auch im Recht der Sozialhilfe (§ 102 SGB XII) ist der **Erbe des Leistungsempfängers** unter bestimmten Voraussetzungen zum Ersatz von erbrachten Leistungen verpflichtet. Erfasst werden wie bei den Ersatzansprüchen alle SGB II-Leistungen, einschl. der geleisteten Beiträge zur Kranken-, Pflege- und Rentenversicherung (§ 35 Abs. 1 S. 3 SGB II). Hintergrund dieser Regelung ist, dass die Vorschriften über den Vermögenseinsatz (§ 12 SGB II) zwar dem Leistungsberechtigten und den Mitgliedern seiner Bedarfsgemeinschaft einen gewissen Vermögensschutz gewähren, dies allerdings nicht dem Erben zugutekommen soll.

82 **Voraussetzungen** für die Haftung des Erben eines Leistungsempfängers sind nach § 35 SGB II, dass

1. die Leistungen innerhalb der letzten 10 Jahre vor dem Tod des Leistungsempfängers erbracht wurden und
2. den Betrag von 1.700 EUR übersteigen; der Freibetrag gilt auch bei mehreren Erben nur einmalig pro Erbfall.

   Praxishinweis: Ungeschriebene Voraussetzung der Erbenhaftung ist, dass die Leistungen rechtmäßig erbracht wurden.[71] Wurden die Leistungen nicht rechtmäßig bewilligt, besteht nur die Möglichkeit, die Erben nach den §§ 45, 50 SGB X in Anspruch zu nehmen. Die Prüfung, ob die Leistungen rechtmäßig bewilligt wurden, umfasst zB auch, ob das bestehende Vermögen des verstorbenen Leistungsempfängers zu Recht nach § 12 SGB II geschützt wurde. Wurde zB die Angemessenheit eines Hausratsgegenstands, eines Kfz oder eines Grundstücks zu Unrecht angenommen und wurden dadurch Leistungen mangels Hilfebedürftigkeit zu Unrecht gewährt, ist auch eine Erbenhaftung ausgeschlossen.

83 Ersatzpflichtig sind die **Erben des verstorbenen Leistungsberechtigten;** Miterben haften als Gesamtschuldner (§ 2058 BGB), dh jeder Miterbe kann grds. für den gesamten Forderungsbetrag in Anspruch genommen werden. Sind einzelne Erben aufgrund der Rege-

71 Bereits zu der vergleichbaren Vorschrift des § 92 c Abs. 1 S. 1 BSHG: BVerwG 21.10.1987 – 5 C 39/85; VGH Bayern 24.7.2003 – 12 B 01.1454 und 15.7.2003 – 12 B 99.1700.

lung des § 35 Abs. 2 SGB II privilegiert, haften die Miterben nur zu dem ihrem Erbteil entsprechenden Anteil. Ersatzpflichtig ist auch der (nicht befreite) Vorerbe (§ 2112 iVm §§ 2113–2115 BGB), der Verfügungsbeschränkungen im Hinblick auf die Nacherben unterliegt. In diesen Fällen muss der Nacherbe ggf in die Verfügung einwilligen, um die Ersatzpflicht zu erfüllen.[72]

84 Hat eine Person durch ein Testament lediglich einen bestimmten Vermögensvorteil erhalten, ohne dass sie als Erbe eingesetzt wurde, handelt es sich hierbei um ein **Vermächtnis**; der Vermächtnisnehmer ist kein Erbe. Zur Ersatzpflicht nicht herangezogen werden können darüber hinaus diejenigen Erben, die das Erbe form- und fristgerecht ausgeschlagen haben. Der Erbanfall gilt in diesen Fällen als nicht erfolgt (§ 1953 Abs. 1 BGB).

85 Die Ersatzpflicht beschränkt sich auf **den Wert des Nachlasses zum Zeitpunkt des Erbfalls** (§ 35 Abs. 1 S. 3 SGB II). Dieser wird ermittelt, indem das angefallene Aktivvermögen um die Nachlassverbindlichkeiten (§ 1967 Abs. 2 BGB, zB Schulden, Pflichtteile oder Vermächtnisse), einschl. der Kosten für eine angemessene Beerdigung (§ 1968 BGB) vermindert wird.[73] Ist der Nachlass im Vergleich zu den bestehenden Verbindlichkeiten nicht ausreichend, können sich die Erben auf Dürftigkeit des Nachlasses berufen. Veräußert der Erbe vor Inanspruchnahme durch das Jobcenter Teile des Erbes oder erhöht oder vermindert sich der Nachlass nach dem Zeitpunkt des Erbfalls (zB bei Aktien), so bleibt die Haftung dennoch in dem Umfang bestehen, der dem Wert des Nachlasses zum Zeitpunkt des Erbfalls entspricht. Hat der Erblasser eine Lebensversicherung unter Benennung einer bezugsberechtigten Person abgeschlossen, fallen die Ansprüche aus dieser Versicherung nicht in den Nachlass, es sei denn, der Bezugsberechtigte ist selbst Erbe.

86 Nach § 35 Abs. 2 SGB II ist der **Ersatzanspruch** gegen den Erben **nicht geltend zu machen**, wenn

1. der Nachlass insgesamt unter 15.500 EUR liegt und der Erbe der Partner des Leistungsberechtigten (Nr. 1 Alt. 1) war oder
2. der Nachlass insgesamt unter 15.5000 EUR liegt und der Erbe des Leistungsberechtigten mit diesem verwandt war und mit ihm dauerhaft in einer häuslichen Gemeinschaft gelebt und ihn gepflegt hat (Nr. 1 2. Alt.) oder
3. die Inanspruchnahme eine besondere Härte für den Erben bedeuten würde. (Nr. 2)

87 **Häusliche Gemeinschaft** meint dabei die Benutzung einer gemeinsamen Wohnung oder ein gemeinschaftliches Leben in einem Haus. Eine **Pflegetätigkeit** liegt vor, wenn der Hilfeempfänger nach § 61 SGB XII leistungsberechtigt gewesen wäre oder gewesen war; eine Pflegestufe nach dem SGB XI muss nicht vorgelegen haben. Dabei gibt es keine konkrete Dauer, wie lange der Erbe den Leistungsberechtigten gepflegt haben muss; es darf allein „nicht nur vorübergehend" gewesen sein. Häusliche Gemeinschaft und Pflege müssen bis zum Tod vorgelegen haben; dabei ist nicht entscheidend, ob der Leis-

72 Vgl BVerwG 23.9.1982 – 5 C 109/81. Inwiefern die Grundsätze des BGH zum sog. Behindertentestament übertragbar sind (vgl BGH 21.3.1990 – IV ZR 169/89 und 20.10.1993 – IV ZR 231/92) ist im Zusammenhang mit der Ersatzpflicht des Erben noch nicht geklärt worden; diese Fälle wurden idR im Zusammenhang mit der Erbschaft eines Hilfeempfängers selbst entschieden. Der BGH hat in diesen Fällen ein Testament nicht als sittenwidrig betrachtet, wenn der behinderte Mensch, der Sozialhilfeleistungen erhält, als nicht befreiter Vorerbe über die Erbschaft nicht verfügen und dadurch der Sozialhilfeträger seinen Kostenersatzanspruch nicht durchsetzen kann. Die Grundsätze sind jedenfalls nicht übertragbar, wenn es sich um einen nicht behinderten Erben handelt, SG Dortmund 25.9.2009 – S 29 AS 309/09 ER.

73 Zu den Schulden des Erblassers können zB zu seinen Lebzeiten begründete vertragliche, gesetzliche oder außervertragliche Verpflichtungen gehören (zB Steuerschulden, Schulden aus Verträgen, Prozesskosten, Unterhaltsansprüche, Ansprüche aus Bürgschaften usw.). Erbfallschulden sind Verbindlichkeiten, die aus Anlass des Todes entstehen und vom Erbe zu tragen sind.

tungsberechtigte vor seinem Tod noch im Krankenhaus war. Der Freibetrag von 15.500 EUR EUR wird nur einmal pro Erbfall gewährt, auch wenn mehrere Erben den Tatbestand der Privilegierung erfüllen. In diesen Fällen wird der Freibetrag unter den Berechtigten entsprechend ihren Erbanteilen aufgeteilt.

88 Eine Privilegierung des Erben liegt auch vor, wenn die Inanspruchnahme eine **besondere Härte** darstellt. Die Härte, die von Amts wegen geprüft werden muss, muss schwerwiegend sein; sie umfasst grds. nur atypische Fälle mit Ausnahmecharakter.

Praxishinweis: Eine besondere Härte kann bei sämtlichen Erben angenommen werden, auch bei denen die bereits nach § 35 Abs. 2 Nr. 1 SGB II privilegiert sind. In diesen Fällen ist das Erbe ggf über die 15.500 EUR hinaus geschützt.

Erfasst werden aber auch Erben, die nicht mit dem Erblasser verwandt waren (zB Schwiegertochter) oder nicht in einer häuslichen Gemeinschaft mit ihm gelebt haben. Dies gilt ebenso, wenn die Witwe eines Hilfeempfängers, die selbst keine SGB II-Leistungen erhält, das mit dem Erblasser gemeinsam bewohnte (angemessene) Einfamilienhaus weiter bewohnt und nun dieses – da sie selbst als Nichtleistungsempfängerin keinen Anspruch auf Schonvermögen hat – ihrer Ersatzpflicht mit der Verwertung dieses Hauses nachkommen müsste.

89 Der Anspruch gegen den Erben erlischt nach § 35 Abs. 3 SGB II **drei Jahre nach dem Tod**; dabei richten sich die Fristen nach den Verjährungsvorschriften des BGB.

90 Die Geltendmachung des Ersatzanspruchs gegen den Erben ist **keine Ermessensentscheidung** des Jobcenters. Dennoch ist die Nachforschung, ob und wer Erbe des Leistungsberechtigten ist, wie hoch der Nachlass ist, die Berücksichtigung der zehn Jahre vor dem Erbfall usw sehr aufwendig, so dass häufig nur bei klaren Erbschaften (zB Vererbung eines Hausgrundstücks oder Kfz) eine Inanspruchnahme auch tatsächlich stattfindet.

91 Der Anspruch muss durch **Leistungsbescheid** geltend gemacht werden. Widerspruch und Klage gegen diesen Bescheid haben aufschiebende Wirkung; eine Aufrechnung nach § 43 SGB II kommt nicht in Betracht.

I. Bescheid und Rechtsmittel

I. Bescheid und andere behördliche Entscheidungen

1. Ende des Verwaltungsverfahrens

1 Nach dem Ende der notwendigen Ermittlungen im Verwaltungsverfahren trifft das Jobcenter eine **Entscheidung in Form eines Verwaltungsakts bzw eines Bescheids**, der idR schriftlich ergeht. Der Bescheid muss hinsichtlich aller wesentlichen tatsächlichen und rechtlichen Umstände begründet und mit einer Rechtsmittelbelehrung versehen sein. Handelt es sich um eine Ermessensentscheidung, müssen alle Gesichtspunkte dargelegt werden, die zu der getroffenen Entscheidung geführt haben. Allerdings bedarf es keiner Begründung, wenn die beantragte Leistung gewährt wird (§ 35 Abs. 2 Nr. 1 SGB X).

2 Als Verwaltungsakt ergehen nicht nur die Gewährung oder Ablehnung der beantragten Grundsicherungsleistungen, sondern auch zB die Ersetzung der Eingliederungsvereinbarung durch Verwaltungsakt gem. § 15 Abs. 1 S. 5 SGB II oder die Absenkung oder der Wegfall von Alg II oder Sozialgeld gem. §§ 31, 32 SGB II. Auch hier sind Begründung und Rechtsmittelbelehrung zwingend.

2. Allgemeines

a) Behördliche Entscheidungen im Überblick

3 Das SGB II enthält eine Vielzahl **verwaltungsrechtlich möglicher Handlungsformen**. Sie reichen vom schlichten Verwaltungshandeln (insb. Beratungs- und Auskunftspflichten) über einseitige hoheitliche Entscheidungen, dh Verwaltungsakte bzw Bescheide (insb. Leistungs- und Sanktionsbescheide) bis hin zu der Möglichkeit des öffentlich-rechtlichen Vertrags wie im Falle der Eingliederungsvereinbarung oder Darlehensvereinbarungen. Bei einigen Vorschriften, insb. denjenigen, die im Abschnitt 2 Unterabschnitt 6 (Verpflichtungen Anderer) geregelt sind, treten die Rechtsfolgen kraft Gesetzes ein; hier bedarf es häufig keiner besonderen behördlichen Entscheidung.

4 Die häufigste Form der behördlichen Entscheidung ist der **Verwaltungsakt** oder Bescheid. Er ist in § 31 SGB X geregelt und wird bei sämtlichen Leistungsbescheiden, Sanktionsmaßnahmen oder bei der Aufhebung von Leistungen und Erstattungsansprüchen angewendet. Verwaltungsakte unterliegen bestimmten Formvorschriften (§§ 31 ff SGB X). Wichtig ist, dass die Regelung bzw der Entscheidungstenor das gesamte laufende Verwaltungsverfahren abschließen muss, dh der Bescheid ist daraufhin zu überprüfen, ob alle gegenständlichen Sachverhalte tatsächlich berücksichtigt wurden. Werden bestimmte – vor allem bei komplexeren Sachverhalten mögliche – Gegenstände nicht mit geregelt, ist diesbezüglich das Verfahren noch nicht abgeschlossen. Verwaltungsakte können für den Antragsteller begünstigend bzw rechtlich vorteilhaft (zB Bewilligungsbescheid), belastend oder rechtlich nachteilig (zB Sanktions- oder Leistungsablehnungsbescheid) oder auch von feststellenden Charakter (zB Feststellungen über die Erwerbsfähigkeit) sein.

5 **Nicht konkretisierte Vermittlungsangebote** in Eingliederungsleistungen oder Arbeitsgelegenheiten mit Mehraufwandsentschädigung sind **keine Verwaltungsakte**, da sie noch nicht unmittelbare Rechtswirkungen entfalten, die mit Verwaltungszwang durchsetzbar wären.[1] Diese sind zu unterscheiden von konkreten Zuweisungen zu einer bestimmten

1 So BSG 21.10.2003 – B 7 AL 82/03 B für Beschäftigungsangebote nach dem SGB III, ihm folgend für Angebote von Arbeitsgelegenheiten nach dem SGB II LSG Baden-Württemberg 2.11.2009 – L 1 AS 746/09, ebenso LSG Berlin-Brandenburg 20.10.2009 – L 34 AS 1301/09 B PKH und LSG Hamburg 8.3.2006 – L 5 B 344/05 ER AS.

Arbeitsgelegenheit. „Die Zuweisung bestimmt vielmehr abschließend gegenüber dem Hilfebedürftigen, welche Leistungen zu seiner Eingliederung in Arbeit vorgesehen sind, damit er auf dieser Grundlage seine Entscheidung über die Teilnahme an der Maßnahme treffen kann.“ [2] Diese Zuweisung ist ein Verwaltungsakt. Die Aufforderung des Jobcenters an den Leistungsempfänger, seinen Mitwirkungspflichten nachzukommen, ist hingegen kein Verwaltungsakt.

6 Verwaltungsakte müssen eine **eindeutige Regelung** treffen, dh bestimmt iSd § 33 Abs. 1 SGB X sein. Dabei genügt es, dass aus den Umständen oder dem Gesamtzusammenhang der Regelungsgehalt erkennbar ist.

Praxishinweis: An der mangelnden Bestimmtheit scheitern häufig Bescheide, die bewilligte Leistungen aufheben und erbrachte Leistungen zurückfordern (§§ 45, 48, 50 SGB X). Sie stellen dann ein besonderes Problem dar, wenn Leistungen an eine Bedarfsgemeinschaft geflossen sind. Die Aufhebungs- und Erstattungsbescheide müssen die einzelnen individuellen Ansprüche der Mitglieder der Bedarfsgemeinschaft berücksichtigen und dafür eine „spiegelbildliche“ Rückabwicklung der Bewilligungsbescheide dergestalt enthalten, dass aus ihnen genau hervorgeht, in welcher Höhe für jeden Monat die Leistungen gegenüber jedem betroffenen Leistungsberechtigten aufgehoben bzw zurückgenommen werden.[3] Eine Ausnahme gilt nur bei vollständiger Leistungsaufhebung.

Das Bestimmtheitserfordernis ist Voraussetzung der materiellen Rechtmäßigkeit dieses Bescheids; eine Heilung des rechtswidrigen Rückforderungsbescheids nach § 41 Abs. 2 SGB X kommt daher nicht in Betracht.[4]

7 Verwaltungsakte können **Nebenbestimmungen** gem. § 32 SGB X enthalten. Nebenbestimmungen sind Befristungen, Bedingungen, Widerrufsvorbehalte, Auflagen und Auflagenvorbehalte. Sie sind bei Leistungen, auf die ein Rechtsanspruch besteht, nur zulässig, wenn die entsprechende Rechtsvorschrift, dies ausdrücklich zulässt (zB § 15 Abs. 3 SGB II) oder wenn sie sicherstellen, dass die gesetzlichen Voraussetzungen des Verwaltungsakts erfüllt werden (§ 32 Abs. 1 SGB X). Bei Ermessensleistungen (zB Eingliederungsleistungen) können Nebenbestimmungen den Verwaltungsakt immer ergänzen. Allerdings müssen Nebenbestimmungen auch bei Ermessensentscheidungen ermessensfehlerfrei erlassen werden.

8 Ein schriftlicher Verwaltungsakt muss begründet sein (§ 35 SGB X). Die **Begründung** muss die wesentlichen tatsächlichen und rechtlichen Gründe mitteilen, die die Behörde zur Entscheidung bewogen haben. Die Begründung ist nicht erforderlich, wenn die Behörde dem Antrag des Adressaten in vollem Umfang nachgekommen ist. Im Unterschied zum Erfordernis der Bestimmtheit kann die fehlende Begründung nachgeholt werden; mit der Heilung dieses Formfehlers ist der Verwaltungsakt jedenfalls nicht mehr aus diesen Gründen rechtswidrig.

9 Dem Verwaltungsakt muss eine **Rechtsbehelfsbelehrung** beigefügt werden (§ 36 SGB X). Fehlt diese, beginnt die Rechtsbehelfsfrist, die idR einen Monat beträgt, nicht zu laufen. Eine fehlende oder falsche Rechtsbehelfsbelehrung erweitert die Rechtsbehelfsfrist auf ein Jahr ab Bekanntgabe des Verwaltungsakts (§ 66 Abs. 2 SGG). Die Rechtsbehelfsfrist beginnt nach Bekanntgabe des Verwaltungsakts (§ 37 SGB X).[5]

2 BSG 13.4.2011 – B 14 AS 101/10 R.

3 SG Duisburg 3.12.2009 – S 31 AS 159/08; LSG NRW 13.9.2007 – L 20 B 152/07 AS ER und 26.11.2007 – L 7 B 258/07 AS ER; LSG Rheinland-Pfalz 30.3.2010 – L 3 AS 138/08; LSG Berlin-Brandenburg 4.11.2008 – L 25 B 411/08 AS PKH.

4 Allerdings könnte das Jobcenter die Bestimmtheit im Widerspruchsbescheid nachholen oder einen weiteren Verwaltungsakt erlassen, der den Anforderungen des § 33 Abs. 1 SGB II genügt, SG Duisburg 3.12.2009 – S 31 AS 159/08.

5 Wurde der Bescheid schriftlich zur Post aufgegeben und ist mittels Poststempel der genaue Eingang beim Adressaten nicht mehr nach vollziehbar, gilt die gesetzliche Fiktion nach § 37 Abs. 2 SGB X, der Verwaltungsakt gilt drei Tage nach der Aufgabe zur Post als bekanntgegeben.

Praxishinweis: Ist der Verwaltungsakt dem Adressaten bekannt gegeben, dann bindet er materiell die Behörde. Will sie ihn innerhalb der Widerspruchsfrist dennoch ändern, darf sie das nur unter den Voraussetzungen der §§ 44 ff SGB X.[6]

10 Durch Aufnahme einer Eingliederungsvereinbarung gem. § 15 SGB II in die Grundsicherung für Arbeitsuchende hat der Gesetzgeber die Form des **öffentlich-rechtlichen Vertrags** gewählt, der die Rechtsbeziehung zwischen Leistungsträger und Leistungsberechtigten, einschl. dessen zugehöriger Bedarfsgemeinschaft, regeln kann. Er unterliegt den Vorschriften der §§ 53 ff SGB X. Öffentlich-rechtliche Verträge können darüber hinaus im SGB II zwischen Leistungsträger und Erbringern von Leistungen (zB Maßnahmeträgern, § 17 SGB II) oder können zur Rückabwicklung von Darlehen nach Beendigung des Leistungsbezugs (§ 42 a Abs. 4 SGB II) geschlossen werden.

b) Ermessens- und Anspruchsleistungen

11 Das SGB II kennt Leistungen, auf die der Leistungsberechtigte bei Vorliegen der Voraussetzungen Anspruch hat (**Anspruchsleistungen**) und Leistungen, deren Gewährung im Ermessen des Jobcenters liegen (**Ermessensleistungen**). Bei einer Ermessenleistung verfügt die Behörde über einen gewissen Handlungsspielraum auf der Rechtsfolgenseite. Sie ist in diesen Fällen frei, zwischen mehreren vom Gesetz als rechtmäßig angesehenen Entscheidungen zu wählen.[7] Gesetzestechnisch wird das Ermessen häufig durch Ausdrücke wie „kann“, „darf“ oder „soll“ angeordnet.

12 Das Ermessen dient in erster Linie der Einzelfallgerechtigkeit. Es soll Behörden in die Lage versetzen, die Umstände des Einzelfalls unter Beachtung der gesetzlichen Zielvorgaben bei der Leistungsentscheidung zu berücksichtigen. Es kann sich auf zwei verschiedene Entscheidungskomplexe beziehen: ob die Leistung überhaupt gewährt wird und wie die konkrete Ausgestaltung der Leistung gestaltet ist (**Entschließungs- und Auswahlermessen**).

13 Allerdings bedeutet Ermessen nicht, dass die Behörde in ihrer Entscheidung völlig frei ist. Vielmehr haben Behörden ihr **Ermessen pflichtgemäß auszuüben** (§ 39 Abs. 1 S. 1 SGB I), entsprechend dem Zweck der Vorschrift[8] und innerhalb der gesetzlichen Grenzen. Der Antragsteller hat auf das pflichtgemäße Ausüben des Ermessens einen Anspruch (§ 39 Abs. 1 S. 2 SGB I).

14 Bei der gerichtlichen Überprüfung von Ermessenentscheidungen dürfen die Gerichte ihr eigenes Ermessen nicht an die Stelle des behördlichen Ermessens stellen. Es findet nur eine Rechtskontrolle, aber keine Zweckmäßigkeitsprüfung statt. Die Sozialgerichte prüfen daher nach § 54 Abs. 2 S. 2 SGG nur **Ermessensfehler**. Danach stellen sie fest,

- ob die Behörde überhaupt von ihrem Ermessen Gebrauch gemacht hat oder ihr Ermessen zu eng eingeschätzt hat (Ermessensnichtgebrauch oder -ausfall),[9]
- ob die Behörde die gesetzlichen Grenzen des Ermessens überschritten hat (Ermessensüberschreitung) oder
- ob die Behörde von dem Ermessen in einer Weise Gebrauch gemacht hat, die mit dem Zweck der Ermessensermächtigung nicht im Einklang steht (Ermessensfehlgebrauch).

Kommt das SG zu dem Ergebnis, dass ein Ermessensfehler vorliegt, hebt es den belastenden Verwaltungsakt auf. Wenn eine bestimmte Ermessensleistung begehrt wird, ver-

6 Vgl BSG 27.2.2008 – B 14 AS 23/07 R.
7 *Keller* in: Meyer-Ladewig SGG § 54 Rn 25.
8 Bei den Leistungen zur Eingliederung in Arbeit, deren Gewährung fast ausschließlich im Ermessen des Jobcenters liegt, sieht § 3 SGB II bestimmte Leistungsgrundsätze vor, die bei der Entscheidung berücksichtigt werden müssen.
9 Vgl LSG Sachsen 1.11.2007 – L § AS 60/07.

pflichtet es die Behörde zur Neubescheidung (sog. Bescheidungsurteil, § 131 Abs. 3 SGG).

Ermessensvorschriften können – trotz relativer Entscheidungsfreiheit des Jobcenters – **begrenzt** sein. Dabei handelt es um Vorschriften, die **15**

- ein beschränktes Ermessen oder
- ein intendiertes Ermessen vorsehen oder
- bei denen aufgrund der individuellen Situation eine Ermessensreduktion auf Null angezeigt ist.

Bei einem **beschränkten Ermessen** reduziert das Gesetz die Ermessensausübung der Jobcenter auf bestimmte Entscheidungsmöglichkeiten bzw einen bestimmten Entscheidungsspielraum. **16**

Beispiel für ein gesetzlich reduziertes Ermessen: § 16 b Abs. 2 S. 1 SGB II. Das Einstiegsgeld wird für höchstens 24 Monate erbracht. Hierdurch wird das Auswahlermessen hinsichtlich der Förderdauer auf maximal 24 Monate begrenzt; es kann gleichwohl auch weniger als 24 Monate bewilligt werden. Das Jobcenter würde ermessensfehlerhaft handeln, wenn es sich nicht an die Förderobergrenze halten würde (Ermessensüberschreitung). Ebenso ermessensfehlerhaft würde es handeln, wenn es das Einstiegsgeld in jedem Förderfall auf 24 Monate begrenzt und damit sein beschränktes Ermessen überhaupt nicht ausübt (Ermessensnichtgebrauch).

Bei einem **intendierten Ermessen** schreibt das Gesetz für Regelfälle eine bestimmte Rechtsfolge vor und bringt damit zum Ausdruck, dass die Jobcenter nur in begründeten Ausnahmefällen eine abweichende Entscheidung treffen können. **17**

Beispiel für ein gesetzlich intendiertes Ermessen: § 16 g Abs. 1 S. 2 SGB II. Die Vorschrift erlaubt die Fortsetzung der Förderung, auch wenn die Hilfebedürftigkeit des erwerbsfähigen Leistungsberechtigten während der Maßnahme entfällt. Nach Satz 2 „soll" die Förderung als Darlehen erbracht werden. Hierdurch stellt das Gesetz klar, dass das Auswahlermessen der Jobcenter im Regelfall auf die Weiterförderung in Form eines Darlehens beschränkt ist. Durch die Verwendung des Wortes „soll" macht das Gesetz aber gleichzeitig deutlich, dass die Weiterförderung in begründeten Ausnahmefällen auch als verlorener Zuschuss gewährt werden kann. Derartige „Soll"-Vorschriften stellen häufig ein intendiertes Ermessen dar.

Eine **Ermessensreduktion auf Null** liegt vor, wenn nur eine Entscheidung ermessensfehlerfrei und alle anderen Entscheidungen ermessensfehlerhaft wären. In diesen Fällen besteht, obwohl das Gesetz ein Ermessen der Behörde eröffnet, faktisch ein Anspruch auf die Leistung. Eine Ermessensreduzierung auf Null liegt nur sehr selten vor und kann sich insb. durch die Einwirkung von Grundrechten und anderen Verfassungsgrundsätzen ergeben. **18**

Praxishinweis: Ob eine Anspruchs- oder Ermessensleistung vorliegt, ergibt sich idR schon aus dem Wortlaut der betreffenden Vorschrift. Während bei Verwendung des Indikativs in der Rechtsfolge grds. von einer Anspruchsleistung ausgegangen werden kann („hat Anspruch"), weisen Wörter wie „kann", „soll", „darf", „nach pflichtgemäßen Ermessen", „ist befugt" usw auf eine Ermessensleistung hin. Der Leistungsberechtigte hat bei Ermessensleistungen keinen Anspruch auf eine bestimmte Leistung (außer in den seltenen Fällen einer Ermessensreduktion auf Null), sondern lediglich auf die pflichtgemäße Ausübung des Ermessens. Die Gerichte überprüfen Bescheide, die über Ermessensleistungen entscheiden, grds. nur auf Ermessensfehler. Das Urteil ergeht im Erfolgsfall als Bescheidungsurteil, dh die Behörde wird verpflichtet, unter Berücksichtigung der Rechtsauffassung des Gerichts einen neuen Bescheid zu erlassen.

3. Bewilligungszeitraum

Die SGB II-Leistungen werden jeweils **für sechs Monate** bewilligt und **monatlich im Voraus** erbracht (§ 41 Abs. 1 S. 4 SGB II). Die Erbringung im Voraus soll sicherstellen, dass dem Leistungsberechtigten die Geldleistung am ersten Arbeitstag des laufenden **19**

Monats zur Verfügung steht. Es handelt sich bei den Bewilligungsbescheiden um Verwaltungsakte mit Dauerwirkung, die für die Dauer der Bewilligung gelten. Das bedeutet, dass sie nur – abgesehen von einer vorläufigen Zahlungseinstellung (§ 40 Abs. 1 Nr. 2 SGB II iVm § 331 SGB III) – nur nach §§ 45, 48 SGB X zurückgenommen werden können.

20 § 41 Abs. 1 S. 4 SGB II ist als Soll-Vorschrift konzipiert. Das bedeutet, dass das Jobcenter **unter besonderen Umständen** davon **abweichen** kann.[10] Ist zB erkennbar, dass die Hilfebedürftigkeit des Antragstellers bereits vor Ablauf der sechsmonatigen Regelbewilligungsfrist wegfällt oder sind andere besondere Umstände erkennbar, die eine Verkürzung rechtfertigen (zB ständiger Ortswechsel bei Nichtsesshaften oder unwirtschaftliches Verhalten), kann das Jobcenter die Leistungen auch für einen kürzeren Zeitraum bewilligen. Das hat zur Folge, dass der notwendige Folgeantrag auch entsprechend früher gestellt werden muss. Andererseits kann der Bewilligungszeitraum innerhalb eines Kalendermonats beginnen, da die Leistungen auch anteilig erbracht werden können (§ 41 Abs. 1 S. 3 SGB II); dann wird entsprechend die Sechsmonatsfrist erweitert oder auf fünf Monate verkürzt.

21 In Ausnahmefällen kann der Bewilligungszeitraum allerdings auch **über die Sechsmonatsfrist** hinaus **verlängert** werden (§ 41 Abs. 1 S. 5 SGB II) und zwar auf bis zu zwölf Monate, wenn eine Veränderung der Verhältnisse nicht zu erwarten ist. Dies kommt dann in Betracht, wenn

- keinerlei Einkommen anzurechnen ist,
- auf längere Zeit keine Erwerbstätigkeit zumutbar ist (zB für eine alleinerziehende Mutter mit einem Kleinkind oder Pflegepersonen) oder
- im Fall der sog. 58er-Regelung (Besitzschutzregelung nach § 65 Abs. 4 SGB II).

22 Der Zeitraum für die Bewilligung der Eingliederungsleistung entspricht dem Bedarf an Eingliederung und den Vorgaben in der Eingliederungsvereinbarung, dh idR sechs Monaten. Das Einstiegsgeld nach § 16 b SGB II wird nach § 16 b Abs. 2 SGB II für längstens 24 Monate erbracht.

23 Ist der Bewilligungszeitraum abgelaufen, erfolgt eine **neue Bedarfsprüfung**, die einen neuen – rechtzeitig zu stellenden – Antrag erfordert.[11] Auf diese Weise besteht die Möglichkeit, in regelmäßigen Abständen die Hilfebedürftigkeit des Leistungsberechtigten zu überprüfen; ein Erstantrag wirkt jedenfalls nicht über den bewilligten Zeitraum hinaus.[12]

Praxishinweis: Der Bewilligungszeitraum hat auch eine besondere Bedeutung für das Klage- oder Widerspruchsverfahren. Entgegen der sonstigen Regelungen des SGG (§ 86 für das Widerspruchs-, § 96 für das Klageverfahren) erstreckt sich das Verfahren nicht auf die nach der Eröffnung dieser Verfahren ergangenen Verwaltungsakte, sofern sie über den Zeitraum hinausgehen, für den ursprünglich Leistungen beantragt wurden.[13] Nur wenn das Jobcenter Leistungen nach dem SGB II vollständig abgelehnt hat, wird im Klageverfahren auch der weitere Leistungszeitraum bis zum Zeitpunkt der letzten mündlichen Verhandlung vor dem Tatsachengericht (idR LSG) mit berücksichtigt.[14]

Der Leistungsberechtigte muss somit gegen jeden Leistungsbescheid, der Leistungen nicht im vollen, beantragten Umfang für einen bestimmten Zeitraum bewilligt (zB weil das Einkommen höher angesetzt oder Vermögen berücksichtigt wurde), gesondert mit Rechtsmitteln vorgehen.

10 Vgl LSG NRW 13.2.2008 – L 20 B 236/07 AS und L 20 B 235/07 AS ER.
11 BSG 18.1.2011 – B 4 AS 99/10 R. Die Versäumung der rechtzeitigen Antragstellung kann auch nicht durch einen Antrag auf Wiedereinsetzung in den vorigen Stand ausgeglichen werden.
12 LSG NRW 11.5.2010 – L 6 AS 40/09.
13 BSG 7.11.2006 – B 7 b AS 14/06 R; LSG NRW 11.5.2010 – L 6 AS 40/09.
14 BSG 30.9.2008 – B 4 AS 29/07 R.

Nur wenn die Leistungen vollständig abgelehnt wurden, dann besteht die Möglichkeit, die Ablehnungsbescheide mit in das laufende Verfahren einzubeziehen

4. Berechnung von Leistungen

24 Nach § 41 Abs. 1 S. 1 SGB II besteht der Anspruch auf Leistungen zur Sicherung des Lebensunterhalts **für jeden Kalendertag.** Ein Monat wird mit 30 Tagen angesetzt (Satz 2). Das stellt sicher, dass in jedem Monat, für den vollständig Leistungen gewährt werden, der gleiche Betrag ausgezahlt wird und nicht monatlich eine Neuberechnung notwendig wird. Darüber hinaus erleichtert die monatliche Berechnung die Berücksichtigung von Erwerbseinkommen, welches idR auch monatlich ausgewiesen ist. Auf diese Weise kann der Zufluss von Einkommen in einem Monat am besten berücksichtigt werden.[15]

25 Nach § 37 Abs. 2 S. 1 SGB II werden Leistungen erst **ab dem Tag der Antragstellung** erbracht. Allerdings wirkt ein Antrag auf Leistungen zur Sicherung des Lebensunterhalts auf den Monatsersten zurück (§ 37 Abs. 2 S. 2 SGB II). Damit kann ein Leistungsberechtigter auch am Ende eines Monats noch die Leistungen für den gesamten Monat beantragen und erhalten.

26 Es besteht indessen die Möglichkeit, dass **innerhalb eines Monats** im Bewilligungszeitraum **Änderungen** eintreten, zB Geburtstage, die Einfluss auf die Höhe der Regelbedarfsleistung haben (zB Vollendung des 14. Lebensjahres), die Geburt eines Kindes in der Bedarfsgemeinschaft, Schwangerschaften usw. In diesen Fällen müssen die Anspruchstage ab der Änderung bis zum 30. eines Monats berechnet werden.

Beispiel: Ein leistungsberechtigter Sozialgeldempfänger wird am 15.2. 14 Jahre alt. Er erhält von 1.–14.2. 14/30 des Regelsatzes nach § 23 Nr. 1 iVm § 77 Abs. 4 Nr. 3 SGB II, also 118 EUR (kalendertägliche Leistung bei 251 EUR Regelsatz = 14 x 8,40 EUR). Für den verbleibenden Monat erhält er 16/30 des Regelsatzes nach § 23 Nr. 1 iVm § 77 Abs. 4 Nr. 4 SGB II, also 154 EUR (kalendertägliche Leistung bei 287 EUR Regelsatz = 9,60 EUR). Dass der Februar nur 28 oder 29 Tage hat, spielt keine Rolle. Fällt der Geburtstag auf einen 31. eines Monat bekommt er 29 Tage den ursprünglichen Regelsatz und für einen Tag den geänderten Regelsatzanteil.[16]

27 Umgekehrt kann auch der **Wegfall der Anspruchsvoraussetzungen** kalendertäglich berechnet werden. Entsprechende Teilleistungsbeträge werden dann zurückgefordert.

28 Geldleistungsbeträge werden **bis auf zwei Dezimalstellen berechnet,** sofern es hiervon keine Abweichungen gibt (§ 41 Abs. 2 SGB II).[17] Bei einer auf Dezimalstellen durchgeführten Berechnung wird die letzte Dezimalstelle um eins erhöht, wenn in der folgenden Dezimalstelle eine Zahl zwischen 5 und 9 steht.

Praxishinweis: Die Berechnung der Leistungen erfolgt kalendertäglich. Bei einem Antrag, der erst im Laufe eines Monats gestellt wird, wirkt die Antragstellung auf den ersten des Monats zurück. Das hat einerseits den Vorteil, dass ein Leistungsberechtigter auch bei später Antragstellung noch Leistungen für den gesamten Monat bekommt, andererseits entfallen auch Gestaltungsmöglichkeiten, wie zB eine Antragstellung erst nach einem erwarteten Zahlungseingang mit der Folge, dass diese Zahlung dann als Einkommen und nicht als Vermögen gewertet wird.

Änderungen, die den Leistungsanspruch innerhalb eines Monats erhöhen, senken oder entfallen lassen, werden jedoch nach wie vor kalendertäglich berücksichtigt.

15 BSG 27.1.2009 – B 14/7 b AS 14/07 R.
16 BA-FH § 41 SGB II Rn 41.4.
17 Die früher geltende Rundungsvorschrift gilt nach der Übergangsvorschrift des § 77 Abs. 5 SGB II noch bis zum 31.12.2011 für Leistungen nach § 21 SGB II.

5. Auszahlung der Geldleistungen

29 Die Geldleistungen der Grundsicherung für Arbeitsuchende werden **grds. unbar** auf das im Antrag angegebene inländische Konto bei einem Geldinstitut überwiesen (§ 42 SGB II). Ein Konto im Ausland ist nicht zulässig, ggf muss ein Konto zum Empfang der Leistungen eingerichtet werden. Der Leistungsberechtigte muss selbst Kontoinhaber, oder zumindest Mitinhaber des Kontos sein. Die Vorschrift ist zu § 47 SGB I, der ebenfalls die Auszahlung von Geldleistungen regelt, die speziellere Vorschrift.

30 Gleichwohl besteht die Möglichkeit, dass die Geldleistung an den Wohnsitz oder gewöhnlichen Aufenthalt des Berechtigten übermittelt wird (Barauszahlung in Form der sog. **Zahlungsanweisung zur Verrechnung**). Auch darauf hat der Leistungsberechtigte einen Anspruch. Allerdings werden in diesen Fällen die dadurch veranlassten Kosten abgezogen, es sei denn, der Berechtigte weist nach, dass ihm die Einrichtung eines Kontos bei einem Geldinstitut ohne eigenes Verschulden nicht möglich ist (zB bei vorangegangener Überschuldung). Im Falle einer Bauauszahlung durch Zahlungsanweisung zur Verrechnung entstehen folgende zusätzliche Kosten.

Zahlungsbetrag in EUR	Gebühr in EUR
bis 50	3,50
von 50,01 bis 250,00	4,00
von 250,01 bis 500,00	5,00
von 500,01 bis 1.000,00	6,00
von 1.000,01 bis 1.500,00	7,50

Einzelne Leistungsbeträge, die unter einem Wert von 10 EUR liegen, werden nicht ausgezahlt, sondern so lange angesammelt, bis dieser **Bagatellbetrag** überschritten ist. Wenn allerdings schon länger als sechs Monate keine Zahlung erfolgt ist, wird auch ein Betrag von unter 10 EUR ausgezahlt. Hinzu kommen 2,10 EUR als Grundentgelt, welches sofort von der Geldleistung abgezogen wird.

Praxishinweis: Der Abzug der Kosten vom Zahlbetrag für die Übermittlung an den Wohnsitz oder gewöhnlichen Aufenthalt ist ein Verwaltungsakt in Form einer Aufrechnung und kann dementsprechend mit Widerspruch und Anfechtungsklage, die jeweils aufschiebende Wirkung haben, angefochten werden. Der Widerspruch kann damit begründet werden, dass die Einrichtung eines Kontos nicht möglich war. Allerdings bieten verschiedene Geldinstitute Girokonten an, die auf Guthabenbasis laufen, damit jeder am bargeldlosen Zahlungsverkehr teilhaben kann.

31 In Ausnahmefällen können **Barauszahlungen** vorgenommen werden und zwar über

- BA-eigene Kassenautomaten,
- mittels Zahlungsanweisung zur Verrechnung (ZzV)-Bar-Verfahrens oder
- mit Bargeld.

Die **BA-eigenen Kassenautomaten** wurden seit November 2004 in vielen Dienststellen sukzessiv installiert. Die Barauszahlungen erfolgen vorrangig über diese Automaten. Die auszahlende Stelle muss die Auszahlung anordnen und übergibt dem Leistungsberechtigten nach Identitätsprüfung eine Kassenkarte, die am Automaten genutzt werden kann. Ist kein Kassenautomat vorhanden, erfolgt die Auszahlung mittels Barscheck, der taggleich bei der Postbank eingelöst werden kann. Bargeld wird nur ausgezahlt, wenn weder ein Kassenautomat vorhanden ist noch ein Barscheck zur Verfügung steht.

Praxishinweis: Die Geldleistungsansprüche nach dem SGB II können übertragen, verpfändet oder wie Arbeitseinkommen gepfändet werden (§ 54 Abs. 4 SGB I). Seit dem 1.7.2010 besteht die Möglichkeit, ein Pfändungsschutzkonto (sog. P-Konto) bei einer Bank einzurichten bzw ein bestehendes Girokonto in ein solches umzuwandeln. Das P-Konto ist ein normales Girokonto, bei dem durch eine besondere Vereinbarung des Kunden mit seiner Bank ein festgelegter Pfändungsschutz für ein Kontoguthaben in Höhe der Pfändungsfreigrenze nach § 850 c Abs. 1 ZPO (derzeit 1.028,99 EUR für einen Alleinstehenden) festgelegt wird. Das P-Konto wird auf Antrag bei der kontoführenden Bank eingerichtet und ist nur für Einzel-, nicht für Gemeinschaftskonten möglich. Auf diese Weise können die Gläubiger des Leistungsberechtigten nicht auf die Leistungen nach dem SGB II, aber auch nicht auf ggf. ergänzendes Einkommen bis zur Höhe der Pfändungsfreigrenze zugreifen.

6. Aufhebung der Bescheide nach dem SGB X

a) Allgemeines

32 Die **Aufhebung von Bescheiden und die Rückforderung** von Leistungen erfolgt grds. nach dem allgemeinen Sozialverwaltungsverfahren (§§ 44 ff SGB X). Dies bestimmt § 40 Abs. 1 S. 1 SGB II, der die Vorschriften des SGB X für die Aufhebung von Bescheiden und die Rückforderung von Leistungen auch für das Recht der Grundsicherung für Arbeitsuchende für anwendbar erklärt. Das Jobcenter kann einen Bescheid auch nur teilweise aufheben, wenn erkennbar ist, dass im Übrigen an der Bestandskraft eines Verwaltungsakts festgehalten werden soll.[18]

33 Ein Bescheid, der Leistungen zu Unrecht versagt oder in der beantragten Höhe abgelehnt hat, kann nach § 44 SGB X zurückgenommen werden, wenn sich herausstellt, dass das Jobcenter die Sach- und Rechtslage nicht richtig beurteilt hat. Rechtswidrige begünstigende Bescheide, die bereits bei ihrem Erlass rechtswidrig waren, weil sie zB Leistungen gewährt haben, obwohl der Leistungsberechtigte nicht hilfebedürftig oder nicht erwerbsfähig war, werden nach § 45 SGB X zurückgenommen. Ändern sich die rechtlichen oder tatsächlichen Verhältnisse des Leistungsberechtigten erst während des Leistungsbezugs, kann unter den Voraussetzungen des § 48 SGB X der Leistungsbescheid aufgehoben oder geändert werden. Eine Erstattung der Leistungen erfolgt nach den Regelungen des § 50 SGB X. Nach § 40 Abs. 2 SGB II gibt es im Vergleich zum allgemeinen Sozialverfahren einige **Besonderheiten bei der Aufhebung** von Bescheiden, die nach dem SGB II erlassen wurden.

b) Rücknahme von rechtswidrigen nicht begünstigenden Verwaltungsakten nach § 44 SGB X

34 Hat das Jobcenter **Leistungen** in der Vergangenheit **rechtswidrig abgelehnt**, weil es von einem unrichtigen Sachverhalt ausgegangen ist oder das Recht unrichtig angewendet hat, kann nach § 44 SGB X dieses in der Vergangenheit abgeschlossene Verwaltungsverfahren wieder aufgerollt werden („Überprüfungsantrag"). Die Behörde wird dadurch verpflichtet, den bereits bestandskräftigen Verwaltungsakt zurückzunehmen und durch einen der damaligen Sach- und Rechtslage entsprechenden Bescheid zu ersetzen, es sei denn der Berechtigte hat selbst vorsätzlich die Angaben, auf denen der Verwaltungsakt beruht, in wesentlicher Beziehung unrichtig oder unvollständig gemacht. Rechtswidrige Bescheide sind für die Vergangenheit und für die Zukunft zurückzunehmen.

Es war längere Zeit umstritten, ob diese Regelung auch auf Sozialhilfe- und Grundsicherungsleistungen angewendet werden kann, weil auf diese Weise der Grundsatz „Kei-

18 LSG Niedersachsen-Bremen 17.11.2010 – L 11 AS 926/10 B.

ne Hilfe für die Vergangenheit" ausgehöhlt werden könnte. Die Rechtsprechung hat die Anwendbarkeit indessen durchgängig bejaht.[19]

c) Rücknahme von rechtswidrigen begünstigenden Verwaltungsakten nach § 45 SGB X

35 Ein rechtswidriger begünstigender Verwaltungsakt darf, auch nachdem er unanfechtbar, dh bestandskräftig geworden ist, nur unter den Voraussetzungen des § 45 SGB X zurückgenommen werden. Da der Adressat eines Bescheids, der für ihn einen rechtlich erheblichen Vorteil begründet, auf den Bestand dieses Bescheids vertrauen durfte, sind die Voraussetzungen der Rücknahme – auch wenn der Verwaltungsakt schon bei Erlass rechtswidrig war – in den Absätzen 2 bis 4 des § 45 SGB X streng geregelt. Die Behörde muss in jedem Fall zwischen dem **Vertrauen des Leistungsempfängers** auf den Bescheid und dem öffentlichen Interesse an einer Rücknahme abwägen (Abs. 2 S. 1). Die Rücknahme des Verwaltungsakts ist somit grds. eine **Ermessensentscheidung.**

36 Das **Vertrauen** ist gemäß § 45 Abs. 2 S. 3 SGB X von vornherein **nicht schutzwürdig,** wenn der Begünstigte

1. den Verwaltungsakt durch arglistige Täuschung, Drohung oder Bestechung erwirkt hat oder
2. vorsätzlich oder grob fahrlässig falsche oder unvollständige Angaben gemacht hat und diese für den Erlass des Verwaltungsakts wesentlich waren oder
3. die Rechtswidrigkeit des Verwaltungsakts kannte oder infolge grober Fahrlässigkeit hätte kennen müssen.

Im Grundsicherungsrecht liegen vor allem die Gründe Nr. 2 und 3 vor, wenn der Leistungsberechtigte zB sein Einkommen und Vermögen nicht richtig angegeben oder eine bestehende eheähnliche Lebensgemeinschaft zu Unrecht verneint hat (Nr. 2) oder wenn der Leistungsbescheid zB Personen berücksichtigt, die gar nicht mehr Mitglied der Bedarfsgemeinschaft sind (Nr. 3). Beide Tatbestände können auch gleichzeitig erfüllt sein. Innerhalb einer Bedarfsgemeinschaft werden die falschen Angaben, die der nach § 38 SGB II bevollmächtigte Vertreter macht, den anderen Mitgliedern der Bedarfsgemeinschaft zugerechnet.[20]

37 Ob jemand die Rechtswidrigkeit eines Bescheids infolge **grober Fahrlässigkeit** nicht erkannt hat, ist nach der persönlichen Urteils- und Kritikfähigkeit, dem Einsichtsvermögen des Beteiligten sowie den besonderen Umständen des Falls zu beurteilen (subjektiver Fahrlässigkeitsbegriff).[21] Bei der Komplexität der SGB II-Leistungsbescheide sind für den einzelnen Adressaten häufig die Berechnungen schwer zu durchschauen. Wenn zudem der Leistungsberechtigte selbst richtige Angaben in seinem Antrag gemacht hat und der Fehler für den Bescheid dem Jobcenter zuzurechnen ist, wird ein anderer Maßstab anzulegen sein, als wenn von vornherein der Bescheid auf unrichtigen Angaben des Leistungsberechtigten beruhte. Aus diesen Gründen wird eine grobe Fahrlässigkeit nur dann angenommen, wenn der Leistungsberechtigte aufgrund einfachster und naheliegender Überlegungen sicher hätte erkennen können, dass der zuerkannte Anspruch nicht oder jedenfalls nicht in der bewilligten Höhe besteht.[22] Das liegt vor allem dann vor, wenn es sich um Fehler handelt, die sich aus dem begünstigenden Verwaltungsakt

---

19 Vgl nur BSG 7.11.2006 – B 7 b AS 8/06 R; LSG Niedersachsen-Bremen 9.2.2006 – L 7 AS 384/05 ER; LSG Baden-Württemberg 28.6.2006 – L 13 AS 2297/06 ER-B.

20 Zu der Beschränkung der Haftung für Minderjährige s. BSG 7.7.2011 – B 14 AS 153/10 R, B 14 AS 144/10 R.

21 BSG 8.2.2001 – B 11 AL 21/00 R.

22 Vgl BSG 26.8.1987 – 11 a RA 30/86; SG Karlsruhe 27.8.2009 – S 1 SO 182/09; LSG Hamburg 8.9.2011 – L 5 AS 50/08.

selbst ergeben und für das Einsichtsvermögen des Betroffenen ohne Weiteres erkennbar sind. Offenkundige Rechenfehler genügen.[23]

Liegt kein Tatbestand nach § 45 Abs. 2 S. 3 Nr. 1 bis 3 SGB X vor, ist das Vertrauen idR schutzwürdig, wenn der Begünstigte die **erbrachten Leistungen bereits verbraucht** oder sonstige Vermögensdispositionen getroffen hat, die sich jetzt nicht mehr oder nur unzumutbar rückgängig machen lassen (Abs. 2 S. 2). Das Jobcenter hat insofern ein intendiertes Ermessen bei der Entscheidung über die Rücknahme. 38

Die Rücknahme des rechtswidrigen begünstigenden Verwaltungsakts **muss innerhalb eines Jahres,** nachdem die Behörde (idR der zuständige Sachbearbeiter) Kenntnis von den Tatsachen hat, die zur Rücknahme berechtigen, erfolgen (§ 45 Abs. 4 S. 2 SGB X). Dazu gehören alle Umstände, deren Kenntnis es der Behörde objektiv ermöglichen, ohne weitere Sachaufklärung unter sachgerechter Ausübung ihres Ermessens über die Rücknahme zu entscheiden.[24] Handelt es sich um einen rechtswidrigen begünstigenden Verwaltungsakt mit Dauerwirkung, so kann dieser nur bis zum Ablauf von zwei Jahren nach seiner Bekanntgabe zurückgenommen werden (§ 45 Abs. 3 S. 1 SGB X). Die Frist verlängert sich auf zehn Jahre, wenn der Empfänger nach § 45 Abs. 2 S. 3 Nr. 2 und/oder 3 SGB X unredlich bei Erlass des Verwaltungsakts war (§ 45 Abs. 3 S. 3 SGB X). 39

Vor Erlass des Rücknahmebescheids muss der Betroffene **angehört** werden (§ 24 SGB X). Allerdings ist die fehlende Anhörung bis zur letzten mündlichen Verhandlung in der Tatsacheninstanz nachholbar (§ 41 Abs. 1 Nr. 3 iVm § 41 Abs. 2 SGB X) und damit kein Fehler, der den Rücknahmebescheid von vornherein rechtswidrig macht. Die Anhörung unterliegt keinen formellen Anforderungen, sie kann mündlich oder schriftlich erfolgen. Allerdings muss das Jobcenter dem Leistungsberechtigten mitteilen, dass und in welcher Höhe es den Bescheid zurücknehmen will und auf welchen Sachverhalt es sich dabei stützt, damit der Leistungsempfänger seine Argumente entsprechend vorbringen kann. Das ist vor allem dann wichtig, wenn kein Fall des § 45 Abs. 2 S. 3 SGB X vorliegt und das Jobcenter die Rücknahme nach pflichtgemäßem Ermessen vollziehen muss. In diese Ermessenentscheidungen müssen auch Vertrauensgesichtspunkte des Leistungsempfängers (zB der Verbrauch der erhaltenen Leistungen) einfließen. 40

§ 45 SGB X ist auch dann anzuwenden, wenn der **Bescheid noch nicht bestandskräftig** ist, weil das Widerspruchsverfahren noch läuft und die Behörde die Rechtsposition des Widerspruchsführers im Vergleich zum Ausgangsbescheid noch verschlechtern will. Der Grundsatz der *reformatio in peius* (Verbot, einen Verwaltungsakt während des Widerspruchsverfahren zu erlassen, der den Betroffenen noch mehr belastet als der Ausgangsbescheid) gilt auch in diesen Fällen; eine Änderung des Ausgangsbescheids ist – falls dadurch die Rechtsposition noch ungünstiger gestaltet werden soll – nur über § 45 SGB X möglich.[25] 41

Praxishinweis: Kann aufgrund schutzwürdigen Vertrauens ein Bewilligungsbescheid für die Vergangenheit nicht zurückgenommen werden, besteht die Möglichkeit, denjenigen nach § 34 a SGB II in Anspruch zu nehmen, der die rechtwidrige Zahlung schuldhaft verursacht hat.

d) Aufhebung von Verwaltungsakten mit Dauerwirkung nach § 48 SGB X

§ 48 SGB X ermöglicht die Aufhebung eines Verwaltungsakts mit Dauerwirkung, wenn sich **rechtliche oder tatsächliche Verhältnisse** geändert haben, die diesen Verwaltungsakt nach seinem Erlass rechtswidrig machen. Die Änderung muss wesentlich, dh rechts- 42

23 So schon BSG 20.4.1961 – 4 RJ 217/59 und 8.9.1961 – 1 RA 104/59.
24 St. Rspr vgl nur BSG 31.1.2008 – B 13 R 23/07 R und 2.7.1997 – 9 RV 14/96.
25 BSG 18.6.2008 – B 14/11 b AS 67/06 R.

erheblich sein und zwar so, dass diese Änderung, hätte sie bereits bei Erlass des Verwaltungsakts vorgelegen, nicht zum Erlass geführt hätte.

43 Ein begünstigender Verwaltungsakt mit Dauerwirkung kann mit Wirkung für die Zukunft aufgehoben werden (§ 48 Abs. 1 S. 1 SGB X). Darüber hinaus kann er auch mit Wirkung zum Zeitpunkt der Änderung der Verhältnisse (faktisch **für die Vergangenheit**) aufgehoben werden, wenn

1. eine nachträgliche Änderung sich zugunsten des Leistungsberechtigten auswirkt (zB eine Gesetzesänderung),
2. der Leistungsberechtigte seiner durch Rechtsvorschrift vorgeschriebenen Mitwirkungspflicht vorsätzlich oder fahrlässig nicht nachgekommen ist,
3. der Leistungsberechtigte nach Erlass des Verwaltungsakts Einkommen und/oder Vermögen erzielt hat, dass zum Wegfall oder zur Minderung des Anspruchs führt oder
4. der Leistungsberechtigte wusste oder bei erforderlicher Sorgfalt hätte wissen müssen, dass der Anspruch kraft Gesetzes ruht oder ganz oder teilweise entfallen ist.

Nach § 48 Abs. 4 SGB X werden die **Fristregelungen** des § 45 Abs. 3 und 4 SGB X weitgehend für anwendbar erklärt.

e) Erstattung der zu Unrecht erbrachten Leistungen, § 50 SGB X

44 Die Aufhebung des Leistungsbescheids allein ist nicht ausreichend, um auch eine **Erstattung** der zu Unrecht erbrachten Leistungen zu fordern. Der Erstattungsanspruch muss durch einen zweiten Verwaltungsakt – einen Erstattungsbescheid – nach § 50 SGB X geltend gemacht werden. Dieser Bescheid muss die zu erstattende Leistung genau beziffern. Nach § 50 Abs. 3 S. 2 SGB X sollen Aufhebungs- und Erstattungsbescheid miteinander ergehen; ergehen allerdings zwei Bescheide, aus denen hervorgeht, dass die Erstattung die vorherige Aufhebung umfasst, ist das zulässig.

Praxishinweis: Werden Bewilligungsbescheide für die Vergangenheit zurückgenommen oder aufgehoben – unabhängig davon, ob sie bereits bei Erlass rechtswidrig waren oder später eine Änderung der Verhältnisse eingetreten ist, die die Leistungsgewährung rechtswidrig machen, folgt idR auch immer ein Erstattungsbescheid. Dieser kann bereits dem Aufhebungsbescheid beigefügt sein oder später ergehen. In jedem Fall muss gegen beide Bescheide Rechtsmittel eingelegt werden. Wird der Aufhebungsbescheid bestandskräftig, kann gegen den Rückforderungsbescheid kaum noch vorgegangen werden.

7. Abweichungen vom allgemeinen Sozialverwaltungsverfahren im SGB II

45 Die allgemeinen Vorschriften des SGB X sind im SGB II grds. anwendbar. Gleichwohl benennt § 40 SGB II verschiedene Ausnahmen, die als **speziellere Regelungen** die allgemeinen verdrängen und vorrangig anwendbar sind.

a) Verkürzung des Nachzahlungszeitraums für rechtswidrig nicht erbrachte Leistungen

46 Nach § 40 Abs. 1 S. 2 SGB II **verkürzt** sich der in § 44 Abs. 4 SGB X vorgesehene Zeitraum für die rückwirkende Erbringung zu Unrecht nicht gewährter Leistungen **von vier Jahren auf ein Jahr.** Hintergrund dessen ist, dass existenzsichernde Leistungen wie die Leistungen des SGB II der Deckung gegenwärtiger Bedarfe dienen. Damit werden Leistungen längstens bis zum Beginn des Jahres rückwirkend erbracht, das dem Jahr der Rücknahme des rechtswidrigen Verwaltungsakts oder der darauf gerichteten Antragstellung vorausgeht.[26]

---

26 BT-Drucks. 17/3404, 114 f.

Praxishinweis: Nach der Übergangsvorschrift des § 77 Abs. 13 SGB II gilt diese Ausnahme nicht für Anträge nach § 44 SGB II, die vor dem 1.4.2011 gestellt wurden. In diesen Fällen können die Antragsteller bis vier Jahre rückwirkend Leistungen der Grundsicherung nachgezahlt bekommen.

b) Vorläufige Entscheidung nach § 40 Abs. 2 Nr. 1 SGB II iVm § 328 SGB III

47 Die Vorschrift ermöglicht dem Jobcenter, **vorläufig Leistungen** der Grundsicherung für Arbeit **zu** erbringen. Sie besteht nach dann, wenn

- die Leistung von einer Vorschrift abhängt, deren Vereinbarkeit mit höherrangigem Recht Gegenstand eines Verfahrens vor dem BVerfG oder dem EuGH ist (§ 328 Abs. 1 Nr. 1 SGB III),
- eine entscheidungserhebliche Rechtsfrage von grundsätzlicher Bedeutung Gegenstand eines Verfahrens vor dem BSG ist (§ 328 Abs. 1 Nr. 2 SGB III) oder
- zur Feststellung der Anspruchsvoraussetzungen voraussichtlich längere Zeit erforderlich ist, die Voraussetzungen für den Anspruch mit hinreichender Wahrscheinlichkeit vorliegen und der Antragsteller die Verzögerung nicht zu vertreten hat (§ 328 Abs. 1 Nr. 3 SGB III).

Während bei der Entscheidung nach den ersten beiden Alternativen das Jobcenter sein Ermessen pflichtgemäß ausüben muss, ist es hinsichtlich der dritten Alternative gebunden; liegen deren Voraussetzungen vor, muss es vorläufige Leistungen erbringen (§ 328 Abs. 1 S. 3 SGB III).

48 Darüber hinaus können nach § 40 Abs. 2 Nr. 1 SGB II auch dann vorläufig Leistungen erbracht werden, wenn ein **Normenkontrollverfahren** (§ 55 a SGG) bzgl der Gültigkeit einer Satzung oder einer anderen im Rang unter einem Landesgesetz stehenden Rechtsvorschrift, die nach § 22 a Abs. 1 SGB II (Satzungen für Höhe der Kosten für Unterkunft und Heizung) erlassen worden ist, bei einem LSG, beim BSG oder einem Verfassungsgericht anhängig ist.

Praxishinweis: Aus dem Bescheid muss deutlich erkennbar sein, dass es sich um eine vorläufige oder einstweilige Regelung handelt, andernfalls liegt ein „normaler" Leistungsbescheid vor, der auch bestandskräftig wird. Das Jobcenter hat den Grund der Vorläufigkeit anzugeben. Es wirkt bis zum Erlass eines endgültigen Bescheids. War die vorläufige Entscheidung richtig, ist sie nur auf Antrag des Berechtigten endgültig zu klären (§ 328 Abs. 2 SGB III).

49 Vorläufig erbrachte Leistungen werden auf zustehende Leistungen **angerechnet**. Bestand der Leistungsanspruch in geringerem Umfang oder gar nicht, dann sind die vorläufig erbrachten Leistungen in Höhe der Zuvielleistung zu erstatten (§ 328 Abs. 3 SGB III). Die Vorschrift ist gegenüber § 50 SGB X spezieller; Ermessen wird nicht ausgeübt; es besteht kein Vertrauensschutz.

c) Ausnahme nach § 40 Abs. 2 Nr. 2 SGB II iVm § 330 Abs. 1 SGB III

50 Die Vorschrift stellt ebenfalls eine Modifikation des § 44 SGB X dar. Beruhte der rechtswidrige Verwaltungsakt auf einer Rechtsnorm, die nach dessen Erlass für nichtig oder für unvereinbar mit dem Grundgesetz erklärt oder in ständiger Rechtsprechung anders als durch die BA ausgelegt wurde, dann erfolgt Rücknahme nur für die **Zeit nach der Entscheidung** des Bundesverfassungsgerichts oder ab dem Bestehen der ständigen Rechtsprechung (§ 330 Abs. 1 SGB III). Hintergrund dessen sind finanzielle Überlegungen, so dass die eine fehlerhafte Rechtsanwendung bis zu einer verfassungsgerichtlichen Entscheidung oder einer ständigen Rechtsprechung für den Sozialleistungsträger folgenlos bleibt. Dabei muss die ständige Rechtsprechung nicht allein durch das BSG

entstanden sein; auch andere oberste Bundesgerichte, die über die entscheidungserheblichen Fragen entschieden haben, können mit einbezogen werden.[27]

51 Ändert sich die Rechtsprechung im Hinblick auf die **Kosten der Unterkunft**, gilt die Ausnahmevorschrift nicht, da über deren Auslegung nicht die BA entscheidet, sondern die kommunalen Träger (§ 6 Abs. 1 Nr. 2 SGB II). Daraus folgt, dass hier rückwirkend uneingeschränkt eine Überprüfung gefordert werden kann. Etwas anderes gilt nur, wenn eine Satzung oder eine andere im Rang unter einem Landesgesetz stehende Rechtsvorschrift, die nach § 22 a Abs. 1 SGB II und dem entsprechenden Landesgesetz erlassen wurde, im Normenkontrollverfahren nach § 55 a SGG für unwirksam erklärt wurde. Dann erfolgt die Rücknahme ebenfalls erst für die Zeit nach der Entscheidung des LSG.

Praxishinweis: Auch wenn die für ungültig erklärte Norm oder eine Änderung der Rechtsprechung länger als ein Jahr zurückliegt und insofern eine Rücknahme auch für einen längeren Zeitraum erfolgen kann, gilt hier gleichfalls § 40 Abs. 1 S. 2 SGB II, dh Leistungen werden maximal bis zu einem Jahr rückwirkend gewährt.

d) Ausnahme nach § 40 Abs. 2 Nr. 3 SGB II iVm § 330 Abs. 2 SGB III

52 Diese Ausnahme betrifft die Rücknahme rechtswidriger begünstigender Verwaltungsakte nach § 45 Abs. 2 S. 3 SGB X. Ist danach der Vertrauensschutz ausgeschlossen (bei Erwirken des Verwaltungsakts durch arglistige Täuschung, Drohung oder Bestechung oder durch vorsätzliche oder grob fahrlässig gemachte falsche oder unvollständige Angaben oder bei Kenntnis oder Kennenmüssens der Rechtswidrigkeit des Verwaltungsakts), dann hat das Jobcenter **kein Ermessen** darüber, ob er den Verwaltungsakt auch für die Vergangenheit zurücknehmen will. Eine Aufhebung muss zwingend erfolgen.[28] Allerdings gilt das nur bei der Rücknahme des Bescheids für die Vergangenheit; soll der Bescheid für die Zukunft aufgehoben werden, ist diese Entscheidung weiterhin nach pflichtgemäßem Ermessen zu treffen.[29]

e) Ausnahme nach § 40 Abs. 2 Nr. 3 SGB II iVm § 330 Abs. 3 S. 1 SGB III

53 Die Ausnahme betrifft die Aufhebung von Dauerverwaltungsakten nach § 48 SGB X. Das Jobcenter ist hier – anders als § 48 Abs. 1 S. 2 SGB X vorsieht – **verpflichtet**, den Verwaltungsakt stets, dh nicht nur bei fehlendem schutzwürdigen Vertrauen, rückwirkend mit Wirkung vom Zeitpunkt der Änderung der Verhältnisse aufzuheben. Das gilt sogar dann, wenn eine Überzahlung auf einem Verschulden des Jobcenters beruhte (zB weil es die Aufnahme eines Beschäftigungsverhältnisses, welches der Leistungsberechtigte ordnungsgemäß gemeldet hat, nicht registriert hat).

f) Ausnahme nach § 40 Abs. 2 Nr. 3 SGB II iVm § 330 Abs. 4 SGB II

54 Diese Verweisung ist etwas ungenau, da der Wortlaut eher nahelegt, dass § 330 Abs. 3 S. 4 SGB III gemeint ist. Allerdings hat § 330 Abs. 3 SGB III keinen Satz 4, so dass davon ausgegangen werden kann, dass Absatz 4 gemeint sein muss. Die Vorschrift betrifft **Arbeitgeber**, die durch die Rücknahme eines Verwaltungsakts verpflichtet werden können, Alg zu erstatten. Diese Verwaltungsakte müssen zwingend mit Wirkung für die Vergangenheit aufgehoben werden.

g) Vorläufige Zahlungseinstellung nach § 40 Abs. 2 Nr. 4 SGB II iVm § 331 SGB III

55 Die Vorschrift ermächtigt das Jobcenter, die **Zahlung** einer laufenden Leistung **ohne Erteilung eines Bescheids** vorläufig einzustellen, wenn er Kenntnis von Tatsachen erhält,

27 BSG 16.10.2003 – B 11 AL 20/03 R; LSG Berlin 4.2.2003 – L 14 AL 17/01.
28 Vgl auch BSG 16.12.2008 – B 4 AS 48/07 R.
29 Vgl BSG 21.6.2001 – B 7 AL 6/00 R.

die kraft Gesetzes zum Ruhen oder zum Wegfall des Anspruchs führen und deshalb der bewilligende Bescheid mit Wirkung für die Vergangenheit aufzuheben ist. Dies betrifft in erster Linie Fälle, in denen eine wesentliche Änderung der Verhältnisse iSd § 48 SGB X eingetreten ist. Bei anfänglicher Rechtswidrigkeit des Verwaltungsakts gilt § 45 SGB X. Hat das Jobcenter die Kenntnis der Tatsachen nicht vom Leistungsberechtigten, müssen diesem die vorläufige Einstellung der Leistung und die Gründe dafür mitgeteilt werden.

56 Darüber hinaus besteht die Möglichkeit, die Zahlung auch **teilweise einzustellen**, wenn Tatsachen bekannt werden, die zu einem geringeren Leistungsanspruch führen würden.

57 Die vorläufige vollständige oder teilweise Zahlungseinstellung **vermeidet** einen **Verwaltungsaufwand**, von dem letztlich nicht nur das Jobcenter, sondern auch der Leistungsberechtigte profitiert. Das Jobcenter ist aufgrund des (noch) bestehenden Bewilligungsbescheids verpflichtet, die laufenden Leistungen weiterzuzahlen; diese Leistungen müssten dann vom Leistungsberechtigten erstattet werden.

Praxishinweis: Schafft es das Jobcenter nicht, den Bewilligungsbescheid innerhalb von zwei Monaten nach der vorläufigen Einstellung der Zahlungen aufzuheben, muss diese vorläufig eingestellte Leistung unverzüglich nachgezahlt werden (§ 331 Abs. 2 SGB III). Das Jobcenter hat somit nicht unbegrenzt Zeit für den Erlass eines Aufhebungsbescheids.

58 Die Regelung gilt nur für die Dauer der Wirksamkeit des jeweiligen Bescheids, dh regelmäßig für sechs Monate. Wird danach kein neuer (Folge-)Bescheid erlassen, handelt es sich nicht um eine vorläufige Zahlungseinstellung, sondern um die Nichtbewilligung von (weiteren) Leistungen.

h) Erstattung von Beiträgen nach § 40 Abs. 2 Nr. 5 SGB II iVm § 335 Abs. 1, 2 und 5 SGB III

59 Mit dieser Vorschrift kann das Jobcenter **Beiträge zur Sozialversicherung** (Kranken-, und Pflegeversicherung) vom Leistungsempfänger **zurückfordern**. Diese Beiträge, die das Jobcenter idR direkt an die Sozialversicherungsträger gezahlt hat, werden dann zurückgefordert, wenn die Hauptleistungen (Alg II) durch den Leistungsberechtigten erstattet werden müssen. Entfällt jedoch rückwirkend der Anspruch auf SGB II-Leistungen, entfällt auch die Versicherungspflicht.[30]

60 Die Regelung, die es ermöglicht, die Sozialversicherungsbeiträge nicht vom Sozialversicherungsträger, der sie eigentlich erhalten hat, zurückzufordern, sondern vom Leistungsberechtigten, ist notwendig, um die **Mitgliedschaft** des Leistungsberechtigten in den Versicherungen zu erhalten und nicht rückwirkend entfallen zu lassen. Dies wird durch § 5 Abs. 1 S. 1 Nr. 2 a Hs 2 SGB V unterstützt, der die Versicherungspflicht auch bei Aufhebung der Bewilligungsentscheidung nicht entfallen lässt. Andernfalls bestünde die Gefahr, dass durch das rückwirkende Entfallen der Mitgliedschaft ggf auch erbrachte Leistungen rückabgewickelt werden müssten, die uU für den Leistungsberechtigten noch kostenintensiver wären. Die §§ 102 ff SGB X sind in diesen Fällen nicht anwendbar.

i) Erstattung von Gutscheinen, § 40 Abs. 3 SGB II

61 Werden Bewilligungsbescheide für die Vergangenheit aufgehoben, fordert das Jobcenter die erbrachten (Geld)Leistungen idR nach § 50 Abs. 1 SGB X zurück. Wurden Leistungen nicht als Geldleistungen, sondern in Form von **Gutscheinen** erbracht, die nach § 4 Abs. 1 Nr. 3 SGB II als Sachleistungen gelten, müssen diese in Anlehnung an § 50 Abs. 1 S. 2 SGB X **in Geld erstattet** werden. Allerdings besteht ebenso die Möglichkeit, nicht in Anspruch genommene Gutscheine direkt zurückzugeben und damit der Erstattungspflicht nachzukommen (Satz 2).

30 Vgl ausf. zu der Erstattung von Versicherungsbeiträgen BA-FH Hinweise KV/PV Abschnitt C, Rn C. 57 ff.

62 Wird eine Aufhebungsentscheidung allein wegen der **Leistungen für Bildung und Teilhabe** (§ 28 SGB II) notwendig, so müssen diese Leistungen allerdings nicht erstattet werden.

j) Abweichung bei der Erstattung der Kosten der Unterkunft und Heizung nach § 40 Abs. 4 SGB II

63 Nach § 40 Abs. 4 S. 1 SGB II wird der nach § 50 SGB X geltend zu machende Erstattungsbetrag beim Alg II und beim Sozialgeld um **56 % der Kosten der Unterkunft vermindert**. Grund für diese Vorschrift ist der Wegfall des Wohngelds für Leistungsberechtigte nach dem SGB II. Der Teil der Unterkunftskosten, der durch das Wohngeld abgedeckt werden würde, wird pauschal mit 56 % angesetzt.

64 Die Beschränkung der Rückforderung der Unterkunftskosten gilt indessen nicht, wenn das **Vertrauen** des Leistungsberechtigten **nicht schutzwürdig** iSd §§ 45 Abs. 2 S. 3, 48 Abs. 1 S. 2 Nr. 2 und 4 SGB X war, wenn also die SGB II-Leistungen durch ein unredliches Verhalten des Betroffenen rechtswidrig oder in rechtswidrigem Umfang gewährt wurden (§ 40 Abs. 2 S. 2 SGB II). Auf diese Weise werden Leistungsberechtigte nach dem SGB II schlechter gestellt als Sozialhilfeempfänger, die auch dann den pauschalierten Wohngeldzuschuss erhalten, wenn die Sozialhilfe unrechtmäßig gewährt wurde.[31]

65 Darüber hinaus soll die Einschränkung der Rückerstattung für Unterkunftskosten nach Satz 1 nicht gelten, wenn der **Bewilligungsbescheid nur teilweise aufgehoben** wurde. Diese Vorschrift ist etwas missverständlich, weil sie impliziert, dass bei einer vollständigen Aufhebung der Leistungen die Unterkunftskosten nur zu 44 % erstattet werden müssen, bei einer teilweisen Aufhebung dagegen vollständig.

Praxishinweis: Werden Leistungsbescheide nach §§ 45, 48 SGB X aufgehoben – und dies ist auch wie bisher in vollem Umfang möglich – und wird die Rückerstattung erbrachter Leistungen nach § 50 SGB X geltend gemacht, so muss der Erstattungspflichtige nur 44 % der Kosten der Unterkunft erstatten. Das gilt allerdings nur dann, wenn die Aufhebung des Bescheids nicht durch vorwerfbares Verhalten des Leistungsberechtigten verursacht wurde. In diesen Fällen müssen die Gesamtkosten der Unterkunft zurückgezahlt werden.

k) Abweichung zur rückwirkenden Antragstellung nach § 40 Abs. 5 SGB II

66 Nach § 28 SGB X kann ein Antragsteller einen Antrag auf eine Sozialleistung nachholen, wenn er diesen nur deshalb nicht gestellt hat, weil er einen Antrag auf eine andere Sozialleistung gestellt hat und dieser Antrag dann abgelehnt wurde oder er eine gewährte Leistung erstatten muss. Stellt er dann innerhalb von sechs Monaten nach Ablauf der Bestandskraft des Ablehnungs- oder Erstattungsbescheids einen Antrag auf die „versäumte“ Sozialleistung, so wirkt dieser Antrag bis zu einem Jahr zurück. Nach § 40 Abs. 5 SGB X wird diese Frist verkürzt. Der Antragsteller ist verpflichtet, den Antrag auf SGB II-Leistungen **unverzüglich** nach Ablauf des Monats, in dem der Ablehnungs- oder Erstattungsbescheid bestandskräftig geworden ist, zu stellen. „Unverzüglich“ ist nicht eindeutig definiert, allerdings dürfte dann innerhalb eines Monats der Antrag noch rechtzeitig gestellt werden können.

II. Rechtsmittel

1. Effektiver Rechtsschutz

67 Aus dem Grundrecht auf Gewährung effektiven Rechtsschutzes (Art. 19 Abs. 4 GG) folgt die Garantie, dass Leistungsberechtigte gegen Entscheidungen, die in ihre Rechte eingreifen, Rechtsmittel einlegen können. Das erfordert die Möglichkeit eines Zugangs

31 Das BVerfG hatte einen entsprechenden Ausschluss der Sozialhilfeempfänger als Verstoß gegen Art. 3 GG betrachtet, BVerfG 14.11.1969 – BvL 4/69 (BVerfGE 27, 220).

zu einem Gericht, der auch nicht durch persönliche finanzielle Einschränkungen unmöglich gemacht werden darf.

68 Die Erfolgsquote der Rechtsmittel ist in Verfahren, die mit den SGB II-Leistungen zusammenhängen, aus Sicht der Rechtsmittelführer relativ hoch: Im Jahr 2009 wurden insgesamt 805.234 Widersprüche eingelegt; davon waren 36,3 % erfolgreich. Eine Stattgabe erfolgte in 19,3 % der Fälle allein wegen unzureichender Sachverhaltsaufklärung. Die im Jahr 2009 eingereichten 142.736 Klagen gegen Entscheidungen der Jobcenter waren aus Sicht der Kläger zu 48,8 % erfolgreich.[32] Dementsprechend sieht die HEGA 12/09[33] in Punkt 3.3 (Bearbeitung von Widersprüchen und Klagen) vor, dass die Stattgaben von Widersprüchen wegen unzureichender Sachverhaltsaufklärung sinken und die Erfolgsquoten von Klageverfahren für die BA steigen müssen.

2. Überblick über die Rechtsmittel

69 Gegen die Entscheidungen der Jobcenter sind **formlose oder förmliche Rechtsmittel** möglich. Formlose Rechtsmittel wie Gegenvorstellung, Dienstaufsichts- oder Fachaufsichtsbeschwerde oder Petitionen beseitigen allerdings nicht die Rechtswirkung eines Verwaltungsakts und hindern auch nicht dessen Bestandskräftigwerden. Aus diesen Gründen und auch um eine bindende gerichtliche Entscheidung über den streitigen Gegenstand herbeizuführen sind förmliche Rechtsmittel – Widerspruch und Klage – die geeignete Möglichkeit, um gegen eine behördliche Entscheidung wirksam vorzugehen. Welche Art des Widerspruchs oder der Klage einzulegen ist, entscheidet sich danach, welches Begehr der Rechtsmittelführer verfolgt, dh ob er sich gegen eine behördliche Maßnahme wehrt oder ob er etwas vom Jobcenter erlangen will, was dieses ihm verwehrt hat. Förmliche Rechtsmittel sind dadurch gekennzeichnet, dass sie innerhalb einer bestimmten Frist und in einer bestimmten Form eingelegt werden müssen. Das Verfahren ist für das SGB II im SGG geregelt.

3. Widerspruch

70 Gegen **Bescheide**, die den erwerbsfähigen Leistungsberechtigten belasten (zB Ablehnung des gestellten Leistungsantrags, Kürzung bewilligter Leistungen durch Sanktionen, Erstattung von überzahlten Leistungen), kann dieser Widerspruch einlegen. Der Widerspruch muss **innerhalb eines Monats** ab Bekanntgabe des belastenden Verwaltungsakts schriftlich oder zur Niederschrift beim Jobcenter eingelegt werden (§ 84 SGG). Bekannt gegeben ist ein Verwaltungsakt dann, wenn er dem erwerbsfähigen Leistungsberechtigten zugegangen ist. Hat man keinen anderen Hinweis (zB Poststempel auf dem Umschlag des Bescheids), gilt der Verwaltungsakt am dritten Tag nach der Aufgabe zur Post als bekannt gegeben (§ 37 Abs. 2 SGB X). Die Frist berechnet sich nach § 26 Abs. 1 SGB X iVm §§ 187 ff BGB.

Beispiel: Ein Bescheid vom 8.2.2011 (Tag des Erlasses) gilt am 11.2.2011 als zugegangen. Der erste Tag wird entspr. § 187 BGB nicht mitgerechnet, so dass die einmonatige Frist für die Einlegung eines Widerspruchs nach § 188 Abs. 1 BGB am 11.3.2011 endet. Fällt der letzte Tag auf einen Feiertag oder das Wochenende endet die Frist nach § 193 BGB am nächsten Werktag.

71 Hat die Behörde dem Bescheid keine oder nur eine unvollständige oder eine **unrichtige Rechtsbehelfsbelehrung** angefügt, dann verlängert sich die Widerspruchsfrist auf ein Jahr (§ 66 Abs. 2 SGG).

32 Vgl BT-Drucks. 17/1095.

33 Geschäftspolitischer Schwerpunkt „Rechtmäßigkeit der Leistungsgewährung sicherstellen" gültig ab 21.12.2009 bis 31.12.2009, http://www.arbeitsagentur.de/nn_166486/zentraler-Content/HEGA-Internet/A07-Geldleistung/Dokument/HEGA-12-2009-VG-Leistungsgewaehrung.html (29.03.2012).

72 Wurde die Widerspruchsfrist schuldlos versäumt (zB weil der Adressat im Urlaub war oder im Krankenhaus lag), so ist ein **Antrag auf Wiedereinsetzung** in den vorigen Stand (§ 67 SGG) möglich. Dieser muss binnen eines Monats nach Wegfall des Hindernisses gestellt werden, gleichzeitig muss mit dem Antrag auf Wiedereinsetzung der Widerspruch nachgeholt werden.

73 Der Widerspruch bedarf **keiner besonderen Form** und muss auch nicht begründet werden. Er kann auch per E-Mail eingelegt werden, bedarf allerdings dann zwingend einer qualifizierten elektronischen Signatur iSd § 65 a SGG.[34] Das Jobcenter ist verpflichtet, den angegriffenen Bescheid unabhängig von der Begründung des Widerspruchs auf Recht- und Zweckmäßigkeit hin zu überprüfen. Insofern dient das Widerspruchsverfahren auch der Selbstkontrolle der Verwaltung und grds. auch der Entlastung der Gerichte. Allerdings kann ein Bescheid auf Wunsch des erwerbsfähigen Leistungsberechtigten auch nur eingeschränkt überprüft werden (zB wenn nur ein Teil des Bescheids den Leistungsempfänger belastet).[35]

74 Ein abgeschlossenes Widerspruchsverfahren ist idR **Voraussetzung für ein Klageverfahren.** Das gilt sowohl für eine sich anschließende Anfechtungsklage (§ 78 Abs. 1 SGG) als auch für eine folgende Verpflichtungsklage (§ 78 Abs. 3 SGG).

75 Während des Widerspruchsverfahrens prüft zunächst die Ausgangsbehörde, dh das Jobcenter, das den angegriffenen Bescheid erlassen hat, dessen **Recht- und Zweckmäßigkeit.** Erachtet sie den Widerspruch für begründet, so hilft sie ihm ab und erlässt einen Abhilfebescheid (§ 85 Abs. 1 SGG). Auch eine teilweise Abhilfe ist möglich. In den Fällen, in denen die Ausgangsbehörde den Widerspruch für unbegründet hält, wird der Widerspruch der Widerspruchsbehörde zur Entscheidung vorgelegt. Diese prüft ihrerseits die Recht- und Zweckmäßigkeit des Ausgangsbescheids umfassend; sie ist auch berechtigt, Ermessen auszuüben und kann in Entscheidungen, die aufgrund Ermessens getroffen wurden, selbst entscheiden. Entscheidet sie über einen Widerspruch, dessen Frist eigentlich abgelaufen war, wird mit dieser Entscheidung der Fristverstoß geheilt. Gibt die Widerspruchsbehörde dem Widerspruch statt, erlässt sie einen Abhilfebescheid, in dem der angegriffene Verwaltungsakt aufgehoben oder abgeändert wird.

76 § 85 Abs. 2 S. 1 SGG benennt die **zuständigen Stellen**, die berechtigt sind, über einen Widerspruch zu entscheiden. Das ist abhängig vom jeweiligen Rechtsbereich. Für die Verfahren der Grundsicherung für Arbeitsuchende wurde mit § 85 Abs. 2 S. 2 SGG eine eigene Regelung geschaffen. Die Vorschrift bestimmt, dass in Angelegenheiten nach dem SGB II der zuständige Träger, der den dem Widerspruch zugrundeliegenden Verwaltungsakt erlassen hat, auch für die Entscheidung über den Widerspruch zuständig ist. Da es mehrere mögliche Träger für die Leistungen des SGB II gibt, können dementsprechend auch alle Träger für den Erlass eines Widerspruchsbescheids zuständig sein. Besteht eine gE nach § 44 b SGB II, ist diese ihre eigene Widerspruchsbehörde (§ 85 Abs. 2 S. 2 Hs 2 iVm § 44 b Abs. 1 S. 3 SGB II).

77 Bei den Jobcentern sind idR entsprechende Widerspruchsstellen eingerichtet, die grds. **unabhängig** von der den Verwaltungsakt erlassenden Stelle über den Widerspruch **entscheiden** können.[36] In der Praxis – vor allem auch in Berlin – kommt es immer wieder zu Fällen, in denen die Widerspruchsbehörde nicht selbst einen Abhilfebescheid erlässt,

34 LSG Berlin-Brandenburg 28.9.2010 – L 18 AL 76/10.

35 Für das Klageverfahren zu den Kosten der Unterkunft und Heizung als abtrennbare Verfügungssätze s. BSG 27.2.2008 – B 14 AS 23/07 R.

36 Vgl hierzu die Vereinbarung der BA mit dem Land Berlin nach § 44 b Abs. 2 SGB II vom 17.12.2010, Anlage 3 8. Spiegelstrich „Die Rechtsbehelfsstellen der gemeinsamen Einrichtungen unterstehen unmittelbar dem/der Geschäftsführer/in. Entscheidungen über Widersprüche oder Abhilfe im Rahmen gerichtlicher Verfahren dürfen nicht von der Abstimmung, der Konsultation oder dem Einverständnis mit anderen Stellen innerhalb der gemeinsamen Einrichtung abhängig gemacht werden."

sondern ihre (dem Widerspruch stattgebende) Entscheidung an die Ausgangsbehörde übermittelt, die dann ihrerseits trotz der anderen rechtlichen Bewertung durch die Widerspruchsstelle den Widerspruch mit Bescheid zurückweist. Dieses Verfahren führt wiederholt zu Unstimmigkeiten und zu Überlegungen, wie die Widerspruchsstellen gegenüber der Ausgangsbehörde Weisungsbefugnis erhalten können. Indessen schließt es der Gesetzeswortlaut nach § 85 Abs. 2 S. 2 SGG nicht aus, dass die Widerspruchsstelle, die in der Zuständigkeit zwar der Ausgangsbehörde zugerechnet wird, aber organisatorisch und personell nicht mit der, den Verwaltungsakt erlassenden Stelle identisch ist, direkt einen eigenen Abhilfebescheid erlassen kann.

Wird während eines laufenden Widerspruchsverfahrens der Verwaltungsakt abgeändert, so wird auch der neue Bescheid Gegenstand dieses Verfahrens (§ 86 SGG). Unzulässig ist nach Rechtsprechung des BSG indessen der Erlass eines Verwaltungsakts während des Widerspruchsverfahrens, der die Rechtsposition des Widerspruchführers verschlechtert (**Verbot der sog. *reformatio in peius***).[37] Die Möglichkeit des Betroffenen, einen Bescheid anzufechten, besteht für ihn, um eine Änderung zu seinen Gunsten herbeizuführen und begründet kein Recht der Behörde, ihre Entscheidung zum Nachteil des Anfechtenden zu ändern.[38] Der ursprüngliche Verwaltungsakt kann auch im Widerspruchsverfahren nur nach Maßgabe der §§ 44 ff SGB X aufgehoben werden. **78**

Wird während eines **Verpflichtungswiderspruchs**, dh eines Widerspruchs, der sich gegen die vollständige oder teilweise Ablehnung einer Leistung richtet, während des Verfahrens die begehrte Leistung bewilligt, **entfällt** für den Widerspruchsführer das Rechtsschutzinteresse, denn das Verfahrensziel ist erreicht, wenn die von der Behörde getroffenen Entscheidung aufgehoben und durch einen neuen, bewilligenden Bescheid ersetzt wird. **79**

Mit dem SGG-ÄndG 2008 wurde die Möglichkeit geschaffen, über ruhend gestellte **(Massen)Widersprüche**, die eine Vielzahl von Entscheidungen mit identischem Maßstab betreffen, durch **Allgemeinverfügung** mittels öffentlicher Bekanntgabe zu entscheiden, wenn das BVerfG die Gesetzeslage bestätigt, die die angefochtenen Ausgangsbescheide umgesetzt hat (§ 85 Abs. 4 SGG). Die Vorschrift **gilt nicht**, wenn **80**

- das BVerfG nicht die Gesetzlage bestätigt, also den Widersprüchen stattgegeben werden muss oder
- das BSG Grundsatzentscheidungen in anderen Rechtsfragen trifft oder
- die Entscheidung über den Widerspruch nicht (nur) von einer abstrakten Rechtsvorschrift abhängt, sondern auch individuelle Umstände geprüft werden müssen.

Die **öffentliche Bekanntgabe** erfolgt durch Veröffentlichung der Entscheidung über den Internetauftritt der Behörde, im elektronischen BAnz und in mindestens drei überregional erscheinenden Tageszeitungen (§ 85 Abs. 4 S. 2 SGG) und ersetzt einen individuellen Widerspruchsbescheid. Um die Rechtsmittelfrist für diejenigen Widerspruchsführer, die erst nach Ablauf der normalen Klagefrist von einem Monat Kenntnis von der öffentlichen Bekanntgabe erhalten (§ 87 Abs. 1 S. 1 SGG), zu erweitern, gilt für durch öffentliche Bekanntgabe entschiedene Widersprüche eine Frist zur Einreichung der Klage von einem Jahr (§ 87 Abs. 1 S. 3 SGG). Die Behörde muss bereits in der Mitteilung über das Ruhen des Widerspruchs auf die öffentliche Bekanntgabe, den Ort der Bekanntgabe und die erweiterte Klagefrist hinweisen (§ 85 Abs. 4 S. 3 SGG).

Praxishinweis: Der Widerspruch ist nur zulässig gegen Verwaltungsakte und auch nur in diesen Fällen notwendige Prozessvoraussetzung. Hat der Leistungsberechtigte eine Eingliederungsvereinbarung in Form eines öffentlich-rechtlichen Vertrags geschlossen oder handelt es sich bei

37 BSG 18.6.2008 – B 14/11 b AS 67/06 R.
38 BSG 8.6.1982 – 6 RKa 12/80.

Handlungen der Behörde (zB eine Aufforderung zur Übersendung der Kontoauszüge) um schlichthoheitliches Verwaltungshandeln, kann dagegen nicht mittels Widerspruch vorgegangen werden.

4. Klageverfahren

a) Überblick

81 Ergeht ein Widerspruchsbescheid, dh wird der Widerspruch ganz oder teilweise zurückgewiesen, muss der Leistungsberechtigte Klage einreichen. Sachlich zuständig für das Klageverfahren sind nach § 51 Abs. 1 Nr. 4 a) SGG die **Sozialgerichte**. Die örtliche Zuständigkeit richtet sich nach dem Wohnsitz oder ständigem Aufenthalt des Klägers.

82 Eine Klage muss **innerhalb eines Monats** nach Bekanntgabe des Widerspruchsbescheids schriftlich oder zur Niederschrift beim Urkundsbeamten des zuständigen Gerichts eingelegt werden (§§ 87, 90 SGG).

Praxishinweis: Seit dem SGG-ÄndG 2008 gelten verschärfte Formvorschriften. Entspricht die Form der Klage nicht der gesetzlich vorgegebenen, kann der Vorsitzende/die Vorsitzende Richter/in Ergänzungen innerhalb einer bestimmten Frist fordern, die unter Umständen auch eine Ausschlussfrist sein kann (§ 92 SGG). Eine Wiedereinsetzung in den vorigen Stand bei unverschuldetem Fristversäumnis ist nur unter den Voraussetzungen des § 67 SGG möglich.

83 Eine Klage ist dann zulässig, wenn der **Kläger** behauptet, durch den Verwaltungsakt oder durch die Ablehnung oder Unterlassung des Verwaltungsakts **beschwert** zu sein (§ 54 Abs. 1 S. 2 SGG). Eine solche Beschwer liegt auch vor, wenn das vorher durchgeführte Widerspruchsverfahren nur teilweise erfolgreich war und der Kläger sein Begehren nicht vollständig durchsetzen konnte.

84 Sozialgerichte folgen dem sog. **Amtsermittlungs- oder Untersuchungsgrundsatz** (§ 103 SGG). Sie führen von sich aus alle geeigneten Ermittlungen zur Sachverhaltsaufklärung durch, der Umfang richtet sich nach dem vom Kläger geltend gemachten Anspruch bzw nach den Einwendungen des Beklagten. Dabei kann es sich auch bei der Ermittlung der notwendigen Tatsachen darauf beziehen, dass bestimmte Tatsachen bereits festgestellt oder offenkundig sind, dass es unter Umständen für manche Tatsachen eine gesetzliche Vermutung gibt oder dass Tatsachen als wahr unterstellt werden können. Wie umfangreich die Ermittlungen sind, liegt im Ermessen des Gerichts. Die Beteiligten sollen zwar herangezogen werden, allerdings binden ihr Vorbringen und die gestellten Beweisanträge das Gericht nicht; die Beteiligten müssen weder in ihren vorbereitenden Schriftsätzen die Beweismittel benennen, die ihr Vorbringen stützen oder Behauptungen widerlegen noch dezidierte Beweisanträge an das Gericht stellen. Dementsprechend muss das Gericht auch Beweisanträge weder förmlich zulassen noch förmlich ablehnen.

85 Das Gericht ist darüber hinaus verpflichtet, den Beteiligten **rechtliches Gehör** zu gewähren (Art. 103 Abs. 1 GG, § 62 SGG). Unterstützt wird dieses Recht durch § 127 SGG, der den Beteiligten ein Recht zur Teilnahme an der Beweisaufnahme einräumt; ist er davon nicht oder nicht rechtzeitig benachrichtigt worden und in der mündlichen Verhandlung nicht anwesend, darf gegen ihn kein ungünstiges Urteil erlassen werden. § 128 Abs. 2 SGG geht davon aus, dass für das Urteil nur solche Tatsachen zugrunde gelegt werden können, zu denen sich die Beteiligten äußern konnten. Das Recht auf rechtliches Gehör erfordert auch unter Umständen die Hinzuziehung eines Dolmetschers, wenn der Kläger der deutschen Sprache nicht oder nicht ausreichend mächtig ist.

Praxishinweis: Seit dem Anhörungsrügengesetz,[39] das zum 1.1.2005 in Kraft getreten ist, kennt das Sozialgerichtsgesetz in § 178 a SGG eine spezielle Anhörungsrüge. Sie kann dann eingelegt

39 BGBl. I 2004, 3220.

werden, wenn das Gericht den Anspruch auf rechtliches Gehör in entscheidungserheblicher Weise verletzt hat.

86 Hält das Gericht die der Entscheidung des Jobcenters zugrunde liegenden Tatsachen für nicht ausreichend, kann es das Jobcenter auffordern, im Rahmen seiner prozessualen Mitwirkungspflicht nach § 103 S. 1 Hs 2 SGG eine **unterbliebene Datenerhebung** und -aufbereitung **nachzuholen.** Das Gericht kann den angefochtenen Verwaltungsakt aufheben und den Rechtsstreit zur weiteren Sachaufklärung an die Verwaltung zurückverweisen sowie ggf für den Zeitraum bis zum Erlass einer neuen Entscheidung eine einstweilige Regelung treffen (§ 131 Abs. 5 S. 2 SGG).[40] Allerdings kann das Gericht in der Tatsacheninstanz auch die fehlenden Tatsachen durch eigene Ermittlungen ersetzen.[41]

87 Mit dem SGG-ÄndG 2008 wurden neben der bereits erwähnten Verschärfung der Formvorschriften und der Behandlung von Massenwidersprüchen **weitere**, für das sozialrechtliche Verfahren geltende **Besonderheiten** eingeführt.

1. Bei Anhängigkeit von mehr als 20 Verfahren, die dieselbe behördliche Entscheidung betreffen, kann das Gericht die Verfahren aussetzen und nach Anhörung der Beteiligten in einem **Musterverfahren** entscheiden (§ 114 a SGG).
2. Zur **Beschleunigung** des Verfahrens kann der Vorsitzende oder die Vorsitzende Richter/in Fristen für das Vorbringen bestimmter Tatsachen, die Bezeichnung bestimmter Beweismittel oder die Übermittlung bestimmter Urkunden, beweglicher Sachen oder elektronischer Dokumente festlegen. Nach Ablauf der Frist können die angeforderten Informationen als präkludiert zurückgewiesen werden, sofern kein wichtiger Grund für die Verspätung nachgewiesen wurde und die Beteiligten über die Folgen einer Verspätung belehrt wurden (§§ 106 a, 157 a SGG).
3. Eine Klage gilt als **zurückgenommen**, wenn der Kläger das Verfahren trotz Aufforderung des Gerichts länger als drei Monate nicht betreibt (§ 102 Abs. 2 SGG).
4. Nach Aufforderung des Gerichts sollen Behörden die Akten innerhalb eines Monats übersenden (§ 104 S. 4 SGG). Hat die Behörde erkennbare und notwendige Ermittlungen im Verwaltungsverfahren nicht vorgenommen und müssen diese Ermittlungen dann im Klageverfahren nachgeholt werden, kann das Gericht die Behörde zu den **Kosten** des Verfahrens heranziehen (§ 192 Abs. 4 SGG).

   Praxishinweis: Um einen effektiven Rechtsschutz gegen eine überlange Verfahrensdauer zu gewähren, wurde am 3.12.2011[42] die Verzögerungsrüge eingeführt. Sie kann erhoben werden, wenn Anlass zur Besorgnis besteht, dass das Gerichtsverfahren nicht in einer angemessener Zeit abgeschlossen wird (§ 198 Abs. 3 S. 2 GVG). Die Verzögerungsrüge ist eine Voraussetzung für den Entschädigungsanspruch wegen unangemessener Verfahrensdauer (§ 198 Abs. 3 S. 1 GVG).[43]

88 **Klagen** vor den **Sozialgerichten**, die die Grundsicherung für Arbeitsuchende zum Streitgegenstand haben, werden idR als Anfechtungsklage, kombinierte Anfechtungs- und Leistungsklage oder als kombinierte Anfechtungs- und Verpflichtungsklage geführt. Darüber hinaus kommt auch eine Untätigkeitsklage vor allem dann in Betracht, wenn das Jobcenter im Antrags- oder Widerspruchsverfahren keine zeitnahe Entscheidung trifft. Andere Klagen wie Leistungs-, Feststellungs- oder Fortsetzungsfeststellungsklagen können vorkommen, sind allerdings in der Praxis nicht so häufig.

---

40 BSG 22.9.2009 – B 4 AS 18/09 R, hier iRd Angemessenheit der Kosten der Unterkunft.

41 Vgl BSG 17.12.2009 – B 4 AS 27/09 R.

42 Gesetz über den Rechtsschutz bei überlangen Gerichtsverfahren und strafrechtlichen Ermittlungsverfahren vom 24.11.2011, (BGBl. I, 2302).

43 Ausführlich hierzu: *Scholz*, SGb 2012, 19 ff.

Praxishinweis: Verfahren vor den Sozialgerichten sind kostenfrei (§ 183 SGG). Anwaltliche Vertretung ist erst vor dem BSG notwendig (§ 73 SGG); vor den Sozialgerichten und vor dem LSG kann der Kläger sich selbst vertreten.

b) Anfechtungsklage

89 Eine Anfechtungsklage richtet sich gegen einen **belastenden Verwaltungsakt** und zielt auf dessen Aufhebung oder Abänderung (§ 54 Abs. 1 S. 1 Hs 1 SGG). Typische Beispiele für Verwaltungsakte, die den Leistungsberechtigten belasten, sind Sanktionsbescheide, die Leistungskürzungen beinhalten oder Aufhebungs- und Rückforderungsbescheide oder Bescheide, mit denen die Aufrechnung überzahlter gegen zukünftige Leistungsansprüche erklärt wird. Nach erfolgreicher Klage und Aufhebung des Bescheids durch gerichtliches Urteil lebt der ursprüngliche Bewilligungsbescheid bzw die ursprünglich festgestellte Rechtslage wieder auf und der Leistungsberechtigte erhält die Leistungen in ungekürzter Höhe bzw ist nicht verpflichtet, Leistungen zu erstatten.

90 Weigert sich das Jobcenter dem gerichtlichen Urteil zu folgen und kürzt es weiter die Leistungen, dann kann der Betroffene sein Begehren mit einer reinen **Leistungsklage** iSd § 54 Abs. 5 SGG weiter verfolgen.

Musterantrag für Anfechtungsklage

Klage

des Herrn Max Mustermann, Musterstraße 1, 12345 Musterstadt,

Kläger,

gegen

Jobcenter Musterstadt

Beklagter

wegen der Kürzung von ...

Ich erhebe Klage und beantrage

den Bescheid des Beklagten vom 1.11.2009 (Az ...) in Gestalt des Widerspruchsbescheid (Az ...) vom 5.1.2010 aufzuheben.

Begründung:

c) Kombinierte Anfechtungs- und Leistungsklage

91 Auf Leistungen zur Sicherung des Lebensunterhalts nach dem SGB II und bei Vorliegen der Voraussetzungen besteht grds. ein Rechtsanspruch. Deshalb kommt die kombinierte Anfechtungs- und Leistungsklage sehr häufig in Betracht (§ 54 Abs. 4 SGG). Der Kläger begehrt mit der Klage die **Aufhebung** eines die Leistung ablehnenden Bescheids **und** die **Zahlung** der ihm rechtlich zustehenden Leistungen. Nicht notwendig ist, dass der Kläger die Höhe der Leistungen genau beziffert, eine Verurteilung zur Leistung ist auch dem Grunde nach möglich (§ 130 Abs. 1 SGG). Für die Zulässigkeit einer kombinierten Anfechtungs- und Leistungsklage ist Voraussetzung, dass der Rechtsanspruch auf die Leistung feststeht und das Jobcenter auch keinen Ermessensspielraum hatte.[44] Hat das Jobcenter noch keinen endgültigen Bescheid über die Feststellung der Leistung erlassen,[45] weil zB der Leistungsberechtigte seinen Mitwirkungspflichten nicht nachkommt (§ 66 SGB I), ist eine kombinierte Anfechtungs- und Leistungsklage unzulässig; hier kann allein eine Anfechtungsklage gegen den die Leistung versagenden Bescheid erhoben werden.[46]

---

44 Vgl LSG Saarland 9.2.2010 – L 9 AS 5/09; LSG Berlin-Brandenburg 6.3.2008 – L 28 AS 1029/07.

45 Vgl LSG Berlin-Brandenburg 1.10.2009 – L 10 AS 654/09 NZB.

46 BSG 1.7.2009 – B 4 AS 78/08 R; LSG Rheinland-Pfalz 6.11.2008 – L 5 AS 112/07; LSG Sachsen 1.11.2007 – L 3 AS 60/07.

Beispiel für eine kombinierte Anfechtungs- und Leistungsklage: Ein Leistungsberechtigter mit einem Rechtsanspruch auf eine Erstausstattung nach § 23 Abs. 3 S. 1 Nr. 1 SGB II hat sich diese – nach Ablehnung durch das Jobcenter – bereits besorgt. Das Jobcenter lehnt eine Erstattung der Kosten mit Hinweis auf die Selbstbeschaffung ab.[47]

Musterantrag für eine kombinierte Anfechtungs- und Leistungsklage

Klage

des

Herrn Klaus Mustermann, Musterstraße 1, 12345 Musterstadt,

Kläger,

g e g e n

das Jobcenter Musterstadt,

Beklagter,

wegen Gewährung von Alg II

Ich erhebe Klage und beantrage

1. den Bescheid des Beklagten vom ... in der Gestalt des Widerspruchsbescheids vom ... aufzuheben,

2. den Beklagten zu verurteilen, dem Kläger Alg II seit dem ... zu gewähren.

Begründung:

d) Kombinierte Anfechtungs- und Verpflichtungsklage

92 Mit der Verpflichtungsklage erstrebt der Kläger den Erlass eines Verwaltungsakts, den die Behörde abgelehnt oder unterlassen hat (§ 54 Abs. 1 S. 1 Hs 2 SGG) und der seine Rechtsposition verbessert. Da häufig zuvor die Behörde einen Antrag bereits abgelehnt hat, existiert bereits ein Verwaltungsakt: der Ablehnungsbescheid. Deshalb wird im SGB II-Leistungsrecht die **Verpflichtungsklage** – mit der die Bewilligung einer bestimmten Leistung begehrt wird – häufig **mit der Anfechtungsklage** – die sich gegen den Ablehnungsbescheid richtet – **kombiniert**. Letztlich ist auch die Verpflichtungsklage eine Leistungsklage, die sich auf den Erlass eines begünstigenden Verwaltungsakts richtet. Besteht auf die begehrte Leistung kein Rechtsanspruch, sondern verfügt das Jobcenter über Ermessen, dann ergeht die Verpflichtungsklage in Form einer Bescheidungsklage.

Musterantrag kombinierte Anfechtungs- und Verpflichtungsklage

Klage

des Herrn Max Mustermann, Musterstraße 1, 12345 Musterstadt,

Klägers,

g e g e n

das Jobcenter Musterstadt,

Beklagter,

bei Anspruchsleistung

wegen Übernahme der Krankenversicherungsbeiträge.

Ich erhebe Klage und beantrage

1. den Bescheid des Beklagten vom ... (Az) in Gestalt des Widerspruchsbescheids vom ... (Az) aufzuheben

2. den Beklagten zu verpflichten, den Beitrag für die freiwillige Krankenversicherung des Klägers in voller Höhe zu übernehmen.

47 BSG 19.8.2010 – B 14 AS 10/09 R.

Begründung:

Alternative bei Ermessensleistungen

wegen Übernahme von Mietschulden.

Ich erhebe Klage und beantrage

1. den Bescheid des Beklagten vom ... (Az) in Gestalt des Widerspruchsbescheids vom ... (Az ...) aufzuheben,
2. den Beklagten zu verurteilen, dem Kläger bzgl der Übernahme der Mietschulden iHv 2500 EUR einen neuen Bescheid unter Rechtsauffassung des Gerichts zu erteilen.

Begründung:

e) Untätigkeitsklage

93 Eine Untätigkeitsklage kommt nach § 88 SGG dann in Betracht, wenn die Behörde **nicht zeitgerecht** über Anträge und Widersprüche **entscheidet**. Sie richtet sich auf den Erlass eines Verwaltungsakts oder auf eine Entscheidung über einen eingelegten Widerspruch und nicht auf eine bestimmte Geld- oder Sachleistung.[48] Sie ist dann zulässig, wenn die Behörde ohne zureichenden Grund über einen Antrag innerhalb von sechs Monaten oder über einen Widerspruch innerhalb von drei Monaten sachlich nicht entschieden hat. Die Klage ist auch dann zulässig, wenn die Frist von sechs bzw drei Monaten zwar noch nicht bei Klageeinreichung vorliegt, allerdings während deren Rechtshängigkeit erfüllt wird.[49] Liegt ein sachlicher Grund für die fehlende Entscheidung indessen vor und erachtet das Gericht diesen Grund für ausreichend, kann es das Verfahren bis zu einer bestimmten Frist aussetzen, die auch verlängert werden kann.

94 **Sachliche Gründe** für die Untätigkeit einer Behörde werden nach objektiven Kriterien unter Berücksichtigung der seit Antragstellung verstrichenen Zeit bestimmt. Die Untätigkeitsklage ist kein Instrument für einzelne Berechtigte, ihre Interessen besonders hartnäckig zu verfolgen und dadurch eine bevorzugte Behandlung zu erreichen.[50] Sachlich zureichende Gründe können zB eine auf Gesetzesänderung beruhende allgemeine Geschäftsbelastung oder programmtechnische Schwierigkeiten bei der Rentenberechnung sein.[51]

Praxishinweis: Kein sachlicher Grund für die Untätigkeit der Behörde ist allerdings die fehlende Mitwirkung des Leistungsberechtigten nach § 60 SGB I. In diesen Fällen muss sich das Jobcenter die notwendigen Informationen auf andere Weise beschaffen oder die Leistungen per Bescheid versagen (§ 66 SGB I).[52] Gründe wie allgemeiner Personalmangel oder eine unzureichende Ausstattung sind ebenfalls nicht ausreichend, um eine Untätigkeit der Behörde zu rechtfertigen.

Musterantrag Untätigkeitsklage

Klage

des Herrn Max Mustermann, Musterstraße 1, 12345 Musterstadt,

Kläger,

gegen

das Jobcenter Musterstadt,

Beklagter,

wegen Untätigkeit.

---

48 Vgl LSG Berlin-Brandenburg 6.12.2010 – L 18 AS 1272/10.
49 BSG 26.8.1994 – 13 RJ 17/94; LSG Berlin-Brandenburg 19.2.2008 – L 28 B 244/08 AS PKH.
50 LSG NRW 5.3.1996 – L 2 S Kn 9/94.
51 LSG NRW 5.3.1996 – L 2 S Kn 9/94.
52 LSG Berlin-Brandenburg 19.2.2008 – L 28 B 244/08 AS PKH.

Ich erhebe Untätigkeitsklage und beantrage

den Beklagten zu verurteilen, den Antrag des Klägers vom ... auf Überprüfung aller bestandskräftigen Bescheide über Leistungen nach dem SGB II in dem Zeitraum von ... bis ... unter der Bedarfsgemeinschaftsnummer ... zu bescheiden.

Begründung:

5. Rechtsmittel

Gegen Urteile der Sozialgerichte findet gem. § 143 SGG die **Berufung** an das LSG statt. Davon ausgenommen sind nach § 144 Abs. 1 S. 1 SGG Klagen, die eine Geld-, Dienst- oder Sachleistung oder einen hierauf gerichteten Verwaltungsakt betreffen, wenn der Wert dieses Beschwerdegegenstands 750 EUR nicht übersteigt oder wenn es sich um Erstattungsstreitigkeiten zwischen Leistungsträgern handelt, deren Wert nicht höher als 10.000 EUR ist. Die Ausnahme gilt allerdings nicht, wenn es sich bei dem Streitgegenstand um wiederkehrende oder laufende Leistungen für mehr als ein Jahr handelt (§ 144 Abs. 1 S. 2 SGG). 95

Praxishinweis: Ist eine Berufung nach § 144 Abs. 1 S. 1 SGG eigentlich nicht zulässig, muss die Berufung im Urteil des SG zugelassen werden. Ist die Berufung nicht zugelassen, kann der Kläger beim LSG eine Nichtzulassungsbeschwerde einlegen; das LSG lässt die Berufung dann ausdrücklich zu oder weist die Beschwerde zurück. Die Berufung muss zugelassen werden, wenn einer der in § 144 Abs. 2 SGG aufgeführten Gründe vorliegt:

1. grundsätzliche Bedeutung der Rechtssache (Nr. 1) oder
2. Abweichung des Urteils von einer Entscheidung des LSG, des BSG, des BVerfG oder des Gemeinsamen Senats der obersten Gerichts oder
3. ein Verfahrensmangel (Nr. 3).

Ansonsten ist die Berufung zulässig, wenn der (Berufungs-)Kläger **beschwert** ist, dh wenn das SG dem erstinstanzlich geltend gemachten Anspruch nicht oder nicht in vollem Umfang entsprochen hat. Eine Beschwer liegt nicht vor, wenn das SG antragsgemäß entschieden hat, aber die Begründung den Vorstellungen des Klägers nicht entspricht. Berufung können auch die Jobcenter einlegen, wenn der Klage durch das SG stattgegeben wurde. 96

Gegen die Urteile der LSG ist die **Revision** beim BSG zulässiges Rechtsmittel. Hier beschränkt sich die Überprüfung auf die richtige Rechtsanwendung, das BSG ist an die tatsächlichen Feststellungen des LSG gebunden. Wurden die Tatsachen noch nicht ausreichend ermittelt, kann das BSG grds. keine abschließende Entscheidung treffen, sondern muss das Verfahren an das LSG zurückverweisen. 97

Eine Revision ist nur statthaft, wenn sie **ausdrücklich durch Urteil** des LSG oder – im Falle einer Sprungrevision (§ 161 SGG) – durch Urteil des SG oder auf eine Nichtzulassungsbeschwerde durch das BSG selbst **zugelassen** wird. Die Zulassung wird regelmäßig im Tenor ausgesprochen; fehlt ein solcher Ausspruch, bedeutet dies die Nichtzulassung. Die Revision ist zulässig, wenn ein Zulassungsgrund nach § 160 Abs. 2 SGG vorliegt. 98

6. Einstweiliger Rechtsschutz

a) Allgemeines

Die Gewährung effektiven Rechtsschutzes durch Art. 19 Abs. 4 GG bedeutet auch, dass dieser **Rechtsschutz zeitnah** gewährt werden muss, vor allem dann, wenn ohne diesen dem Betroffenen eine erhebliche Verletzung in seinen Rechten droht, die durch die Entscheidung in der Hauptsache nicht mehr beseitigt werden kann.[53] Im Bereich des SGB II 99

53 BVerfGE 79, 69, 74; 93, 1, 14.

benötigen die Rechtsuchenden die finanziellen Mittel, deren (ungekürzte) Gewährung sie mithilfe einer Klage häufig anstreben, idR dringend für ihren Lebensunterhalt. Die Vielzahl von Klagen an den Sozialgerichten und die daraus resultierende lange Verfahrensdauer und vor allem die Eilbedürftigkeit einer Entscheidung aufgrund notwendiger Existenzsicherung haben dazu geführt, dass der vorläufige oder einstweilige Rechtsschutz in der Grundsicherung für Arbeitsuchende eine herausragende Bedeutung angenommen hat.

100 Grds. findet im einstweiligen Rechtsschutz nur eine **summarische Prüfung der Ansprüche** statt; da die Rechtssache eilbedürftig ist, können kaum umfassende Ermittlungen angestellt werden. Allerdings hat das Gericht dann, wenn ohne die Gewährung vorläufigen Rechtsschutzes schwere und unzumutbare, anders nicht abwendbare Beeinträchtigungen entstehen können, die durch das Hauptsacheverfahren nicht mehr zu beseitigen wären, die Pflicht, die Sach- und Rechtslage nicht nur summarisch, sondern abschließend zu prüfen. Das gilt insb. dann, wenn das einstweilige Rechtsschutzverfahren vollständig die Bedeutung des Hauptsacheverfahrens übernimmt und eine endgültige Verhinderung der Grundrechtsverwirklichung eines Beteiligten droht.[54] Wenn die Gerichte eine solche Entscheidung treffen, so dürfen sie die Anforderungen an die Glaubhaftmachung durch den Antragsteller des Eilverfahrens nicht überspannen. Ist eine umfassende Klärung der Sach- und Rechtslage im Eilverfahren nicht möglich, so ist anhand einer Folgenabwägung zu entscheiden, die grundrechtlichen Belange des Antragstellers müssen umfassend mit einbezogen werden. Besondere Bedeutung hat dabei die Wahrung der Würde des Einzelnen; eine Verletzung dieser grundgesetzlichen Gewährleistung, auch wenn sie nur möglich erscheint oder nur zeitweilig andauert, haben die Gerichte zu verhindern.[55] Da die SGB II-Leistungen der Sicherstellung eines menschenwürdigen Lebens dienen, ist dieses Kriterium idR erfüllt.

101 Welche Art des einstweiligen Rechtsschutzes in Betracht kommt, richtet sich danach, ob jemand einen Verwaltungsakt der Behörde, der ihm Pflichten auferlegt, abwehren will, oder ob jemand Leistungen benötigt und diese von der Behörde nicht gewährt wurden. Dementsprechend geht es darum, ob jemand den Vollzug einer belastenden Maßnahme verhindern will (**Anfechtungssachen**) oder ob die Verwaltung zu einer Maßnahme veranlasst werden soll (**Vornahmesachen**). Bei Anfechtungssachen geht es häufig um die vorläufige Beibehaltung des Status quo durch die aufschiebende Wirkung eines Rechtsbehelfs bzw um die Aussetzung der Vollziehung des Verwaltungsakts; in Vornahmesachen kann durch eine einstweilige Anordnung des Gerichts eine vorläufige Regelung getroffen werden.

102 Auch wenn er entscheidungserheblich für das Verfahren ist, ist grds. der Gegenstand des einstweiligen Rechtsschutzes nicht mit dem **Streitgegenstand** der Hauptsache identisch. Dies gilt gleichermaßen für Vornahme- wie auch für Anfechtungssachen. Entscheidend ist, ob eine im Hauptsacheverfahren durchsetzbare Rechtsposition einer vorläufigen Sicherung bedarf. Deshalb wird der Verfahrensgegenstand von drei Bezugspunkten erfasst:[56]

- eine anhängige Hauptsache zumindest im Verwaltungsverfahren,
- eine – möglicherweise bestehende – Rechtsposition in der Hauptsache und
- nachteilige Folgen für die Rechtsposition durch Zeitablauf bis zur bestands- oder rechtskräftigen Entscheidung in der Hauptsache.

54 BVerfG 12.5.2005 – 1 BvR 569/05.
55 BVerfG 12.5.2005 – 1 BvR 569/05.
56 Hierzu s. *Hölzer* info also 2010, 101.

Ein Verfahren im einstweiligen Rechtsschutz setzt daher immer eine gewisse Eilbedürftigkeit der Entscheidung voraus.

103 Einstweilige Rechtsschutzverfahren werden idR **nicht mündlich verhandelt**, sondern schriftlich entschieden, wobei ein Anhörungstermin aber nicht ausgeschlossen ist. Das Gericht entscheidet durch Beschluss (§ 86 b Abs. 4 SGG). Zuständig ist das Gericht der Hauptsache.

104 Der vorläufige Rechtsschutz setzt **keinen fristgebundenen Antrag** voraus, er kann schon vor Erhebung der Klage gestellt werden (§ 86 b Abs. 3 SGG). Bei Anfechtungssachen, in denen es um die (Wieder)Herstellung der aufschiebenden Wirkung von Rechtsmitteln geht, muss ein entsprechender Rechtsbehelf – Widerspruch oder Anfechtungsklage – zumindest eingelegt worden sein.

b) Antrag auf Anordnung der aufschiebenden Wirkung

aa) Aufschiebende Wirkung und ihr Wegfall nach § 39 SGB II

105 Widerspruch und Anfechtungsklage haben idR gem. § 86 a Abs. 1 S. 1 SGG **aufschiebende Wirkung**. Dadurch entfaltet der Bescheid keine Bestandskraft, die Behörde kann den Verwaltungsakt nicht vollstrecken und nicht zwangsweise durchsetzen bis über seine Rechtmäßigkeit rechtskräftig und endgültig entschieden wurde (Suspensiveffekt). Diese Regelung ist vor allem für belastende Verwaltungsakte von Bedeutung, dh für Verwaltungsakte, die die Rechte des Betroffenen einschränken, mit denen ihm Leistungen entzogen oder gekürzt werden.

106 Von diesem Regelfall gibt es **Ausnahmen**, die im Einzelnen in § 86 a Abs. 2 SGG aufgelistet sind. Im Bereich der Grundsicherung für Arbeitsuchende ist § 86 a Abs. 2 Nr. 4 SGG von besonderer Bedeutung, der die aufschiebende Wirkung in durch Bundesgesetz vorgeschriebenen Fällen entfallen lässt. Nach § 39 SGB II haben Widerspruch und Anfechtungsklage keine aufschiebende Wirkung, wenn sich diese gegen einen Bescheid des Jobcenters richten, der

1. die Leistungen der Grundsicherung für Arbeitsuchende aufhebt, zurücknimmt, widerruft, die Pflichtverletzung und die Minderung des Auszahlungsanspruchs feststellt oder Leistungen zur Eingliederung in Arbeit oder Pflichten erwerbsfähiger Leistungsberechtigter bei der Eingliederung in Arbeit regelt,
2. den Übergang eines Anspruchs bewirkt,
3. mit der Beantragung einer vorrangigen Leistung verbunden ist oder
4. mit dem der erwerbsfähige Leistungsberechtigte zur persönlichen Meldung bei der Agentur für Arbeit aufgefordert wird.

107 **Nr. 1** erfasst sämtliche Verwaltungsakte, mit denen SGB II-Leistungen aufgehoben, vermindert oder entzogen werden, auch für die Vergangenheit (zB nach den §§ 45 ff SGB X), ebenso Sanktions- und Feststellungsbescheide nach den §§ 31 ff SGB II. Die Pflichten zur Eingliederung in Arbeit meint insb., die Regelungen einer Eingliederungsvereinbarung, die nach § 15 Abs. 1 S. 6 SGB II als Verwaltungsakt erlassen werden kann.[57] Ob Widerspruch und Anfechtungsklage gegen einen Verwaltungsakt, der einem Leistungsberechtigten wegen mangelnder Mitwirkung nach § 66 SGB I die Leistungen versagt, aufschiebende Wirkung haben oder nicht, ist strittig.[58]

---

57 LSG Baden-Württemberg 2.8.2011 – L 7 AS 2367/11 ER-B.

58 Für eine aufschiebende Wirkung und die Nichtanwendbarkeit des § 39 SGB II vgl LSG Saarbrücken 2.5.2011 – L 9 AS 9/11 B ER; LSG Hessen 27.12.2010 – L 9 AS 612/10 B ER; LSG Baden-Württemberg 8.4.2010 – L 7 AS 304/10 ER-B unter Hinweis darauf, dass eine Versagung von Leistungen bei fehlender Mitwirkung nicht auf der Prüfung der Leistungsvoraussetzungen nach dem SGB II beruht, sondern auf eben nur der mangelnden Mitwirkung. Gegen eine aufschiebende Wirkung und die Anwendbarkeit des § 39 SGB II LSG Niedersachsen-Bremen 8.3.2010 – L 13 AS 34/10 B ER.

108 **Nr. 2** erfasst einen Bescheid, der einen **Anspruchsübergang** bewirkt. Die Vorschrift geht seit August 2006 ins Leere, da nach § 33 SGB II alle Ansprüche des erwerbsfähigen Leistungsberechtigten gegen Dritte kraft Gesetz auf das Jobcenter übergehen.

109 Nach § 5 Abs. 3 SGB II ist das Jobcenter berechtigt, eine **vorrangige Sozialleistung** für den Leistungsberechtigten geltend zu machen, wenn dieser keinen entsprechenden Antrag trotz Aufforderung stellt. Die Aufforderung, einen Antrag zu stellen, ist ein Verwaltungsakt; **Nr. 3** soll verhindern, dass der erwerbsfähige Leistungsberechtigte durch Einlegung von Rechtsmitteln die Inanspruchnahme vorrangiger Leistungen verzögert und damit der Nachranggrundsatz beeinträchtigt wird.

110 Auch die **Aufforderung zur persönlichen Meldung** nach § 59 SGB II iVm § 309 SGB III ist ein Verwaltungsakt, dessen Wirkung durch die aufschiebende Wirkung verzögert werden könnte. Aus diesem Grund wurde **Nr. 4** mit in die Regelung aufgenommen.

Praxishinweis: § 39 SGB II ist eine Ausnahmevorschrift und darf deshalb nicht erweiternd ausgelegt werden. Sie erfasst daher keine anderen Ansprüche aus dem Gesetz, wie zB

- Ersatzansprüche nach § 34 SGB II oder
- Ansprüche aus der Erbenhaftung nach § 35 SGB II oder
- die Erstattung von Beiträgen nach § 40 Abs. 1 Nr. 3 SGB II oder
- Bescheide, die eine Aufrechnung nach § 43 SGB II erklären[59] oder
- Bescheide, die eine Erstattung vorläufig gezahlter Leistungen nach § 40 Abs. 2 Nr. 1 SGB II iVm § 328 SGB II festlegen.[60]

Besonders wichtig ist, dass Bescheide nach § 50 SGB X, mit denen der erwerbsfähige Leistungsberechtigte zur Erstattung von zu viel gezahlten Leistungen verpflichtet wird, ebenfalls nicht erfasst wird. Das hat zur Folge, dass ein Bescheid, der Leistungen für die Vergangenheit nach den §§ 45, 47 oder 49 SGB X aufhebt und der idR mit einem Erstattungsbescheid nach § 50 SGB X verbunden ist, hinsichtlich eines Widerspruchs zwei unterschiedliche rechtliche Wirkungen hat: Der Widerspruch gegen den Aufhebungsbescheid hat keine aufschiebende Wirkung, der Widerspruch gegen den Erstattungsbescheid hat aufschiebende Wirkung.[61]

111 Die Behörde hat darüber hinaus die Möglichkeit, nach § 86 a Abs. 2 Nr. 5 SGB II die **sofortige Vollziehung** bei Verwaltungsakten gesondert **anzuordnen.** Auf diese Weise entfällt die aufschiebende Wirkung von Widerspruch und Anfechtungsklage ebenfalls. Eine solche Anordnung unterliegt jedoch einer besonderen schriftlichen Begründungspflicht, aus der hervorgehen muss, warum ein besonderes öffentliches Interesse an der sofortigen Vollziehbarkeit besteht und ob die Anordnung im konkreten Fall dem Prinzip der Verhältnismäßigkeit entspricht. Allein fiskalische Interessen sind hierfür nicht ausreichend.[62] Ordnet die Behörde die sofortige Vollziehbarkeit unter diesen Voraussetzungen an, entsprechen die rechtlichen Wirkungen denen des gesetzlichen Wegfalls der aufschiebenden Wirkung. Das bedeutet, dass – unabhängig davon, ob die Behörde die sofortige Vollziehbarkeit anordnet und damit die aufschiebende Wirkung der Rechtsbehelfe entfällt oder ob diese Wirkung kraft Gesetzes eintritt – der Bescheid sofort vollzogen werden kann.

---

59 Die Aufrechnungserklärung ist kein Verwaltungsakt, der über Leistungen der Grundsicherung für Arbeitsuchende entscheidet, vgl LSG Hamburg 8.2.2008 – L 5 B 542/07 ER AS; LSG Reinland-Pfalz 17.1.2006 – L 3 ER 128/05 AS; aA SG Braunschweig 2.10.2008 – S 17 AS 2620/08 ER für die Tilgungsregelung nach § 23 Abs. 1 S. 3 SGB II aF, jetzt § 42 a Abs. 2 SGB II; LSG NRW 13.9.2007 – L 20 B 152/07 AS ER, wenn in der Aufrechnung der Vollzug einer Aufhebungs- und Erstattungsentscheidung zu sehen ist.

60 SG Berlin 25.9.2009 – S 160 AS 27361/09 ER.

61 Vgl LSG Berlin-Brandenburg 5.7.2006 – L 10 AS 545/06, ebenso LSG NRW 30.9.2009 – L 19 B 243/09 AS; SG Berlin 25.9.2009 – S 160 AS 27361/09 ER.

62 LSG Niedersachsen-Bremen 10.8.2006 – L 8 SO 69/06 ER.

bb) Anordnung der aufschiebenden Wirkung

112 Erlässt das Jobcenter einen Bescheid, der SGB II-Leistungen aufhebt oder kürzt oder liegt ein vergleichbarer Fall vor, bei dem Widerspruch und Anfechtungsklage keine aufschiebende Wirkung haben, so kann das Jobcenter auf Antrag des Leistungsberechtigten nach § 86 a Abs. 3 S. 1 SGB II die **sofortige Vollziehung selbst ganz oder teilweise aussetzen.** Den Antrag kann der Leistungsberechtigte mit dem Widerspruch bei der Behörde verbinden. Die Bearbeitung des Antrags ist kein neues Verwaltungsverfahren, da die aufschiebende Wirkung lediglich eine Modifikation des Verwaltungsakts ähnlich einer (hier allerdings nicht gesondert anfechtbaren) Nebenbestimmung iSd § 32 Abs. 2 SGB X ist. Allerdings ist das Jobcenter – selbst wenn es dem Antrag stattgibt und die aufschiebende Wirkung selbst (wieder)herstellt – nicht an seine Entscheidung gebunden. Es kann sie nach § 86 a Abs. 3 S. 4 SGG mit Auflagen versehen oder befristen oder nach Satz 5 jederzeit aufheben oder ändern.

113 Es empfiehlt sich aus diesen Gründen für den Leistungsberechtigten, einen Antrag auf (Wieder)Herstellung der aufschiebenden Wirkung beim SG nach § 86 b Abs. 1 S. 1 Nr. 2 SGG zu stellen (auch **einstweilige Anordnung in Anfechtungssachen**). Es ist dabei nicht notwendig, dass der Leistungsberechtigte zunächst bei der Behörde versucht hat, die aufschiebende Wirkung seines Widerspruchs zu erreichen. Das Gericht wird zwischen dem öffentlichen Interesse an der sofortigen Vollziehung und dem privaten Interesse, die sofortige Vollziehung auszusetzen, **abwägen.** Dabei werden in einer summarischen Prüfung die Erfolgsaussichten des Rechtsmittels in der Hauptsache beurteilt: Bestehen ernsthafte Zweifel an der Rechtmäßigkeit des angefochtenen Verwaltungsakts wird das Gericht dem Antrag stattgeben. Handelt es sich um existenzsichernde Leistungen, die ganz oder zum größten Teil gekürzt wurden und bestreitet der Leistungsberechtigte in der Hauptsache seinen Lebensunterhalt von diesen Leistungen, wird nach der oben dargelegten Rechtsprechung des BVerfG auch eine abschließende Prüfung der Rechtmäßigkeit des Verwaltungsakts erfolgen. Lässt sich der Sachverhalt nicht ohne Beweisaufnahme klären, muss auch im einstweiligen Rechtsschutz eine solche durchgeführt werden. Ist eine solche Klärung nicht oder nicht vollständig möglich und betrifft der Streitgegenstand einen besonders grundrechtsrelevanten Bereich, so muss eine Entscheidung anhand einer Folgen- und nicht nur anhand einer Interessenabwägung getroffen werden.

Musterantrag für einen Antrag auf Anordnung der aufschiebenden Wirkung

Antrag des

Herrn Karl Mustermann, Musterstraße 1, 12345 Musterstadt,

Antragsteller,

g e g e n

das Jobcenter Musterstadt

Antragsgegner,

wegen Anordnung der aufschiebenden Wirkung gegen einen Sanktionsbescheid.

Ich beantrage, den Antragsgegner im Wege der einstweiligen Anordnung zu verpflichten,

die aufschiebende Wirkung des Widerspruchs des Antragstellers vom ... gegen den Bescheid der Antragsgegnerin vom ... (Az ...) anzuordnen.

Begründung:

Praxishinweis: Es gibt Fälle, in denen der Widerspruch zwar aufschiebende Wirkung entfaltet, aber die zuständige Behörde dies missachtet und den Verwaltungsakt trotzdem vollzieht oder dies ankündigt. In diesen Fällen kann ein Antrag auf Feststellung der aufschiebenden Wirkung in entsprechender Anwendung des § 86 b SGG gestellt werden.[63]

c) Antrag auf einstweilige Anordnung

114 Hat der Leistungsberechtigte eine Leistung beantragt und wurde diese abgelehnt, kommt iRd vorläufigen Rechtsschutzes eine einstweilige Anordnung nach § 86 b Abs. 2 SGG in Betracht. Diese einstweilige Anordnung ist gegenüber den Verfahren des einstweiligen Rechtsschutzes nach § 86 b Abs. 1 SGG **nachrangig**. Sie ist nicht zulässig, wenn

- der Antragsteller eigentlich die Behörde verpflichten will, über seinen Antrag zu entscheiden; dann ist Untätigkeitsklage zu erheben.[64]
- der Betroffene vom Leistungsträger Vorschüsse (§ 42 SGB I) oder vorläufige Leistungen (§ 43 SGB I) erlangen kann, die allerdings nur dann in Frage kommen, wenn das Jobcenter den Anspruch dem Grunde nach anerkannt hat.
- es keinen Antrag gibt und das Jobcenter nicht mit dem Antragsgegenstand vorbefasst war; es muss danach untätig geblieben sein oder seine Leistungsbereitschaft verneint haben. Nur dann ist das für eine einstweilige Anordnung notwendige Rechtsschutzbedürfnis zu bejahen.[65]

115 Eine einstweilige Anordnung ist dann erfolgreich, wenn – ähnlich wie im Zivilprozess – **Anordnungsanspruch und Anordnungsgrund** glaubhaft gemacht werden können. Die Notwendigkeit des Vorliegens von Anordnungsanspruch und Anordnungsgrund ergibt sich dabei nicht direkt aus § 86 b Abs. 2 SGG, sondern durch den Verweis auf die Vorschriften der ZPO, namentlich § 920 Abs. 2 ZPO.

116 Der **Anordnungsanspruch** erfasst dabei den auch im Hauptsacheverfahren streitigen Anspruch, insb. auf Gewährung von Leistungen nach dem SGB II. Der Antragsteller muss darlegen, dass er die Anspruchsvoraussetzungen des geltend gemachten Anspruchs erfüllt. Der Anordnungsanspruch wird bejaht, wenn der Anspruch dem Antragsteller – entweder durch Glaubhaftmachung (eidesstattliche Versicherung, Vorlage von Urkunden oder anderen schriftlichen Unterlagen) oder durch Amtsermittlung des Gerichts – mit überwiegender Wahrscheinlichkeit zusteht und nach summarischer Prüfung ein Obsiegen im Hauptsacheverfahren überwiegend wahrscheinlich ist. Da es sich bei den Leistungen des SGB II idR um existenzsichernde Leistungen handelt, wird eine Nichtbewilligung immer auch ein grundrechtsrelevanter Eingriff sein. Der Anordnungsanspruch ist daher immer vor dem Anordnungsgrund zu prüfen.[66]

117 Prüft das Gericht die Erfolgsaussichten der Hauptsache, so muss es idR den Sachverhalt vollständig aufklären; ist die vollständige Aufklärung der Sach- und Rechtslage im Eilverfahren nicht möglich, muss es eine **Folgenabwägung** zwischen den Belangen des Leistungsberechtigten und der Behörde treffen. „Je schwerer die Belastungen des Betroffenen wiegen, die mit der Versagung vorläufigen Rechtsschutzes verbunden sind, umso weniger darf das Interesse an einer vorläufigen Regelung oder Sicherung der geltend gemachten Rechtsposition zurückgestellt werden."[67] Die Rechtsschutzgarantie des Art. 19 Abs. 4 GG verlange auch bei Vornahmesachen jedenfalls dann vorläufigen Rechtsschutz, wenn ohne ihn schwere und unzumutbare, anders nicht abwendbare Nachteile entstünden, zu deren nachträglicher Beseitigung die Entscheidung in der Hauptsache

63 Vgl LSG Berlin-Brandenburg 27.9.2006 – L 19 B 587/06 AS ER; SG Berlin 25.9.2009 – S 160 AS 27361/09 ER.
64 LSG NRW 19.5.2010 – L 19 AS 693/10 B; 22.7.2009 – L 19 B 189/09 AS ER.
65 BVerfG 30.10.2009 – 1 BvR 2442/09; LSG NRW 12.10.2009 – L 12 B 22/09 AS.
66 Vgl BVerfG 28.9.2009 – 1 BvR 1702/09, Rn 24.
67 BVerfG 25. 2. 2009 – 1 BvR 120/09 Rn 11.

nicht mehr in der Lage wäre.[68] Die grundrechtlichen Belange des Antragstellers müssen umfassend in die Abwägung eingestellt werden, insb. dann, wenn es um die Wahrung der Würde des Menschen geht. Droht eine Verletzung dieser grundgesetzlichen Gewährleistung, auch wenn sie nur möglich erscheint oder nur zeitweilig andauert, müssen die Gerichte diese verhindern.[69]

118 Ein **Anordnungsgrund** liegt vor, wenn dem Antragsteller ein wesentlicher Nachteil droht und ein Warten bis zur Hauptsacheentscheidung nicht zumutbar ist, weil in der Zwischenzeit irreparable Rechtsnachteile eintreten können.

Beispiele für einen Anordnungsgrund drohende fristlose Kündigung der Wohnung wegen Versagung der Kosten für Unterkunft und Heizung,

fehlender Krankenversicherungsschutz und der Leistungsberechtigte hat eine Krankheit, die ärztliche Behandlung oder Medikamente erfordert.

Ein Anordnungsgrund liegt insb. dann **nicht** vor, wenn es sich um **Leistungen für die Vergangenheit** handelt, auch und gerade, wenn dies Leistungen zur Sicherung des Lebensunterhalts betrifft. In diesen Fällen kann das Hauptsacheverfahren abgewartet werden,[70] es sei denn, die versagten Leistungen in der Vergangenheit wirken bis in die Gegenwart fort: zB wenn Mietschulden entstanden sind, eine Kündigung aber durch Nachentrichtung der Miete nach § 569 Abs. 3 Nr. 2 BGB abgewendet werden kann. Ein schwerer und unmittelbarer Nachteil wird auch dann nicht angenommen, wenn der Streit um nur eine geringfügige – bis 10 %-ige – Differenz beim Leistungsumfang geht.[71] Der Anordnungsgrund wird darüber hinaus dann nicht geprüft, wenn bereits kein Anordnungsanspruch besteht.

119 Gibt das Gericht dem Antrag auf einstweilige Anordnung statt, beginnt mit dem Antrag beim Gericht die **Anordnung wirksam** zu werden. Für davor liegende Zeiträume scheidet eine Reglung aus.[72] Eine Anordnung wird idR und unter Anlehnung an § 41 SGB II nicht bis zur Entscheidung in der Hauptsache getroffen, sondern für maximal sechs Monate.[73] Da Leistungen des SGB II existenzsichernde Funktion haben, kommt eigentlich bei Vorliegen eines Anordnungsanspruchs und eines Anordnungsgrundes eine – im einstweiligen Rechtsschutz sonst mögliche – Kürzung des Betrags idR nicht in Betracht. Allerdings ist die Rechtsprechung hierzu nicht einheitlich und erachtet einen Sicherheitsabschlag von 10 bis 20 %[74] oder die Gewährung der Leistung als Darlehen für zulässig.[75] Wird allerdings eine – nach der Rechtsprechung des BVerfG – abschließende Prüfung der Sach- und Rechtslage im einstweiligen Rechtsschutz vorgenommen, schließt dies eine Kürzung des Anspruchs aus.

120 Der Antrag auf einstweilige Anordnung wird **durch Beschluss entschieden** (§ 86 b Abs. 4 SGG). Dieser erwächst wie Urteile in Rechtskraft. Allerdings kann bei veränderter Sach- und Rechtslage ein neuer Antrag gestellt werden. Das ist insb. dann von Bedeutung, wenn der Bewilligungszeitraum abläuft.

Praxishinweis: Ein Antrag auf einstweilige Anordnung ist möglich, wenn

- der Antrag auf eine Leistung durch Bescheid abgelehnt wurde, noch kein Bescheid ergangen, aber erkennbar ist, dass das Jobcenter keine Leistungen erbringen wird,

---

68 Ausnahmsweise Vorwegnahme der Hauptsache möglich, vgl auch LSG Sachsen 4.3.2011 – L 7 AS 753/10 B ER.

69 BVerfG 25.2.2009 – 1 BvR 120/09. S. auch ausf.: *Spellbrink* Sozialrecht aktuell 2007, 1 ff.

70 LSG Berlin-Brandenburg 21.9.2007 – L 10 B 1491/07 AS ER.

71 LSG Hamburg 21.5.2007 – L 5 B 111/07 ER AS.

72 LSG Hessen 24.4.2006 – L 9 AS 39/06 ER; LSG Sachsen 21.11.2005 – L 3 B 152/05 AS.

73 LSG Baden-Württemberg 25.1.2006 – L 8 AS 4296/05 ER-B; LSG Niedersachsen-Bremen 28.4.2005 – L 8 AS 57/05 ER.

74 Dieser wurde vor allem deshalb vorgenommen, um eine – eigentlich unzulässige – Vorwegnahme der Hauptsache zu vermeiden, s. SG Düsseldorf 16.2.2005 – S 35 SO 28/05 ER.

75 LSG Baden-Württemberg 1.8.2005 – L 7 AS 2875/05 ER-B.

- das Jobcenter eine Sanktionsentscheidung mit einer (Folge)Bewilligungsentscheidung umsetzt und der Leistungsberechtigte ungekürzte Leistungen will,[76]
- ein Widerspruch gegen einen Sanktionsbescheid versäumt wurde; ein Verfahren nach § 44 SGB X kann dann mit dem Antrag auf einstweilige Anordnung verbunden werden.[77]

121 Der Beschluss über die einstweilige Anordnung muss nach § 86 b Abs. 2 S. 4 SGG iVm § 929 Abs. 2 ZPO **innerhalb eines Monats** nach Verkündung bzw Zustellung **vollzogen** werden, danach ist eine Vollziehung der Anordnung nicht mehr zulässig. Das spielt insb. dann eine Rolle, wenn der Antragsgegner den Vollzug der einstweiligen Anordnung verzögert. Dementsprechend gibt es Landessozialgerichte, die Beschwerden von Jobcentern gegen die erstinstanzliche Entscheidung mit dem Hinweis auf § 929 Abs. 2 ZPO stattgeben, weil die einstweilige Anordnung des Sozialgerichts nicht innerhalb der Frist vollzogen wurde.

Praxishinweis: Der Antragsteller, der erstinstanzlich im einstweiligen Anordnungsverfahren erfolgreich war, sollte die Behörde zu vorläufigen Zahlungen verpflichten. Ansonsten besteht die Gefahr, im Falle eines Rechtsmittels der Behörde gegen diese erstinstanzliche Entscheidung im zweitinstanzlichen Verfahren deswegen zu unterliegen, weil nicht innerhalb eines Monats nach Zustellung des Beschlusses des SG die Vollstreckung gegen die Behörde eingeleitet wurde. Der Antragsteller sollte deshalb innerhalb eines Monats die Vollziehung der einstweiligen Anordnung bei der Behörde in analoger Anwendung des § 201 SGG einleiten. Dies kann schriftlich oder zur Niederschrift des Urkundsbeamten der Geschäftsstelle erfolgen.

Musterantrag für einen Antrag auf einstweilige Anordnung

Antrag des

Herrn Karl Mustermann, Musterstraße 1, 12345 Musterstadt,

Antragsteller,

gegen

das Jobcenter Musterstadt

Antragsgegner,

wegen Leistungen zur Sicherung des Lebensunterhalts nach dem SGB II.

Ich beantrage,

den Antragsgegner im Wege der einstweiligen Anordnung zu verpflichten, dem Antragsteller die Regelbedarfsleistung zur Sicherung des Lebensunterhalts sowie Leistungen für Unterkunft und Heizung ab dem ... bis zum ... iHv ... ohne Berücksichtigung einer Bedarfsgemeinschaft zu bewilligen und auszuzahlen.

Begründung:

d) Rechtsmittel im einstweiligen Rechtsschutzverfahren

122 Da Entscheidungen im einstweiligen Rechtsschutz als Beschluss ergehen, ist als **Rechtsbehelf** die **Beschwerde** nach § 172 Abs. 1 SGG zum LSG zulässig. Beide Seiten, sowohl der Leistungsberechtigte als auch das Jobcenter können – je nach Ausgang des erstinstanzlichen Verfahrens – Beschwerde einlegen, wenn der Beschluss des SG zu ihren Lasten ausgegangen ist. Die Beschwerde ist ausgeschlossen, wenn im Verfahren zur Hauptsache eine Berufung gem. § 144 Abs. 1 SGG nicht zulässig wäre (§ 172 Abs. 3 Nr. 1 SGG). Bis 31.3.2008 konnte der Vorsitzende Richter selbst der Beschwerde abhelfen, diese Möglichkeit gibt es seit dem SGG-ÄndG 2008 nicht mehr.

---

76 Im Hauptsacheverfahren wäre dann eine Verpflichtungsklage auf ungekürzte Leistungen zu erheben, deshalb ist der vorläufige Rechtsschutz nach § 86 b Abs. 2 SGG zu gewähren, vgl LSG Niedersachsen/Bremen 22.6.2009 – L 7 AS 266/09 B ER.

77 Hier gelten allerdings besonders strenge Anforderungen an die Glaubhaftmachung des Anordnungsgrunds, vgl LSG Sachsen-Anhalt 24.1.2008 – L 2 B 96/07 AS.

Praxishinweis: Die Beschlüsse des LSG, die auf die Beschwerde hin ergehen, sind nach § 177 SGG nicht anfechtbar, dh im einstweiligen Rechtsschutz endet das Verfahren nach zwei Instanzen.

123 War der angegriffene Verwaltungsakt rechtmäßig und wird die Entscheidung der Behörde im Hauptsacheverfahren bestätigt, so muss der Antragsteller die **Sozialleistungen**, die er während eines Rechtsstreits aufgrund einer gerichtlichen Anordnung erhalten hat, **erstatten**. Welche Vorschriften für die Erstattung gelten, ist strittig: infrage kommt eine Erstattung nach dem zivilrechtlichen Bereicherungsrecht, wobei ein Wegfall der Bereicherung aufgrund von § 820 Abs. 1 S. 2 BGB iVm § 818 Abs. 4 BGB nicht geltend gemacht werden kann oder eine Erstattung nach § 50 Abs. 2 SGB X, da die Leistungen aufgrund einer gerichtlichen Anordnung und damit nicht durch Verwaltungsakt erbracht wurden.

7. Hilfen zur Rechtsdurchsetzung

a) Hintergrund

124 Gewährung effektiven Rechtsschutzes bedeutet auch, dass es dem Rechtssuchenden nicht unmöglich gemacht werden darf, gerichtlichen Rechtsschutz in Anspruch zu nehmen, weil ihm die notwendigen finanziellen Mittel fehlen. Aus diesen Gründen gibt es **staatliche Unterstützung** für diejenigen, die Hilfe in Rechtsstreitigkeiten suchen und die hierfür kein Geld haben. Diese Unterstützung richtet sich – je nach dem in welchem Stand des Rechtsstreits sich der Betroffene befindet, vorprozessual oder bereits im Prozess, – entweder nach dem BerHG oder nach der ZPO iVm anderen Gerichtsgesetzen (Prozesskostenhilfe). Die staatliche Unterstützung ist nicht auf Sozialrechtsprozesse beschränkt, sondern umfasst idR fast alle Rechtsstreitigkeiten. Allerdings sind für Leistungsberechtigte das Verwaltungsverfahren und das Gerichtsverfahren kostenfrei (§ 64 SGB X, § 183 SGG).

b) Beratungshilfe nach dem Beratungshilfegesetz (BerHG)

125 Die Beratungshilfe unterstützt einen Rechtsuchenden bei der Inanspruchnahme eines Rechtsanwalts, vor allem in den Fällen, in denen es um die Wahrnehmung von Rechten **außerhalb des gerichtlichen Verfahrens** geht, auch und vor allem im Widerspruchsverfahren. Die einzelnen Voraussetzungen für das Recht auf Beratungshilfe regelt § 1 BerHG. Danach können diejenigen einen Antrag auf Beratungshilfe stellen, die

1. die erforderlichen Mittel nach ihren persönlichen und wirtschaftlichen Verhältnissen nicht aufbringen können (Bedürftigkeit),
2. keine anderen Möglichkeiten für eine Hilfe zur Verfügung haben, deren Inanspruchnahme ihnen zuzumuten ist und bei denen
3. die Wahrnehmung der Rechte nicht mutwillig ist.

126 Die **Voraussetzungen der Bedürftigkeit** (Nr. 1) sind nach § 1 Abs. 2 BerHG gegeben, wenn dem Rechtsuchenden Prozesskostenhilfe nach der Zivilprozessordnung (§§ 114 ff ZPO) ohne eigenen Beitrag gewährt werden würde. Der Leistungsberechtigte darf kein anrechenbares Einkommen und Vermögen nach § 115 ZPO haben. Das ist dann der Fall, wenn nach dem Abzug aller Freibeträge, den Kosten für Unterkunft und Heizung und weiterer Belastungen (zB Kreditbelastungen, Schuldentilgung) vom Gesamtbruttoeinkommen abzüglich der nach § 82 Abs. 2 SGB XII absetzbaren Beträge weniger als 15 EUR verbleiben. Die Freibeträge wurden zum 1.1.2012 neu festgelegt[78] und betragen derzeit

78 BGBl. I 2011, 2796.

- 187 EUR für Parteien, die ein Einkommen aus Erwerbstätigkeit erzielen (§ 115 Abs. 1 S. 3 Nr. 1 b ZPO),
- 411 EUR jeweils für die Partei und ihren Ehegatten oder ihren Lebenspartner (§ 115 Abs. 1 S. 3 Nr. 2 a ZPO),
- für jede weitere Person, der die Partei aufgrund gesetzlicher Unterhaltspflicht Unterhalt leistet (§ 115 Abs. 1 S. 3 Nr. 2 b ZPO) gelten folgende Freibeträge:
  - für erwachsene unterhaltsberechtigte Personen 329 EUR,
  - für Jugendliche zwischen 15 und 18 Jahren 316 EUR,
  - für Kinder von 6 bis 14 Jahren 276 EUR und
  - für Kinder zwischen 0 und 5 Jahren 241 EUR.

127 Beratungshilfe wird darüber hinaus nur gewährt, wenn keine andere **zumutbare Möglichkeit** der Hilfe zur Verfügung steht. Dies ist zB dann der Fall, wenn der Rechtsuchende eine Rechtsschutzversicherung hat oder Mitglied in einem Verband (zB SoVD) oder einer Gewerkschaft ist, die ebenfalls Rechtsberatung in dem speziellen Gebiet anbieten oder wenn eine Beratung bei einer unabhängigen Stelle wie zB dem Verbraucherschutzverband oder einer Schuldnerberatung im Ergebnis günstiger ist als eine anwaltliche Beratung. Einige Bundesländer haben unter Verweis auf die **Beratungspflicht der Leistungsträger** aus §§ 14, 15 SGB I geschlossen, dass Beratungshilfe nicht notwendig sei, da der Rechtsuchende sich ebenso bei den Jobcentern beraten lassen könne.[79] Das BVerfG hat dies im Regelfall für die Antragstellung bestätigt.[80] Indessen sieht es das Recht auf **Rechtswahrnehmungsgleichheit** verletzt, wenn einem Rechtsuchenden zugemutet wird, die Beratung derjenigen Behörde in Anspruch zu nehmen, die zuvor den Ausgangsverwaltungsakt erlassen hat. Daran ändert auch nichts die Kostenfreiheit des Widerspruchsverfahrens oder die fehlende Begründungspflicht für den Widerspruch. Für Widerspruchsverfahren legt § 85 Abs. 2 S. 2 SGG eine einheitliche Zuständigkeit von Ausgangs- und Widerspruchsbehörde fest. Auch wenn die personelle Zuständigkeit innerhalb der Behörde möglicherweise getrennt ist,[81] ist das für den Außenstehenden nicht klar ersichtlich. „Soll die ARGE zusätzlich zur Überprüfung auch noch Beratung und Formulierungshilfe beim Widerspruch gegen die eigene Verwaltungsentscheidung leisten, besteht die abstrakte Gefahr von Zirkelschlüssen und Interessenkonflikten."[82]

Praxishinweis: Nach dem BVerfG darf die Gewährung von Beratungshilfe nicht mehr deshalb abgelehnt werden, weil die Jobcenter eine eigene Beratungs- und Aufklärungsverpflichtung nach §§ 14, 15 SGB I haben und sich der Leistungsberechtigte auch dort Rat holen könnte. Dies verletzt die Rechtswahrnehmungsgleichheit.

128 Weiterhin kommt Beratungshilfe nur dann in Betracht, wenn der Rechtsuchende sein Rechtsbegehren nicht **mutwillig** verfolgt. Mutwillig ist eine Rechtsverfolgung zB dann,

---

79 So zB die Auffassung des Sozialministeriums NRW, das in einem Erlass vom 24.7.2008 (II B 4 – 3772.2) entschieden hat, dass nach § 14 SGB I iVm § 4 I Nr. 1 SGB II Aufgabe der Jobcenter auch die fachgerechte Beratung der Ratsuchenden sei und deshalb keine Beratungshilfe nach § 1 Abs. 1 Nr. 2 BerHG notwendig sei.

80 BVerfG 12.6.2007 – 1 BvR 1014/07. Allerdings müssen auch hier die Besonderheiten des Einzelfalls berücksichtigt werden. Wenn der Leistungsberechtigte zB ein Anhörungsschreiben vom Leistungsträger erhält, aus dem die Absicht einer Rückforderung gewährter Leistungen nach §§ 45, 49 SGB X oder einer Aufrechnung der überzahlten mit zukünftigen Leistungen hervorgeht, kann wiederum Beratungshilfe erforderlich sein, vgl LG Potsdam 12.1.2009 – 13 T 74/08; AG Reutlingen 25.3.2009 – BerH 344/08, im letzteren Fall hat das Jobcenter zu erkennen gegeben, dass er dem Vorbringen der Antragstellerin keinen Glauben schenke und auch juristisch keine Relevanz beimesse. Anders für das Anhörungsverfahren BVerfG 30.6.2009 – 1 BvR 470/09.

81 Die dem Urteil des BVerfG 11.5.2009 zugrunde liegende, die Beratungshilfe ablehnende Entscheidung des AG spricht davon, dass es „amtsbekannt" sei, dass es in den Widerspruchsstellen der ARGEn zu „einer objektiven und kompetenten Bearbeitung von Widersprüchen käme".

82 BVerfG 11.5.2009 – 1 BvR 1517/08; 14.9.2009 – 1 BvR 40/09.

wenn ein selbst zahlender Rechtsuchender aus vernünftigen und nachvollziehbaren Gründen keine anwaltliche Hilfe in Anspruch nehmen würde. Allerdings dürfen die Maßstäbe auch hier nicht zu hoch gelegt werden. Zwar wird geprüft, ob dem Betroffenen zugemutet werden kann, eigene Schritte gegen das jeweilige Behördenhandeln zu unternehmen oder ob der gleiche Streitgegenstand bereits in einem anderen Verfahren entschieden wurde,[83] indessen geht das BVerfG davon aus, dass „das Grundgesetz eine weitgehende Angleichung der Situation von Bemittelten und Unbemittelten bei der Verwirklichung des Rechtsschutzes (gebietet). Gemäß Art. 3 Abs. 1 in Verbindung mit Art. 20 Abs. 1 und 3 GG darf Bedürftigen die Rechtsverfolgung oder Rechtsverteidigung im Vergleich zu Bemittelten nicht unverhältnismäßig erschwert werden."[84] Dies gilt nicht nur für den gerichtlichen, sondern auch für den außergerichtlichen Rechtsschutz, insb. auch im Widerspruchsverfahren, damit der Rechtsuchende mit der Wahrnehmung und Durchsetzung seiner Rechte auch im außergerichtlichen Bereich nicht von vornherein an mangelnden Einkünften oder ungenügendem Vermögen scheitert.[85]

129 Beratungshilfe wird bei dem **Amtsgericht beantragt**, bei dem der Leistungsberechtigte seinen allgemeinen Gerichtsstand, dh idR beim zuständige AG seines Wohnorts, beantragt (§ 4 Abs. 1 BerHG). Der zuständige Rechtspfleger prüft das Vorliegen der Voraussetzungen für die Gewährung von Beratungshilfe und stellt dann, wenn diese Voraussetzungen gegeben sind, einen Berechtigungsschein für Beratungshilfe aus (§ 6 BerHG). In diesem Beratungshilfeschein muss die streitige Angelegenheit genau bezeichnet sein, um den Umfang der Kostenübernahme für die Beratung genau zu bestimmen. Wird die Erteilung des Beratungshilfescheins abgelehnt, muss als Rechtsmittel die Erinnerung nach § 6 Abs. 2 BerHG eingelegt werden, gegen die Zurückweisung der Erinnerung durch das AG ist die Beschwerde nach § 58 FamFG zulässiges Rechtsmittel.

130 Der Leistungsberechtigte kann sich allerdings auch direkt **an einen Rechtsanwalt bzw eine Rechtsanwältin** wenden (§ 7 BerHG). Er muss dann seine persönlichen und wirtschaftlichen Verhältnisse darlegen und versichern, dass er in dieser Angelegenheit noch keine Beratungshilfe erhalten hat. Dann wird der Antrag auf einen Beratungsschein nachträglich gestellt (§ 4 Abs. 2 S. 3 BerHG).

Praxishinweis: Unabhängig davon, ob der Rechtsuchende erst zum AG oder gleich direkt zum Rechtsanwalt oder zur Rechtsanwältin seiner Wahl geht, und um Beratungshilfe nachsucht, er muss zusätzlich immer 10 EUR dem Rechtsanwalt oder der Rechtsanwältin bezahlen. Die Beratung umfasst idR immer nur eine Erstberatung, das schließt allerdings auch unter Umständen ein anwaltliches Schreiben in Vertretung des Leistungsberechtigten mit ein.

c) Prozesskostenhilfe (PKH)

131 Hilft die Beratungshilfe der Rechtsdurchsetzung eines mittellosen Rechtsuchenden im außergerichtlichen Verfahren, so dient die Prozesskostenhilfe der **Durchführung eines Gerichtsprozesses.** Da das sozialgerichtliche Verfahren gerichtskostenfrei ist, wird die Prozesskostenhilfe vor allem für die Inanspruchnahme eines Rechtsanwalts benötigt.

132 Die Voraussetzungen der PKH finden sich in § 73 a SGG iVm §§ 114 ff ZPO. Nach § 114 ZPO wird dann PKH gewährt, wenn

1. eine Partei nach ihren persönlichen und wirtschaftlichen Verhältnissen nicht in der Lage ist, die Kosten der Prozessführung nicht, nur zT oder nur in Raten aufzubringen,

83 BVerfG 2.9.2010 – 1 BvR 1974/08.
84 Vgl nur BVerfG 31.8.2010 – 1 BvR 2318/09; 15.7.2010 – 1 BvR 2642/09; 14.8.2010 – 1 BvR 432/10.
85 St. Rspr s. nur BVerfG 9.11.2010 – 1 BvR 787/10; 28.9.2010 – 1 BvR 623/10; 6.9.2010 – 1 BvR 440/10. In allen Verfahren waren Beschwerdeführer SGB II-Leistungsempfänger.

2. die beabsichtigte Rechtsverfolgung oder Rechtsverteidigung hinreichende Aussicht auf Erfolg bietet und
3. keine Mutwilligkeit der Rechtsverfolgung oder -verteidigung vorliegt.

133 Ob jemand aufgrund seiner **persönlichen und wirtschaftlichen Verhältnisse** nicht oder nur eingeschränkt in der Lage ist, die Kosten eines Gerichtsprozesses aufzubringen, bestimmt sich wie oben bereits bei der Beratungshilfe dargelegt. Die Besonderheit ist hier, dass je nach Höhe des durch den Saldo zwischen dem einzusetzenden Einkommen und Vermögen, welches nach § 115 ZPO ermittelt wird, und den abzusetzenden Beträgen unter Umständen nach § 115 Abs. 2 ZPO die angefallenen Kosten der Prozessführung in Raten zurückgezahlt werden müssen. Anders als in der Beratungshilfe, wo es derartige Abstufungen nicht gibt, richtet sich die Höhe der Raten, die in der Entscheidung über die Gewährung der PKH mit festgelegt werden, nach dem verbleibenden Einkommen. Maximal müssen 48 Monate lang Raten gezahlt werden; sind die Kosten der Prozessführung damit noch nicht beglichen, muss der Restbetrag auch nicht zurückgezahlt werden.

134 Ob die Rechtsverfolgung oder Rechtsverteidigung **hinreichend Aussicht auf Erfolg** bietet, prüft das Gericht nach dem Vorbringen des Klägers. Soweit ihm aufgrund der Sachverhaltsschilderung und der vorliegenden Unterlagen der Rechtsstandpunkt des Klägers zumindest vertretbar vorkommt und eine Beweisführung in tatsächlicher Hinsicht möglich ist, wird das Gericht PKH bewilligen. Da beim SG und beim LSG grds. keine anwaltliche Vertretung notwendig ist, muss das Gericht für die Beiordnung eines Rechtsanwalts § 121 Abs. 2 ZPO prüfen. Danach ist eine **anwaltliche Vertretung erforderlich,** wenn im Kenntnisstand und in den Fähigkeiten der Prozessparteien ein deutliches Ungleichgewicht besteht oder die Materie kompliziert ist. Im Bereich des SGB II wird man selten von einer fehlenden Notwendigkeit der anwaltlichen Vertretung ausgehen, da die Regelungen schwierig zu verstehen sind und überdies durch laufende Gesetzgebungsprozesse häufig Unklarheiten bestehen.

135 Trotz des durch das BVerfG in ständiger Rechtsprechung bestätigten Rechts auf Rechtswahrnehmungsgleichheit zwischen bemittelten und bedürftigen Rechtsuchenden wird in der Praxis PKH immer wieder dann abgelehnt, wenn die **Kosten eines Anwalts in** keinem **Verhältnis zu einem möglichen Prozesserfolg** stehen.[86] Gestützt wird die Ablehnung auf die Aussagen des BVerfG, das betont, ein bedürftiger Kläger dürfe nur einem solchen bemittelten Kläger gleichgestellt werden, der seine Aussichten vernünftig abwägt und auch das Kostenrisiko berücksichtige.[87] Gleichwohl hat das BSG die Entscheidung eines Jobcenters, das die Erstattung eines – seiner Ansicht nach – Bagatellbetrags (weniger als 6 EUR) abgelehnt hat, kassiert und darauf hingewiesen, dass von einem Leistungsberechtigten, dem ein Regelbedarf von derzeit 11,50 EUR pro Tag zusteht, ein Betrag von 6 EUR schwerlich als Bagatelle angesehen werden kann.[88] Dementsprechend muss der Einzelfall betrachtet werden; ist der angestrebte Prozesserfolg so geringfügig, dass er sich einer wirtschaftlichen Betrachtungsweise entzieht – insb. unter Berücksichtigung des Einkommens und der Familiengröße des Klägers – dann könnte PKH trotz Bedürftigkeit und hinreichender Erfolgsaussicht abgelehnt werden.[89]

136 PKH wird **beim Gericht der Hauptsache beantragt** (§ 117 ZPO). Dem Antrag muss eine Erklärung der Partei über ihre persönlichen und wirtschaftlichen Verhältnisse beigefügt

---

86 LSG Berlin-Brandenburg 10.10.2008 – L 29 B 1244/08 AS PKH; LSG Niedersachsen-Bremen 15.2.2008 – L 13 B 40/07 AS. Zu der Kritik an dieser Rspr, s. *Geiger* info also 2009, 105 ff.
87 Vgl nur BVerfG 20.6.2006 – 1 BvR 2673/05 oder 22.6.2007 – 1 BvR 681/07.
88 BSG 6.12.2007 – B 14/7 b AS 50/06 R, der zu erstattende Betrag betraf sogar nur 3,52 EUR.
89 So *Geiger* info also 2009, 106.

werden (Formblatt, § 117 Abs. 3, 4 ZPO); das Streitverhältnis ist unter Angabe der Beweismittel darzustellen.

Praxishinweis: Der Antrag auf PKH hemmt nicht den Ablauf der Rechtsmittelfrist; ist eine Klage innerhalb eines Monats nach Bekanntgabe des Widerspruchsbescheids einzulegen, sollte diese im Zweifelsfall gemeinsam mit einem PKH-Antrag eingereicht werden. Allerdings kann, wenn das Gericht nicht innerhalb der Rechtsmittelfrist über den PKH-Antrag entscheidet und der Kläger deshalb die Frist versäumt, unter Umständen Wiedereinsetzung in den vorigen Stand nach § 67 SGG beantragt werden.[90]

137 Wird die Gewährung von Prozesskostenhilfe mangels Erfolgsaussichten der Klage oder aus sonstigen Gründen wie Mutwilligkeit der Rechtsverfolgung oder Vorliegen einer Bagatelle abgelehnt, so kann eine **Beschwerde nach § 172 Abs. 1 SGG** eingelegt werden. Die Beschwerde ist nicht zulässig, wenn die PKH wegen der persönlichen oder wirtschaftlichen Verhältnisse abgelehnt wurde (§ 172 Abs. 3 Nr. 2 SGG).[91]

90 Vgl BSG 23.1.1997 – 7 RAr 102/95.

91 LSG Baden-Württemberg 23.2.2009 – L 7 SO 5829/08 PKH-B; LSG Berlin-Brandenburg 12.10.2009 – L 19 AS 817/09 B PKH.

Anhang

Abbildung 1: Verhältnis zwischen SGB II- und SGB XII-Leistungen

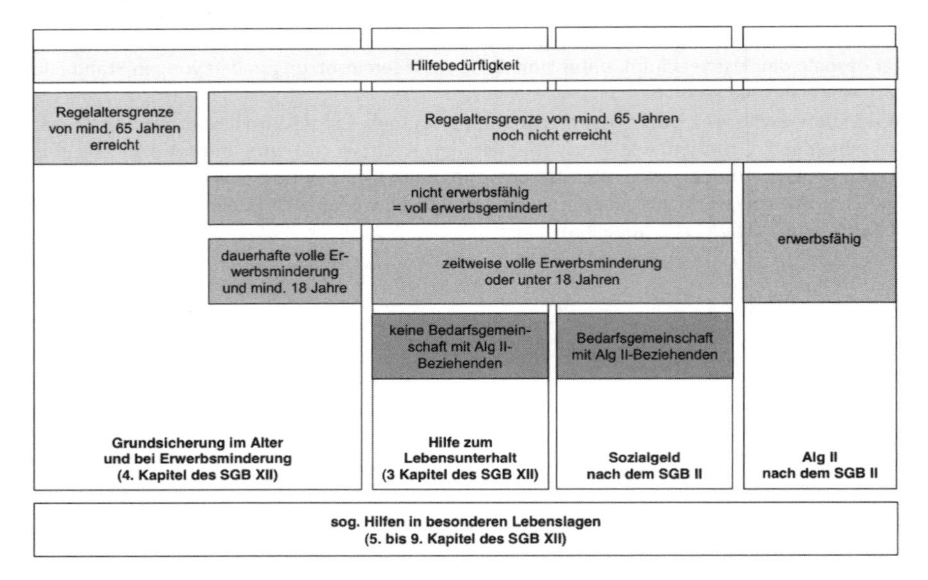

Abbildung 2: Übersicht über die Leistungen für Bildung und Teilhabe

	Bildungs- und Teilhabebedarfe					
	Bildungsbedarfe					Teilhabebedarfe
	Schulbedarf	Schülerbeförderung	Lernförderung	Ausflüge	Mittagessen	soziale und kulturelle Teilhabe
Voraussetzungen – form.	mit Regelantrag	gesonderter Antrag				
Voraussetzungen – persönlich	Hilfebedürftigkeit					
	Schülerinnen und Schüler unter 25 Jahren					Personen unter 18 Jahren
				oder: Kinder in Kindertageseinrichtungen		
					Kindertagespflege	
Voraussetzungen – sachlich	Hilfebedarf zum - 1.8. iHv 70 EUR - 1.2. iHv 30 EUR	- Angewiesenheit auf die Beförderung - für die nächstgelegene Schule - des gewählten Bildungsgangs	- Lernförderung als Ergänzung schulischer Angebote - geeignet und zusätzlich erforderlich für die schulrechtlichen Lernziele	- eintägiger Ausflug oder - mehrtägige Fahrt iRd schulrechtl. Bestimmungen	- gemeinschaftliches Mittagessen bei Schülern: - Mittagessen in schulischer Verantwortung	- Mitgliedsbeiträge für Sport, Spiel, Kultur, Geselligkeit - künstl. Unterricht und kult. Bildung - Teilnahme an Freizeiten
Leistungen	Pauschalleistung zum 1.8. und 1.2. im Jahr	tatsächl. Aufwendungen soweit - keine Übernahme durch Dritte - Bezahlung aus Regelbedarf unzumutb.	tatsächl. angemessene Aufwendungen	tatsächl. Aufwendungen	Mehraufwendungen, dh tatsächl. Aufwendungen abzgl Eigenanteil iHv 1 EUR	monatl. Pauschale iHv 10 EUR
	Geldleistungen		Sachleistungen, insb. Gutscheine oder Direktzahlung an Anbieter			

Tabelle 1: Übersicht über die Leistungen zur Eingliederung in Arbeit

Regelung	Förderleistung	Begünstigte
Beratung und Vermittlung (§ 16 Abs. 1 S. 2 Nr. 1 SGB II)		
Beratungsangebot (§ 29 SGB III)	Berufsberatung und Berufsorientierung (§§ 30 ff SGB III)	Leistungsberechtigte
	Arbeitsmarktberatung (§ 34 SGB III)	Arbeitgeber
Vermittlungsangebot (§ 16 Abs. 1 S. 1 SGB II iVm § 35 SGB III)	Ausbildungs- und Arbeitsvermittlung	Leistungsberechtigte Arbeitgeber
Leistungen zur Aktivierung und beruflichen Eingliederung (§ 16 Abs. 1 S. 2 Nr. 2 SGB II)		
Förderung aus dem Vermittlungsbuget (§ 44 SGB III, § 16 Abs. 3 SGB II)		Leistungsberechtigte
Maßnahmen zur Aktivierung und berufl. Eingliederung (§ 45 SGB III)	Maßnahmen mit bestimmten Zielen zur Unterstützung der berufl. Eingliederung	Leistungsberechtigte Arbeitgeber Träger
Probebeschäftigung behinderter Menschen (§ 46 Abs. 1 SGB III)	Übernahme der Lohnkosten für eine Probebeschäftigung von behinderten und schwerbehinderten Menschen	Arbeitgeber
Arbeitshilfe für behinderte Menschen (§ 46 Abs. 2 SGB III)	Zuschüsse für die behindertengerechte Ausgestaltung von Ausbildungs- und Arbeitsplätzen	Arbeitgeber
Leistungen zur Berufsausbildung (§ 16 Abs. 1 S. 2 Nr. 3 SGB II)		
Zuschüsse für die betriebliche Aus- und Weiterbildung behinderter und schwerbehinderter Menschen (§ 73 SGB III)	Zuschüsse zur Ausbildungsvergütung	Arbeitgeber
	Eingliederungszuschuss bei Übernahme im Anschluss an eine geförderte Aus- oder Weiterbildung	
Unterstützung und Förderung der Berufsausbildung (§ 74 SGB III)	Ausbildungsbegleitende Hilfen für förderungsbedürftige junge Menschen	Träger
	Außerbetriebliche Berufsausbildung	
Einstiegsqualifizierung (§ 54 a SGB III)	Zuschüsse für ein längerfristiges Betriebspraktikum im Vorfeld einer Berufsausbildung	Arbeitgeber

Regelung	Förderleistung	Begünstigte
Förderung der beruflichen Weiterbildung (§ 16 Abs. 1 S. 2 Nr. 4 SGB II)		
Regelförderung (§ 81 SGB III)	Übernahme der Weiterbildungskosten bei Notwendigkeit der berufl. Weiterbildung	Leistungsberechtigte
Weiterbildung zum nachträglichen Erwerb des Hauptschulabschlusses (§ 16 Abs. 1 S. 4 SGB II iVm § 81 Abs. 3 SGB III)	Übernahme der Weiterbildungskosten bei Notwendigkeit der berufl. Weiterbildung und positiver Teilnahmeprognose	Leistungsberechtigte
Weiterbildung von Beschäftigten in klein- und mittelständischen Betrieben (§§ 82, 131 a SGB III)	Übernahme der Weiterbildungskosten bei Beschäftigten ab 45 Jahren	erwerbstätige Leistungsberechtigte
	Übernahme der Weiterbildungskosten bei Beschäftigten unter 45 Jahren bei Maßnahmebeginn vor 31.12.2014	
Arbeitsentgeltzuschuss für die Weiterbildung gering qualifizierter Beschäftigter (§ 81 Abs. 5 SGB III)	Arbeitsentgeltzuschuss während der beruflichen Weiterbildung gering qualifizierter Beschäftigter	Arbeitgeber
Eingliederungszuschüsse (§ 16 Abs. 1 S. 2 Nr. 5 SGB II)		
Eingliederungszuschüsse (§§ 88 ff, 131 SGB III)	Lohnkostenzuschüsse für die Einstellung förderungsbedürftiger Arbeitnehmer	Arbeitgeber
Leistung zur Teilhabe am Arbeitsleben (§ 16 Abs. 1 S. 3 SGB II)		
Allgemeine Leistungen (§§ 112–114, 115 Nr. 1–3 SGB III)	erleichterte Föderkonditionen bei Leistungen zur Aktivierung und beruflichen Eingliederung und bei Leistungen für Aus- und Weiterbildung	Leistungsberechtigte
Besondere Leistungen (§§ 112-114, 117, 118 S. 1 Nr. 3 SGB III)	Übernahme der Teilnahmekosten für Maßnahmen, die auf die besonderen Bedürfnisse behinderter Menschen ausgerichtet sind	Leistungsberechtigte
Kommunale Eingliederungsleistungen (§ 16 a SGB II)		
kommunale Eingliederungsleistungen	Kinderbetreuung, häusl. Pflege von Angehörigen, Schuldnerberatung, psychologische Betreuung, Suchtberatung	Leistungsberechtigte

Regelung	Förderleistung	Begünstigte
Einstiegsgeld (16 b SGB II)		
Einstiegsgeld	Zuschuss für die Aufnahme einer sozialversicherungspflichtigen Beschäftigung oder einer selbstständigen Erwerbstätigkeit	arbeitslose Leistungsberechtigte
Leistungen zur Eingliederung von Selbstständigen (§ 16 c SGB II)		
Leistungen zur Eingliederung von Selbstständigen	begleitende Hilfen für Sachgüter, inbs. als Darlehen	Leistungsberechtigte
	Beratung und Vermittlung von Kenntnissen und Fähigkeiten	
Öffentlich geförderte Beschäftigung (§§ 16 d f SGB II)		
Arbeitsgelegenheiten mit Mehraufwandsentschädigung (§ 16 d SGB II)	„Ein-Euro-Jobs“	Leistungsberechtigte
Förderung von Arbeitsverhältnissen (§ 16 e SGB II)	Zuschuss zum Arbeitsentgelt iHv max. 75 %	langzeitarbeitslose Leistungsberechtigte mit besonderen Vermittlungshemmnissen
Freie Förderung (§ 16 f SGB II)		
Freie Förderung	Experimentiertopf zur Erweiterung gesetzlich geregelter Eingliederungsleistungen	Leistungsberechtigte Arbeitgeber Träger

Tabelle 2: Höhe der Sanktionsbeträge

Sanktion/Absenkung	Höhe des Regelbedarfs in EUR			
	374	337	299	287
	Minderungsbetrag in EUR			
10%	37,40	33,70	29,90	28,70
20%	74,80	67,40	59,80	57,40
30%	112,20	101,10	89,70	86,10
40%	149,60	134,80	119,60	114,80
50%	187,00	168,50	149,50	143,50
60%	224,40	202,20	179,40	172,20
70%	261,80	235,90	209,30	200,90

Sanktion/Absenkung	Höhe des Regelbedarfs in EUR			
	374	337	299	287
80%	299,20	269,60	239,20	229,60
90%	336,60	303,30	269,10	258,30

Stichwortverzeichnis

Fette Zahlen bezeichnen das Kapitel, magere die Randnummern.